Heiko Puls

Sittliches Bewusstsein und kategorischer Imperativ in Kants *Grundlegung*

Heiko Puls

Sittliches Bewusstsein und kategorischer Imperativ in Kants *Grundlegung*

Ein Kommentar zum dritten Abschnitt

DE GRUYTER

ISBN 978-3-11-037374-5
e-ISBN (PDF) 978-3-11-036886-4
e-ISBN (EPUB) 978-3-11-039270-8

Library of Congress Cataloging-in-Publication Data
A CIP catalog record for this book has been applied for at the Library of Congress.

Bibliografische Information der Deutschen Nationalbibliothek
Die Deutsche Nationalbibliothek verzeichnet diese Publikation in der Deutschen Nationalbibliografie; detaillierte bibliografische Daten sind im Internet über http://dnb.dnb.de abrufbar.

Druck und Bindung: CPI books GmbH, Leck
♾ Gedruckt auf säurefreiem Papier
Printed in Germany

www.degruyter.com

MIX
Papier aus verantwortungsvollen Quellen
FSC
www.fsc.org
FSC® C083411

Der *mundus vere intelligibilis* ist *mundus moralis*.
Reflexion 4108 (um 1769)

Vorwort

Der vorliegende Kommentar ist ein Ergebnis meiner mehr als zehn Jahre andauernden Lektüre und Analyse von *GMS* III. Begleitet war diese von einer intensiven Auseinandersetzung mit der Interpretation Dieter Schöneckers (Siegen), dem ich herzlich danke für die kontroverse, dabei aber stets faire und sachorientierte Diskussion, die wir bei unterschiedlichen Anlässen führen konnten.

Neben Schöneckers Interpretation haben mir vor allem Texte zu *GMS* III von Henry E. Allison (San Diego), Heiner Klemme (Halle-Wittenberg), Bernd Ludwig (Göttingen), Jens Timmermann (St Andrews) und Michael Wolff (Bielefeld) immer wieder Anregung geboten, die eigene Lesart neu zu überdenken. In der Endphase der Erstellung dieser Arbeit habe ich besonders von der Lektüre der Texte dreier jüngerer Kantinterpretinnen und Kantinterpreten profitiert, Larissa Berger (Siegen), Owen Ware (Simon Fraser University) und Thomas Wyrwich (München). Oliver Sensen (New Orleans) danke ich für einige aufschlussreiche Diskussionen zum dritten Abschnitt der *GMS*, die wir in Hamburg und andernorts führen konnten. Viele Hinweise und Impulse verdanke ich außerdem den Teilnehmerinnen und Teilnehmern der 7. Siegener Kant Tagung 2012 zu *GMS* III sowie den Referenten einer von mir im selben Jahr ausgerichteten Tagung zu diesem Thema im Hamburger Warburg-Haus. Für die zuverlässige Übernahme des Lektorats dieser Arbeit danke ich Katharina Unteutsch (Hamburg).

Mein besonders herzlicher Dank schließlich gilt Birgit Recki (Hamburg) – dafür, dass sie mein Interesse an Kants Philosophie geweckt hat, für viele erhellende Gespräche und für ihre mittlerweile jahrelange Unterstützung meiner Arbeit.

Inhalt

Einleitung

Wohl unbestritten gilt Kants *Grundlegung zur Metaphysik der Sitten* nicht nur als sein populärstes Werk der praktischen Philosophie, sondern auch über die Grenzen der Kantforschung hinaus als einer der „wichtigsten Texte der philosophischen Ethik" überhaupt (Henrich 1975, S. 112)[1]. Mancher Interpret lobt die *GMS* gar als das „vielleicht Großartigste, was in der Geschichte der Ethik geschrieben worden ist" (Tugendhat 1993, S. 98); zugleich machen Kürze und Konzision sie zu einem geeigneten Einführungstext, der vielen Studierenden erste Zugänge zur kantischen Ethik eröffnet. Ungeachtet dieser wenig strittigen Qualitäten der *GMS* insgesamt stellt deren dritter Abschnitt Rezipienten bis heute vor eine Reihe scheinbar unlösbarer Interpretationsprobleme. Die ‚Dunkelheit' dieses Abschnitts, auf die schon der Titel[2] des einflussreichen Aufsatzes von Dieter Henrich (1975, S. 55) hinweist, beschäftigt noch die jüngste Kantforschung und erschwert deren Bemühen um eine kohärente Deutung des Textes. Das anhaltende Forschungsinteresse belegt die wachsende Zahl der Publikationen zur *GMS* als Ganzer sowie insbesondere zu *GMS* III: Neben vielen Zeitschriftenaufsätzen und Monografien, die die *GMS* in einem weiteren Sinne behandeln, sind allein in den vergangenen Jahren mehrere Kommentare zu dieser Schrift[3] sowie zahlreiche Aufsätze und zudem gleich zwei Sammelbände speziell zu *GMS* III[4] erschienen, die in ihrer Summe nicht zu übereinstimmenden Interpretationsergebnissen gelangen. Über den Gehalt des zentralen Abschnitts der *GMS* herrscht damit weiter grundsätzliche Uneinigkeit.

Die tenorhaft beklagte Dunkelheit von *GMS* III ist in mehreren Eigenheiten des Abschnitts begründet. Wie kein anderer Passus der praktischen Philosophie Kants ist dieser durch eine starke begriffliche Opazität gekennzeichnet.

So ist schon die Bedeutung dreier zentraler Begriffe des dritten Abschnitts – des Deduktions- und des Freiheitsbegriffs sowie des Begriffs ‚der' Vernunft – ambivalent. Es bleibt beispielsweise völlig unklar, ob Kants Rekurs auf die Vernunft als ein Vermögen, das wir ‚wirklich in uns finden', bei der Hebung des Zirkelverdachts im Sinne praktischer oder theoretischer Vernunft – oder gar im Hinblick auf einen Begriff von Vernunft überhaupt – zu verstehen ist. Andere

---

1 Vgl. zu dieser Einschätzung auch Schönecker (1999, S. 15) und Allison (2011, S. 1).

2 „Die Deduktion des Sittengesetzes. Über die Gründe der Dunkelheit des letzten Abschnitts von Kants *Grundlegung zur Metaphysik der Sitten*".

3 Schönecker/Wood (2002; überarbeitete englische Veröffentlichung 2015), Horn/Schönecker (2006), Guyer (2007), Horn/Mieth/Scarano (2007), Sedgwick (2008), Timmermann (2010b), Allison (2011) und Callanan (2013). 2016/17 wird ein Kommentar von Heiner Klemme erscheinen.

4 Puls (Hg.) (2014), Schönecker (Hg.) (2015).

DOI 10.1515/9783110392708-001

nicht näher erläuterte Schlüsselbegriffe wie etwa ‚Verstandeswelt' oder ‚Intelligenz' sind problematisch, weil sie bestimmte Bedeutungen konnotieren, die von Kant hier offenbar nicht intendiert sind.[5]

Diese Mehrdeutigkeit betrifft auch die argumentative Struktur und den Aufbau von *GMS* III. In der Forschungsliteratur herrscht nicht einmal Konsens darüber, welches Argumentationsziel Kant *überhaupt verfolgt*[6] oder wie er dieses Ziel zu erreichen beabsichtigt – geschweige denn darüber, ob es ihm gelingt oder das Vorhaben scheitert. Besteht die wesentliche Intention Kants hier in der Deduktion des Sittengesetzes, der Freiheit oder etwa in beidem? Versucht Kant in *GMS* III vielleicht sogar noch die ‚imperative Form' des Sittengesetzes, d. h. den kategorischen Imperativ, zu deduzieren? Unklar ist auch, an welcher Stelle im Text diese Deduktion zu lokalisieren sein soll: Während einige Interpreten wesentliche Argumente in den Sektionen 1–3 verorten (vgl. z. B. Ludwig 2008, S. 444), betrachten andere die angenommene Deduktion des kategorischen Imperativs erst in Sektion 4 als abgeschlossen (vgl. z. B. Schönecker 1999, S. 411) oder sehen Kants Argumentationsabsicht nicht vor Sektion 5 verwirklicht (vgl. z. B. Wolff 2015, S. 320). Streng genommen enthält der Text Indizien, die jede dieser Hypothesen plausibel erscheinen lassen können.

Bei der Auseinandersetzung mit diesen Detailfragen gewinnt man zudem den eigentümlichen Eindruck, der Text fordere zu einer parteilichen Festlegung auf eine grundsätzliche, *entwicklungsgeschichtlich* relevante Interpretationshypothese geradezu heraus: Selbst bei ähnlicher analytischer Sorgfalt und mit gleich guten Gründen lassen sich ihm zwei völlig unterschiedliche Argumentationsabsichten entnehmen. Der Text lässt sich gleichsam unter zwei einander widersprechenden Optiken interpretieren, wobei – und das ist womöglich eine weitere Ursache für seine Dunkelheit – eine dieser Deutungsperspektiven mit dem Verdacht eines möglichen Positionswechsels Kants verbunden ist: Die These, Kant begründe die Freiheit und Sittlichkeit des Menschen in *GMS* III ganz anders als in der drei Jahre später publizierten *Kritik der praktischen*

---

5 Kant fasst spätestens seit den 1770er-Jahren unter dem Terminus ‚Verstandeswelt' fast immer eine Welt des *moralisch* Intelligiblen, nicht aber – wie der Begriff durch die Komposition aus ‚Verstand' und ‚Welt' nahelegt und wie es in der *GMS*-Literatur oft vermutet wurde – eine Welt *theoretischer* Verstandesspontaneität (vgl. dazu FN 246 dieser Arbeit). Streng genommen wäre es sinnvoll, den Terminus ‚Verstandeswelt' in diesem Kontext aufzugeben, denn „eigentlich müßte es heißen: ‚Vernunftwelt'" (Kaulbach 1988, S. 132). Dieser genauen Beobachtung ist uneingeschränkt zuzustimmen, trotzdem verwende ich aus pragmatischen Gründen weiterhin Kants Terminologie, obwohl diese Anlass zu Missverständnissen gibt.

6 Schönecker weist zu Recht darauf hin, dass die Interpretationsdivergenzen nicht in „Nebensächlichkeiten" aufgehen. Vielmehr geht es in der Diskussion darum, was „ganz grundsätzlich gesehen *überhaupt* Kants Position ist" (Schönecker 2014a, S. 7, Hervorh. v. Schönecker).

Vernunft, hält sich in der Forschung seit gut einem halben Jahrhundert hartnäckig und relativ unangefochten[7]. Dieser These zufolge propagiert Kant in der *GMS* noch einen Freiheitsbeweis und ist um eine Deduktion des kategorischen Imperativs bemüht, während er in der zweiten *Kritik* die Lehre vom Faktum der Vernunft an die Stelle der scheinbar vergeblich gesuchten Begründung setzt. Die Klärung des Verhältnisses der Argumentation von *GMS* III und der *KpV* ist in der Literatur immer wieder aufgeworfen, aber nie gründlich behandelt worden. Sie hängt am seidenen Faden der oben skizzierten philologischen Fragestellungen innerhalb von *GMS* III: Oft reicht hier schon die Verschiebung des Bedeutungsgehalts eines Begriffs oder die divergierende Auffassung eines Arguments, um das entwicklungsgeschichtliche Verhältnis beider Werke ganz anders zu bewerten.

Nicht zuletzt hat auch die Interpretationsgeschichte von *GMS* III ihren Anteil an dieser Problematik. Die Undurchdringlichkeit des Textes hat nicht wenige Kantinterpreten dazu verleitet, eigene Textarbeit zugunsten von Anleihen bei bereits etablierten Interpretationspositionen zurückzustellen. Vor allem in einigen Deutungen der letzten Jahre, in denen die Ergebnisse aus Dieter Schöneckers Maßstäbe setzender Studie von 1999 kritiklos übernommen oder ebenso kritiklos abgelehnt wurden[8], lässt sich dieses Phänomen beobachten.

---

7 Ware (forthcoming) weist auf den Umstand hin, dass Kants Zeitgenossen und die Interpreten bis zur Mitte des 20. Jahrhunderts keinen wesentlichen Positionswechsel zwischen *GMS* und *KpV* sahen. Ware zufolge habe die Lesart, welche einen solchen Positionswechsel postuliere (das „Reversal Reading", Ware forthcoming), erst in den Sechzigerjahren des 20. Jahrhunderts nach Becks und Henrichs Arbeiten Form angenommen: „Surprisingly, the Reversal Reading did not acquire uniform shape in the literature until 1960, the year Dieter Henrich published his essay, ‚The Concept of Moral Insight and Kant's Doctrine of the Fact of Reason', and Lewis White Beck published his book ‚*A Commentary on Kant's ‚Critique of Practical Reason*'. Each author reached the same verdict on Kant's deductions. As Beck put it, the argument of the second *Critique* ‚takes a truly astonishing turn' (1960, 173). By having said ‚that the principle [of morality] needs no deduction, he apparently stands the argument of the *Groundwork* on its head. He uses the moral law, the Fact of Reason, as the *prius* to deduce something else, namely, freedom, which is its *ratio essendi* (1960, 172)."

8 Jeder Interpret, der sich in den letzten fünfzehn Jahren ernsthaft mit der Analyse von *GMS* III befasst hat, bezieht sich in irgendeiner Weise auf Schöneckers Interpretation. Seine Monografie aus dem Jahr 1999 stellt bis heute fraglos den bedeutendsten Beitrag zur Forschung an *GMS* III da. Seitdem hat Schönecker seine Interpretation in einigen Aufsätzen und auch in einem zusammen mit Allen Wood verfassten Kommentar vertreten (Schönecker/Wood 2002), der mittlerweile in mehreren Auflagen und kürzlich auch in englischer Sprache erschienen ist (Schönecker/Wood 2015). Trotz aller möglichen Einwände gilt Schöneckers Interpretation als die gründlichste und damit auch „beste bislang verfügbare Lesart" (Horn 2015, S.137). Wenn ich mich in diesem Kommentar an vielen Stellen vor allem mit Schöneckers Deutung auseinandersetze, dann liegt der

Die Interpretationen haben in solchen Fällen eher zusammenfassenden Charakter und sind mit Verweisen auf die prominente Referenzposition versehen – eine eigene Textarbeit findet dabei in der Regel nicht mehr statt. Auf diese Weise haben sich Deutungsmuster verfestigt, wo durchaus ein weiteres Hinterfragen angebracht wäre.[9] Ein rezeptionsgeschichtlich besonders einschlägiges Beispiel für eine solche Überformung der eigenen Analyse durch ein Interpretationsparadigma ist die Annahme einer kantischen Deduktion des kategorischen Imperativs. Ursprünglich geht diese These auf Paton (1947) zurück[10], wird in besonders starkem Maße von Schönecker vertreten und seither – mit wenigen Ausnahmen[11] – in der Literatur unhinterfragt wiederholt. Kant selbst aber spricht in der *GMS* an keiner Stelle von einer solchen *Imperativdeduktion.*

Aufgrund dieser problematischen Gemengelage bedarf *GMS* III, darauf hat Schönecker in den letzten Jahren immer wieder hingewiesen (vgl. Schönecker 1999, S. 18–20), einer besonderen, mikroskopisch genauen Untersuchung der Begriffe und Argumente, die die Ermittlung der plausibelsten Bedeutung mehrdeutiger Termini und selbst die Analyse der grammatischen Struktur einzelner Sätze miteinschließen muss. Nach wie vor werden zur *GMS* jährlich hunderte Seiten Literatur vorgelegt, die dieser Notwendigkeit nicht Rechnung tragen, sodass die Forschung in der Hinsicht auf der Stelle tritt. Es soll hier daher noch einmal bekräftigt werden: Für die Deutung von *GMS* III gilt in besonderem Maße, was für philosophiehistorischen Fortschritt allgemein unabdingbar ist – nämlich die Notwendigkeit einer immer wieder neu zu vollziehenden Besinnung *auf den Text selbst.* Geht man davon aus, dass Kant in *GMS* III *ein* bestimmtes, kohärentes Argumentationsziel verfolgt (und nicht etwa

---

Grund in ebendiesem allgemein anerkannten Referenzcharakter seiner Interpretation. Hinzu kommt, dass in seine Deutung nahezu die gesamte bis ins Jahr 1999 erschienene Literatur zu *GMS* III eingeflossen ist, seine Interpretation also auf einer sehr sorgfältigen Auswertung der Forschungsgeschichte beruht. Schönecker hat seine Interpretation in jüngeren Publikationen textuell, methodisch und argumentationslogisch wesentlich verfeinert, ist ihr aber inhaltlich insgesamt treu geblieben. Aus diesem Grunde erachte ich es als legitim, mich in meiner Auseinandersetzung vor allem auf die Arbeit von 1999 zu beziehen, obwohl sich in späteren Texten wichtige Differenzierungen finden.

9 Es ist erstaunlich, wie wenig Schöneckers Analyse auf eine durch Textarbeit gestützte Kritik gestoßen ist. Zwar bewerten einige Autoren Aspekte seiner Deutung kritisch; zu einem umfassenderen Gegenentwurf aber haben sich die Interpreten nur im Ansatz bereitgefunden. Diese Arbeit stellt den Versuch dar, erstmals die Skizze einer plausiblen Alternative zu Schöneckers Interpretation vorzulegen.

10 Vgl. Ludwig (2008, S. 457).

11 Solche Ausnahmen stellen z. B. Ludwig (2008), Puls (2011) und Klemme (2014) dar.

mehrere, vielleicht sogar inkonsistente Intentionen vertritt), so kann ein Grund für die dennoch vorliegenden widerstreitenden Interpretationen darin liegen, dass sich manche Analysen sehr genau mit dem Text und seinen Nuancen auseinandersetzen, während andere weniger nah am Text begründet sind. Wie die ‚richtige' Deutung aussieht, kann sich immer nur anhand einer erneuten Auseinandersetzung mit den Detailproblemen des dritten Abschnitts entscheiden – und dadurch, dass *am Text* überzeugend gezeigt wird, warum eine neu vorgeschlagene Interpretation plausibler ist als eine bereits bestehende. Neben dieser Arbeit am Detail ist aber auch *Urteilskraft* vonnöten, um zu einer kohärenten Darstellung zu gelangen, die nicht auf eine Einbettung in Kants praktische Philosophie überhaupt verzichtet, sondern deren Beständigkeit und Weiterentwicklung bei der Analyse im Blick behält.[12]

Angesichts der mittlerweile nahezu unüberschaubaren – und zumindest teils auch philologisch anspruchsvollen – Forschungsliteratur steht jeder neue Kommentar zu diesem kurzen Abschnitt unter dem Legitimationsdruck einer interpretatorischen Innovation oder wenigstens einer ertragreichen Differenzierung.[13] Daher soll hier kurz skizziert werden, durch welche Schwerpunkte

---

12 Die Ergebnisse der Untersuchung von *GMS* III müssen also immer auch im Kontext früherer und späterer Schriften Kants betrachtet werden. Eine Interpretation, die Kant in *GMS* III beispielsweise die These A zuschreibt, obwohl er in Schriften *vor und nach* der *GMS* die These A entgegengesetzte These B vertritt, wäre zumindest problematisch. Ein solches Problem kann man z.B. in der Annahme lokalisieren, Kant schlösse in *GMS* III von der Freiheit zu denken auf die Freiheit zu handeln. Diese Annahme ist entwicklungsgeschichtlich problematisch, weil Kant zwar noch zaghaft, aber schon früh und wiederholt von einem möglichen Bewusstsein der Geltung des Sittengesetzes ausgeht.

13 Obwohl ich in dieser Arbeit eine sehr textgenaue Analyse von *GMS* III vorlege, müssen viele Aspekte notgedrungen unberücksichtigt bleiben. Es ist nicht mein Ziel, alle Aspekte dieses kurzen Abschnitts gleichermaßen umfänglich zu beleuchten oder mich mit der mittlerweile nahezu unüberschaubaren Forschungsliteratur in vollem Umfang auseinanderzusetzen. Ein solcher tatsächlich umfassender Kommentar würde in einem mehrbändigen Werk bestehen, der den Rahmen dieser Arbeit um ein Vielfaches übersteigt. Mein Ziel besteht allein darin, eine sehr genau am Text orientierte Alternative zu Schöneckers einflussreicher Deutung vorzulegen. Obwohl ich Schöneckers Interpretation *inhaltlich* in einigen zentralen Aspekten nicht teile, ist die vorliegende Arbeit *methodisch* sehr stark inspiriert von dem, was Schönecker als *kommentarische Interpretation* bezeichnet (Texte, in denen er auf diese Interpretationsmethode näher eingeht sind u. a. Schönecker 2004 und Damschen/Schönecker 2012). Auch ich halte wie Schönecker die Unterscheidung zwischen dem Verständnis eines Textes und der Frage nach seiner Wahrheit für zentral (vgl. Schönecker 1999, S. 18 f.) und teile die Auffassung von der Notwendigkeit einer „skrupulöse[n] Lektüre" (Schönecker 1999, S. 20). Eine solch genaue Textarbeit, die auch die Diskussion möglicher Deutungsvarianten und entwicklungsgeschichtlicher Aspekte bestimmter Termini einschließt, kann ich in dieser Arbeit allerdings nur an ganz zentralen Stellen des Textes leisten. Das Desiderat einer befriedigenden kommentarischen Interpretation des gesamten Abschnitts sich dieser Kommentar von anderen abhebt und inwiefern sich daraus eine neue Auffassung der Aussageabsicht und Struktur von *GMS* III ergibt.

Interpretiert wird *GMS* III[14] in der vorliegenden Arbeit konsequent Abschnitt für Abschnitt, häufig Satz für Satz und manchmal Wort für Wort entlang dem Fortgang des Textes. Das mag bisweilen etwas statisch und wenig elegant wirken, erlaubt aber nicht nur einen genauen Nachvollzug des argumentativen Aufbaus, sondern auch eine direkte Überprüfung der vorgeschlagenen Interpretation am Text. So soll einem Mangel Abhilfe geschaffen werden, der sich in der Literatur immer wieder findet: Der Text wird teils allein durch die Konzentration auf einzelne Partien bzw. die Vernachlässigung bestimmter Abschnitte selektiv interpretiert und so einer bestimmten Deutungshypothese angepasst. Deutungsvarianten werden auf diese Weise in einigen Fällen eher nivelliert als diskutiert. Soweit möglich werde ich daher in der Textarbeit besonders auch solche Interpretationen von Argumenten und Begriffen berücksichtigen, die der Plausibilität meiner Darstellung entgegengesetzt sind – und werde diese sogar stärken, wenn sich dazu weitere Textstellen in anderen Werken Kants finden.

Besonders mehrdeutige Begriffe, mit denen Kant in *GMS* III argumentiert, sollen in diesem Kommentar durch das Hinzuziehen weiterer kantischer Schriften sorgfältiger erörtert werden, als dies teilweise in anderen Interpretationen der Fall ist. Was bei Kant beispielweise der für den Argumentationsgang zentrale Terminus ‚Verstandeswelt' bedeutet, welches Vermögen des Menschen er mit dem Begriff ‚Intelligenz' zu bezeichnen sucht oder was er unter einer ‚Freiheit von bloß subjektiv bestimmenden Ursachen' versteht, lässt sich nur durch das Einbeziehen von Vergleichsstellen – aus der *GMS* und wenn nötig auch aus anderen Werken – zufriedenstellend klären. Dazu führe ich in einigen Fällen eine Analyse des jeweiligen Begriffs oder der Formulierung unter Berücksichtigung weiterer hierfür relevanter Schriften durch. Ich untersuche, in welchen Zusammenhängen, in welcher Häufigkeit und terminologischen Prägung dieser Begriff oder diese Formulierung auftaucht, und ziehe daraus Rückschlüsse auf die plausibelste Verwendung in *GMS* III. Die Bedeutung eines schnell misszuverstehenden, aber zentralen Satzes

---

GMS III wird in dieser Arbeit also nicht erbracht werden können. Die vorliegende Arbeit stellt die *Grundlegung* eines solchen Werks dar. Für den Versuch, zumindest im Ansatz einen systematisierenden Überblick über die Forschungsliteratur vorzulegen, siehe Schönecker (1999) und für seit 1999 erschienene Literatur siehe Berger (2015).

14 Ich unterlasse es, der Interpretation von *GMS* III eine zusammenfassende Interpretation von *GMS* I–II voranzuschicken. Eine solche Zusammenfassung lässt sich denjenigen Kommentaren, die die *GMS* als Ganze interpretieren, ohne Schwierigkeit entnehmen.

wie z. B. 448.13–16[15] versuche ich dadurch zu klären, dass ich der Verwendung der Begriffe ‚Lenkung' und ‚Antriebe' sowie der Wendung ‚in Ansehung ihrer Urteile' in anderen Schriften Kants nachgehe, um so eine bestimmte Interpretation des Satzes gegenüber konkurrierenden Auslegungen stark zu machen.

Ein weiterer Schwerpunkt, der zumindest in dieser deutlichen Betonung ein Novum darstellt, liegt in dem Augenmerk meines Kommentars auf Rhetorik und *Darstellungsstrategie* von *GMS* III. Kein anderer Text der praktischen Philosophie Kants ist in so starkem Maße durch Kautelen in Form rhetorischer Fragen und scheinbarer Selbstzweifel des Autors geprägt wie dieser. Ich vertrete die These, dass die oft unterstellte ‚Dunkelheit' von *GMS* III auch auf mangelnder Berücksichtigung dieser Eigentümlichkeit beruht. Einige der Interpretationsprobleme und damit verbundene Rückschlüsse auf mögliche *argumentative Probleme Kants* erscheinen weniger sachhaltig, wenn man diesem Spezifikum Rechnung trägt.

Besondere Aufmerksamkeit soll dem für die Interpretationsgeschichte von *GMS* III zentralen Begriff der Deduktion geschenkt werden, den Kant an drei unterschiedlichen Stellen verwendet. Die sogenannte *Deduktion des kategorischen Imperativs*, die zu einem Interpretationsparadigma, wenn nicht sogar einem Dogma der Deutung von *GMS* III geworden ist, stellt auf den zweiten Blick keinen so eindeutigen Terminus Kants dar, wie es ein Großteil der bisherigen Analysen nahelegt. Von einer *Deduktion des kategorischen Imperativs* spricht Kant wie gesagt in dieser begrifflichen Deutlichkeit an keiner Stelle. Damit ergeben sich Fragen an die bestehende Forschungsliteratur, in der überwiegend die Annahme geteilt wird, Kants erklärtes Argumentationsziel bestünde in dieser Deduktion des kategorischen Imperativs. Im Gegensatz dazu vertrete ich die These, dass in *GMS* III insgesamt *vier Deduktionen* differenziert werden müssen: zwei von Kant terminologisch explizit als ‚Deduktion' bezeichnete Momente der Rechtfertigung und zwei Deduktionen der Sache nach: 1.) die *Deduktion der Idee der Freiheit* aus der reinen praktischen Vernunft, 2.) die Rechtfertigung des Sittengesetzes als eines „für sich" (449.26 f.) feststehenden Prinzips in Sektion 3 (welche man im Sinne von Kants Äußerungen zu dieser Wendung in der *KpV* zu Recht als ‚Deduktion' bezeichnen kann), 3.) die *Deduktion der Idee eines reinen Willens* in der vierten Sektion, die durch die zweite Deduktion, den Nachweis der Geltung des Sittengesetzes durch ein Faktum der Vernunft, dergestalt möglich wird, dass die aus der reinen prakti-

15 „Nun kann man sich unmöglich eine Vernunft denken, die mit ihrem eigenen Bewußtsein in Ansehung ihrer Urtheile anderwärts her eine Lenkung empfinge, denn alsdann würde das Subject nicht seiner Vernunft, sondern einem Antriebe die Bestimmung der Urtheilskraft zuschreiben."

schen Vernunft deduzierte Idee der Freiheit die Idee eines reinen Willens *verschafft*, indem sie auf diese Idee hinweist, und 4.) die Deduktion der *Möglichkeit* des kategorischen Imperativs, die letztlich auf den anderen drei Deduktionen beruht und unter deren Begriff man diese zusammenfassen kann. Kants Überlegungen zu einer Deduktion der Freiheit aus der reinen praktischen Vernunft am Ende von Sektion 1 und zum Problem der ‚Möglichkeit' des kategorischen Imperativs, die zu den zentralen Passagen von *GMS* III gehören, sind bisher zu wenig Aufmerksamkeit geschenkt worden – ebenso wie dem Zusammenhang zwischen diesen Fragestellungen und deren Wiederaufnahme in der vierten und fünften Sektion. Im Rahmen dieser Differenzierung der verschiedenen Deduktionsbemühungen Kants lege ich zudem eine neue Interpretation des sogenannten ontoethischen Grundsatzes in der vierten Sektion vor, wo aus Sicht einiger Autoren eine ontologische Priorisierung der Verstandeswelt vor der Sinnenwelt behauptet wird, wodurch die Deduktion des kategorischen Imperativs erst zum Abschluss gebracht werde. Ich versuche zu zeigen, dass diese Äußerung Kants als eine Aussage über ein nicht weiter hinterfragbares *normatives Faktum* verstanden werden muss, das im Selbstverständnis der vernünftigen Subjektivität des Menschen gründet: *dass* nämlich die Vernunft automatisch eine Priorisierung des Gesetzes der Verstandeswelt vornimmt, ohne dass diese Überordnung weiter begründet oder hinterfragt werden könnte.

Stärker als in anderen Interpretationen der letzten Jahre soll hier, wie bereits skizziert, auch eine konkretere Antwort auf die entwicklungsgeschichtliche Fragestellung gegeben werden, die das Verhältnis zwischen der *GMS* und der *KpV* betrifft. Die Mehrzahl der Interpreten geht davon aus, dass Kant nach der vermeintlich als gescheitert angesehenen Deduktion des kategorischen Imperativs in *GMS* III in der *Kritik der praktischen Vernunft* einen dieser Deduktion entgegengesetzten Weg bei der Begründung des Sittengesetzes einschlägt: Das Faktum der Vernunft, das unmittelbare Bewusstsein des Sittengesetzes, tritt als *ratio cognoscendi* der Freiheit an die Stelle der gescheiterten Deduktionsbemühungen der *GMS*. Einen übergeordneten Gesichtspunkt dieser Untersuchung stellt also die Frage dar, inwieweit die – auf den ersten Blick plausible und vom *Mainstream* der Forschung geteilte – These eines Wechsels der Argumentationsstrategie Kants sich tatsächlich durch den Text von *GMS* III stützen lässt. Zentrale Überlegungen Kants haben dabei bisher zu wenig Beachtung gefunden: In keinem anderen Text seiner praktischen Philosophie bezieht sich Kant auf so begrenztem Raum so häufig auf ein sittliches Bewusstsein des Menschen wie im dritten Abschnitt der *GMS*. Selbst wenn man dieses noch nicht als das unmittelbare Bewusstsein des Sittengesetzes – im Sinne der Faktum-Lehre der zweiten *Kritik* – verstehen will, muss seine Funktion genauer untersucht werden. Im Kontext dieser Fragestellung soll auch der Status der kantischen Theorie der Achtung in *GMS* III, die in engem Zusammenhang mit der Faktum-Theorie steht, näher betrachtet werden. Ich werde zu zeigen versuchen, dass das wesentliche Argument von *GMS* III bereits im Rekurs auf das Sittengesetz als *ratio cognoscendi* der Freiheit liegt.[16] Das sittliche Bewusstsein des Menschen, d.h. das Bewusstsein der Geltung des kategorischen Imperativs durch das Gefühl der Achtung, ist für den Nachweis der Gültigkeit des Sittengesetzes ausreichend und bedarf keiner weiteren Deduktion. Es bildet vielmehr die Basis, von der aus Kant – im Sinne seiner programmatischen Erläuterungen am Ende von Sektion 1 – zum Begriff der Freiheit und damit zur Beantwortung der Frage gelangt, wie ein kategorischer Imperativ möglich sei.

Eine letzte interpretative Neuerung dieses Kommentars liegt schließlich in der besonders sorgfältigen Analyse der Sektion 5 von *GMS* III. Zwar ist von einigen Interpreten durchaus erkannt worden, dass es sich bei diesem Abschnitt um eine Rekapitulation der vorangegangenen Sektionen handelt. Dennoch ist er überraschenderweise nie ausführlich als eine solche Zusammenfassung in den Blick genommen und in seiner Bedeutung für die Interpretation der Sektionen 3 und 4 ausgewertet worden. Mehr noch: Die Analyse dieses Abschnitts ist selbst

---

16 Die Annahme einer Kontinuität zwischen der *GMS* und der *KpV* ist nicht neu, stellt aber eher eine Randposition dar. Schon Henrich (1954/55, S. 193, 1975) hat in seinen Arbeiten bekanntlich auf eine Art Faktum-These in der *KpV* hingewiesen: „Die ‚Grundlegung' hat wirklich ihr Beweisversprechen am Ende und de facto auf eine Deduktion nach schwächerer Form zurückgenommen, die nicht ohne eine Prämisse geführt werden kann, die aus dem sittlichen Bewusstsein selber kommt" (Henrich 1975, S. 91). Allerdings habe Kant „den wahrlich komplexen Zusammenhang der Argumentation, der in einer Kritik der praktischen Vernunft möglich ist, zur Zeit der Niederschrift der ‚Grundlegung' ebensowenig durchschaut wie die Struktur der Argumente und des Textes, die er in dieser Schrift wirklich ausgearbeitet hat" (Henrich 1975, S. 99). D.h., Henrich nimmt letztlich an, dass sich Kant über seine zentralen Überlegungen in *GMS* III nicht im Klaren gewesen sei. Dennoch, so Henrich, entfalte sich „das Programm der zweiten Kritik im Wesentlichen in Übereinstimmung mit dem Argument, das Kants ‚Grundlegung' wirklich gegeben hat, wenn auch im Gegensatz zu der Selbstdarstellung, die in ihr dominant ist. Die zweite Kritik läßt nur noch eine Deduktion der Freiheit zu. Die des sittlichen Bewußtseins schließt sie ausdrücklich aus [...]" (Henrich 1975, S. 99f.). Im Folgenden werde ich mich mit Henrichs Deutung nicht genauer auseinandersetzen. Ein wesentliches Problem seiner Interpretation ist, dass sich darin so gut wie keine Textarbeit, geschweige denn eine genaue Textarbeit findet. Nach Henrich haben auch andere Interpreten die These einer Kontinuität stark gemacht, wobei auch ein Großteil dieser Arbeiten unter dem Mangel einer Textferne leidet. Wichtige Arbeiten sind beispielsweise McCarthy (1982 u. 1985), Freudiger (1993) und Steigleder (2002, S. 97 u. 99ff.). Für eine Übersicht über diejenigen Autoren, die Kant schon in *GMS* III eine Art Faktum-These unterstellen, vgl. Schönecker (1999, S. 398), Klein (2008, S. 98) und (für die Literatur seit dem Jahr 2000) Berger (2015, S. 64–72). Für eine in einigen Aspekten neue und vielversprechende Begründung dieser These, der ich in weiten Teilen zustimme, vgl. Ware (forthcoming).

in jüngeren Kommentaren zur *GMS* ohne Notiz ausgespart worden.[17] Ganz im Gegensatz zu einer solchen Vernachlässigung bzw. Nichtbeachtung vertrete ich in diesem Kommentar die These, dass die fünfte Sektion von *GMS* III eine unverzichtbare Interpretationshilfe für die Analyse der Sektionen 1–4 bietet. Losgelöst von der Dramaturgie der vorherigen Sektionen findet sich hier eine sehr klare Zusammenfassung von *GMS* III, die gleichsam den Schlüssel zu einem angemessenen Verständnis von Kants Argumentationsziel in diesem dritten Abschnitt darstellt.[18]

17 Im Sammelband von Horn und Schönecker (2006) findet sich beispielsweise kein Abschnitt zu Sektion 5, obwohl allen vorangegangenen Sektionen jeweils ein Aufsatz gewidmet ist.

18 Eine solche historisch relevante Interpretation und Rekonstruktion der Argumentationsstruktur hat immer auch eine Bedeutung für die systematische und aktuelle Bearbeitung eines bestimmten philosophischen Sachproblems, in diesem Fall der Freiheitsproblematik. Hierauf weist beispielsweise Recki (2014, XIII) im Rekurs auf die *GMS* hin: „In der Auseinandersetzung mit diesem Text dürfen wir hoffen, in der Rekonstruktion des kantischen Freiheitsbegriffs ein Stück weiterzukommen, da wir nach der Grundlegung des Freiheitsbegriffs, die es an umsichtigem Problembewusstsein und Gründlichkeit mit der kantischen aufnehmen könnte, historisch wie zeitgenössisch noch immer vergebens suchen; aber auch, dass mit dem, was sich am Denken eines Klassikers an Klärung gewinnen lässt, ein weiterer Beitrag zu einer systematischen Theorie der Freiheit geleistet werden kann." Dieser Frage nach der Bedeutung der Freiheitstheorie Kants für die systematische Debatte kann ich in diesem Kommentar nicht weiter nachgehen (vgl. dazu z. B. Bojanowski 2006, S. 4–26, Keil 2007, S.118–123, Recki 2009, S. 51–60, Falkenburg 2012, S. 24ff. u. 51f.).

GMS III:
Übergang von der Metaphysik der Sitten zur Kritik der reinen praktischen Vernunft

Vorbemerkung zum Obertitel: Kants Begriff der ‚Metaphysik der Sitten'

Der dritte Abschnitt der *Grundlegung* trägt den Obertitel „Übergang von der Metaphysik der Sitten zur Kritik der reinen praktischen Vernunft" (446.1–4).[19] Diese Überschrift wirft die Frage auf, in welchem Sinne Kant an dieser Stelle die ‚Metaphysik der Sitten' begreift, da er diese Formulierung in der *GMS* in unterschiedlichen Bedeutungen verwendet. Die Frage lässt sich durch einen Blick auf die Überschriften der beiden ersten Abschnitte beantworten: In der Überschrift zum ersten Abschnitt der *GMS* weist Kant auf einen ‚Übergang' zu dieser ‚Metaphysik der Sitten' hin und schreibt in der Überschrift zum dritten Abschnitt, dass der Boden jener ‚Metaphysik der Sitten' zugunsten eines erneuten ‚Übergangs' nun wieder verlassen werde. Kant verwendet die Formulierung hier also im Sinne der Bezeichnung eines bestimmten *Teils der* GMS *selbst*, der sich im zweiten Abschnitt der *GMS* (vgl. 406.2–4, 444.37) finden muss.

Diese Verwendungsweise muss von den beiden anderen Bedeutungen der ‚Metaphysik der Sitten' abgegrenzt werden: Zum einen von derjenigen, die das gesamte Projekt eines ethischen Systems a priori bezeichnen soll (vgl. 388.10, 389.36, 390.29 u. 34, 392.8, 409.17, 410.19, 426.30), und von dem ‚dereinst' (391.6) zu entwerfenden Projekt einer ‚Metaphysik der Sitten' als Entfaltung der Rechts- und Tugendlehre (vgl. 412.32, 421 FN).[20] Diejenige ‚Metaphysik der Sitten', zu der Kant in der zweiten Sektion übergeht („Übergang von der populären sittlichen Weltweisheit zur Metaphysik der Sitten", 406.1–4) und deren Grund der Überschrift der dritten Sektion zufolge („Übergang von der Metaphysik der Sitten zur Kritik der reinen praktischen Vernunft") im Laufe der folgenden Sektionen von *GMS* III zugunsten eines ‚Übergangs' zur ‚Kritik der reinen praktischen Vernunft' wieder verlassen wird, besteht in der in Sektion 2 geleisteten Zergliederung der morali-

---

19 Der vorliegende Kommentar gliedert den Text von *GMS* III in kurze Sinnabschnitte, die jeweils genau interpretiert und in ein Verhältnis zueinander gesetzt werden. Mit Ausnahme der *Kritik der reinen Vernunft*, bei der ich der Originalpaginierung der A- und B-Auflage folge, werden Kants Werke nach der Akademieausgabe mit Angabe der Band- und Seitenzahl – sowie bei wörtlichen Zitaten der Zeilenangabe – zitiert. Bei Zitaten aus der *GMS* entfällt die Bandzahl. Alle längeren Zitationen geben (sofern nicht anders angegeben) die Kursivsetzungen Kants im Original wieder. Der besseren Lesbarkeit halber sind die auf längere Zitationen folgenden Wiederholungen von Zitaten in modernisierter Rechtschreibung wiedergegeben und in einfache Anführungszeichen gesetzt. Kursivierungen Kants sind hier (wenn nicht anders vermerkt) getilgt.

20 Zum Begriff der ‚Metaphysik der Sitten' vgl. Schönecker (1999, S. 25f., 44ff., 58ff., 199, 207f., 326, 360ff.), Dalbosco (2002, S. 171ff.), Kim (2003, S. 21–23), Porcheddu (2013, S. 84) und Baum (2014, S. 204f.).

DOI 10.1515/9783110392708-002

schen Grundbegriffe (der Freiheit, des Willens, des kategorischen Imperativs, der Autonomie, der Pflicht etc.), welche das Moralprinzip begrifflich explizieren, über deren Wirklichkeit hier aber noch keine Auskunft gegeben wird. Diese Zergliederung der Begriffe lässt die Möglichkeit offen, dass der kategorische Imperativ und die in ihm geforderte Sittlichkeit bloß ein ‚Hirngespinst' (vgl. 448.8) sein könnten. Aus diesem Grunde muss die Ebene der ‚Metaphysik der Sitten' im Sinne einer bloßen Begriffszergliederung verlassen und es muss zu einer ‚Kritik' des vernünftigen Subjekts selbst (vgl. 440.22f. u. 440.25) übergegangen werden. Die Begriffszergliederung der ‚Metaphysik der Sitten' kann zwar zur Begründung der Moral insofern beitragen, als sie deren begriffliche Voraussetzungen verdeutlicht und expliziert, *worin* das Prinzip der Ethik besteht. Aber allein eine ‚Kritik' des Subjekts, eine vermögenstheoretische Analyse desselben, kann die Frage beantworten, *ob* das Prinzip der Ethik in Form eines kategorischen Imperativs ein bloßes Gedankending ist[21] oder ob dieser *tatsächlich* notwendig das Handlungsprinzip eines sinnlich-vernünftigen Wesens darstellt.

21 Kant verwendet am Ende des zweiten Abschnitts zwei Begriffe, um auf die Gefahr hinzuweisen, dass es sich bei der Sittlichkeit um etwas bloß *Erdachtes* oder *Erdichtetes* handelt. Der Begriff einer ‚chimärischen Idee' (445.6) würde eher auf das Produkt einer ausschweifenden Fantasie verweisen, während der Begriff des ‚Hirngespinstes' (445.8) auch die Bedeutung eines *ens rationis*, d. h. die Bedeutung der Sittlichkeit als eines bloßen Gedankendings, mitumfasst. Zu diesem Unterschied vgl. Puls (2014b, S. 45–47).

Sektion 1: Der Begriff der Freiheit ist der Schlüssel zur Erklärung der Autonomie des Willens

An die Überschrift in 446.1–4, welche auf den eben angesprochenen ‚Übergang' und einen damit verbundenen Perspektiv- und Methodenwechsel hinweist, schließt sich der folgende Untertitel an: „Der Begriff der Freiheit ist der Schlüssel zur Erklärung der Autonomie des Willens" (446.5 f.). Dessen zentrale Begriffe (Freiheit und Autonomie) stehen gleich zu Beginn des ersten Satzes dieses Abschnitts im Mittelpunkt:

> Der Wille ist eine Art von Causalität lebender Wesen, so fern sie vernünftig sind, und Freiheit würde diejenige Eigenschaft dieser Causalität sein, da sie unabhängig von fremden sie bestimmenden Ursachen wirkend sein kann: so wie Naturnothwendigkeit die Eigenschaft der Causalität aller vernunftlosen Wesen, durch den Einfluß fremder Ursachen zur Thätigkeit bestimmt zu werden (446.7–12).

Die großen Schwierigkeiten, zu einer stimmigen Interpretation der ersten Sektion zu gelangen, liegen darin begründet, dass auf den ersten Blick nicht ersichtlich ist, in welcher Perspektive Kant hier den Begriff des Willens und dessen Freiheit und Autonomie betrachtet. Es kann zwar keinen Zweifel geben, dass das Ziel in der Explikation des Willens des *Menschen* als eines *sinnlich-vernünftigen* Wesens liegt. Allerdings findet sich schon früh im Text der Ansatz, den Willen dieses Wesens in perspektivischer Ausblendung seines Doppelcharakters allein als Willen eines vollkommenen Wesens oder als Willen eines sinnlich-vernünftigen Wesens zu betrachten, wobei Letzteres dann nur im Hinblick auf seine Vernunft in den Blick genommen wird.[22]

Schon in der „Vorrede" der *GMS* weist Kant darauf hin, dass es bei einer ‚Metaphysik der Sitten' (als Grundlegung einer a priorischen Moral) darum gehe, die „Idee und die Principien eines möglichen *reinen* Willens" (390.34 f., Hervorh. H. P.) zu untersuchen – und nicht „die Handlungen und Bedingungen des menschlichen Wollens überhaupt" (390.35 f.). Kant unterscheidet auch im Verlauf

---

22 Zu dieser Differenzierung und ihrer Dringlichkeit vgl. Schönecker (1999, S. 160 f.). Für eine sehr gute Übersicht zur Literatur über die Reziprozitätsthese bzw. die Analytitizätsthese, welche in jener enthalten ist, siehe Schönecker (1999, S. 153–195). Auch Timmermann (2004, S. 139) scheint eine solche Interpretation der ersten Sektion zu vertreten, wenn er schreibt: „Das Sittengesetz beschreibt die Handlungen nur eines vollkommenen Willens so, wie das Naturgesetz die Geschehnisse in der Welt. Die Parallelisierung des ersten Absatzes gilt nur für die ideale Gesetzgebung eines solchen Willens".

DOI 10.1515/9783110392708-003

der ersten beiden Sektionen eindeutig zwischen dem analytischen Präparat eines rein intelligiblen, d. h. vollkommenen, und dem sinnlich affizierten Willen des endlichen Wesens Mensch. Er spricht davon, dass nichts in der Welt ohne Einschränkung für gut gehalten werden könne als „allein ein guter Wille" (393.7) und behauptet, dass man an dem durchgängigen Wohlergehen eines Wesens keinen Gefallen finden könne, wenn dieses nicht der Zug „eines *reinen und guten* Willes ziert" (391.21 f., Hervorh. H. P.). Der Wille ist in der *GMS* also in zwei Hinsichten Untersuchungsgegenstand: Einmal quasi „als praktische Vernunft" (412.30) selbst und damit als ein Wille, dem der kategorische Imperativ schon „subjektiv" (412.32) immer notwendig ist, das zweite Mal aber als ein Wille, der „nicht an sich der Vernunft gemäß" (413.1) ist, wie „es bei Menschen wirklich ist" (413.2).

Ein von diesem Umstand abstrahierter, „*vollkommen* guter Wille würde also eben sowohl unter objectiven Gesetzen (des Guten) stehen, aber nicht dadurch als zu gesetzmäßigen Handlungen genöthigt vorgestellt werden können" (414.1–13, Hervorh. H. P.). Kant weist explizit darauf hin, dass ein solcher, zumindest denkbarer, reiner Wille, eben jener „Begriff eines *unbedingt* guten Willens" (437.2, Hervorh. H. P.), Anfang und Endpunkt seiner Untersuchung bilde (vgl. 437.5). Ein solcher Wille wäre ein Wille, der „*nicht böse sein* [kann], mithin dessen Maxime [...], sich selbst *niemals* widerstreiten kann" (437.8 f., Hervorh. H. P.). Auch einem solchen Willen, für den das Gesetz keine *Nötigung* ist, sondern eine *Notwendigkeit*, misst Kant Selbstbestimmung zu. Jener mit dem Gesetz eigentlich identische Wille (vgl. nochmals 412.30) steht *unter* dem Gesetz, dem er aber immer schon entspricht: „[V]ernünftige Wesen stehen *alle* unter dem Gesetz" (433.26, Hervorh. H. P.) – sowohl sinnlich-vernünftige als auch rein vernünftige Wesen. Darauf deuten auch Kants Überlegungen im Zusammenhang mit seiner „Reich-der-Zwecke-Formel" des kategorischen Imperativs hin. Die Idee eines Wesens, das „sich durch alle Maximen seines Willens als allgemein gesetzgebend betrachten muss" (433.12 f.), beschreibt hier dasjenige Wesen, das zu dem Begriff eines „Reichs der Zwecke" (433.16) führt. Kurz zuvor hatte Kant zur Charakterisierung eines solchen Willens den Begriff „Autonomie" (433.10) eingeführt. In der Idee eines Reichs vernünftiger Wesen, die als „durch gemeinschaftliche Gesetze" (433.18) verbunden gedacht werden, kann das vernünftige Wesen auf zwei Arten vorgestellt werden – als gesetzgebendes *Oberhaupt* oder als verpflichtetes *Glied:*

> Es gehört aber ein vernünftiges Wesen als Glied zum Reiche der Zwecke, wenn es darin zwar allgemein gesetzgebend, aber auch diesen Gesetzen selbst unterworfen ist. Es gehört dazu als oberhaupt, wenn es als gesetzgebend keinem Willen eines andern unterworfen ist (433.34–37).

Selbstgesetzgebend ist das vernünftige Wesen sowohl als Oberhaupt wie auch als Glied. Allerdings kann es als Oberhaupt nur gedacht werden, wenn wir uns dieses Wesen und seinen Willen perspektivisch als einen reinen Willen vorstellen:

> Den Platz des letztern [d. h. den Platz als Oberhaupt] kann es aber nicht bloß durch die Maxime seines Willens, sondern nur alsdann, wenn es ein völlig unabhängiges Wesen ohne Bedürfniß und Einschränkung seines dem Willen adäquaten Vermögens ist, behaupten (434.1–6).

Einem solchen Willen – als einem gesetzgebenden Willen, d. h. als Oberhaupt – kommt keine Pflicht und damit keine Nötigung zu, weil dieser Wille selbst das Gesetz ist; „wohl aber jedem Gliede" (434.18 f.). Jener Wille ist ein „heiliger, schlechterdings guter Wille" (439.29 f.).

Für eine angemessene Interpretation des Eingangssatzes der ersten Sektion (446.7–12) (und generell auch für die Deutung des gesamten dritten Abschnitts) ist es wichtig, diese Differenzierung der Betrachtungsperspektive des Willens auseinanderzuhalten: Es ist an nicht wenigen Stellen von großer Bedeutung (der Anfang der ersten Sektion ist dafür nur ein besonders prägnantes Beispiel), ob der Wille als Wille eines endlichen Wesens oder aber als ein rein vernünftiger Wille begriffen wird, für den es keine *Nötigung* gibt, dem kategorischen Imperativ zu folgen, sondern nur eine *Unerlässlichkeit*, dies zu tun. Die Notwendigkeit, diese beiden Aspekte im Blick zu behalten, gilt auch für den Begriff der Selbstbestimmung. Als autonom kann sowohl ein rein vernünftiger als auch ein sinnlich bedingter Wille bezeichnet werden.

Zunächst wollen wir uns aber dem Abschnitt 446.7–12 zuwenden, dessen sprachliche Bezüge nicht eindeutig sind. Mit dem Ausdruck „Art einer Causalität" (446.7), der Kant zufolge identisch mit dem Begriff des Willens ist, bezieht er sich hier – und an anderen Stellen seiner praktischen und theoretischen Philosophie – auf ein spezifisches Kausalvermögen des vernünftigen Subjekts, das er als eine Art der Kausalität überhaupt denkt. So spricht Kant in der *KrV* (A 447/B 475, Hervorh. H. P.) von der „Freiheit im transcendentalen Verstande als einer besonderen *Art* von Causalität" (vgl. auch 5:67.2, 5:133.33). Man kann 446.7–12 als Ganzes – abhängig davon, wie man das ‚da' in 446.9 liest und welche Bedeutung man dem ‚würde' in 446.8 zuschreibt – auf zwei unterschiedliche Weisen lesen. Ich zitiere – und paraphrasiere im Folgenden die beiden Deutungsmöglichkeiten dieses Satzes:

> 446.7–12
> Der *Wille* ist eine Art von Causalität lebender Wesen, so fern sie vernünftig sind, und *Freiheit* würde diejenige Eigenschaft dieser Causalität sein, da sie unabhängig von fremden sie *bestimmenden* Ursachen wirkend sein kann: so wie *Naturnothwendigkeit* die Eigenschaft der Causalität aller vernunftlosen Wesen, durch den Einfluß fremder Ursachen zur Thätigkeit bestimmt zu werden.

Der Satz kann auf zweierlei Arten gelesen werden (im Folgenden W1 und W2 genannt):

W1: Der *Wille ist eine Art Kausalität lebender Wesen, sofern sie vernünftig sind, und Freiheit wäre diejenige Eigenschaft dieser Kausalität,* wenn *(‚da') diese unabhängig von fremden, sie bestimmenden Ursachen wirkend sein kann: so wie die Kausalität aller vernunftlosen Wesen durch Naturnotwendigkeit und damit durch fremde Ursachen bestimmt ist.*

W2: Der Wille ist eine Art von Kausalität lebender Wesen, sofern sie vernünftig sind, und Freiheit wäre diejenige Eigenschaft dieser Kausalität, weil *(‚da') diese Kausalität unabhängig von fremden, sie bestimmenden Ursachen wirkend sein kann: so wie die Kausalität aller vernunftlosen Wesen durch Naturnotwendigkeit und damit durch fremde Ursachen bestimmt ist.*

Der erste Teil des Satzes in W1 würde eine *Bedingung* formulieren, wann die Kausalität vernünftiger Wesen als Freiheit aufgefasst werden dürfte: dann, wenn deren Kausalität tatsächlich von fremden, sie bestimmenden Ursachen unabhängig wäre. Ergo: Wenn deren Kausalität *nicht* unabhängig von fremden, sie bestimmenden Ursachen wäre, dann könnte man deren Kausalität nicht als Freiheit auffassen. Eine solche Lesart wird durch den Konjunktiv II mit ‚würde' in 446.8 nahegelegt. Die Satzstruktur lässt eigentlich auf einen Konditionalsatz schließen, sodass nach dem Komma eine bedingende Konjunktion erwartet werden müsste. Es wäre tatsächlich möglich, dass Kant hier eine *Bedingung* dafür anführt, ein Kausalvermögen als frei zu qualifizieren. Allerdings wäre es sehr ungebräuchlich, das ‚da' (446.9) im Sinne der Konjunktion ‚wenn' zu lesen. Ob vernünftige Wesen überhaupt unabhängig von fremden, sie bestimmenden Ursachen wirkend sein können, bleibt in dieser Lesart offen.

Die zweite Lesart (W2) würde keine *Bedingung* dafür formulieren, das Kausalvermögen vernünftiger Wesen als frei begreifen zu können, sondern eine *Begründung* dafür anführen, warum die Freiheit Eigenschaft der Kausalität vernünftiger Wesen sei: weil diese Kausalität unabhängig von fremden, sie bestimmenden Ursachen sei. Darin wäre dann also die Behauptung enthalten, dass vernünftige Wesen über eine unabhängig von fremden, sie bestimmenden Ursachen wirkende Kausalität verfügten.

Entweder formuliert 446.7–12 also eine *Bedingung*, der Kausalität vernünftiger Wesen Freiheit zuzuschreiben (Freiheit wäre die Eigenschaft der Kausalität vernünftiger Wesen, *wenn* deren Kausalität von fremden, sie bestimmenden Ursachen frei wäre), oder aber eine Begründung *dafür, warum Freiheit Eigenschaft der Kausalität vernünftiger Wesen sei* (Freiheit müsste die Eigenschaft der Kausalität vernünftiger Wesen sein, *weil* diese Kausalität unabhängig von fremden, sie bestimmenden Ursachen ist).

Der Argumentationskontext deutet darauf hin, dass W1 Kants Intention an dieser Stelle am nächsten kommt, denn Kant setzt in der ersten Sektion immer noch seine Begriffszergliederung fort und macht im gesamten Abschnitt gar keine Aussage darüber, ob Freiheit und Autonomie Vermögen sind, über die der Mensch *tatsächlich* verfügt. Dies wird auch an seiner tentativen Formulierung eines Kausalitätsvermögens vernünftiger Wesen deutlich: ‚Freiheit *würde* diejenige Eigenschaft dieser Kausalität sein' (Hervorh. H. P.). Im Hinblick auf den positiven Freiheitsbegriff formuliert Kant fragend: „[W]as *kann* denn wohl die Freiheit des Willens sonst sein als Autonomie" (vgl. 446.24–447.1, Hervorh. H. P.). Es wäre angesichts der Struktur und des Argumentationsaufbaus von *GMS* III unplausibel, davon auszugehen, Kant würde bereits in 446.7–10 feststellen, dass man die Kausalität vernünftiger Wesen als Freiheit bezeichnen müsste, da diese Kausalität *tatsächlich* unabhängig von fremden, sie bestimmenden Ursachen wirkend sein könne. Kant würde damit bereits an dieser Stelle behaupten, dass einem solchen Wesen Freiheit (unabhängig davon, wie man dieses Vermögen auslegt – ob als theoretische oder praktische Vernunft) notwendig zugeschrieben werden muss oder dass der Mensch „wirklich" über ein Vermögen verfügt, „dadurch er sich von allen andern Dingen [...] unterscheidet" (452.7 f.) und das auf die Legitimität der Freiheitsannahme schließen lässt. Diese Einsicht formuliert Kant aber erst in Sektion 2 bzw. im Hinblick auf den Menschen im Zusammenhang mit der Hebung des Zirkelverdachts in der dritten Sektion. Ob ein vernünftiges Wesen bzw. der Mensch als solch ein vernünftiges Wesen tatsächlich frei und vernünftig ist, darüber dürfte Kant aufgrund des Aufbaus seiner Argumentation hier noch gar keine Aussage treffen. Und in diesem Sinne muss man 446.7–12 (trotz der sprachlich ungewöhnlichen Verwendung des ‚da' in 446.9 als ‚weil' oder ‚insofern') auch lesen: Der Wille eines vernünftigen Wesens muss als eine Kausalität vernünftiger Wesen begriffen werden und Freiheit *wäre dann* die Eigenschaft dieser Kausalität, *wenn* sie tatsächlich unabhängig von fremden, sie bestimmenden Ursachen wirkend sein kann (was noch zu erweisen ist). Freiheit würde in Form eines Gesetzes die Eigenschaft der Kausalität vernünftiger Wesen darstellen, *so* wie bei den vernunftlosen Wesen Naturnotwendigkeit eine gesetzliche Bestimmung darstellt.

Die noch nicht näher erläuterte Wendung der Freiheit als Unabhängigkeit von ‚fremden, sie [d. h. die Kausalität] bestimmenden Ursachen' bedarf (ebenso wie der Begriff ‚lebende Wesen', auf den ich später zurückkomme) noch einer genauen Betrachtung, weil Kant auf diese Formulierung in den folgenden Sektionen wieder zu sprechen kommt – vor allem aber, weil sie weitere Rückschlüsse darauf zulässt, in welcher Hinsicht er zu Beginn der dritten Sektion vom menschlichen Willen spricht. Diese Formulierung findet sich in verschiedenen Varianten in allen

Schaffensperioden Kants. Schon in den *Reflexionen zur Metaphysik* aus den Jahren 1770 – 71 heißt es:

> Der Wille des Menschen ist frey, bedeutet so viel als: die Vernunft hat ein Vermögen über den Willen und die andern Vermögen und Neigungen. Denn die Vernunft ***bestimmt sich selbst***, und ohne diese werden alle andre Vermögen nach dem Gesetze der *wirkenden Ursachen* bestimmt und sind äußerlich nothwendig. Die Vernunft *kan nicht bestimmt*, d. i. afficirt seyn; denn alsdenn wäre sie sinnlichkeit und nicht vernunft (17:508.15 – 20, Hervorh. H. P.).

Und:

> Wir können eine Handlung von uns entweder betrachten als etwas, das geschieht, d. i. als Erscheinung, oder als etwas, das geschehen soll, d. i. als eine *Anschauung der Selbstthatigkeit zu moglichen wirkungen*. Im ersten Falle ist sie den Gesetzen der *bestimmenden Gründe* unterworfen; im zweyten Falle ist sie eine intellectuale, worin das subiect nicht passiv ist [...] (17:508.25 – 509.1 – 5, Hervorh. H. P.).

In den *Prolegomena* schreibt Kant:

> Wir haben in uns ein Vermögen, welches nicht blos mit seinen *subjectiv bestimmenden Gründen*, welche die Natururſachen seiner Handlungen sind, in Verknüpfung steht und so fern das Vermögen eines Wesens ist, das selbst zu den Erscheinungen gehört, sondern auch auf *objective Gründe*, die blos Ideen sind, bezogen wird, so fern sie dieses Vermögen bestimmen können, welche Verknüpfung durch Sollen ausgedrückt wird. Dieses Vermögen heißt Vernunft; [...] (04:344.22 f. – 345.1 – 5, Hervorh. H. P.).

In der Vorlesungsnachschrift *Metaphysik der Sitten Vigilantius* heißt es:

> [A]ls Naturwesen kann der Mensch per stimulum afficirt werden, dagegen als freies Wesen ist dies Mittel ganz fruchtlos. Daher ist der Mensch, insofern sinnliche Triebe auf ihn wirken, auch nur blos passiv: er muß diese Antriebe leiden, da er sie gar nicht vermeiden kann. Dagegen die motive finden nur insofern Statt, als der Mensch als ein freies Wesen gedacht wird, und sie enthalten seine Thätigkeit, sind daher dem Zustande, der von Neigungen abhängt, ganz opponirt. Sie nehmen ihren Grund aus der Spontaneität des menschlichen Willens, die durch Vernunftvorstellungen, ganz unabhängig von allen *bestimmenden Ursachen der Natur*, mithin blos durch das moralische Gesetz, geleitet wird (27:493.32 – 35 – 494.1 – 18, Hervorh. H. P.).

Diese und andere Passagen werden für meine Interpretation der dritten Sektion eine wichtige Rolle spielen, da viel von der Frage abhängt, in welcher Bedeutung Kant in 457.6 f. von *der* Vernunft spricht, wenn er diese durch eine ‚Unabhängigkeit von bloß subjektiv bestimmenden Ursachen'[23] ausgezeichnet sieht. Anders als

23 Ich spreche im Folgenden der Einfachheit halber immer von der ‚Freiheit von bloß subjektiv man vermuten könnte, identifiziert Kant der Sache nach in den angeführten Zitaten die ‚Freiheit von bloß subjektiv bestimmenden Ursachen' bereits mit dem Begriff der Freiheit als Autonomie und nicht – wie die in dieser Formulierung enthaltene negative Definition suggerieren könnte – mit dem Begriff der Wahlfreiheit: Vernunft ‚bestimmt sich selbst' (vgl. 17:508.17), sie ist eine ‚intellektuelle Selbsttätigkeit' (vgl. 17:509.2–4), die Vernunft ist auf ‚Ideen bezogen', welche ein ‚Sollen' implizieren (vgl. 04:344.22f. – 345.1–5), die moralischen Motive „nehmen ihren Grund aus der Spontaneität des menschlichen Willens", welche durch Vernunftvorstellungen, ganz unabhängig von allen bestimmenden Ursachen der Natur, „*mithin bloss durch das moralische Gesetz* geleitet wird" (27:493.32–35–494.1–18, Hervorh. H. P.). Nicht nur das: Der Wille wird in dieser Perspektive sogar als ein Vermögen, das „selbst [nicht] zu den Erscheinungen gehört" (04:345.2), aufgefasst. Diese Hinweise legen nahe, dass ein durch die angeführte negative Definition charakterisierter Wille durchaus als ein rein intelligibler Wille der Verstandeswelt begriffen werden kann. Dies zeigt sich auch an den drei weiteren Stellen, an denen die Formulierung einer solchen negativen Definition in der *GMS* III auftaucht: In 452.31–35 schreibt Kant, dass der Mensch als ein „vernünftiges, mithin zur intelligibelen Welt gehöriges Wesen [...] die Causalität seines eigenen Willens niemals anders als unter der Idee der Freiheit denken" könne, denn „Unabhängigkeit von den bestimmenden Ursachen der Sinnenwelt", die zu der Vernunft gehört, „[...] ist Freiheit". In dem darauf folgenden Satz stellt Kant fest, dass mit *diesem* Begriff der Freiheit Autonomie und Sittlichkeit verbunden sind: „Mit der [dieser, H. P.] Idee der Freiheit ist nun der Begriff der Autonomie *unzertrennlich* verbunden, mit diesem aber das allgemeine Princip der Sittlichkeit" (452.35–37, Hervorh. H. P.). Das heißt aber, dass der Mensch seine Freiheit (als rein intelligibles Wesen) niemals anders auffassen kann denn als eine Freiheit durch moralische *Selbstbestimmung*. Kant äußert hier die gleiche Überlegung wie in 447.8f.: Ein Wille, gedacht als rein intelligibler Wille der Verstandeswelt, will immer das Gute. Seine Freiheit ist mit der Autonomie ‚unzertrennlich', d. h. *analytisch*, verbunden. Die Sittlichkeit folgt analytisch durch bloße Zergliederung des Begriffs eines solchen Willens. Auch in 455 findet sich diese Formulierung einer ‚Unabhängigkeit von bloß subjektiv bestimmenden Ursachen' als Kennzeichnung der *negativen Erklärung* eines autonomen, rein vernünftigen Willens: Der Mensch werde durch die Unabhängigkeit von den bestimmenden Ursachen, welche er als intelligible Freiheit erfahre, genötigt, sich „in den Standpunkt eines

bestimmenden Ursachen', obwohl Kant selbst für diese Formulierung mehrere Varianten verwendet: Er spricht auch davon, dass ein Subjekt (im Gegensatz zu dieser Formulierung) ‚bestimmenden Gründen' unterworfen sei (vgl. 17:508.25–509.1–5) oder dass ein Subjekt ‚unabhängig von allen bestimmenden Ursachen der Natur [sei]' (vgl. 27:493.32–35–494.1–18).

Gliedes der Verstandeswelt" zu versetzen, „in welchem er sich eines guten Willens bewußt" sei (455.1–6). Allein aufgrund des Umstands, dass der Mensch phänomenal über die Willkürfreiheit verfügt, dem Sittengesetz *zu folgen oder nicht*, wäre diese Behauptung nicht aufrechtzuerhalten: Der Mensch wird sich des möglichen Standpunktes eines *guten Willens* nicht dadurch bewusst, dass seine Willkürfreiheit dem moralischen Gesetz folgen kann oder nicht, sondern dadurch, dass er sich aufgrund eines Bewusstseins des kategorischen Imperativs moralisch verhält. Sonst würde er sich ja gerade nicht, wie Kant hier behauptet, in den Standpunkt eines *guten* Willens versetzen, sondern nur in denjenigen einer freien Willkür und damit in den Standpunkt der Instanz des Willens, die sich auch gegen eine moralische Selbstbestimmung entscheiden kann. Die Formulierung ‚Freiheit von bloß subjektiv bestimmenden Ursachen' muss also auf den Willen verweisen, der sich moralisch selbstbestimmt verhält. In 457.4–12 heißt es:

> Der Rechtsanspruch aber selbst der gemeinen Menschenvernunft auf Freiheit des Willens gründet sich auf das Bewußtsein [...] der Unabhängigkeit der Vernunft von bloß subjektiv bestimmenden Ursachen [...]. Der Mensch, der sich auf solche Weise als Intelligenz betrachtet, setzt sich dadurch in eine andere Ordnung der Dinge und in ein Verhältniß zu bestimmenden Gründen von ganz anderer Art, wenn er sich als Intelligenz mit einem Willen, folglich mit Causalität, begabt denkt, als wenn er sich wie ein Phänomen in der Sinnenwelt (welches er wirklich auch ist) wahrnimmt und seine Causalität äußerer Bestimmung nach Naturgesetzen unterwirft.

Das Bewusstsein einer ‚Unabhängigkeit der Vernunft von bloß subjektiv bestimmenden Ursachen' begründet den Anspruch des Menschen, sich als ‚Intelligenz' zu betrachten, und versetzt ihn dadurch in eine ‚andere Ordnung der Dinge' – d. h. dann, wenn er sich als ‚Intelligenz mit einem Willen' betrachtet. Kant identifiziert an dieser Stelle eine Intelligenz, d. h. den rein intelligiblen Charakter des Menschen, geradezu mit dem Begriff des Willens: als Intelligenz *mit* einem Willen. Der Mensch begreift sich diesen Überlegungen zufolge zu Recht als frei, weil er das Bewusstsein seiner selbst als Intelligenz hat, also das Bewusstsein eines *reinen*, autonomen Willens, den man *negativ* dadurch *erklären* kann, dass seine Kausalität von bloß subjektiv bestimmenden Ursachen frei ist. Den Gegensatz zu dieser Kausalität bildet auch an dieser Stelle eine ‚äußere Bestimmung nach Naturgesetzen'.

> 446.13–24–447.1–7
> Die angeführte Erklärung der Freiheit ist *negativ* und daher, um ihr Wesen einzusehen, unfruchtbar; allein es fließt aus ihr ein *positiver* Begriff derselben, der desto reichhaltiger und fruchtbarer ist. Da der Begriff einer Causalität den von *Gesetzen* bei sich führt, nach welchen durch etwas, was wir Ursache nennen, etwas anderes, nämlich die Folge, gesetzt werden muß: so ist die Freiheit, ob sie zwar nicht eine Eigenschaft des Willens nach Naturgesetzen ist, darum doch nicht gar gesetzlos, sondern muß vielmehr eine Causalität nach unwan-

delbaren Gesetzen, aber von besonderer Art sein; denn sonst wäre ein freier Wille ein Unding. Die Naturnothwendigkeit war eine Heteronomie der wirkenden Ursachen; denn jede Wirkung war nur nach dem Gesetze möglich, daß etwas anderes die wirkende Ursache zur Causalität bestimmte; was kann denn wohl die Freiheit des Willens sonst sein als Autonomie, d. i. die Eigenschaft des Willens, sich selbst ein Gesetz zu sein? Der Satz aber: der Wille ist in allen Handlungen sich selbst ein Gesetz, bezeichnet nur das Princip, nach keiner anderen Maxime zu handeln, als die sich selbst auch als ein allgemeines Gesetz zum Gegenstande haben kann. Dies ist aber gerade die Formel des kategorischen Imperativs und das Princip der Sittlichkeit: also ist ein freier Wille und ein Wille unter sittlichen Gesetzen einerlei.

Diese Passage verstärkt – gerade durch den scheinbaren Kontrast zum vorangegangenen Abschnitt im Hinblick auf den Begriff des Willens – den Eindruck, dass Kant möglicherweise zunächst die Freiheit der Willkür in den Blick nimmt und erst mit Beginn dieses Abschnitts tatsächlich zu dem Begriff eines sich *moralisch* immer selbstbestimmenden Willens übergeht. Diese Vermutung wird in der Literatur immer wieder geäußert: Für viele Interpreten ist es eine ausgemachte Sache, dass Kant zu Beginn von Sektion 1 zumindest implizit die Willkür anspricht und sich dann zu Beginn des zweiten Absatzes dem Willen zuwendet.[24] Eine solche Deutung scheint auf den ersten Blick einleuchtend, denn Kant könnte mit seiner Rede von einer negativen und einer positiven Erklärung der Freiheitskausalität auch zwei unterschiedliche Freiheitsaspekte des Willens verbinden: Beim Willen in 446.7 könnte es sich um einen Willen handeln, der über Wahlfreiheit verfügt und durch das moralische Gesetz *bestimmbar* ist. In 446.13 ff. könnte der Wille dann als rein moralisch selbstgesetzgebende Instanz angesprochen werden.

Eine solche Interpretation ist aber, unabhängig vom Fortgang des Textes über 446.7–12 hinaus, aus mehreren Gründen fragwürdig. Es wäre äußerst merkwürdig, wenn Kant in 446.7–12 die Kausalität der Willkürfreiheit als ein Analogon der Kausalität der Naturnotwendigkeit und ihrer Gesetzlichkeit heranzöge. Damit verträte er die Position, dass die Willkür eine Art von Kausalität lebender Wesen

---

24 Beispielhaft hierfür sind u. a. die Interpretationen von Steigleder (2006, S. 233–46), Allison (2011, S. 296–300) und Bojanowski (2015, S. 189–207). Steigleder z. B. schreibt: „Yet at the beginning of the first part of *Groundwork* III Kant immediately focuses on free choice, or the will, under the hypothesis that this free choice possesses the faculty of *freedom in the strict sense* [...]. If we think of free choice as free in this sense, then we must not equate free choice with pure practical reason, i. e. we must not equate free choice with pure practical reason but must think of it as beeing endowed with the faculty of pure reason [...]" (Steigleder 2006, S. 235, Hervorh. v. Steigleder). Steigleders Einschätzung zufolge findet sich zu Beginn des dritten Abschnitts schon die spätere Differenzierung zwischen dem legislativen und dem exekutiven Aspekt des Willens, also die Differenzierung zwischen Wille und Willkür: „My thesis [...] is that Kant has already established the distinction between ‚will' (‚Wille') and the faculty of ‚desire' (‚Willkür') in the *Groundwork*, not in terminology but essentially" (Steigleder 2006, S. 244, Hervorh. v. Steigleder).

sei, sofern sie vernünftig sind, und dass die Kausalität dieser Willkür auf die gleiche Weise durch ein Gesetz und seine Notwendigkeit bestimmt sei, wie vernunftlose Wesen durch das Gesetz der Naturnotwendigkeit bestimmt sind. Warum sollte Kant aber im Kontext der Explikation eines solchen *Gesetzescharakters* einer bestimmten Kausalität gerade auf denjenigen Aspekt des Willens verweisen, der sich nicht durch eigene Gesetzgebung nach mit Notwendigkeit geltenden Gesetzen, sondern bloß durch die Möglichkeit, sich für oder gegen dieses Gesetz zu entscheiden, charakterisieren lässt?

Kant scheint in der *GMS* die Möglichkeit explizit auszuschließen, dass auch ein nicht genuin moralisches Handeln als ein Handeln nach einem *Gesetz, welches mit absoluter Notwendigkeit gilt*, zu begreifen ist. In 420.3–11 schreibt Kant nämlich, dass sein Gesetzesbegriff nicht schon auf die ‚Prinzipien des Willens' anwendbar ist, die z. B. einem Handeln gemäß eines hypothetischen Imperativs zugrunde liegen, sondern allein für die Form der Kausalität moralischen Handelns reserviert ist:

> So viel ist indessen vorläufig einzusehen: daß der kategorische Imperativ allein als ein praktisches *Gesetz* laute, die übrigen insgesammt zwar *Principien* des Willens, aber nicht Gesetze heißen können: weil, was bloß zur Erreichung einer beliebigen Absicht zu thun nothwendig ist, an sich als zufällig betrachtet werden kann, und wir von der Vorschrift jederzeit los sein können, wenn wir die Absicht aufgeben, dahingegen das unbedingte Gebot dem Willen kein Belieben in Ansehung des Gegentheils frei läßt, mithin allein diejenige Nothwendigkeit bei sich führt, welche wir zum Gesetze verlangen.

Die Notwendigkeit, die in einem hypothetischen Imperativ angelegt ist, gilt bereits dann nicht mehr, wenn wir die Absicht, die unserer Handlung zugrunde liegt, aufgeben. Lediglich ein moralisch unbedingtes Gebot ist also mit einer solchen Notwendigkeit verbunden, wie sie für die Annahme eines Gesetzes erforderlich ist. Aus diesem Grund kann nur ein Handeln, welches einer so strengen Notwendigkeit untersteht, wie sie auch in der Geltung der Naturgesetze enthalten ist, ein Handeln sein, das im engen Sinne unter einem praktischen *Gesetz* steht. Vor dem Hintergrund dieser Überlegungen im zweiten Abschnitt wäre es merkwürdig, wenn Kant in 446.7–12 tatsächlich von der Willkürfreiheit und dann erst in 446.13 von der Willensfreiheit handelte, da er in diesem Zusammenhang von der Freiheit als einer Kausalität spricht, die durch ein Gesetz bestimmt ist, das mit absoluter Notwendigkeit gilt.

Man muss lediglich den Untertitel zur Überschrift des dritten Abschnitts betrachten („Der Begriff der Freiheit ist der Schlüssel zur Erklärung der Autonomie des Willens") und ihn mit den Überlegungen zur ‚negativen Erklärung' der Freiheit ab 446.13 in Zusammenhang bringen, um zu sehen, dass Kant in der ersten Sektion gerade nicht von zwei unterschiedlichen Graden der Freiheit und Selbstbestimmung ausgeht, sondern bloß von einer negativen und positiven Erklärung derselben. Die Pointe besteht dabei darin, dass die negative Erklärung der positiven Freiheit auch die positive Erklärung der positiven Freiheit enthält.

Nach dem Satz in 446.13 f. (‚Die angeführte Erklärung der Freiheit ist negativ und daher, um ihr Wesen einzusehen, unfruchtbar'), der das Ungenügen einer bloß negativen Erklärung der Freiheit behauptet, setzt Kant seinen Gedanken mit der ungewöhnlichen Formulierung fort ‚allein es fließt aus ihr [aus der negativen Erklärung] ein positiver Begriff derselben, der desto reichhaltiger und fruchtbarer ist'. Die heute eher ungebräuchliche Konjunktion ‚allein' lässt sich leicht mit ‚aber' übersetzen. Ungewöhnlicher ist die Wendung ‚*fließt* aus ihr ein positiver Begriff' (Hervorh. H. P.), den Kant aber in vielen Stellen gleichbedeutend verwendet[25] und den man im modernen Sprachgebrauch durch ‚ergibt sich logisch' oder ‚lässt sich logisch folgern' ersetzen kann. 446.13–15 kann also, wie ich es schon vorausgegriffen beschrieben habe, reformuliert werden: Die negative Erklärung der Freiheit (‚Freiheit als Unabhängigkeit der Vernunft von fremden, sie bestimmenden Ursachen') ist nicht geeignet, das Wesentliche dieses Begriffs zu erklären. Aber aus der *negativen Erklärung* lässt sich eben eine positive Erklärung der Freiheit ableiten, die inhaltsreicher und ergiebiger ist (als ihr negatives Pendant). Diesen Gedanken verknüpft Kant in 446.15 f. mit dem Kausalitätsbegriff überhaupt: Da der Begriff einer *Kausalität überhaupt* immer mit Begriffen einer bestimmten Gesetzlichkeit dieser Kausalität verbunden ist, nämlich dem Verhältnis von Ursache und Wirkung, muss auch die Freiheit einer bestimmten Kausalgesetzlichkeit folgen. Diese spezielle Kausalität der Freiheit und eine mit ihr verbundene Gesetzlichkeit ist zwar keine Freiheit des Willens nach Naturgesetzen, d. h. nicht identisch mit dem Kausalitätsprinzip der Natur. Dennoch ist sie nicht ‚gesetzlos'. Auch sie muss ‚unwandelbaren' Gesetzen einer ganz ‚besonderen Art' folgen. Wäre es nicht so, dass auch die Freiheit als eine bestimmte Variante der Kausalität unabänderbaren Gesetzen und damit einer Notwendigkeit folgte, dann wäre, so schlussfolgert Kant, ‚ein freier Wille ein Unding'.[26]

---

25 Kant schreibt z. B. in 02:54.15–17 (Hervorh. H. P.): „Ferner so können durch alle mögliche logische Veränderungen die Vordersätze nicht so eingerichtet werden, daß der Schlußsatz oder auch nur ein anderer Satz, aus welchem derselbe als eine unmittelbare Folge *fließt* [...]". Vgl. auch 05:132.21–23 oder 16:246.23.

26 In einer Reflexion aus den 1780er-Jahren drückt Kant diesen Sachverhalt auf folgende Weise aus: „Man stelle sich die Freyheit, d. i. eine Willkühr vor, die von Instinkten oder überhaupt der Leitung der Natur unabhängig ist, so ist sie an sich selbst eine Regellosigkeit und der Ursprung alles Übels und aller Unordnung, wo sie nicht sich selbst eine Regel ist. Es muß demnach die freyheit unter der Bedingung der allgemeinen Regelmäßigkeit stehen und eine Verständige freyheit sein, sonst ist sie blind oder wild. Was das principium der Regeln im Gebrauch der Freyheit überhaupt ist, ist moralisch" (19:289.9–16). Eine Willkür, die unter dem moralischen Gesetz

Dafür, dass Kant in der ersten Sektion nicht von zwei unterschiedlichen Aspekten des Willens ausgeht, spricht auch, dass er sich dann anschließend in 446.21–24 umstandslos auf die in 446.10–12 angeführte Naturnotwendigkeit und ein durch diese Notwendigkeit bestimmtes Verhalten vernunftloser Wesen *zurückbezieht*, ohne dabei auf einen möglichen Wechsel von einem Aspekt des Willens zu einem anderen einzugehen. Kant *erinnert* an dieser Stelle an seine Überlegungen zum Willen und dessen Kausalität in 446.10–12 auf folgende Weise: „Die Naturnothwendigkeit *war* eine Heteronomie der wirkenden Ursachen; denn jede Wirkung *war* nur nach dem Gesetze möglich, daß etwas anderes die wirkende Ursache zur Causalität bestimmte; was kann denn wohl die Freiheit des Willens sonst sein als Autonomie" (Hervorh. H. P.).

Darin klingt Kants zu Beginn der ersten Sektion vorgenommene *Abgrenzung* der menschlichen Freiheitskausalität von der Naturkausalität und die in diesem Zusammenhang behauptete *Analogie* zwischen beiden Kausalitäten an. Nochmals bringt Kant seine negative Erklärung der Freiheit, deren positive Implikationen er jetzt in 446.21–24 erstmals explizit hervorhebt, zur Sprache. Der Gedanke, den Kant in 446.21–24 ausformuliert, ist der Sache nach also derselbe wie in 446.10–12 (die negative Erklärung der Freiheit enthält logisch die positive) – mit dem einzigen Unterschied, dass Kant an der frühen Stelle noch nicht auf die Ableitbarkeit der positiven Erklärung der Freiheit aus der negativen hinweist. Freiheit des Willens und dessen notwendig geltende, d. h. gesetzlich geregelte, Kausalität müsste somit in einer *Selbstgesetzgebung* bestehen, nämlich in der Autonomie des Willens. Kant legt diesen Umstand nahe durch die rhetorische Frage: „[W]as kann denn wohl die Freiheit des Willens sonst sein als Autonomie, d. i. die Eigenschaft des Willens, sich selbst ein Gesetz zu sein?" (446.24–447.2).

Durch diese Differenzierung einer negativen und positiven Erklärung der Freiheit wird auch der etwas missverständliche Untertitel „Der Begriff der Freiheit ist der Schlüssel zur Erklärung der Autonomie des Willens" verständlich: Die *negative Erklärung* (vgl. 446.13) der Freiheit ist der Schlüssel zur *positiven Erklärung* der Autonomie des Willens, weil aus der Erklärung, was der Wille nicht ist – unter der Hinzunahme des Gedankens, dass eine Kausalität immer einen Gesetzescharakter haben muss – auf die positive Erklärung der Freiheit geschlossen wird. Wenn die Kausalität eines Wesens nicht der Naturkausalität folgt, dann muss sie einer ganz anderen Gesetzlichkeit folgen – und diese besteht nach Kant in der Gesetzgebung eines autonomen Subjekts (vgl. 446.13–24–447.1 f.). Die negative

---

steht, d. h. eine solche Freiheit, die sich für oder gegen eine moralische Selbstbestimmung entscheiden kann, wird von Kant auch an dieser Stelle als eine Kausalität gedacht, die eine ‚Regellosigkeit' darstellt. Nur eine Freiheit, die bestimmten prinzipiellen Regeln folgt, also durch das Sittengesetz bestimmt wird, ist über einen solchen Verdacht erhaben.

Erklärung der Freiheit ist der Schlüssel zur Erklärung der Autonomie des Willens. Wenn Freiheit und Autonomie, wie Kant behauptet, identisch wären, dann wäre es widersprüchlich, dass die Freiheit (verstanden als positive Freiheit) der Schlüssel zur Erklärung der Autonomie des Willens sein soll, weil sie ja eigentlich diese Autonomie ist.[27] Die darauf folgenden beiden Sätze (447.2–7), die gleich noch genauer interpretiert werden sollen, stellen dann ganz explizit fest, dass ein freier Wille, der immer moralisch handelt, also ein reiner Wille, sich so verhält, wie es der kategorische Imperativ von sinnlich-vernünftigen Wesen *fordert* und wie es der zweite Satz formuliert: „[E]in freier Wille und ein Wille unter sittlichen Gesetzen [sind] einerlei" (447.6 f.).

Diese These kann man als *Analytizitäts-*[28], *Reziprozitäts-*[29] oder *Identitätsthese*[30] bezeichnen – abhängig davon, welcher Aspekt des Zusammenhangs zwischen Freiheit und Autonomie betont werden soll. Am geläufigsten sind die beiden ersten Bezeichnungen. Während man mit dem ersten Terminus vor allem herausstellt, dass Sittlichkeit folgt, wenn Freiheit vorausgesetzt wird (im Sinne der in 447.8 f. angesprochenen Analytizität), wird mit der Betonung der Reziprozität (im Sinne der in 450.27 thematisierten ‚Wechselbegrifflichkeit' und Kants diesbezüglichen Überlegungen in der zweiten *Kritik*) hervorgehoben, dass es sich bei der Verhältnisbestimmung von Freiheit und Autonomie um ein Bikonditional handelt: Aus der Voraussetzung der Freiheit folgt die Sittlichkeit und aus der Sittlichkeit die Freiheit. In der Regel nutzen jene Interpretationen, die in der *GMS* nur den Schluss von der Freiheit auf die Sittlichkeit vertreten sehen, den Begriff der *Analytizitätsthese*[31], während Deutungen, die schon in der *GMS* eine echte

---

27 Kant spricht z. B. durchgängig von *dem* Willen, ohne dass er tatsächlich die genannte Aspektedifferenzierung erkennen lässt: „*Der* Wille ist eine Art von Causalität ..." (446.7, Hervorh. H. P.), „... so ist die Freiheit, ob sie zwar nicht eine Eigenschaft *des* Willens nach Naturgesetzen ist ..." (446.18 f., Hervorh. H. P.), „...was kann denn wohl die Freiheit *des* Willens sonst sein als Autonomie, d. i. die Eigenschaft *des* Willens sich selbst ein Gesetz zu sein" (446.24–447.3, Hervorh. H. P.). Es wäre seltsam, wenn Kant von dem Begriff des Willens an dieser Stelle schon insgeheim einen differenzierteren Gebrauch machte, auf diesen Umstand aber nicht eigens hinwiese, da er z. B. im Hinblick auf die Freiheit sehr genau deutlich macht, ob deren Erklärung positiv oder negativ ist.

28 Vgl. z. B. Schönecker (1999, S. 153).

29 Vgl. z. B. Allison (2011, S. 294).

30 Vgl. z. B. Bojanowski (2006, S. 229).

31 Sofern ich das richtig sehe, geht der Terminus ‚Analytizitätsthese' auf Schönecker (1999) zurück, der in seiner Interpretation der Reziprozitätsthese der *KpV* keine weitere Beachtung schenkt. Vgl. auch Ludwig (2008, S. 436, FN), der davon ausgeht, dass Kant von der Umkehrung des Konditionals (von der Sittlichkeit zur Freiheit) noch keinen Gebrauch macht: „Kant versucht auch an keiner Stelle der Grundlegung, eine solche Umkehrung explizit zu begründen. Und das ist verständlich, denn er macht [...] in der Folge auch keinen Gebrauch von ihr. Entgegen dem ersten

Reziprozität der Freiheit und Autonomie annehmen, den Terminus *Reziprozitätsthese* verwenden.[32] Obwohl ich die zweite Position vertrete und später dafür argumentieren werde, dass in der deduktiven Symmetrie zwischen Freiheit und Autonomie ein Argument für die Auflösung des Zirkelverdachts liegt, spreche ich im Folgenden immer von der Analytizitätsthese, also dem ersten Teil des Konditionals, weil nicht angezweifelt werden kann, dass die Analytizitätsthese (als Teil der Reziprozitätsthese) in *GMS* III bei der Hinführung zum Zirkelverdacht den größten Raum einnimmt.

In der Literatur findet sich ein weitreichender Dissens darüber, wie diese Analytizitätsthese genau aufzufassen ist – und speziell darüber, welche Konsequenzen sich aus dieser These für die Einschätzung der Zurechenbarkeit böser Handlungen ergeben. Sollte Kant tatsächlich die These vertreten, dass nur eine moralisch gute Handlung als freie Handlung betrachtet werden kann (unabhängig davon, ob es die Handlung eines sinnlich-vernünftigen oder eines rein vernünftigen Wesens ist), dann enthält Kants Analytizitätsthese das Problem, böse Handlungen und sogar moralneutrale Handlungen nicht als freie Handlungen begreifbar machen zu können.[33] Eine solch schwerwiegende Konsequenz darf aber nicht dazu führen, Kant in der ersten Sektion die spätere Differenzierung zwischen Willkür und Wille ohne tatsächliche Anhaltspunkte im Text bloß zu

---

Augenschein […] spielt daher die für die KpV später essenzielle Reziprozitätsthese […], die ja ihrer dortigen Aufgabe gemäß den Anspruch einer deduktiven Symmetrie beinhalten muss, in der Grundlegung noch keine bedeutende Rolle […]".

32 Allison (2011, S. 295, Hervorh. v. Allison) weist darauf hin, dass die Wahl des Terminus ‚Analytizitätsthese' eine Verkürzung darstellt, da man dadurch den Zusammenhang der Wechselbegrifflichkeit von Freiheit und Autonomie in der zweiten *Kritik* nicht angemessen betone. In diesem Zusammenhang grenzt er sich auch von Schöneckers Deutung ab: „Inasmuch as the use of the second half of the reciprocity thesis is prominent in the second *Critique* and both Schönecker and I are concerned with interpreting GMS, this might not seem to have any direct bearing on our interpretations of the latter work. I believe that it has a significant indirect bearing, however, because it points to the systematic import that Kant attributes to the reciprocity thesis in his overall metaethical project. More specifically, since I view this thesis as underlying the structure of the argument in both works, I attribute to its first part an essential, albeit preliminary role in the argument of GMS 3. For Schönecker, by contrast, in spite of the considerable attention that he devotes to it, the sole function that he assigns to the *Analytizitätsthese* appears to be underscore the problematic of the deduction in GMS 3, which is that the bindigness of the categorial imperative cannot be derived directly from an analysis of the presupposition of freedom. Otherwise expressed, for him the task of the *Analyitizitätsthese* is to define the problem; while on my reading the reciprocity thesis is the first step in the solution".

33 Diese Kritik hat das erste Mal Reinhold (1792) formuliert, und sie ist seitdem ein Topos der Kantforschung. Für einen Überblick über die Literatur siehe Bojanowski (2006, S. 229). Vgl. dazu auch jüngst z. B. Allison (2011, S. 296–300), Schönecker (2012, S. 111–134), Blöser (2014, S. 73 ff.), Klemme (2014, S. 72, FN), Bojanowski (2015, S. 189–208).

unterstellen. Bisher deutet viel darauf hin, dass Kant, wenn er zu Beginn der ersten Sektion von *GMS* III vom Willen spricht, nicht nur einen Willen meint, der unter dem sittlichen Gesetz steht (denn unter einem Gesetz steht auch der Wille eines sinnlich-vernünftigen Wesens) – und ebenfalls nicht die Willkür. Vielmehr scheint hier ein Wille gemeint zu sein, der als ein reiner, intelligibler Wille gedacht wird.

In der Tat spricht Kant in 447.2–5, in Anknüpfung an seine Rede von einem rein vernünftigen Willen in der ersten und zweiten Sektion, dezidiert von einem Willen, der *immer* das Gute will. Von dieser Überlegung aus gelangt er zur Formulierung der Analytizitätsthese. Nachdem Kant die rhetorische Frage gestellt hat ‚Was kann denn wohl die Freiheit des Willens sonst sein als Autonomie?' folgt die Feststellung, dass der Satz ‚Der Wille ist sich in allen Handlungen selbst ein Gesetz' das Prinzip bezeichnet, nach keiner anderen Maxime zu handeln, als nach einer solchen, die sich selbst als allgemeines Gesetz betrachtet – d. h. also nach einer immer schon gesetzestauglichen Maxime. Gemäß Kants Erläuterungen im Zusammenhang mit seiner rhetorischen Frage besteht die Autonomie 447.1 f. zufolge darin, dass der Wille *sich selbst ein Gesetz* ist. Diesen Gedanken nimmt Kant in 447.3 wieder auf: Ein Wille ist genau dann (immer) sich selbst ein Gesetz und damit autonom, wenn er nach Maximen handelt, die vernünftigerweise verallgemeinerbar sind (die sich selbst ‚als allgemeines Gesetz zum Gegenstande haben'). Ein selbstgesetzgebender Wille ist identisch mit dem Vermögen, immer nach sittlichen Maximen zu handeln. Kant behandelt in 447.2–7 also wieder die Idee des Willens eines vollkommenen Wesens oder aber des Willens eines sinnlich-vernünftigen Wesens, das aber allein als ein vernünftiges Wesen betrachtet wird. Ein solcher Willen wäre ein Wille, der immer moralisch handelte. Eine nahezu identische Formulierung eines solchen Willens und seiner negativen Erklärung findet sich in Sektion 5. Hier wird durch den expliziten Bezug auf die Verstandeswelt deutlich, dass es sich um einen Willen handelt, der als der Wille eines rein vernünftigen Wesens oder als der Wille eines sinnlich-vernünftigen Wesens allein im Hinblick auf dessen intelligiblen Charakter betrachtet wird:

458.6–16
Dadurch, daß die praktische Vernunft sich in eine Verstandeswelt hinein *denkt*, überschreitet sie gar nicht ihre Grenzen, wohl aber wenn sie sich *hineinschauen*, *hineinempfinden* wollte. Jenes ist nur ein negativer Gedanke in Ansehung der Sinnenwelt, die der Vernunft in Bestimmung des Willens keine Gesetze giebt, und nur in diesem einzigen Punkte positiv, daß jene Freiheit als negative Bestimmung zugleich mit einem (positiven) Vermögen und sogar mit einer Causalität der Vernunft verbunden sei, welche wir einen Willen nennen, so zu handeln, daß das Princip der Handlungen der wesentlichen Beschaffenheit einer Vernunftursache, d. i. der Bedingung der Allgemeingültigkeit der Maxime als eines Gesetzes, gemäß sei.

Ebenso wie in 446.13 – 15 findet sich an dieser Stelle zunächst der Hinweis auf die Ableitbarkeit der positiven Freiheit aus der negativen Erklärung der negativen Freiheit (die Freiheit als negative Bestimmung ist mit einem positiven Vermögen und sogar einer Kausalität der Vernunft verbunden). Darauf folgt eine eindeutige Bestimmung dieser Kausalität: Sie sei ein *Wille, der so handele*, dass das Prinzip der Handlungen einer Vernunftursache, d. h. einer allgemeingültigen gesetzeskonformen Maxime, gemäß sei. Die Freiheit wird an dieser Stelle mit einem Willen, der sich ausschließlich vernünftig bestimmt, identifiziert, was durch den einleitenden Bezug auf die Verstandeswelt untermauert wird.

Es spricht also viel dafür, den Willen in 447.2 als einen rein vernünftigen, intelligiblen Willen aufzufassen.[34] Auch Kants Bezug auf den kategorischen Imperativ, der sich in 447.5 f. findet („Dies ist aber gerade die Formel des kategorischen Imperativs und das Princip der Sittlichkeit"), steht in keinem Widerspruch zu einer solchen Deutung. Kant schreibt an dieser Stelle lediglich, dass das, was in einem solchen Willen bereits idealerweise realisiert ist – ein beständiges Handeln nach verallgemeinerbaren Maximen –, die *Formel* des kategorischen Imperativs darstelle. Kant schreibt nicht, dass der hier in den Blick genommene Wille dem kategorischen Imperativ *unterworfen* wäre. Der rein vernünftige Wille selbst ist dem Kategorischen natürlich nicht unterworfen, weil nur ein sinnlich-vernünftiger Wille unterworfen sein kann. Der rein vernünftige Wille will von sich aus schon immer das Gute. Im nächsten Satz findet sich dann die berühmte Formulierung der Analytizitätsthese: „[A]lso ist ein freier Wille und ein Wille unter sittlichen Gesetzen einerlei" (447.6 f.). Unabhängig von den systematischen Folgelasten der hier stark gemachten Interpretation und unabhängig davon, wie Kant seine Reziprozitätsthese später möglicherweise modifiziert, kann es also keinen Zweifel geben, dass Kant in 446.24 – 447.1 – 7 einen reinen intelligiblen Willen, eben den Willen rein als Glied der Verstandeswelt betrachtet, im Blick hat, der dadurch per se immer schon dem Sittengesetz entspricht.[35] Anders können die eben genannte

34 Diese Einschätzung hat Schönecker (1999, S. 154 – 195) stark gemacht.

35 Kant führt diesen Gedanken an vielen Stellen in *GMS* III an. Er schreibt, dass für den Menschen – rein als Intelligenz betrachtet – gilt: „[D]ieses Sollen [das Sollen, das er als sinnlich-vernünftiges Wesen durch den kategorischen Imperativ erfährt] ist eigentlich ein Wollen, das unter der Bedingung für jedes vernünftige Wesen gilt, wenn die Vernunft bei ihm ohne Hindernisse praktisch wäre [...]" (449.16 – 18). Kant stellt fest, dass für den Menschen als reines Verstandeswesen betrachtet die Autonomie eine bloße Konsequenz darstellt: „[W]enn wir uns als frei denken, so versetzen wir uns als Glieder in die Verstandeswelt und erkennen die Autonomie des Willens [...]" (453.12 f.). In 453.25 – 27 heißt es: „Als bloßen Gliedes der Verstandeswelt würden alle meine Handlungen dem Princip der Autonomie des reinen Willens vollkommen gemäß sein [...]". Wenn ich „allein" ein „Glied[ ] einer intelligiblen Welt" wäre, so wären „alle meine Handlungen der Autonomie des Willens jederzeit gemäß" (454.7 – 9).

Passage und ihre Hinleitung zur Analytizitätsthese nicht verständlich gemacht werden. Jene besteht in drei Schritten: Als Erstes wird Freiheit als Autonomie bestimmt (446.24–447.1). Die Autonomie wird in einem zweiten Schritt als Fähigkeit des Subjekts, sich selbst ein Gesetz zu geben, erläutert (447.1 f.). Die Selbstgesetzgebung wird dann als ein Prinzip beschrieben, nur nach solchen Maximen zu handeln, die sich selbst als allgemeines Gesetz betrachten (447.3–5). Daraus resultiert für Kant die These: ‚Ein freier Wille und ein Wille unter sittlichen Gesetzen sind einerlei'. Ein freier Wille kann hier demnach nur ein Wille sein, der immer sittlich handelt. Es ist der bereits in der Vorrede eingeführte reine Wille.

Die Wendung ‚unter sittlichen Gesetzen' (447.7) bedarf näherer Betrachtung, da sie in Kombination mit Kants Hinweis auf den kategorischen Imperativ in 447.6 den Verdacht nahelegen könnte, es ginge an dieser Stelle womöglich doch nicht um einen reinen, intelligiblen Willen, sondern um einen Willen, der – weil er ja ‚unter sittlichen Gesetzen' steht – dem kategorischen Imperativ unterworfen ist. Kant gebraucht die Wendung ‚unter sittlichen Gesetzen' nicht immer eindeutig und verwendet sie auch im Zusammenhang mit der Unterwerfung eines sinnlich-vernünftigen Wesens unter das Gesetz. Sowohl sinnlich-vernünftige als auch rein vernünftige Subjekte stehen unter dem Gesetz (vgl. nochmals 433.26).

Die Wendung ‚unter sittlichen Gesetzen' oder ‚unter moralischen Gesetzen' findet sich in anderen Schriften Kants häufig in Verbindung mit dem Bezug auf den Willen als einen reinen, gesetzgebenden Willen. In der *Metaphysik der Sitten* (06:223.25 f.) heißt es: „Die moralische Persönlichkeit ist also nichts anders, als die Freiheit eines vernünftigen Wesens unter moralischen Gesetzen". Diese Stelle ist ein weiteres Indiz dafür, dass auch der intelligible, legislative Wille *unter* moralischen Gesetzen steht, aber nicht dem kategorischen Imperativ unterworfen ist. Denn unter dem Begriff ‚Persönlichkeit' versteht Kant in der Regel den rein intelligiblen, gesetzgebenden Aspekt eines Willens. Ähnlich spricht Kant in der *KrV* im Zusammenhang mit der Idee einer Welt, die „allen sittlichen Gesetzen gemäß wäre (wie sie es denn nach der Freiheit der vernünftigen Wesen sein kann und nach den nothwendigen Gesetzen der Sittlichkeit sein soll)", also einer ‚intelligiblen Welt', in der von „allen Hindernissen der Moralität in derselben (Schwäche oder Unlauterbarkeit der menschlichen Natur) abstrahirt wird" von einer Vereinigung der vernünftigen Subjekte „*unter* moralischen Gesetzen" (A 808/B 836, Hervorh. H. P.).[36]

---

36 Ein möglicher Einwand gegen diese Interpretation besteht in dem Hinweis, dass Kant in der dritten *Kritik* zwischen einem Willen ‚unter' und einem Willen ‚nach' sittlichen Gesetzen unterscheidet: „Ich sage mit Fleiß: unter moralischen Gesetzen. Nicht der Mensch nach moralischen Gesetzen, d. i. ein solcher, der sich ihnen gemäß verhält, ist der Endzweck der Schöpfung" (05:448, FN). Aufgrund dieser Stelle vertreten einige Interpreten die Position, dass Kant mit der Formulierung eines Willens, der unter

447.8–17
Wenn also Freiheit des Willens vorausgesetzt wird, so folgt die Sittlichkeit sammt ihrem Princip daraus durch bloße Zergliederung ihres Begriffs. Indessen ist das letztere doch immer ein synthetischer Satz: ein schlechterdings guter Wille ist derjenige, dessen Maxime jederzeit sich selbst, als allgemeines Gesetz betrachtet, in sich enthalten kann, denn durch Zergliederung des Begriffs von einem schlechthin guten Willen kann jene Eigenschaft der Maxime nicht gefunden werden. Solche synthetische Sätze sind aber nur dadurch möglich, daß beide Erkenntnisse durch die Verknüpfung mit einem dritten, darin sie beiderseits anzutreffen sind, unter einander verbunden werden.

Eine Interpretation, die Kant bereits am Beginn der ersten Sektion von *GMS* III die Distinktion zwischen Willkür und Wille und die damit verbundene Annahme einer Differenz zwischen der Wahlfreiheit und dem Begriff der Freiheit als Autonomie unterstellt, wird spätestens zu Beginn von 447.8–17 vor ein Problem gestellt: Inwiefern *folgt* aus der Freiheit, sich für oder gegen das Sittengesetz zu entscheiden, die Sittlichkeit?

Zunächst stellt sich die Frage, von welcher Freiheit Kant an dieser Stelle spricht. Im vorangegangenen Absatz hat er die positive Erklärung der Freiheit aus der negativen Erklärung der Freiheit abgeleitet und setzt in diesem Abschnitt explizit die Freiheit mit der Autonomie des Willens gleich (‚Was kann denn wohl die Freiheit des Willens sonst sein als Autonomie, d. i. die Eigenschaft des Willens, sich selbst ein Gesetz zu sein?'). Vor diesem Hintergrund ist davon auszugehen, dass zu Beginn von 447.8–17 von der Freiheit als Autonomie die Rede ist. Allerdings spricht Kant – und das wird in 447.2–5 explizit deutlich – von dieser Autonomie im Hinblick auf ein rein vernünftiges Wesen, eben im Hinblick auf einen Willen, ‚der sich in allen Handlungen selbst ein Gesetz ist' und nur nach solchen Maximen handelt, die ‚sich auch als allgemeines Gesetz betrachtet selbst zum Gegenstande haben können' (vgl. 447.2–5). Ein solcher Wille handelt nach einem ‚Prinzip', wie es in der ‚Formel des kategorischen Imperativs' ausgedrückt wird und wie es für sinnlich-vernünftige Wesen Pflicht ist. Wie bereits hervorgehoben wurde, macht Kant an mehreren Stellen in der *GMS* deutlich (vgl. FN 35), dass ein solcher, reiner Wille immer moralisch bestimmt wäre. Die Sittlichkeit ist eine analytische Implikation dieses Willens. Aus der Voraussetzung der Freiheit jenes Willens ergibt sich dessen Sittlichkeit durch ‚bloße Zergliederung [seines] Begriffs'. Diese Interpretation von 447.8 f. passt nicht nur nahtlos zu Kants weiteren Äußerungen, die die Sittlichkeit als analytische Folge eines reinen Willens be-

dem sittlichen Gesetz steht, nicht gemeint haben könne, dass es sich dabei um einen Willen handelt, der immer dem Sittengesetz gehorcht, sondern nur um einen Willen, für den das Sittengesetz gültig ist (vgl. z. B. Paton 1971, S. 213, Bojanowski 2007, S. 220, und Klemme 2014, S. 72). Für eine Kritik an dieser Deutung vgl. Schönecker (1999, S. 162 f.).

schreiben, sondern sie ist auch die einzig logisch sinnvolle Deutung von Kants Feststellung dieses Implikationsverhältnisses. Denn nur aus der autonomen Freiheit eines vollkommenen Willens ergibt sich die Sittlichkeit durch bloße Zergliederung. Aus dem Begriff eines Willens, der die Wahl hat, sich für eine Handlungsbestimmung durch das Sittengesetz zu entscheiden oder dagegen, folgt die Sittlichkeit nicht durch eine Begriffszergliederung.[37] Ein vollkommener Wille ist immer moralisch gut; ein Wille, der die Freiheit hat, sich gegen das Sittengesetz zu entscheiden, nicht.

Ein weiteres Indiz für die Richtigkeit dieser Annahme findet sich gleich zu Beginn von Sektion 2. Kant betont hier – offenbar in einem Rückbezug auf die eben verhandelte Passage aus der ersten Sektion – dass „Sittlichkeit [...] aus der Eigenschaft der Freiheit abgeleitet werden" kann (447.30 – 33). Das ist aber wie gesagt nur möglich, wenn bisher von einem vollkommenen Willen die Rede war. Schönecker[38] hat auf die Konsequenzen hingewiesen, die sich für die architektonische Stimmigkeit des Aufbaus von *GMS* III aus der Annahme ergeben, dass ein menschlicher Wille im Sinne einer „Fähigkeitsinterpretation"[39] von Freiheit frei ist: Eine solche Deutung zerstört die Sinnhaftigkeit der argumentativen Struktur von *GMS* III, weil spätestens durch den Nachweis, dass der Mensch oder ein anderes vernünftiges Wesen tatsächlich frei ist, folgt, dass der Mensch sich dem Sittengesetz unterwerfen kann. Kants Ziel, zu erklären, wie ein kategorischer Imperativ möglich ist, wäre dann schon am Ende von Sektion 2 beantwortet. Die zweite Sektion trägt den Obertitel „Freiheit muß als Eigenschaft aller vernünftigen Wesen vorausgesetzt werden" (447.26 f.). Zieht man zu dieser Behauptung die Analytizitätsthese hinzu (‚Wenn die Freiheit des Willens vorausgesetzt wird, folgt die Sittlichkeit samt ihrem Prinzip daraus durch bloße Zergliederung ihres Begriffs'), dann müsste – insofern beide Behauptungen zutreffen, was sie Kant zufolge tun – daraus auch die Sittlichkeit folgen. Ein vernünftiges Wesen dürfte sich zu Recht als ein sittlich verpflichtetes Wesen denken, weil es im Sinne der

---

37 Einer der wenigen Interpreten, die neben Schönecker auf das Problem der Vereinbarkeit dieses Satzes mit der Interpretation des Willens als eines Willens, der dem kategorischen Imperativ unterworfen ist, eingehen, ist Milz (2014, S. 141, FN): „Nach Kants Verständnis begrifflicher Analytizität und Synthetizität enthält der Begriff eines freien Willens, der sowohl durch sittliche wie durch nicht-sittliche Gründe, die sich gegenseitig ausschließen, bestimmt werden kann, die sittlichen Gesetze nicht analytisch, ebenso wie der allgemeine Begriff des Dreiecks, das sowohl rechtwinklig wie nicht-rechtwinklig sein kann, nicht analytisch die Rechtwinkligkeit enthält."

38 Schönecker (1999, S. 154) schreibt: „Aber ihre Bedeutung [der Analytizitätsthese, H. P.] kann auf keinen Fall darin bestehen, daß ein freies Wesen als ein solches Wesen und bloß aufgrund seiner Freiheit der Gültigkeit des kategorischen Imperativs unterworfen ist; denn dann wäre mit dem Nachweis, daß der menschliche Wille frei ist, auch die Gültigkeit des kategorischen Imperativs schon bewiesen."

39 Blöser (2014, S. 74).

Behauptung aus Sektion 2 frei ist und weil im Sinne der Behauptung der Analytizitätsthese aus der Freiheit die Sittlichkeit folgt bzw. mit dieser einerlei ist. Noch zu Beginn von Sektion 2 stellt Kant explizit fest, dass aus der Freiheit auch die Sittlichkeit ‚abgeleitet' werden könne (447.33), und er behauptet in der zweiten Sektion, dass wir ein vernünftiges Wesen zumindest in praktischer Hinsicht wirklich als frei ansehen dürfen. In diesem Sinne wäre Kants Argumentationsziel (zumindest, wenn man hier bereits voraussetzt, dass der Mensch ein vernünftiges Wesen ist) bereits in der zweiten Sektion erreicht, und alle dann noch folgenden Sektionen dürften lediglich die Aufgabe haben, diese Einsicht weiter zu explizieren.[40]

Von allergrößter Schwierigkeit ist der Satz, der sich an Kants Feststellung der Ableitbarkeit der Sittlichkeit aus dem Begriff eines heiligen Willens anschließt und sich mit der adversativen Konjunktion ‚indessen' (447.10) in abgrenzender Weise darauf rückbezieht. Es kann keinen Zweifel geben, dass es sich bei dem Satz davor (447.8 f.) um einen analytischen Satz handelt, denn Kant spricht dort nicht nur von der Sittlichkeit als einer Folge begrifflicher ‚Zergliederung', sondern grenzt diesen Satz von etwas anderem ab, das ‚doch immer ein *synthetischer Satz*' ist (vgl. 447.10, Hervorh. H. P.). Die Schwierigkeit liegt darin, zu bestimmen, was dieses andere, das – im Gegensatz zu dem analytischen Satz in 447.8 f. – in einem ‚synthetischen Satz' bestehen soll, auszeichnet. Die Beantwortung dieser Frage hängt davon ab, worauf sich ‚das letztere' in 447.10 bezieht. Es gibt mindestens zwei Möglichkeiten 447.10 – 14 zu lesen: Entweder bezieht sich ‚das letztere' in 447.10 auf ‚die Sittlichkeit samt ihrem Prinzip' oder aber auf den gesamten Satz, der nach dem Doppelpunkt in 447.10 folgt. Das Synthetische, das von der analytischen Implikation der Sittlichkeit im Begriff eines heiligen Willens abgegrenzt werden muss, bezieht sich also entweder auf die Sittlichkeit und ihr Prinzip oder aber auf die Explikation des synthetischen Charakters dieses Prinzips durch die Behauptung, dass ein schlechterdings guter Wille derjenige sei, dessen Maxime jederzeit sich selbst als allgemeines Gesetz betrachtet enthalten könne.

Eine weitere Schwierigkeit der Interpretation besteht darin, dass nicht eindeutig zu beantworten ist, was Kant in der *GMS* überhaupt unter einem ‚schlechterdings guten Willen' versteht. Anders als z. B. Allison behauptet[41], ist

---

40 Schönecker weist darauf hin, dass ein solcher Eindruck durch eine Äußerung Kants in Sektion 5 (461.13 – 25) noch verstärkt werde, weil Kant an dieser Stelle auf eine „einzige Voraussetzung" der Beantwortung der Frage, wie ein kategorischer Imperativ möglich sei, verweise und diese Voraussetzung als Freiheit qualifiziere (vgl. Schönecker 1999, S. 155).

41 Allison (2011, S. 281) unterstellt Schönecker, der den absolut guten Willen in 447.11 als den absolut guten Willen eines sinnlich-vernünftigen Wesens auffasst, zu Unrecht eine unbegründete ad-hoc-Differenzierung zwischen zwei möglichen Bedeutungen des ‚schlechterdings guten Wileine Differenzierung zwischen dem schlechthin guten Willen eines vollkommenen Wesens und dem schlechthin guten Willen eines sinnlich-vernünftigen Wesens nicht aus der Luft gegriffen, sondern findet Rückhalt im Text.

In 402.1–5 fragt Kant[42]:

> Was kann das aber wohl für ein Gesetz sein, dessen Vorstellung, auch ohne auf die daraus erwartete Wirkung Rücksicht zu nehmen, den Willen bestimmen muß, damit dieser schlechterdings und ohne Einschränkung gut heißen könne?

An dieser Stelle behandelt Kant ganz eindeutig die mögliche moralische Bestimmung des Willens eines sinnlich-vernünftigen Wesens, welches von möglichen Wirkungen, die diese Bestimmung durch das sittliche Gesetz hat, absieht. Seine rhetorische Frage, was das für ein Gesetz sein könnte, aufgrund dessen Erfüllung der Wille ‚schlechterdings und ohne Einschränkung gut heißen könne', legt die Vermutung nahe, dass ein Wille, dessen Maxime durch das Sittengesetz bestimmt ist, ein schlechterdings guter Wille ist. Ein sinnlich-vernünftiger Wille, der erfolgreich durch das sittliche Gesetz bestimmt wurde und darin auf seine sinnlichen und pragmatischen Eigeninteressen keine Rücksicht nimmt, ist also ein schlechterdings und ohne Einschränkung guter Wille. Es ist ein absolut guter Wille in dem Sinne, dass er zwar nicht *von sich aus immer schon gut ist*, aber dann, wenn seine Maxime verallgemeinerbar ist. Anders als ein heiliger Wille ist ein solcher Wille also nicht allein durch seine „subjective Beschaffenheit" (414.4) ein schlechthin guter Wille. Das Handlungsprinzip eines in solchem Sinne ‚schlechterdings guten Willens', d.h. eines Willens, dessen Maxime verallgemeinerbar ist, muss ein „kategorischer Imperativ sein" (444.28 f.).

Dieser Bedeutung eines ‚schlechterdings guten Willens' steht in der *GMS* die Bedeutung als ein „*heiliger*, schlechterdings guter Wille" (439.29 f.) gegenüber, d.h. als ein absolut guter Wille eines vollkommenen Wesens.[43] Welche Bedeutung eines ‚schlechterdings guten Willens' Kant jeweils verwendet, muss also aus dem Kontext erschlossen werden.

---

lens': „Rather, according to Schönecker, Kant here (but not elsewhere) understands by an absolutely good will simply one that is good without restriction [...]".

42 Auf weitere Passagen, die für eine solche Interpretation sprechen, weist Schönecker (2013, S. 242 f.) hin.

43 In diesem Sinne spricht Kant auch in der zweiten *Kritik* (05:62.17 f., Hervorh. H. P.) von einem ‚schlechterdings' guten Willen: „[E]in Wille, dessen Maxime *jederzeit* [....] [dem] Gesetz gemäß ist, ist schlechterdings, in aller Absicht gut und die oberste Bedingung alles Guten [...]". Im Gegensatz dazu ist der Wille eines sinnlich-vernünftigen Wesens nicht ‚jederzeit' dem Gesetz gemäß und daher, in dieser Bedeutung von schlechterdings gut, nicht schlechterdings gut.

In 447.8 f. zieht Kant eine Konsequenz aus seinen vorangegangenen Überlegungen zum Begriff des heiligen Willens. Ein solcher Wille enthält die Sittlichkeit analytisch[44], weil er keinen sinnlichen Inklinationen ausgesetzt ist und als al-

---

44 Allison (2011) hat in seiner Kritik an Schöneckers Interpretation darauf hingewiesen, dass man nicht deshalb, weil die Sittlichkeit und ihr Prinzip in 447.8 f. durch Begriffszergliederung, d. h. analytisch, aus dem positiven Begriff der Freiheit folgen, den Schluss ziehen dürfe, das Sittengesetz selbst sei analytisch: „I believe that it is a mistake to read the first sentence as implying that the moral law is analytic. Simply put, it does not follow from the fact that morality together with its principle (the moral law or the principle of autonomy) follows from an analysis of the concept of freedom that the moral law itself is analytic. The reciprocity thesis also maintains that if the moral law is assumed, freedom of the will follows from an analysis of the concept of such a law; but I doubt very much that one would infer from this that for Kant the proposition that rational agents have a free will is analytic" (Allison 2011, S. 280). Der Stoßrichtung dieser Kritik folgt auch Milz (2014, S. 138, FN): „Wenn Schönecker [...] schreibt: ‚Wenn die Freiheit des Willens eines rein vernünftigen Wesens bloß in seiner Freiheit und Vernünftigkeit betrachtet wird, folgt daraus das Prinzip der Sittlichkeit als desktiptiv-analytischer Satz', dann ist zu präzisieren: Analytisch folgt nur, dass ein rein vernünftiges Wesen nach dem Prinzip der Sittlichkeit handelt, ebenso wie ein sinnlich-vernünftiger Wille, wenn er nur als ein freier und vernünftiger Wille betrachtet wird. In keinem Fall folgt eine praktisch-normative Geltung des Prinzips der Sittlichkeit." Schönecker (2013, S. 235, FN) hat auf Allisons Kritik (Allison 2011, S. 168 u. 280), dass aus der Tatsache, dass es eine analytische Wahrheit sei, dass der Wille immer dem sittlichen Gesetz entspräche, nicht folge, dass das Sittengesetz selbst analytisch sei, mit folgendem Einwand reagiert: „But I think this is exactly what it means: the moral law as the CI is synthetic because it connects an imperfect will with the volition of the morally good; the non-imperatival moral law is analytic because from the concept of a perfect being it follows that its volition is moral. Allison himself says: ‚The point rather seems to be that for a perfect will the connection between its volition and the course of action, which for finite rational agents is required by a Categorical Imperative, would be analytic' (2011:168). But just as the synthetic connection is the reason to call the Categorical Imperative synthetic, this ‚analytic connection' is the reason to call the non-imperatival moral law analytic." Im selben Aufsatz Schöneckers (2013, S. 244 f.) findet sich ein kurzes Fazit der Diskussion, in dem Schönecker an seiner These festhält (vor allem unter Berufung auf die FN in 420), dass das Sittengesetz analytisch sei, in dem er aber auch betont, dass die vorrangige Frage darin bestehe, ob das Sittengesetz in diesem Kontext der kategorische Imperativ sei oder das nicht-imperativische Gesetz: „I conclude by saying once more that the crucial question is *not* whether the moral law under which a free will is such that a free will and a will under moral laws are the same, is analytic or synthetic. The crucial question is whether the law in this relation and context is understood as a *non-imperatival* moral law or as the CI. If the latter, there simply is no way to make sense of *GMS* III [...] „ (Schönecker 2013, S. 245). In diesem Zusammenhang ist auch ganz grundsätzlich umstritten, ob die in der Literatur immer wieder geäußerte Annahme zutrifft, dass die ersten beiden Abschnitte der *GMS* analytisch sind und der dritte Abschnitt synthetisch ist. Worin der von Kant in 445.11 angesprochene ‚synthetische Gebrauch' der Vernunft besteht, ist nicht leicht auszumachen, weil Kant auf diesen Gebrauch terminologisch nicht mehr zurückkommt und es auch keine belastbaren Parallelstellen zu diesem Abschnitt gibt (vgl. Schönecker 2012, S. 231 ff.). Somit ist die Frage nach der Analytizität oder Synthetizität von leiniges Gesetz der Bestimmung der Kausalität eines solchen Willens das Sittengesetz übrig bleibt: ‚Wenn also Freiheit des Willens vorausgesetzt wird, so folgt die Sittlichkeit samt ihrem Prinzip daraus durch bloße Zergliederung ihres Begriffs'.

An dieser Stelle steht also die Behauptung eines analytischen Implikationsverhältnisses der Sittlichkeit im Begriff des heiligen Willens im Mittelpunkt – und damit ein analytischer Satz. Man darf also erwarten, dass Kant mit dem ‚indessen' in 447.10 in einer wie auch immer gearteten Weise eine Abgrenzung verbinden will. Und er bezieht sich in dem Satz, der mit ‚indessen' eingeleitet wird, in der Tat auf einen synthetischen Satz: ‚Indessen ist das letztere doch immer ein *synthetischer Satz*' (Hervorh. H. P.). Das substantivierte Adjektiv ‚das Letztere', mit dem Kant auf einen ‚synthetischen Satz' verweist, kann sich nun – wie bereits festgestellt – entweder auf das ‚Prinzip der Sittlichkeit' in 447.8 f. beziehen oder aber auf die Aussage in 447.10 – 12: ‚Ein schlechterdings guter Wille ist derjenige, dessen Maxime jederzeit sich selbst, als allgemeines Gesetz betrachtet, in sich enthalten kann'.

Der Abschnitt 447.10 – 14 lässt sich im Hinblick auf ‚das Letztere' auf folgende unterschiedliche Weise paraphrasieren:

L1: [L1.1] Aus dem Begriff der Freiheit des Willens eines vollkommenen Wesens ergibt sich analytisch die Sittlichkeit. [L1.2] Im Gegensatz dazu ist der folgende Satz immer ein synthetischer Satz: Ein absolut guter Wille eines vernünftigen Wesens ist dann gut, wenn seine Maxime jederzeit verallgemeinerbar ist. [L1.3] Dieser Satz ist synthetisch, weil aus dem Begriff eines absolut (‚schlechterdings') guten Willens die Eigenschaft der Maxime, jederzeit verallgemeinerbar zu sein, nicht abgeleitet werden kann.

L2: [L2.1] Aus dem Begriff der Freiheit des Willens eines vollkommenen Wesens ergibt sich analytisch die Sittlichkeit. [L2.2] Im Gegensatz dazu ist das Prinzip der Sittlichkeit immer ein synthetischer Satz: Ein absolut guter Wille eines vernünftigen Wesens ist dann gut, wenn seine Maxime jederzeit verallgemeinerbar ist. [L2.3] Dieses Prinzip ist synthetisch, weil aus dem Begriff eines absolut (‚schlechterdings') guten Willens die Eigenschaft der Maxime, jederzeit verallgemeinerbar zu sein, nicht abgeleitet werden kann.

Beide Deutungen stimmen darin überein, dass sie sich von dem Gedanken einer analytischen Implikation der Sittlichkeit im Begriff eines *reinen* Willens durch die adversative Konjunktion ‚indessen' abgrenzen. Was die Stoßrichtung der Argu-

---

GMS III nicht eindeutig zu beantworten. Die von Schönecker als ‚Standardinterpretation' (vgl. Schönecker 2012, S. 225) bezeichnete Deutung geht davon aus, dass Kant in *GMS* I/II noch einer analytischen Methode folge, während *GMS* III nach synthetischer Methode verfahre. Schönecker hat eingewandt, dass man Kants Hinweis auf die ‚analytische Methode' im Lichte von 04:294.11 auch ganz anders auffassen könne. Die Zergliederung der Begriffe in *GMS* I/II darf dieser Interpretation zufolge nicht mit der ‚analytischen Methode' verwechselt werden. Man müsste sagen, dass die *GMS* als Ganzes analytisch verfahre (vgl. dazu u. a. Schönecker 1996, Schönecker 1999, S. 398 f., Schönecker 2012, S. 241 f.). Zu einer Kritik an Schöneckers Deutung vgl. Milz (1998).

mentation angeht, so stellt es keinen relevanten Unterschied dar, ob Kant diese Abgrenzung durch den Bezug auf einen *synthetischen Satz* vornimmt, der das ‚Prinzip der Sittlichkeit' expliziert, oder durch den direkten Hinweis auf das Prinzip der Sittlichkeit als synthetischen Satz selbst.

In beiden Fällen würde sich scheinbar das Problem ergeben, dass das ‚Prinzip der Sittlichkeit', welches in 447.8 f. als analytisch beschrieben wird, von Kant in 447.10 plötzlich als synthetisch bezeichnet würde (ob nun direkt durch die Identifikation von ‚das Letztere' als ‚das Folgende' oder durch die synthetische Charakterisierung im Satz nach dem Doppelpunkt).[45]

Dieses Problem lässt sich nur durch die Annahme eines grundsätzlichen Perspektivwechsels lösen – weg vom Willen eines vollkommenen Wesens und hin zum guten Willen eines sinnlich-vernünftigen Wesens (von L1.3 bzw. L2.3). Dadurch kann die von Kant behauptete Synthetizität (sei es des ‚Prinzips der Sittlichkeit' oder des Satzes nach dem Doppelpunkt, der diese Sittlichkeit expliziert) ohne Widerspruch auf das in L1.1 bzw. L2.1 in dieser ersten Perspektive zunächst als *analytisch* qualifizierte ‚Prinzip der Sittlichkeit' bezogen werden. Ein Widerspruch würde überhaupt nur dann entstehen, wenn man annähme, dass Kant in L1.1–L1.2 bzw. L2.1–L2.2 in derselben Perspektive vom ‚Prinzip der Sittlichkeit' spräche.

In einigen Nuancen unterscheiden sich allerdings die Interpretationen: Die erste Interpretation (L1) hat den Nachteil, dass man das substantivierte Adjektiv ‚das Letztere' als ‚das Folgende'[46] verstehen müsste, was logisch möglich, aber sprachlich sehr ungewöhnlich und innerhalb der Schriften Kants ohne Parallele ist: Kant gebraucht an keiner anderen Stelle ‚das Letztere' im Sinne von ‚das Folgende'.[47] Andererseits legt die Formulierung ‚synthetischer Satz' tatsächlich die Nennung eines *Satzes* nahe – und ein Satz folgt ja nach dem Doppelpunkt. Kant bezeichnet allerdings auch an vielen Stellen das Sittengesetz selbst als einen Satz (vgl. z. B. 444.35, 454.11), sodass es nicht minder plausibel wäre, dass ‚das Letztere' im Sinne von L2 doch das Prinzip der Sittlichkeit meint. Ein großer Vorteil von L2 besteht darin, dass sich hier die Feststellung, dass ‚das Letztere' *immer* ein synthetischer Satz ist, sinnvoll deuten ließe (wenn man den synthetischen Satz als kategorischen Imperativ versteht und eingedenk des Perspektivwechsels von einem vollkommenen Wesen hin zu einem sinnlich-vernünftigen Wesen): Für sinnlich-vernünftige Wesen ist das Prinzip der Sittlichkeit in Form des kategorischen Imperativs tatsächlich *immer* ein synthetischer Satz. In L1 wäre nur zum

45 Für eine Übersicht über die Irritationen, die dieser scheinbare Widerspruch in der Literatur ausgelöst hat, siehe Schönecker (1999, S. 168 – 171).

46 Eine solche Annahme ist in der Literatur weit verbreitet (vgl. z. B. Schönecker 1999, S. 166, oder Ludwig 2014, S. 247).

47 Dies ergibt eine Suche dieses Begriffs in einer elektronischen Ausgabe von Kants Werken.

Ausdruck gebracht, dass der nach dem Doppelpunkt folgende synthetische Satz *immer* ein synthetischer Satz ist, was nicht ganz schlüssig wäre, weil das Adverb ‚immer' (447.10) in diesem Zusammenhang keine Funktion hätte. Entweder ist der nach dem Doppelpunkt folgende Satz synthetisch oder nicht. Die Behauptung, er sei es *immer*, ergäbe keinen rechten Sinn.

Für die Stichhaltigkeit der Annahme eines Perspektivwechsels zwischen den Abschnitten 447.8 f. und 447.10 spricht Kants Argumentation in 446.5 – 7, weil sich auch in dieser eine vergleichbare Vermengung unterschiedlicher Perspektiven auf die eine Sache findet.

Wie wir gesehen haben, steht an dieser Stelle ein heiliger Wille im Mittelpunkt – und damit ein Wille, dessen Maximen immer verallgemeinerbar sind. Dieser Wille verwirklicht „das Princip, *nach keiner anderen* Maxime zu handeln, als die sich selbst auch als ein allgemeines Gesetz zum Gegenstande haben kann" (447.3 – 5, Hervorh. H. P.).

Ein solcher Wille steht zwar *unter* dem Gesetz, aber das Gesetz ist für ihn nicht nötigend, weil er von sich selbst aus immer schon gut ist. Dass Kant in diesem Kontext den *kategorischen Imperativ* zur Sprache bringt (vgl. 447.6), mag auf den ersten Blick überraschen, weil für einen solchen heiligen Willen der kategorische Imperativ nicht gilt. Kant spricht allerdings in dieser Perspektive von dem Willen als einem heiligen Willen, folgerichtig vom kategorischen Imperativ nur im Sinne einer *Formel* und damit als eines deskriptiven Satzes. Er behauptet an dieser Stelle nicht, der kategorische Imperativ sei *für diesen* Willen ein Imperativ. Kurz darauf identifiziert Kant die *Formel* des kategorischen Imperativs mit dem Prinzip der Sittlichkeit: Das Prinzip der Sittlichkeit besteht in der Formel des kategorischen Imperativs. Kant setzt also in 447.5 – 7 den Begriff eines heiligen Willens in Bezug zum kategorischen Imperativ als deskriptivem Satz: Ein heiliger Wille ist aufgrund seiner Konstitution immer so verfasst, wie es der kategorische Imperativ vom Willen eines sinnlich-vernünftigen Wesens fordert. Im Hinblick auf ein vollkommenes Wesen als Träger eines heiligen Willens, für den moralisches Handeln eine Notwendigkeit darstellt, zu der er nicht genötigt werden muss, stellt der kategorische Imperativ eine bloße Formel dar. Alle Maximen eines heiligen Willens sind verallgemeinerbar, sie haben die Qualität, die der kategorische Imperativ von sinnlich-vernünftigen Wesen einfordert, und die Sittlichkeit ist eine analytische Folge aus seiner heiligen Verfasstheit.

Im Satz darauf heißt es im Gegensatz dazu: ‚Indessen ist das Prinzip der Sittlichkeit *immer* ein synthetischer Satz'. Anders als im Satz davor betrachtet Kant die Formel des kategorischen Imperativs jetzt im Hinblick auf dessen nötigenden Charakter für ein *sinnlich-vernünftiges Wesen*. Das wird in der zitierten Stelle in 447.8 f. ganz deutlich. Kant weist hier darauf hin, dass das ‚Prinzip der Sittlichkeit' *immer* ein synthetischer Satz sei: So wie die Sittlichkeit (die Formel des kategorischen Imperativs) im Hinblick auf einen heiligen Willen *immer* ein analytischer Satz ist, so ist sie als kategorischer Imperativ im Hinblick auf ein sinnlich-vernünftiges Wesen *immer* ein synthetischer Satz. Kant hatte im Kontext seiner Explikation des heiligen Willens den kategorischen Imperativ bereits als eine ‚Formel' gekennzeichnet. Indirekt war in einer solchen Beschreibung schon eine weitere Perspektive mitgedacht, nämlich diejenige, die Kant nun in den Mittelpunkt rückt: Dass das Prinzip der Sittlichkeit, das für ein vollkommenes Wesen und seinen reinen Willen nur eine Formel darstellt, für ein sinnlich-vernünftiges Wesen ein *Gesetz* ist. Damit handelt es sich hierbei nicht um einen analytisch-deskriptiven Satz, sondern um einen synthetisch-präskriptiven: Den Willen eines heiligen Wesens, der nicht dem kategorischen Imperativ unterworfen ist und für den das Prinzip der Sittlichkeit eine analytische Folge seiner grundsätzlichen Konstitution ist, setzt Kant nun in ein Verhältnis zum absolut guten Willen eines sinnlich-vernünftigen Wesens, der dem kategorischen Imperativ unterworfen ist und für den das Prinzip der Sittlichkeit nicht analytisch aus seiner grundsätzlichen Verfasstheit folgt.

Der heilige Wille ist *immer* durch gesetzeskonforme Maximen ausgezeichnet. Daher lässt sich die Qualität *aller* seiner Maximen analytisch ermitteln, während sich die Maximen des absolut guten Willens eines vernünftigen Wesens, der dadurch absolut gut ist, dass er durch mindestens eine verallgemeinerbare Maxime bestimmt ist, nicht analytisch ermitteln lassen. Aus diesem Grunde schreibt Kant, dass das Prinzip der Sittlichkeit im Hinblick auf den guten Willen eines sinnlich-vernünftigen Wesens ein synthetischer Satz sei, denn „durch Zergliederung des Begriffs von einem schlechthin guten Willen kann jene Eigenschaft der Maxime nicht gefunden werden" (447.12–14).

Ein schlechthin guter Wille eines sinnlich-vernünftigen Wesens, d.h. ein Wille, den man in Bezug auf eine bestimmte gute Handlung und die ihr zugrunde liegende Maxime als absolut gut bezeichnen muss, könnte auch immer noch über andere Handlungsmaximen verfügen, die nicht verallgemeinerbar sind, während dies beim heiligen Willen ausgeschlossen ist. Diese Interpretation ist allerdings nur dann stimmig, wenn man annimmt, dass Kant den Begriff eines schlechterdings guten Willens (eines sinnlich-vernünftigen Wesens) in 447.10–14 tatsächlich so fasst, dass dieser Wille auch dann, wenn er im Hinblick auf seine *anderen* Maximen als nicht moralisch qualifiziert werden muss, aufgrund einer *bestimmten* verallgemeinerbaren Maxime (insgesamt) dennoch als ein guter Wille qualifiziert werden kann.[48]

---

48 Schönecker (1999, S. 168) meint den Text dadurch, dass er insgeheim den Begriff eines schlechthin guten Willens mit dem eines sinnlich-vernünftigen Willens identifiziert, so para-

In der Definition eines Willens als schlechterdings gut müssten also indirekt schon *alle* Maximen dieses Willens mitgedacht werden, d. h., er ist im Hinblick auf eine bestimmte verallgemeinerbare Maxime schlechterdings gut, obwohl er neben dieser Maxime möglicherweise auch nicht verallgemeinerbare Maximen ergreift. Läge der Fokus der Definition eines schlechthin guten Willens allein auf der Qualität einer bestimmten verallgemeinerbaren Maxime, dann würde sich aus dem Begriff eines schlechterdings guten Wesens analytisch die Qualität der Verallgemeinerbarkeit (s)einer Maxime ergeben (aber nicht aller seiner Maximen). Eine solche problematische Deutung legt der Text selbst auf den ersten Blick überraschenderweise tatsächlich nahe, weil Kant das Prinzip der Sittlichkeit in 447.10 – 14 auf folgende Weise definiert:

> Ein schlechterdings guter Wille ist derjenige, dessen Maxime jederzeit sich selbst als allgemeines Gesetz betrachtet, in sich enthalten kann, denn durch Zergliederung des Begriffs von einem schlechthin guten Willens kann jene Eigenschaft der Maxime nicht gefunden werden.

Die Formulierungen ‚dessen Maxime' und ‚jene Eigenschaft der Maxime' legen nahe, dass in der Definition des schlechthin guten Willens tatsächlich nur die

phrasieren zu können: „Wenn also die Freiheit des Willens eines rein vernünftigen Wesens vorausgesetzt oder auch der Wille eines sinnlich-vernünftigen Willens bloß in seiner Freiheit und Vernünftigkeit betrachtet wird, folgt daraus das Prinzip der Sittlichkeit als deskriptiv analytischer Satz. Indessen ist dieses Prinzip in seiner Gestalt als kategorischer Imperativ doch immer ein synthetischer Satz: Der Wille eines sinnlich-vernünftigen Wesens ist nur dann gut, wenn seine Maxime universalisierbar ist. Denn bloß durch Zergliederung des Begriffs des Willens eines sinnlich-vernünftigen Wesens kann die Eigenschaft seiner Maximen universalisierbar zu sein, nicht gefunden werden." Schönecker identifiziert also im zweiten Teil des Satzes unter der Hand den schlechthin guten Willen mit dem sinnlich-vernünftigen Willen. Nur auf diese Weise ist es möglich, dass die Verallgemeinerbarkeit der Maximen *nicht* aus dem Begriff des Willens fließt. In einem späteren Beitrag (Schönecker 2013, S. 243) hat Schönecker diese Unstimmigkeit abgeschwächt. Er schreibt nun: „So Kant refers to the will as absolutely good only inasmuch as its (particular) *maxim* can be universalized: ‚The absolutely good will, whose principle must be a categorical *imperative*' [...]" und betont, dass „the ‚analysis' of an imperfect will, even if it is ‚absolutely good' with regard to a given maxim, cannot show that it is good with regard to any maxim [...]." Durch den Hinweis auf *eine einzelne* verallgemeinerbare Maxime als Definitionsmerkmal des schlechthin guten Willens eines sinnlich-vernünftigen Wesens in Differenz *zu allen* Maximen des Willens eines sinnlich-vernünftigen Wesens als eines schlechthin guten Willens kann das Problem umgangen werden, das sich aus dem Begriff eines sinnlich-vernünftigen Wesens im Hinblick allein auf sein Definitionsmerkmal – die verallgemeinerbare Maxime – sehr wohl für die Qualität dieser bestimmten Maxime analytisch ergibt. Dass *alle* Maximen des Willens eines sinnlich-vernünftigen Wesens verallgemeinerbar sind, ergibt sich aus dem Begriff eines sinnlich-vernünftigen Wesens, dessen Willen hinsichtlich einer bestimmten Maxime als ein schlechthin guter Wille ausgezeichnet wird, in der Tat nicht.

Qualität einer bestimmten einzelnen Maxime relevant ist, d. h. er nicht insgeheim die anderen, nicht verallgemeinerbaren Maximen des Willens umfasst und dass es genau die Eigenschaft dieser einen spezifischen Maxime ist, die durch Zergliederung des Begriffs eines schlechthin guten Willens nicht gefunden werden kann. Eine solche Interpretation, die der genaue Wortlaut an dieser Stelle suggeriert, kann aber nicht in Kants Absicht liegen, denn so ergäbe der gesamte Satz keinen Sinn: Die Eigenschaft der Maxime könnte dann, anders als Kant behauptet, tatsächlich durch Zergliederung des Begriffs eines schlechterdings guten Willens gefunden werden.

Eine zweite Schwierigkeit liegt darin, dass Kant in 447.10 – 12 den schlechterdings guten Willen (d. h. den absolut guten Willen eines sinnlich-vernünftigen Wesens) als einen Willen begreift, ‚dessen Maxime jederzeit sich selbst, als allgemeines Gesetz betrachtet, in sich enthalten kann'. Ein absolut guter Wille ist demzufolge ein Wille, dessen Maxime möglicherweise *immer* sich selbst in Form einer gesetzeskonformen Maxime enthält. Ein schwerwiegendes Problem für die skizzierte Interpretation könnte daher in dem ‚jederzeit' liegen. Wäre der absolut gute Wille eines vernünftigen Wesens ‚jederzeit', d. h. immer, gut, würde er also tatsächlich *ausschließlich* nach gesetzeskonformen Maximen handeln, dann wäre er von einem heiligen Willen nicht mehr zu unterscheiden. Man könnte daher zu der Ansicht gelangen, Kant hätte hier vielleicht doch den heiligen Willen im Blick, denn ein solcher Wille ist ja tatsächlich immer (jederzeit) gut.[49] Allerdings stünde eine solche Deutung erneut zu dem Satz in 447.12 – 14 in Widerspruch, der ja behauptet, dass „durch Zergliederung des Begriffs von einem schlechthin guten Willen [...] jene Eigenschaft [die Qualität der Verallgemeinerbarkeit] der Maxime *nicht* gefunden werden [kann]". Ich würde daher vorschlagen, ‚jederzeit' hier im Sinne einer *konstanten Qualität der verallgemeinerbaren Maxime* zu verstehen und nicht als eine Bestimmung einer Konstante in der Wahl nur verallgemeinerbarer Maximen.

> 447.14 – 25
>
> Solche synthetische Sätze sind aber nur dadurch möglich, daß beide Erkenntnisse durch die Verknüpfung mit einem dritten, darin sie beiderseits anzutreffen sind, unter einander verbunden werden. Der *positive* Begriff der Freiheit schafft dieses dritte, welches nicht wie bei den physischen Ursachen die Natur der Sinnenwelt sein kann (in deren Begriff die Begriffe von etwas als Ursache in Verhältniß auf *etwas anderes* als Wirkung zusammenkommen). Was dieses dritte sei, worauf uns die Freiheit weiset, und von dem wir *a priori* eine Idee haben, läßt sich hier sofort noch nicht anzeigen und die Deduction des Begriffs der Freiheit aus der reinen

---

49 Dafür, dass ein solcher Verdacht nicht unbegründet ist, spricht die bereits zitierte Passage aus der zweiten *Kritik* (05:62.17 f., vgl. FN), in der Kant erneut den schlechthin guten Willen eines vollkommenen Wesens behandelt und auch hier davon spricht, dass dieser ‚jederzeit' gut sei.

praktischen Vernunft, mit ihr auch die Möglichkeit eines kategorischen Imperativs begreiflich machen, sondern bedarf noch einiger Vorbereitung.

Der erste Satz dieses Abschnitts ist zunächst dadurch schwer verständlich, dass die Formulierungen ‚synthetische Sätze', ‚beide Erkenntnisse' und ‚das Dritte' von Kant nicht weiter erläutert werden und dass sich deren Bedeutung auch im weiteren Verlauf des Textes nur vage bestimmen lässt. Hinzu kommt, dass Kant sich auch zu der ‚Verknüpfung' der beiden ‚Erkenntnisse' und der dadurch geleisteten Verbindung dieser Elemente, welche dann die ‚synthetischen Sätze' erst möglich machen soll, nicht näher äußert.

In 447.10 stand ein synthetischer Satz im Mittelpunkt, nämlich das ‚Prinzip der Sittlichkeit' in Bezug auf den Willen eines sinnlich-vernünftigen Wesens – und damit als kategorischer Imperativ. Es ist somit davon auszugehen, dass einer der synthetischen Sätze in 447.14 der kategorische Imperativ ist. Da Kant in diesem Abschnitt von keinen anderen synthetischen Sätzen spricht, ist der Plural (‚synthetische Sätze') zunächst rätselhaft.

Eine sehr plausible Erklärung hierfür ergibt sich allerdings aus der Betrachtung von Kants Formulierung in 447.10, wo es heißt, dass ‚das Letztere', d. h. das Prinzip der Sittlichkeit, *immer* ein synthetischer Satz sei. Die Formulierung ‚solche synthetische Sätze' aus 447.14 könnte man dann als einen Bezug auf den kategorischen Imperativ als synthetischen Satz im Hinblick auf seinen nötigenden Charakter auffassen: Der kategorische Imperativ hat für verschiedene sinnlich-vernünftige Subjekte in unterschiedlichen Situationen der Willens- und damit der Handlungsbestimmung jeweils *immer synthetischen Charakter.* Die synthetischen Sätze dienen also als Bezeichnung für die Menge der verschiedenen Willensbestimmungen unterschiedlicher Subjekte durch den *einen* Imperativ, der einen synthetischen Satz darstellt.

Der Begriff ‚Erkenntnisse' aus 447.15 lässt sich nicht so leicht identifizieren. Anders als bei den synthetischen Sätzen findet sich hier im vorangegangenen Abschnitt kein direkter terminologischer Anknüpfungspunkt. Der kategorische Imperativ als synthetischer und jeweils nötigender Satz soll dadurch möglich sein, dass zwei Erkenntnisse durch Verknüpfung mit einem Dritten (worin diese Erkenntnisse beide anzutreffen seien) miteinander verbunden werden. An welcher Stelle in 447.8 – 14 spricht Kant aber von Erkenntnissen?

Ein Interpretationsvorschlag könnte folgendermaßen aussehen: Kant behandelt, wenn auch nur implizit und nicht unter expliziter Nennung des Begriffs ‚Erkenntnis', in Zusammenhang mit seiner Analytizitätsthese genau zwei Einsichten, die man möglicherweise mit den ‚Erkenntnissen' aus 447.15 identifizieren könnte. Und zwar erstens die Einsicht, dass aus dem Begriff der Autonomie die Freiheit folgt, und zweitens die Einsicht, dass aus der Freiheit die Autonomie folgt.

Selbst wenn Kant sich in diesem Zusammenhang vor allem der Ableitbarkeit der Autonomie aus der Freiheit widmet, hebt er doch auch hervor, dass aus der Autonomie die Freiheit folgt: Ein freier Wille und ein Wille unter sittlichen Gesetzen sind ‚einerlei' (vgl. 447.7). Sowohl der freie Wille als auch die Sittlichkeit in Form der Autonomie sind damit – in einem etwas weiteren Sinne – beide Erkenntnisse. Es könnte also naheliegen, den freien Willen und die ‚Sittlichkeit samt ihrem Prinzip' in 447.8f. als die beiden Erkenntnisse aus 447.15 aufzufassen. Beide Begriffe können als eine bestimmte Einsicht aus der Analytizitätsthese begriffen werden. Das Dritte müsste dann etwas von diesen beiden Einsichten Verschiedenes sein, denn es ist selbst keine Erkenntnis aus dieser These, also nicht etwa noch eine dritte Erkenntnis, die sich daraus auch gewinnen ließe.

Leider hat diese Interpretation der ‚Erkenntnisse' den gravierenden Schönheitsfehler, dass der freie Wille in der Analytizitätsthese als Wille eines vollkommenen Wesens oder aber doch zumindest als Wille eines sinnlich-vernünftigen Wesens, aber allein im Hinblick auf dessen Vernünftigkeit, betrachtet wird. Es wäre wenig sinnvoll anzunehmen, dass die reziproke Erkenntnis der Autonomie aus der Freiheit und der Freiheit aus der Autonomie deckungsgleich mit den von Kant durch die Verknüpfung mit einem dritten Element zu verbindenden Erkenntnissen aus 447.15 sei. Denn diese Erkenntnisse sind ja nicht nur schon miteinander verknüpft (und müssen daher nicht erst in einem übergeordneten Begriff oder Konzept zusammengeführt werden), sondern sie sind sogar *identisch.* Freiheit (ein freier Wille eines vollkommenen Wesens) und Autonomie (als Prinzip der Sittlichkeit) müssen nicht miteinander verbunden werden; sie sind schon ‚unzertrennlich' (vgl. 448.7 u. 452.36) miteinander verbunden.

Durch einen Rekurs auf die Einsichten aus der Analytizitätsthese lässt sich also die Bedeutung der ‚Erkenntnisse' aus 447.15 nicht näher bestimmen. Es bleibt aber noch die Möglichkeit, aus der Bedeutung des Dritten nähere Auskunft über diese Erkenntnisse zu erhalten. Die beiden – wie auch immer aufzufassenden – Erkenntnisse sind in dem gesuchten Dritten, so erfahren wir in 447.16, schon ‚anzutreffen' (447.16). Sie müssen Kant zufolge aber mit dem Dritten ‚verknüpft' werden, um auf diese Weise miteinander *verbunden* sein zu können. Sie würden, so darf man hier schließen, ohne die Verknüpfung mit diesem Element (in dem sie beide schon enthalten sind) unvermittelt nebeneinander stehen.

Im Satz darauf (447.17–20) stellt Kant fest, dass der positive Begriff der Freiheit das Dritte ‚schafft', welches ‚nicht wie bei den physischen Ursachen die Natur der Sinnenwelt sein kann'. Eine solche, vergleichende Abgrenzung legt erstens nahe, dass es sich bei dem Dritten um etwas handeln muss, das mit der ‚Natur der Verstandeswelt', der intelligiblen Welt, in Zusammenhang steht, weil das Dritte *nicht* die ‚Natur der Sinnenwelt sein kann'. Und sie legt zweitens nahe, dass es sich bei dem Dritten um einen Modus von *Kausalität* der Verstandeswelt handeln muss, denn das Dritte wird hier negativ definiert durch den Bezug auf etwas, das in dem Dritten nicht enthalten ist, nämlich physische *Ursachen*. Das Dritte muss folglich eine *Ursächlichkeit* sein, denn es wird an dieser Stelle aus dem Gegensatz von ‚physischen *Ursachen*' gewonnen, und es muss somit intelligibel sein.

Ein Blick voraus auf die vierte Sektion mag näheren Aufschluss bringen über das von Kant nicht explizit erläuterte, sondern nur in vagen Andeutungen umschriebene Dritte. Folgt man der vorgeschlagenen Interpretation, kann es vorläufig als eine *Kausalität der Verstandeswelt* gefasst werden, aus der sich möglicherweise Rückschlüsse auf die Bedeutung der ‚Erkenntnisse' aus 447.15 gewinnen lassen. In 454.6–19[50] bezieht sich Kant abschließend auf die Frage, wie ein kategorischer Imperativ *möglich* sei, und beantwortet diese durch den Hinweis auf die aus der reinen praktischen Vernunft deduzierte Idee der Freiheit – und durch den Hinweis, dass

> über meinen durch sinnliche Begierden afficirten Willen noch die Idee ebendesselben, aber zur Verstandeswelt gehörigen reinen, für sich selbst praktischen Willens hinzukommt, welcher die oberste Bedingung des ersteren nach der Vernunft enthält; ungefähr so, wie zu den Anschauungen der Sinnenwelt Begriffe des Verstandes, die für sich selbst nichts als gesetzliche Form überhaupt bedeuten, hinzu kommen und dadurch synthetische Sätze *a priori*, auf welchen alle Erkenntniß einer Natur beruht, möglich machen.

Es könnte also das Hinzukommen der Idee des Willens rein als Glied der Verstandeswelt sein, das den kategorischen Imperativ als *synthetischen Satz* möglich macht, ‚ungefähr so, wie zu den Anschauungen der Sinnenwelt Begriffe des Verstandes' hinzutreten und auf diese Weise synthetische Sätze a priori, auf denen die Erkenntnis der Natur fußt, möglich machen. Unabhängig davon, wie diese Textstelle genau zu deuten ist und inwieweit die hier angesprochene Analogie zwischen dem kategorischen Imperativ als synthetischem Satz und synthetischen Sätzen, die der Naturerkenntnis zugrunde liegen sollen, tatsächlich trägt: Es ist nicht unplausibel anzunehmen, dass das in 447.18 angesprochene Dritte tatsächlich in der Idee eines reinen Willens liegt. Denn Kants Überlegungen zum Dritten in 447.17–19 hatten ja nahegelegt, dass dieses in der Vorstellung einer *intelligiblen Kausalität* bestehe. Kant hatte das Dritte durch eine negative Definition zumindest umrissartig skizziert: Es sei *nicht* ‚die Natur der Sinnenwelt' und auch keine physische *Ursache*. Bezieht man diesen Schluss jetzt auf seine Äußerungen in 454.6–19, so passt Kants Hinweis auf die Idee eines reinen Willens als etwas, das im Hinblick auf einen sinnlich-vernünftigen Willen, der durch ein intelligibles Handlungsgesetz bestimmt werden soll, noch hinzukommen muss, nahtlos zu dem mutmaßlich als intelligible Kausalität zu de-

---

50 Diese kurzen Erläuterungen können an dieser Stelle lediglich eine Skizze darstellen. Eine genaue Interpretation von 454.6–19 findet sich auf S. 196 ff.

finierenden Dritten. Das Dritte, so muss man hier schließen, besteht in der Idee eines reinen, intelligiblen Willens – oder besser gesagt, in dem Nachweis der Triftigkeit einer solcher Idee.

Betrachtet man 447.15 – 24 als Ganzes, so lässt sich daraus vorläufig auf folgende mögliche Position Kants schließen: Der positive Begriff der Freiheit schafft die Idee eines reinen Willens. Wenn wir nun für die positive Freiheit den Begriff der Autonomie einsetzen, muss diese Behauptung so reformuliert werden: Die Autonomie schafft die Idee eines reinen Willens, und durch die Verknüpfung dieser Idee werden die beiden (immer noch nicht exakt bestimmten) Erkenntnisse aus 447.15 untereinander verbunden. Es ist nicht ganz klar, was mit dem Ausdruck ‚schafft' (447.17) ausgedrückt werden soll, denn in 447.21 schreibt Kant bloß, dass die Freiheit, d. h. die Autonomie, uns auf das Dritte ‚weiset' (447.21). Die Behauptung, dass die Autonomie die Idee eines reinen Willens *erzeuge*, ist aber ein anderer Sachverhalt als die Behauptung, dass die Autonomie auf die Idee eines reinen Willens bzw. dessen Realität *hinweise*. In dem kurzen Abschnitt, in dem sich beide Behauptungen nacheinander finden, gibt es kein Indiz für die Annahme, dass die Autonomie das Dritte sowohl erzeugt als auch auf dieses hinweist (eine solche Annahme würde auch keinen rechten Sinn ergeben). Darüber hinaus ist die Formulierung ‚weiset' im Sinne von ‚hinweisen' weniger mehrdeutig als der Begriff ‚schaffen'. Demzufolge würde ich vorschlagen, ‚schafft' und ‚weiset' im Sinne von ‚hinweisen' zu lesen. ‚Schaffen' lässt sich nämlich im Sprachgebrauch zur Zeit Kants auch im Sinne von ‚verschaffen' auffassen.[51] Demnach würde Kant auch in 447.17 bloß feststellen, dass die Autonomie die Idee eines reinen Willens *verschafft*. Das *Er*bringen einer Sache darf also nicht mit dem *Hervor*bringen dieser Sache verwechselt werden. Die Autonomie bringt die Idee eines reinen Willens nicht im Sinne einer Erzeugung hervor, sondern weist im Sinne von 447.21 lediglich auf diese Idee hin.

Kant stellt in Bezug auf die Idee eines reinen Willens (als das Dritte) weiter fest, dass diese Idee sich hier noch nicht ‚anzeigen' lasse und es noch einiger Vorbereitung bedürfe, die Deduktion des Begriffs der positiven Freiheit aus der reinen praktischen Vernunft begreiflich zu machen – und mit ihr auch die Möglichkeit eines kategorischen Imperativs. Schönecker hält den Satz in 447.18 – 25 für unklar, was aber in erster Linie auf einer falschen Auffassung der hier angekündigten Deduktion beruhen dürfte.[52] Schönecker schreibt: „Nun soll die Deduktion

---

51 Vgl. z. B. den Eintrag zum Begriff ‚schaffen' im Grimm'schen Wörterbuch (Bd.14, Sp. 2026).

52 Völlig abwegig, für einen Teil der Literatur aber symptomatisch, ist Freudigers Interpretation (1993, S. 93) von 447.15 – 21. Er behauptet, dass „hier von ‚Deduktion' in einem etwas weiteren Sinne, der die zentrale Argumentation als Ganze betrifft", die Rede sei – und nicht „von einer Deduktion der Freiheit [...] die Rede sein" könne (Freudiger 1993, S. 93, Hervorh. v. Freudiger).

die Frage beantworten, was dieses Dritte“ ist“ (Schönecker 1999, S. 395). Das ist an dieser Stelle aber nicht Kants Position. Kant stellt im Abschnitt 447.17–21 hinsichtlich des Dritten lediglich fest, dass die Autonomie dieses (die Idee des reinen Willens) in dem Sinne *verschaffe*, dass sie zu diesem Begriff in irgendeiner Weise führe und dass sich das Dritte hier noch nicht anzeigen lasse. Er behauptet aber nicht, dass sich durch die Deduktion das Dritte gewinnen ließe. Die ‚Deduktion des Begriffs der Freiheit aus der reinen praktischen Vernunft‘ in 447.22f. darf nicht als Lösung des Problems, dass das, was ‚dieses Dritte sei, worauf uns die Freiheit weiset [...] sich hier sofort noch nicht anzeigen‘ lässt (vgl. 447.20–22), verstanden werden. Wenn man eine solche Aussageintention annimmt, müsste man diesen Satz auf folgende sinnentstellende Weise paraphrasieren:

> *D1: Was das Dritte ist und worauf uns die Autonomie hinweist, das lässt sich an dieser Stelle noch nicht aufzeigen, und dieses Aufzeigen, d. h. die Deduktion der Autonomie (und damit des Dritten) aus der reinen praktischen Vernunft, bedarf noch einiger Vorbereitung.*

Die Autonomie wiese in dieser Lesart sowohl auf das Dritte hin (indem sie dieses verschaffte) und wäre zugleich auch selbst das Objekt der Deduktion. Schönecker unterstellt Kant hier eine solche, letztlich unverständliche Aussage, da er zwar richtig sieht, dass das Dritte *nicht* in der Autonomie besteht, er aber unter der Deduktion in 447.22 die Deduktion des Dritten versteht – und nicht die Deduktion der positiven Freiheit. Kant schreibe „verwirrenderweise, es gehe um die ‚Deduktion des (positiven) Begriffs der Freiheit aus der reinen praktischen Vernunft‘“ (Schönecker 1999, S. 395)[53]; und das könne nicht sein, weil das Dritte ja nicht die Autonomie sei, sondern auf diese hinweise. Eine solche Annahme legt Kant aber selbst nicht nahe. Er unterscheidet in diesem Zusammenhang deutlich zwischen dem Problem, dass sich an dieser Stelle das Dritte, worauf die Autonomie hinweise, noch nicht anzeigen lasse *und* dass sich die Deduktion der Autonomie aus der reinen praktischen Vernunft noch nicht begreiflich mache lasse, sondern noch einiger Vorbereitung bedürfe.

Die Problemstellung in 447.20–25 hat somit zwei Aspekte bzw. Stufen: Erstens lässt sich an dieser Stelle noch nicht zeigen, worin das Dritte, auf das die Auto-

---

Eine solche Interpretation geht aber nicht nur am Wortlaut dieses Abschnitts vorbei, sondern steht auch im Gegensatz zur gesamten argumentativen Struktur von *GMS* III.

53 Schönecker nimmt an, dass Kant immer, wenn er in *GMS* III von einer Deduktion (vgl. 447.22f., 454.21 u. 463.21) spricht, die Deduktion des kategorischen Imperativs meint, nämlich die Antwort auf die „Frage nach der Möglichkeit des KI“ (Schönecker 2002, S. 70). Er nimmt also an, dass es sich bei der ‚Deduktion des Begriffs der Freiheit aus der reinen praktischen Vernunft‘ um die Deduktion des kategorischen Imperativs handelt. Eine solche Interpretation führt dann aber zu den oben aufgezeigten abwegigen Konsequenzen.

nomie hinweist, besteht; zweitens bedarf das Begreiflichmachen der Deduktion der Autonomie als desjenigen Vermögens, welches das Dritte verschafft, d. h., das auf dieses Dritte führt, noch einiger Vorbereitung. Paraphrasiert man 447.20 – 25 im Sinne dieser textnäheren Deutung, dann müsste es folgendermaßen lauten:

> *D2: Was das Dritte ist und worauf uns die Autonomie hinweist, das lässt sich an dieser Stelle noch nicht aufzeigen; und (auch) die Deduktion der Autonomie (und damit die Deduktion desjenigen Vermögens, das auf das Dritte hinweist) aus der reinen praktischen Vernunft bedarf noch einiger Vorbereitung.*

D2 vermeidet nicht nur die Probleme, die sich aus einer Identifikation des möglichen Deduktionsobjekts mit dem Dritten in D1 ergeben; vielmehr ist diese Lesart auch aus dramaturgischen Gründen sinnvoller. Mehrere miteinander zusammenhängende und noch zu lösende Probleme werden hier, zu Beginn des dritten Abschnitts, einleitend verbunden: Weder lässt sich an dieser Stelle das bereits skizzierte Dritte schon bestimmen, noch lässt sich hier überhaupt die (dafür notwendige) Deduktion der Autonomie – und mit ihr die Möglichkeit eines kategorischen Imperativs – begreiflich machen. Wichtig ist in diesem Zusammenhang vor allem die Beobachtung, dass Kant die in 447.22 f. genannte Deduktion nicht mit der möglichen Deduktion des kategorischen Imperativs identifiziert. Das explizite Deduktionsobjekt besteht hier dem genauen Wortlaut nach im ‚Begriff der Freiheit‘ (vgl. 447.23), und diese darf man im Sinne der Freiheit, die Kant in 447.17 nennt, als positive Freiheit und damit als Autonomie auffassen. Mit der ‚Deduktion‘, die Kant am Ende der ersten Sektion anführt, kündigt er somit eine Deduktion des Begriffs der Autonomie aus der reinen praktischen Vernunft an. Diese Autonomie soll dann auf das Dritte (die Idee eines reinen Willens) hinweisen, welches in einer bestimmten Reflexionsperspektive den kategorischen Imperativ als einen synthetischen Satz möglich macht.

Sinnvoll wird erst im Rahmen einer solchen Deutung der genaue Wortlaut der Formulierung des Zusammenhangs zwischen der ‚Deduktion der Freiheit‘ (vgl. 447.22 f.) und der ‚Möglichkeit des kategorischen Imperativs‘ (vgl. 447.24) durch die Präposition ‚mit‘ und das Adverb ‚auch‘: Die Möglichkeit, *auch* den kategorischen Imperativs begreiflich zu machen, ist *mit* der Deduktion des Begriffs der Autonomie aus der reinen praktischen Vernunft in dem Sinne verbunden, dass diese das Dritte schafft.

Wenn wir die Freiheit als Autonomie aus der praktischen Vernunft deduzieren können, d. h., zeigen können, dass (so kann man hier vorausgreifend formulieren) der Mensch wirklich über das Vermögen moralischer Selbstbestimmung verfügt, dann ist da*mit auch* die *Möglichkeit* des kategorischen Imperativs, d. h. die Vorstellung einer unbedingten intelligiblen Nötigung, die sich nicht auf die Verfolgung bestimmter Zwecke zurückführen lässt, erwiesen.

Wenn man diesen Sachverhalt transzendentalphilosophisch im Hinblick auf einen metaphysischen Ort ausbuchstabieren will, so wäre der Ort, von dem her das moralische Gesetz verbindet, vermögenstheoretisch betrachtet, der reine Wille.

Kant hatte in 447 behauptet, dass das Dritte, also diese Idee eines reinen Willens, zu der uns die Autonomieerfahrung führt, den kategorischen Imperativ als synthetischen Satz erst ermögliche, indem zwei Erkenntnisse, die in diesem Dritten enthalten seien, miteinander verbunden werden. Die Idee eines reinen Willens müsste somit zwei Elemente verknüpfen, die in ihm vorhanden, aber doch in irgendeiner Weise heterogen sind.

Auf ein solches Verknüpfungsproblem geht Kant explizit in einer Fußnote in 420 ein:

> Ich verknüpfe mit dem Willen ohne vorausgesetzte Bedingung aus irgend einer Neigung die That *a priori*, mithin nothwendig (obgleich nur objectiv, d. i. unter der Idee einer Vernunft, die über alle subjective Bewegursachen völlige Gewalt hätte). Dieses ist also ein praktischer Satz, der das Wollen einer Handlung nicht aus einem anderen, schon vorausgesetzten analytisch ableitet (denn wir haben keinen so vollkommenen Willen), sondern mit dem Begriffe des Willens eines vernünftigen Wesens unmittelbar als etwas, das in ihm nicht enthalten ist, verknüpft.

Wäre der Wille des Menschen ein heiliger Wille, so folgte die Sittlichkeit analytisch aus diesem Willen. In diesem Fall ergäbe sich das Wollen der guten Handlung direkt aus diesem Willen selbst. Dies ist bei einem sinnlich-vernünftigen Wesen aber nicht der Fall. Der sinnlich-vernünftige Wille muss also erst mit dem Sittengesetz bzw. der gesollten Handlung verbunden werden – und diese Verbindung zwischen der nicht rein vernünftigen Konstitution eines sinnlich-vernünftigen Wesens und dem rein intelligiblen Sittengesetz erfordert ein *Drittes*.[54] Die ‚Er-

54 Ich rekonstruiere an dieser Stelle lediglich die plausibelste Lesart des Textes, behaupte aber nicht, dass Kants Überlegungen argumentativ überzeugen. Kants in der *GMS* siebenmal wiederholte Behauptung, dass der kategorische Imperativ ein synthetischer Satz sei (420.14, 440.25, 440.26, 444.35, 447.10, 447.14, 454.11), ist in der Literatur nicht in der gebotenen Schärfe problematisiert worden. Es stellt sich die Frage, in welchem Sinne Kant den kategorischen Imperativ als einen synthetischen Satz bezeichnet und inwiefern eine solche Charakterisierung überhaupt sinnvoll ist, denn ein Satz, der einen Imperativ ausdrückt, ist ja kein Urteil und kein wahrheitsfähiger Satz. Der kategorische Imperativ kann also von Kant nur in einem übertragenen Sinne zu Recht als synthetischer Satz bezeichnet werden. Die vielleicht markanteste Stelle, durch die der in einem weiteren Sinne synthetische Charakter nachvollzogen werden kann, ist die oben im Text zitierte Fußnote in 420. Die Synthetizität des kategorischen Imperativs besteht dieser Passage zufolge darin, dass der Wille eines sinnlich-vernünftigen Wesens, der – anders als der eines vollkommenen Wesens – nicht immer schon konstitutiv gut ist, mit dem Sittengesetz ‚ver-

kenntnisse‘ aus 447.15, die durch die Verknüpfung mit dem Dritten „unter einander verbunden werden“ (447.16 f.), müssten somit im sinnlich-vernünftigen Willen und der vom Sittengesetz geforderten Handlung bestehen, also dem im zitierten Abschnitt genannten (sinnlich-vernünftigen) Willen, der ‚ohne vorausgesetzte Bedingung aus irgendeiner Neigung‘ mit der ‚That a priori‘ verknüpft wird.[55] Eine solche Annahme könnte sinnvoll sein, weil ja sowohl der sinnlich-vernünftige Wille qua seiner Vernünftigkeit als auch das moralische Gesetz in der Idee eines reinen Willens enthalten sind.

Da nun der Begriff des Dritten, die Bedeutung der Erkenntnisse aus 447.15 und die von Kant geforderte Verbindung der Erkenntnisse durch Verknüpfung mit dem Dritten zumindest skizziert sind, soll der gesamte Abschnitt (447.8 – 25) aufgrund der Schwierigkeiten, die sich bei seiner Analyse ergeben, noch einmal paraphrasiert werden:

> *Aus dem Begriff eines reinen oder heiligen Willens (d. h. aus dem Begriff des Willens eines vollkommenen Wesens oder eines sinnlich-vernünftigen Wesens, aber allein im Hinblick auf seine Vernünftigkeit betrachtet) folgt analytisch die Qualität der Verallgemeinerbarkeit der Maximen eines solchen Willens (447.8 f.). Jedoch ist das Prinzip der Sittlichkeit, welches in dieser Perspektive immer ein analytischer und deskriptiver Satz ist, für sinnlich-vernünftige Wesen immer ein synthetischer Satz, denn aus dem Begriff des absolut guten Willens eines sinnlich-vernünftigen Wesens folgt analytisch nicht – anders als dies beim Begriff des absolut guten Willens eines vollkommenen Wesens der Fall ist – dass dessen Maximen immer über die Qualität der Verallgemeinerbarkeit verfügen. Ein solcher Wille könnte, obwohl man ihn in Bezug auf eine gesetzeskonforme Maxime als einen absolut guten Willen qualifiziert, dennoch auch über andere, nicht verallgemeinerbare Handlungsmaximen verfügen (447.10 – 14). Der kategorische Imperativ als praktischer synthetischer Satz ist nur dadurch möglich, dass zwei Elemente (der sinnlich-vernünftige Wille und die durch das intelligible Sittengesetz geforderte Handlung) durch die Verknüpfung mit einem dritten Element (der*

knüpft‘ werden muss, und zwar durch Nötigung. Die Synthetizität des kategorischen Imperativs liegt also darin, dass das moralische Wollen im Begriff eines sinnlich-vernünftigen Wesens nicht analytisch enthalten ist, sondern noch etwas hinzukommen muss, was diesen Willen mit dem Sittengesetz verknüpft, und dieses Dritte besteht in der Idee eines reinen Willens. Selbst der ‚ärgste Bösewicht‘ (vgl. 454.20 – 37) trägt die Idee eines solchen reinen Willens in sich (‚Er beweiset hiedurch also, *daß er mit einem Willen, der von Antrieben der Sinnlichkeit frei ist*, sich in Gedanken in eine ganz andere Ordnung der Dinge versetze [...]‘, Hervorh. H. P.). Dieser reine Wille ist der vermögentheoretische Ort, von dem aus die Nötigung und damit die Verknüpfung erfolgt. Zum Problem der Synthetizität des kategorischen Imperativs vgl. neben den skizzierten Interpretationen von Allison und Schönecker (2013, S. 32 – 37) auch Milz (1998, 2014, S. 137 – 140) und Ludwig (2008, S. 446 f.).

55 Diese Überlegungen haben hier nur vorläufigen Charakter und sollen allein dazu dienen, die mögliche Bedeutung der in Sektion 1 nur vage umrissenen Begriffe des Dritten und der Erkenntnisse sowie den gesamten Argumentationszusammenhang in diesem Abschnitt zu verdeutlichen. Eine genauere Interpretation der Passagen aus der vierten Sektion findet sich auf S. 177 – 219.

Idee eines reinen Willens), in dem der sinnlich-vernünftige Wille wie auch das Sittengesetz immer schon enthalten sind, miteinander verbunden werden (447.14–17). Die Freiheit als Autonomie führt uns zu der legitimen Annahme eines Dritten als einer rein intelligiblen Kausalität (das Dritte besteht in einer bestimmten Form der Kausalität, die keine Naturkausalität darstellt, und damit in einer intelligiblen Kausalität in Form der Idee eines reinen Willens), als ein den sinnlich-vernünftigen Willen und das Sittengesetz verbindendes Element (447.17–20). Worin das Dritte, auf das die positive Freiheit uns führt oder hinweist, besteht, lässt sich hier, in der ersten Sektion, noch nicht zeigen. Auch das Begreiflichmachen der Deduktion dieses Vermögens der positiven Freiheit aus der reinen praktischen Vernunft und der mit dieser (durch die Verschaffung des Dritten) verbundenen Möglichkeit eines kategorischen Imperativs bedürfen noch einiger Vorbereitung (447.20–25).

Sektion 2: Freiheit muss als Eigenschaft aller vernünftigen Wesen vorausgesetzt werden

> 447.28–35
> Es ist nicht genug, daß wir unserem Willen, es sei aus welchem Grunde, Freiheit zuschreiben, wenn wir nicht ebendieselbe auch allen vernünftigen Wesen beizulegen hinreichenden Grund haben. Denn da Sittlichkeit für uns bloß als *vernünftige* Wesen zum Gesetze dient, so muß sie auch für alle vernünftige Wesen gelten, und da sie lediglich aus der Eigenschaft der Freiheit abgeleitet werden muß, so muß auch Freiheit als Eigenschaft des Willens aller vernünftigen Wesen bewiesen werden, und es ist nicht genug, sie aus gewissen vermeintlichen Erfahrungen von der menschlichen Natur darzuthun (wiewohl dieses auch schlechterdings unmöglich ist und lediglich *a priori* dargethan werden kann), sondern man muß sie als zur Thätigkeit vernünftiger und mit einem Willen begabter Wesen überhaupt gehörig beweisen.

Zu Beginn von Sektion 2 steht – anders als es zunächst den Anschein haben könnte – derjenige Begriff des Willens im Mittelpunkt, den Kant auch in der ersten Sektion im Zusammenhang mit seiner Analytizitätsthese behandelt, nämlich der Begriff des Willens eines vollkommenen Wesens. Zwar legt Kant im ersten Satz mit der Formulierung ‚unseren Willen' einen Bezug auf den menschlichen Willen nahe, allerdings bezieht er sich im Hinblick auf den gesuchten Grund für die Freiheit in *abgrenzender* Weise auf diesen Willen: Einen Grund vorzuweisen, der uns wie auch immer berechtigen würde, allein dem *menschlichen Willen* Freiheit zuzuschreiben, wäre für Kants Legitimationsabsichten an dieser Stelle nicht ‚genug' (447.28), sondern nur der Aufweis eines Grundes, der für *alle vernünftigen Wesen* gilt. Sittlichkeit nämlich gilt nicht nur für den *Menschen*, sondern für alle vernünftigen Wesen. Das wird von Kant im zweiten Teil dieses Abschnitts nochmals deutlich durch eine ähnliche Formulierung bekräftigt, indem er erneut darauf hinweist, dass es nicht ‚genug' (447.35) sei, die Freiheit allein im Hinblick auf den Menschen und seine *Natur* zu begründen. Zum einen ist eine solche Begründung der Freiheit durch Rekurs auf die menschliche Natur, wie Kant auch hier betont (vgl. auch 455.19, 455.24, 459.5), unmöglich, weil Freiheit eine bloße, empirisch nicht nachweisbare Idee darstellt, zum anderen wäre ein solcher Nachweis aufgrund der geforderten Notwendigkeit der Begründung der Freiheit aller vernünftigen Wesen systematisch zu eng gefasst.

Es geht Kant zu Beginn der zweiten Sektion also immer noch um die analytischen Implikationen des Begriffs eines rein vernünftigen Willens überhaupt. ‚Unser Wille', also der menschliche Wille, wird hier allein aus der Perspektive seiner Vernünftigkeit betrachtet. Andernfalls wäre nicht erklärlich, weshalb Kant

DOI 10.1515/9783110392708-004

die Sittlichkeit, die er in 447.30 anspricht, zweifellos als einen analytisch-deskriptiven Satz fasst, denn diese, so heißt es, müsse ‚lediglich aus der Eigenschaft der Freiheit abgeleitet werden'. Wie wir seit der Analyse der ersten Sektion wissen, gilt diese Ableitbarkeit aber nur hinsichtlich des Willens eines vollkommenen Wesens oder eines sinnlich-vernünftigen Wesens allein in Bezug auf dessen Vernünftigkeit, also eines heiligen Willens. Aus ‚unserem Willen' als dem Willen einer ‚menschlichen Natur' (448.1) würde die Sittlichkeit nicht analytisch folgen. Da die Sittlichkeit im Sinne der Analytizitätsthese aus der ‚Eigenschaft der Freiheit abgeleitet werden muss', so müsste ‚auch Freiheit als Eigenschaft des Willens *aller vernünftigen Wesen* bewiesen werden' (Hervorh. H. P.). Freiheit müsste als „zur Thätigkeit *vernünftiger* und mit einem Willen begabter *Wesen überhaupt* gehörig" (448.3f., Hervorh. H. P.) bewiesen werden. Es geht an dieser Stelle also um die mögliche Legitimation der Freiheit *aller* vernünftigen und mit einem Willen begabten Wesen *überhaupt*. Kant hat mit seiner subtilen und nicht immer terminologisch explizit gemachten Unterscheidung zwischen dem Willen eines vollkommenen und dem eines sinnlich-vernünftigen Wesens für Missverständnisse gesorgt. Die Wendung ‚unser Wille' und der Hinweis darauf, dass wir die Freiheit als Eigenschaft aller vernünftigen Wesen beweisen müssen, sowie die abschließende Behauptung, dass wir die Freiheit in praktischer Hinsicht allen vernünftigen Wesen tatsächlich beilegen *müssen* (vgl. 448.21), hat bei vielen Interpreten den falschen Eindruck entstehen lassen, dass es sich bei diesem Gedankengang schon um die am Ende von Sektion 1 angekündigte ‚Deduktion des Begriffs der Freiheit aus der reinen praktischen Vernunft' handeln könnte – und dass damit am Ende der zweiten Sektion durch den Hinweis auf die *Notwendigkeit* der Annahme der Freiheit diese Deduktion erfolgreich zum Abschluss gekommen sei. Die Gefahr einer solchen Fehlinterpretation besteht aber nur dann, wenn man annimmt, dass Kant in der zweiten Sektion grundsätzlich schon vom Willen des Menschen ausgeht und auch annimmt, es sei an dieser Stelle schon nachgewiesen, dass der Mensch ein *vernünftiges* Wesen ist. Beides ist in diesem Abschnitt aber nicht der Fall. Kant macht auch hier deutlich, dass ‚unser Wille', so wie in Sektion 1, in Abstraktion von seiner Sinnlichkeit und überhaupt seinem Charakter als einem spezifisch menschlichen Willen betrachtet wird: Es geht um die Implikationen des Begriffs eines vernünftigen Willens überhaupt – und damit letztlich immer noch um eine reine Begriffsanalyse propädeutischen Charakters, d.h. weiterhin bloß um die ‚Vorbereitung' (447.25) der angekündigten Deduktion des Begriffs der Freiheit aus der Autonomie und der damit verbundenen Möglichkeit des kategorischen Imperativs. Unterbrochen wird der mögliche Nachweis der Notwendigkeit, ein vernünftiges Wesen als frei zu denken, durch folgende Behauptung, die indirekt wieder darauf hindeutet, dass hier immer noch ein heiliger Wille im Mittelpunkt steht:

448.4–9
Ich sage nun: Ein jedes Wesen, das nicht anders als *unter der Idee der Freiheit* handeln kann, ist eben darum in praktischer Rücksicht wirklich frei, d. i. es gelten für dasselbe alle Gesetze, die mit der Freiheit unzertrennlich verbunden sind, eben so als ob sein Wille auch an sich selbst und in der theoretischen Philosophie gültig für frei erklärt würde.

Dieser Abschnitt nimmt schon durch die Formulierung, dass ein ‚vernünftiges Wesen nicht anders als unter der Idee der Freiheit handeln könne', die Antwort auf die Frage nach dem möglichen ‚Beweis' der Freiheit vorweg. Der von Kant gesuchte (und dann am Ende der zweiten Sektion erbrachte) Beweis gründet in einem Argument von semantischer Konsequenz: Freiheit ist notwendig, weil sich ein Wesen nur als vernünftig denken kann, wenn es sich auch als frei denkt, und weil wir – aus einer anderen Perspektive betrachtet – ein Wesen nur dann als ein mit Vernunft begabtes Wesen denken können, wenn wir gleichzeitig annehmen, dieses Wesen sei frei. So etwas wie praktische Vernunft wäre überhaupt nicht denkbar, wenn wir annähmen, dass sie ein fremdbestimmtes Vermögen darstellte.

Letztlich geht es Kant in dem kurzen Einschub um die Differenz zwischen der Wirklichkeit und Beweisbarkeit der Freiheit in theoretischer und praktischer Perspektive. Wie vor allem in der fünften Sektion (vgl. S. 220–276) – wo Kant seine gesamte vorangegangene Argumentation vor dem Hintergrund einer äußersten ‚Grenze' der praktischen Philosophie noch einmal aufrollt und methodisch vor dem Missverständnis in Schutz nimmt, er verbände mit seiner Argumentation auch ein theoretisches Erkenntnis- und damit Erklärungspotenzial – dringt er auch an dieser Stelle auf die Unterscheidung zwischen einer praktischen und einer erkenntnistheoretischen Perspektive. Ein Wesen, das aus bestimmten Gründen so handeln muss, als wäre es frei, und das wir uns in der Betrachterperspektive auch nur als ein freies Wesen denken können, ist in dieser ‚praktischen Rücksicht' (448.6) ein Wesen, das ‚wirklich frei' (448.6) ist, obwohl es – wie Kant in der erläuternden Fußnote in 448 hervorhebt – ‚unausgemacht' (448.31) bleibt, ob es Freiheit wirklich gibt. Dass Freiheit als ein intelligibles Vermögen nicht naturgesetzlich *erklärt* und in diesem Sinne und aus dieser Perspektive nicht als wirklich nachgewiesen kann, heißt also nicht, dass ein vernünftiges Wesen nicht in *praktischer* Rücksicht *wirklich* frei sein kann. Die Möglichkeit oder Unmöglichkeit einer theoretisch nachweisbaren Wirklichkeit der Freiheit spielt in dieser praktischen Perspektive keine Rolle: Die moralischen Gesetze gelten auch für ein Wesen, das nicht anders als unter der Idee der Freiheit handeln kann, obwohl theoretisch nicht erwiesen ist, dass dieses Wesen frei ist. Auf diese Weise können wir „uns hier also von der Last befreien, die die Theorie drückt" (448.32f., FN). Überraschenderweise findet sich an dieser Stelle des Textes (und, wenn ich richtig sehe, auch in keinem anderen Abschnitt der *GMS*) eine Begründung dieser Behauptung. Man könnte hier allerdings auf die von Kant in der dritten und fünften Sektion angeführte Auskunft des transzendentalen Idealismus und die mit ihr verbundene Schutzfunktion eines vernünftigen Selbstverständnisses vor reduktionistischen Angriffen verweisen: Die mit der Freiheit verbundenen Gesetze gelten auch dann, wenn die Freiheit theoretisch nicht beweisbar ist, weil durch die Ergebnisse der Auflösung der dritten Antinomie der Geltungsanspruch einer theoretischen Erklärung der Wirklichkeit grundsätzlich nur auf das Feld der Erscheinungen beschränkt ist. Freiheit müsste in diesem Sinne ohnehin nur als denkbar erwiesen werden, nicht aber als eine empirisch nachweisbare Realität.

Dass Kant auch in der zweiten Sektion noch immer von einem vernünftigen Wesen rein als Glied der Verstandeswelt handelt, wird indirekt durch die Formulierung deutlich, dass für das in praktischer Rücksicht wirklich freie Wesen ‚alle Gesetze [gelten], die mit der Freiheit *unzertrennlich* verbunden sind' (Hervorh. H. P.). Dieser Gedanke verweist auf den in der Analytizitätsthese begründeten Umstand, dass die Sittlichkeit als nicht-imperativisches Gesetz eine direkte Folge des Begriffs eines heiligen Willens darstellt: Wenn die Freiheit eines vollkommenen Wesens vorausgesetzt wird, ‚folgt die Sittlichkeit samt ihrem Prinzip daraus durch bloße Zergliederung ihres Begriffs'.

448.9–22

Nun behaupte ich: daß wir jedem vernünftigen Wesen, das einen Willen hat, nothwendig auch die Idee der Freiheit leihen müssen, unter der es allein handle. Denn in einem solchen Wesen denken wir uns eine Vernunft, die praktisch ist, d. i. Causalität in Ansehung ihrer Objecte hat. Nun kann man sich unmöglich eine Vernunft denken, die mit ihrem eigenen Bewußtsein in Ansehung ihrer Urtheile anderwärts her eine Lenkung empfinge, denn alsdann würde das Subject nicht seiner Vernunft, sondern einem Antriebe die Bestimmung der Urtheilskraft zuschreiben. Sie muß sich selbst als Urheberin ihrer Principien ansehen unabhängig von fremden Einflüssen, folglich muß sie als praktische Vernunft, oder als Wille eines vernünftigen Wesens von ihr selbst als frei angesehen werden; d. i. der Wille desselben kann nur unter der Idee der Freiheit ein eigener Wille sein und muß also in praktischer Absicht allen vernünftigen Wesen beigelegt werden.

Mit dieser Passage knüpft Kant an den Gedanken aus 448.4 f. an, nach dem ein vernünftiges Wesen nur unter der Idee der Freiheit handeln kann. Sittlichkeit gilt nur, wenn dieses und andere Wesen tatsächlich über Vernunft verfügen (vgl. 447.30 f.); und diese Vernunft kann es nur geben, wenn ein solches Wesen tatsächlich frei ist. Kant bekräftigt diesen Gedanken zu Beginn des zitierten Abschnitts noch einmal durch die Behauptung, dass wir uns die Handlungen jedes vernünftigen und willensbegabten Wesens nicht anders als frei denken könnten. Wir müssten einem solchen Wesen die Idee der Freiheit ‚leihen', weil über die Realität der Freiheit in theoretischer Perspektive kein bejahendes oder verneinendes Urteil gefällt werden könne und wir uns ein solches Wesen als ein Wesen denken, das Kausalität im Hinblick auf seine Handlungen habe. Ein vernünftiges Wesen könne sich unabhängig von Antrieben der Sinnlichkeit selbst bestimmen. Nach dieser erneuten Charakterisierung des vernünftigen Willens folgt in 448.13–22 durch eine Definition der menschlichen Vernunft das Argument dafür, dass wir ein vernünftiges Wesen nicht anders als frei denken könnten.

Nicht wenige Interpreten haben in diesem Rekurs auf die Vernunft den Versuch einer Ableitung der Freiheit zu handeln aus der Freiheit zu denken gesehen. Besonders wirkmächtig ist in jüngerer Zeit die diesbezügliche Interpretation Schöneckers gewesen (Schönecker 1999)[56], der seine Lesart an dieser Stelle in erster Linie auf eine Auswertung möglicher Parallelstellen u. a. in der Schulz-Rezension und den Vorlesungsnachschriften stützt. Die relevante Passage aus der Schulz-Rezension mache „unmißverständlich klar, daß Kant zur Zeit der *Grundlegung* zwischen der *Freiheit zu denken* und der *Freiheit zu handeln*" (Schönecker 1999, S. 225 f., Hervorh. v. Schönecker) unterscheide. Andere Interpreten wiederum vermuten in dieser Passage einen Rekurs Kants auf die „Vernunft überhaupt"[57]. Auf Schöneckers Deutung und eine genauere Interpretation der in diesem Zusammenhang herangezogenen Parallelstellen gehe ich später ein. Zunächst soll aber der Abschnitt 448.13–22, in dem Kant über *die Vernunft* spricht, genauer analysiert werden.

Keinen Zweifel kann es daran geben, dass Kant vom Beginn der zweiten Sektion bis zu seiner Definition der Vernunft in 448.13–22 von der Vernunft als praktischer Vernunft spricht. Die zweimal angeführten ‚vernünftigen Wesen' in 447.29 f. und 447.33 f. sind praktisch vernünftige Wesen, d. h. Wesen, die über praktische Vernunft verfügen. Bereits in 448.3 spricht Kant in seinem Verweis auf die „Thätigkeit vernünftiger und mit einem Willen begabter Wesen" von der praktischen Vernunft. Auch in 448.9 ist die Rede von ‚jedem vernünftigen Wesen, das einen Willen hat'. Nach seiner Behauptung, dass wir ein solches Wesen nur als frei denken könnten, folgt die vorläufige Begründung durch den Hinweis, dass wir uns in einem Wesen, das unter der Idee der Freiheit handele, ‚eine Vernunft [denken], die *praktisch* ist, d. h. Kausalität in Ansehung ihrer Objekte hat' (Hervorh. H. P.).

Kant fährt fort mit dem Satz:

> Nun kann man sich unmöglich eine Vernunft denken, die mit ihrem eigenen Bewußtsein in Ansehung ihrer Urtheile anderwärts her eine Lenkung empfinge, denn alsdann würde das Subject nicht seiner Vernunft, sondern einem Antriebe die Bestimmung der Urtheilskraft zuschreiben (448.13–16).

56 Ähnliche Ansätze finden sich z. B. auch bei Henrich (1973, S. 275), Brandt (1988, S. 184) und Porcheddu (2013, S. 80–83).

57 Vgl. Bojanowski (2006, S. 216).

Die Bedeutung *der Vernunft* in diesem Satz ist aus verschiedenen Gründen mehrdeutig. Im begründenden Satz, der anführt, dass wir uns in einem mit einem Willen begabten Wesen ‚eine Vernunft, die praktisch ist' (448.12), denken, wird eine erste Mehrdeutigkeit durch den unbestimmten Artikel ‚eine' geschaffen. Seine Verwendung könnte darauf hindeuten, dass es in diesem Abschnitt um *eine* bestimmte Spezifikation der Vernunft geht; dass diese und andere Modi der Vernunft unter einen Oberbegriff der Vernunft fallen könnten. *Eine* Vernunft wäre dann sprachlich jeweils genauer zu definieren, z. B. folgendermaßen: ‚Eine Vernunft, *die praktisch ist*', ‚Eine Vernunft, *die theoretisch ist*' etc. In dem Satz, der zum ersten Mal in diesem Abschnitt auf die Vernunft Bezug nimmt (448.11–13), bereitet die Konstruktion dieser Formulierung noch keine Probleme, weil ‚eine Vernunft, die praktisch ist,' sich einfach als eine praktische Vernunft paraphrasieren ließe. Im darauffolgenden Satz (448.13–16) entsteht aber durch die Konstruktion mit dem unbestimmten Artikel ein Problem. Denn hier heißt es, man könne ‚sich unmöglich eine Vernunft denken, die mit ihrem eigenen Bewusstsein in Ansehung ihrer Urteile anderwärts her eine Lenkung empfinge, denn alsdann würde das Subjekt nicht seiner Vernunft, sondern einem Antriebe die Bestimmung der Urteilskraft zuschreiben'. Hier verwendet Kant wieder den unbestimmten Artikel und wieder spricht er von *einer* Vernunft; anders als im Satz zuvor wird diese aber nicht durch einen sich anschließenden Relativsatz spezifiziert. Das zentrale Argumentationsproblem liegt damit also in der Beantwortung der Frage, von welcher Vernunft Kant in der Wendung, dass ‚man sich unmöglich *eine* Vernunft denken könne, die [...]', spricht.

In der Literatur finden sich vor allem die beiden bereits angeführten Interpretationsvorschläge, die Vernunft in 448.13 als eine *theoretische Vernunft* und als *Vernunft überhaupt*, d. h. als einen theoretische und praktische Vernunft umfassenden Oberbegriff der Vernunft, zu begreifen.

Dass Kant an dieser Stelle einen Übergang von der theoretischen zur praktischen Vernunft vollziehe, hat Schönecker in jüngerer Zeit nachzuweisen versucht. Zu Beginn seiner diesbezüglichen Interpretation findet sich ein Bescheidenheitsvorbehalt. Zwar behauptet Schönecker, dass seine Deutung der zweiten Sektion die einzige Möglichkeit darstelle, den Text konsistent zu lesen und dass seine auf S. 196 gegebene Skizze „die Grundtendenz von Kants Argumentation in *GMS* III angemessen wieder[gebe]". Allerdings räumt er auch ein, dass „die relevanten Textpassagen extrem kurz und (deshalb auch) kryptisch" seien, da das „entscheidende Argument für die Voraussetzung der Freiheit (Sek. 2) [...] nur wenige Zeilen lang" sei (Schönecker 1999, S. 196 f.). Schönecker ist sich also bewusst, dass sein Interpretationsversuch nur eine Hypothese darstellt und den Texten „nach allen Analysen immer noch viel Unklarheit anhaften [wird]" (Schönecker 1999, S. 197).

An dieser Stelle kann sein Vorschlag (vgl. Schönecker 1999, S. 204–233) nur durch eine kurze Zusammenfassung wiedergegeben werden, die so lauten müsste: In 448.13–33 findet sich implizit ein Argument, das sich in moderner Terminologie als Selbstwiderlegungsargument des Determinismus (Schönecker 1999, S. 209)[58] bezeichnen lässt. Dieses besagt, dass der Determinismus selbstwidersprüchlich sei, weil er in seiner Theorie von Wahrheitsansprüchen Gebrauch mache, die nur dann möglich seien, wenn die Thesen des Determinismus falsch seien. Der Determinist behauptet ja, dass alles, was überhaupt existiert, naturkausal determiniert sei. Genau durch diese Behauptung, die einen Wahrheitsanspruch impliziert, begibt er sich aber in einen Selbstwiderspruch, denn er setzt in dieser Behauptung die Möglichkeit zu einem freien Urteil voraus. Er handelt also selbstwidersprüchlich, weil er etwas behauptet, was es gemäß seiner eigenen Theorie gar nicht gibt. Schönecker zufolge macht Kant in 448.13–22 genau von einer solchen Theorie Gebrauch, denn „Kant schließt in jenen beiden Sätzen [d. h. in 448.13–18, H. P.] aus der Freiheit der theoretischen Vernunft, ohne dabei die Gültigkeit des kategorischen Imperativs vorauszusetzen" (Schönecker 1999, S. 209). Da der Mensch aufgrund dieses Arguments in theoretischer Perspektive frei sei, sei er es Kant zufolge auch in praktischer Perspektive. In diesem Zusammenhang müsse dem Adverb ‚folglich' in 448.18 eine entscheidende Bedeutung zukommen: Da wir unsere theoretische Vernunft nur um den Preis eines Selbstwiderspruchs als unfrei denken könnten und da von einer Einheit der Vernunft auszugehen sei, sei *folglich* auch unsere praktische Vernunft nur als ein freies Vermögen denkbar. Dieser Interpretation schließt sich bei Schönecker ein längerer Exkurs (vgl. Schönecker 1999, S. 201–217) in andere Schriften Kants an, die einen Zusammenhang zwischen theoretischer Spontaneität und transzendentaler Freiheit betonen und zeigen sollen, dass Kant ein solcher argumentativer Zusammenhang auch in 448.13–22 vor Augen gestanden habe. Zum Kronzeugen dieser Interpretation wird für Schönecker dann eine Passage aus Kants *Recension von Schulz's Versuch einer Anleitung zur Sittenlehre.*

Zwar weist Schönecker anhand überzeugender Fundstellen nach, dass es eine Verbindung zwischen transzendentaler (Urteils-)Freiheit und praktischer Freiheit geben könnte – und dass auch 448.13–22 einen Übergang von der Freiheit zu denken zur Freiheit zu handeln implizit enthalten *könnte*. Schönecker stellt aber auch fest: Dass „es Kant in diesen beiden Sätzen [d. h. in 448.13–18, H. P.] um die Freiheit des Denkens geh[e], [...] [werde] keineswegs auf den ersten Blick deutlich" (Schönecker 1999, S. 225). Er hält es sogar für möglich, dass Kant – unabhängig davon, wofür die analysierten Parallelstellen sprechen – an dieser Stelle womöglich doch auf die

58 Schönecker verweist in diesem Zusammenhang auf Pothast (1987, S. 251 f.).

praktische und nicht auf die theoretische Vernunft rekurriere (vgl. Schönecker 1999, S. 225). Schönecker fährt fort: „So könnte man diese Stelle womöglich lesen [also 448.13–22; im Sinne eines Rekurses auf die praktische Vernunft, H. P.] – gäbe es nicht eine Parallelstelle in der schon erwähnten *Recension von Schulz's Versuch einer Anleitung zur Sittenlehre* (1783)" (Schönecker 1999, S. 225). Laut Schönecker macht diese Stelle „unmißverständlich klar, daß Kant zur Zeit der *Grundlegung* zwischen der Freiheit zu denken und der Freiheit zu handeln unterscheidet, zugleich aber beide Modi der Freiheit engführt" (Schönecker 1999, S. 226). Die Schulz-Rezension soll also gewissermaßen den Schlüssel zu einem angemessenen Verständnis von 448.13–22 darstellen. Schönecker räumt ihr damit indirekt ein größeres Gewicht ein als dem zu interpretierenden Abschnitt in der zweiten Sektion selbst. Ein solches Vorgehen ist aus mehreren Gründen problematisch. Zum einen handelt es sich bei der Schulz-Rezension eben lediglich um eine Rezension und nicht um ein kritisches Hauptwerk Kants, zum anderen ist diese Stelle nicht erklärtermaßen eine Parallelstelle zu 448.13–22. Ein Zusammenhang mit der Passage aus der zweiten Sektion bleibt zunächst eine Unterstellung.

Bevor ich im Folgenden auf Schöneckers Interpretation der Schulz-Rezension weiter eingehen und eine eigene, genauere Analyse von 448.13–22 vorlegen werde, soll der relevante Abschnitt aus der Schulz-Rezension in voller Länge zitiert werden:

> Er hat aber im Grunde seiner Seele, obgleich er es sich selbst nicht gestehen wollte, voraus gesetzt: daß der Verstand nach objectiven Gründen, die jederzeit gültig sind, sein Urtheil zu bestimmen das Vermögen habe und nicht unter dem Mechanismus der blos subjectiv bestimmenden Ursachen, die sich in der Folge ändern können, stehe; mithin nahm er immer Freiheit zu denken an, ohne welche es keine Vernunft giebt. Eben so muß er auch Freiheit des Willens im Handeln voraus setzen, ohne welche es keine Sitten giebt, wenn er in seinem, wie ich nicht zweifle, rechtschaffenen Lebenswandel den ewigen Gesetzen der Pflicht gemäß verfahren und nicht ein Spiel seiner Instincte und Neigungen sein will, ob er schon zu gleicher Zeit sich selbst diese Freiheit abspricht [...] (08:14.7–17).

Schönecker ist uneingeschränkt zuzustimmen, dass Kant im ersten Abschnitt dieser Passage, d. h. im Kontext des Bezugs auf das theoretische Urteil, tatsächlich so etwas wie ein Selbstwiderlegungsargument des Deterministen anführt. Der Determinist Schulz macht sich Kant zufolge nämlich eines Widerspruchs schuldig. Er hat – ‚obgleich er es sich selbst nicht gestehen wollte' – durch sein Urteil, nämlich die Behauptung, der Determinismus sei wahr, vorausgesetzt, dass ‚der Verstand nach objektiven Gründen, die jederzeit gültig sind, sein Urteil zu bestimmen das Vermögen habe und nicht unter dem Mechanismus der bloß subjektiv bestimmenden Ursachen, die sich in der Folge ändern können, stehe'. Der Determinist hat also die Freiheit zu denken vorausgesetzt – durch das Fällen eines Urteils, das mit einem Anspruch auf Wahrheit und indirekt mit dem Anspruch, ein freies Urteil zu sein, verbunden ist – obwohl er gleichzeitig leugnet, dass es Freiheit gibt. Das Fällen eines Urteils beruht Kant zufolge auf ‚objektiven Gründen' und steht damit im Gegensatz zu dem ‚Mechanismus der bloß subjektiv bestimmenden Ursachen'. Im zweiten Teil des Abschnitts schreibt Kant in Rückbezug auf den Widerspruch zwischen der Annahme, es gäbe keine Freiheit, und der mit einer solchen Behauptung als Wahrheitsanspruch insgeheim vorausgesetzten Urteilsfreiheit, dass der Determinist ‚ebenso [...] Freiheit des Willens im Handeln voraussetzen [muss], ohne welche es keine Sitten gibt', wenn er sich als ein sittliches Wesen denken will und nicht als ‚Spiel seiner Instinkte und Neigungen'. *Auch* im Bereich der praktischen Vernunft begäbe der Determinist sich in einen Widerspruch, wenn er sich zwar als ein moralisch verantwortliches Wesen dächte (mit einem ‚rechtschaffenen Lebenswandel'), aber doch ‚schon zu gleicher Zeit sich selbst diese Freiheit' abspräche.

Stellt Kant an dieser Stelle tatsächlich durch das ‚ebenso' einen Zusammenhang zwischen der Freiheit zu denken und der Freiheit zu handeln her? Schönecker behauptet, dass hier so etwas wie ein Übergang von der einen Freiheit zu der anderen vorliege. Ein solcher Übergang findet sich aber in der Schulz-Rezension genau genommen nicht. Eine Analogie zwischen zwei Vermögen darf nämlich nicht mit einem *Übergang* von dem einen zum anderen legitimiert werden. Daraus, dass es einen Widerspruch darstellt, zu behaupten, es gäbe keine Freiheit, mit dieser Behauptung aber die Freiheit implizit schon in Anspruch genommen zu haben, folgt nicht, dass ein Wesen sich darum auch in praktischer Perspektive als frei denken darf. Kant schreibt nicht, dass aus der durch das Selbstwiderlegungsargument gewonnenen Freiheit des Denkens auch die Freiheit des Handelns folgt, sondern er schreibt lediglich, dass es sich mit der praktischen Vernunft *ebenso* verhält. Im Bereich der theoretischen Vernunft tut sich zwischen der Behauptung, alles sei naturkausal determiniert, und dem in dieser Behauptung enthaltenen Wahrheitsanspruch ein Widerspruch auf. Genauso würde es im Geltungsbereich der praktischen Vernunft einen Widerspruch darstellen, zu beanspruchen, dass man über einen ‚rechtschaffenen Lebenswandel' verfüge und damit ein moralisch zurechenbares Wesen sei, gleichzeitig aber leugnete, dass es Freiheit und damit Zurechenbarkeit überhaupt gebe. Die Schulz-Rezension macht also in der Tat deutlich, dass Kant „zwischen der Freiheit zu denken und der Freiheit zu handeln unterscheidet" (Schönecker 1999, S. 225 f., Hervorh. getilgt) und dass er diese beiden Modi der Freiheit, eben weil sie die Freiheit ein und derselben Vernunft sind, analogisiert: Weder die praktische noch die theoretische Vernunft lassen sich als unfrei denken, weil man dadurch gerade den Begriff einer praktischen oder theoretischen Vernunft aufheben würde. Gäbe es keine praktische Freiheit, dürften wir uns Handlungen moralisch nicht zurechnen; und gäbe es keine theoretische Freiheit, dürften wir nicht beanspruchen, wahre und damit freie Urteile zu fällen. Beide Begriffe der Freiheit kann man unter einer grundsätzlichen Freiheit des transzendentalen Subjekts und einem umfassenden Begriff der Vernunft vereinen. Vernunft überhaupt ist nur als ein freies Vermögen denkbar.

In der zweiten Sektion findet sich nur die zweite Perspektive auf diese Notwendigkeit der Annahme von Freiheit – das verrät schon die Überschrift: ‚Freiheit muss als Eigenschaft *des Willens* aller vernünftigen Wesen vorausgesetzt werden' (Hervorh. H. P.). Wie wir anhand eines Vergleichs von 448.25 – 27 – 449.1 – 6 mit 448.9 – 22 sehen werden, verbindet Kant mit seinem Hinweis darauf, dass zum Begriff der praktischen Vernunft semantisch notwendig der Begriff der Freiheit gehöre, keinerlei Anleihe bei dem Begriff der theoretischen Freiheit. Bei seiner kurzen Zusammenfassung der ersten und zweiten Sektion zu Beginn von Sektion 3 bezieht sich Kant zwar auf die Notwendigkeit der Annahme der Freiheit bei einem Wesen, dem wir praktische Vernunft zusprechen. Eine Rückschau auf einen etwaigen Übergang von der theoretischen zur praktischen Vernunft findet sich hier allerdings nicht – und zwar eben aus dem Grund, weil ein solcher Übergang in der zweiten Sektion nicht Kants systematischer Intention entspricht. Auch das ‚folglich' (448.18) in der zweiten Sektion legt nicht nahe, dass das vernünftige Wesen als praktisch frei betrachtet werden muss, weil die theoretische Freiheit erwiesen ist. Kant stellt lediglich fest: Wenn wir uns ein Wesen als mit praktischer Vernunft begabt und damit notwendigerweise als ein freies Wesen denken, dann müssen wir es mit einer Vernunft ausgestattet sehen, die – eben weil sie nicht anders als frei gedacht werden kann – auch ‚von ihr selbst als frei angesehen werden' (448.19) muss. Ich paraphrasiere:

> *Praktische Vernunft muss sich als Urheberin ihrer Prinzipien ansehen, unabhängig von fremden Einflüssen; folglich muss sie als eine solche praktische Vernunft oder als Wille eines vernünftigen Wesens von ihr selbst als frei angesehen werden.*

Es ist nicht nur richtig, dass wir ein praktisch vernünftiges Wesen als frei denken müssen, weil der Begriff der Freiheit notwendig zum Begriff der praktischen Vernunft gehört, sondern diese logisch-semantische Feststellung hat auch Konsequenzen für das Bewusstsein einer praktischen Vernunft: Sie muss *sich selbst* als frei ansehen. Mehr will Kant an dieser Stelle nicht ausdrücken. Dies lässt sich auch durch eine Analyse von Kants zentralen Termini in diesem Abschnitt erhärten.

Betrachten wir zunächst die in 448.9 – 23 zentralen Begriffe: Kant spricht von einem eigenen ‚Bewusstsein der Vernunft in Ansehung ihrer Urteile' (448.14). Im Falle der hypothetischen Annahme, diese sich ihrer selbst bewusste Vernunft empfinge ‚anderwärts her eine Lenkung' (448.15), so Kant weiter, würde das Subjekt nicht seiner Vernunft, sondern ‚einem Antriebe die Bestimmung der Urteilskraft zuschreiben‘ (448.16 f.). Folgende Begriffe bzw. Wendungen sind somit zu erläutern: das ‚Bewusstsein der Vernunft in Ansehung ihrer Urteile‘, die mögliche ‚fremdbestimmte Lenkung der Vernunft‘ (‚anderwärts her‘) und die ‚Antriebe‘, die in diesem Fall das Vernunfturteil bestimmen.

Der Hinweis auf das der Vernunft eigene Bewusstsein hinsichtlich (‚in Ansehung‘) ihrer eigenen Urteile ist mehrdeutig. Zwar spricht Kant von einem eigenen ‚Bewusstsein der Vernunft‘ vor allem in Zusammenhang mit seiner praktischen Philosophie – besonders im Kontext seiner Faktum-Theorie.[59] Es findet sich aber immer noch eine Anzahl von Passagen, in denen Kant von etwas wie dem Bewusstsein der Vernunft in erkennender Perspektive spricht. Der Hinweis auf ein ‚Bewusstsein der Vernunft‘ lässt sich auch durch das Hinzuziehen weiterer Passagen aus anderen Werken also nur schwer spezifizieren. Kant nutzt diese und ähnliche Formulierungen kontextspezifisch. Auch die ‚Urteile‘ der Vernunft (‚in Ansehung ihrer Urteile‘) erlauben keinen näheren Aufschluss: Urteile fällt ‚die Vernunft‘ innerhalb von Kants Transzendentalphilosophie bekanntlich sowohl im Praktischen wie auch im Theoretischen.[60] Fast ebenso wenig ergiebig ist eine Analyse des Begriffs ‚Lenkung‘. Kant spricht von einer ‚Lenkung der Vernunft‘ oder des Willens in praktischer Hinsicht an diversen Stellen, so z. B. schon früh in der *Vorlesungsnachschrift Praktische Philosophie Herder*, in der es heißt: „Moralisch heißt eigentlich waz der Regel der Sittlichkeit gemäß, auf die lenkung meines Willens einfließt [...]“ (17:23.21 f.). In der zur Zeit der Abfassung der *GMS* gehaltenen Vorlesung „Danziger Rationaltheologie“ heißt es: „Um den Moralgesetzen objektive Realität und genugsame Kraft zur Lenkung unseres Willens zu geben, ist der Begriff von Gott notwendig“ (28:2.2/1283). Zwar bezieht sich Kant an dieser Stelle im Sinne der späteren Postulatenlehre auf den Begriff Gottes als notwendige Voraussetzung für die effektive Durchsetzung der Moralgesetze; jedoch ist auch hier von einer *Lenkung unseres Willens* die Rede – und damit ebenso ein praktischer Kontext angesprochen. Eine Lenkung der praktischen Vernunft oder des Willens durch Gott, das Sittengesetz selbst oder, wie wir gleich sehen werden, die ‚Antriebe‘ ist also eine von Kant in praktischer Hinsicht mehrfach genutzte Wendung. Auch in theoretischer Perspektive begegnet uns dieser Begriff, und es soll nicht verschwiegen werden, dass es dazu eine mit dem betreffenden Abschnitt aus der *GMS* besonders äquivalente Passage gibt, die Schönecker nicht anführt, obwohl sie seiner Interpretation Stütze verleihen würde:

---

59 Auf ein Bewusstsein der Vernunft als praktische Vernunft nimmt Kant z. B. Bezug in 399.2 u. 11, 449.2 u. 7, 06:435.14, 20 u. 23.

60 Vgl. z.B. B 367, B 511 u. 28:713.5 f.

> Wenn etwas nicht aus objectiven sondern aus subjectiven Gründen, nicht aus Gründen des Verstandes und der Vernunft, sondern der Sinnlichkeit etc. entsprungen ist, und doch für etwas als aus Gesetzen des Verstandes entsprungenes gehalten wird, denn ist es ein Vorurtheil. Die Sinnlichkeit etc. leiten den Verstand zum Urteil. Man muß dies aber nicht für etwas aus dem Verstande entsprungenes halten, sonst ists ein Vorurtheil. [...]. Leute, die schon eine Lenkung des Verstandes haben, nicht durch Gründe des Verstandes, sondern durch Gründe der Sinnlichkeit, überreden sich doch so vest davon, es sey aus Gründen des Verstandes entsprungen, daß sie davon gar nicht abzubringen sind (29:25.13–18 u. 26–29).

An dieser Stelle, an der es Kant um die Explikation des Begriffs ‚Vorurteil' geht, ist ausdrücklich von einer möglichen ‚Lenkung' unseres Verstandes durch die ‚Gründe der Sinnlichkeit' die Rede. Es wäre aufgrund dieser Übereinstimmung also durchaus möglich, dass Kant in 04:48.15 tatsächlich von so etwas wie der ‚Lenkung unserer Urteile' durch die Sinnlichkeit spräche. Eine solche Lenkung ist prinzipiell denkbar, die Vernunft lässt sich in diesem Fall fremdbestimmen. Streng genommen dürfte sie eine solche Lenkung nicht zulassen, da diese in einem Widerspruch zum ‚Bewusstsein der Vernunft' steht, von solchen ‚Gründen der Sinnlichkeit' frei zu sein. Die Passage hat damit ein ähnliches Gewicht wie die Schulz-Rezension; auch hier nimmt Kant auf eine mögliche Freiheit des theoretischen Urteils Bezug und verwendet in dem Zusammenhang sogar den Begriff der ‚Lenkung' des Verstandes. Allerdings zeigt auch diese Passage nicht, dass Kant von einem Übergang von der theoretischen Vernunft auf die praktische Vernunft ausginge. Als mögliches Indiz muss sie aber – ebenso wie die Schulz-Rezension – für eine Deutung im Sinne Schöneckers ernst genommen werden.

Zum jetzigen Stand der Textanalyse spricht manches dafür, dass Kant unter der in 448.13 angesprochenen Vernunft die *praktische Vernunft* versteht. Ebenso gibt es Gründe für die Annahme, dass er sich hier auf das *theoretische Vernunftvermögen*, freie Urteile zu fällen, bezieht: Ein Bewusstsein bzw. Selbstbewusstsein der Vernunft kennt Kant eben sowohl in theoretischer wie auch in praktischer Perspektive. Auch die Begriffe ‚Urteil' und ‚Lenkung der Vernunft' verwendet er im Kontext beider Spezifikationen der Vernunft. Die weitere Klärung des restlichen Satzes, in dem die genannten Formulierungen enthalten sind, ist aber aufschlussreicher.

Ich paraphrasiere kurz den bereits analysierten Teil des Satzes und fahre dann mit dem Zitieren von 448.13 fort. Kants Überlegungen in 448.13–17 zufolge kann man sich unmöglich eine Vernunft denken, die prinzipiell in ihren Urteilen eine Lenkung durch andere Kräfte als das eigene freie Vernunftvermögen erfährt, denn dann würde das Subjekt eben nicht seiner Vernunft, sondern ‚einem Antriebe die Bestimmung der Urteilskraft zuschreiben' (448.16 f.).[61] Mit dem Terminus ‚Antrieb'

61 Kants grundsätzliche Bestimmung der Vernunft darf man an dieser Stelle nicht missverstehen.

tritt in diesem Abschnitt ein neuer wichtiger Begriff hinzu, der in der Literatur bisher so gut wie keine explizite Beachtung gefunden hat. Kant spezifiziert an dieser Stelle zum ersten Mal, worin die Bestimmung der Vernunft von ‚anderwärts her' liegt: in einem ‚Antrieb' des Subjekts. Eine Betrachtung des Begriffs ‚Antrieb' kann damit weiteren Aufschluss darüber geben, auf welchen Begriff von Vernunft sich Kant in 448.13 bezieht, weil sich durch eine Analyse dieses Begriffs der Kontext desjenigen Vernunftgebrauchs näher spezifizieren lässt, auf den Kant hier abhebt. Und in der Tat: Während die Begriffe ‚Bewusstsein der Vernunft' (448.14), ‚Urteil' der Vernunft (448.14–16) und ‚Lenkung der Vernunft von anderwärts her' (448.14 f.) terminologisch weit gefasst sind und sowohl für den theoretischen als auch für den praktischen Vernunftkontext gelten, gibt es *keine einzige* Stelle, an der Kant den Begriff ‚Antriebe'[62] im Kontext einer ‚Fremdbestimmung' oder Einflussnahme der Sinnlichkeit auf die Vernunft im theoretischen Urteil verwendet.[63]

Erfahrungsgemäß kommt es selbstverständlich häufig vor, dass die Vernunft von ‚anderwärts' her eine Lenkung empfängt, aber in diesem Falle bleibt das Subjekt hinter seiner *grundsätzlichen Fähigkeit*, ein theoretisch, praktisch oder ästhetisch reines Urteil zu fällen, zurück. Wesensmäßig müsste die Vernunft keine Lenkung von anderwärts her zulassen, obwohl dies praktisch immer wieder vorkommt.

62 Es ist auffällig, dass ein so genauer Interpret wie Schönecker zwar die Begriffe ‚Bewusstsein der Vernunft' und ‚Lenkung der Vernunft' genauer untersucht, aber die Betrachtung des Begriffs ‚Antrieb' in diesem Zusammenhang einfach ausklammert.

63 Der Begriff ‚Antriebe' oder ‚Antrieb' wird in der *GMS* ausschließlich in einem praktischen Kontext verwendet. In 402.4–9 (Hervorh. H. P.) heißt es: „Da ich den Willen aller Antriebe beraubt habe, die ihm aus der Befolgung irgend eines Gesetzes entspringen könnten, so bleibt nichts als die allgemeine Gesetzmäßigkeit der Handlungen überhaupt übrig, welche allein dem Willen zum Princip dienen soll, d. i. ich soll niemals anders verfahren als so, *daß ich auch wollen könne, meine Maxime solle ein allgemeines Gesetz werden*". Weiter schreibt Kant in 407.4–19: „Denn es ist zwar bisweilen der Fall, daß wir bei der schärfsten Selbstprüfung gar nichts antreffen, was außer dem moralischen Grunde der Pflicht mächtig genug hätte sein können, uns zu dieser oder jener guten Handlung und so großer Aufopferung zu bewegen; es kann aber daraus gar nicht mit Sicherheit geschlossen werden, daß wirklich gar kein geheimer Antrieb der Selbstliebe unter der bloßen Vorspiegelung jener Idee die eigentliche bestimmende Ursache des Willens gewesen sei, dafür wir denn gerne uns mit einem uns fälschlich angemaßten edlern Bewegungsgrunde schmeicheln, in der That aber selbst durch die angestrengteste Prüfung hinter die geheimen Triebfedern niemals völlig kommen können, weil, wenn vom moralischen Werthe die Rede ist, es nicht auf die Handlungen ankommt, die man sieht, sondern auf jene innere Principien derselben, die man nicht sieht". Und in 444.15–27 heißt es: „Denn weil der Antrieb, den die Vorstellung eines durch unsere Kräfte möglichen Objects nach der Naturbeschaffenheit des Subjects auf seinen Willen ausüben soll, zur Natur des Subjects gehört, es sei der Sinnlichkeit (der Neigung und des Geschmacks) oder des Verstandes und der Vernunft, die nach der besonderen Einrichtung ihrer Natur an einem Objecte sich mit Wohlgefallen üben, so gäbe eigentlich die Natur das Gesetz, welches als ein solches nicht allein durch Erfahrung erkannt und bewiesen werden muß, mithin an sich zufällig ist und zur apodiktischen praktischen Regel, dergleichen die moralische sein muß, dadurch

Zwar kennt Kant auch beim Vernunftgebrauch in theoretisch urteilender Hinsicht eine Bestimmung durch ‚Gründe der Sinnlichkeit', d. h. die Möglichkeit, dass das Subjekt ein Urteil fällt, das von sinnlichen Einflüssen geleitet ist. Aber es ist sehr unwahrscheinlich, dass Kant an dieser Stelle den Begriff ‚Antrieb' verwendet, den er als solchen nur in seiner praktischen Philosophie gebraucht und der hier eine enge terminologische Bedeutung hat. Unter einem Antrieb versteht Kant ausnahmslos sinnliche Anreize, d. h. die Impulse der Sinnlichkeit im *Hinblick auf eine Handlungsbestimmung*. Es gibt terminologisch schlechterdings keinen Einfluss eines ‚Antriebs' auf die theoretische Urteilsbildung.

Dieser Befund ist mehr als ein Indiz für die These, dass sich Kant in 448.13–15 auf die Vernunft in praktischer Perspektive bezieht. Auch der dann folgende Satz deutet auf die Richtigkeit dieser Annahme hin. Kant expliziert hier den eben interpretierten Satz folgendermaßen: Die Vernunft müsse sich ‚selbst als Urheberin *ihrer Prinzipien* ansehen, *unabhängig von fremden Einflüssen*' (Hervorh. H. P.). Noch einmal: Worin bestehen die ‚fremden Einflüsse' und von welchen ‚Prinzipien' ist an dieser Stelle die Rede? Könnten die ‚Einflüsse' sich nicht auf mögliche sinnliche Inklinationen (‚Gründe der Sinnlichkeit') beziehen, die die Urteilsfrei-

---

untauglich wird, *sondern es ist immer nur Heteronomie* des Willens, der Wille giebt sich nicht selbst, sondern ein fremder *Antrieb* giebt ihm vermittelst einer auf die Empfänglichkeit desselben gestimmten Natur des Subjects das Gesetz." Kant stellt fest, dass selbst der ‚ärgste Bösewicht' zwar eigentlich gerne moralisch redlich sein möchte, dies aber wegen seiner „Neigungen und Antriebe nicht wohl in sich zu Stande bringen [kann]" (454.26 f.). In Sektion 5 schließlich schreibt er, dass die ‚sittlichen Gesetze' den Menschen „unmittelbar und kategorisch angehen, so daß wozu Neigungen und Antriebe (die ganze Natur der Sinnenwelt) anreizen, den Gesetzen seines Wollens als Intelligenz keinen Abbruch thun kann [...]" (457.35–37). Im gesamten Werk Kants findet sich der Begriff ‚Antrieb' in einer terminologischen Verwendungsweise über einhundert Mal; und *immer* (mit nicht einer Ausnahme) bezeichnet er den Einfluss der Sinnlichkeit auf den Willen oder die praktische Vernunft. Es gibt keine einzige Stelle, an der Kant den Begriff ‚Antrieb' im Zusammenhang mit der theoretischen Vernunft oder sogar im Hinblick auf die Freiheit eines theoretischen Urteilsaktes verwendet. Die Interpretation des ‚Antriebs' als einer Wirkung auf die *Urteilsfreiheit* der Vernunft ist damit in folgendem Satz in hohem Maße fragwürdig, wenn nicht sogar ausgeschlossen: „Nun kann man sich unmöglich eine Vernunft denken, die mit ihrem eigenen Bewußtsein in Ansehung ihrer Urtheile anderwärts her eine Lenkung empfinge, denn alsdann würde das Subject nicht seiner Vernunft, sondern einem Antriebe die Bestimmung der Urtheilskraft zuschreiben." Träfe Schöneckers Deutung zu, dann hätte Kant den Begriff ‚Antrieb' allein in 448.16 im Kontext der theoretischen Vernunft gebraucht. Für den Gebrauch des Terminus ‚Antrieb' in der praktischen Philosophie vgl. B 562, 830, 05:25, 33, 72, 76, 116, 443, 06:31, 42, 213, 320–22, 385, 392, 397, 405, 446, 07:270, 414, 15:501, 560, 616, 17:268, 336, 704, 18:253, 409, 19:92, 104, 168, 179, 182, 223, 274, 287, 974, 20:347, 21:17, 22:284, 378, 24:1015, 27:124, 131, 151, 202, 206–208, 256, 267, 294, 303, 345, 489, 493, 509, 520, 720, 1210, 1225, 1270, 1330, 1416–1418, 1428, 1441, 1449, 1483, 28:33, 253, 744, 821, 1066 f., 1113, 1217, 1280, 29:611, 1016.

heit der Vernunft betreffen? Und könnten die ‚Prinzipien der Vernunft' nicht doch auf den theoretischen Vernunftgebrauch, d. h. auf die ‚Erkenntnisprinzipien' der Vernunft, abheben?

Glücklicherweise findet sich in der *GMS* selbst eine Passage, die Rückschlüsse auf Kants Aussageintention in 448.13–22 zulässt, da Kant beide Begriffe im Zusammenhang verwendet. In 426.7–12 (Hervorh. H. P.) heißt es:

> Alles also, was empirisch ist, ist als Zuthat zum Princip *der Sittlichkeit* nicht allein dazu ganz untauglich, sondern der Lauterkeit der Sitten selbst höchst nachtheilig, an welchen der eigentliche und über allen Preis erhabene Werth eines schlechterdings guten Willens eben darin besteht, daß das *Princip der Handlung* von allen *Einflüssen* zufälliger Gründe, die nur Erfahrung an die Hand geben kann, frei sei.

Das ‚Prinzip' der praktischen Vernunft oder eines reinen Willens liegt 425.7–12 zufolge darin, von ‚allen Einflüssen zufälliger Gründe' (von ‚fremden Einflüssen', d. h. ‚Antrieben', s. o.) unabhängig oder frei zu sein. Die ‚Prinzipien'[64] der Vernunft und die Freiheit der Vernunft von ‚fremden Einflüssen' aus 448.18 können ohne Problem mit dem ‚Prinzip der Sittlichkeit' bzw. dem ‚Prinzip der Handlung' sowie der Vernunft in Form des in 425.10 angesprochenen ‚guten Willens', der von ‚allen Einflüssen zufälliger Gründe' frei sein soll, identifiziert werden.

Vollends plausibel wird die vorgeschlagene Interpretation aber durch einen Vergleich zwischen 448.12–21 aus Sektion 2 und 448.24–449.1–6 zu Beginn der Sektion 3. Kant rekapituliert an der zuletzt genannten Textstelle mit anderen Worten seine kurz zuvor in Sektion 2 vorgestellte Argumentation; und zwar die Forderung, dass wir uns die ‚Vernunft' und deren ‚Bewusstsein' nicht anders als frei vorstellen dürfen. Ich zitiere beide Textpassagen nacheinander:

> 448.9–22
> Nun behaupte ich: daß wir jedem vernünftigen Wesen, das einen Willen hat, nothwendig auch die Idee der Freiheit leihen müssen, unter der es allein handle. Denn in einem solchen Wesen denken wir uns eine Vernunft, die praktisch ist, d. i. Causalität in Ansehung ihrer Objecte hat. Nun kann man sich unmöglich eine Vernunft denken, die mit ihrem eigenen Bewußtsein in Ansehung ihrer Urtheile anderwärts her eine Lenkung empfinge, denn alsdann würde das Subject nicht seiner Vernunft, sondern einem Antriebe die Bestimmung der Urtheilskraft zuschreiben. Sie muß sich selbst als Urheberin ihrer Principien ansehen unabhängig von fremden Einflüssen, folglich muß sie als praktische Vernunft, oder als Wille eines vernünftigen Wesens von ihr selbst als frei angesehen werden; d. i. der Wille desselben kann nur unter der Idee der Freiheit ein eigener Wille sein und muß also in praktischer Absicht allen vernünftigen Wesen beigelegt werden.

---

64 Kant verwendet den Terminus ‚Prinzipien' an mehreren Stellen in der *GMS* für die Prinzipien der praktischen Vernunft (vgl. 441, Überschrift, 407.16, 457:31).

448.25 – 27 – 449.1 – 6
Wir haben den bestimmten Begriff der Sittlichkeit auf die Idee der Freiheit zuletzt zurückgeführt; diese aber konnten wir als etwas Wirkliches nicht einmal in uns selbst und in der menschlichen Natur beweisen; wir sahen nur, daß wir sie voraussetzen müssen, wenn wir uns ein Wesen als vernünftig und mit Bewußtsein seiner Causalität in Ansehung der Handlungen, d. i. mit einem Willen, begabt uns denken wollen, und so finden wir, daß wir aus eben demselben Grunde jedem mit Vernunft und Willen begabten Wesen diese Eigenschaft, sich unter der Idee seiner Freiheit zum Handeln zu bestimmen, beilegen müssen.

In 448.25 – 27 – 449.1 – 6 findet sich ganz offensichtlich eine Paraphrase von Kants Argumentation aus Sektion 2. Dies wird schon durch die Vergangenheitsform deutlich (‚Wir *haben* den bestimmten Begriff der Sittlichkeit auf die Idee der Freiheit *zuletzt zurückgeführt* [...], ‚diese aber *konnten* wir [...]', ‚wir *sahen* nur [...]', Hervorh. H. P.). An welcher Stelle sonst als in Sektion 2 hat sich Kant mit diesen Gedanken befasst? Er rekapituliert in 448 f., am Beginn der Sektion 3, also in verkürzter Form seine Argumentation aus Sektion 2.

Die Argumentation in 448 f. lässt sich vorläufig folgendermaßen paraphrasieren:

Wir haben die Sittlichkeit auf die Idee der Freiheit zurückgeführt, in diesem Zusammenhang aber keine Aussage über deren Wirklichkeit treffen können. In Sektion 2 haben wir bloß gesehen, dass wir Freiheit voraussetzen müssen, wenn wir uns ein Wesen denken wollen, das ein Bewusstsein seiner Kausalität in Ansehung seiner Handlungen, d. h. einen Willen, hat. Jedem Wesen, dem wir ein solches (praktisches) Bewusstsein (‚Wille') und damit tatsächlich eine Kausalität im Hinblick auf seine Objekte zuschreiben wollen, müssen wir auch Freiheit beilegen.

Kant bezieht sich damit, wie er selbst deutlich macht, auf seine Überlegungen in Sektion 2 zurück. Diese müssen wie folgt paraphrasiert werden:

Wir müssen einem Wesen, das einen Willen hat, d. h. über praktische Vernunft verfügt, die Kausalität in Ansehung ihrer Objekte hat, die Idee der Freiheit leihen. Und zwar deshalb, weil wir uns unmöglich eine Vernunft denken können, die mit ihrem Bewusstsein und in ihrer Kausalität fremdbestimmt wäre. Der Wille kann nämlich nur unter der Idee der Freiheit ein eigener Wille sein. Jedem vernünftigen Wesen, das einen eigenen Willen beansprucht, müssen wir daher die Idee der Freiheit leihen.

Der wesentliche Unterschied zwischen diesen beiden Passagen liegt darin, dass Kant seinen Exkurs hinsichtlich der *prinzipiellen* Selbstbestimmung der Vernunft[65]

---

65 „Denn in einem solchen Wesen [d. h. in einem Wesen, das einen Willen hat, H. P.], denken wir uns eine Vernunft, die praktisch ist, d. i. Causalität in Ansehung ihrer Objecte hat. Nun kann man sich unmöglich eine Vernunft denken, die mit ihrem eigenen Bewußtsein in Ansehung ihrer Urtheile anderwärts her eine Lenkung empfinge [...]" (448:11 – 15).

in 448.25–27–449.1–6 rekapitulierend in dem Satz zusammenfasst: ‚[...] wir sahen nur, dass wir sie [die Idee der Freiheit, H. P.] voraussetzen müssen, wenn wir uns ein Wesen als vernünftig und mit Bewusstsein seiner Kausalität in Ansehung der Handlungen, d. h. mit einem Willen begabt, uns denken wollen' – wobei er den erläuternden Einschub aus 448.13–16[66] implizit vermittelt durch die Erwähnung der Bedingung zwischen der Annahme der Freiheit und der Möglichkeit, über ein Bewusstsein seiner Handlungskausalität zu verfügen (‚Freiheit voraussetzen müssen, wenn').

Träfe Schöneckers Interpretation von 448.9–22 zu, dann wäre es sehr auffällig, dass Kant wenige Zeilen später in 448.25–27–449.1–6 mit nicht einem Wort den von Schönecker unterstellten Übergang von der ‚Freiheit zu denken zur Freiheit zu handeln' erwähnt. Stattdessen spricht Kant hier ganz selbstverständlich davon, dass wir die Idee der Freiheit voraussetzen müssen, wenn wir uns als ein Wesen mit einem *Bewusstsein seiner praktischen Kausalität, d. h. als mit einem Willen begabt,* denken wollen. Dies ist die Perspektive auf die Vernunft, die sich als ein Aspekt auch in der Schulz-Rezension findet und die Kant trotz ihrer Analogie mit der Vernunft in theoretischer Perspektive von dieser deutlich unterscheidet. Die Formulierungen sind nahezu identisch. Man kann 448.9–22 nun unter der gut begründeten Annahme, dass es sich bei ‚der Vernunft', die hier im Mittelpunkt steht, um die praktische Vernunft handelt, also wie folgt reformulieren:

> *Wir müssen jedem Wesen, das einen Willen hat, notwendigerweise Freiheit zusprechen, denn in einem solchen Wesen denken wir uns eine Vernunft, die praktisch ist, d. h. die Kausalität im Hinblick auf ihre Objekte, d. h. Handlungen, hat.*
> *Nun kann man sich unmöglich eine praktische Vernunft denken, die im Hinblick auf die Urteilsakte, die ihren Handlungen zugrunde liegen, fremdbestimmt wäre, denn dann würde das Subjekt eben nicht seiner praktischen Vernunft, sondern einem sinnlichen Antrieb die Bestimmung der praktischen Urteilskraft zuschreiben.*
> *Die praktische Vernunft muss sich selbst als Urheberin ihrer praktischen Vernunftprinzipien ansehen, unabhängig von den sinnlichen Antrieben.*
> *Demgemäß muss sich die praktische Vernunft des vernünftigen Wesens selbst als frei ansehen, d. h., der Wille des vernünftigen Wesens kann nur unter der Idee der Freiheit ein eigener Wille sein. Jedem Wesen mit einem Willen müssen wir daher die Idee der Freiheit leihen.*

Wenn wir uns also als willensbegabt ansehen, d. h. mit einer Vernunft ausgestattet, die ‚wirklich Kausalität im Praktischen' hat, also Handlungen hervorbringt, müssen wir uns diese Vernunft – und muss damit auch diese Vernunft sich selbst – als frei denken. Warum? Weil eine solche praktische Vernunft überhaupt nicht als prinzipiell

66 Man könne sich keine Vernunft denken, die – als selbstbewusstes und selbstlenkendes Vermögen (‚Kausalität in Ansehung ihrer Objekte') – anderwärts her eine Lenkung empfinge.

fremdbestimmt *denkbar wäre*, denn wäre dies der Fall, dann wäre es eben gerade keine Vernunft, sondern stellte nur den Effekt eines sinnlichen Handlungsantriebs dar. Also muss sich die praktische Vernunft auch selbst als Urheberin ihrer Prinzipien ansehen. Sie muss von den sinnlichen Antrieben zumindest prinzipiell unabhängig sein. Eine praktische Vernunft muss sich selbst zwangsläufig als frei ansehen. So etwas wie ein Wille, d.h. ein Vermögen, in dem Vernunft praktisch wird und Handlungen aus sich selbst hervorbringt, ist nur unter der Idee der Freiheit *überhaupt denkbar* und könnte sich selbst nur dann als einen *eigenen* Willen begreifen. Der Freiheitsbegriff gehört schlichtweg zur *Semantik des Willensbegriffs*. Dieser Befund ist nicht überraschend. Kant hat diesen Umstand ohne den unterstellten und konstruierten ‚Umweg' über die Freiheit der Vernunft in theoretischer Perspektive bereits in den frühen 1770er-Jahren so formuliert:

> Der Wille des Menschen ist frey, bedeutet so viel als: die Vernunft hat ein Vermögen über den Willen und die andern Vermögen und Neigungen. Denn die Vernunft bestimmt sich selbst, und ohne diese werden alle andre Vermögen nach dem Gesetze der wirkenden Ursachen bestimmt und sind äußerlich nothwendig. Die Vernunft kan nicht bestimmt, d. i. afficirt seyn; denn alsdenn wäre sie sinnlichkeit und nicht vernunft (17:508.17–20).

Ein etwas weniger elaborierter Hinweis zur notwendigen Annahme der Freiheitsidee für einen eigenen Willen findet sich dann wie bereits ausgeführt in 448 f.

Die vorgeschlagene Alternativinterpretation ist durch ihre Integration des Terminus ‚Antrieb' sowie ihre inhaltliche Kohärenz mit 448.25–27 – 449.1–6 plausibler als die voraussetzungsreichere Interpretation unter Zuhilfenahme der Rezension von Schulzens Sittenlehre, die Schönecker favorisiert.[67] Wie gezeigt wurde, nimmt Kant in der Schulz-Rezension tatsächlich keine Ableitung der Freiheit der praktischen Vernunft aus der Freiheit der theoretischen Vernunft vor, und er argumentiert auch nicht für einen Übergang von der einen Form der Vernunft zu der anderen. Vielmehr macht Kant an diesen Stellen lediglich deutlich, dass er von einer *Einheit der Vernunft* ausgeht: Vernunft kann weder in ihrer

---

67 Sie ist auch plausibler als die sehr gut nachvollziehbare Interpretation Bojanowskis (2006, S. 216), der davon ausgeht, dass sich Kant in 448.13 – 18 auf einen Begriff von *Vernunft überhaupt* bezieht. Eine solche, naheliegende Deutung wird ebenso wie die Interpretation Schöneckers durch die Verwendung des Terminus ‚Antriebe' in 448.16 unwahrscheinlich. Träfe Bojanowskis Deutung zu, dann würde Kant am Ende der zweiten Sektion behaupten, dass man sich die *Vernunft überhaupt* nicht als ein Vermögen denken könnte, dessen Urteile von *Antrieben* bestimmt seien. Allerdings findet sich (vgl. FN 63) keine einzige Stelle, die darauf hindeutet, dass Kant im Zusammenhang mit einem Einfluss der Sinnlichkeit auf ein Verstandesurteil von einem *Antrieb* durch Sinnlichkeit spricht. Die Formulierung, dass Sinnlichkeit in Form eines Antriebes auf die Vernunft einwirkt, kann also nur im Kontext der praktischen Vernunft sinnvoll erscheinen und nicht im Zusammenhang mit einem Einfluss der Sinnlichkeit auf die Vernunft allgemein.

praktischen noch in ihrer theoretischen Spezifikation als ein fremdbestimmtes Vermögen gedacht werden. Beide Vermögen sind frei. Kants Intentionen in Sektion 2 sind also weitaus weniger ambitioniert und anspruchsvoll, als es ein Großteil der Literatur nahelegt: Der Begriff der Freiheit – darauf kommt es Kant hier allein an – gehört semantisch zum Begriff eines vernünftigen Wesens bzw. eines vernünftigen Willens. Sich ein praktisch vernünftiges Wesen zu denken, ohne ihm dabei Freiheit zuzusprechen, ergäbe keinen Sinn, denn die praktische Vernunft dieses Wesens würde sich dann nicht selbst bestimmen. Sie wäre eben gerade keine Vernunft, sondern Sinnlichkeit, und das vernünftige Wesen wäre ein bloß durch Sinnlichkeit geleitetes Wesen. Kant fasst seine Argumentation am Beginn der Sektion 3 genau in diesem Sinne zusammen: Wenn wir uns ein praktisch vernünftiges Wesen denken wollen, dann müssen wir diesem Wesen Freiheit zuschreiben. Es findet sich in Sektion 2 somit kein ‚Selbstwiderlegungsargument des Determinismus' und auch keine Ableitung der Handlungsfreiheit aus der theoretischen Urteilsfreiheit. Solche Ansätze ließen sich im Anschluss an Kants Überlegungen in Sektion 2 sicher gewinnen, aber sie werden von Kant selbst an dieser Stelle weder entwickelt noch intendiert.

Eine weitere Fehlinterpretation, mit der wir uns später noch näher beschäftigen werden, stellt die Annahme dar, Kant leiste bereits am Ende der Sektion 2 die am Ende von Sektion 1 angekündigte ‚Deduktion des Begriffs der Freiheit aus der reinen praktischen Vernunft'.[68] Gegen eine solche Deutung sprechen mehrere Gründe. Zum einen wäre es merkwürdig, wenn Kant am Ende der Sektion darauf hinwiese, dass diese Deduktion oder deren Begreiflichmachen (als Hauptziel seiner gesamten Argumentation im dritten Abschnitt) noch ‚*einiger* Vorbereitung' (447.25, Hervorh. H. P.) bedürfe – er diese Deduktion in Gestalt des Hinweises auf die Notwendigkeit der Annahme des Freiheitsbegriffs aber wenige Zeilen später bereits leistete. Zum anderen ist in der Sektion perspektivisch immer noch von einem vernünftigen Wesen die Rede – und nicht speziell von dem Menschen als sinnlich-vernünftigem Wesen. In der Gesamtanlage der Argumentationsabsicht

68 So z. B. jüngst Bojanowski (2015, S. 94) und Wolff (2015, S. 275). Bojanowski (2015, S. 95) rekonstruiert die Deduktion folgendermaßen: „Es ist mit dem Begriff eines reinen Vernunftvermögens unvereinbar, daß es die ‚Bestimmung der Urteilskraft [...] einem Antriebe [...] und nicht der Vernunft zuschreib[t]' (GMS, 448). Kants antinaturalistische Konzeption von ‚reiner Vernunft' impliziert, dass es ein spontanes und nicht etwa rezeptives Erkenntnisvermögen ist. Erkenntnis ist für Kant nicht nur theoretisch, sondern sie kann auch praktisch sein. Als praktische ist die Erkenntnis selbst der Grund für die Existenz eines Gegenstandes (der Handlung). Die praktische Erkenntnis bestimmt daher unseren Willen als Kausalvermögen, vermittels dessen wir Wirkungen hervorbringen. Wenn also die Vernunft die Quelle unserer Handlungsprinzipien ist, nach deren Vorstellung wir handeln (unser Wille wirkt), muß sich der rational Handelnde auch selbst einen freien Willen zuschreiben."

des dritten Abschnitts geht es aber um die Freiheit eines sinnlich-vernünftigen Wesens. Wenn die Deduktion des Begriffs der Freiheit aus der reinen praktischen Vernunft bereits in der zweiten Sektion geleistet worden wäre, dann müsste diese Deduktion unabhängig sein vom Zirkelverdacht und von Kants Rekurs auf die Vernunft („Nun findet der Mensch in sich wirklich ein Vermögen [...] und das ist die Vernunft“, 452.7–9). Eine solche Interpretation ist aber vor dem Hintergrund des Aufbaus der Sektionen der *GMS* sowie aufgrund der Argumente in der dritten Sektion nicht haltbar.

Sektion 3: Von dem Interesse, welches den Ideen der Sittlichkeit anhängt

Die Überschrift der dritten Sektion, „Von dem Interesse, welches den Ideen der Sittlichkeit anhängt" (448.23 f.), ist in hohem Maße erläuterungsbedürftig – und hat bei nicht wenigen Kommentatoren für Irritationen gesorgt. So hält z. B. Allison sie für gänzlich verfehlt, weil nach seiner Interpretation nicht ein moralisches Interesse im Mittelpunkt dieser Sektion steht, sondern der Zirkelverdacht.[69] Einer solchen Einschätzung folgend ist der Abschnitt 449.7–36–450.1–17 in der Literatur meist vernachlässigt oder nur selektiv betrachtet worden. Eine umfangreichere Auseinandersetzung mit der Frage, warum Kant in dieser Sektion schon mit der Überschrift das moralische Interesse in den Mittelpunkt rückt und inwiefern dieses mit dem Zirkelverdacht verbunden ist, sucht man in der Literatur vergebens.

Fasst man diese Überschrift aber als Programmatik auf, dann gilt es zu klären, inwiefern der zentrale Aspekt der dritten Sektion mit dem (moralischen) Interesse, das ‚den Ideen der Sittlichkeit anhängt', verbunden ist und was genau sich hinter diesem Bezug verbirgt. Kant widmet dem moralischen Interesse in der dritten Sektion gut eineinhalb Seiten (vgl. 449.7–36–450.1–17). Schon der quantitative Umfang der Behandlung dieses Interesses legt also nahe, dass es sich dabei um keine Marginalie handeln kann.

Die Überschrift in 448.23 f. beinhaltet drei Deutungsprobleme: 1. Es ist nicht klar, was Kant überhaupt unter einem ‚Interesse' (welches den Ideen der Sittlichkeit anhängen soll) versteht, 2. ist auf den ersten Blick nicht erkennbar, von welchen ‚Ideen' genau in der Überschrift die Rede ist, und 3. muss eine Erklärung dafür gefunden werden, warum Kant die dritte Sektion mit dem Hinweis auf Ideen der Sittlichkeit und ein diesen anhängendes Interesse betitelt und wie dies zur Formulierung des Zirkelverdachts hinleitet.

Die Überschrift dieser Sektion müsste viel eher – das suggeriert zumindest ein Großteil der Literatur durch interpretatorische Gewichtung – einen Hinweis auf den Zirkelverdacht, auf den transzendentalen Idealismus oder auf ein möglicherweise bestehendes Ableitungsverhältnis der praktischen aus der theoretischen Freiheit enthalten.

69 Allison schreibt: „This is misleading because the focal point of this section is not the concept of a pure moral interest, but an apparent circle, which Kant believes can only be avoided by introducing the idea of an intelligible world" (Allison 2011, S. 301).

DOI 10.1515/9783110392708-005

Zu Beginn der dritten Sektion wiederholt Kant zunächst die Ergebnisse von Sektion 1 und 2. Wir sind auf die genaue Bedeutung dieser Stellen schon eingegangen (vgl. S. 67 ff.):

448.25 – 27 – 449.1 – 6

Wir haben den bestimmten Begriff der Sittlichkeit auf die Idee der Freiheit zuletzt zurückgeführt; diese aber konnten wir als etwas Wirkliches nicht einmal in uns selbst und in der menschlichen Natur beweisen; wir sahen nur, daß wir sie voraussetzen müssen, wenn wir uns ein Wesen als vernünftig und mit Bewußtsein seiner Causalität in Ansehung der Handlungen, d. i. mit einem Willen, begabt uns denken wollen, und so finden wir, daß wir aus eben demselben Grunde jedem mit Vernunft und Willen begabten Wesen diese Eigenschaft, sich unter der Idee seiner Freiheit zum Handeln zu bestimmen, beilegen müssen.

Kant hat in Sektion 1 die Begriffe ‚Autonomie' und ‚Sittengesetz' auf die Idee der Freiheit zurückgeführt und dann in Sektion 2 dafür argumentiert, dass wir diesen Begriff von Freiheit auch in praktischer Hinsicht voraussetzen müssen, wenn wir uns ein Wesen als vernünftig und mit einem Willen begabt denken wollen. An mehreren Stellen in Sektion 2 spricht Kant von der ‚Idee der Freiheit' (448.5, 448.10, 448.20), sodass diese ganz sicher zu den ‚Ideen der Sittlichkeit' gehört, die er in der Überschrift zu Sektion 3 anspricht. Allerdings ist hier die Rede von *den Ideen*, sodass wenigstens noch eine zweite ‚Idee der Sittlichkeit' hinzukommen muss. Dies wird auch in der sich anschließenden Passage deutlich, in der Kant wieder von *Ideen* spricht:

449.7 – 11

Es floß aber aus der Voraussetzung dieser Ideen auch das Bewußtsein eines Gesetzes zu handeln: daß die subjectiven Grundsätze der Handlungen d. i. Maximen, jederzeit so genommen werden müssen, daß sie auch objectiv, d. i. allgemein als Grundsätze, gelten, mithin zu unserer eigenen allgemeinen Gesetzgebung dienen können.

Diese Passage erlaubt weiteren Aufschluss darüber, worin zumindest eine zweite Idee bestehen könnte. In 449.7 – 11 heißt es, dass ‚aus der Voraussetzung dieser Ideen auch das Bewusstsein eines Gesetzes zu handeln' floss. Auch hier äußert sich Kant nicht dazu, welche Ideen genau in der Überschrift zu Sektion 3 bezeichnet sind. Die Vergangenheitsform (‚floss') deutet aber darauf hin, dass sich Kant an anderer Stelle schon auf diese ‚Ideen' bezogen haben muss – und zwar im Zusammenhang mit einem ‚Bewusstsein eines Gesetzes zu handeln'. In Sektion 1 – 2 müsste es also einen Abschnitt geben, der darauf verweist oder der zumindest impliziert, dass aus der Voraussetzung der ‚Ideen der Sittlichkeit' auch der Gedanke des ‚Bewusstseins eines Gesetzes zu handeln' ‚floss'.

Bei diesem Abschnitt kann es sich nur um 446.13 – 24 – 447.1 – 7 aus der ersten Sektion handeln. Betrachtet man diese Stelle vor dem Hintergrund von Kants retrospektiver Einschätzung aus 449.7–11, dann lässt sie sich durchaus so verstehen, dass sich aus der Annahme der Freiheit und dem daraus ‚fließenden', d. h. ableitbaren, positiven, Freiheitsbegriff (der Autonomie) auch der Gedanke einer *Notwendigkeit* des Bewusstseins eines *Handlungsgesetzes* ergibt[70]: Wenn wir annehmen, dass aus der negativen Erklärung der Freiheit die ‚Autonomie' ‚fließt', dann kann der Gesetzescharakter der Autonomie nur darin liegen, dass der Wille „sich selbst ein Gesetz" (447.2) ist. Kant weist auf diesen Umstand im Nachhinein nur andeutungsweise hin. Es ist aber davon auszugehen, dass zu diesem Status der Selbstgesetzgebung auch ein *Bewusstsein* desjenigen praktischen Handlungsgesetzes gehört, das die Vernunft sich selbst gibt. Andernfalls könnte von einer Selbstgesetzgebung keine Rede sein. Und anders könnte Kants Explikation des ersten Satzteils in 449.7–11 (‚Es floss aber aus der Voraussetzung dieser Ideen auch das Bewusstsein eines Gesetzes zu handeln') durch den zweiten Satzteil nach dem Doppelpunkt bei ‚handeln' nicht verständlich gemacht werden (‚dass die subjektiven Grundsätze der Handlungen, d. i. Maximen, jederzeit so genommen werden müssen, dass sie auch objektiv, d. i. allgemein als Grundsätze, gelten, mithin zu unserer eigenen allgemeinen Gesetzgebung dienen können'). Wenn ein Wille sich *vernünftig* selbst bestimmt, dann müssen seine Handlungsmaximen, obwohl sie Maximen eines einzelnen Willens und damit ‚subjektive Grundsätze' sind, immer schon ‚objektiv' sein. Sie müssen einer ‚eigenen', aber doch ‚allgemeinen' Gesetzgebung dienen. Der Terminus ‚Voraussetzung' bezieht sich, wie bereits angedeutet, sicher nicht auf eine der Idee der Freiheit und der Autonomie vielleicht gemeinsame ‚Voraussetzung', sondern eben auf Kants begriffsanalytische Bestimmungen in Sektion 1: Wenn wir diese Ideen *voraussetzen*, dann müsste zu diesen Ideen im Sinne begrifflicher Konsistenz ‚auch' (vgl. 449.7) die Annahme des Bewusstseins eines Handlungsgesetzes hinzugedacht werden. Eben um es denkbar zu machen, dass die Maximen ‚jederzeit so genommen werden müssen, dass sie auch objektiv, d. i. allgemein als Grundsätze, gelten, mithin zu unserer eigenen allgemeinen Gesetzgebung, dienen können'. Die ‚Ideen', die Kant in 449.7

70 Zu den wenigen Autoren, die diese Passage näher betrachten und darin bereits richtig einen Verweis auf ein Bewusstsein des Sittengesetzes sehen, gehört Wolff (2015, S. 280), der schreibt: „Kant erinnert hier an Sektion 1, 446.14–15. – Aus den Ideen von Freiheit und Autonomie als Prädikaten des Willens wurde dort abgeleitet (‚floß') die Annahme (‚das Bewußtsein') der Gültigkeit des Autonomieprinzips. Wie das Autonomieprinzip lautet, konnte dort allerdings nicht aus Erklärungen abgeleitet werden. Ähnlich wie in der zweiten *Kritik* das ‚Dasein' eines vollen ‚Bewußtseins' des Grundgesetzes der reinen praktischen Vernunft erst in § 7 postuliert wird, wird in der *Grundlegung* erst nachträglich auf dieses Bewußtsein verwiesen". Auch Wyrwich (2011, S. 60, Hervorh. v. Wyrwich) liest die Stelle in diesem Sinne: „Jedes vernünftige Wesen kann (wenn überhaupt) nur dann als frei angesehen werden, *wenn* es sich dem Anspruch des Sittengesetzes ausgesetzt *weiß*".

anspricht, können nach dem Hinweis auf diesen Rückbezug also identifiziert werden: Es sind 1.) die Idee der Freiheit und 2.) die Idee der Selbstgesetzgebung, d. h. der Autonomie. Aus der ‚Voraussetzung' dieser Ideen folgt dann – zumindest Kants retrospektiver Einschätzung in 449.7–11 zufolge – 3.) die Notwendigkeit der Annahme des Bewusstseins eines Handlungsgesetzes. Über die Wirklichkeit eines solchen Bewusstseins trifft Kant aber weder in der ersten Sektion noch zu Beginn der dritten Sektion eine Aussage.[71]

Das ‚aber' und das ‚auch' in 449.7 müssen in irgendeiner Weise eine Abgrenzung von den in Sektion 1 und 2 vorgestellten und in 448.25–27–449.1–6 resümierten Gedanken deutlich machen. Kant leitet hier zu einem neuen Problem über, was auch durch den Absatz deutlich wird: Die hier rekapitulierte Analytizität von Freiheit und Autonomie reicht zur Begründung des Sittengesetzes nicht aus, wenn der Fokus auf der sittlichen Selbstgesetzgebung in einem *nicht rein* vernünftigen Wesen liegt.

Wie ließe sich der Umstand erklären, dass der *Mensch* als ein autonomes Wesen seine Maximen so wählt, dass er dabei nicht seinen sinnlichen Inklinationen, sondern einem allgemeinen, intersubjektiv nachvollziehbaren Gesetz folgt?

Kant deutet die Antwort auf diese Frage schon mit dem Hinweis auf ein mögliches Bewusstsein der Autonomie – und damit des Sittengesetzes – an: Der sinnlich-vernünftige Mensch, aus dessen Freiheit – anders als bei rein vernünftigen Wesen – die Sittlichkeit nicht eo ipso folgt, müsste ein Bewusstsein seiner Autonomie und damit

---

71 Schönecker hält die Annahme, Kant beziehe sich an dieser Stelle auf das Bewusstsein des Sittengesetzes im Sinne der Faktum-Theorie der *KpV*, für abwegig, weil Kant im Satz kurz darauf die Geltung des kategorischen Imperativs infrage stelle. Schönecker zufolge könnte man „tatsächlich denken, Kant nähme hier ein Faktum in Anspruch, also eben ein ‚Bewusstsein eines Gesetzes zu handeln', also ein Bewusstsein des kategorischen Imperativs", wenn Kant nicht an diesen Satz die „zweifelnde Frage" anschlösse, „ob denn nun wirklich dieser Imperativ Geltung hat, sodass der Mensch sich ihm unterwerfen muss" (Schönecker 2014a, S. 8). Schönecker übersieht, dass Kant an dieser Stelle nur von der *Idee* eines Bewusstseins des Sittengesetzes ausgeht und sich zunächst nicht zu der Frage äußert, ob es ein solches Bewusstsein *tatsächlich* gebe. Baum (2014, S. 215) fasst diese Stelle als einen Satz auf, der mit dem in der *KpV* Gesagten unvereinbar sei. Nachdem er 449.7–11 zitiert hat, heißt es: „Die KpV lehrt, dass das Bewusstsein des Sittengesetzes ein Faktum ist, das aus nichts anderem ‚fließt', sondern das seinerseits den Rückschluss auf die transzendentale Freiheit des Willens erlaubt, und dass Sittlichkeit nichts anderes ist als diejenige Eigenschaft von Handlungen, die sie haben, wenn ihre Maximen um des Sittengesetzes willen angenommen werden". Kant bezieht sich in 449.7–11 aber auf seine begriffsanalytischen Überlegungen der Sektionen 1–2 zurück, die bloß begriffliche Beziehungen analysieren und keine Aussagen darüber machen, ob z. B. der Mensch als sinnlich-vernünftiges Wesen tatsächlich ein freies Wesen ist oder ob es tatsächlich das Bewusstsein eines Handlungsgesetzes gibt. Der Hinweis, dass ein Begriff aus einem anderen ‚fließt', zeigt für Kant immer ein analytisches Verhältnis an (vgl. z. B. 446.14) und impliziert keine Aussage über tatsächliche Verhältnisse.

ein epistemisches Vermögen haben, den kategorischen Imperativ zu *erkennen* – eben das in 449.8 f. angesprochene und hier bloß als Idee gedachte ‚Bewusstsein eines Gesetzes zu handeln'. Anders könnten wir uns den Begriff der Autonomie nicht denken; denn wie sollte es möglich sein, dass ein vernünftiges Wesen sittlich handelte, wenn es nicht in irgendeiner, noch weiter aufzuklärenden Weise über eine Einsicht in die Richtigkeit des Sittengesetzes verfügte und dieses Gesetz auch anerkannte? Darum schreibt Kant auch, dass mit der Idee der Freiheit und der Autonomie das ‚Bewusstsein eines Gesetzes zu handeln' als Idee nicht nur verbunden ist – vielmehr lässt es sich aus diesen Ideen schließen; d. h., die Idee eines Bewusstseins des selbstgegebenen Handlungsgesetzes ‚fließt' aus ihnen. Doch wie ist ein solches – notwendigerweise anzunehmendes – Bewusstsein im Menschen als einem sinnlich-vernünftigen Wesen in praktischer Perspektive denkbar?[72] Für ein vollkommenes Wesen stellt sich dieses Problem nicht, da das Sittengesetz für dieses eine *Notwendigkeit* darstellt. Wie aber erkennt der Mensch als sinnlich-vernünftiges Wesen den KI, und wie erkennt er ihn an?[73] Kants Antwort darauf kündigt sich bereits direkt in der Frage an, warum der Mensch sich dem Sittengesetz in Form des kategorischen Imperativs unterwerfen soll:

449.11–22
Warum aber soll ich mich denn diesem Princip unterwerfen und zwar als vernünftiges Wesen überhaupt, mithin auch dadurch alle andere mit Vernunft begabte Wesen? Ich will einräumen, daß mich hiezu kein Interesse *treibt*, denn das würde keinen kategorischen Imperativ geben; aber ich muß doch hieran nothwendig ein Interesse *nehmen* und einsehen, wie das zugeht; denn dieses Sollen ist eigentlich ein Wollen, das unter der Bedingung für jedes vernünftige Wesen gilt, wenn die Vernunft bei ihm ohne Hindernisse praktisch wäre; für Wesen, die wie wir noch durch Sinnlichkeit als Triebfedern anderer Art afficirt werden, bei denen es nicht immer geschieht, was die Vernunft für sich allein thun würde, heißt jene Nothwendigkeit der Handlung nur ein Sollen, und die subjective Nothwendigkeit wird von der objectiven unterschieden.

Mit ‚diesem Prinzip' ist hier das bereits in 440.14 f. angeführte und in 447.1–7/ 449.7–13 erneut angesprochene ‚Prinzip der Autonomie als oberstes Prinzip der Sittlichkeit' gemeint. Es besteht darin, stets nicht „anders zu wollen, als so, daß

---

72 Kant stellt diese Frage ähnlich auch in der *KpV* (05:30.3): „Wie ist aber auch das Bewußtsein jenes moralischen Gesetzes möglich?". Auch in der *KpV* wird deutlich, dass dieses Bewusstsein des moralischen Gesetzes zugleich mit einem Moment seiner Anerkenntnis verbunden ist.

73 Wolff (2015, S. 281) schreibt an dieser Stelle zu Recht: „Man kann den Sinn, den diese Warum-Frage im vorliegenden Kontext hat, nur verstehen, wenn man sie als Frage nicht nach dem Grund der Gültigkeit, sondern der Verbindlichkeit versteht, die das Autonomieprinzip, falls es gültig ist, für alle ‚mit Vernunft begabte Wesen' hat. Als Frage nach dem Verbindlichkeitsgrund bezieht sie sich nur auf endliche vernünftige Wesen".

die Maximen seiner Wahl in demselben Wollen zugleich als allgemeines Gesetz begriffen sei“ (440.18 – 21). An dieser Stelle ist eindeutig vom Willen eines sinnlich-vernünftigen Wesens wie dem Menschen die Rede, denn Kant spricht von einer *Unterwerfung* unter das Prinzip der Sittlichkeit – und unterwerfen können sich nur Wesen, für die das sittliche Gesetz nicht eine Notwendigkeit, sondern eine Nötigung darstellt. Der erste Satz in 449.11 – 22 ist zunächst missverständlich, weil Kant von einem ‚vernünftigen Wesen überhaupt‘ und von allen anderen mit ‚Vernunft begabten Wesen‘ spricht. Dies könnte den Eindruck erwecken, als habe er hier wieder allein *rein* vernünftige Wesen im Blick und nicht den Menschen als sinnlich-vernünftiges Wesen. Der Rest der Passage und die Formulierung ‚mit Vernunft begabte Wesen‘ machen aber deutlich, dass in diesem Abschnitt nicht weiterhin ein solch bloß abstrakt gedachtes Vernunftwesen analysiert wird, sondern ein sinnlich-vernünftiges Wesen wie der Mensch. Der Absatz zwischen 449.6 und 449.7 leitet damit einen Übergang ein zwischen der rein analytischen Begriffszergliederung der ‚Metaphysik der Sitten‘ und einer Analyse des Subjekts in Form einer ‚Kritik der reinen praktischen Vernunft‘. Bereits im zweiten Abschnitt der *GMS* hatte Kant festgestellt, dass

> der Wille jedes vernünftigen Wesens an sie als Bedingung nothwendig gebunden sei, kann durch bloße Zergliederung der in ihm vorkommenden Begriffe nicht bewiesen werden, weil es ein synthetischer Satz ist; man müßte über die Erkenntniß der Objecte und zu einer Kritik des Subjects, d. i. der reinen praktischen Vernunft, hinausgehen [...] (440.21 – 26).

Dieser Kritik des Subjekts wendet sich Kant nun zu. Zu einer Antwort darauf, wie die Nötigung eines sinnlich-vernünftigen Wesens möglich ist, kann man eben nicht durch eine Analyse der logischen Implikationen des Begriffs eines vernünftigen Wesens überhaupt gelangen, sondern nur durch eine Kritik der praktischen Vernunft des Menschen.

Die Frage ‚Warum soll ich mich diesem Prinzip unterwerfen?‘ in 449.11 ist in hohem Maße missverständlich, weil sie eine andere Antwort erwarten lässt als diejenige, die Kant dann tatsächlich gibt. Diese Frage könnte nämlich bedeuten: Warum soll ich moralisch sein, d. h., aus welchem Grund sollte ich dem moralisch Gebotenen Folge leisten? Damit wäre nicht nur danach gefragt, wie die intelligible Nötigung eines nicht rein-vernünftigen Wesens möglich ist, sondern auch danach, *warum ein Subjekt das tun soll*, was es als ein moralisches Gebot erfährt.

Eine solche Deutung schlägt z. B. Schönecker vor. Zu Recht weist er auf die großen Interpretationsschwierigkeiten hin, die vor allem mit dem Satzteil ‚aber ich muss doch hieran notwendig ein Interesse nehmen und einsehen, wie das zugeht‘ verbunden sind. Schönecker vertritt die Auffassung, dass Kant mit diesem Satz und der Überschrift zur dritten Sektion unmöglich gemeint haben könne, „man müsse

‚einsehen', ‚wie' der Mensch am moralischen Gesetz ein Interesse nehmen kann, oder anders gefragt, wie eine rein moralische Motivation möglich ist" (Schönecker 1999, S. 323). Er begründet diese Einschätzung mit Kants Feststellung in Sektion 5: „Die subjective Unmöglichkeit, die Freiheit des Willens zu erklären, ist mit der Unmöglichkeit, ein Interesse ausfindig und begreiflich zu machen, welches der Mensch an moralischen Gesetzen nehmen könnte, einerlei" (459.32–460.1). Schönecker führt auch den Schluss desselben Abschnitts zur Stützung seiner Argumentation an: „[S]o ist die Erklärung, wie und warum uns die Allgemeinheit der Maxime als Gesetzes, mithin die Sittlichkeit interessire, uns Menschen gänzlich unmöglich" (460.22–24). Die Frage nach der Einsicht, *wie* es zugeht, dass der Mensch ein Interesse am moralischen Gesetz nimmt, kann Schönecker zufolge sinnvoll nur beantwortet werden, wenn geklärt wird, warum „die Vernunft praktisch werden ‚muß'" (Schönecker 1999, S. 323). Es müsse nicht beantwortet werden, *wie* es zugehe, dass der Mensch ein moralisches Interesse nehme, sondern wie es zugehe, dass „der Mensch aus Achtung fürs Gesetz handeln *muß*" (Schönecker 1999, S. 323, Hervorh. H. P.). Schönecker schlägt vor, ‚muss' in 449.15 durch ‚soll' zu ersetzen. Damit wäre man bei der Frage: ‚Warum soll ich am KI ein Interesse nehmen?', also: ‚Warum soll ich moralisch handeln?'. Kants Begründung für den Satz ‚aber ich muss [oder nach Schönecker: *soll*] doch hieran notwendig ein Interesse nehmen und einsehen, wie das zugeht' liegt Schöneckers Interpretation zufolge in dem Satz ‚denn dieses Wollen ist eigentlich ein Sollen'. Ich *soll* mich dem Gesetz unterwerfen, weil dieses etwas von mir fordert, was ich eigentlich als intelligibles Wesen selbst will (vgl. Schönecker 1999, S. 329). Auch an dieser Stelle spitzt Schönecker seine Interpretation auf die Frage nach der ‚Gültigkeit'[74] des kategorischen Imperativs und dessen vermeintlicher Deduktion in Sektion 4 zu.

74 Bezüglich der Verwendung der Begriffe ‚Gültigkeit' und ‚Geltung' herrscht in der Literatur zu *GMS* III (aber nicht nur dort) eine gewisse Unschärfe. Gerade weil die Begriffe ‚Gültigkeit' und ‚Geltung' oftmals synonym verwendet werden, muss hinterfragt werden, in welcher Bedeutung diese Begriffe bei Kant jeweils verwendet werden. Während ‚Gültigkeit' terminologisch streng genommen darin besteht, dass ein Sachverhalt diskursiv (d. h. mit Gründen) belegt oder sogar bewiesen werden kann, besteht die ‚Geltung' in einer Form der Anerkenntnis (vgl. Lumer 1999, S. 450–455). Wenn man nach der ‚*Gültigkeit* des Sittengesetzes' fragt, dann darf man (im Sinne heutiger Terminologie) die Nennung von Gründen erwarten. Wenn man nach der ‚*Geltung* des Sittengesetzes' fragt, dann muss die Antwort in einem Hinweis auf die *Anerkenntnis* des Sittengesetzes liegen. So könnte es z. B. Gründe geben, die für die ‚Gültigkeit' des Sittengesetzes sprechen, aber damit wäre noch nichts über dessen ‚Geltung', d. h. über sein *tatsächliches Inkrafttreten* in Subjekten, ausgesagt. Die ‚Geltung', d. h., dass das Sittengesetz *anerkannt* wird, kann aber allein in der Einsicht in seine Gültigkeit liegen: Ein rein vernünftiges Wesen, das mit logisch stimmigen Gründen dafür, sittlich zu sein, konfrontiert wird, müsste sich allein aufgrund dieser Gründe dafür entscheiden, dass das Gesetz für es selbst auch Geltung hat. In einem nicht rein

Man kann der Passage in 449.7–22 aber auch eine weniger anspruchsvolle Absicht unterstellen. Grundsätzlich ist festzuhalten, dass 449.7–36–450.1–17 durch die eigenartige Vermengung von in immer neuen Wendungen wiederholten, scheinbar unterschiedlichen Fragen schwer zu interpretieren ist. Diesem Geflecht an Fragen könnte man ebenso die Frage entnehmen, *warum* (vgl. 449.11, 449.32) das Sittengesetz gilt bzw. warum ich ihm folgen soll, wie die Frage, *worauf* (vgl.449.33) es sich gründet, oder *wie* (vgl. 449.35, 450.15) es gilt und *woher* (vgl. 450.16) diese Geltung kommt.

Kants erste Warum-Frage (449.11) lässt auf den ersten Blick tatsächlich vermuten, es ginge hier um die Ermittlung eines Grundes, *warum* der Mensch moralisch sein *soll* (‚Warum aber soll ich mich diesem Prinzip unterwerfen?'). Genau betrachtet passt eine solche Frage aber nicht zu Kants Antwort in 449.13–36–450.1–17, denn diese sagt eher etwas darüber aus, *auf welche Weise es möglich ist*, dass der Mensch sich dem ‚Prinzip' der Sittlichkeit unterwirft.

Das Adverb ‚hierzu' (449.14) in dem Satzteil ‚Ich will einräumen, dass mich hierzu kein Interesse treibt', mit dem Kant auf seine ‚Warum-Frage' antwortet, bezieht sich auf das in der ‚Warum-Frage' genannte ‚Unterwerfen unter das Autonomieprinzip'. In dem Satzteil nach dem Semikolon findet sich ebenfalls ein Adverb, nämlich ‚hieran': ‚Aber ich muss doch *hieran* notwendig ein Interesse nehmen und einsehen, wie das zugeht'. Schönecker liest den Satz in 449.13–16 nun so, dass sich zwar ‚hieran' (wie zuvor ‚hierzu') noch auf das ‚Unterwerfen unter das Autonomieprinzip' bezieht, das ‚das' (449.16) in dem Satzteil nach dem Komma aber nicht mehr. Schönecker zufolge – und daraus ergibt sich für ihn dann ein Interpretationsproblem – rekurriert Kant mit der Formulierung ‚einsehen, wie *das* zugeht' nicht mehr auf das ‚Unterwerfen unter das Autonomieprinzip', sondern auf das ‚Interessenehmen'. Im Gegensatz dazu ist es aber nicht unplausibel, sondern sogar – wie wir gleich sehen werden – sinnvoller, das ‚das' in der Formulierung ‚einsehen, wie das zugeht' ebenso wie zuvor die beiden Adverbien ‚hierzu' und ‚hieran'[75] auf das ‚Unterwerfen unter das Autonomieprinzip' zu beziehen. Nicht *wie* das *moralische Interessenehmen* zugeht (denn das ist nach Kant,

vernünftigen Wesen wie dem Menschen ist die Geltung nicht automatisch mit der Gültigkeit verbunden, denn obwohl vielleicht logisch triftige Gründe dafür sprechen, dass wir uns sittlich verhalten müssen (z. B. aufgrund einer ‚ontoethischen Grundthese', die Kant in Sektion 4 einführt), wäre es möglich, dass das Sittengesetz trotzdem keine Geltung erlangt, weil das Subjekt sich nicht von Gründen, sondern von sinnlichen Inklinationen leiten lässt.

75 Man könnte ‚hieran' anders als ‚hierzu' auch auf das Autonomieprinzip selbst beziehen. Allerdings würde das nur schlecht zum Fortgang des Satzes passen, denn damit schriebe Kant dann: ‚Ich muss am Autonomieprinzip ein Interesse nehmen und einsehen, wie das (das Autonomieprinzip) *zugeht*'. Nicht ‚wie das Autonomieprinzip' ‚zugeht', sondern wie die ‚Unterwerfung' unter dieses Prinzip zugeht, steht aber im Mittelpunkt des Satzes.

wie Schönecker zu Recht feststellt, nicht möglich), sondern *wie es zugeht*, dass wir uns dem Autonomieprinzip und dem darin enthaltenen Sittengesetz unterwerfen, ist an dieser Stelle gemeint. Das ‚Interessenehmen' in 449.16 stellt gerade einen praktischen Modus des ‚Einsehens' dar, wie es zugeht, dass ich mich dem Sittengesetz unterwerfe. Die Ausdrücke ‚ein Interesse nehmen' und ‚einsehen, wie das zugeht' lassen sich nämlich durchaus als eine sachliche Einheit auffassen, denn das ‚Interessenehmen' leistet einen Beitrag dazu, einzusehen, *wie* es zugeht, dass der Mensch sich dem Moralgesetz unterwirft. Diese Deutung passt sachlich auf jeden Fall in den Kontext des ersten Satzes in diesem Absatz (‚Es floss aber aus diesen Ideen auch das Bewusstsein eines Gesetzes zu handeln', 449.7 f.): Wenn wir Freiheit und Autonomie in der Idee voraussetzen, dann muss damit Kants Überlegungen in der ersten und zu Beginn der dritten Sektion entsprechend auch die Idee des Bewusstseins eines Handlungsgesetzes verbunden sein. Nur worin könnte ein solches *Bewusstsein* – das ist hier die implizite Frage – im Hinblick auf den Menschen als sinnlich-vernünftiges Wesen bestehen? Wie ließe sich angesichts motivationsempiristischer Theorien und eines moralischen Reduktionismus, der bei allen Handlungen grundsätzlich ein heteronomes Eigeninteresse des Menschen unterstellt, eine Anerkenntnis als Form des Bewusstseins eines intelligiblen Gesetzes denken? Wie ‚geht es zu', dass der Mensch sich dem Sittengesetz unterwirft und *überhaupt* empfänglich für das darin enthaltene Sollen ist? Welche Art von Bewusstsein kann es sein, das einen intelligiblen Aspekt, gleichzeitig aber auch eine Verbindung zu einem sinnlichen Aspekt im Menschen hat?

Nicht warum ich dem von mir schon als Gebot erfahrenen Anspruch des Sittengesetzes folgen *soll*, sondern wie es möglich ist, dass ich als sinnlich-vernünftiges Wesen *überhaupt* ein derartiges Gebot als für mich bindend begreifen kann, darin besteht an dieser Stelle die Frage. Zwar würde im Sinne der Analytizitätsthese eine verallgemeinerbare Maxime in einem rein vernünftigen Wesen unter der Voraussetzung der Freiheit grundsätzlich folgen, aber daraus lässt sich keine Aussage darüber gewinnen, wie es möglich ist, dass der Mensch (als ein auch sinnliches Wesen) die Geltung des sittlichen Gesetzes einsieht und anerkennt. Es geht an dieser Stelle also (zunächst) nicht um das metaethische Problem *Warum soll ich mich moralisch verhalten?* Im Fokus ist also nicht die Frage, warum ich mich dem als sittlichem Gebot Erfahrenen tatsächlich unterwerfen *soll*, d. h. einer moralischen Verbindlichkeit folgen soll, die ich schon als Anspruch in mir wahrnehme. Vielmehr besteht das Problem darin, begreiflich zu machen, *wie* es überhaupt möglich ist, dass ich mich als Adressat eines solchen moralischen Gebots verstehe. Diese Frage hat einen motivationalen und auch einen moralepistemologischen Aspekt.

Der Satzteil ‚Warum aber soll ich mich diesem Prinzip unterwerfen' fragt nicht nach *externen Gründen* dafür, moralisch zu sein, sondern danach, *wie* Sittlichkeit im Menschen Geltung erlangen kann. Kant antwortet auf diese Frage deshalb auch nicht mit der Nennung eines Grundes, d. h. nicht mit einem ‚darum', sondern mit einem ‚wie'; nämlich *wie* eine Unterwerfung zugeht (449.16, vgl. später 449.35 f., 450.15). Man muss nur das ‚das' in 449.16 – ebenso wie die beiden adverbialen Bestimmungen ‚hierzu' und ‚hieran' – auf das ‚Unterwerfen unter das Autonomieprinzip' beziehen. Auf diese Weise bekommt der Absatz 449.7–22 einen ganz anderen Sinn, als es die einleitende Warum-Frage, die nur scheinbar nach Gründen sucht, suggerieren könnte: Der Mensch als sinnlich-vernünftiges Wesen kann als ein durch das Sittengesetz genötigtes Wesen gedacht werden, weil er ein Interesse daran nehmen kann, diesem Gesetz zu folgen. Das Interessenehmen ist ein Schritt, einsehbar zu machen, wie es zugeht, dass der Mensch sich dem Autonomieprinzip unterwirft. Die Einsicht in die Unterwerfung unter das Sittengesetz ist für das Selbstverständnis des Menschen von Bedeutung (er muss daran natürlicherweise ein Interesse nehmen), weil das darin thematisierte Sollen ja eigentlich *auch* ein Wollen des Menschen ist. Der Mensch als ein zugleich sinnlich *und* vernünftig wollendes Wesen hat selbstverständlich nicht nur ein Interesse an dem, was er aufgrund seiner Sinnlichkeit will, sondern auch an dem, was er *vernünftigerweise* will. Während aber die Tatsache, dass uns notwendig das interessiert, was wir qua Sinnlichkeit wollen, unmittelbar evident ist, ist uns offenbar das Interesse an dem, was wir vernünftigerweise wollen, nicht mit derselben Unmittelbarkeit zugänglich. Dass Kant nicht danach fragt, warum ich mich nach einem moralischen Sollen richten soll, sondern nur, wie es möglich ist, dass ich mich als sinnlich-vernünftiges Wesen überhaupt als Adressat eines moralischen Sollens begreifen kann, wird auch dadurch deutlich, dass es in 449.21 heißt, dass bei „Wesen, die wie wir, noch durch Sinnlichkeit, als Triebfedern anderer Art afficirt werden [...] jene *Nothwendigkeit der Handlung* nur ein Sollen [ist]" (449.19–22, Hervorh. H. P.). Damit wird klar, dass es um das Sollen einer Handlung in einer bestimmten Handlungssituation geht – und nicht um die Frage, warum ich eine Handlung, von der ich in dieser Situation schon weiß, dass sie ein Gebot für mich darstellt, auch ausführen soll.

Im Anschluss an den ersten Hinweis auf die Funktion des moralischen Interesses klingt zum ersten Mal der Zirkelverdacht an:

449.24–36–450.1 f.

Es scheint also, als setzten wir in der Idee der Freiheit eigentlich das moralische Gesetz, nämlich das Princip der Autonomie des Willens selbst, nur voraus und könnten seine Realität und objective Nothwendigkeit nicht für sich beweisen, und da hätten wir zwar noch immer etwas ganz Beträchtliches dadurch gewonnen, daß wir wenigstens das ächte Princip genauer, als wohl sonst geschehen, bestimmt hätten, in Ansehung seiner Gültigkeit aber und der praktischen Nothwendigkeit, sich ihm zu unterwerfen, wären wir um nichts weiter gekommen; denn wir könnten dem, der uns fragte, warum denn die Allgemeingültigkeit unserer Maxime, als eines Gesetzes, die

> einschränkende Bedingung unserer Handlungen sein müsse, und worauf wir den Werth gründen, den wir dieser Art zu handeln beilegen, der so groß sein soll, daß es überall kein höheres Interesse geben kann, und wie es zugehe, daß der Mensch dadurch allein seinen persönlichen Werth zu fühlen glaubt, gegen den der eines angenehmen oder unangenehmen Zustandes für nichts zu halten sei, keine genugthuende Antwort geben.

Das ‚also' im ersten Satz dieses Abschnitts deutet an, dass Kant hier ein Resümee aus dem vorangegangenen Abschnitt zieht. In 448.25–27–449.1–6 hatte er die Ergebnisse der ersten und zweiten Sektion zusammengefasst und dann in 449.7–22 auf die Idee des Bewusstseins eines moralischen Handlungsgesetzes, das mit den Ideen der Freiheit und Autonomie verknüpft sein soll (bzw. aus diesen ‚fließt'), sowie auf den Begriff des (moralischen) Interesses verwiesen. Die Begriffsanalyse von Sektion 1 und 2 hat lediglich gezeigt, dass sich der Begriff der Autonomie aus der Freiheit eines rein vernünftigen Wesens analytisch schließen lässt und dass ein solches Wesen auch ein Bewusstsein dieser Autonomie haben müsste. Schon an dieser den Zirkel vorausnehmenden Stelle nimmt Kant – wie später bei der Formulierung des Zirkelverdachts – eine Relativierung vor: Es *scheint* nur so, als setzten wir in der Idee der Freiheit *eigentlich* das moralische Gesetz nur voraus und könnten seine objektive Realität und Gültigkeit nicht beweisen. Dieser Anschein ist in gewisser Weise ein von Kant (aus dramaturgischen Gründen) künstlich erzeugter; er *könnte* entstehen. Es entspräche nicht Kants bisheriger Argumentation und seiner erklärten Absicht, wenn man bei der Explikation bloß begrifflicher Verhältnisse, der „bloße[n] Zergliederung der Begriffe der Sittlichkeit" (440.22f.), stehen bliebe. Der in Sektion 3 für Kant anscheinend zentrale Begriff des Interesses, der zur Aufklärung der Frage beiträgt, wie eine moralische Verbindlichkeit/Nötigung/Geltung für ein sinnlich-vernünftiges Wesen überhaupt möglich ist, wurde in diesem rein begriffsanalytischen Zusammenhang noch nicht untersucht. Auch aus diesem Grund weist Kant hier auf den Umstand hin, dass es so scheinen könnte, als setzten wir im Begriff der Freiheit die Autonomie und damit das moralische Gesetz nur voraus.

Unabhängig vom Erfolg der Zergliederung des Begriffs der Sittlichkeit und des Nachweises der Freiheit könnten wir dieses Gesetz aber nicht ‚für sich beweisen'.[76] Dennoch haben wir durch die Begriffszergliederung etwas ‚Beträchtliches' ge-

---

76 Mit dem Ausdruck ‚für sich beweisen' werden wir uns später noch genauer beschäftigen (vgl. S. 97). Diese Stelle deutet darauf hin, dass auch der Nachweis der menschlichen Freiheit für Kants Rechtfertigung des Sittengesetzes und die in ihr enthaltene Nötigung eines sinnlich-vernünftigen Wesens eine nur notwendige aber nicht hinreichende Bedingung darstellt. Selbst wenn der Mensch in praktischer Perspektive bewiesenermaßen ein freies Wesen wäre, dürfen wir daraus nicht schließen, dass er auch ein Wesen ist, was einer eigenen praktischen Gesetzgebung untersteht.

wonnen: Wir verfügen dadurch aus Kants Sicht bereits über eine begrifflich stimmige Analyse der Sittlichkeit und der mit ihr notwendigerweise verbundenen Begriffe. So ist es möglich, das für Kant ‚echte Prinzip, genauer als wohl sonst geschehen' zu bestimmen. Allerdings wissen wir dadurch nichts über die ‚Realität' und ‚objektive Notwendigkeit' des moralischen Gesetzes als eines Prinzips der Autonomie. Einem Nachweis von dessen ‚Gültigkeit' kommt man durch die reine Begriffsanalyse nicht näher – und auch nicht der ‚praktischen Notwendigkeit' für ein sinnlich-vernünftiges Wesen wie den Menschen, sich dem moralischen Gesetz zu unterwerfen. Kant verwendet hier insgesamt vier unterschiedliche Begriffe zur Charakterisierung dessen, was als Desiderat noch aussteht: Die ‚Realität' (449.26), ‚objektive Notwendigkeit' (449.26), ‚Gültigkeit' (449.29) und die ‚praktische Notwendigkeit' (449.30) des moralischen Gesetzes sind an dieser Stelle noch nicht bewiesen oder gezeigt worden.

Was ist mit diesen Begriffen gemeint? Die Struktur des Abschnittes 450.24–31 lässt vermuten, dass ‚Gültigkeit' und ‚praktische Notwendigkeit' einen ähnlichen Sinn haben wie ‚Realität' und ‚objektive Notwendigkeit'. Kant schreibt, dass wir im Begriff der Freiheit vielleicht das sittliche Gesetz bloß voraussetzten, dessen ‚Realität' und ‚objektive' Notwendigkeit aber nicht ‚für sich' beweisen könnten. Dann folgt ein Einschub (449.27–29), in dem er erklärt, wir hätten durch die analytische Begriffsbestimmung zwar das Prinzip der Moral genauer bestimmt, wodurch aber eben die ‚Gültigkeit' und ‚praktische Notwendigkeit' nicht erwiesen sei. Da der Einschub nicht auf die ‚Realität' und ‚objektive Notwendigkeit' rekurriert, ist es nicht naheliegend, anzunehmen, Kant meinte mit seinem wiederholten Bezug auf das, was noch nicht gezeigt oder bewiesen wurde, etwas von der ‚Realität' und ‚objektiven Notwendigkeit' noch Unterschiedenes. Das zeigt sich auch bei dem Vergleich der Begriffe ‚objektive Notwendigkeit' und ‚praktische Notwendigkeit' – die in der Tat deckungsgleich sind. Unter einer objektiven Notwendigkeit versteht Kant den Umstand, dass wir zu einer Handlung nicht aufgrund subjektiver Zwecke genötigt werden, sondern auf eine für alle vernünftigen Subjekte gültige, d. h. allgemeinverbindliche, Weise.[77] Verpflichtet sind sinnlich-vernünftige Wesen. Für sie ist die moralische Notwendigkeit eine objektive Notwendigkeit. Wären sie rein vernünftige Wesen, dann wäre diese Notwendigkeit nur subjektiv (vgl. 449.19–22). Eine solche, vom Sittengesetz geforderte Handlung ist für alle Subjekte verbindlich, unabhängig von bestimmten Einzelinteressen. Diese objektive Notwendigkeit einer Handlung ist aber natürlich auch eine *praktische* Notwendigkeit (denn sie ist ja keine theoretische Notwendigkeit). Für Kant beruht jedes echte Moralprinzip auf der „unbedingte[n] practische[n]

77 Vgl. 439.33 f.: „Die objective Nothwendigkeit einer Handlung aus Verbindlichkeit heißt Pflicht".

Nothwendigkeit" (11:154.35), wodurch es sich von allen anderen praktischen Prinzipien unterscheidet. Auch die ‚Unbedingheit' des Sittengesetzes wäre neben der Objektivität ein weiteres Attribut desselben. Die ‚objektive Notwendigkeit' ist also auch eine ‚praktische Notwendigkeit'. Kant benutzt diesen Ausdruck sogar explizit, wenn er von der „[o]bjectiven [p]ractischen Nothwendigkeit" (23:156.5) spricht. Die ‚objektive Notwendigkeit' ist damit als ein Aspekt der ‚praktischen Notwendigkeit' zu verstehen (ebenso wie z. B. die ‚unbedingte Notwendigkeit'). Mit der Nennung der ‚praktischen' und der ‚objektiven' Notwendigkeit verfolgt Kant also keine weiteren argumentativen Absichten. Er hätte an dieser Stelle auch nur von einer ‚praktischen Notwendigkeit' sprechen können. Laut Kant setzen wir also die praktische Notwendigkeit, die mit den Forderungen des Sittengesetzes verbunden ist, in der Idee der Freiheit bloß voraus. Auch die ihm zufolge noch infrage stehende ‚Realität' des Sittengesetzes ist kein sehr enger oder exklusiver Terminus. Kant fasst diese ‚Realität' an anderer Stelle auch als ‚Wirklichkeit' (406.15, 420.1), als ‚Richtigkeit' (392.13) oder eben als ‚Geltung' (461.3).

Die Frage nach der noch nicht erwiesenen ‚Gültigkeit' (449.23) lässt wieder sehr stark an die Frage nach einem Grund denken. Eine solche Annahme ist aber nur dann zwingend, wenn man den Sprachgebrauch zu Kants Zeit (und Kants eigenen Gebrauch dieser Terminologie) außer Acht lässt und unter ‚Gültigkeit' eine *philosophische, objektive Gültigkeit*, d. h. einen logischen oder argumentativen Beweis für das moralische Gesetz, das Prinzip der Autonomie oder den KI, versteht. Die Ausdrücke ‚Geltung' und ‚Gültigkeit' wurden aber zur Zeit Kants und bis ins 19. Jahrhundert noch in dem gleichen Sinn einer *doxastischen, subjektiven Geltung* verwendet. Die Frage nach der ‚Gültigkeit' kann auch verstanden werden als Frage nach der ‚Akzeptanz' oder ‚Anerkennung', muss also nicht als Frage nach einer diskursiven moralexternen Begründung aufgefasst werden.[78] In genau einem solchen Sinne spricht Kant z. B. in 424.33–37 (Hervorh. H. P.) davon, dass wir „die *Gültigkeit* des kategorischen Imperativs *wirklich* anerkennen und uns (mit aller *Achtung* für denselben) nur einige, wie es uns scheint, unerhebliche und uns abgedrungene Ausnahmen erlauben". Kant bringt an dieser Stelle die ‚Gültigkeit' des kategorischen Imperativs terminologisch nicht nur *nicht* mit der möglichen Frage nach seiner *metaethischen Begründbarkeit* in Zusammenhang, sondern explizit mit dem Begriff der ‚Anerkennung'. Er weist indirekt auch darauf hin, womit oder wodurch diese Anerkennung erfolgt, nämlich mit oder durch die Achtung (‚trotz derer' wir uns einige ‚unerhebliche und uns abgedrungene Aus-

---

78 Vgl. zur Begriffsgeschichte von ‚Geltung' bzw. ‚Gültigkeit' den Beitrag von Lumer (1999, S. 450–455), der auf das Grimm'sche Wörterbuch (Wortgeschichte: Grimm 1897, 4, 1, 2, Sp. 3066–3096; Sp. 3098 f.; Grimm 1935, 4, 1, 6, Sp. 1084–1092.) verweist.

nahmen erlauben'). Während wir heute im Kontext der eben zitierten Stelle eher von der ‚Geltung' des kategorischen Imperativs sprechen würden, verwendet Kant den damals gleichbedeutenden Begriff der ‚Gültigkeit'. Vor diesem Hintergrund lässt sich aufklären, warum er in 449.29 nach der *Gültigkeit* des kategorischen Imperativs fragt, aber in seiner skizzierten Antwort argumentiert, *wie* es zugeht, dass der Mensch sich diesem Imperativ unterwirft bzw. ihn ‚anerkennt'.

Von großer Bedeutung für das Verständnis des Abschnitts 449.7–36 und die gesamte Hinleitung zum Zirkelverdacht ist die Begründung, die sich an Kants Feststellung, die Geltung des Sittengesetzes sei noch nicht bewiesen, anschließt. Wir können zum jetzigen Stand der Argumentation die praktische Notwendigkeit und Geltung des Sittengesetzes noch nicht ‚für sich' beweisen. Im Hinblick auf diese Notwendigkeit und Geltung sind wir ‚um nichts weitergekommen', denn

> wir könnten dem, der uns fragte, warum denn die Allgemeingültigkeit unserer Maxime, als eines Gesetzes, die einschränkende Bedingung unserer Handlungen sein müsse, und worauf wir den Werth gründen, den wir dieser Art zu handeln beilegen, der so groß sein soll, daß es überall kein höheres Interesse geben kann, und wie es zugehe, daß der Mensch dadurch allein seinen persönlichen Werth zu fühlen glaubt, gegen den der eines angenehmen oder unangenehmen Zustandes für nichts zu halten sei, keine genugthuende Antwort geben (449.31–36–450.1 f.).

Für Kant wären die noch ausstehenden Explikationen erbracht, *wenn* wir ‚dem, der uns fragte', eine befriedigende Antwort darauf geben könnten, *warum* die Allgemeingültigkeit eines Gesetzes die einschränkende Bedingung unserer Handlungen sein muss, *worauf* wir den Wert gründen, den wir einem solchen Handeln beimessen, und *wie* es zugeht, dass der Mensch dadurch allein seinen persönlichen Wert fühlt. *Dann* könnten wir das Prinzip der Autonomie ‚für sich beweisen' und wären tatsächlich ‚weitergekommen'. Auch in diesem Absatz ist Kant weit davon entfernt, auf einen metaethischen Grund dafür zu verweisen, *warum* wir moralisch handeln *sollen*. Seine Skizze einer möglichen oder besser gesagt impliziten Antwort bezieht sich auf die Frage, *wie* es zugeht, dass wir der ‚Allgemeingültigkeit unserer Maxime' und den daraus folgenden Handlungen einen Wert beimessen, der höher nicht sein könnte, und dass der Mensch dadurch allein im Sinne einer Selbstachtung seinen ‚persönlichen Wert zu *fühlen* glaubt' (Hervorh. H. P.). Auf die Frage, wie das ‚zugehe', haben wir Kant zufolge – und damit wiederholt er mit anderen Worten seine Einschätzung aus 449.7–22 – noch keine vollständige Antwort. Kant äußert sich in dieser Passage aber schon etwas genauer zu dem – zumindest in Sektion 3 – im Dunkeln gelassenen ‚Interesse', das er in 449.15 f. eingeführt hat und das mit der Beantwortung dieser Frage zusammenhängt: Jenes Interesse ist das *höchste* Interesse, und der Mensch müsste dadurch allein seinen persönlichen Wert *fühlen*. Das Interesse, das jetzt im Mittelpunkt stehen soll, grenzt Kant so noch einmal ab von demjenigen Interesse, das der Mensch aus sinnlichen oder pragmatischen Gründen an bestimmten Gegenständen oder Zuständen nehmen kann. Das hier angesprochene Interesse darf keines sein, das uns durch eine *treibende* Kraft (vgl. 449.14) bestimmt, und es soll von allerhöchstem Wert für das Subjekt sein. Wir *fühlen* durch dieses Interesse einen persönlichen Wert, d. h., wir haben in einer bestimmten Perspektive Achtung vor einem bestimmten Aspekt in uns selbst.

Auch Kants weitere Bemerkungen vor dem Hinweis auf den Zirkelverdacht kreisen um diesen Begriff des Interesses:

> 450.3 – 17
> Zwar finden wir wohl, daß wir an einer persönlichen Beschaffenheit ein Interesse nehmen können, die gar kein Interesse des Zustandes bei sich führt, wenn jene uns nur fähig macht, des letzteren theilhaftig zu werden, im Falle die Vernunft die Austheilung desselben bewirken sollte, d. i. daß die bloße Würdigkeit, glücklich zu sein, auch ohne den Bewegungsgrund, dieser Glückseligkeit theilhaftig zu werden, für sich interessiren könne: aber dieses Urtheil ist in der That nur die Wirkung von der schon vorausgesetzten Wichtigkeit moralischer Gesetze (wenn wir uns durch die Idee der Freiheit von allem empirischen Interesse trennen); aber daß wir uns von diesem trennen, d. i. uns als frei im Handeln betrachten und so uns dennoch für gewissen Gesetzen unterworfen halten sollen, um einen Werth bloß in unserer Person zu finden, der uns allen Verlust dessen, was unserem Zustande einen Werth verschafft, vergüten könne, und wie dieses möglich sei, mithin *woher das moralische Gesetz verbinde*, können wir auf solche Art noch nicht einsehen.

Auch von einer im weiteren Sinne *moralischen Form* des Interessenehmens muss das gesuchte Interesse abgegrenzt werden: Die Würdigkeit, glücklich zu sein, könnte uns z. B. auch dann interessieren, wenn wir vielleicht gar nicht darauf spekulierten, der von einer vernünftigen Instanz proportional ausgeteilten Glückseligkeit tatsächlich teilhaftig zu werden. Ein solches Interesse wäre dann zwar eben nicht das zuvor ausgeschlossene sinnliche oder pragmatische Interesse, also keines, das uns in irgendeiner Form *triebe*. Es wäre aber dennoch nicht das *hier gesuchte Interesse*. Denn in gewisser Weise wäre es wieder (wenn auch auf höherer Stufe) ein konventionelles Interesse: eines, das wir nähmen, weil wir voraussetzten, dass moralische Gesetze wichtig sind. Es ist also durchaus denkbar, dass wir ein Interesse nehmen, das unabhängig von jeder Sinnlichkeit oder Nützlichkeit ist. Aber dieses Interesse wäre nur Resultat ‚der schon vorausgesetzten Wichtigkeit moralischer Gesetze'. Nach dem Semikolon in 450.11 folgt dann wieder (wie in den beiden Abschnitten zuvor) die Nennung des Desiderats und zudem nicht nur die bekannten ‚Warum'-, ‚Worauf'- und ‚Wie'-Fragen, sondern auch noch eine ‚Woher'-Frage.

Es wird nicht ganz deutlich, worauf sich der Ausdruck ‚auf solche Art' bezieht, denn Kant beschließt den Absatz (und vielleicht sogar die ganze Hinleitung zur

Formulierung des Zirkelverdachts in 449.7–36–450.1–17) mit der Formulierung ‚können wir auf solche Art nicht einsehen'. Man könnte zunächst vermuten, Kant bezöge sich damit auf die zu Beginn der dritten Sektion rekapitulierte Begriffszergliederung. Eine solche Deutung wäre zwar möglich und schiene auch sinnvoll. Aber der Kontext des ganzen Abschnitts in 450.3–17 lässt nur die Annahme zu, dass sich Kant damit auf die ‚vorausgesetzte Wichtigkeit moralischer Gesetze' bezieht: Selbst wenn wir vielleicht ein Interesse am Sittengesetz nähmen (z. B. in Form des Interesses an der Glückswürdigkeit) und dieses Interesse dem Gesetz selbst gälte und nicht unserer sinnlichen Natur oder pragmatischen Erwägungen, so würde es uns bei der Beantwortung der von Kant aufgeworfenen Frage nach der Möglichkeit sittlicher Geltung nicht helfen. Damit, dass wir ein Interesse an der Sittlichkeit haben, weil sie im Sinne einer konventionellen ethischen Annahme wichtig ist, können wir vermögenstheoretisch nicht beantworten, *warum* wir uns von allem empirischen Interesse trennen. Diese Annahme könnte nicht erklären, dass wir uns als frei im Handeln begreifen, obwohl wir wissen, dass wir auch unseren sinnlichen Neigungen unterworfen sind. Weiter könnte dieses konventionelle Interesse nicht erklären, wie es zugeht, dass wir dadurch einen Wert, eine Selbstschätzung, d. h. Selbstachtung, in uns erfahren, die einen möglichen Verlust aller sinnlichen oder pragmatischen Vorteile, denen wir einen Wert beimessen, ausgleichen soll. Dieses Interesse könnte nicht erklären, *wie* dieses ‚möglich sei', mithin ‚woher das moralische Gesetz verbinde'. Kant knüpft also die Frage, *wie* es möglich ist, dass wir uns von allem empirischen Interesse trennen und den damit verbundenen Verlust an Annehmlichkeit oder Vorteil durch einen ‚Wert in unserer Person' vergütet sehen, an die Frage, *woher* das moralische Gesetz verbindet – und damit an die Frage nach einer Ortsbestimmung.

Betrachtet man Kants Explikationen, Fragen und Antworten auf den gut eineinhalb Seiten zwischen 449.7–36–450.1–17, die fraglos die begriffliche und funktionale Bestimmung eines Interesses umkreisen[79], das der Mensch an der

79 Es ist nicht nachzuvollziehen, dass Kants wiederholte Frage nach einem noch nicht zufriedenstellend explizierten sittlichen Interesse, welche in einem direkten Zusammenhang mit der Frage steht, wie es zugehe, dass der Mensch sich dem Sittengesetz unterwerfe bzw. unter dem sittlichen Gesetz stehe, in der Literatur nur wenig Beachtung gefunden hat. In vielen Interpretationen finden sich dazu nicht einmal skizzenhafte Überlegungen, geschweige denn genauere Textanalysen. Wenn dieses Interesse genauer betrachtet wird, dann meist in problematisierender Weise (vgl. z. B. Allison 2011, S. 346 f.); eine Ausnahme stellen Kaulbach (1988, S. 127–130) und zumindest im Ansatz Timmermann (2010b, S. 143–152) dar. Zwar findet sich bei Schönecker (1999, S. 318–329) eine ausführliche Interpretation der Hinführung zum Zirkelverdacht. Allerdings betrachtet Schönecker das ‚Interesse' in erster Linie als einen Hinweis darauf, dass es Kant an dieser Stelle um die Frage nach der Geltung des kategorischen Imperativs für unvollkommene, sinnlich-vernünftige Wesen gehe – ohne zu sehen, dass die Erklärung, wie es zugeht,

Befolgung des Sittengesetzes nehmen können soll, dann ist es mehr als erstaunlich, dass ein Großteil der Kommentatoren dieser langen Passage keine Aufmerksamkeit geschenkt bzw. diese nur selektiv, d. h. nicht im Hinblick auf die Funktion des hier noch im Dunkeln gelassenen Interesses, interpretiert hat.

Halten wir zwecks nochmaliger Verdeutlichung der Funktion jenes Interesses noch einmal Rückschau, wie und wofür Kant in diesem Abschnitt argumentiert: Er stellt zunächst fest (449.7–11), dass aus der Annahme der Idee der Freiheit und der sittlichen Autonomie *auch* der Gedanke, d. h. die *Idee* eines Bewusstseins des Handlungsgesetzes (‚Bewusstsein eines Gesetzes zu handeln'), floss. Der Mensch müsste zu einem Gesetz, das er sich selbst gibt, in irgendeiner Weise einen epistemischen Zugang haben. Er kann nur ein Gesetz verfolgen, dessen Gültigkeit und Notwendigkeit er als sinnliches Wesen auch einsieht und anerkennen kann. Dass es ein solches Bewusstsein gibt, wird hier nicht behauptet, nur dass sich die Notwendigkeit seiner Annahme ergibt, wenn wir den Begriff der Freiheit und der Autonomie zugrunde legen. Weil aber ein solches Bewusstsein noch nicht nach-

---

dass der Mensch das Sittengesetz anerkennt, ganz wesentlich an dem Nachweis eines vernünftigen Interesses an der Sittlichkeit hängt. Die Antwort auf die Frage, warum das Sittengesetz für den Menschen gilt, liegt für Schönecker in erster Linie in Kants Hinweis auf die ontologische Superiorität der Verstandeswelt (in Sektion 4) und nicht in dem (bescheideneren) Nachweis, dass der Mensch durch Achtung ein unmittelbares Bewusstsein der Geltung des Sittengesetzes hat. Dies ist insofern merkwürdig, als dieses Interesse in direktem Zusammenhang mit Kants Formulierung eines Zirkelverdachts (und damit im Mittelpunkt des Abschnitts 449.7 – 36 – 450.1 – 7) steht: Kant bezieht sich allein in dieser kurzen Textpassage insgesamt siebenmal auf dieses Interesse. Ein Grund dafür, dass die systematische Funktion des Interesses in der Regel nicht richtig zur Kenntnis genommen wird, könnte in Kants scheinbar verwirrenden Aussagen zum Begriff dieses Interesses, d. h. der Achtung vor dem Sittengesetz, liegen: Während Kant in der ersten Sektion (vgl. 401, FN) ohne jeden rhetorischen Vorbehalt davon ausgeht, dass ich das Sittengesetz ‚unmittelbar' mit, d. h. *durch*, das Gefühl der Achtung erkenne und damit ein ‚unmittelbares Bewusstsein' (d. h. ein nicht auf irgendeine Weise deduktiv vermitteltes Bewusstsein) meiner Willensbestimmung durch das Gesetz habe und er außerdem zu Beginn des dritten Abschnitts nochmals auf die Explikation (diesmal nicht ohne rhetorischen Ballast) eines sittlichen Interesses hinarbeitet, scheint er mit seinen einschränkenden Überlegungen zur *Unerklärbarkeit* des moralischen Interesses in Sektion 5 die Bedeutung und Funktion dieses Begriffs wieder infrage zu stellen. Wie wir bei der Interpretation der Sektion später sehen werden, ist ein solcher Verdacht aber unberechtigt. Obwohl der fünften Sektion in der Regel eher wenig Beachtung geschenkt wird, haben Kants Überlegungen zur (theoretischen!) Unerklärbarkeit des Interesses an der Sittlichkeit aber dazu geführt, die Funktion dieses Interesses bzw. der Achtung in den vorangegangenen Sektionen auszublenden (vgl. Schönecker 1999, S. 322 f., der dem Begriff des Interesses und auch der Achtung zumindest in der *GMS* noch keine große Bedeutung beizumessen scheint). Auch in der – neben der Interpretation von Schönecker – umfassendsten Interpretation der Zirkelproblematik von Berger (2015, S. 9 – 82) findet das moralische Interesse in 449.7 – 36 – 450.1 – 17 und dessen Bezug zum Begriff der Achtung nahezu keine Berücksichtigung.

gewiesen wurde, fragt Kant zu Recht: ‚Warum aber soll ich mich diesem Prinzip [d. h. dem Prinzip der Autonomie und dem darin enthaltenen Sittengesetz, H. P.] unterwerfen?'. Diese ‚Warum-Frage', die, wie wir gesehen haben, nicht nach einem Grund dafür fragt, warum der Mensch moralisch sein soll, sondern *wie* (449.16) es zugeht, dass er sich überhaupt als Adressat eines moralischen Sollens begreift, bringt Kant in 449.15 f. zum ersten Mal mit dem Begriff des Interesses in Zusammenhang: Ebenso wie ich an der Verwirklichung dessen ein Interesse nehmen muss, was ich z. B. aus pragmatischen oder sinnlichen Gründen will, muss ich auch ein Interesse an dem nehmen, was ich *vernünftigerweise* will. Der Sollensanspruch, der vom Sittengesetz ausgeht, ist in einer bestimmten Perspektive (meiner selbst als eines rein vernünftigen Wesens) ein Wollen. Dasjenige Interesse, das ‚einsehbar' macht, wie es zugeht, dass der Mensch sich dem Sittengesetz unterwirft, kann aber nach Kant kein Interesse sein, das den Menschen zu etwas treibt, d. h. keines, das sinnlich oder pragmatisch bedingt ist. Auch der Absatz 449.24 – 36 befasst sich mit diesem Interesse. Kant stellt fest, dass wir das „Princip der Autonomie" (449.25) (und damit auch das ‚Bewusstsein eines Gesetzes zu handeln') in der Idee der Freiheit nur voraussetzen, aber dessen „Realität" und „objective Nothwendigkeit" (449.26) in einem sinnlich-vernünftigen Wesen nicht „für sich beweisen" (449.27) könnten. Wir können die Realität des Autonomieprinzips, d. h. die Frage, ob Menschen tatsächlich gemäß diesem Prinzip handeln, noch nicht ‚beweisen', weil wir noch nicht verständlich machen können, wie es zugeht, dass der Mensch sich dem moralischen Gesetz unterwirft, obwohl Kant in dem (bisher nur negativ als nicht sinnlich-pragmatisch definierten) Begriff des Interesses schon einen ersten Hinweis darauf gibt, wie dies möglich ist. Da Kant zum jetzigen Stand der Argumentation noch nicht über einen vom bloß empirischen Interesse abgrenzbaren Begriff des vernünftigen Interesses verfügt, geschweige denn die Legitimität der Annahme eines solches Interesses nachgewiesen hat, ist er auch in diesem zweiten Absatz „um nichts weiter gekommen" (449.31). Wir könnten immer noch nicht erklären, warum die Allgemeingültigkeit einer Maxime das Kriterium unseres Handelns sein soll und worauf wir den Wert einer Handlung gründen, die uns sinnlich oder pragmatisch vielleicht sogar nachteilig ist. Es ist immer noch nicht geklärt, um welche Art Interesse es sich bei diesem nicht empirischen Interesse handelt. Kant bestimmt dieses aber nun erstmals positiv: Es sei das ‚höchste Interesse' (vgl. 449.35) und lasse uns unseren „persönlichen Werth" (449.36) *fühlen*. Im dritten Absatz, der sich vor der Nennung des Zirkelverdachts mit diesem noch unbestimmten und womöglich fragwürdigen vernünftigen Interesse befasst, nimmt Kant eine weitere negative Abgrenzung vor: Obwohl es sich nicht um ein sinnlich oder pragmatisch bedingtes Interesse handele und wir durch dieses als höchsten Wert unseren persönlichen Wert „fühlen" (450.1) können, darf man dieses Interesse nicht mit der ethischen Konvention, dass Moral etwas Wichtiges sei, begründen. Dies könnte nicht verständlich machen, ‚dass' (450.11) wir uns von allem empirischen Interesse trennen und einen Wert in uns finden, der sinnliche oder pragmatische Nachteile vergütet. *Wie* (vgl. 450.15) das letztgenannte *möglich* ist, können wir durch einen solchen, gleichsam bloß konventionellen, vordergründigen Begriff des moralischen Interesses nicht einsehen. Die Erklärung dafür, *wie* dies möglich ist, verbindet Kant schließlich mit der Frage, *woher* der Mensch mit der Verbindlichkeit des Sittengesetzes konfrontiert wird, d. h. letztlich von welchem *Ort* her.

Den Mittelpunkt von 449.7–36–450.1–7 bildet damit die Frage nach einem nicht sinnlich oder pragmatisch bedingten Interesse an der Sittlichkeit, das mehr darstellt als die bloße Forderung, die Sittlichkeit zu berücksichtigen, weil diese ein wichtiger Gegenstand sei. In diesem intelligiblen Interesse, das Kant in den drei Abschnitten vor der Nennung des Zirkelverdachts begrifflich tastend zu entwickeln scheint, soll die Antwort auf die Frage liegen, wie es zugeht, dass der Mensch sich dem Prinzip der Sittlichkeit unterwirft, d. h. der kategorische Imperativ Geltung hat und vom Menschen anerkannt wird.

Die Interpretation von Schönecker (1999, S. 317–329), diesen Abschnitt im Hinblick auf die Fragestellung nach der (in unserem heutigen Sprachgebrauch) *Gültigkeit* des kategorischen Imperativs zu lesen, ist nicht ungerechtfertigt. Kant scheint hier wirklich die Frage zu stellen, *warum* der Mensch sich dem Prinzip der Autonomie unterwerfen soll, und er scheint in der vierten Sektion darauf auch eine Antwort zu geben. Allerdings befasst sich die von Kant zumindest implizit antizipierte Beantwortung dieser ‚Warum'-Frage wenigstens in Sektion 3 überraschenderweise mit dem Problem, *wie* es zugeht, dass der Mensch sich dem Prinzip der Autonomie unterwirft. Dies endet schließlich in der Frage, *woher* der Mensch sittlich verbunden ist. Die Antwort, so muss man im Sinne der vorgeschlagenen Interpretation festhalten, liegt in dem – später durch den Hinweis auf eine Vernunft, die wir wirklich in uns finden, erfolgenden – Nachweis der Möglichkeit, als sinnlich-vernünftiges Wesen ein moralisches Interesse an der Sittlichkeit zu nehmen. Denn Kants Antwort auf seine ‚Warum'-, ‚Worauf'- und ‚Wie'-Fragen liegt in allen drei Absätzen in dem Hinweis auf dieses laut Kant noch nicht vollständig bestimmte oder fassbare Interesse. Die Frage nach der Verbindlichkeit des Sittengesetzes wird von Kant mit der Frage nach einer Motivation, dem Sittengesetz zu folgen, geradezu vermischt und gelangt dann über die Frage nach einem *Grund* scheinbar zu einer *Motivation* und schließlich zu der Frage nach einem *Ort*. Es stellt eine Verkürzung bzw. zu starke Konzentration auf Sektion 4 dar, diesen Abschnitt allein auf den Aspekt der Gültigkeit des kategorischen Imperativs im Sinne der Frage ‚Warum soll ich moralisch sein?' zu reduzieren. In einer solchen Deutung würde Kants mehrmaliger Bezug auf ein noch nicht ausreichend durchsichtiges und begründetes moralisches Interesse als Antwort auf seine

‚Warum'-, ‚Wie'- und schließlich ‚Woher-Frage' zu sehr vernachlässigt – und damit auch die Argumentationsstruktur der drei Absätze in 449.7–36–450.1–17. Eine Aufklärung dieser scheinbar sehr heterogenen Fragen sowie eine Erhellung der Argumentationsstruktur lassen sich erst durch eine nähere Betrachtung des ‚Interesses', mit dem Kant sich in diesen Abschnitten befasst, gewinnen. Dabei wird sich zeigen, dass Kant es seinen Lesern in der dritten Sektion durch die rhetorisch geprägte Argumentations- und Ausdrucksweise grundlos schwer macht: Die Theorie des Gefühls der Achtung, die Kant hier scheinbar tastend erst entwickelt – und die sowohl eine (Teil-)Antwort auf die verwirrende Frage nach der Gültigkeit/Geltung/Verbindlichkeit und, damit verbunden, nach einer sittlichen Motivation und Erkenntnis bereithalten soll – wurde in der ersten und zweiten Sektion schon wesentlich deutlicher expliziert. Für das Verständnis der dritten und vierten Sektion kommt erschwerend hinzu, dass Kant dem moralischen Interesse/dem Gefühl der Achtung hier zumindest explizit keine Funktion zuzugestehen scheint. Die Termini ‚Achtung' oder ‚Interesse' treten erst in der fünften Sektion wieder auf, wo sie allein im Zusammenhang mit einer Grenzbestimmung des Anspruches der praktischen Vernunft verwendet werden, was die jenem Theorieelement bereits zugestandene Funktion wieder einzuschränken scheint. Allerdings nimmt Kant den Begriff der Achtung, wie wir später sehen werden, implizit die ganze Zeit über in Anspruch: Immer wenn er im Verlauf der dritten, vierten und fünften Sektion nach seinem Rekurs auf ein die Freiheit legitimierendes Vermögen, das der Mensch ‚wirklich in sich findet' (452.7), von einem ‚Erkennen' (452.27, 453.12, 454.3) oder einem ‚Bewusstsein' (453.20, 455.4, 457.5, 22, 458.23, 459.14, 461.24) des Sittengesetzes spricht, dann ist dieses ‚Erkennen' oder ‚Bewusstsein' ein durch das Gefühl der Achtung erlangtes.

Die umfangreichste Erläuterung zur Funktion des moralischen Interesses in Form des Gefühls der Achtung[80] findet sich in 401.21–34. Kant definiert das

---

80 Eine umfangreiche Analyse der Rolle des Gefühls der Achtung im Zusammenhang mit der Theorie des Faktums der Vernunft in der *KpV* findet sich bei Schönecker (2013). Schönecker macht überzeugend deutlich, dass das Gefühl der Achtung in der *KpV* über eine motivationale Bedeutung systematisch weit hinausgeht, indem wir jegliches Bewusstsein der Geltung des Sittengesetzes allein durch das Gefühl der Achtung erlangen: „Das Bewusstsein des KI ist vermittelt durch die Achtung; und da die Achtung ein Gefühl ist, lautet die Faktum-These Kants: Wir erkennen durch ein unmittelbar gegebenes Gefühl die Geltung des KI. Die These lautet also nicht nur, dass uns die Achtung antreibt, das moralische Richtige zu tun, und Achtung also eine Triebfeder ist. Die Achtung ist ein Gefühl, durch das wir etwas *erkennen*; wir erkennen nämlich, dass der KI absolute Geltung hat" (Schönecker 2013, S. 102, Hervorh. v. Schönecker). Allerdings sieht Schönecker nicht, dass dem Gefühl der Achtung auch in der dritten Sektion der *GMS* eine zentrale Rolle im Zusammenhang mit der Faktizität der Sittlichkeit zukommt. Schon hier fordert Kant, dass das Sittengesetz als ein ‚für sich' (vgl. 449.27) bestehendes Gesetz nachgewiesen werden müsse; und moralische Interesse als Gefühl der Achtung vor dem Sittengesetz auf folgende, präzise Weise:

> 401.21–34
> Was ich unmittelbar als Gesetz für mich erkenne, erkenne ich mit Achtung, welche bloß das Bewußtsein der *Unterordnung* meines Willens unter einem Gesetze ohne Vermittelung anderer Einflüsse auf meinen Sinn bedeutet. Die unmittelbare Bestimmung des Willens durchs Gesetz und das Bewußtsein derselben heißt *Achtung*, so daß diese als *Wirkung* des Gesetzes aufs Subject und nicht als *Ursache* desselben angesehen wird. Eigentlich ist Achtung die Vorstellung von einem Werthe, der meiner Selbstliebe Abbruch thut. Also ist es etwas, was weder als Gegenstand der Neigung, noch der Furcht betrachtet wird, obgleich es mit beiden zugleich etwas Analogisches hat. Der *Gegenstand* der Achtung ist also lediglich das Gesetz und zwar dasjenige, das wir *uns selbst* und doch als an sich nothwendig *auferlegen*. Als Gesetz sind wir ihm unterworfen, ohne die Selbstliebe zu befragen; *als von uns selbst auferlegt, ist es doch eine Folge unsers Willens* und hat in der ersten Rücksicht Analogie mit Furcht, in der zweiten mit Neigung [...]. Alles sogenannte moralische Interesse besteht lediglich in der Achtung fürs Gesetz.

Anders als am Ende des dritten Abschnitts und in der dritten Sektion des dritten Abschnitts, in der Kant das dramaturgische Geschehen dadurch erhöht, dass er den Anschein erweckt, das Sittengesetz könnte möglicherweise ein Hirngespinst sein, verrät diese Passage, dass Kant selbst tatsächlich nicht davon ausgeht, dass das Sittengesetz in irgendeiner Weise fragwürdig wäre. Denn ich erkenne dieses Gesetz ja *unmittelbar* – und zwar durch das Gefühl der Achtung, welche das *Bewusstsein* der Unterordnung meines Willens (ohne weitere sinnliche Einflüsse) unter das Gesetz darstellt. Der Wille des Menschen wird unmittelbar durch das Gesetz bestimmt – mittels des Gefühls der Achtung vor diesem Gesetz. Warum sollte also die Gefahr bestehen, dass das Sittengesetz nur ein Hirngespinst sei, wenn wir seine Geltung doch unmittelbar erkennen? Die Achtung hat dieser Passage zufolge also nicht nur eine motivationale Funktion, sondern auch eine

---

schon hier liegt auch im Hinweis auf das vor dem Zirkelverdacht noch nicht nachgewiesene Gefühl der Achtung (des moralischen Interesses) als einem Element der praktischen Vernunft, das wir laut Kants Auflösung des Zirkelverdachts ‚wirklich in uns finden', eine Pointe seiner Moralbegründung. Zwar sieht Schönecker ein, dass das Gefühl der Achtung auch schon in der *GMS* eine Rolle spielt. Aber er betont weiterhin einen Unterschied zwischen der *GMS* und der *KpV*, weil zu dem Bewusstsein der Geltung des Sittengesetzes in der *GMS* noch eine Deduktion hinzutrete: „Der Unterschied zwischen der *Grundlegung zur Metaphysik der Sitten* und der *Kritik der praktischen Vernunft* liegt darin, dass Kant in der *Grundlegung* diesen Befund allein (wir haben *de facto* Achtung vor dem moralischen Gesetz) *nicht* als für sich rechtfertigend begreift (also gerade nicht als Faktum in diesem rechtfertigenden Sinne) und noch eine Deduktion anbietet" (Schönecker 2013, S. 104). Für eine umfangreiche Darstellung des Gefühls der Achtung in seiner Funktion als Motivation vgl. Recki (2001, S. 279–302).

moralepistemische: Über das unmittelbare Bewusstsein des Sittengesetzes verfügt der Mensch als sinnlich-vernünftiges Wesen qua Gefühl der Achtung. Diese Passage ist für die Analyse von 449.7–36–450.1–17 in hohem Maße aufschlussreich, denn auch hier bringt Kant den Begriff des moralischen Bewusstseins in einen Zusammenhang mit dem Begriff des moralischen Interesses/der Achtung. In 449.7 f. weist Kant darauf hin, dass sich aus dem Begriff der Freiheit und Autonomie auch die Idee des ‚Bewusstseins eines Gesetzes zu handeln' schließen lässt (vgl. 449.7 f.). Die Idee des Bewusstseins des Sittengesetzes ‚floss' aus diesen Ideen (vgl. 449.7), d. h., zu der Annahme von Freiheit und Autonomie muss auch die Idee einer Erkenntnis oder eines Bewusstseins des selbstauferlegten Handlungsgesetzes gehören, unabhängig davon, ob es ein solches Bewusstsein tatsächlich gibt oder nicht. Kurz darauf fragt Kant, *warum* (vgl. 449.11) sich der Mensch dem Autonomieprinzip unterwerfen soll, und formuliert das Fehlen des Nachweises einer Möglichkeit, an der Sittlichkeit ein moralisches Interesse zu nehmen. Gemäß 401.34 besteht „[a]lles sogenannte moralische Interesse [...] lediglich in der Achtung fürs Gesetz". Also darf man in diesem Zusammenhang in Bezug auf das, was Kant zufolge an dieser Stelle noch aussteht, sagen: Wenn der Mensch als sinnlich-vernünftiges Wesen (*durch Achtung*) ein Bewusstsein des Sittengesetzes hätte und zugleich motiviert wäre, sich sittlich zu verhalten, dann könnte man die Fragen beantworten, *wie* es „zugeht" (449.16), dass der Mensch sich dem sittlichen Gesetz unterwirft, dass „der Mensch dadurch allein seinen persönlichen Wert *zu fühlen* glaubt, gegen den der eines angenehmen oder unangenehmen Zustandes für nichts zu halten sei [...] (449.36–450.1 f., Hervorh. H. P.) und dass „wir uns von diesem [empirischen Interesse] trennen, d. i. uns als frei im Handeln betrachten [...] [und] *wie* dieses möglich sei, mithin woher das moralische Gesetz *verbinde*" (450.11–17, Hervorh. H. P.). All diese Aspekte der Verbindlichkeit des Sittengesetzes können wir durch eine bloße Begriffsanalyse nicht einsehen, weil sie keine ‚Kritik des Subjekts' darstellt – und damit auch keine Rückschlüsse darauf enthält, wie die Nötigung eines sinnlich-vernünftigen Wesens durch das moralische Gesetz möglich ist. Leider schenkt Kant der *Formulierung dieser Frage* weit mehr Raum als ihrer Beantwortung. Letztere erfolgt knapp und unbefriedigend pauschal durch den Hinweis auf die praktische Vernunft, die der Mensch wirklich in sich finde. Durch diese sei das Sittengesetz, wie von Kant selbst gefordert, dann ‚für sich' bewiesen. Hinzu kommt, dass Kant seine Leser durch die ‚Auskunft des transzendentalen Idealismus' und die Formulierung eines Zirkelverdachts von dieser eigentlich zentralen Problematik ablenkt.

450.18–29

Es zeigt sich hier, man muß es frei gestehen, eine Art von Cirkel, aus dem, wie es scheint, nicht heraus zu kommen ist. Wir nehmen uns in der Ordnung der wirkenden Ursachen als frei an,

> um uns in der Ordnung der Zwecke unter sittlichen Gesetzen zu denken, und wir denken uns nachher als diesen Gesetzen unterworfen, weil wir uns die Freiheit des Willens beigelegt haben; denn Freiheit und eigene Gesetzgebung des Willens sind beides Autonomie, mithin Wechselbegriffe, davon aber einer eben um deswillen nicht dazu gebraucht werden kann, um den anderen zu erklären und von ihm Grund anzugeben, sondern höchstens nur, um in logischer Absicht verschieden scheinende Vorstellungen von eben demselben Gegenstande auf einen einzigen Begriff (wie verschiedne Brüche gleichen Inhalts auf die kleinsten Ausdrücke) zu bringen.

Schon der erste Satz, ‚Es zeigt sich hier, man muss es frei gestehen, eine Art von Zirkel, aus dem, wie es scheint, nicht herauszukommen ist', beinhaltet eine Reihe von Verständnisschwierigkeiten. Was heißt es, dass sich eine Art von Zirkel *hier* zeigt, und was heißt es, dass er sich hier *zeigt?* Das Zeigen, d. h. Offenbarwerden, der Art von Zirkel kann man auf ganz unterschiedliche Weise verstehen: *Zeigt* er sich in einem bestimmten Moment von Kants eigener Argumentation oder in einem Moment des Selbstverständnisses moralischer Subjekte, welches Kant bloß beschreibt bzw. expliziert? Und wenn das ‚Zeigen' auf Kants eigene Argumentation abhebt, auf welchen Abschnitt des Textes genau bezieht sich dann das Lokaladverb ‚hier'? Was muss man überhaupt unter einer ‚Art von Zirkel' verstehen, aus dem man scheinbar nicht herauskommen kann?

Am besten nähert man sich der Klärung dieser Fragen über die Analyse von Kants Behauptung, dass sich (wie und wo sei zunächst dahingestellt) eine ‚Art von Zirkel' zeige. Läge tatsächlich ein Zirkel vor, so hätte Kant geschrieben, ‚es zeigt sich hier ein Zirkel', aber nicht: ‚es zeigt sich hier eine *Art* von Zirkel'. Es scheint also kein wirklicher Zirkel vorzuliegen, sondern eben nur eine Art von Zirkel. Und selbst dieser Ausdruck ist mehrdeutig. Man könnte den Satz so lesen, dass die Betonung auf der *einen* Art von Zirkel liegt oder aber auf *Art* – und damit auf einer möglichen Zirkelartigkeit. Die letzte Deutungsvariante dürfte die wahrscheinlichste sein, da Kant auch an späteren Stellen im Text eine solche Relativierung des Zirkels (als ‚Verdacht', vgl. 453.3, oder im Sinne eines ‚geheimen' Zirkels, vgl. 453.4) vornimmt: Der sich ‚hier' zeigende Zirkel ist kein richtiger Zirkel, sondern etwas einem Zirkel nur Ähnliches, etwas *Zirkelartiges.* Aus diesem zirkelartigen Argumentationsgebilde – sei es innerhalb von Kants eigener Argumentation oder im Selbstverständnis des Menschen, das Kant an dieser Stelle bloß expliziert – scheint man (oder Kant selbst) nicht ‚herauskommen' zu können. Dieses bloß *scheinbare* ‚Nicht-herauskommen-Können' hängt sicher damit zusammen, dass es sich nur um eine ‚Art von Zirkel' handelt. Bei einem wirklichen Zirkel könnte es den *Anschein* haben, dass es aus diesem tatsächlich kein ‚Herauskommen' gibt, weil keine Möglichkeit gesehen wird, ihn zu überwinden, oder dies mit großen Schwierigkeiten verbunden ist. Bei der bloßen ‚Art von Zirkel' scheint diese Gefahr nicht tatsächlich zu bestehen. Daher *scheint* es auch bloß so, als käme man aus der zirkelartigen, aber nicht tatsächlich zirkulären Argumentation nicht heraus.[81] Gleich zu Beginn der Nennung des – wie wir jetzt schon festhalten können – *Zirkelverdachts* macht Kant also durch eine starke Relativierung deutlich, dass an dieser Stelle zumindest kein unüberwindbares Problem vorliegt, sondern bloß ein möglicher falscher Gedanke oder Schluss aus bestimmten Grundannahmen ausgeklammert werden muss.

Doch noch einmal zurück zu der Frage, warum der Zirkel sich ‚hier' zeigt. Das ‚wir' (450.19) zu Beginn des nächsten Satzes erlaubt immer noch keinen weiteren Aufschluss darüber, ob Kant an dieser Stelle vom Menschen allgemein spricht oder von einem Moment seiner eigenen Argumentation. ‚Wir' könnte sich auf das Selbstverständnis des Menschen beziehen, der bezüglich seiner Freiheit und Moralität bestimmte Schlüsse zieht, oder aber auf Kants Position selbst oder Folgerungen, die sich aus seinen bisherigen Darlegungen ergeben könnten. Diese Frage lässt sich erst nach der Analyse der zweiten Zirkelformulierung beantworten.

Dass der Zirkel sich ‚hier' zeigt, muss auf zwei Aspekte bezogen werden. Zum einen auf Kants Rekapitulation (448.25–27–449.1–6), dass wir vielleicht die Idee der Freiheit (als Seinsgrund der Sittlichkeit) nur annehmen, damit wir uns überhaupt als mit praktischer Vernunft begabte Wesen denken können. Wenn wir nicht frei wären, dann wäre es überhaupt nicht sinnvoll, von uns Menschen als vernünftigen und mit einem Willen begabten Wesen zu sprechen, weil all unsere sittlichen Erwägungen, Entschlüsse und Handlungen letztlich auf die kausalmechanisch verfasste Natur zu reduzieren wären. Ein praktisch vernünftiges Wesen gäbe es dann gar nicht. Dies ist der *erste* Grund, weshalb sich der Zirkel ‚hier' zeigt: weil wir als Menschen noch nicht über eine Begründung für die Annahme verfügen, dass wir wirklich freie Wesen sind. Es ist jetzt ganz offensichtlich, dass der Zirkel sich auch aus einem *zweiten* Grund ‚hier' zeigt – und dieser Grund lässt sich den in der Regel nicht genau genug wahrgenommenen Überlegungen Kants in 449.7–36–450.1–17 entnehmen.

In diesem langen Abschnitt behandelt Kant das Problem, dass bisher noch nicht denkbar und verständlich gemacht werden konnte, wie ein sinnlich-vernünftiges Wesen, das von der Struktur seiner Vermögen her grundsätzlich an der Durchsetzung seiner Interessen orientiert ist, am moralischen Gesetz ein Interesse nehmen kann. Dahinter steht die grundlegende Frage, wie die moralische Nötigung eines nicht rein vernünftigen Wesens denkbar ist.

---

81 Schönecker weist zu Recht auf folgenden Umstand hin: „Es ist [...] ein Unterschied, ob man in einen Zirkel gerät und später zeigt, daß man, wie auch immer, wieder aus ihm herausgekommen ist, sich also in einem befunden hat; oder ob man den Verdacht ausräumt und sich tatsächlich also nie in einem befunden hat" (Schönecker 1999, S. 330).

Die Frage ist für Kant schon an dieser Stelle eine nicht bloß motivationale, sondern auch eine moralepistemologische. Das wird zu Beginn des Abschnitts nach der Nennung des Fehlens eines Freiheitserweises ganz deutlich (‚Es floss aber aus der Voraussetzung dieser Ideen auch das Bewusstsein eines Gesetzes zu handeln'). Wenn wir uns als frei (1. Idee) und damit als zumindest möglicherweise autonome Wesen (2. Idee) denken, dann gehört dazu auch der Gedanke, dass wir um die damit verbundene sittliche Verpflichtung in irgendeinem praktischen Sinne wissen – und zwar in einer Weise, die uns *zugleich* Motivation ist, dem Gesetz zu folgen. Ein Wesen, das aufgrund seiner Freiheit in der Lage ist, seine Handlungen nach einem bestimmten Gesetz auszurichten, muss auf irgendeine Weise Einsicht in dieses Gesetz, eben das ‚Bewusstsein eines Gesetzes zu handeln', haben. Dass nicht nur die unbewiesene Annahme der Freiheit zum Zirkelverdacht führt, sondern auch ein zweites Problem, wird durch die Wendung ‚es floss [...] *aber* [....] *auch*' (Hervorh. H. P.) mehr als deutlich. Diese möglicherweise bloß vorausgesetzte Annahme besteht darin, dass der Mensch in der Lage ist, aufgrund einer bestimmten motivationalen und moralepistemischen Struktur nur solche Maximen zu wählen, die als objektive Grundsätze, d. h. als Gesetze, gelten können (vgl. 449.10). In 449.11–13 fragt Kant, warum der Mensch als ein nicht rein vernünftiges Wesen, dem die Befolgung seiner sinnlich oder allgemein pragmatisch bedingten Interessen leicht erklärbar und auch unmittelbar evident ist, sich dem Sittengesetz in Form des kategorischen Imperativs unterwerfen soll. Kant ‚räumt ein', dass den Menschen hierzu zwar kein Interesse ‚treiben' darf, dass er aber doch einsehen muss, wie diese Unterwerfung zugeht, d. h. die Interessenahme an einem rein vernünftigen Zweck in Form der Verwirklichung des Sittengesetzes.

Wir setzen also vielleicht nicht nur die Idee der Freiheit voraus, um den Menschen überhaupt als ein Wesen denken können, das mit praktischer Vernunft begabt ist, also unter dem Sittengesetz steht. Vielmehr leiten wir aufgrund der Analytizitätsthese aus der Freiheit auch die sittliche Verbindlichkeit in Form der Selbst*gesetzgebung* ab, über deren Wirklichkeit wir aber in Bezug auf das sinnlich-vernünftige Wesen Mensch rein analytisch keine Aussage treffen können. Selbst wenn ein vernünftiges Wesen bewiesenermaßen frei wäre und daraus im Sinne der Analytizitätsthese auch seine Autonomie geschlossen werden könnte, könnten wir in Bezug auf den Menschen, der kein rein vernünftiges Wesen ist, nicht erklären, weshalb genau er an etwas, das überhaupt nicht in seiner sinnlichen Natur liegt oder pragmatischen Absichten entspricht, ein Interesse nehmen kann. Die menschliche Autonomie selbst – und nicht nur ihr Begriff oder mögliche Begriffe, die in ihr enthalten sind – muss daher durch eine ‚Kritik des Subjekts' analysiert und vermögenstheoretisch in ihrer Struktur verständlich gemacht werden. Allein mit einem Freiheitsbeweis ist diese Aufgabe nicht gelöst, denn damit könnten wir die menschliche Autonomie und Sittlichkeit „nicht *für sich* beweisen" (449.26 f.,

Hervorh. H. P.). Etwas nicht ‚für sich' beweisen zu können, bedeutet, es nicht aus sich selbst heraus bzw. nicht für sich stehend belegen zu können, sondern bloß in abgeleiteter Weise.[82] Etwas ‚für sich' beweisen hieße also schon in *GMS* III, es als durch sich selbst bewiesen verständlich zu machen[83] – so, dass keine weiteren Gründe zur Stützung herangezogen werden müssten. Der Zirkel zeigt sich also ‚hier' nicht nur, weil – wie Kant am Beginn der dritten Sektion nochmals erläutert – wir noch über keinen Beweis für die menschliche Freiheit verfügen (eben keine ‚Deduktion des Begriffs der Freiheit aus der reinen praktischen Vernunft'), sondern auch, weil die Unterworfenheit unter das Gesetz noch nicht nachgewiesen, verständlich gemacht und gegen reduktionistische Angriffe verteidigt wurde.

Kant hat im Abschnitt 449.7–36–450.1–17 nur skizziert, wie wir Einsicht (‚Bewusstsein', vgl. 449.7) in die Geltung des Sittengesetzes erlangen können, nämlich anhand eines Interesses, das in Form des Gefühls der Achtung vor diesem

82 Bei der Formulierung ‚für sich' könnte man zunächst an die Formulierung ‚an und für sich' denken – und damit eine Bedeutung im Sinne von ‚eigentlich' oder ‚genau genommen' vermuten. Aber das ergäbe an dieser Stelle nur wenig Sinn, weil Kant damit nur noch einmal feststellen würde, dass wir die Autonomie ‚eigentlich' nicht beweisen können. Auch die Analyse von Berger (2015), die eine der wenigen Interpretinnen und Interpreten ist, die diese Passage näher beleuchten, ist nicht präzise genug, weil sie das ‚nicht für sich beweisen' einfach als die noch unbegründete Annahme, dass es „moralische Wesen gibt, wir die Existenz dieser Wesen in Realität aber nicht beweisen können" (Berger 2015, S. 42), deutet, aber das Moment der Selbstrechtfertigung im Hinblick auf den Existenznachweis nicht deutlich genug hervorhebt. Etwas nicht für sich beweisen können heißt nämlich nicht nur, dass etwas nicht in der Realität bewiesen werden kann, sondern dass es in der Realität nicht *durch es selbst* bewiesen werden kann. Die Wendung ‚für sich' in Bezug auf das Sittengesetz verwendet Kant in einer terminologischen Weise an mehreren Stellen in der *KpV.* Er spricht z. B. davon, dass man das Bewusstsein des moralischen Gesetzes als Faktum der Vernunft nicht aus dem Bewusstsein der Freiheit ‚herausvernünfteln' könne, weil „es sich *für sich* selbst uns aufdrängt als synthetischer Satz apriori […]" (05:31.27, Hervorh. H. P.), dass reine Vernunft *„für sich* allein praktisch" (05:31.36, Hervorh. H. P.) sei oder die Pflicht sich auf ein *„für sich* selbst apodiktisch gewissen" gründe (05:142.26, Hervorh. H. P.), also auf das moralische Gesetz. An all diesen Stellen hat ‚für sich' die Bedeutung von ‚aus sich selbst heraus' oder ‚durch sich selbst'; und diese Bedeutung dürfte ‚für sich' auch in 449.26 f. haben. Es spricht also wenig dagegen, das ‚Nicht-für-sich-bewiesen-Haben' des sittlichen Gesetzes als ein noch nicht ‚Aus-sich-selbst-heraus-evident-gemacht-Haben' zu verstehen. Man könnte dies dann im Sinne einiger Wendungen in der *KpV* so umformulieren: Bis zum jetzigen Stand der Argumentation konnte das Prinzip der Autonomie noch nicht als ein sich *selbst rechtfertigendes* Prinzip verständlich gemacht werden. Bringt man diese Stelle in Zusammenhang mit Kants Hinweis auf die Denknotwendigkeit des ‚Bewusstseins eines Gesetzes zu handeln' im Absatz davor, dann liegt hier die berechtigte Vermutung nahe, dass sich Kant auf ein Bewusstsein des Sittengesetzes im Sinne der Faktum-Theorie der *KpV* bezieht.

83 Das wird in der englischen Übersetzung sehr deutlich, in der die Formulierung ‚nicht für sich beweisen' durch „could not *by itself* prove its reality" übersetzt wird (vgl. die Übersetzung in *The Cambridge Edition of the Works of Immanuel Kant*, Cambridge 1998, S. 97, Hervorh. H. P.).

Gesetz über einen bloß motivationalen Aspekt hinausgeht, wodurch das Subjekt die Geltung des Sittengesetzes *erkennt.*[84] Wie es aber ‚zugeht', dass der Mensch auf solche Weise (d. h. auch durch Achtung) die Geltung des Sittengesetzes in Form des KI anerkennt, und inwiefern dieses als ein ‚für sich selbst' feststehendes Handlungsprinzip durchsichtig gemacht werden kann, ist bisher noch nicht in Form der von Kant früher im Text in Aussicht gestellten ‚Kritik des Subjekts' erklärt und verteidigt worden.[85] Ein solches intelligibles Interesse als Aspekt des Nachweises einer möglichen Selbstrechtfertigbarkeit der Sittlichkeit aus dem ver-

---

84 Es ist auffällig, dass eine so genaue Interpretin wie Berger (2015, S. 13) den Zusammenhang zwischen dem (anders als in der Fußnote in 401) in 449.7 – 36 – 450.1 – 17 tentativ eingeführten und entwickelten intelligiblen Interesse und dem Zirkelverdacht nicht thematisiert. Zwar weist sie deutlich darauf hin, dass bis zu diesem Zeitpunkt der Argumentation die Geltung des kategorischen Imperativs noch nicht erwiesen sei (vgl. Berger 2015, S. 13). Aber sie schreibt auch, dass sich das ‚hier' nicht auf „den gesamten vorangehenden Abschnitt" beziehen könne, da dieser einen „Exkurs beinhaltet, in dem die spezifische Möglichkeit ausgeschlossen wird, das Interesse an der Moral auf die Würdigkeit, der Glückseligkeit teilhaftig zu werden, zu gründen" (Berger 2015, S. 13). Sie übersieht damit ähnlich wie Schönecker (1999) und viele andere Interpreten *einen Aspekt* des Zusammenhangs zwischen dem noch nicht erbrachten Erweis der Geltung des Sittengesetzes in Form des KI und dem Zirkel. Denn ein Mangel besteht an dieser Stelle noch darin, dass so etwas wie ein Interesse/die Achtung als Modus der Anerkennung des Sittengesetzes noch nicht denkbar und verständlich gemacht wurde.

85 Bei der Auflösung des Zirkelverdachts (453.3 – 15) spricht Kant davon, dass wir Freiheit womöglich bloß um des sittlichen Gesetzes willen zu Grunde legen, um dieses aus der Freiheit im Sinne (einer falschen Anwendung) der Analytizitätsthese wiederum zu schließen und „mithin von jenem garkeinen Grund angeben könnten" (auf S. 147 ff. findet sich eine genauere Analyse dieser Stelle). Mit der Auflösung des Zirkelverdachts muss also auch die Nennung eines Grundes für das moralische Gesetz verbunden sein, der unabhängig von der Analytizitätsthese ist. Dieser Grund, so lautet die These dieses Kommentars, liegt im Sittengesetz *selbst* – darin, dass es dem Menschen gegeben ist oder der Mensch es in sich vorfindet. Durch den Hinweis, dass der Mensch „wirklich ein Vermögen in sich findet, dadurch er sich von allen anderen Gegenständen [...] unterscheidet" und aufgrund dessen er sich zu Recht als ein freies und vernünftiges Wesen begreift, ist „das moralische Gesetz" (449.24 f.), ist seine ‚objektive Realität und Notwendigkeit' (anders als *vor* dem Rekurs auf dieses Vermögen) jetzt tatsächlich, wie von Kant verlangt, „für sich" (449.27) nachgewiesen. Unabhängig von der Beantwortung der Frage, ob der Mensch frei ist oder nicht, setzen wir dadurch das moralische Gesetz nicht mehr nur in der Idee der Freiheit voraus. Wir würden es in einem gewissen Sinne auch nach der Freiheitsdeduktion bloß voraussetzen, selbst wenn wir durch den Nachweis der Freiheit eigentlich im Sinne der Analytizitätsthese zu Recht darauf *schließen* würden. Das moralische Gesetz wäre damit aber nur ein aus der Analytizitätsthese abgeleitetes Gesetz und wäre nicht ‚für sich' selbst, d. h. aus sich selbst heraus, bewiesen. Wir könnten auch dann, wenn die Freiheit möglich ist, von jenem befriedigend „Grund angeben" (453.8). Ein ‚Grund' liegt gerade in dem ‚Für-sich-Bestehen' (vgl. 449.27) des moralischen Gesetzes. Das Sittengesetz begründet sich in einem bestimmten Sinne selbst: Weil der Mensch sich des Sittengesetzes unmittelbar bewusst ist, muss seine Geltung nicht durch externe Gründe bewiesen werden.

nünftigen Selbstverständnis ist zum jetzigen Zeitpunkt der Diskussion nicht einmal denkbar, weil der Verdacht, jegliches Interesse des Menschen beruhe auf pragmatischen Erwägungen oder rein sinnlichen Aspekten, noch nicht ausgeräumt wurde. Auch findet sich bis zu diesem Zeitpunkt in Kants Argumentation kein Grund für die Annahme der menschlichen Freiheit. Bisher wurde nur gezeigt, dass wir diese voraussetzen müssen, *wenn* wir uns ein Wesen als mit praktischer Vernunft begabt denken wollen. Wie Freiheit als Grundbedingung der praktischen Vernunft des Menschen möglich ist und wie die motivationale und moralepistemische Struktur desselben wirklich verfasst ist, darüber wurden bisher noch keine Aussagen getroffen.

Beide Problematiken sind in Kants erster Formulierung des Zirkelverdachts[86] in 450.19 – 23 vorhanden. Diese lautete:

Wir nehmen uns in der Ordnung der wirkenden Ursachen als frei an, um uns in der Ordnung der Zwecke unter sittlichen Gesetzen zu denken, und wir denken uns nachher als diesen Gesetzen unterworfen, weil wir uns die Freiheit des Willens beigelegt haben.

Losgelöst von den noch klärungsbedürftigen Formulierungen ‚Ordnung der wirkenden Ursachen' und ‚Ordnung der sittlichen Zwecke' (ich komme auf S. 103 ff. darauf zurück) kann die grundsätzliche Struktur des Zirkelverdachts folgendermaßen reformuliert werden:

> *Wir nehmen uns als frei an, um uns unter dem Sittengesetz zu denken, und wir denken uns nachher als dem Sittengesetz unterworfen, weil wir uns die Freiheit des Willens beigelegt haben.*

In der Literatur ist dieser Zirkelverdacht immer wieder falsch aufgefasst worden[87] – und erstaunlicherweise begegnet diese falsche Auffassung trotz Schöneckers grundlegenden Untersuchungen zum Zirkelverdacht in Teilen der Forschung zu *GMS* III auch heute noch.[88] Diese falsche Deutung geht davon aus, man habe es bei Kants Zirkel mit einem *circulus in probando* zu tun. Der von Kant angeführte Verdacht eines Zirkels liegt aber entgegen diesen Einschätzungen zweifelsfrei nicht darin, dass sich der Beweis eines Satzes auf diesen Satz selbst gründet, d. h., der zu beweisende Satz heimlich als Beweisgrund seiner selbst herangezogen wird. Einen solchen Zirkel des Beweisens beschreibt Kant in der

---

86 Die erste Zirkelformulierung wird im Folgenden mit Z1 (vgl. S. 148 ff.) abgekürzt, die zweite mit Z2 (vgl. S. 100 f.; S. 148 ff.).

87 So z. B. von Brandt in seinem einflussreichen Aufsatz aus dem Jahr 1988 (vgl. S. 186). Für eine Übersicht über die diesbezügliche Literatur bis 1999 vgl. Schönecker (1999, S. 349 – 356). Für eine Übersicht über seitdem erschienene Literatur vgl. Berger (2015).

88 Vgl. z. B. Baumanns (2000), Steigleder (2002), Timmermann (2004), Hübenthal (2005) und Wyrwich (2011). Für eine gute Übersicht und summarische Diskussion verschiedener jüngerer Positionen zu dieser Frage vgl. Berger (2015, S. 54 f.).

Jäsche-Logik so: „Und einen Cirkel im Beweisen begeht man, wenn man denjenigen Satz, den man hat beweisen wollen, seinem eigenen Beweise zum Grund legt" (09:135.21–23).[89] Der von Kant thematisierte Zirkelverdacht, d.h. die mögliche Gefahr einer zirkelartigen Argumentation, kann also nicht – wie bis heute oft vermutet – darin bestehen, dass wir die Freiheit mit der Sittlichkeit begründen und die Sittlichkeit mit der Freiheit. Der Zirkel lautet nicht ‚Wir sind frei, *weil* wir dem Sittengesetz unterworfen sind' (erster Satz im Zirkelverdacht) und ‚Wir sind dem Sittengesetz unterworfen, *weil* wir frei sind' (zweiter Satz im Zirkelverdacht). Kant schreibt im ersten Satz des Zirkelverdachts nämlich nicht ‚weil', sondern ‚um': ‚Wir nehmen uns in der Ordnung der wirkenden Ursachen als frei an, *um* uns in der Ordnung der Zwecke unter sittlichen Gesetzen zu denken'. Eine Sache *um* einer anderen Sache willen zu tun, drückt die Setzung eines *Zwecks* aus, während der Tatbestand, dass man eine Sache tut, *weil* ein anderer Sachverhalt erfüllt ist, ein *Begründungsverhältnis* beinhaltet. Man könnte den Zirkelverdacht, der aus zwei Sätzen besteht, in einem Satz vorläufig folgendermaßen zusammenfassen:

> *Wir als sinnlich-vernünftige Wesen denken uns als sittlichen Gesetzen unterworfen, weil wir uns – zu dem Zweck, uns überhaupt als sittliche Wesen[90] denken zu können – Freiheit beigelegt haben und aus dieser Freiheit auf unsere Unterworfenheit schließen.*

Der Verdacht einer zirkelartigen Argumentation besteht also lediglich darin, dass wir uns – womöglich ohne uns nachher daran zu erinnern, dass dies nur zu dem Zweck geschah, uns als rein sittliche Wesen zu denken – Freiheit zuschreiben und in dieser Freiheit einen *Grund* dafür sehen, dass wir *wirklich* dem Sittengesetz unterworfen sind. Kants Antizipation einer Zirkelgefahr wäre grundlos, wenn man Z2 so verstünde,

---

89 Von einem solchen ‚Zirkel' spricht Kant auch in *KrV* B 721: „Das regulative Princip verlangt, die systematische Einheit als Natureinheit, welche nicht bloß empirisch erkannt, sondern a priori, obzwar noch unbestimmt, vorausgesetzt wird, schlechterdings, mithin als aus dem Wesen der Dinge folgend vorauszusetzen. Lege ich aber zuvor ein höchstes ordnendes Wesen zum Grunde, so wird die Natureinheit in der That aufgehoben. Denn sie ist der Natur der Dinge ganz fremd und zufällig und kann auch nicht aus allgemeinen Gesetzen derselben erkannt werden. Daher entspringt ein fehlerhafter Cirkel im Beweisen, da man das voraussetzt, was eigentlich hat bewiesen werden sollen." In Meiers Logik-Handbuch, auf das sich Kant in seinen Vorlesungen stützt, heißt es: „Wenn aber ein Schlusssatz zu seinem eigenen Vordersatze angenommen wird, so nennt man diesen Fehler die Wiederkehr im Beweise (circulus in probando)". Zum *circulus in probando* vgl. auch 14:479, 595, 16:751, 773, 24:777.

90 Kants Formulierung des Zirkels wird wie gesagt durch eine Mehrdeutigkeit belastet. Die Wendung „*unter* sittlichen Gesetzen" (450.21, Hervorh. H. P.) deutet darauf hin, dass Kant an dieser Stelle das Sittengesetz in seiner nicht-imperativischen Form im Sinn hat, während die Formulierung „als diesen Gesetzen *unterworfen*" (450.22, Hervorh. H. P.) eine Zeile später eindeutig auf das Sittengesetz als Imperativ Bezug nimmt.

dass wir uns ‚nachher‘ als sittlichen Gesetzen auch *immer nur* unterworfen (im hypothetischen Sinne) *dächten* (weil wir uns die Freiheit des Willens beigelegt haben). Dass wir uns als frei annähmen, um uns als unter sittlichen Gesetzen stehend (im Sinne einer reinen Annahme) bloß *zu denken*, wäre unproblematisch, wenn wir jederzeit daran dächten, dass wir dies bloß zu einem bestimmten Zweck täten. Und es wäre auch unproblematisch, dass wir uns aus diesem Grund weiterhin (‚nachher‘) als sittlichen Gesetzen unterworfen (bloß hypothetisch) *dächten*. Problematisch werden diese Überlegungen aber, wenn sich der Mensch als sinnlich-vernünftiges Wesen, nachdem er Freiheit angenommen hat (*um* sich unter sittlichen Gesetzen zu denken), tatsächlich als frei – und allein aus diesem Grund auch *tatsächlich* als sittlich verpflichtet ansieht. Er würde dabei zweierlei außer Acht lassen: Zum einen wäre es möglich, dass der Mensch gar kein freies Wesen ist – und die Freiheit also eine Unterstellung bleibt. Zum anderen ist der Schluss von der Freiheit auf die Autonomie – und damit auf das sittliche Gesetz – für den Menschen (anders als für rein vernünftige Wesen) womöglich unzulässig. Der letztgenannte Aspekt deutete sich schon in der zirkelähnlichen Formulierung in 449.24–27 (im Folgenden ZO genannt) an. Dort hieß es: „Es scheint also, als setzten wir in der Idee der Freiheit eigentlich das moralische Gesetz, nämlich das Princip der Autonomie des Willens selbst, nur voraus und könnten seine Realität und objective Nothwendigkeit nicht für sich beweisen". Unabhängig von der Beantwortung der Frage, ob der Mensch *wirklich* ein freies Wesen ist, benennt Kant an dieser Stelle eine zweite Schwierigkeit. Sie besteht darin, dass auch mit einem möglichen Nachweis der Freiheit das moralische Gesetz im Hinblick auf den Menschen nicht ‚für sich bewiesen‘ ist. Bei rein vernünftigen Wesen wäre Sittlichkeit eine direkte Folge ihrer Freiheit; für den Menschen und seine spezifische Konstitution ist dies bis zum jetzigen Zeitpunkt aber noch nicht erwiesen. Dieses Problem – und der damit möglicherweise argumentativ illegitime Gebrauch der Analytizitätsthese – spiegeln sich auch in dem Satzteil wider, der sich nach dem Semikolon durch ein ‚denn‘ an Kants Zirkelformulierung anschließt. Wir nehmen die Freiheit in einem ersten Schritt bloß an, *um* uns unter sittlichen Gesetzen zu denken. Nachdem wir uns die Freiheit beigelegt haben, denken wir uns als diesen Gesetzen unterworfen, „denn", so schreibt Kant, „Freiheit und eigene Gesetzgebung des Willens sind beides Autonomie, mithin Wechselbegriffe" (450.22f.). Kant fügt dieser Begründung eine Einschränkung hinzu:

> davon aber einer eben um deswillen nicht dazu gebraucht werden kann, um den anderen zu erklären und von ihm Grund anzugeben, sondern höchstens nur, um in logischer Absicht verschieden scheinende Vorstellungen von eben demselben Gegenstande auf einen einzigen Begriff (wie verschiedne Brüche gleichen Inhalts auf die kleinsten Ausdrücke) zu bringen (450.24–29).

Wir dürfen also die ‚eigene Gesetzgebung des Willens' in der Analytizitätsthese nicht als durch die Annahme der Freiheit *begründet* ansehen[91]. Zwar leistet die Analytizitätsthese eine Zergliederung des Begriffs der Freiheit, die zum Begriff der Autonomie führt. Aber dieses analytische Verhältnis zwischen zwei Begriffen ist kein Begründungsverhältnis. Wir dürfen also zwar die *Begriffe* der Freiheit und der eigenen Gesetzgebung auf den gleichen begrifflichen Ausdruck bringen (in diesem Fall der ‚Autonomie' als kleinstem Nenner). Wir dürfen aber nicht davon ausgehen, dass wir über die begriffliche Sphäre hinaus durch die (weder bloß angenommene noch möglicherweise bewiesene) Freiheit die ‚eigene Gesetzgebung' als begründet ansehen könnten. Dieser fehlerhafte Argumentationsgang – dass wir die Freiheit als *hinreichenden* Grund für die Autonomie des Menschen auffassen – stellt aber nur eine Gefahr dar, die an dieser Stelle droht, bzw. einen unzulässigen Schluss, den jemand durch eine falsche Auffassung der Analytizitätsthese hier ziehen könnte. Es ist aber kein Gedankengang, den Kant selbst in der ersten oder zweiten Sektion vertreten oder auch nur erwogen hätte. Zwar hat er in gewisser Weise die eigene Gesetzgebung eines vernünftigen Wesens in der ersten Sektion durch den Begriff der Freiheit *erklärt*, aber eben nicht *begründet*, da dort nur eine Begriffszergliederung im Hinblick auf ein Wesen mit einem vollkommenen Willen vollzogen wurde.

In der von Kant als zirkelartig problematisierten Argumentation würden wir also (anders als in der Literatur oft vermutet) gar nicht davon ausgehen, dass wir frei sind, *weil* wir dem Sittengesetz unterworfen sind. Wir würden auch nicht meinen, dass wir dem Gesetz unterworfen sind, *weil* wir frei sind. Das Problem bestünde vielmehr darin, dass wir ein Vermögen (Freiheit) annehmen, *um* einen Grund für einen bestimmten Sachverhalt (die ‚eigene Gesetzgebung' bzw. die Unterworfenheit unter das Sittengesetz) denken zu können, und später (‚nachher') außer Acht lassen, dass wir die Freiheit bloß zu diesem bestimmten Zweck angenommen hatten. Die einmal bloß vorausgesetzte Freiheit könnte so plötzlich als Vermögen begriffen werden, über das der Mensch wirklich verfügt. In dieser unberechtigten Annahme könnte unter Verweis auf die Analytizitätsthese der Grund dafür gesehen werden, dass wir tatsächlich dem Sittengesetz *unterworfen* sind. Das Problematische an der Argumentation besteht, wie durch die zweite Formulierung des Zirkels deutlich wird, in einer *petitio principii*, in der „Erbittung eines Princips" (453.9) – und damit in der Erbittung des sittlichen Gesetzes und der mit ihm verbundenen notwendigen Bedingung, der Freiheit. Eine nochmalige Inter-

---

91 Berger (2015, S. 26) weist zu Recht darauf hin, dass man das ‚und' in ‚um den anderen zu erklären *und* von ihm Grund anzugeben' (450.25 f., Hervorh. H. P.) als einschließend lesen muss, denn Wechselbegriffe erklären einander in der Regel. Die Betonung müsse, so Berger – und darin ist ihr zuzustimmen –, auf dem ‚Begründen' liegen.

pretation und Rekapitulation dieses Zirkelverdachts findet sich auf S. 148 ff. im Zusammenhang mit der zweiten Zirkelformulierung.

In der Literatur sind Kants Wendungen ‚Ordnung der wirkenden Ursachen' (450.20) und ‚Ordnung der Zwecke' (450.20 f.), die in beiden Sätzen der ersten Formulierung des Zirkelverdachts vorkommen und die bisher der Einfachheit wegen ausgeblendet wurden, wenig beachtet worden.[92] Der Frage, was Kant unter der ‚Ordnung der wirkenden Ursachen' und unter der ‚Ordnung der Zwecke' versteht, lässt sich durch eine Betrachtung dieser Formulierungen in der *GMS* und anderen Schriften Kants beantworten.

Die Wendung ‚Ordnung der wirkenden Ursachen' oder nahezu gleichlautende Formulierungen finden sich bei Kant gehäuft. Er spricht von ‚wirkenden Ursachen' sowohl in Bezug auf die kausalmechanisch verfasste Natur als auch im Zusammenhang mit der moralischen Selbstbestimmung. So benutzt er z. B. die Wendung „wenn wir uns durch Freiheit als a priori *wirkende Ursachen* denken" (450.31, Hervorh. H. P.). Er schreibt, dass das „vernünftige Wesen [...] sich als Intelligenz zur Verstandeswelt [zählt], und bloß als eine zu dieser gehörige *wirkende Ursache* [...] seine Causalität einen Willen [nennt]" (453.17–19, Hervorh. H. P.). Weiter spricht Kant von der Möglichkeit der „Freiheit einer *wirkenden Ursache*" (05:93.33, Hervorh. H. P.) und von „dem Gesetze moralisch *wirkender Ursachen*" (06:116.19, Hervorh. H. P.).

An anderen Stellen in der *GMS* stellt Kant fest, dass die „Naturnothwendigkeit [...] eine Heteronomie der *wirkenden Ursachen* [war]" (446.22, Hervorh. H. P.), und spricht von einer Natur, die „nach Gesetzen äußerlich genöthigter *wirkenden Ursachen*" (438.25 f., Hervorh. H. P.) verfasst sei. Diese Verwendungsweise der Formulierung der ‚wirkenden Ursachen' deckt sich rein quantitativ mit den meisten anderen Schriften Kants, in denen er die Wendung ‚wirkende Ursachen' fast immer im Sinne der ‚äußerlich genötigten wirkenden Ursachen' gebraucht und sie damit im Kontext von Natur als einem kausalmechanisch verfassten System verortet.[93] Eine angrenzende Unterscheidung zwischen einer ‚Ordnung der Zwecke' und einer ‚Ordnung der wirkenden Ursachen' findet sich zudem im *Naturrecht Feyerabend* (27:1321) und in der *Metaphysik Mrongovius* (19:914). Wie in 450.20–22 kommt es Kant auch in diesen beiden Texten auf eine Entgegensetzung zwischen der Ordnung der Natur und einer von vernünftigen Wesen entworfenen sittlichen Ordnung an, sodass neben dem rein quantitativen Befund hinsichtlich der Bedeutung der ‚wirkenden Ursachen' auch diese Stellen für eine Deutung der

---

92 Eine Ausnahme stellt vor allem Berger (2015, S. 15 ff.) dar, deren Aufsatz ich wichtige Differenzierungen entnehmen konnte.

93 Zum Begriff der ‚wirkenden Ursache' vgl. z. B. 02:104, 184, 05:372, 380, 421, 06:10, 08:152, 159, 18:244, 20:240.

‚wirkenden Ursachen' in 450.20 als ‚kausalmechanisch wirkende Ursachen' sprechen. Damit steht die Annahme der Idee der Freiheit in 450.20 in einem Kontrast zu der Ordnung, *in der* wir uns als frei denken: Wir nehmen uns als *frei* an, *um* uns in der kausalmechanisch verfassten Ordnung der Natur *dennoch* als frei zu betrachten.

Die Formulierung ‚Ordnung der Zwecke', die Kant im zweiten Satz des Zirkelverdachts wählt, lässt sich nicht so eindeutig verständlich machen wie die ‚Ordnung der wirkenden Ursachen'. Kant verwendet diese Formulierung in unterschiedlichen Entwicklungsphasen seines Denkens und in verschiedenen Kontexten – die aber in einem übergeordneten Zusammenhang stehen.[94] In der *GMS* finden sich im Zusammenhang mit der sogenannten ‚Reich-der-Zwecke'-Formel des kategorischen Imperativs nähere Überlegungen zu der Problematik der ‚Ordnung der Zwecke', die im zweiten Satz der ersten Formulierung des Zirkelverdachts angesprochen wird. Diese Überlegungen sind nicht leicht zu interpretieren, da dem Text scheinbar widersprüchliche Aussagen im Hinblick auf den Modus des Sittengesetzes zu entnehmen sind. In 433.12–16 definiert Kant, wie ein Reich der Zwecke entsteht:

> Denn vernünftige Wesen stehen alle unter dem Gesetz, daß jedes derselben sich selbst und alle andere niemals bloß als Mittel, sondern jederzeit zugleich als Zweck an sich selbst behandeln solle. Hiedurch aber entspringt eine systematische Verbindung vernünftiger Wesen durch gemeinschaftliche objective Gesetze, d. i. ein Reich, welches, weil diese Gesetze eben die Beziehung dieser Wesen auf einander als Zwecke und Mittel zur Absicht haben, ein Reich der Zwecke (freilich nur ein Ideal) heißen kann.

94 Der Begriff ‚Ordnung der Zwecke' findet sich in 05:131.20, 435.13, 436 FN, 08:327.28, 18:452.3, 23:427.11, der Begriff ‚Reich der Zwecke' neben den Stellen in der *GMS* auch in 18:469.4 und 471.23. Die Bedeutung und kontextspezifische Verwendung dieser Terminologie wären eine eigene Untersuchung wert. Eine solche Auswertung kann an dieser Stelle nicht geleistet werden. Pauschal kann man aber festhalten, dass Kant diesen Begriff sowohl in seiner Teleologie als auch in der Moralphilosophie dazu verwendet, das Ideal einer zweckmäßigen Verbindung verschiedener Glieder – sei es in der Natur oder im moralischen Verhältnis vernünftiger Subjekte – zu denken. So wie wir uns die Welt als insgesamt nach dem Prinzip der Zweckmäßigkeit verfasst denken müssen, so dürfen wir durch ein Prinzip der reflektierenden Urteilskraft diese Natur so denken, dass sie für uns Menschen das angemessene und kompatible Umfeld unserer praktischen Zweckverwirklichung ist. Natur und Mensch stellen damit keine Gegenteile dar, sondern die Natur kann als ein letztlich moralisches Subjekt gedacht werden, das uns in der Durchsetzung unserer moralischen Zwecke zumindest nicht behindert. Diese ‚Ordnung der Zwecke' soll sich dann als ein Ideal des Zusammenlebens vernünftiger Subjekte auch auf den Menschen übertragen lassen: Durch die reziproke Achtung des anderen, den wir immer auch als Zweck, nie bloß als Mittel betrachten, kommt es zu einer Welt der Zwecke.

Diese Passage legt nahe, dass es sich beim Reich der Zwecke um die Idee (‚freilich nur ein Ideal') einer idealen moralischen Ordnung handelt, in der jedes vernünftige Wesen andere vernünftige Wesen nie als Mittel, sondern jederzeit zugleich als Zweck behandelt. Auch die einleitende Passage mit der Feststellung ‚vernünftige Wesen stehen alle unter dem Gesetz' verweist darauf, dass dieses Reich der Zwecke durch das Sittengesetz in seiner nicht-imperativischen Form geordnet ist, denn der Imperativ gilt ja nur für sinnlich-vernünftige Wesen in einer Welt, die noch kein ‚Ideal' darstellt. In einer solchen, nicht idealen moralischen Welt *soll* jedes vernünftige Wesen andere vernünftige Wesen immer auch als Zweck und nie bloß als Mittel behandeln, während im Reich der Zwecke, als Idee einer moralisch idealen Welt, die vernünftigen Wesen dies immer schon tun. Diese Welt und die in ihr geltende ‚Ordnung der Zwecke' kann somit nur eine Welt sein, in der die vernünftigen Wesen unter dem sittlichen Gesetz stehen, aber nicht als ihm unterworfen gedacht werden können.[95] Aus diesem Grund liegt der Schluss nahe, die Formulierung ‚unter sittlichen Gesetzen' in 450.21 auf den Gedanken einer Welt zu beziehen, in der die vernünftigen Wesen zwar unter dem Gesetz stehen, aber diesem nicht unterworfen sind, weil sie immer schon moralisch sind. Eine solche Deutung deckt sich zunächst auch mit dem Fortgang des Textes in 433.26, denn Kant schreibt hier „vernünftige Wesen stehen alle unter dem Gesetz", was ebenfalls auf den nicht-imperativischen Modus des Sittengesetzes hindeutet. Er schreibt nicht: ‚Alle vernünftigen Wesen sind dem Gesetz unterworfen'. Allerdings bezieht sich Kant kurz darauf auf den kategorischen Imperativ – und damit auf das Sittengesetz in seiner imperativischen Form. Hinzu kommt, dass Kant an anderen Stellen durchaus die Wendung ‚unter dem Gesetz stehen' (oder allgemeiner: ‚unter Gesetzen'[96]) in der Bedeutung von ‚dem Gesetz *unterworfen* sein' verwendet. Es lässt sich allein anhand des Hinweises auf die Wendung ‚unter dem Gesetz' also keine völlige Klarheit schaffen, auf welchen Modus des Sittengesetzes Kant sich in 450.21 bezieht und ob die erste Zirkelformulierung als Ganze dann einen Kontrast enthält.[97] Es ist also durchaus fraglich, ob Kant – zumindest in der dritten Sek-

---

95 Vgl. dazu auch die spätere Passage, in der Kant wieder davon spricht, dass das Reich der Zwecke ein „herrliche[s] Ideal [sei] [...], zu welchem wir nur alsdann als Glieder gehören können, wenn wir uns nach Maximen der Freiheit, als ob sie Gesetze der Natur wären, sorgfältig verhalten" (462.34).

96 Vgl. z. B. 05:43, 06:186, 227 u. 438, 07:322, 08:415.

97 Eine sinnvolle Differenzierung stellt diese Annahme trotzdem dar. Berger (2015, S. 18f.) hat im Anschluss an Schönecker in Bezug auf die Problematik einer möglichen Differenz von ‚unter dem Gesetz stehen' und dem ‚Gesetz unterworfen sein' überzeugend dafür argumentiert, dem Zirkel auch eine psychologische Komponente zuzuschreiben. Wenn Kant sich mit der Wendung „um uns in der Ordnung der Zwecke unter sittlichen Gesetzen zu denken" (450.20f.) tatsächlich auf das nicht-imperativische Gesetz beziehe, dann könne man einen Aspekt des Zirkels so fortion – der Differenzierung zwischen imperativischem und nicht-imperativischem Gesetz im Hinblick auf den Zirkelverdacht tatsächlich große Bedeutung beimisst. Dass die Unterscheidung für Kant aber grundsätzlich wichtig ist, zeigt vor allem die erste Sektion von *GMS* III, die ohne diese unverständlich bliebe.

Bevor die erste Formulierung des Zirkelverdachts abschließend bewertet werden kann, sollen daher nochmals diejenigen Passagen, in denen Kant womöglich von zwei unterschiedlichen Modi der gleichen Sittlichkeit spricht, betrachtet werden. Zu Beginn der dritten Sektion spricht er vom Sittengesetz in seiner nicht-imperativischen Form. Er rekurriert hier auf seine Überlegungen zum Begriff der Freiheit aus der zweiten Sektion und paraphrasiert die Ergebnisse seiner Argumentation aus den ersten beiden Sektionen, in denen perspektivisch fraglos ein vollkommenes Wesen oder der Wille eines sinnlich-vernünftigen Wesens, allein im Hinblick auf dessen Vernünftigkeit, im Mittelpunkt stand. Der ‚Begriff der Sittlichkeit', der in 448.25 angeführt wird, ist ein nicht-imperativischer. Als deskriptiver Satz stellt er einen der Wechselbegriffe dar, die die Analytizitätsthese behandelt. Wenn wir uns ein praktisch vernünftiges Wesen denken, so paraphrasiert Kant hier seinen Gedanken aus der zweiten Sektion, dann müssen wir dieses Wesen als frei denken. Dies ist aber ein Gedanke, der noch nicht spezifisch auf den Menschen bezogen wird, sondern auf jedes mit Vernunft und Willen begabte Wesen. Erst im Absatz darauf steht der Mensch im Mittelpunkt – und damit das sittliche Gesetz als kategorischer Imperativ. Durch die zirkelähnliche Formulierung in 449.24–27, nach der wir in der Idee der Freiheit vielleicht eigentlich das moralische Gesetz, nämlich das Prinzip der Autonomie, nur voraussetzen und nicht ‚für sich beweisen' könnten, wird allerdings nicht sofort deutlich, dass wir in der Idee der Freiheit vielleicht nur voraussetzen, dass wir dem Sittengesetz *unterworfen* sind, wie es die Abschnitte davor und danach zweifellos nahelegen. Kant spricht hier allgemein vom ‚moralischen Gesetz' (449.25) und dem ‚Prinzip der Autonomie' (449.25), was eher an den nicht-imperativischen Kontext denken lässt. Es könnte also sein, dass in der Idee der Freiheit nicht das moralische Gesetz als Imperativ und damit die Unterworfenheit unter dasselbe vorausgesetzt wird, sondern nur das nicht-imperativische Sittengesetz. Allerdings

---

mulieren: „Wir nehmen uns als frei an, obwohl wir Glieder der Ordnung der äußerlich gewirkten Ursachen sind, weil wir an der idealen moralischen Ordnung teilhaben wollen, in der wir immer moralisch handeln würden" (Berger 2015, S. 19). Diese Interpretation, d. h. die Annahme eines psychologisch motivierten Zirkels, halte ich für sehr überzeugend, da Kant auch an anderen Stellen im dritten Abschnitt von einer psychologisch motivierten Annahme der Sittlichkeit ausgeht. So spricht er beispielsweise von der ‚vorausgesetzten Wichtigkeit' des moralischen Gesetzes und davon, dass uns ‚gutgesinnte Seelen' das Sittengesetz auch ohne einen philosophischen Nachweis zugestehen würden.

lässt der Kontext der Passage in 449.24–27 keine andere Deutung zu, als dass Kant trotz seiner neutralen Terminologie das Sittengesetz als Imperativ für sinnlich-vernünftige Wesen meint, denn er fragt sowohl in 449.12 als auch in 449.30, warum der Mensch als sinnlich-vernünftiges Wesen sich dem Sittengesetz *unterwerfen* soll. Man könnte diese Abschnitte also als ein Indiz dafür werten, dass die an einigen Stellen nachweisbare terminologische Unterscheidung zwischen der imperativischen und der nicht-imperativischen Form des Sittengesetzes bei Kant nicht immer konsequent ist, obwohl diese Unterscheidung für ihn grundsätzlich wichtig zu sein scheint. Vor diesem Hintergrund stellt sich dann auch die Frage, wie die erste Formulierung des Zirkelverdachts (450.18–23) abschließend zu bewerten ist. Diese Passage beinhaltet jedenfalls im zweiten Satz den Hinweis auf das Sittengesetz als kategorischen Imperativ, denn Kant verwendet die Formulierung „diesen Gesetzen *unterworfen*" (450.22, Hervorh. H. P.)[98], während der erste Satz sowohl einen Bezug auf das imperativische als auch auf das nicht-imperativische Gesetz zulässt. Die Formulierung ‚unter Gesetzen' ist nicht eindeutig, denn alle vernünftigen Wesen stehen ‚unter dem Gesetz'. Bezieht sich Kant im ersten Satz des Zirkelverdachts, der eine Absicht ausdrückt (‚Wir nehmen uns als frei an, um uns unter sittlichen Gesetzen zu denken'), auf das nicht-imperativische Gesetz und dann im zweiten Satz, der eine Begründungsstruktur hat (‚Wir denken uns nachher als diesen Gesetzen unterworfen, weil wir uns die Freiheit des Willens beigelegt haben'), auf das Sittengesetz als kategorischen Imperativ? Oder bezieht er sich in beiden Sätzen auf den kategorischen Imperativ? Streng genommen ergibt sich durch eine Differenzierung zumindest an dieser Stelle kein großer Unterschied. Die beiden Varianten könnte man folgendermaßen formulieren:

F1: Wir nehmen uns als frei an, um uns als Wesen rein der Verstandeswelt / sittlich perfekte Wesen zu denken (weil wir gerne solche Wesen sein wollen), und wir denken uns nachher als sinnlich-vernünftige Wesen den sittlichen Gesetzen auch unterworfen, weil wir meinen, aus der uns von uns selbst bloß unterstellten Freiheit (im Sinne der Analytizitätsthese) schließen zu dürfen, dass wir tatsächlich den sittlichen Gesetzen unterworfen sind.

F2: Wir nehmen uns als frei an, um uns als sittlich vernünftige Wesen als dem Sittengesetz unterworfen zu denken, und wir denken uns nachher als dem Sittengesetz unterworfen, weil wir meinen, aus der uns von uns selbst bloß unterstellten Freiheit (im Sinne der Analytizitätsthese) schließen zu dürfen, dass wir tatsächlich den sittlichen Gesetzen unterworfen sind.

Der einzige Unterschied dieser Deutungsvarianten liegt in der Motivation, sich als frei zu denken. Entweder liegt diese Motivation in dem Wunsch, ein moralisch

98 Die Variante, dass sich Kant in beiden Sätzen des Zirkelverdachts auf das nicht-imperativische Gesetz bezieht, scheidet somit aus.

perfektes Wesen zu sein – und sich darum in eine Verstandeswelt zu versetzen und als unter dem Gesetz stehendes Wesen zu begreifen (F1) –, oder aber direkt in der spezifischen, schon auf die doppelte Natur des Menschen ausgerichteten Absicht, sich als ein dem Sittengesetz *unterworfenes* Wesen zu denken (F2).[99] Allerdings dürfte auch diese Absicht letztlich auf die Motivation zurückführbar sein, der Sittlichkeit einen Wert oder eine Wichtigkeit beizumessen – und darum auch an dem möglichen Nachweis einer tatsächlich bestehenden *Unterworfenheit* unter sittliche Gesetze ein Interesse zu haben.

> 450.30 – 34
> Eine Auskunft bleibt uns aber noch übrig, nämlich zu suchen: ob wir, wenn wir uns durch Freiheit als *a priori* wirkende Ursachen denken, nicht einen anderen Standpunkt einnehmen, als wenn wir uns selbst nach unseren Handlungen als Wirkungen, die wir vor unseren Augen sehen, uns vorstellen.

Dieser Abschnitt, der durch einen Absatz von der den Zirkel enthaltenden Passage getrennt ist, lässt durch den Hinweis darauf, dass eine ‚Auskunft' noch übrig sei, erwarten, Kant vollzöge hier nun die Aufhebung des Zirkelverdachts. In diesem Sinne sind die Stelle und die sich daran anschließende Reformulierung des transzendentalen Idealismus auch aufgefasst worden.[100] Unabhängig von der Überprüfung der Stichhaltigkeit einer solchen Annahme soll der erste Satz genauer untersucht werden, denn sein Inhalt ist weniger eindeutig, als es auf den ersten Blick scheint. Ganz grundsätzlich fällt auf, dass Kant hier inhaltlich nur auf den Begriff der Freiheit abhebt – und auf die eigentliche Problematik des Verdachts einer zirkelartigen Argumentation gar keinen Bezug nimmt. Er erwähnt

---

99 Die Variante, dass wir uns ohne jeden Grund als frei denken, klammere ich an dieser Stelle aus, weil sie im Kontext der Argumentation in der dritten Sektion keinen Sinn ergibt.

100 Vgl. z. B. Timmermann (2004, S. 144): „‚Auskunft' bezeichnet die Art und Weise, wie man aus dem Zirkel herauskommt, in heutigem Deutsch: den Ausweg." Kaulbach (1988, S. 131) schreibt: „In dieser Lage [d. h. angesichts eines drohenden Zirkels, H. P.] erwägt Kant in der Absicht, den Zirkel zu überwinden, eine ‚Auskunft'. Er schlägt den schon genannten Ausweg vor [...]". Horn/Mieth/Scarano (2007, S. 281 f.) schreiben in Bezug auf die Passage, die die ‚Auskunft' einführt: „Der Formulierung nach muß es sich bei diesem Passus um eine Gelenkstelle für die Argumentation des Dritten Abschnitts handeln: Während sich Kant selbst den Vorwurf zu machen scheint, bislang zirkulär argumentiert zu haben [...], deutet er jetzt einen letzten möglichen Ausweg aus der Aporie an. Der Ausweg beruht auf der Unterscheidung zweier Standpunkte, die wir als Menschen einnehmen können." Schönecker (1999, S. 255) schreibt: „Unstrittig ist nur, daß die ‚Auskunft' (450.30), die Kant gibt oder auch die ‚Bemerkung' (450.35), die er anstellt, die Auskunft des transzendentalen Idealismus ist." Bei Porcheddu (2013, S. 86) heißt es: „Der Ausweg aus dem Zirkel, von Kant ‚Auskunft' genannt, besteht zentral aus der angekündigten Entwicklung der menschlichen Willensfreiheit aus der theoretisch-epistemischen."

weder den Begriff des sittlichen Gesetzes, noch kommt er auf die im Hinblick auf den Menschen problematische Annahme einer möglichen Analytizität zwischen Freiheit und Sittlichkeit zu sprechen. Das deutet darauf hin, dass diese Passage einen Exkurs einleitet, der bloß in einem weiteren Sinne für die Auflösung des Zirkelverdachts relevant ist, da in ihr ganz direkt schon die Lösung dieses Verdachts enthalten ist. Hinzu kommt, dass der Terminus ‚Auskunft' nicht eindeutig zu interpretieren ist und der gesamte Satz – abhängig von der Betonung – auf unterschiedliche Weise gelesen werden kann.

Die ‚Auskunft' lässt sich entweder weit gefasst als eine aufklärende Mitteilung interpretieren – oder aber im engeren Sinne als ein Ausweg[101] und damit als Lösung eines Problems. Beide Verwendungen lassen sich terminologisch bei Kant belegen. So spricht er z. B. im Kontext der Betrachtung des schlechten Charakters des Gattungswesens Mensch davon, dass hier „keine Auskunft für den Philosophen" (08:18.5 f.) sei, als dessen Geschichte trotz dieses schlechten Charakters so zu denken, dass ihr ein geheimer Plan zugrunde liege (vgl. 08:18). Der *Ausweg* soll hier darin liegen, die Geschichte des Menschen – all seinen Fehlern zum Trotz – in heuristischer Absicht dennoch als einen sinnvoll gesteuerten Prozess aufzufassen. Anders als an dieser Stelle allerdings benutzt Kant den Terminus ‚Auskunft' in der überwiegenden Mehrzahl der Fälle im Sinne der bloßen Mitteilung einer Information.[102] Im ersten Fall wäre die ‚Auskunft' schon mit der Auflösung des Zirkelverdachts identisch oder sehr stark an diese geknüpft. Im zweiten Fall wäre sie – obwohl sie hier wahrscheinlich dazu beitrüge, dass der Zirkelverdacht aufgelöst werden könnte, denn sonst würde Kant ja nicht einleitend auf sie verweisen – nicht mit ihr identisch oder nicht ganz unmittelbar mit einer möglichen Auflösung des Zirkelverdachts verbunden. Auch die unterschiedliche Betonung des unbestimmten Artikels ‚eine' und des Satzsubjekts ‚Auskunft' würde zu einem leicht abweichenden Bedeutungsgehalt des Satzes führen. Man könnte ‚eine *Auskunft*' betonen; damit könnte dann eher die Bedeutung von ‚Auskunft' als ein Ausweg (im Sinne einer Lösung) zutreffen. Oder die Betonung könnte auf ‚*eine* Auskunft' liegen. Damit könnte gemeint sein, dass nach allen Argumenten – als möglicherweise anderen ‚Auskünften' – eben eine sehr wichtige, noch nicht genannte Information übrig bliebe. Diese Deutung deckt sich mit der ersten Bedeutung von Auskunft als bloß aufklärender Mitteilung (die jetzt erfolgende ‚Auskunft' ist eine von mehreren Informationen – aber eine, die bis zum jetzigen Zeitpunkt der Argumentation noch nicht genannt wurde).

Entweder bleibt uns 450.30 – 34 zufolge also noch die Nennung eines Auswegs bzw. einer Lösung des Zirkelverdachts übrig – oder aber die Nennung einer In-

---

101 Vgl. hierzu den Artikel zum Begriff ‚Auskunft' im Grimm'schen Wörterbuch Bd.1, Sp. 899.
102 Vgl. u. a. 04:260, 401, 05:389, 08:242, 244, 09:165, 167.

formation, die als eine unter mehreren möglichen bisher noch nicht erwähnt wurde, aber zur Auflösung des Zirkelverdachts (in einem weiteren Sinne) beitragen soll, indem sie eine notwendige Bedingung dieser Auflösung darstellt. Obwohl die Interpretation von ‚Auskunft' als ‚Ausweg' oder ‚Lösung' in der Literatur am weitesten verbreitet sein mag, ist sie terminologisch weniger plausibel als die Annahme, ‚Auskunft' bedeute nur eine weitere, von Kant bisher nicht vorgestellte Information. Denn zum einen lässt sich die Verwendung von ‚Auskunft' als ‚Ausweg' nur an der einen zitierten Stelle in Kants Werk belegen;[103] zum anderen würde die Bedeutung ‚Auskunft' als ‚Ausweg' oder ‚Lösung' in 450.30 – 34 zusammen mit der Feststellung, dass diese ‚noch übrig bleibe', zu einem inhaltlich eigentümlichen Satz führen. Ich paraphrasiere diese Lesart:

> *Ein Ausweg/eine Lösung bleibt uns aber noch übrig – nämlich zu untersuchen, ob wir nicht einen anderen Standpunkt einnehmen, wenn wir uns als a priori wirkende Ursachen denken.*

Die ‚Auskunft' würde in dieser Paraphrase als Lösung des Zirkelverdachts aufgefasst und müsste entsprechend betont werden – was im Hinblick auf die Formulierung *noch übrig bleiben* merkwürdig wäre. Wenn die hier genannte ‚Auskunft' (als Ausweg) tatsächlich *die Lösung* wäre, ergäbe sich die Frage, warum diese Lösung denn ‚übrig' bliebe: Es wäre eine schwer nachvollziehbare Formulierung für den Hinweis darauf, dass die Lösung eines Problem möglich wäre, wenn man schriebe, dass diese Lösung uns *noch übrig* bliebe. Wenn die ‚Auskunft' tatsächlich die Lösung (und nicht nur eine bedeutende aufklärende Mitteilung unter anderen) darstellte, dann erwartete man z. B. folgende Formulierung:

---

103 Hinzu kommt, dass Kant den Terminus ‚Auskunft' auch an anderer Stelle in der *GMS* verwendet – und auch hier im Sinne der bloßen Mitteilung eines Sachverhalts: „Man könnte mir vorwerfen, als suchte ich hinter dem Worte *Achtung* nur Zuflucht in einem dunkelen Gefühle, anstatt durch einen Begriff der Vernunft in der Frage deutliche *Auskunft* zu geben" (401.17 f., zweite Hervorh. H. P.). Auch an dieser Stelle versteht Kant unter einer ‚Auskunft' keinen Ausweg oder eine Lösung, sondern lediglich eine noch nicht ausreichend klare Information. Timmermann (2010b, S. 133, Hervorh. v. Timmermann) irrt also, wenn er zur vermeintlichen Vermeidung des scheinbaren Missverständnisses, dass ‚Auskunft' eine bloße Information darstelle, schreibt: „This is a paradigm case of how Kant's eighteenth-century German can mislead his modern readers, who naturally assume that he is referring to some piece of information (e.g. *Telephonauskunft* = telephone directory enquiries), not an escape route or remedy. The modern equivalent of *Auskunft* in this sense of the word is *Ausweg*." Letztlich stellt ja der Hinweis auf den transzendentalen Idealismus (also die wiederholte Information über diesen) einen Teilschritt zur Auflösung des Zirkelverdachts dar. Aber dieser Hinweis ist nicht der eigentliche Ausweg, sondern beschreibt nur eine notwendige Bedingung dafür, dass ein Ausweg möglich ist.

> *Ein Ausweg/eine Lösung lässt sich dennoch finden, nämlich zu untersuchen, ob wir nicht einen anderen Standpunkt einnehmen, wenn wir uns als a priori wirkende Ursachen denken.*

Die Betonung ‚*ein* Ausweg' ließe es noch verwirrender werden, dass Kant schreibt, eine solche Lösung bliebe ‚uns noch übrig'. Durch den unbestimmten Artikel würde zusätzlich der Eindruck verstärkt, Kant müsse schon andere mögliche Lösungen diskutiert oder zumindest genannt haben – was aber tatsächlich nicht der Fall ist.

Viel wahrscheinlicher ist also die Annahme, dass die ‚Auskunft' in 450.30 einfach im Sinne der bei Kant wesentlich häufiger anzutreffenden (und auch an anderer Stelle in der *GMS* belegbaren) Bedeutung einer bloß aufklärenden Mitteilung gemeint ist. Man könnte den Gedankengang in 450.30 – 34 im Kontext dann so zusammenfassen:

> *Die bis zu diesem Zeitpunkt der Argumentation vorgestellten Informationen/Argumente sind nicht ausreichend, um den Verdacht eines Zirkels auszuräumen. Die Nennung einer weiteren wichtigen Mitteilung/eines weiteren wichtigen Arguments bleibt uns aber noch übrig; nämlich zu untersuchen, ob wir nicht einen anderen Standpunkt einnehmen, wenn wir uns als a priori wirkende Ursachen denken.*

Der Hinweis auf die beiden möglichen Standpunkte – und damit die Auskunft des transzendentalen Idealismus, die sich als Exkurs an 450.30 – 34 anschließt – stellt also hinsichtlich der Auflösung des Zirkelverdachts nur einen Teilschritt dar, nicht aber die eigentliche Auflösung dieses Verdachts selbst. Die Auskunft des transzendentalen Idealismus nennt eine vorbereitende Bedingung dafür, dass das für diese Auflösung relevante Argument überhaupt denkbar ist. Der Hinweis auf den transzendentalen Idealismus ist also lediglich eine notwendige, aber nicht hinreichende Bedingung für die Auflösung des Zirkelverdachts.[104] Die Analyse der fünften Sektion wird diese Vermutung bestätigen:[105] Notwendig ist der Hinweis, damit dem Menschen das Bewusstsein des Sittengesetzes nicht abgesprochen werden kann.

---

104 In diesem Zusammenhang könnte man die These erwägen, es könnte sich bei diesem Exkurs möglicherweise um einen zu einem späteren Zeitpunkt der Werkentstehung nachträglich eingefügten Einschub handeln, der vorher in dieser Form nicht vorgesehen war. Eine ähnliche Interpretationshypothese liegt bereits in Bezug auf den Abschnitt 421 – 437 der *GMS* vor. Einige Interpreten gehen im Hinblick auf diese Seiten von einem Einschub aus, der zur eigentlichen Argumentation nichts beitrage (vgl. Duncan 1957, S. 167 ff., Freudiger 1993, S. 25; dazu kritisch Schönecker 1999, S. 61 – 67).

105 Anders als in der dritten Sektion lässt Kant in Sektion 5 (vgl. S. 220 – 276) keine Missverständnisse aufkommen, was die argumentative Funktion des transzendentalen Idealismus angeht. Hier wird sehr deutlich, dass dieser lediglich eine notwendige Voraussetzung dafür darstellt, dass sich ein Handlungssubjekt überhaupt als praktisch vernünftiges Wesen denken kann. Diese Theorie ist

450.35–37–451.1–36
Es ist eine Bemerkung, welche anzustellen eben kein subtiles Nachdenken erfordert wird, sondern von der man annehmen kann, daß sie wohl der gemeinste Verstand, obzwar nach seiner Art durch eine dunkele Unterscheidung der Urtheilskraft, die er Gefühl nennt, machen mag: daß alle Vorstellungen, die uns ohne unsere Willkür kommen (wie die der Sinne), uns die Gegenstände nicht anders zu erkennen geben, als sie uns afficiren, wobei, was sie an sich sein mögen, uns unbekannt bleibt, mithin daß, was diese Art Vorstellungen betrifft, wir dadurch auch bei der angestrengtesten Aufmerksamkeit und Deutlichkeit, die der Verstand nur immer hinzufügen mag, doch bloß zur Erkenntniß der *Erscheinungen*, niemals der *Dinge an sich selbst* gelangen können. Sobald dieser Unterschied (allenfalls bloß durch die bemerkte Verschiedenheit zwischen den Vorstellungen, die uns anders woher gegeben werden, und dabei wir leidend sind, von denen, die wir lediglich aus uns selbst hervorbringen, und dabei wir unsere Thätigkeit beweisen) einmal gemacht ist, so folgt von selbst, daß man hinter den Erscheinungen doch noch etwas anderes, was nicht Erscheinung ist, nämlich die Dinge an sich, einräumen und annehmen müsse, ob wir gleich uns von selbst bescheiden, daß, da sie uns niemals bekannt werden können, sondern immer nur, wie sie uns afficiren, wir ihnen nicht näher treten und, was sie an sich sind, niemals wissen können. Dieses muß eine, obzwar rohe, Unterscheidung einer *Sinnenwelt* von der *Verstandeswelt* abgeben, davon die erstere nach Verschiedenheit der Sinnlichkeit in mancherlei Weltbeschauern auch sehr verschieden sein kann, indessen die zweite, die ihr zum Grunde liegt, immer dieselbe bleibt. Sogar sich selbst und zwar nach der Kenntniß, die der Mensch durch innere Empfindung von sich hat, darf er sich nicht anmaßen zu erkennen, wie er an sich selbst sei. Denn da er doch sich selbst nicht gleichsam schafft und seinen Begriff nicht *a priori*, sondern empirisch bekommt, so ist natürlich, daß er auch von sich durch den innern Sinn und folglich nur durch die Erscheinung seiner Natur und die Art, wie sein Bewußtsein afficirt wird, Kundschaft einziehen könne, indessen er doch nothwendiger Weise über diese aus lauter Erscheinungen zusammengesetzte Beschaffenheit seines eigenen Subjects noch etwas anderes zum Grunde Liegendes, nämlich sein Ich, so wie es an sich selbst beschaffen sein mag, annehmen und sich also in Absicht auf die bloße Wahrnehmung und Empfänglichkeit der Empfindungen zur *Sinnenwelt*, in Ansehung dessen aber, was in ihm reine Thätigkeit sein mag, (dessen, was gar nicht durch Afficirung der Sinne, sondern unmittelbar zum Bewußtsein gelangt) sich zur *intellectuellen Welt* zählen muß, die er doch nicht weiter kennt.

Dieser Abschnitt, der eine allgemeinverständliche Formulierung[106] von Kants Zwei-Welten-Lehre der ersten *Kritik* enthält, beinhaltet – anders als fast durchweg

notwendig, insofern dem Menschen nicht das Bewusstsein des Sittengesetzes abgesprochen werden soll. Durch die Sicherung der Denkmöglichkeit der Freiheit schafft die spekulative Philosophie der praktischen Philosophie und dem in ihr thematisierten vernünftigen Selbstverständnis des Menschen „freie Bahn" (456.28). Klemme (2014, S. 82f.) fasst unter Bezugnahme auf Puls (2011, S. 551) treffend zusammen: „Die Auflösung der dritten Antinomie fungiert nicht als Voraussetzung der durch die Vernunftideen erzwungenen Unterscheidung zwischen Verstandes- und Sinnenwelt, sondern wird erst nachträglich in der Absicht ihrer Absicherung in Sektion 5 eingeführt."

106 In der Regel wird dieser Abschnitt von den Kommentatoren als eine unproblematische Zusammenfassung (vgl. beispielhaft die Einschätzung von Berger 2015, S. 60) von Kants berühmter Unterscheidung zwischen Ding an sich und Erscheinung betrachtet. Eine Ausnahme stellt jüngst angenommen – ein Problem terminologischer Natur, das sich auch in der Passage findet, die sich mit der Lösung des Zirkelverdachts beschäftigt. Es besteht in der grundsätzlichen Unbestimmtheit, ob Kant hier mit dem sinnlich-passiven Aspekt des Menschen und mit dem nichtsinnlich-aktiven Aspekt jeweils den Menschen als handelndes oder als erkennendes Wesen im Blick hat, ob er also den Gegensatz zwischen der Welt der Erscheinungen und der Dinge an sich im Hinblick auf die *praktische* oder auf die *theoretische* Vernunft thematisiert. Die Literatur geht fast durchweg davon aus, dass Kant schon an dieser Stelle die Vernunft in theoretischer Perspektive im Sinn habe – ähnlich wie es ihm bei seinem Rekurs auf die Vernunft als ein Vermögen, wodurch der Mensch sich von allen anderen Dingen unterscheidet (vgl. 452.7–9), fast immer unterstellt wird[107]. Die ‚bloße Wahrnehmung und Empfänglichkeit der Empfindungen' sowie deren Gegensatz, die ‚reine Tätigkeit', als das, was ‚gar nicht durch Affizierung der Sinne, sondern unmittelbar zum Bewusstsein gelangt' und weswegen sich das Subjekt letztlich als zur ‚intellektuellen Welt' gehörig begreifen muss, wird fast immer als Bezug auf ein reines theoretisches Vernunftvermögen betrachtet.[108] Durch diese Bindung der Distinktion zwischen der Welt der Erscheinungen und der Dinge an sich an eine Rezeptivität bzw. Aktivität des Menschen findet dann in der Regel schon eine Vorentscheidung hinsichtlich der Beantwortung der Frage statt, auf welche Form von Vernunft sich Kant bei der Auflösung des Zirkelverdachts beziehe. Für eine solche Deutung gibt es terminologisch zahlreiche Indizien, die sich zu einem stimmigen Gesamtbild fügen lassen. Allerdings lässt sich jeder Begriff, den Kant in diesem Zusammenhang anführt (z. B. ‚Tätigkeit' – im Gegensatz zur bloßen ‚Rezeptivität' –, ‚Empfindung', ‚Verstandeswelt', ‚intellektuelle Welt' etc.), auch ebenso gut in seiner praktischen Philosophie verorten; zumal Kant an zentraler

die Interpretation von Baum (2014, S. 217–222) dar, der in dieser Passage eine misslungene „Popularversion" oder gar „Kinderversion" (Baum 2014, S. 217) der kantischen Unterscheidung zwischen Erscheinungen und Dingen an sich selbst sieht, die Kant in dieser Form weder in der ersten *Kritik* noch in späteren Schriften vertreten habe. Auf jene Kritik kann ich an dieser Stelle nicht weiter eingehen.

107 Die umfangreichste Interpretation in einem solchen Sinne stammt von Schönecker (1999, S. 255–295). Vgl. z. B. auch Henrich (1975, S. 68ff.), Quarfood (2006, S. 297–300), Allison (2011, S. 316–330), Porcheddu (2013, S. 86–96).

108 Ich kann in diesem Zusammenhang nur summarisch auf derartige Interpretationen verweisen, ohne auf Einzelaspekte dieser Deutungen genauer Bezug zu nehmen. Grundsätzlich behaupte ich auch nicht, dass eine solche Identifikation der von Kant hier angesprochenen noumenalen Sphäre mit einer Form der theoretischen Selbsttätigkeit terminologisch unplausibel wäre. Meine einzige Behauptung besteht darin, dass Kants Überlegungen genauso gut auf den Menschen als ein mit praktischer Vernunft ausgezeichnetes Wesen bezogen werden können, was in der Literatur fast gar keine Beachtung gefunden hat.

Stelle auf den Begriff der ‚Willkür' verweist, welcher eindeutig in den praktischen Vernunftkontext gehört.

Zunächst ist auffällig, dass Kant auch dem ‚gemeinsten Verstand' (450.37) die Einsicht in die transzendentale Unterscheidung zwischen den Dingen an sich und den Erscheinungen unterstellt[109]. Die ‚Auskunft', d.h. der Hinweis auf die Ergebnisse des transzendentalen Idealismus, wird von ihm an dieser Stelle als eine ‚Bemerkung'[110] verstanden, die ‚kein subtiles Nachdenken' erfordere, sondern als eine immer schon vage gefühlte und angenommene Einsicht bei jedem Menschen vorausgesetzt werden könne. Der sich daran anschließende Satz ist mit einer großen Schwierigkeit belastet. Kant stellt hier fest, „daß alle Vorstellungen, die uns *ohne unsere Willkür* kommen (wie die der Sinne), uns die Gegenstände nicht anders zu erkennen geben, als sie uns afficiren, wobei, was sie an sich sein mögen, uns unbekannt bleibt" (451.1–4, Hervorh. H. P.). An dieser Stelle liegt die Annahme nahe, dass sich Kant auf das menschliche Begehrungsvermögen bezieht. Denn zum einen hat er ja den Hinweis auf die Ergebnisse des transzendentalen Idealismus durch die rhetorische Frage eingeleitet, ob „wir, wenn wir uns durch Freiheit als a priori *wirkende Ursachen* denken, nicht einen anderen Standpunkt einnehmen" (450.30–32, Hervorh. H. P.), und damit die Denkbarkeit einer freien menschlichen *Handlung* thematisiert; zum anderen spricht er an dieser Stelle explizit von ‚unserer' – d.h. von der menschlichen – Willkür. Diese terminologische Verwendungsweise und der Gebrauch des Personalpronomens legen nahe, dass Kant sich tatsächlich auf das *praktische Vermögen* der Willkür bezieht.[111] Ein solcher Bezug ist auch deshalb wahrscheinlich, weil Kant in der Auflösung der dritten Antinomie, in der er ebenfalls die Unterscheidung zwischen den Dingen an sich und den Erscheinungen hervorhebt, dem Begriff der Willkür große Aufmerksamkeit schenkt (vgl. A 533f./B 561f.). Das Verhältnis zwischen ‚Vorstellungen' des Subjekts und der ‚Willkür' tritt in vielen Schriften Kants zutage. So heißt es etwa in der *Metaphysik der Sitten*:

---

109 Für eine Kritik an dieser Ausdrucksweise und eine damit möglicherweise verbundene sachliche Differenz der ersten *Kritik* vgl. Baum (2014, S. 216–222).

110 Auch der Terminus ‚Bemerkung' deutet eher darauf hin, dass es sich bei der ‚Auskunft' noch nicht um einen Ausweg aus dem Zirkelverdacht und damit um eine Lösung des Zirkelverdachts handelt, sondern eben eher um die Mitteilung einer Information. ‚Bemerkung' lässt sich auch als ‚Beobachtung eines bestimmten Sachverhalts' übersetzen (vgl. den Artikel zum Begriff ‚Bemerkung' im Grimm'schen Wörterbuch Bd. 1, Sp. 1461) und kommt damit eher der ‚Auskunft' als einem Ausweg nahe.

111 Der Begriff ‚Willkür' begegnet in der *GMS* neben dem jetzt behandelten Abschnitt nur noch an einer weiteren Stelle und hier in einer nicht terminologischen Verwendungsweise, sondern im Sinne eines bloß zufälligen Verhaltens (vgl. 428.24).

> Begehrungsvermögen ist das Vermögen durch seine Vorstellungen Ursache der Gegenstände dieser Vorstellungen zu sein. Das Vermögen eines Wesens, seinen Vorstellungen gemäß zu handeln, heißt das Leben (06:211.6 – 9).

Und kurz danach im selben Zusammenhang:

> Das Begehrungsvermögen nach Begriffen, sofern der Bestimmungsgrund desselben zur Handlung in ihm selbst, nicht in dem Objecte angetroffen wird, heißt ein Vermögen nach Belieben zu thun oder zu lassen. Sofern es mit dem Bewußtsein des Vermögens seiner Handlung zur Hervorbringung des Objects verbunden ist, heißt es Willkür [...] (06:213.14 – 18).

Durch bestimmte *Vorstellungen*, die der Mensch hat, kann er Ursache der Gegenstände sein; und insofern er dabei über die Freiheit verfügt, dies zu tun oder zu lassen, er also von der Sinnlichkeit zwar beeinflusst, aber nicht gezwungen wird, macht der Mensch von seinem Vermögen der Willkür Gebrauch. Im Umkehrschluss sind auch Vorstellungen denkbar, die nicht auf einer solchen quasi von der Willkür frei einbezogenen Inklination beruhen, sondern bei denen man von sinnlichen Antrieben überwältigt wird und eine bestimmte Vorstellung des Menschen direktes Resultat des Objekts als eines alleinigen Bestimmungsgrundes ist. Auf diese Differenz scheint Kant in 451.1 – 4 abzuheben: Es gibt Vorstellungen, die uns direkt von der Sinnlichkeit diktiert werden und bei denen die Willkürfreiheit in gewisser Weise umgangen bzw. überwältigt wird[112]. Diese von der Sinnlichkeit quasi erzwungenen Vorstellungen ‚kommen uns ohne unsere Willkür'. Problematisch ist dann allerdings die folgende Formulierung, nach der uns diese Vorstellungen „die Gegenstände nicht anders zu erkennen geben als sie uns afficiren, wobei, was sie an sich sein mögen, uns unbekannt bleibt" (451.3 f.). Diese Aussage ist im Kontext des einleitenden Hinweises auf die Notwendigkeit, den Menschen als eine frei denkende Ursache zu begreifen, und durch die Erwähnung des Ausdrucks ‚unsere Willkür' verwirrend. Denn nun wird der Eindruck erweckt, es ginge in diesem Abschnitt gar nicht um die ‚Vorstellungen' als Intentionen im Kontext des menschlichen Begehrungsvermögens, der ‚Willkür' (451.2), sondern um die subjektive Perzeption im Sinne einer Empfindung, die zu einer *Erkenntnis* führen kann. Dieser Eindruck wird durch den Fortgang des Textes scheinbar erhärtet, denn Kant schreibt nun, dass wir „auch bei der angestrengtesten Auf-

112 In diesem Sinne heißt es z. B. in 27:493.16 – 494.1 – 4: „Die Neigung, der sinnliche Antrieb, die causa impulsiva nach Naturgesetzen dagegen bestimmt nur die Handlung, die geschieht, bey der ersteren liegt also der Bestimmungsgrund in Verstand und Vernunft, in dem Subject selbst, und nicht in äußeren Ursachen, und deshalb ist die Handlung auch Selbstthätigkeit (Spontaneität) oder auf das Vermögen des Menschen, sich selbst durch die Vernunft zu bestimmen, gegründet. Der stimulus dagegen afficirt den Menschen so, daß er dessen Eindruck und Reiz nicht vermeiden [...] kann".

merksamkeit und Deutlichkeit, die der Verstand nur immer hinzufügen mag, doch bloß zur Erkenntniß der Erscheinungen, niemals der Dinge an sich selbst gelangen können" (451.5–8). Erstens scheint es hier also um die Differenz zwischen den bloß sinnlichen, unwillkürlichen Vorstellungen in Form einer Materie der Anschauung einerseits und der Selbsttätigkeit des Verstandes in Form einer Synthesis andererseits zu gehen. Zweitens scheint an dieser Stelle aber auch die ganz grundsätzliche Unerkennbarkeit der Dinge an sich im Fokus zu sein. Die Affiziertheit durch ‚Gegenstände' verweist uns in besonders starkem Maße auf die Erscheinungshaftigkeit dieser ‚Gegenstände' – und auch das Hinzutreten des Verstandes ändert an diesem Befund letztlich nichts.

Obwohl Kant scheinbar erst später auf die grundsätzliche Unerkennbarkeit des Menschen als Ding an sich zu sprechen kommt, liegt die große Schwierigkeit von 451.1–3[113] in der möglichen Lesart, den Ausdruck ‚Gegenstände' so zu begreifen, als sei hier auch schon der Mensch als ein unerkennbares Ding an sich mitgedacht. Auch der Mensch ist sich selbst, wie Kant später explizit feststellt (vgl. 451.21–23), durch innere Empfindung immer nur als ein empirisches Objekt zugänglich. Dies lässt die Lesart zu, es gehe in 451.1–8 gar nicht bloß um die *grundsätzliche erkenntnistheoretische Feststellung*, dass wir durch Vorstellungsinhalte in Form bloß sinnlich wahrgenommener Empfindungen – und selbst durch Verstandeserkenntnis – nicht die Dinge an sich erkennen können. Vielmehr gehe es darum, dass wir *uns selbst* nur anhand durch Sinnlichkeit erzeugter Vorstellungen (in Form von bloß sinnlichen Begehrungen) und nicht in unserer noumenalen Ursächlichkeit begreifen können. Alle ‚Vorstellungen', die uns „ohne unsere Willkür kommen" (452.2) (also alle direkten, durch Inklinationen der Sinnlichkeit bedingten ‚Vorstellungen'), führen dazu, dass wir uns immer nur als einen durch Selbstaffizierung wahrgenommenen ‚Gegenstand' der Erfahrungswelt begreifen. Auch wenn Verstand und Vernunft hinzutreten und wir vielleicht

113 In der Literatur wird der genaue Wortlaut dieser Passage meist nicht weiter problematisiert und in der Regel pauschal als Hinweis auf den transzendentalen Idealismus schnell übergangen. Der Abschnitt, der feststellt, dass uns die Vorstellungen, die uns ‚ohne unsere Willkür' kommen, Gegenstände nicht anders als durch ‚Affizierung' erkennen lassen, wurde – soweit ich das richtig überblicke – bisher nie problematisiert. Dies ist (unabhängig davon, zu welchem Interpretationsergebnis man im Hinblick auf den Abschnitt als Ganzem gelangt) erstaunlich, weil es meines Wissens keine terminologische Verwendung des Begriffs ‚Willkür' im Kontext von Kants Erkenntnistheorie gibt. Man könnte den Passus ‚Vorstellungen ohne unsere Willkür' vielleicht als *unwillkürliche Vorstellungen* in Kants Erkenntnistheorie auffassen. In diesem Sinne übersetzt auch die Cambridge-Ausgabe der Schriften Kants ‚ohne Willkür' in 451.2 als „involuntarily" (vgl. „Groundwork of the Metaphysics of Morals" in *Practical* Philosophy, übers. und hg. von Mary J. Gregor 1996, S. 98).

sogar vernünftig handeln, können wir uns selbst immer nur als Erscheinung wahrnehmen.

Eine solche Interpretation ist zugegeben problematisch. Die Formulierung, dass uns ‚alle Vorstellungen, die uns ohne unsere Willkür kommen, die Gegenstände (und damit auch uns selbst als einen dieser Gegenstände) nicht anders zu erkennen geben als sie uns affizieren', könnte doch darauf verweisen, dass es an dieser Stelle um eine allgemeine Feststellung gehe, nach der uns Vorstellungen *die Gegenstände* allgemein (und nicht wir uns selbst im Speziellen) nicht anders zu erkennen geben als über unser Affiziertsein durch diese Gegenstände der Sinne. Möglicherweise steht an dieser Stelle also doch nicht ein Subjekt und dessen eigene (praktische) Nichterkennbarkeit seiner selbst im Mittelpunkt. Auch die sich anschließende Passage schafft keine Eindeutigkeit. Die „bemerkte Verschiedenheit zwischen den Vorstellungen, die uns anders woher gegeben werden, und dabei wir leidend sind, von denen, die wir lediglich aus uns selbst hervorbringen, und dabei wir unsere Thätigkeit beweisen" (451.9–12), lässt keinen konkreten Rückschluss darauf zu, ob Kant hier von Vorstellungen als bloß sinnlichen Wahrnehmungen spricht – im Gegensatz zu Vorstellungen, die durch die Tätigkeit des Verstandes zu Erkenntnissen verknüpft sind. Es könnten auch bloß sinnliche *Begehrungen* im Gegensatz zu zurechenbaren Handlungsintentionen gemeint sein, durch die wir beweisen, dass wir mit praktisch tätiger Vernunft ausgestattet sind. Der Begriff ‚unsere Tätigkeit' könnte wieder allein an unsere Verstandestätigkeit denken lassen; allerdings sieht Kant in der *GMS* auch die praktische Vernunft durch ‚Tätigkeit' ausgezeichnet. So spricht er z. B. davon, dass ich zwar zum „Objecte als Wirkung meiner vorhabenden Handlung [...] Neigung [...] haben [kann], aber niemals Achtung, eben darum weil sie bloß eine Wirkung und nicht *Thätigkeit* eines Willens ist" (400.19 f., Hervorh. H. P.) oder davon, dass man Freiheit „als zur *Thätigkeit* vernünftiger und mit einem *Willen begabter* Wesen überhaupt gehörig beweisen [müsse]" (448.3 f., Hervorh. H. P.). Kant folgert aus der vom Menschen ‚bemerkten' Verschiedenheit der Vorstellungen, dass „man hinter den Erscheinungen doch noch etwas anderes, was nicht Erscheinung ist, nämlich die Dinge an sich, einräumen und annehmen müsse" (451.12–15) und dass dies eine ‚rohe' Unterscheidung zwischen der Sinnes- und der Verstandeswelt nahelege. Wie sich schon unterschwellig angedeutet hat, gilt diese grundsätzliche Differenz zwischen dem Charakter eines Gegenstandes als Erscheinung und als Ding an sich auch für den Menschen: „Sogar sich selbst und zwar nach der Kenntniß, die der Mensch durch innere Empfindung von sich hat, darf er sich nicht anmaßen zu erkennen, wie er an sich selbst sei" (451.21–23). Der Begriff der ‚inneren Empfindung' ist hier zentral, da er weitere Rückschlüsse darauf zulässt, in welcher Perspektive der Mensch an dieser Stelle betrachtet wird. Kant verwendet den Begriff ‚innere Empfindung' an mehreren Stellen im Kontext von

Überlegungen zwischen Lust und Unlust ganz allgemein und im Kontext von Überlegungen zu einem vernunftgewirkten Gefühl[114]: Die innere Empfindung liegt in Lust- oder Unlusterlebnissen des Subjekts, die durch sein unbeabsichtigtes Affiziertsein von sinnlichen Gegenständen hervorgerufen werden. Der Mensch kann sich also durch die Tatsache seines bloßen sinnlichen Affiziertseins des Begehrungsvermögens nicht anmaßen, zu erkennen, wie er als Ding an sich selbst betrachtet sei. Eine solche Interpretation passt sehr gut zu Kants rhetorischer Eingangsfrage, ob wir, ‚wenn wir uns durch Freiheit als a priori wirkende Ursachen denken, nicht einen anderen Standpunkt einnehmen', weil dadurch auch ein praktischer Kontext konnotiert wird. Dieser Standpunkt, aus dem heraus wir uns als frei betrachten, wäre derjenige einer Freiheit von solchen sinnlichen Affizierungen – nämlich ein solcher, aus dem heraus sich der Mensch als ein mit praktischer Vernunft begabtes, selbsttätiges Wesen denken kann. Des Weiteren lässt sich durch eine solche Interpretation der ‚inneren Empfindung' auch der Terminus ‚unsere Willkür' in 451.2 besser in den Zusammenhang integrieren. Man könnte diesen vielleicht folgendermaßen fassen: Der Mensch kann als ein sinnlich affizierbares Wesen immer nur die Erscheinungen, nie die Dinge an sich erkennen, und auch sich selbst ist er immer nur als eine Erscheinung zugänglich. Dies zeigt sich besonders deutlich an Vorstellungen, die uns ‚ohne unsere Willkür' kommen, d. h. in Form von Lust- und Unlustempfindungen, die dadurch zustande kommen, dass unser Begehrungsvermögen unbeabsichtigt von Gegenständen affiziert wird. Durch diese innere Empfindung unserer selbst können wir uns nicht anmaßen, zu erkennen, wer wir als ein Wesen mit Begehrungsvermögen und damit als ein handelndes Wesen an sich selbst sind.

Dass der Mensch sich nicht „schafft", sondern den Begriff von sich selbst „nicht a priori, sondern empirisch bekommt" (451.24 f.), lässt sich noch gut mit der theoretischen und der praktischen Charakterisierung des Menschen vereinbaren. Sowohl im Begehren und Handeln als auch im Erkennen kann sich der Mensch nur als ein empirisch bedingtes Subjekt wahrnehmen. Etwas erläuterungsbedürftiger ist der Satzteil, nach dem der Mensch nur durch seinen „innern Sinn und folglich

---

114 Vgl. 19:298.10 – 19 (zweite Hervorh. H. P.): „Die Ursache, weswegen man das *principium* der moralischen Beurtheilung im Gefühl setzt, ist, weil lust oder unlust nicht erkentnisse seyn und, wenn etwas vorgestellt wird als angenehm, dieses keine Beschaffenheit am gegenstande, sondern relation auf unsere *innere Empfindung* bedeutet. Allein unser Urtheil über das moralisch gefallende ist auch nicht, daß es angenehm sey (denn es ist die bloße gesinnung), sondern daß es Gut sey; und hier ist freylich ein Verheltnis aufs Gefühl der Lust, aber nicht unmittelbar, sondern das Verhaltnis auf die Lust überhaupt nach regeln, deren Beurtheilung nicht den Sinnen, sondern dem Verstande Zukommt." Die ‚innere Empfindung' besteht dieser Stelle zufolge (vgl. auch 02:18 u. 15:93) also in einer Lust- oder Unlustempfindung des Subjekts, auf das Gegenstände einwirken.

nur durch die Erscheinung seiner Natur und die Art, wie sein Bewußtsein afficirt wird, Kundschaft einziehen“ (451.26 f.) kann. Der Bezug auf den inneren Sinn könnte wieder stark auf Kants theoretische Philosophie verweisen, da uns der innere Sinn in der ersten *Kritik* und in anderen Schriften im Zusammenhang mit der theoretischen Vernunft begegnet. Allerdings findet sich der Begriff eines inneren Sinns auch in moralphilosophischen Überlegungen Kants, u. a. in folgendem Kontext:

> Die Wirklichkeit der Freyheit könen wir nicht aus der Erfahrung schließen. Aber wir haben doch nur einen Begrif von ihr durch unser intellectuelles inneres Anschauen (nicht den innern Sinn) unsrer Thatigkeit, welche durch *motiva intellectualia* bewegt werden kan, und wodurch practische Gesetze und regeln des Guten Willens selbst in ansehung unsrer möglich sind (17:509.26–29–510.1 f., Reflexion 4336).

Der ‚innere Sinn‘ lässt uns dieser Reflexion zufolge *nicht* zu einem Begriff der Wirklichkeit der Freiheit gelangen[115], weil auch er sich nur auf die Erfahrungswelt bezieht – eben in der vielleicht auch in 451.27 f. angesprochenen Weise, nach der der Mensch durch den inneren Sinn nur im Hinblick auf seinen Charakter als Erscheinung Kenntnis gewinnen kann. Allein ein vom inneren Sinn abzugrenzendes ‚intellektuelles Anschauen unserer Tätigkeit‘ lässt uns laut Kant einen Begriff der Wirklichkeit der Freiheit erreichen. Auffällig ist, dass Kant auch in diesem Abschnitt den Begriff ‚Tätigkeit‘ verwendet, der hier – ähnlich wie wohl auch in 451.11 – auf eine intrinsische Vernunfttätigkeit abhebt, die Grundlage der praktischen Gesetze ist. Das *intellektuelle eigene Anschauen* unserer Tätigkeit als praktische Vernunft führt uns zu der Überzeugung der Wirklichkeit der Freiheit. Der innere Sinn hingegen, so darf man an dieser Stelle schließen, verweist immer nur auf den empirischen Charakter unserer selbst als wirkende Ursachen. Im Anschluss an diesen Hinweis auf den inneren Sinn wiederholt Kant noch einmal mit anderen Worten die Feststellung, dass der Mensch notwendigerweise (weil er auf eine bestimmte, dunkle Weise die Differenz zwischen seinem empirischen und seinem noumenalen Charakter ahnt) über diese aus „lauter Erscheinungen zusammengesetzte Beschaffenheit seines eigenen Subjects noch etwas anderes zum Grunde Liegendes, nämlich sein Ich, so wie es an sich selbst beschaffen sein mag, annehmen“ (451.28–31) müsse. Im Hinblick auf die „bloße Wahrnehmung und Empfänglichkeit der Empfindungen“ (451.32) müsse der Mensch sich zur Sinnenwelt zählen; hinsichtlich dessen, „was in ihm reine Thätigkeit sein mag“ (451.33 f.), also „dessen, was gar nicht durch Afficirung der Sinne, sondern un-

115 Vgl. hierzu auch 05:23.

mittelbar zum Bewußtsein gelangt"[116] (451.34 f.), aber als zur „intellectuellen Welt" (451.35) gehörig betrachten. Zu einer ‚Wahrnehmung und Empfänglichkeit der Empfindungen' finden sich in Kants praktischer Philosophie zahlreiche Überlegungen. In der *GMS* definiert er den Terminus ‚Empfindung' im Zusammenhang mit der ‚Neigung' des Menschen folgendermaßen: „Die Abhängigkeit des Begehrungsvermögens von Empfindungen heißt Neigung [...]" (413.26). Die ‚Unabhängigkeit der Vernunft von bloß subjektiv bestimmenden Ursachen' besteht in einer Unabhängigkeit von sinnlichen Inklinationen des Begehrungsvermögens, einer grundsätzlichen Unabhängigkeit von der ‚Empfindung' (vgl. 457.8). Das menschliche Begehrungsvermögen ist also trotz seiner grundsätzlichen Freiheit (der Freiheit der Willkür) ‚abhängig' von den unwillkürlich auf dieses einwirkenden Empfindungen. In diesem Sinne gibt es dann auch Vorstellungen, die gewissermaßen ‚ohne unsere Willkür entstehen' – also all jene Affizierungen, die ungefiltert auf das Begehrungsvermögen einwirken. Der Mensch erfährt sich dadurch in besonders signifikanter Weise als ein neigungsaffiziertes Wesen der Sinnenwelt. Im Hinblick auf diese – den sinnlichen Affektionen des Begehrungsvermögens entgegengesetzte – ‚Tätigkeit' unserer selbst (vgl. dazu nochmals 17:509 f.) als durch reine praktische Vernunft tätige Wesen darf er sich als ein zur ‚intellektuellen Welt' gehöriges Wesen denken. Der Begriff ‚intellektuelle Welt', der bei Kant sehr selten Verwendung findet, wird in einigen Reflexionen auf eine moralische Welt bezogen. So heißt es z. B. in Reflexion 6850 (19:178.28 – 30): „Der auf kein objekt eingeschränkte, mithin reine wille muß zuerst sich selbst nicht wiederstreiten, und die freyheit als die dynamische Bedingung der intellectuellen welt und ihres *commercii* muß Einheit haben." Oder in Reflexion 1171 (15:518.13 – 15): „Das moralische Gefühl kan nur durch das Bild von einer welt voll Ordnung in Bewegung gesetzt werden, wenn wir uns in Gedanken in dergleichen Welt versetzen. Dieses ist die intellectuelle Welt [...]". Zu dieser ‚intellektuellen Welt', deren dynamische Bedingung die menschliche Freiheit ist, darf der Mensch sich also angesichts dessen, was in ihm reine praktische Vernunfttätigkeit ist, zählen.[117]

---

116 Der Begriff ‚Unmittelbarkeit' der Einsicht in die Geltung des Sittengesetzes findet sich nicht erst in der *KpV*, sondern auch schon in der *GMS* an mehreren Stellen (vgl. 401 FN, 420 FN, 457.35).

117 Die hier vorgelegte Skizze einer Interpretation von 451.1 – 36 fordert m. E. Widerspruch heraus. Man kann den gesamten Abschnitt mit ähnlich guten Gründen und passenden terminologischen Befunden (auf diese detaillierter hinzuweisen habe ich an dieser Stelle absichtlich unterlassen) auch als einen Bezug auf die Selbsttätigkeit der theoretischen Vernunft sehen. Allerdings ist eine solche Deutung, auch wenn sie terminologisch plausibel ist, voraussetzungsreicher als die von mir vorgeschlagene. Zum einen muss dafür schon hier ein von Kant weder erwähnter noch auch nur implizit vollzogener Übergang von der theoretischen Philosophie zur praktischen angenommen werden. Kants Frage, ob wir nicht einen anderen Standpunkt einnehmen, wenn wir den Menschen als eine a priori wirkende Ursache denken, verweist nämlich nicht auf einen Schluss von der theoretischen Sponta-

451.37–452.1–6
Dergleichen Schluß muß der nachdenkende Mensch von allen Dingen, die ihm vorkommen mögen, fällen; vermuthlich ist er auch im gemeinsten Verstande anzutreffen, der, wie bekannt, sehr geneigt ist, hinter den Gegenständen der Sinne noch immer etwas Unsichtbares, für sich selbst Thätiges zu erwarten, es aber wiederum dadurch verdirbt, daß er dieses Unsichtbare sich bald wiederum versinnlicht, d.i. zum Gegenstande der Anschauung machen will, und dadurch also nicht um einen Grad klüger wird.

Dieser Abschnitt wiederholt lediglich abschließend Kants Eingangsbemerkung, nach der die Unterscheidung zwischen den Dingen an sich und den Erscheinungen auch im ‚gemeinsten Verstande' angetroffen werden kann und diese Unterscheidung sowohl für die Erkenntnis des eigenen Selbst als auch für alle Gegenstände, die ihm ‚vorkommen mögen', gilt. Zudem betont Kant noch einmal, dass man ‚hinter den Gegenständen der Sinne' etwas ‚für sich selbst Tätiges' erwarten dürfe – was mit Blick auf die Gegenstände der Erfahrungswelt, ganz allgemein gesprochen, eine eigenartige Feststellung darstellt: Etwas ‚Tätiges' lässt sich lediglich ‚hinter' *uns selbst* (als Erscheinung betrachtet) erwarten – und nicht grundsätzlich hinter allen Gegenständen der Erfahrung. Zwar können wir bei keinem Gegenstand erkennen, wie dieser – als Ding an sich selbst betrachtet – beschaffen ist; aber man kann nicht sagen, dass jedes Ding an sich selbst betrachtet etwas *Tätiges* darstellt. Dies trifft nur auf uns selbst als vernünftiges Wesen zu, das handelt (oder erkennt). Es lässt sich vermuten, dass hinter unserem Charakter als in der empirischen Welt handelndes (oder erkennendes) Wesen auch noch eine reine Tätigkeit der Vernunft angenommen werden muss, die nicht auf die Sinnlichkeit zurückführbar ist. Der Mensch neigt dazu, so Kant, diese Einsicht zu ‚verderben', indem er versucht, sich jene Eigenschaft des handelnden Wesens als Ding an sich zu versinnlichen und meint, über den bloßen unbestimmten Gedanken dieser noumenalen Sphäre hinaus anschauungsbezogene Erkenntnis darüber gewinnen zu können.[118]

neität auf die praktische, sondern fragt explizit danach, ob wir einen anderen Standpunkt einnehmen, wenn wir uns als ein Wesen mit praktischer Vernunft denken. Es wäre äußerst merkwürdig, wenn Kant zur Legitimation dieser praktischen Noumenalität auf die Spontaneität im Denken und Erkennen verwiese. Zum anderen ist eine solche Interpretation mit dem Problem konfrontiert, dass Kant an dieser Stelle den Terminus ‚Willkür' gebraucht, der zumindest in einer terminologischen Verwendungsweise, die man an dieser Stelle durch das Pronomen ‚unsere' annehmen darf, eher auf einen praktischen Kontext verweist.

118 Eine unkompliziertere Wiederholung des Hinweises auf die Ergebnisse des transzendentalen Idealismus findet sich in 456.12–33. Kant bezieht sich an dieser Stelle, ähnlich wie in der Auflösung der dritten Antinomie, direkt auf die Denknotwendigkeit eines noumenalen Charakters des Menschen als a priori wirkendes Wesen und verzichtet auf die Vermischung dieses spezifi-

452.7–21
Nun findet der Mensch in sich wirklich ein Vermögen, dadurch er sich von allen andern Dingen, ja von sich selbst, so fern er durch Gegenstände afficirt wird, unterscheidet, und das ist die *Vernunft*. Diese, als reine Selbstthätigkeit, ist sogar darin noch über den Verstand erhoben: daß, obgleich dieser auch Selbstthätigkeit ist und nicht wie der Sinn bloß Vorstellungen enthält, die nur entspringen, wenn man von Dingen affiziert (mithin leidend) ist, er dennoch aus seiner Thätigkeit keine andere Begriffe hervorbringen kann als die, so bloß dazu dienen, um die *sinnlichen Vorstellungen unter Regeln zu bringen* und sie dadurch in einem Bewußtsein zu vereinigen, ohne welchen Gebrauch der Sinnlichkeit er gar nichts denken würde, da hingegen die Vernunft unter dem Namen der Ideen eine so reine Spontaneität zeigt, daß sie dadurch weit über alles, was ihr Sinnlichkeit nur liefern kann, hinausgeht und ihr vornehmstes Geschäfte darin beweiset, Sinnenwelt und Verstandeswelt von einander zu unterscheiden, dadurch aber dem Verstande selbst seine Schranken vorzuzeichnen.

Mit der Feststellung, dass der Mensch ‚wirklich' ein Vermögen in sich finde, durch das er sich von allen anderen Gegenständen und von sich selbst als einem bloß sinnlichen Wesen unterscheide, leitet Kant die Lösung des Zirkelverdachts ein. Wieder fällt der eigenartige Bezug auf ‚alle anderen Dinge' auf. Dass der Mensch sich durch das Vermögen der selbsttätigen Vernunft auch von sich selbst als einem bloß empirischen Wesen der Erscheinungswelt unterscheidet, ist leicht nachvollziehbar. Aber inwiefern dies für alle anderen ‚Dinge' gilt, die ja auch einen noumenalen Charakter haben, bleibt an dieser Stelle unaufgeklärt. Der Mensch soll unter dem Aspekt eines Vermögens betrachtet werden, das ihn nicht nur von allen anderen ‚Dingen' unterscheidet, sondern auch von sich selbst, ‚sofern er durch Gegenstände affiziert wird'. Die erste Qualität *der* Vernunft soll also in etwas bestehen, das von der Eigenschaft des Menschen, von ‚Gegenständen affiziert zu sein', abgegrenzt werden muss. Die Möglichkeit der Vernunft, von sinnlichen Affizierungen unabhängig zu sein, liegt darin, den sinnlichen Wirkungen auf das Begehrungsvermögen nicht Folge leisten zu müssen. Auf jene Affizierung des menschlichen Begehrungsvermögens bezieht sich Kant in der *GMS* immer wieder[119]. An dieser Stelle setzt er die Möglichkeit der Affizierbarkeit in einen Kontrast

scheren Gedankens mit dem grundsätzlichen Hinweis auf die Erscheinungshaftigkeit aller Gegenstände der Erfahrungswelt.

119 Vgl. z. B. 387.21–25–388.1 f. (Hervorh. H. P.): „Dagegen können sowohl die natürliche, als sittliche Weltweisheit jede ihren empirischen Theil haben, weil jene der Natur als einem Gegenstande der Erfahrung, diese aber dem Willen des Menschen, so fern er durch die Natur *afficirt* wird, ihre Gesetze bestimmen muß, die erstern zwar als Gesetze, nach denen alles geschieht, die zweiten als solche, nach denen alles Geschehen soll, aber doch auch mit Erwägung der Bedingungen, unter denen es öfters nicht geschieht"; 389.24–35 (erste Hervorh. H. P., Kants Hervorh. getilgt): „Also unterscheiden sich die moralischen Gesetze sammt ihren Principien unter allem praktischen Erkenntnisse von allem übrigen, darin irgend etwas Empirisches ist, nicht allein wesentlich, sondern alle Moralphilosophie beruht gänzlich auf ihrem reinen Theil, und auf den zur Selbsttätigkeit der praktischen Vernunft des Subjekts: Diese Vernunft ist *Selbsttätigkeit*. In der Literatur besteht die Tendenz, diese Selbsttätigkeit der menschlichen Vernunft wieder (ebenso wie die Begriffe der Affizierbarkeit des Subjekts, der Empfindungen, des inneren Sinns etc.) auf die Spontaneität der Vernunft in theoretischer Perspektive zu beziehen. Obwohl aufgrund der grundsätzlichen Parallelität der Konzeption der theoretischen und der praktischen Vernunft und Kants notorisch mehrdeutiger Ausdrucksweise einiges für eine solche Deutung spricht, gibt es gute Gründe, die hier angesprochene ‚Selbsttätigkeit' auf die praktische Vernunft zu beziehen, deren Ausübung Kant in der *GMS* an mehreren Stellen als eine *Tätigkeit* bezeichnet. Bei einer Betrachtung des Terminus ‚Selbsttätigkeit' in Kants Philosophie überhaupt gelangt man zu dem überraschenden Befund, dass dieser überaus häufig auch in dem in 452.7–21 angedeuteten Kontext verwendet wird. So heißt es z. B. in Reflexion 4225 (17:464.11–18):

> Da die Freyheit eine vollständige selbstthätigkeit des Willens ist, ohne durch *stimulos* oder durch irgend etwas anderes, was das subiect afficirt, bestimmt zu seyn, so kommt es bey ihr nur auf die Gewisheit der Persohnlichkeit an: daß sie nemlich (sich) bewust sey sie handle aus eigner Willkühr, der Wille sey thatig und nicht leidend, weder durch *stimulos* noch durch fremde Eindrüke. Sonst müste ich sagen: bin getrieben oder bewegt, so oder so zu handeln, welches so viel heißt als: ich bin nicht handelnd, sondern leidend.

Oder in Reflexion 4228 (17:467.3–9):

> Wir sehen uns durch das Bewustseyn unsrer Persöhnlichkeit in der intellectualen Welt und finden uns frey. Wir sehen uns durch unsre Abhängigkeit von Eindrüken in der Sinnenwelt und finden uns determinirt. Unsere Anschauungen der Körper gehören alle zur Sinnen welt; demnach stimen die Erfahrungen mit den Gesetzen derselben von determinirenden gründen. aber unsre intellectuale Anschauungen vom freyen Willen stimen nicht mit den Gesetzen der *phaenomenorum*.

Menschen angewandt, entlehnt sie nicht das mindeste von der Kenntniß desselben (Anthropologie), sondern giebt ihm, als vernünftigem Wesen, Gesetze a priori, die freilich noch durch Erfahrung geschärfte Urtheilskraft erfordern, um theils zu unterscheiden, in welchen Fällen sie ihre Anwendung haben, theils ihnen Eingang in den Willen des Menschen und Nachdruck zur Ausübung zu verschaffen, da dieser, als selbst mit so viel Neigungen *afficirt*, der Idee einer praktischen reinen Vernunft zwar fähig, aber nicht so leicht vermögend ist, sie in seinem Lebenswandel in concreto wirksam zu machen"; 449.19–22 (Hervorh. H. P.): „[F]ür Wesen, die wie wir noch durch Sinnlichkeit als Triebfedern anderer Art *afficirt* werden, bei denen es nicht immer geschieht, was die Vernunft für sich allein thun würde, heißt jene Nothwendigkeit der Handlung nur ein Sollen, und die subjective Nothwendigkeit wird von der objectiven unterschieden."

Es fällt nicht schwer, in diesen Passagen die zentralen Gedanken aus 451.1–36 bzw. 452.7–21 wiederzuerkennen.[120] Auch hier geht es um die Selbsttätigkeit der Vernunft in Form einer ‚Selbsttätigkeit des Willens' (vgl. 451.11 u. 33, 452.10) und darum, dass das ‚Subjekt affiziert' wird (vgl. 451.34 u. 452.9, 452.12) und dabei ‚leidend' (vgl. 451.10, 452.13) ist – im Kontrast zur Fähigkeit des Subjekts, nicht durch Gegenstände affiziert zu sein (vgl. 452.9). Auch an dieser Stelle betont Kant die Abhängigkeit des Subjekts von Empfindungen oder ‚Eindrücken der Sinnenwelt' (vgl.451.32), und er verwendet auch hier den in seinem Werk nur selten zu findenden Terminus ‚intellektuelle Welt' (451.35) – im Gegensatz zur ‚Sinnenwelt' (vgl. 451.31 u. 452.30). Es soll wie gesagt nicht bestritten werden, dass 451.1–36 und 452.7–21 auch als ein Bezug auf die theoretische Vernunft gelesen werden könnten. Aber die Behauptung, Kant vollzöge eine Ableitung der praktischen aus der theoretischen Freiheit bzw. sähe den Charakter des Menschen als Ding an sich in *GMS* III vor allem in der Selbsttätigkeit der theoretischen Vernunft begründet, wird zumindest zweifelhaft, wenn sich nachweisen lässt, dass Kant eine solche Bestimmung (auch) im Hinblick auf den Menschen als ein praktisch vernünftiges Wesen schon vor der *GMS* immer wieder anführt. Signifikant an den zitierten und anderen Passagen[121], in denen sich eine ähnliche praktische Bedeutung der ‚Selbsttätigkeit' findet, ist die Verwendung bestimmter Begriffe, die sich auf den ersten Blick allein auf einen erkenntnistheoretischen Kontext beziehen lassen, auch im Zusammenhang mit der praktischen Philosophie. Dies stärkt die Annahme, dass Kant – anders als vermutet – auf die Leistung der theoretischen Vernunft im dritten Abschnitt emphatisch gar keinen Bezug nimmt. Vielmehr wird dieser Eindruck nur durch die scheinbar aus dem Bereich der Erkenntnistheorie stammenden Begriffe erzeugt.

Das hier gesuchte Vermögen der Vernunft als einer ‚reinen' Selbsttätigkeit (d. h. einer ‚vollständigen Selbsttätigkeit', vgl. 17:464.11) bestimmt Kant im Gegensatz zur Spontaneität des Verstandes. Dieser sei zwar ‚auch Selbsttätigkeit' – gerade im Kontrast zu einer bloßen Affizierung durch Gegenstände, durch die das Subjekt leidend ist –, aber im Gegensatz zur Vernunft könne er „aus seiner Thä-

---

120 Ein solch direkter Bezug der Reflexionen zu moralphilosophischen Fragestellungen aus der Zeit zwischen 1769 und 1778 auf die *GMS* oder gar die *KpV* ist nicht unumstritten. Vgl. dazu Düsing (2006, S. 113–115), der eher die Unterschiede dieser Gedanken zu Kants Konzeption von Freiheit und Vernunft in den späteren Schriften thematisiert als die Übereinstimmungen. Anders hingegen Wyrwich (2011, S. 110), der in Bezug auf die Reflexionen zwischen 1769 und 1778 betont, dass „die Idee einer moralontologischen Fundierung der Wirklichkeit keineswegs eine späte Marginalie der KpV darstellt, sondern der kritischen Idee nach von Anfang an zugrunde liegt".

121 Es lassen sich unzählige weitere Passagen nachweisen, in denen Kant in einem ähnlichen, praktischen Kontext von der ‚Selbsttätigkeit' spricht. Vgl. 05:292, 08:453, 15:80, 17:508, 18:182, 254, 420, 19:158, 204, 23:250, 27:163, 275, 494, 28:228, 247, 267.

tigkeit keine andere Begriffe hervorbringen [...] als die, so bloß dazu dienen, um die sinnlichen Vorstellungen unter Regeln zu bringen und sie dadurch in einem Bewußtsein zu vereinigen, ohne welchen Gebrauch der Sinnlichkeit er gar nichts denken würde“ (452.13–17). Gerade in der Abgrenzung der Vernunft von der bloßen Verstandestätigkeit lässt der Bezug auf die Selbsttätigkeit wieder stark an die theoretische Vernunft denken. Die Differenzierung von ‚Verstand‘ und ‚Vernunft‘ könnte hier markiert sein durch die Spontaneität in der Synthesis von Anschauungsmaterial, mittels dessen der Verstand immer auch auf die Sinnlichkeit angewiesen bleibt, einerseits und andererseits durch die Spontaneität in der systematisierenden bzw. regulativen Funktion der Vernunft in Form der Verstandesideen, die dann als ein absolut spontanes Vermögen aufgefasst werden könnte. Letztlich sind an dieser Stelle wieder beide Deutungen möglich: Es könnte Kant um die Abgrenzung des Spontaneitätsgrades zwischen Verstand und Sinnlichkeit in theoretischer Perspektive gehen – oder aber um die Unterscheidung zwischen der theoretischen und der praktischen Spontaneität des Subjekts, wobei letztere eine ‚völlige Spontaneität‘ sein könnte.

Aufschlussreich für die Klärung dieser Frage ist nun Kants Feststellung, dass die Vernunft im Hinblick auf ihre Ideen über den Verstand erhoben ist. Problematisch ist die Formulierung ‚da hingegen die Vernunft unter dem Namen der Ideen eine so reine Spontaneität zeigt‘. Es ist nicht unmittelbar ersichtlich, was damit genau gesagt sein soll. Man könnte dies als Hinweis auf den Umstand verstehen, dass die Vernunft das Vermögen hat, überhaupt so etwas wie Ideen *hervorzubringen*. Dann läge die zugeschriebene Spontaneität im Vermögen dieser *Hervorbringung*. Oder aber eine bestimmte *Qualität* dieser Ideen könnte im Fokus stehen.

Zeigt die *Hervorbringung* der Ideen die Spontaneität der Vernunft an oder verraten bzw. implizieren diese Ideen die Spontaneität der Vernunft als Modi oder Produkte der Vernunft? *Wie* die Vernunft jene Spontaneität ‚zeigt‘, wird in dieser Passage zunächst überhaupt nicht deutlich, nur *dass* sie sie ‚unter dem Namen der Ideen‘ *zeigt*. Dadurch, dass sie eine reine Spontaneität unter dem Namen der Ideen zeige, so fährt Kant fort, gehe sie „weit über alles, was ihr Sinnlichkeit nur liefern kann hinaus[...] und [beweise] ihr vornehmstes Geschäft darin [...], Sinnenwelt und Verstandeswelt von einander zu unterscheiden, dadurch aber dem Verstande selbst seine Schranken vorzuzeichnen“ (452.18–21).[122]

122 ‚Unter dem Namen‘ darf man sicher mit ‚unter dem Namen von‘ übersetzen. Diese Formulierung wird von Kant sehr häufig verwendet (z. B. ‚Sittlichkeit unter dem Namen der Pflicht‘). Dass ein Vermögen (die Vernunft) eine bestimmte (ihm grundsätzlich inhärente) Eigenschaft (Spontaneität) seiner selbst im Hinblick auf einen bestimmten Modus bzw. einen bestimmten Aspekt seiner selbst (nämlich als Idee) *zeigt*, heißt also nicht, dass diese Eigenschaft (die Spontaneität) im *Hervorbringen* dieses bestimmten Modus bzw. Aspekts der Vernunft (als Idee) läge. Vernunft

Der interpretatorisch voraussetzungsloseste Ansatz bei der näheren Spezifizierung der hier angesprochenen ‚Ideen' besteht darin, den weiteren Text von *GMS* III auf eine nochmalige Aufnahme dieses Gedankens hin (‚Vernunft und ihre Ideen') zu untersuchen. Sollte Kant sich in *GMS* III wieder auf die Ideen (und ihr Verhältnis zur Vernunft) beziehen und diese dann rückblickend als regulative Vernunftideen identifizieren, wäre das ein starkes Indiz dafür, dass er auch unter den Ideen in 452.18 die regulativen Ideen der theoretischen Vernunft als eine Form der ‚reinen Selbsttätigkeit' verstünde.

Nun gibt es genau *eine* Stelle in *GMS* III, an der Kant nochmals auf die ‚Ideen' zu sprechen kommt – und sogar wie in 452.18 im Kontext einer Verhältnisbestimmung zur Vernunft. Im Zusammenhang mit der Erörterung der Problematik eines vernunftgewirkten Gefühls in 460.8–26 schreibt er, dass in der Willensbestimmung „Vernunft durch bloße *Ideen* (die gar keinen Gegenstand für Erfahrung abgeben) die *Ursache von einer Wirkung*, die freilich in der Erfahrung liegt, sein soll [...]" (460.20–22, Hervorh. H. P.). Kant setzt hier *die Vernunft* in ein Verhältnis zu ihren *Ideen:* Die Vernunft ist *durch Ideen*, d. h. im Modus von Ideen, unmittelbar handlungswirksam. Sie ist Ursache von einer Wirkung in der Erfahrungswelt (dem moralischen Gefühl). Kant versteht an dieser Stelle unter ‚Ideen' nicht nur die moralischen Ideen, nämlich ein Handeln, das vom Sittengesetz bestimmt ist, sondern er macht eben auch zugleich die kausale Funktion dieser Ideen deutlich: Sie werden als intelligible *Ursache* einer Handlung und damit *selbst* als spontan gedacht. *Durch* moralische Ideen handelt der Mensch sittlich. Sie bezeichnen das Stehen unter dem bzw. die Unterworfenheit unter das selbst gegebene Sittengesetz.[123]

Von hier aus könnte sich auch Kants zunächst missverständliche Formulierung in 452.18 aufklären, wo es heißt, dass die Vernunft ‚unter dem Namen der Ideen', d. h. im Modus von Ideen, eine reine Spontaneität zeige.

Führt man sich noch einmal die Verwendung des Ideenbegriffs in der *GMS* als Ganzer vor Augen, so wäre es ohnehin äußerst merkwürdig (aber natürlich immer noch möglich), wenn Kant allein in 452.18 unter ‚Ideen' die regulativen Vernunftideen verstünde. Denn er spricht in der *GMS* mehrfach von ‚Ideen' in einer terminologischen Weise – und zwar immer in praktischer Perspektive: in 407.35 von „unseren Ideen der Pflicht", in 449.7 f. davon, dass aus den sittlichen Ideen auch „das Bewußtsein eines Gesetzes zu handeln [floß]", in 452.23 f. von dem

könnte wie gesagt auch in Form von Ideen als ihren *Produkten* Spontaneität zeigen. Damit läge der Fokus dann auf einer möglichen ‚spontanen' Qualität dieser Ideen und nicht auf deren Hervorbringung. *In* ihren Ideen – die ja Produkte der Vernunft und damit letztlich selbst Vernunft sind – müsste sich demnach Spontaneität zeigen.

123 Zu dieser praktischen Funktion von moralischen Ideen als synonym zum Begriff des Sittengesetzes vgl. u. a. 407, 345, 448, 460, 05:87, 335, 20:439.

„Interesse, welches den Ideen der Sittlichkeit anhängt"; dann in der zur Diskussion stehenden Stelle aus 452.18, wo es heißt, dass die Vernunft „unter dem Namen der Ideen eine so reine Spontaneität zeige", und schließlich in 460.20 f. davon, dass „Vernunft durch bloße Ideen die Ursache einer Wirkung sei", d. h. Ursache einer menschlichen Handlung in der Erscheinungswelt. Auch nach seinem Rekurs auf die ‚Ideen' in 452.18 bezieht sich Kant wie bereits gezeigt nur noch einmal auf die ‚Ideen' in praktischer Perspektive – und zwar im Hinblick darauf, dass Vernunft *durch* praktische Ideen die Ursache einer freien Handlung des Menschen in der Erscheinungswelt sei. ‚Vernunft *unter dem Namen* von Ideen' und ‚Vernunft *durch* Ideen' kann man durchaus synonym verstehen. In beiden Fällen geht es darum, dass die Vernunft in einer bestimmten Ausprägung ihrer selbst – eben in Form der Ideen – die spontane Ursache menschlicher Handlungen darstellt. In Form von handlungsbestimmenden Ideen *zeigt* sie eine reine Spontaneität. Diese Interpretation lässt sich dadurch weiter stützen, dass Kant an mehreren Stellen in anderen Schriften, welche in der Literatur als Parallelstellen zu den relevanten Abschnitten in der *GMS* bewertet wurden[124], genau von einer solchen *handlungsbestimmenden Funktion* praktischer Ideen ausgeht[125]. Diese Parallelstellen finden sich in der *KrV* und in den *Prolegomena.*

KrV A 546 f./B 574 f.

Der Abschnitt *KrV* A 546 f./B 574 f. hat in der Literatur zu *GMS* III wiederholt Beachtung gefunden[126], während der Abschnitt aus den *Prolegomena*, der eine Zu-

---

124 Vgl. z. B. die besonders umfangreichen Interpretationen bei Schönecker (1999, S. 267 ff.) und Porcheddu (2013, S. 92 ff.).

125 Einer der wenigen Interpreten, die in Kants Rekurs auf die Vernunftideen in 452.17 f. einen Verweis auf die *praktischen Vernunftideen* sehen, ist Klemme (2014). Durch Kants Hinweis darauf, dass die Vernunft ‚unter dem Namen der Ideen eine so reine Spontaneität zeige', sei „die Idee der Freiheit *unmittelbar* aus der reinen praktischen (und nicht etwa speziell aus der spekulativen) Vernunft deduziert" (Klemme 2014, S. 81, Hervorh. v. Klemme). Klemme zufolge sind wir uns nach Kant „unmittelbar einer Spontaneität praktischer Selbstbestimmung bewusst, die nicht unter der ‚Naturnotwendigkeit' (04:446)" steht (Klemme 2014, S. 82). Klemme schreibt weiter: „Aufgrund der Lehre von den drei Vermögen des Erkennens, der Lust und Unlust sowie des Begehrens wäre es auch ein geradezu abenteuerlicher Gedanke Kants, von der Spontaneität des Denkens auf die Spontaneität des Wollens schließen zu wollen. Bereits in der ersten Kritik schreibt Kant, dass die ‚menschliche Vernunft wahrhafte Kausalität [...] im Sittlichen' zeigt. Im sittlichen werden ‚Ideen wirkende Ursachen (der Handlungen und ihrer Gegenstände)'. Mit Bedacht erwähnt die *Grundlegung* nicht den ‚transzendentalen Gebrauch der reinen Vernunft' (A 319/B 376) und spricht auch nicht von ‚transzendentalen Ideen'" (Klemme 2014, S. 82, Hervorh. v. Klemme). Vgl. für eine ähnliche Deutung auch Voeller (2001, S. 144 f.) und Tennebaum (2012, S. 585).

126 Vgl. z. B. Schönecker (1999, S. 267 – 275), Allison (2011, S. 325), Porcheddu (2013, S. 92 – 95).

sammenfassung dieser Passage darstellt, bis heute nur selten genauer betrachtet wird.[127] Ein Grund hierfür könnte in dem Umstand liegen, dass Kants Äußerungen zu den Vernunftideen in *KrV* A 546 f./B 574 f. (anders als in den *Prolegomena*) mehrdeutig sind und diese Stelle die von vielen Interpreten favorisierte Lesart eines Übergangs von theoretischer Vernunftspontaneität zur Freiheit im Handeln zu belegen scheint. Bevor wir uns einer genaueren Textanalyse des gesamten Abschnitts zuwenden, soll die kurze Stelle, auf die in der Regel Bezug genommen wird, bereits hier zitiert werden:

> Der Mensch ist eine von den Erscheinungen der Sinnenwelt und in so fern auch eine der Naturursachen, deren Causalität unter empirischen Gesetzen fern auch eine der Naturursachen, deren Causalität unter empirischen Gesetzen Charakter haben, so wie alle andere Naturdinge. Wir bemerken denselben durch Kräfte und Vermögen, die er in seinen Wirkungen äußert. Bei der leblosen oder bloß thierisch belebten Natur finden wir keinen Grund, irgend ein Vermögen uns anders als bloß sinnlich bedingt zu denken. Allein der Mensch, der die ganze Natur sonst lediglich nur durch Sinne kennt, erkennt sich selbst auch durch bloße Apperception und zwar in Handlungen und inneren Bestimmungen, die er gar nicht zum Eindrucke der Sinne zählen kann, und ist sich selbst freilich eines Theils Phänomen, anderen Theils kann, und ist sich selbst freilich eines Theils Phänomen, anderen Theils weil die Handlung desselben gar nicht zur Receptivität der Sinnlichkeit gezählt werden kann. Wir nennen diese Vermögen Verstand und Vernunft; vornehmlich wird die letztere ganz eigentlich und vorzüglicher Weise von allen empirisch bedingten Kräften unterschieden, da sie ihre Gegenstände bloß nach Ideen erwägt und den Verstand darnach bestimmt, der denn von seinen (zwar auch reinen) Begriffen einen empirischen Gebrauch macht.

Schönecker erwägt bei der Interpretation dieser Textstelle als einer der wenigen Interpreten die Möglichkeit, dass Kant sich hier womöglich auf die praktischen Vernunftideen beziehen könnte (Schönecker 1999, S. 274), geht dieser Frage aber nicht weiter nach. Er beruft sich in diesem Zusammenhang allein auf Kants über 100 Seiten zuvor getroffene Feststellung: „Unser Absicht gemäß setzen wir aber hier die praktischen Ideen beiseite, und betrachten daher die Vernunft nur im spekulativen, und in diesem noch enger, nämlich nur im transzendentalen Gebrauch" (A 329/B 386). Diese Einschätzung kann aber – unabhängig davon, worauf sich das ‚hier' bezieht[128] – keine Bedeutung haben, weil Kant zumindest in A 547 f./B 575 f. ja ganz explizit auch auf *praktische Ideen* Bezug nimmt. Eine ausführliche Textanalyse und auch ein auswertender Vergleich mit der Parallelstelle aus den *Prolegomena* fehlen bei Schönecker – trotz der Problematisierung der Frage, ob

127 Schönecker (1999, S. 274) erwähnt diese Stelle zwar, wertet sie aber nicht näher aus. Eine umfangreichere Interpretation findet sich bei Puls (2011, S. 557–559). Vgl. auch Schmitz (1989, S. 109), Willaschek (2010, S. 175 f.) und Klemme (2014, S. 81).

128 Schönecker (1999, S. 272) vermutet, es beziehe sich auf die Dialektik.

Kant sich an dieser Stelle auf die Ideen theoretischer oder praktischer Vernunft beziehe. Vielmehr geht Schönecker zur weiteren argumentativen Stützung seiner These zu Kants Intelligenzbegriff über (vgl. Schönecker 1999, S. 276 ff.). Sein Resümee in Bezug auf die *KrV* lautet:

> Der Mensch ist sich des Verstandes und seiner Grundsätze sowie der Vernunft und ihrer Ideen als Erkenntnisvermögen der Spontaneität bewußt und daher berechtigt, sich als intelligibeles Wesen, also als Intelligenz, zu betrachten – das ist die Grundaussage von A 546 f./ B 574 f. (Schönecker 1999, S. 272).

Diese Einschätzung findet sich seit Schöneckers Analyse auch in den Interpretationen anderer Autoren.[129]

129 Allison (2011, S. 325) bezieht sich bei seiner Interpretation von 452.7 – 22 auf diesen Gedanken. Er schreibt in Bezug auf die Passage aus der dritten Sektion: „The question raised for us by this passage concerns its relationship to Kant's earlier discussion in section two, where he first argued that reason must regard itself as free in its cognitive capacities. Although Kant did not there distinguish between the spontaneity (or self-activity) of reason and that of the understanding, the basic point of the two accounts seems to be essentially the same, namely, that in the consciousness of our epistemic spontaneity we are directly aware of the capacity that we cannot conceive as sensibly conditioned". Dann stellt er fest: „Kant expresses a similar view in the first Critique, where he speaks of the self-consciousness attained through apperception as contrasted with inner sense. See KrV A 547/B 575". Porcheddu (2013, S. 92) schreibt: „Im Abschnitt ‚Erläuterung der cosmologischen Idee einer Freiheit in Verbindung mit der allgemeinen Naturnotwendigkeit' (KrV A 542 – 557/B 570 – 586) schließlich formuliert Kant die Zuordnung rein spontaner Vernunftvollzüge zur noumenalen Subjektivität und die These des reinen spontanen Ursprungs der Vernunftideen", wobei Porcheddu diese reinen spontanen Vernunftvollzüge sowie die Ideen als Vernunft bzw. Ideen in theoretischer Perspektive deutet (vgl. Porcheddu 2013, S. 93 f.). Auch Ludwig (2008) erblickt in den Ideen die Lösung des Zirkelverdachts. Allerdings lässt er offen, worin diese Ideen der Vernunft genau bestehen. Ludwig schreibt: „Denn *wenn* ich ein Teil der intelligiblen Welt *bin*, was ich gemäß Sektion 3 deshalb bin, weil meine Vernunft ‚unter dem Namen der Ideen eine so reine Spontaneität zeigt, dass sie dadurch weit über das, was ihr Sinnlichkeit liefern kann, hinausgeht', dann kann ich mich – in praktischer Rücksicht – als autonom ‚*erkennen*' (453), denn ich kann meine notwendig zu unterstellende Freiheit tatsächlich denken, nämlich als eine *intelligible* Freiheit. Kants Weg aus dem geheimen Zirkel wird folglich gebahnt von einer Vernunft, durch die ‚ein vernünftiges Wesen sich selbst, als Intelligenz, nicht als zur Sinnen-, sondern zur Verstandeswelt gehörig ansehen [muss]'. (453)" (Ludwig 2008, S. 441, Hervorh. v. Ludwig). Ludwig spricht von einem ‚Erkennen der Autonomie' und auch von einem „wie auch immer verstandenen" Erkennen des „noumenalen Selbst" (Ludwig 2008, S. 441); er äußert sich aber nicht weiter zu der Frage, ob die Vernunft diese Funktion hier als theoretische, praktische oder als Vernunft überhaupt übernehmen soll. Für Ludwig ist der Zirkelverdacht gehoben, weil der Mensch sich die Freiheit nicht nur unterstelle, um sich als ein sittliches Wesen zu denken, sondern weil sich diese Freiheit bereits in der „Spontaneität, genauer: im Vermögen der Hervorbringung der Ideen" zeige (Ludwig 2008, S. 442). Ludwig bezeichnet dies zum einen als

Auf den ersten Blick wirkt diese Annahme gut nachvollziehbar, da Kant in dem genannten Abschnitt zentrale Termini seiner Erkenntnistheorie anzuführen scheint: Vor allem der Begriff ‚Apperzeption' sowie die Formulierung ‚Rezeptivität der Sinnlichkeit' (im Kontrast zur Vernunft) legen eine solche Deutung nahe. In dieser Eindeutigkeit ist sie aber nur aufrechtzuerhalten, wenn man die Passage ohne die vorausgehenden und die anschließenden Abschnitte betrachtet. Aus dem Kontext wird nämlich deutlich, dass Kants Ziel darin besteht, die Vernunfthandlungen, die dem ‚Sollen' zugrunde liegen, gegenüber einem anderen – zwar ebenfalls spontanen, aber empirisch bedingten – Vermögen des Menschen (dem Verstand) abzugrenzen sowie die Denkmöglichkeit dieser praktischen Vernunfthandlungen zu verteidigen.

Wie in 452.7–21 stellt sich in *KrV* A 547 f./B 574 f. die Frage, was Kant mit dem Bezug auf die Ideen der Vernunft zum Ausdruck bringen will. Der Status des Verstandes ist sowohl in *KrV* A 547 f./B 574 f. als auch in 452.10 unproblematisch. In beiden Schriften begreift Kant diesen zwar als ein Vermögen, das über Spontaneität verfügt. Letztlich aber wird allein die *Vernunft* als ein Vermögen ausgezeichnet, aufgrund dessen sich der Mensch als intelligibles Wesen erkennt. Erläuterungsbedürftig bleibt in beiden Schriften der Status der ‚Ideen der Vernunft', die ganz unterschiedlich gedeutet werden können. Entweder will Kant damit zum Ausdruck bringen, dass sich dem Menschen sein intelligibler Charakter vor allem im Hinblick auf die Fähigkeit mitteilt, erkenntnisregulative Ideen hervorzubringen, oder aber hinsichtlich der Fähigkeit, gemäß *praktischer* Vernunftideen zu handeln. Da der eben zitierte Passus aus der *KrV* (ebenso wie derjenige aus *GMS* III) sehr allgemein gehalten ist, muss der gesamte Kontext mit allen Erläuterungen näher betrachtet werden. Dabei kann die Beantwortung folgender Fragen hier Aufschluss über Kants tatsächliche Aussageabsicht hinsichtlich der Ideenspontaneität geben: In welcher Spezifikation verwendet Kant den Begriff der (Vernunft-)Handlung in den Abschnitten vor *KrV* A 546 f./B 574 f.? Wie wird der besondere Spontaneitätsstatus der (theoretischen) Vernunft im Verhältnis zum Verstand im Text weiter expliziert? Auf welche Weise wird ein Übergang vom Bewusstsein der theoretischen Ideenspontaneität zum Status des Menschen als einer praktischen Intelligenz vollzogen?

---

einen „praktische[n] Befund", will diese Freiheit durch die (praktischen?) Ideen aber von einem Bewusstsein des Sittengesetzes abgegrenzt wissen: „Dieser *praktische* Befund muss hier freilich von dem des Bewusstseins des Sittengesetzes unabhängig sein, denn sonst wäre der darauf aufbauende Schluss von der Freiheit auf das Gesetz (in Sektion 3) wieder nur eine *petitio* [...]" (Ludwig 2008, S. 442, Hervorh. v. Ludwig). Zum Begriff der Ideen in der *GMS* vgl. auch Ludwig (2014, S. 235 FN).

Diese Fragen sind wichtig, denn sollte Kant im Verlauf des Textes tatsächlich auf die Spontaneität in der Bildung erkenntnisregulierender Ideen Bezug nehmen und sollte sich sogar ein Übergang von der theoretischen auf die praktische Spontaneität der Vernunft aufweisen lassen, wäre das ein starkes Indiz dafür, dass Kant auch in 452.7–21 von der theoretischen Vernunftspontaneität auf die praktische schließt.

KrV A 546f./B 574f. als Ganzes weist schon argumentationsstrategisch Ähnlichkeit mit Kants strukturellem Vorgehen in *GMS* III auf. Er beschreibt zunächst, wie ein Wesen gedacht werden müsste, das über Wirkmächtigkeit verfügt, die ganz anders geartet ist als die Naturkausalität – eben ein Handeln aufgrund eines moralischen Gesetzes –, und geht dann konkret zur Erörterung dieser Frage im Blick auf den Menschen über („Laßt uns dieses auf die Erfahrung anwenden. Der Mensch ist eine von den Erscheinungen in der Sinnenwelt [...]").

Der Mensch ist hinsichtlich seines empirischen Charakters ein Wesen der Erscheinungswelt, das aufgrund von natural bedingten Kräften und Vermögen ‚Wirkungen' zeigt – durch Reaktionen und Handlungen, die auf seinem natürlichen Begehrungsvermögen beruhen. Diese Wirkungen lassen sich in der Welt beobachten. Der Mensch, der sich in der Perspektive dieser Sinnenwelt als ein Wesen erfährt, das sinnlich bedingt ist, hat aber in praktischer Perspektive auch eine Erkenntnis seiner selbst durch den Vernunftgebrauch, d. h. im Hinblick auf Vermögen, die nicht in der menschlichen Sinnlichkeit, welche sich in empirischen ‚Wirkungen' zeigt, begründet liegen. Er erkennt und erfährt sich durch ‚Apperzeption', d. h. durch Bewusstsein seiner vernünftigen Tätigkeiten überhaupt, als ein ‚intelligibler' und nicht als ein sinnlicher Gegenstand. Dieser intelligible Gegenstand ist sich der Mensch selbst angesichts ‚gewisser Vermögen', die er nicht zur ‚Rezeptivität der Sinne zählen kann'. Kant spezifiziert diese Vermögen kurz darauf als Verstand und Vernunft, wobei in erster Linie die Vernunft als ein solches spontanes Vermögen ausgezeichnet ist, da sie ‚ihre Gegenstände nach Ideen' erwägt, während der Verstand mit seinen reinen Begriffen immer auf die Empirie angewiesen bleibt. Auch angesichts der Tätigkeit des Verstandes im Hinblick auf die Spontaneität seiner Begriffe ist der Mensch sich selbst ein intelligibler Gegenstand, weil diese Spontaneität im Gegensatz zur Rezeptivität bloß sinnlicher Eindrücke steht. Aber nur mit Blick auf die Ideen der Vernunft ist er es in der exponierten und vom Verstand unterscheidbaren Weise, auf die es Kant in diesem Zusammenhang ankommt. Wie bereits erwähnt legt diese Passage vor allem durch den Begriff ‚Apperzeption' einen Bezug auf die theoretische Vernunft nahe. ‚Apperzeption' ist, wie man leicht zeigen könnte, ein zentraler Begriff in Kants theoretischer Philosophie. Es wird allerdings so gut wie immer übersehen, dass Kant auch den Begriff einer *praktischen Apperzeption* kennt. Streng genommen lässt sich dieser Passage nicht entnehmen, auf welche Spezifikation von Vernunft – und damit: auf welche Ideen – sich Kant hier bezieht. Man kann die Stelle sowohl als einen Rekurs auf die erkenntnisregulierenden als auch auf die praktischen Vernunftideen lesen. Im Sinne der von Schönecker vorgeschlagenen Interpretation könnte man die Apperzeption hier als empirische bzw. transzendentale Apperzeption auffassen. Demnach wäre das „Bewußtsein meiner selbst als Intelligenz (zunächst) das Bewußtsein meiner selbst als eines selbsttätig (frei, spontan) denkenden Wesens" und es wäre „dieses Bewußtsein die ‚bloße Aperzeption' (A 546/B 574), das Bewußtsein der Tätigkeit von Verstand und Vernunft" (Schönecker 1999, S. 286). Eine solche Interpretation ist gut begründet, weil Kant an zahlreichen Stellen auf die Apperzeption in diesem Sinne abhebt. Da er auch hier von der Vernunft als einem spontanen Vermögen, das eine Synthesisleistung vollzieht, ausgeht, ist es allerdings nicht unberechtigt, den Begriff auch auf die praktische Philosophie zu beziehen. Ein Hinweis auf eine solche praktische Apperzeption findet sich z. B. in der Erläuterung zur Tafel der Kategorien der Freiheit in der *KpV*, bei der Kant davon spricht, dass die Vernunft „das Mannigfaltige der Begehrungen der *Einheit des Bewußtseins* einer im *moralischen Gesetze gebietenden praktischen Vernunft* oder eines reinen Willens a priori zu unterwerfen habe" (05:65.23–26, Hervorh. H. P.)[130]. In einer Reflexion aus dem handschriftlichen Nachlass zur Moralphilosophie spricht Kant von einer solchen praktischen Apperzeption ganz explizit auf folgende Weise:

> Wir können uns keinen Begrif davon machen, wie eine bloße form der Handlungen könne die Kraft einer triebfeder haben. Indessen muß dieses doch seyn, wenn moralität statt finden soll, und Erfahrung bestätigt es. Diese Formale causalität als wirkend ist nicht unter Erscheinungen bestimmt. Sie ist also jederzeit neu, ungeachtet alles dessen, was geschehen seyn mag. Es ist blos unser Selbst und keine fremde Anlage, keine Kette der Erscheinungen, die empirisch bestimt ist, welche die Handlung bestimt. Die apperception seiner selbst als eines intellectuellen wesens, was thätig ist, ist freyheit. [...]. Die apperception [...] der selbstthätigkeit ist die Persohn (19:183.7–15).

In dieser Reflexion, die aus der Zeit zwischen 1776 und 1783 stammt, finden sich nicht nur inhaltliche Übereinstimmungen mit Überlegungen aus der Auflösung der dritten Antinomie. Kant bezeichnet hier die *praktische* Vernunfttätigkeit (als moralische Freiheit) explizit als ‚Apperzeption'. In einem ähnlichen Zusammenhang hebt er auch immer wieder den Gegensatz von bloßer Rezeptivität und

130 Zur systematischen Funktion der praktischen Kategorien vgl. vor allem zwei umfangreiche Arbeiten jüngeren Datums: Zimmermann (2011) und Puls (2013).

Spontaneität hervor.[131] Eine moralische Handlung sei „als etwas das geschehen soll [...] eine Anschaung der *Selbstthatigkeit* zu moglichen wirkungen" (17:509.1f., Hervorh. H. P.). Und weiter heißt es in 17:509.26 – 29 – 510.1f.:

> Die Wirklichkeit der Freyheit können wir nicht aus der Erfahrung schließen. Aber wir haben doch nur einen Begriff von ihr durch unser *intellectuelles inneres Anschauen* [...] *unserer thatigkeit* [...] wodurch practische Gesetze und regeln des Guten Willens selbst in ansehung unsrer möglich sind (Hervorh. H. P.).

Der „gute Verstand ha[be] bestimmende Gründe, aber nach gesetzen des Verstandes durch intellectuale motiva; der *afficierte* überlässt sich der Sinnlichkeit" (17:510.8 – 10, Hervorh. H. P.).

Auch die praktische Vernunft ist also ein apperzeptives Vermögen, und die Apperzeption eines vernünftigen Wesen, das ‚tätig' ist, ist für Kant Freiheit. Das Subjekt kann Freiheit nicht aus der Erfahrung schließen, aber es hat einen Begriff von ihr durch ein Bewusstsein (das ‚intellektuelle innere Anschauen seiner Tätigkeit') dieser praktischen Vernunftvollzüge. Ja, die Apperzeption *ist* diese Person als ein moralisch tätiges Wesen. Die zitierten Passagen weisen große Ähnlichkeit mit der Stelle aus der *KrV* auf. Auch hier wird auf die Vernunft und ihre Apperzeption, ihre Tätigkeit und ihr Nicht-Affiziertsein hingewiesen: Der Mensch weiß durch Selbstintrospektion seiner praktischen Vernunfttätigkeit, dass er ein freies Wesen ist, und dies macht dann die praktischen Gesetze möglich.[132] Auch wenn

---

131 Zu Kants Begriff einer praktischen Apperzeption vgl. u. a. auch 17:688.4 – 9 und 27:608.8 – 15. Zur Bedeutung einer praktischen Apperzeption bei Kant siehe z. B. Puls (2013, S. 110 – 112), Kaulbach (1978, S. 305 f.), Klemme (1996, S. 312) und Zimmermann (2011, S. 112).

132 Auch Wolff (2009, S. 533, Hervorh. v. Wolff) stellt explizit einen Zusammenhang zwischen Kants Überlegungen in A 546 f./B 575 und der Faktum-Lehre her, wenn er zunächst schreibt: „Ganz ähnlich wie die Konstruktion eines Begriffs in der reinen Anschauung als Ergebnis einer Synthesishandlung des (als reine Einbildungskraft tätigen) Verstandes angesehen werden kann, so ist das als ‚Factum der Vernunft' bezeichnete Bewusstsein des praktischen Grundgesetzes als Ergebnis einer in der Willensbestimmung durch reine Vernunft enthaltenen Synthesishandlung der reinen Vernunft zu betrachten. Diese Handlung ist anscheinend genau das, was die reine Vernunft nach Kants Ansicht zur *praktischen* Vernunft macht". In der Fußnote erläutert er weiter: „Dass Kant mit dieser Ansicht keinen Standpunkt bezieht, der gegenüber der *Grundlegung* oder auch gegenüber der A-Auflage der ersten *Critik* neu wäre, zeigt die folgende Stelle: ‚Allein der Mensch, der die ganze Natur sonst lediglich nur durch Sinne kennt, erkennt sich selbst auch durch bloße Apperception und zwar [durch das bloße Bewusstsein] in Handlungen [der Synthesis] und inneren Bestimmungen [des Willens], die er gar nicht zum Eindrucke der Sinne zählen kann, und ist sich selbst [...], nämlich in Ansehung gewisser Vermögen [das heißt als reine Vernunft], ein bloß intelligibeler Gegenstand, weil die Handlung desselben [nämlich der reinen Vernunft] gar nicht zur Receptivität der Sinnlichkeit [sondern nur zur Bestimmung des Begehrungsvermögens durch reine Vernunft] gezählt werden kann. [...]. Daß diese Vernunft nun Causalität habe, wenigstens wir diese Überlegungen nur bruchstückhaft und schwierig zu interpretieren sind, kann man nicht leugnen, dass Kant zur Zeit der Abfassung der ersten *Kritik* auch in seiner praktischen Philosophie den Begriff ‚Apperzeption' gebraucht. So wie in der theoretischen Philosophie bezeichnet dieser in der praktischen Philosophie analog einem ‚Ich denke' ein ‚Ich will' und drückt das Bewusstsein der Selbstidentität des vernünftigen Subjekts aus.

Der als Parallelpassage verhandelten Stelle aus der *KrV* lassen sich – zumindest, wenn man diese losgelöst von ihrem Kontext betrachtet – nur ähnlich vage Überlegungen zum Begriff der Vernunft und ihrer Ideen entnehmen wie 452.7–21. Auch hier ist Kants Begriff ‚der' Vernunft und ihrer Ideen mehrdeutig. Der vermeintlich aufklärende Bezug auf das Vermögen der Apperzeption schafft – weil Kant eben auch einen praktischen Begriff derselben kennt – keine Klarheit. Näheren Aufschluss kann man an dieser Stelle nur durch eine Betrachtung der auf die Parallelstelle folgenden Textpartien erlangen. In diesen finden sich nähere Explikationen der eben analysierten Gedanken, d.h. weitere Erläuterungen zur Vernunft, ihren Ideen und der Abgrenzung vom bloß relativ spontanen Vermögen des Verstandes und dem absolut spontanen Vermögen der Vernunft.

Gleich der erste Satz, der auf *KrV* A 546f./B 574f. folgt, bereitet einer Interpretation Schwierigkeiten, die Kants Ausführungen als einen Rekurs auf die theoretische Vernunftspontaneität deutet, denn er schreibt: „Daß *diese Vernunft* nun Kausalität habe, wenigstens wir uns eine dergleichen an ihr vorstellen, ist aus den Imperativen klar, welche wir in allem Praktischen den ausübenden Kräften als Regeln aufgeben" (*KrV* A 547/B 575, Hervorh. H. P.).

Das Demonstrativpronomen ‚diese' zeigt an, dass sich Kant auf die eine Zeile zuvor genannte ‚Vernunft' bezieht, die ihre ‚Gegenstände nach Ideen erwägt'. Setzt man nun voraus, dass Kant dabei weder die *praktische Vernunft* noch einen Begriff von der *Vernunft überhaupt* im Sinn hat, sondern – wie vielfach angenommen – die Vernunftspontaneität im Sinne erkenntnisregulativer Ideen, ergibt sich folgendes Problem: Der sich anschließende Satz, der mit der Konjunktion ‚dass' beginnt, sagt dann aus, dass die *theoretische Vernunft* Kausalität habe und dies aus den praktischen Imperativen klar sei. Die einzige Möglichkeit, beide Textstellen miteinander zu harmonisieren, läge in der Annahme eines heimlichen Übergangs von der ‚Vernunft und ihren Ideen' (als theoretische Vernunft) zu der mit dem Pronomen ‚diese' bezeichneten Vernunft, etwa im Sinne folgender Paraphrase: ‚Dass diese Vernunft (als Erkenntnisvermögen) nun auch (im Sinne der

---

uns eine dergleichen an ihr vorstellen, ist aus den Imperativen klar, welche wir in allem Praktischen den ausübenden Kräften als Regeln aufgeben (A 546f./B 575)'". Die hier in A 546f./B 575 angesprochenen ‚Apperzeption' wird also auch von Wolff als eine *praktische* Synthesishandlung verstanden und nicht als diejenige der theoretischen Vernunft im Kontext von Erkenntnis.

Vorstellung einer Vernunft überhaupt und unter der Annahme einer Einheit der Vernunft) eine praktische Kausalität hat, ist durch die moralischen Imperative klar'. Dergleichen findet sich an dieser Stelle aber nicht, sondern nur der Bezug auf einen bestimmten Begriff von Vernunft, eben ‚diesen', der in *KrV* A 546f./B 574f. verhandelt wird. Schönecker weist zwar auf den Satz hin, der mit ‚Dass diese Vernunft nun Kausalität habe [...]' beginnt (vgl. Schönecker 1999, S. 273). Aber er problematisiert ihn nicht im Kontext seiner vorangegangenen Interpretation der Vernunft und ihrer Ideen (in der Parallelstelle) als regulative Erkenntnisvermögen des Verstandesgebrauchs (vgl. Schönecker 1999, S. 272). Warum sollte Kant zunächst davon sprechen, dass sich das Subjekt aufgrund der Vernunft und ihrer Ideen als Erkenntnisvermögen der Spontaneität bewusst ist und sich daher als Intelligenz betrachten darf, um dann im darauf folgenden Satz zu schreiben, dass die Kausalität *dieser Spezifikation* von Vernunft aus den Imperativen, dem Sollen, ersichtlich sei? Selbst die Annahme eines heimlichen Übergangs von der theoretischen Vernunft auf die praktische ist nicht hilfreich, denn sie würde hier mit Blick auf Kants weitere Erläuterungen ohnehin keine Kohärenz herstellen: Kant untersucht in diesen eben nicht die Vernunft und ihre Ideen als Erkenntnisvermögen, sondern die praktische Vernunft und ihre praktischen Ideen. Man könnte dieses Problem vielleicht als das ‚Übergangsproblem' in *KrV* A 547f./B 575f. bezeichnen. Eine Interpretation, die Kants Rekurs auf die Vernunft und ihre Ideen in *KrV* A 546f./B 574f. als einen Bezug auf die theoretische Vernunft und ihre erkenntnisregulierenden Ideen deutet, muss zeigen, warum und wie Kant von der theoretischen zur praktischen Vernunft und ihrer Kausalität, die sich in Imperativen ausdrücken soll, gelangt.

Kant nimmt in *KrV* A 547f./B 575f. dann nicht nur auf diesen kurz zuvor verhandelten Begriff von Vernunft Bezug, sondern expliziert nochmals in deutlicheren Worten die in *KrV* A 546/B 574 vorgenommene Differenzierung von Verstand und Vernunft, wobei Letztere im Gegensatz zum Verstand ‚ganz vorzüglich' von allen empirisch bedingten Kräften zu trennen sei. Wie in *KrV* A 546/B 574 findet sich auch hier keine Abgrenzung vom theoretischen Verstand und der Vernunft und ihren erkenntnisregulierenden Ideen, sondern zwischen dem *Verstand* und einem aus der Vernunft entsprungenen *Sollen:*

> Das Sollen drückt eine Art von Nothwendigkeit und Verknüpfung mit Gründen aus, die in der ganzen Natur sonst nicht vorkommt. Der *Verstand* kann von dieser nur erkennen, was da ist oder gewesen ist oder sein wird. Es ist unmöglich, daß etwas darin anders sein soll, als es in allen diesen Zeitverhältnissen in der That ist [...] (A 547/B 575, Hervorh. H. P.).

Der Passus stellt eine weitere Explikation des in *KrV* A 546/B 574 eingeführten und dann mit dem Satz, der mit ‚Dass diese Vernunft nun Kausalität habe' beginnt, weiter spezifizierten Vernunftbegriffes dar. ‚Diese' Vernunft muss vom Verstand und der theoretischen Vernunft unterschieden werden, weil sie eine ‚Notwendigkeit und Verknüpfung mit Gründen' enthält, die ‚in der ganzen Natur sonst nicht vorkommt'. Deshalb (weil sie gar keinen Bezug auf etwas Empirisches hat) muss sie vom Verstand abgegrenzt werden, der trotz seiner Spontaneität immer auf diesen Bezug angewiesen bleibt. Der Verstand kann nur ‚erkennen, was da ist oder gewesen ist oder sein wird' und stellt damit kein *rein* spontanes Vermögen dar – ganz im Gegensatz zur Vernunft und ihrem absolut notwendigen und auf rein intelligiblen Gründen beruhenden Sollen. Die Vernunft ist in diesem Sinne vom Verstand zu trennen, weil sie ‚ihre Gegenstände bloß nach Ideen erwägt'. Zwar hebt z. B. Schönecker hervor, dass Kant in diesem Abschnitt auch von den praktischen Ideen spricht (vgl. Schönecker 1999, S. 272–274). Aber er schlägt keine befriedigende Lösung für das Problem eines von Kant dann nicht thematisierten Bedeutungswechsels des Vernunft- und Ideenbegriffs auf engstem Raum vor. Träfe Schöneckers Interpretation zu, dann hätte Kant in *KrV* A 546 f./B 574 f. von zwei unterschiedlichen Vernunft- und Ideenbegriffen Gebrauch gemacht (und hätte vielleicht sogar einen Übergang von der einen Ausprägung dieser Begriffe zur anderen vollzogen), ohne den Leser auf diesen Umstand hinzuweisen. In seinen weiteren Explikationen der Vernunft, die durch Imperative ein Sollen aufgibt, hebt Kant zweimal den willens- und handlungsbestimmenden Charakter der Ideen der Vernunft hervor. Im Sollen

> giebt die Vernunft nicht demjenigen Grunde, der *empirisch gegeben* ist, nach und folgt nicht der *Ordnung der Dinge*, so wie sie sich *in der Erscheinung* darstellen; sondern macht sich mit *völliger Spontaneität eine eigene Ordnung nach Ideen*, in die sie die *empirischen Bedingungen hinein paßt*, und nach denen sie sogar Handlungen für nothwendig erklärt, die doch nicht geschehen sind und vielleicht nicht geschehen werden, von allen aber gleichwohl voraussetzt, daß die Vernunft in Beziehung auf sie Causalität haben könne; denn ohne das würde sie nicht *von ihren Ideen* Wirkungen in der Erfahrung erwarten (A 548/B 576, Hervorh. H. P.).

Auch in dieser Passage erläutert Kant seine in der *KrV* angeführte Differenzierung von Verstand und Vernunft und kommt erneut auf die Vernunftideen zu sprechen. Die praktische Vernunft folgt nicht der Ordnung der Dinge, wie sie sich in den Erscheinungen darstellt und durch den Verstand erkennbar ist, sondern entwirft mit *völliger Spontaneität* (!)[133] eine eigene Ordnung der Dinge nach Vernunftideen. Die Ideen liegen den Wirkungen des vernünftigen Subjekts, d. h. seinen Handlungen, zugrunde. Damit ist die praktische Vernunft unabhängig von allen bloß vorgefundenen Bedingungen und Bestimmungen, ja sie ‚passt' aufgrund der

133 Vgl. auch A 317/B 373, wo Kant schreibt, dass im Sittlichen „Ideen wirkende Ursachen" werden.

Totalität dieses Anspruchs alles Vorgegebene in die rein spontane Ordnung nach Ideen ‚hinein'. Damit ist auch noch einmal die in *KrV* A 546/B 574 eingeführte Abgrenzung zwischen Verstand und Vernunft bekräftigt: Die praktische Vernunft definiert in einer bestimmten Perspektive den Verstand als ein Vermögen, das auf sinnliche Anschauungen angewiesen ist, denn sie begrenzt dessen ‚Kompetenzgebiet', nämlich die ‚Ordnung der Dinge' und Erscheinungen, auf die sich der Verstand bezieht. Kant formuliert diese Zuweisung des Kompetenzgebietes durch die Vernunft auch an anderer Stelle in der *KrV*. So schreibt er beispielsweise in *KrV* A 469/B 497 f., dass man, wenn man „in der Natur ein Vermögen, unabhängig von Gesetzen der Natur zu wirken zu Grunde lege [...] dem Verstand sein Geschäft schmälere, an dem Leitfaden nothwendiger Regeln dem Entstehen der Erscheinungen nachzuspüren [...]". Auch hier findet sich die in der *GMS* und der *KrV* angeführte Bestimmung der Begrenzung des Verstandes durch den Anspruch der praktischen Vernunft, eine eigene Ordnung der Dinge zu entwerfen. Das ‚Geschäft' des Verstandes wird dadurch eingeschränkt, denn die praktische Vernunft beansprucht einen Bereich der Wirklichkeit für sich, der durch Verstandesprinzipien nicht erklärt werden könne. Die Vernunft wird als ein Vermögen betrachtet, Handlungen nicht als Erscheinungen erklären zu können, sondern als „Ursache [...] sie selbst zu erzeugen" (A 549/B 577 ff.). Sie schafft damit eine andere Ordnung als die ‚Naturordnung'. In der Natur gibt es keine Gründe, sondern immer nur Ursachen. Die Vernunft hingegen kann als eine ‚Kausalität in Ansehung der Handlungen des Menschen' bestimmt werden. Sie stiftet die Gründe für ein naturkausal unverursachtes Handeln.

Eine große Schwierigkeit dieses Abschnitts besteht in Kants Verwendung des Terminus ‚Handlung'. In *KrV* A 546 f./B 574 f. gebraucht er diesen Begriff zur Bezeichnung der Vernunfttätigkeit des Menschen. Er sei sich selbst ein intelligibler Gegenstand, weil „die Handlung desselben gar nicht zur Receptivität der Sinnlichkeit gezählt werden" könne (A 546/B 574 f.). Durch das intrinsische Handeln der Vernunft wird der Mensch sich seiner Intelligenz bewusst.

Im Laufe des Textes kommt Kant dann noch mehrfach auf den Begriff ‚Handlung' zu sprechen, verwendet ihn terminologisch aber auch im Sinne der *menschlichen Handlung*. So wie er die ‚Vernunft' und die ‚Ideen' aus *KrV* A 546 f./ B 574 f. im gesamten weiteren Text als praktische Vernunft und praktische Ideen auffasst, benutzt er auch den Begriff der *vernunftintrinsischen Handlung* nicht im Hinblick auf ein Handeln der Vernunft als Erkenntnisvermögen, sondern versteht darunter die Ursache menschlicher Handlungen in der Erscheinungswelt als Wirkungen der praktischen Vernunft:

> Gesetzt nun, man könnte sagen, die Vernunft habe Causalität in Ansehung der Erscheinung; könnte da wohl die Handlung derselben frei heißen, da sie im empirischen Charakter derselben

> (der Sinnesart) ganz genau bestimmt und nothwendig ist? Dieser ist wiederum im intelligibelen Charakter (der Denkungsart) bestimmt. Die letztere kennen wir aber nicht, sondern bezeichnen sie durch Erscheinungen, welche eigentlich nur die Sinnesart (empirischen Charakter) unmittelbar zu erkennen geben. Die Handlung nun, so fern sie der Denkungsart als ihrer Ursache beizumessen ist, erfolgt dennoch daraus gar nicht nach empirischen Gesetzen, d. i. so, daß die Bedingungen der reinen Vernunft, sondern nur so, daß deren Wirkungen in der Erscheinung des inneren Sinnes vorhergehen. Die reine Vernunft, als ein bloß intelligibeles Vermögen, ist der Zeitform und mithin auch den Bedingungen der Zeitfolge nicht unterworfen. Die Causalität der Vernunft im intelligibelen Charakter entsteht nicht, oder hebt nicht etwa zu einer gewissen Zeit an, um eine Wirkung hervorzubringen (A 551/B 579).

Kant spricht wie auch in der *KrV* von einer ‚Handlung der Vernunft' (‚Handlung derselben'). Diese Handlung, die wiederum Ursache der *menschlichen Handlung* in der Erscheinungswelt ist, folgt keinen empirischen Gesetzen und untersteht nicht der Zeit. Sie ist Resultat eines absolut spontanen Vermögens. Die reine praktische Vernunft ist insofern (im Hinblick auf die Denkungs- und nicht die Sinnenart) ein bloß intelligibles Vermögen, das auch der Zeitform nicht unterworfen ist. Auch die in *KrV* A 546/B 574 behauptete Unabhängigkeit von aller Rezeptivität betont Kant explizit noch einmal, wenn er schreibt, dass praktische Vernunft in diesem Sinne „gar nicht afficiert" (*KrV* A 555/B 583) sei.[134] Kant beschließt den Abschnitt mit einem methodischen Bescheidenheitsvorbehalt. Er habe mit seinen Überlegungen weder die Möglichkeit noch die Wirklichkeit der Freiheit beweisen, sondern bloß zeigen wollen, dass Natur und Freiheit einander nicht widerstritten.

Der Aufschlusswert der Parallelpassage aus der *KrV* (A 546 f./B 574 f.) für die Deutung von 452.7–21 ist nicht leicht zu bewerten. Diese Passage ist ähnlich mehrdeutig wie der Abschnitt aus der dritten Sektion der *GMS*. Allerdings überwiegen letztlich diejenigen Indizien, die die Annahme stützen, Kant beziehe sich bei seinem Rekurs auf die Vernunft und ihre Ideen auf die praktische Vernunft. Hierfür sprechen vor allem die Passagen vor und nach der möglichen Parallelpassage. Dem Kontext ist nicht zu entnehmen, dass Kants Ziel an dieser Stelle im Nachweis eines Übergangs von der theoretischen zur praktischen Vernunft läge. Er wendet vielmehr die Ergebnisse der Auflösung der dritten Antinomie auf den Menschen und dessen praktische Kausalität an. Zweifelsfrei identifiziert Kant in diesem Zusammenhang die Ideen der Vernunft mit den praktischen Ideen und kommt auf die Begrenzung des Verstandes durch die Vernunft zu sprechen. Diese erläutert er als eine Kompetenzbeschneidung des Verstandes durch die praktische Vernunft. Sie begrenzt unter Zuhilfenahme der Auflösung der dritten Antinomie den Geltungsbereich des Verstandes, der das Phänomen des Sollens nicht erklären

---

134 In der *KrV* schreibt Kant an anderer Stelle, dass die Handlung der Vernunft „gar nicht zur Receptivität der Sinne gezählt" (A 546 f./B 574) werden könne.

kann. Auch das *Übergangsproblem* (vgl. S. 135) spricht für eine Interpretation der Vernunftideen als praktische Vernunftideen. Kant bestimmt diejenige Vernunft, die er im Zusammenhang mit den Ideen der Vernunft benennt, in einem direkt auf diese Bestimmung folgenden Satz als Vernunft, die *praktische Kausalität* hat und Imperative aufstellt. Die möglichen Einwände gegen eine Deutung der Ideen der Vernunft als praktische Ideen durch den Hinweis auf Kants vermeintlich erkenntnistheoretische Termini, z. B. den Begriff ‚Apperzeption', ließen sich entkräften, da gezeigt werden konnte, dass Kant diese Begriffe in anderen Schriften auch im praktischen Kontext verwendet.

Nahezu unbeachtet ist in der Literatur zu *GMS* III die bereits erwähnte Parallelstelle aus den *Prolegomena*[135], in denen Kant sich ähnlich wie in *GMS* III und *KrV* A 546 f./B 574 f. zur Vernunft und ihren Ideen äußert. Ein Grund hierfür könnte wie bereits erwähnt darin liegen, dass diese Passage, die 452.7–21 entwicklungsgeschichtlich noch näher steht als der Abschnitt aus der *KrV*, die Deutung von 452.7–21 im Hinblick auf die theoretische Vernunft nicht nur nicht erlaubt, sondern einen Bezug auf die praktische Vernunft nahelegt. Da die *Prolegomena* eine bündige und begrifflich vereinfachte Zusammenfassung der ersten *Kritik* darstellen, spricht vieles dafür, dass 04:344 f. eine Paraphrase von *KrV* A 546 f./ B 574 f. darstellt[136]:

> 04:344.22 f. – 346.1–17
> Wir haben in uns ein Vermögen, welches nicht blos mit seinen *subjectiv bestimmenden Gründen*, welche die Naturursachen seiner Handlungen sind, in Verknüpfung steht und so fern das Vermögen eines Wesens ist, das selbst zu den Erscheinungen gehört, sondern auch auf objective Gründe, die blos *Ideen* sind, bezogen wird, so fern sie dieses Vermögen bestimmen können, welche Verknüpfung durch Sollen ausgedrückt wird. *Dieses Vermögen heißt Vernunft*; und so fern wir ein Wesen (den Menschen) lediglich nach dieser objectiv bestimmbaren Vernunft betrachten, kann es nicht als ein Sinnenwesen betrachtet werden, sondern die gedachte Eigenschaft ist die Eigenschaft eines Dinges an sich selbst, deren Möglichkeit, wie nämlich das Sollen, was doch noch nie geschehen ist, die *Thätigkeit* des-

135 Diese Interpretation wurde zum ersten Mal vorgestellt in Puls (2011, S. 557–561). Vgl. dazu auch Puls (2015, S. 180 f.).

136 Henrich (1975, S. 60) betont eine Nähe der *GMS* zu den *Prolegomena:* „So hat Kant die Hauptfrage der ‚Kritik' in Beziehung auf Moralität, wie nämlich kategorische Imperative möglich sind, in genauer Analogie zum Verfahren der ‚Prolegomena' auch ins Zentrum der ‚Grundlegung' gestellt. Die erste Skizze zum Programm der ‚Grundlegung' hat er sogar im Zusammenhang mit der Vorbereitung auf die ‚Prolegomena' niedergeschrieben. Die Nähe der beiden Schriften zueinander wird auch dadurch deutlich, daß Kant in den ‚Prolegomena' die Thesen der ‚Kritik' auf ‚die Hauptpunkte' konzentrieren (Prol. 261), in der ‚Grundlegung' die ‚Hauptzüge' einer Kritik des praktischen Vernunftvermögens entwickeln will (445, 18)", vgl. dazu 23:60). Auch dieser Befund Henrichs, der eine grundsätzliche Nähe zwischen der *GMS* und den *Prolegomena* untermauert, könnte womöglich für eine Nähe zwischen 04:344 f. und 452.7–30 sprechen.

selben bestimme und Ursache von Handlungen sein könne, deren Wirkung Erscheinung in der Sinnenwelt ist, *wir gar nicht begreifen können.* Indessen würde doch die Causalität der Vernunft in Ansehung der Wirkungen in der Sinnenwelt Freiheit sein, so fern objective Gründe, *die selbst Ideen sind*, in Ansehung ihrer *als bestimmend* angesehen werden. Denn ihre Handlung hinge alsdann *nicht an subjectiven*, mithin auch keinen Zeitbedingungen und also auch nicht vom Naturgesetze ab, das diese zu bestimmen dient, weil Gründe der Vernunft allgemein, aus Principien, ohne Einfluß der Umstände der Zeit oder des Orts Handlungen die Regel geben. [...] Hiedurch wird also die *praktische Freiheit*, nämlich diejenige, in welcher die Vernunft nach *objectiv*=bestimmenden Gründen Causalität hat, *gerettet*, ohne daß der Naturnothwendigkeit in Ansehung eben derselben Wirkungen als Erscheinungen der mindeste Eintrag geschieht (Hervorh. H. P.).

Wie in *GMS* III hebt Kant auch in den *Prolegomena* hervor, dass der Mensch ein Vermögen in sich vorfindet bzw. in sich hat (vgl. 452.7), das nicht auf *subjektiv bestimmenden Gründen* (vgl. 457.6 f.) beruht, und dieses Vermögen ist die *Vernunft* (vgl. 452.9, 457.6).[137] Hinsichtlich dieses von Kant in den *Prolegomena* sofort als praktische Vernunft spezifizierten Vermögens, das ein moralisches Sollen impliziert, welches wir nicht als eine empirische Eigenschaft unserer selbst begreifen können[138], kann der Mensch nicht als Sinnenwesen betrachtet werden, sondern nur als *Ding an sich.* Diese praktische Vernunft als intelligible Vernunfthandlung, d. h. Vernunfttätigkeit[139] des Menschen, ist die Ursache moralischer Handlungen in der empirischen Welt. Die moralischen *Ideen* (vgl. *KrV* A 547 f./B 575 f.) bilden die *Gründe* (vgl. *KrV* A 550/B 578), die diese Handlungen in Differenz zu den *bloß subjektiv bestimmenden Ursachen* (vgl. 457.6 f.) *objektiv* bestimmen. Das jedem vernünftig handelnden Menschen dabei immer schon zugeschriebene Selbstverständnis, also die *praktische Freiheit*, bedarf der Vorstellung, dass der Mensch sich als Erscheinung und als Ding an sich betrachten kann. Dieses Selbstverständnis kann damit vor den moralreduktionistischen Geltungsansprüchen des Deterministen *gerettet* werden (vgl. 457.1 f., 458.23 – 25). Die Analyse der entsprechenden Stellen der *Prolegomena* könnte damit ein Schlüssel zur Interpretation von *KrV* A 543 – 548/B 579 – 585 und 452.7– 12/457.4 – 27 sein: Der Mensch hat ein Vermögen in sich, welches nicht durch die *bloß subjektiv bestimmenden Gründe und Ursachen*, also die Neigungen, Begierden und Antriebe, definiert ist. Dieses Vermögen besteht hier wie dort im Vermögen der (praktischen) Vernunft, die objektiv durch Ideen der praktischen Vernunft, d. h. durch das Sittengesetz, bestimmt wird. Der

---

137 Wie in der entsprechenden Passage aus der *GMS* spricht Kant auch in den *Prolegomena* zunächst von der Vernunft in allgemeiner Perspektive (‚Dieses Vermögen heißt Vernunft'), um diese kurz danach als eine genuin praktische Vernunft zu spezifizieren.

138 Vgl. dazu auch die Parallelstelle *KrV* A 543 – 548/B 579 – 585.

139 Vgl. wieder *KrV* A 546 f./B 574 f.

Mensch kann sich dadurch als ein von der Sinnenwelt unabhängiges Wesen begreifen; er wird sich seiner Eigenschaft als Ding an sich selbst bewusst. Durch die Unterscheidung zwischen Ding an sich und Erscheinung, also durch die Auskunft des transzendentalen Idealismus, kann dieses subjektiv und praktisch immer schon unproblematisch vorausgesetzte Selbstverständnis auch gegen deterministische Einwände verteidigt werden.

Insgesamt überwiegen also Gründe dafür, Kants Rekurs auf ‚die Vernunft' und ‚die Ideen' in *GMS* III als einen Bezug auf die praktische Vernunft und die praktischen Ideen zu begreifen. Eine solche Deutung wird nicht nur durch Kants nochmaligen Hinweis auf die Ideen in 460.20 suggeriert. Trotz aller Mehrdeutigkeit sprechen hierfür auch die Parallelstellen aus der *KrV* – und vor allem die eben interpretierte Stelle aus den *Prolegomena.*

Kant fährt nach dem eben erläuterten, mehrdeutigen Rekurs auf *die* Vernunft mit folgendem Schluss fort:

> 452.23 – 30
> Um deswillen muß ein vernünftiges Wesen sich selbst als *Intelligenz* (also nicht von Seiten seiner untern Kräfte), nicht als zur Sinnen=, sondern zur Verstandeswelt gehörig, ansehen; mithin hat es zwei Standpunkte, daraus es sich selbst betrachten und Gesetze des Gebrauchs seiner Kräfte, folglich aller seiner Handlungen erkennen kann, *einmal*, so fern es zur Sinnenwelt gehört, unter Naturgesetzen (Heteronomie), *zweitens*, als zur intelligibelen Welt gehörig, unter Gesetzen, die, von der Natur unabhängig, nicht empirisch, sondern bloß in der Vernunft gegründet sind.

Mit dem ‚vernünftigen Wesen' ist an dieser Stelle – wie es in der dritten Sektion durchweg der Fall ist – der sinnlich-vernünftige Mensch gemeint (vgl. 448.27, 449.36, 451.22, 451.37, 452.7, 452.32). Darin liegt im Gegensatz zur ersten und zweiten Sektion gerade die Pointe dieses Abschnittes. Weder geht es hier um ein heiliges Wesen und dessen reinen Willen noch um den Menschen allein im Hinblick auf seine Vernünftigkeit. Durch die Hinwendung der ‚Kritik des Subjekts' soll der Boden der reinen Begriffsanalyse verlassen werden und der Blick weg von den Implikationen des Menschen, rein als Vernunftwesen betrachtet, hin zur tatsächlichen Vermögensstruktur des Menschen vollzogen werden. Weil (‚um deswillen') das vernunftbegabte Sinnenwesen Mensch *wirklich das Vermögen der Vernunft in sich findet*, muss es sich als Intelligenz, d. h. als ein Wesen, das der Verstandeswelt angehört, betrachten. Wichtig ist nun die unmittelbare Explikation des Ausdrucks ‚Intelligenz' durch ‚also nicht von Seiten seiner untern Kräfte'. Betrachtet man die gesamte Passage, in der Kant die beiden spontanen (‚selbsttätigen') Vermögen Verstand und Vernunft differenziert, wobei die Vernunft als ein absolut spontanes, in ihrem Spontaneitätsgrad noch über den Verstand ‚erhobenes' Vermögen qualifiziert wird, so könnte auf den ersten Blick der Eindruck entstehen, dass Kant mit der Explikation der ‚Intelligenz' in

452.23 durch die Formulierung ‚also nicht von Seiten seiner untern Kräfte' die Spontaneität der theoretischen Vernunft noch einmal vom menschlichen Verstand abgrenzt. Dieser könnte als ein der Vernunft untergeordnetes Vermögen begriffen werden. Eine solche Interpretation ist aber problematisch, weil Verstand und Vernunft beide Spontaneitätsvermögen sind, die obere Erkenntnisvermögen darstellen und sich lediglich von ihrem Spontaneitätsgrad her unterscheiden. Der *Gegensatz* zu den absolut spontanen Kräften der Vernunft als einem Vermögen, das regulative Ideen hervorbringen kann, kann nicht in den (ebenfalls spontanen) Verstandeskräften liegen, sinnlichen Vorstellungen Einheit zu geben. Es kann an dieser Stelle also nicht um die Differenz zwischen Spontaneitätsgraden theoretischer Leistungen der Vernunft gehen (Vernunft als eine ‚obere Kraft' vs. Verstand als eine ‚untere Kraft').

Die gesamte Passage wird überhaupt nur verständlich, wenn man den Ausdruck ‚Kräfte' näher betrachtet, den Kant in 452.24 und 452.27 verwendet. In 452.27 spricht er von den *Gesetzen* des Gebrauchs dieser ‚Kräfte' und nimmt damit den Ausdruck ‚Kräfte' aus 452.24 wieder auf. Das Subjekt könne seine *Handlungen*, die Resultat der ‚Kräfte' des Subjekts seien, unter zwei Perspektiven betrachten und *erkennen:* aus der Perspektive der Heteronomie, d. h. einer kausalen Bestimmung durch Naturkräfte, oder eben aus der Perspektive der in *der* Vernunft gründenden Gesetze. Die terminologisch eindeutige Explikation der ‚Kräfte' aus 452.24 durch den Hinweis auf die ‚*Gesetze* des Gebrauchs seiner *Kräfte*, folglich aller seiner Handlungen' (Hervorh. H. P.)[140] und die nochmalige Spezifikation der *Gesetze* dieser Kräfte als Gesetze der praktischen Vernunft oder der Natur lassen keine andere als die folgende Einschätzung zu: Die in 452.23 genannte ‚Intelligenz' (die

140 Auch eine andere Auffassung des Begriffs ‚Handlung' in 452.23, die z. B. Timmermann erwägt, stiftet mehr Verwirrung als dass sie weitere Einsicht in diese Passage eröffnete. Timmermann (2004, S. 145) kommentiert an dieser Stelle: „Wenn Kant in diesem zusammenfassenden Absatz von ‚Handlungen' spricht, so meint er die Handlungen der Vernunft, nicht Handlungen des (ausführenden) Willens, also menschliche Handlungen in unserem heutigen engeren Sinn." Eine solche Interpretation kann aber allein aufgrund der Satzstruktur in 452.23 – 30 nicht zutreffen, da Kant von Handlungen spricht, die *Resultat* (oberer oder unterer Kräfte) des Subjekts sind und vom Subjekt selbst durch *zwei Perspektiven* hinsichtlich einer je bestimmten Handlungsgesetzlichkeit beurteilt werden können. Was sollte es überhaupt heißen, dass wir uns ‚selbst betrachten' und bei der Betrachtung der (dann bereits erfolgten) ‚Handlungen unserer Vernunft' bestimmte Gesetzmäßigkeiten dieser (intrinsischen) Vernunfthandlungen erkennen können? Kant spricht zudem von der ‚Erkenntnis' eines bestimmten Gesetzescharakters in *zwei* (!) Perspektiven. Wenn mit den ‚Handlungen' des Menschen (‚*allen* seinen Handlungen', vgl. 452.27) tatsächlich intrinsische Handlungen der Vernunft gemeint wären, dann würde die weitere Feststellung Kants in 452.27 – 30, dass der Mensch *auch* den Gesetzescharakter der bloß ‚unter Naturbedingungen (Heteronomie)' stehenden *Handlungen* erkennt, keinen Sinn ergeben: Demnach müsste der Mensch dann nämlich auch ein Bewusstsein der ‚unter Naturbedingungen' stehenden ‚Handlungen der Vernunft' haben können – und das erscheint nicht sinnvoll.

im Gegensatz zum Stellenwert des Menschen als eines von seinen ‚untern Kräften' geleiteten Wesens) nicht auf den Status des Menschen als eines mit theoretischer Vernunftspontaneität ausgestatteten Wesens abzielt, sondern auf die Intelligenz des Menschen als eines Wesens, das ‚Gesetze des Gebrauchs seiner *Kräfte*, folglich aller seiner Handlungen' *erkennt* (vgl. nochmals 452.27). Die Lesart, die Schöneckers Deutung impliziert[141], wäre auch dadurch nicht zu retten, dass man annähme, Kant meinte mit der ‚Intelligenz' aus 452.23 die theoretische Vernunftspontaneität[142] und ginge dann (unter der Hand) im darauffolgenden Satz durch das ‚mithin' zur praktischen Intelligenz über. Denn schon der Intelligenzbegriff aus 452.23 ist durch die Erläuterung ‚also nicht von Seiten seiner untern *Kräfte*', welche Kant kurz darauf eindeutig handlungstheoretisch definiert, als ein praktischer Intelligenzbegriff zu verstehen. Kant bestimmt diese ‚Kräfte' als Grundlage von *menschlichen Handlungen*, die unter bestimmten praktischen Gesetzmäßigkeiten (Autonomie oder Heteronomie) stehen, und nicht etwa als Grundlage von Handlungen der theoretischen Vernunft. Wäre mit der ‚Intelligenz' in 452.23 tatsächlich der Fokus auf den Menschen als ein Wesen mit reiner theoretischer Vernunftspontaneität verbunden, dann dürfte Kant den die ‚Intelligenz' erläuternden Begriff der ‚Kräfte' nicht auf *Handlungsprinzipien* des Subjekts beziehen, sondern müsste z. B. nochmals auf den Kontrast zwischen den ‚Kräften' der Rezeptivität des Subjekts und der Spontaneität des Subjekts in theoretischer Perspektive verweisen. Durch eine Paraphrase des Textes kann man die Plausibilität dieses Einwands am Text selbst sehr deutlich nachvollziehen. Die Passage in 452.23 – 30 könnte man im Sinne der These eines kantischen Bezugs auf die reine

---

141 Vgl. Schönecker (1999, S. 290 – 293).

142 Allison (2011, S. 326) widmet dem Abschnitt 452.23 – 30 keine genauere Interpretation, sondern stellt lediglich fest: „As this and the preceding passages make clear, Kant took a being's possession of theoretical reason to justify its conception of itself as a member of the intelligible world in virtue of the kind of self-activity that the use of reason involves, namely, one that unlike that of the understanding, is completly free from any sensuous contribution". Auch Allison unterstellt damit, dass der Mensch sich aufgrund eines Bewusstseins seiner theoretischen Vernunft als Intelligenz und damit ‚nicht von Seiten seiner unteren Kräfte' begreifen müsse. Allerding bemerkt auch Allison nicht, dass eine solche Deutung das Problem beinhaltet, dass Kant in 452.27 in einem resümierenden Rückbezug (‚mithin') auf den Satz davor die ‚Kräfte' des Menschen eindeutig als praktisch relevante Kräfte versteht (‚Gesetze des Gebrauchs seiner Kräfte, folglich aller seiner Handlungen') und dass damit auch die ‚unteren Kräfte' aus 452.24, die den Begriff des Subjekts als Intelligenz in theoretischer Perspektive in 452.23 erläutern sollen, die heteronom bedingten Handlungskräfte des Subjekts sind. Allisons und Schöneckers Lesarten können beide nicht überzeugen, weil sie dem Text in 452.23 – 30 eine Aussage unterstellen, die mit diesem selbst hier nicht vereinbar ist. Zum einen ist der Intelligenzbegriff hier ein praktischer; zum anderen findet sich an dieser Stelle auch nicht im Ansatz ein Übergang von der theoretischen zur praktischen Vernunft.

theoretische Vernunftspontaneität auf zweierlei Weise paraphrasieren (abhängig davon, ob man das ‚mithin' explikativ oder als Folgerung liest):

> V1: *Weil das vernünftige Wesen das Vermögen hat, reine regulative Vernunftideen hervorzubringen, muss es sich als Intelligenz betrachten und damit nicht von Seiten seiner unteren Kräfte, d. h. nicht im Hinblick auf entweder den rein rezeptiven inneren Sinn oder den nicht absolut spontanen Verstand. Dementsprechend (weil es über untere und obere Kräfte verfügt und damit schon über zwei Perspektiven auf den Menschen) hat es zwei Standpunkte, aus denen heraus es sich betrachten kann, und Gesetze des Gebrauchs seiner (oberen und unteren) Kräfte (innere Sinne und Verstand vs. reine theoretische Ideenspontaneität) und damit (‚folglich') aller seiner Handlungen erkennen kann – einmal als ein zur Sinnenwelt gehöriges Wesen, dessen seine Kräfte bestimmende Gesetze in der Natur gegründet sind, und einmal als ein Wesen, dessen seine Kräfte bestimmende Gesetze in der Autonomie gegründet sind.*

Das ‚mithin' lässt sich durchaus explikativ auffassen: Der zweite Satz, der mit ‚mithin' beginnt, könnte eine Erläuterung des ersten Satzes darstellen – weil es einen Charakter des vernünftigen Wesens als Intelligenz und damit eine Perspektive auf dieses Wesen hinsichtlich seiner oberen Kräfte gibt (und damit auch eine Perspektive auf den Menschen hinsichtlich seiner unteren Kräfte):

> V2: *Weil das vernünftige Wesen das Vermögen hat, reine regulative Vernunftideen hervorzubringen, muss es sich als Intelligenz betrachten – und damit nicht von Seiten seiner unteren Kräfte, d. h. nicht im Hinblick auf entweder den rein rezeptiven inneren Sinn oder den nicht absolut spontanen Verstand. Darum (weil es sich als Intelligenz betrachten muss) hat es zwei Standpunkte, aus denen es sich betrachten und Gesetze des Gebrauchs seiner (oberen und unteren) Kräfte (innere Sinne und Verstand vs. reine theoretische Vernunft) und damit (‚folglich') aller seiner Handlungen erkennen kann. Einmal als ein zur Sinnenwelt gehöriges Wesen, dessen seine Kräfte bestimmende Gesetze in der Natur gegründet sind, und einmal als ein Wesen, dessen seine Kräfte bestimmende Gesetze in der Autonomie gegründet sind.*

Selbst also wenn man das ‚mithin' im Sinne von ‚folglich' liest und damit einen Übergang von dem möglicherweise durch reine theoretische Vernunftspontaneität legitimierten Status des vernünftigen Wesens als (theoretische) Intelligenz zum Status des vernünftigen Wesens als praktische Intelligenz zugesteht (der aber von Kant explizit hier nicht angesprochen wird), bleibt das Problem der *eindeutig praktisch* definierten Bedeutung des *Kräftebegriffs* bestehen. Unter ‚Kräften' versteht Kant in 452.27–30 ohne jeden Zweifel *praktische Kräfte* des Subjekts, d. h. eine grundsätzliche Handlungskausalität des Subjekts. Würde man, wie z. B. Schönecker, unter ‚Kräften' im Absatz 452.24 einen Bezug auf untere und obere Erkenntniskräfte vermuten, ließe sich eine solche Interpretation im Hinblick auf die gedankliche Konsistenz des gesamten Absatzes in 452.23–30 nur aufrechterhalten, wenn man annähme, dass Kant den Begriff der ‚Kräfte' hier in zwei ganz unterschiedlichen Bedeutungen benutzte – in 452.23 als ‚Erkenntniskräfte' und in 452.27 als ‚Kräfte' des praktischen Handelns. Ein solcher Vorschlag könnte aber bloß eine unbefriedigende Ad-hoc-Lösung darstellen.

Von großer Wichtigkeit für ein richtiges Verständnis der gesamten Argumentationsstruktur der dritten Sektion ist, wie bereits skizziert, die Einsicht, dass Kant in 452.23 unter dem ‚vernünftigen Wesen' nicht den Menschen, rein als Glied der Verstandeswelt betrachtet, sondern das vernunftbegabte Sinnenwesen Mensch versteht.[143] In 452.23–30 spricht Kant von ‚zwei Standpunkten' (452.25), von denen aus sich der Mensch betrachten kann. Allerdings darf diese Stelle nicht so verstanden werden, als wären diese beiden – in analytischer Hinsicht trennbaren – Standpunkte hier noch zwei Perspektiven auf den Menschen, die nicht durch das von Kant als Hebung des Zirkelverdachts postulierte Auffinden der Vernunft in sich selbst schon miteinander verbunden wären. Weil er wirklich Vernunft in sich findet, darf der sinnlich-vernünftige Mensch sich *auch* als ein Wesen verstehen, das der Verstandeswelt angehört. Damit meint Kant aber nicht, dass er die ‚Gesetze des Gebrauchs seiner Kräfte', welche seinen ‚Handlungen' zugrunde liegen, die aus der Verstandeswelt stammen, wieder nur als *rein vernünftiges Wesen* ‚erkennen kann'. Das Pronomen ‚es' in 452.25 bezieht sich auf das ‚vernünftige Wesen' in 452.23 und dieses Wesen ist der sinnlich-vernünftige Mensch, denn Kant bezeichnet das vernünftige Wesen, das hier im Mittelpunkt stehen soll, sowohl vor der Passage in 452.23–30 als auch danach als ‚Menschen' (vgl. 452.7 u. 452.32).

Wenn Kant schreibt, dass der Mensch sich aus dem Standpunkt seiner Zugehörigkeit zur intelligiblen Welt und ihrer Gesetzlichkeit betrachten kann und er die intelligiblen Gesetze seiner Handlungen erkennt, dann liegt der entscheidende Aspekt darin, dass er diese Erkenntnis als *Mensch* hat – und nicht nur als ein rein vernünftiges Wesen, als Glied bloß der Verstandeswelt. Die Pointe der dritten Sektion besteht gerade darin, dass hier nicht mehr das *analytische Präparat* eines rein vernünftigen Willens überhaupt (Sektion 1) oder bloß der *Begriff* der praktischen Vernunft und seine semantischen Implikationen betrachtet werden sollen (Sektion 2), sondern die menschliche Subjektivität als eine sinnliche *und* vernünftige *Gesamtheit*. Kants Behauptung, dass der Zirkelverdacht in Sektion 3 gehoben worden sei, ist ein weiteres wichtiges Argument dafür, dass er nicht bloß meint, nachgewiesen zu haben, dass der Mensch sich allein im Hinblick auf seine Vernunftbegabung als unter dem nicht-imperativischen Gesetz stehend erkennt, sondern sich als dem Sittengesetz *unterworfen* betrachtet.

---

143 Kant spricht zwar in 452.32 vom ‚vernünftigen Wesen', umrahmt ist dieser Ausdruck aber vom Begriff des ‚Menschen' (vgl. 452.7 u. 452.37).

452.31–453.1 f.
Als ein vernünftiges, mithin zur intelligiblen Welt gehöriges Wesen kann der Mensch die Kausalität seines eigenen Willens niemals anders als unter der Idee der Freiheit denken; denn Unabhängigkeit von den bestimmenden Ursachen der Sinnenwelt (dergleichen die Vernunft jederzeit sich selbst beilegen muß) ist Freiheit. Mit der Idee der Freiheit ist nun der Begriff der *Autonomie* unzertrennlich verbunden, mit diesem aber das allgemeine Prinzip der Sittlichkeit, welches in der Idee allen Handlungen *vernünftiger* Wesen ebenso zum Grunde liegt, als das Naturgesetz allen Erscheinungen.

Dieser Satz muss in direktem Zusammenhang mit dem vorangegangenen interpretiert werden: Wenn der *Mensch* als vernunftbegabtes Wesen ‚Gesetze des Gebrauchs seiner Kräfte [...] erkennen kann' und zwar ‚als zur intelligiblen Welt gehörig, unter Gesetzen, die von der Natur unabhängig, nicht empirisch, sondern bloß in der Vernunft gegründet sind', dann *muss* der Mensch sich unter der Idee der Freiheit denken. An dieser Stelle bezieht sich Kant auf Sektion 2 zurück. Dort hatte er nachgewiesen, dass wir dem Willen und der praktischen Vernunft die Freiheit zuzuschreiben oder beizulegen haben. Die Notwendigkeit, sich die Freiheit beizulegen, erwuchs in Sektion 2 aus dem Streben nach begrifflicher Konsistenz: So etwas wie eine praktische Vernunft, die sinnlich bestimmt ist, widerspricht dem Begriff dieser Vernunft. Wäre sie keine freie Vernunft, dann wäre sie eben gar keine Vernunft, sondern bloße Sinnlichkeit. Dieser semantische Befund wird nun praktisch ratifiziert. Ein Wesen, das sich als unter Gesetzen handelnd erkennt, die von der Natur unabhängig und bloß in der Vernunft gegründet sind, ein Wesen also, dem die ‚Unabhängigkeit von den bestimmenden Ursachen der Sinnenwelt' bewusst ist, kann die ‚Kausalität seines eigenen Willens niemals anders als unter der Idee der Freiheit denken'. Es ist eine Sache, dass der Begriff der praktischen Vernunft nur durch die Annahme der Idee der Freiheit überhaupt konsistent denkbar ist, eine andere aber, ob dieses begriffliche Verhältnis auch wirklich der Vermögensstruktur des Menschen entspricht. Kants Überlegungen in 452.23–37–453.1 f. zufolge liegt ein solcher Zusammenhang vor: Der Mensch *erkennt* sich praktischen Vernunftgesetzen unterworfen, die er sich selbst gibt, und erweist sich dadurch praktisch als frei. Frei zu sein bedeutet, autonom zu sein, nämlich sich selbst ein Gesetz (das Sittengesetz) zu geben. In diesem Sinne hat Kant 1.) die Idee der Freiheit und 2.) die Unterworfenheit des Menschen unter das sittliche Gesetz aus der praktischen Vernunft deduziert.

Die abschließende Passage ist von großer Wichtigkeit. Sie formuliert noch einmal zusammengefasst die Hebung des Zirkelverdachts. Mit ihr muss sich die vorgeschlagene Interpretation in Einklang bringen lassen:

453.3–15
Nun ist der Verdacht, den wir oben rege machten, gehoben, als wäre ein geheimer Zirkel in unserem Schlusse aus der Freiheit auf die Autonomie und aus dieser aufs sittliche Gesetz enthalten, daß wir nämlich vielleicht die Idee der Freiheit nur um des sittlichen Gesetzes willen zum Grunde legten, um dieses nachher aus der Freiheit wiederum zu schließen, mithin von jenem gar keinen Grund angeben könnten, sondern es nur als Erbittung eines Prinzips, das uns gutgesinnte Seelen wohl gerne einräumen werden, welches wir aber niemals als einen erweislichen Satz aufstellen könnten. Denn jetzt sehen wir, daß, wenn wir uns als frei denken, so versetzen wir uns als Glieder in die Verstandeswelt und erkennen die Autonomie des Willens, samt ihrer Folge, der Moralität: denken wir uns aber als verpflichtet, so betrachten wir uns als zur Sinnenwelt und doch zugleich zur Verstandeswelt gehörig.

Ganz explizit nennt Kant die ‚Art von Zirkel' (450.18) nun einen ‚Verdacht', der durch die Überlegungen im Abschnitt nach dessen erster Formulierung jetzt gehoben sein soll. Kant löst an dieser Stelle also keinen wirklichen Zirkel auf, sondern es soll sich zeigen, dass sich der bestehende *Verdacht* eines argumentativen Zirkels – als einer Gefahr, die sich durch falsche Anwendung der Analytizitätsthese ergibt – durch eine ‚Kritik des Subjekts' aufheben lässt. Dass Kants gesamte Formulierung dieses Verdachts rhetorisch geprägt ist, wird neben seinen Relativierungen (vgl. 449.24, 453.6) noch einmal dadurch deutlich, dass er nun plötzlich von einem ‚geheimen Zirkel' (453.4) spricht. Bei der ersten Formulierung des Zirkels hingegen heißt es, man müsse ‚frei gestehen' (450.18), dass sich ein Zirkel zeige – was doch eher darauf hindeutet, dass der Zirkelverdacht nicht geheim ist, sondern relativ einfach und offensichtlich nachvollziehbar. Mit dem Hinweis auf einen ‚Verdacht, den wir oben rege machten' und der nun gehoben sein soll, kann Kant sich nur auf die erste Formulierung des Zirkels in 449.24–450.1–29 beziehen. In diesem Zusammenhang darf man, weil Kant nichts Gegenteiliges behauptet, erwarten, dass die zweite Formulierung des Zirkelverdachts – den er jetzt als gehoben ansieht und an dessen erste Erwähnung er hier erinnert – in Aufbau und Inhalt mit eben dieser ersten Formulierung identisch ist.

Wie wir gesehen haben (vgl. S. 99 ff.), umfasst der Zirkelverdacht in seiner ersten Formulierung zwei Probleme – zum einen die Problematik der unbegründeten Freiheit und zum anderen die noch nicht beantwortete Frage nach der Geltung des Sittengesetzes für den Menschen als sinnlich-vernünftiges Wesen: Weil der Mensch das moralische Gesetz für etwas Wichtiges hält und sich gern als ein rein moralisches Wesen denken will, nimmt er die Bedingung dafür, sich als ein solches Wesen denken zu können, die Freiheit, an. Diese nur angenommene Freiheit ist aber allein dadurch noch nicht *begründet*. In einem zweiten Schritt (‚nachher', 450.21) denkt der Mensch sich dann aufgrund dieser – in einer bestimmten Perspektive unterstellten – Freiheit im Hinblick auf seinen sinnlich-vernünftigen Charakter auch als ein dem Sittengesetz *unterworfenes* Wesen. In der Passage, die der ersten Zirkelformulierung vorausgeht

(Z0), gilt vor allem dieser Frage, wie wir gesehen haben, Kants ganze Aufmerksamkeit: 449.7–36–450.1–17 fragt danach, wie es möglich ist, dass der Mensch als sinnlich-vernünftiges Wesen dem Sittengesetz *unterworfen* ist. Diese lange Betrachtung mündet dann in der ersten Formulierung des Zirkels, der die beiden erwähnten Probleme umfasst (ich wiederhole den Abschnitt zwecks eines Vergleichs mit der zweiten Formulierung; 450.18–29):

> Es zeigt sich hier, man muß es frei gestehen, eine Art von Cirkel, aus dem, wie es scheint, nicht heraus zu kommen ist. Wir nehmen uns in der Ordnung der wirkenden Ursachen als frei an, um uns in der Ordnung der Zwecke unter sittlichen Gesetzen zu denken, und wir denken uns nachher als diesen Gesetzen unterworfen, weil wir uns die Freiheit des Willens beigelegt haben; denn Freiheit und eigene Gesetzgebung des Willens sind beides Autonomie, mithin Wechselbegriffe, davon aber einer eben um deswillen nicht dazu gebraucht werden kann, um den anderen zu erklären und von ihm Grund anzugeben, sondern höchstens nur, um in logischer Absicht verschieden scheinende Vorstellungen von eben demselben Gegenstande auf einen einzigen Begriff (wie verschiedne Brüche gleichen Inhalts auf die kleinsten Ausdrücke) zu bringen.

Ein Vergleich der ersten Formulierung des Zirkelverdachts (Z1) mit der zweiten in 453.3–15 (Z2) kann weiteren Aufschluss über deren Bedeutung bringen. Ich stelle beide Formulierungen, unterteilt in jeweils drei Teilsätze, einander gegenüber:

> Z1: [Z1.1] Es zeigt sich hier, man muß es frei gestehen, eine Art von Cirkel, aus dem, wie es scheint, nicht heraus zu kommen ist. [Z1.2] Wir nehmen uns in der Ordnung der wirkenden Ursachen als frei an, um uns in der Ordnung der Zwecke unter sittlichen Gesetzen zu denken, [Z1.3] und wir denken uns nachher als diesen Gesetzen unterworfen, weil wir uns die Freiheit des Willens beigelegt haben.

Die zweite Formulierung des Zirkels im Zusammenhang mit dessen Hebung lautet:

> Z2: [Z2.1] Nun ist der Verdacht, den wir oben rege machten, gehoben, als wäre ein geheimer Zirkel in unserem Schlusse aus der Freiheit auf die Autonomie und aus dieser aufs sittliche Gesetz enthalten, [Z2.2] daß wir nämlich vielleicht die Idee der Freiheit nur um des sittlichen Gesetzes willen zum Grunde legten, [Z2.3] um dieses nachher aus der Freiheit wiederum zu schließen.

Der Satz Z1.2, ‚Wir nehmen uns in der Ordnung der wirkenden Ursachen als frei an, um uns in der Ordnung der Zwecke unter sittlichen Gesetzen zu denken', lässt sich mit dem Satz Z2.2, ‚dass wir nämlich vielleicht die Idee der Freiheit nur um des sittlichen Gesetzes willen zum Grunde legten', parallelisieren. Der vorausgehende Satz in Z2.1 beschreibt nur die argumentative Richtung von der Freiheit über die Autonomie hin zum sittlichen Gesetz. Er stellt damit bloß eine vorausgreifende Explikation dessen dar, was dann folgt. Z1.1 spricht von einer ‚Art von Zirkel', aus der scheinbar kein

Ausweg möglich ist, während in Z2.1 von einem ‚geheimen Zirkel' die Rede ist – und dieser geheime Zirkel dadurch nachträglich relativiert wird, dass die Hebung eines bloßen Verdachts thematisiert wird. Sofern man hinter den Formulierungen ‚Art von Zirkel' und ‚geheimer Zirkel' nicht einen inhaltlichen Unterschied vermutet, stimmen sie zumindest in ihrer grundsätzlichen Stoßrichtung überein. Die Formulierung in Z2.1 ist allerdings ausführlicher, weil sich hier schon eine vorausgreifende Zusammenfassung des geheimen Zirkels findet, die den Satz mit ‚um zu' und den darauf folgenden Satz umschließt, der einen nachzeitigen Aspekt des möglichen Zirkelschlusses beschreibt – und in dem sich anders als in Z1 der Bezug auf die Autonomie findet. Z2.1 spricht in dieser vorausgreifenden Formulierung des Zirkels von einem ‚Schluss' der Freiheit auf die Autonomie und weiter auf das sittliche Gesetz. In Z1.1 und Z2.2 wird dies als ein ‚Unter-dem-Gesetz-Stehen' bzw. sich diesem als unterworfen ‚denken' ausgedrückt.

In beiden Teilsätzen Z1.2 und Z2.2 scheint Kant denselben Sachverhalt ausdrücken zu wollen: Wir nehmen uns als frei an / legen die Idee der Freiheit zugrunde, *um* uns unter sittlichen Gesetzen zu denken / *um* des sittlichen Gesetzes willen. Wir denken uns also als freie Wesen, *um* uns in einem zunächst von der spezifischen Verfassung unserer selbst (als Menschen) losgelösten Sinne als (rein) moralische Wesen sehen zu können.[144] Sich als ‚frei annehmen' (Z1.2) und ‚Freiheit zugrunde legen' (Z2.2) stellen lediglich unterschiedliche Formulierungen desselben Sachverhalts dar. Gleiches gilt für die Ausdrücke ‚um uns unter sittlichen Gesetzen zu denken' (Z1.2) und ‚um des sittlichen Gesetzes willen' (Z2.2). Die letzte Formulierung stellt eine verkürzte Form der ersten dar. Dadurch, dass Kant an dieser Stelle nicht explizit von einer *Unterworfenheit* unter das Sittengesetz spricht, legt er nahe, dass es noch um das Sittengesetz in seiner nicht-imperativischen Bedeutung geht. Die jeweils erste argumentative Komponente beider Formulierungen des Zirkelverdachts (Annahme der Freiheit, *um* uns als *unter* dem Gesetz stehende Wesen denken zu können) weist also die zu erwartende Übereinstimmung auf. Diese muss wie gesagt vorausgesetzt werden, weil sich Kant mit der Erinnerung an einen ‚Verdacht, den wir oben rege machten' (453.3), nur auf die erste Formulierung des Zirkelverdachts beziehen kann – und nicht erkennen lässt, dass er den Zirkelverdacht nur knappe drei Seiten später inhaltlich abgeändert hätte.

---

144 Den Bezug auf die ‚Ordnung der Zwecke' und die ‚Ordnung der wirkenden Ursachen' klammere ich in diesem Zusammenhang aus. Wie wir gesehen haben (vgl. S. 103), deutet die erste Formulierung darauf hin, dass es an dieser Stelle um das Sittengesetz für rein vernünftige Wesen geht, dass also nicht der nötigende Charakter des Sittengesetzes im Vordergrund steht. Die zweite Formulierung verweist auf die Welt der Erscheinungen, aus der heraus sich das Subjekt in eine andere Ordnung versetzt.

Z1.3 und Z2.3 weisen durch die beiden Sätzen gemeine Verwendung des Wortes ‚nachher' auf einen nachzeitigen Aspekt im Zirkelverdacht hin, was vermuten lässt, dass auch Z1.3 und Z2.3 inhaltlich identisch sind. Anders als bei den jeweils ersten beiden Teilsätzen führt der Vergleich von Z1.3 und Z2.3 aber zu einigen Interpretationsproblemen. Ich paraphrasiere die Sätze:

Z1.3: Wir denken uns nachher (nachdem wir uns zu dem Zweck, uns als Wesen zu denken, die unter dem Sittengesetz stehen, Freiheit beigelegt haben) als dem Sittengesetz unterworfen, weil wir uns Freiheit beigelegt haben.

Z2.3: Wir legen die Freiheit um des Sittengesetzes willen zugrunde (d. h., um uns als Wesen zu denken, die unter dem Sittengesetz stehen), um dieses nachher aus der Freiheit wiederum zu schließen.

Z1.3 bereitet im Vergleich zu Z2.3 weniger Schwierigkeiten, weil es zunächst einmal systematisch anspruchsloser klingt, dass wir uns dem Sittengesetz *nachher* als unterworfen *denken, weil* wir uns die Freiheit *beigelegt* haben, als dass wir das Sittengesetz *nachher* aus der Freiheit *schließen.* Dass wir eine Sache aus einer anderen Sache *schließen*, hätte zumindest in der terminologischen Bedeutung des Schließens als eines logischen Beweisverfahrens ein stärkeres Gewicht als die Behauptung, dass wir Freiheit annehmen, um den Menschen als ein Wesen (bloß) zu *denken*, das dem Sittengesetz unterworfen ist. Allerdings handelt es sich dabei nicht tatsächlich um einen Unterschied in der Sache, denn Kant verwendet den Ausdruck hier (wie auch bei der Differenzierung zwischen einer bloßen *Annahme* der Freiheit, um uns in einer bestimmten Weise *zu denken* (Z1), und dem *Zugrundelegen* von Freiheit) sicher nicht in einer terminologischen Bedeutung (dem Ausdruck ‚unserem Schlusse' und ‚zu schließen' in Z2 wende ich mich später noch genauer zu). Dass wir uns als frei denken, um uns als dem Sittengesetz *unterworfen* zu denken, beinhaltet keine Zweideutigkeit. Damit ist anders als bei der Formulierung ‚unter dem sittlichen Gesetz' bzw. ‚um des sittlichen Gesetzes willen' eindeutig gemeint, dass es um die Nötigung sinnlich-vernünftiger Wesen durch das Sittengesetz geht – und nicht um das Sittengesetz in seiner nicht-imperativischen Form, wie es der Idee nach bei rein vernünftigen Wesen der Fall ist. Ein weiterer möglicher Unterschied besteht darin, dass Z2.3 mit dem erneuten Gebrauch der Konjunktion ‚um' wieder auf eine Zwecksetzung verweist (‚Wir legen vielleicht die Freiheit um des nicht-imperativischen Gesetzes willen zugrunde, *um* entweder das nicht-imperativische Sittengesetz oder aber die Unterworfenheit und das Sittengesetz aus dieser Freiheit zu schließen'). Z2 als Ganzes wäre damit durch eine Doppelung der genannten Zwecksetzung gekennzeichnet: Wir legen die Idee der Freiheit nur *um* des sittlichen Gesetzes willen zugrunde, d. h., wir nehmen an, dass es Freiheit tatsächlich gibt, *um* das Sittengesetz (ob in seiner imperativischen oder nicht-imperativischen Form) nachher aus der Freiheit wiederum zu schließen. Es muss in diesem Satz damit entweder einen Unterschied geben zwischen dem ‚Zugrundelegen der Freiheit' und dem ‚Schließen des Sittengesetzes aus der Freiheit' oder aber zwischen dem in Z2.2 genannten ‚sittlichen Gesetz' und der Bedeutung dieses sittlichen Gesetzes in Z2.3.

Der Zweck, den der Satz in Z2.2 und Z2.3 ausdrückt, muss also entweder in dem durch das Zugrundelegen der Freiheit ermöglichten *Schließen* des Sittengesetzes aus der Freiheit liegen (der Zweck besteht in dem Vorgang des Schließenkönnens) oder aber darin, auf einen *besonderen Modus des Sittengesetzes* zu schließen (der Zweck besteht darin, auf das Sittengesetz in einer bestimmten Ausprägung zu schließen). Ein Indiz dafür, dass die zweite Interpretation zutrifft, ergibt sich durch eine erneute Betrachtung von Z1: Wir legen uns Freiheit bei, weil wir gern moralisch perfekte Wesen sein wollen; und weil wir uns diese Freiheit zugesprochen haben, glauben wir nach diesem ersten Schritt der Zuschreibung, dass wir *auch* in unserer spezifischen Verfassung als Menschen moralische Wesen sind, d. h., dass wir dem Sittengesetz *unterworfen* sind. Wir denken uns *nachher* (nachdem wir uns Freiheit zu dem Zweck zugesprochen haben, uns als rein vernünftige und damit moralisch perfekte Wesen denken zu können) als sittlich unterworfene Wesen, weil wir uns im ersten Schritt die Freiheit des Willens beigelegt haben. Wir übertragen also das Verhältnis zwischen Freiheit und Selbstgesetzgebung, das in der Analytizitätsthese von Sektion 1 ausgedrückt ist (rein vernünftige, freie Wesen ergreifen immer verallgemeinerbare Maximen), in einer bestimmten Weise auf uns als Menschen: Der Mensch ist dem Sittengesetz unterworfen, *weil* er frei ist. Wir nehmen also an, dass es einen ähnlichen Zusammenhang zwischen Freiheit und Autonomie im Hinblick auf den Menschen geben könnte, wie er in der Analytizitätsthese für *rein vernünftige* Subjekte zutage tritt (aus der Annahme der Freiheit *folgt* sittliche Autonomie). Dieser Argumentationsgang könnte auch in Z2.2/Z2.3 vermutet werden: Wir nehmen die Idee der Freiheit an, um uns als moralisch perfekte Wesen zu denken. Dieser Gedanke selbst, der sich ja auch in Z1 findet, könnte nun wieder von einer mit diesem verbundenen oder ihm sogar heimlich übergeordneten *Zwecksetzung* umklammert sein: Wir nehmen die Idee der Freiheit an, um uns als Wesen zu denken, die unter dem moralischen Gesetz stehen (‚um des sittlichen Gesetzes willen'); und wir tun dies, um aus dieser Freiheit auf unsere Unterworfenheit unter das sittliche Gesetz als Menschen zu schließen. Damit würde Z1.2/Z1.3 in leicht veränderter Weise wiedergegeben werden – denn hier ist zumindest nicht direkt davon die Rede, dass wir Freiheit um des sittlichen Gesetzes willen annehmen (d. h., um uns *unter* sittlichen Gesetzen zu denken), um das sittliche Gesetz (in diesem Fall in seiner Bedeutung als imperativisches Gesetz) nachher aus der Freiheit zu schließen, sondern bloß, dass wir uns nachher als den sittlichen Gesetzen unterworfen denken, *weil* wir uns die Freiheit des Willens beigelegt haben. In Z1.2/Z1.3 würde also im Hinblick auf die Unterworfenheit unter die sittlichen Gesetze und deren Verhältnis zur Freiheit eine *Begründung* vorliegen (‚Wir denken uns nachher als den sittlichen Gesetzen unterworfen, *weil* wir frei sind), während sich in Z2.2/Z2.3 eine dem ersten Satzteil mit ‚um' *übergeordnete, weitere Zwecksetzung* findet (‚Wir legen die Freiheit nur um des sittlichen Gesetzes willen zugrunde, *um* das sittliche Gesetz nachher aus dieser Freiheit zu schließen'). Trotz dieses scheinbaren Unterschieds im Satzbau und der jeweiligen Formulierung stellt sich aber die Frage, ob zwischen Z1.2/Z1.3 und Z2.2/Z2.3 ein Widerspruch oder auch nur ein Unterschied in der Sache besteht. Der legitimierende Grund dafür, uns als dem Sittengesetz unterworfen zu denken, besteht in Z1.3 in der uns beigelegten Freiheit: Wir denken uns als den sittlichen Gesetzen unterworfen, *weil* wir uns die Freiheit des Willens beigelegt haben. Diese Begründung für das Sittengesetz (oder unsere Unterwerfung und das Sittengesetz) könnte indirekt auch in Z2.3 vorliegen: In der Zwecksetzung, dass wir vielleicht die Freiheit *um* des nicht-imperativischen Sittengesetzes willen zugrunde legen, *um* als übergeordneten Zweck aus der/dieser Freiheit wiederum auf das Sittengesetz in seiner *imperativischen Form* schließen zu können, ist impliziert, dass wir uns auch in Z2.3 (vorausgesetzt, Kant meint hier das imperativische Gesetz, wie ich es annehme) als dem Sittengesetz unterworfen denken, *weil* wir uns Freiheit beigelegt haben/diese zugrunde gelegt haben. Es ist nicht unplausibel, auch in Z1.2/Z2.2 anzunehmen, dass wir uns als Wesen denken, die unter dem Gesetz stehen, *um uns als den sittlichen Gesetzen unterworfen denken zu können*, weil wir vielleicht davon ausgehen, dass mit der Freiheit auch die Unterworfenheit unter das Sittengesetz verbunden ist. Die Annahme der Freiheit, welche (auch) dazu führt, uns als den sittlichen Gesetzen *unterworfen* zu denken (im Sinne der Folgerung: ‚sittlichen Gesetzen unterworfen, *weil* frei'), und welche in einem ersten Schritt zu dem Zweck erfolgte, (‚um') uns als rein vernünftige, unter dem Gesetz stehende Wesen zu denken, könnte auch hier von dem übergeordneten Zweck motiviert sein, uns als dem Sittengesetz *unterworfene* Wesen denken zu können. In Z1 wird dieser der gesamten Argumentation übergeordnete Zweck allerdings nicht eigens benannt. Vielmehr schreibt Kant in Z1.3 bloß, dass wir uns ‚nachher als diesen Gesetzen unterworfen denken, *weil* wir uns die Freiheit beigelegt haben'. Es ist aber nicht nur nicht ausgeschlossen, dass eine solch implizite übergeordnete Zwecksetzung auch in Z1.2/Z1.3 vorliegt. Diese Annahme kann auch inhaltlich plausibel gemacht werden: Der Mensch hat ein psychologisches und vielleicht auch konventionelles Interesse daran, sich als sittlich perfektes Wesen zu betrachten. Er denkt sich darum als ein Wesen, das immer nur moralisch verallgemeinerbare Maximen wählt, d. h., er denkt sich in der Idealvorstellung seiner selbst als ein Wesen, für das das Sittengesetz gar kein Imperativ ist. Zu diesem Zweck (denn anders wäre ein solches Wesen nicht denkbar) nimmt er an, dass er ein *freies* Wesen sei. Nun wird ihm aber auch bewusst werden, dass er – obwohl er wünscht, ein solch ideales Wesen zu sein und er sich zur Aufrechterhaltung dieser Vorstellung die Freiheit zuschreibt – nicht dieses ideale Wesen ist. Vor dem Hintergrund seines Wunsches, ein moralisch perfektes Wesen zu sein (bei gleichzeitiger Einsicht, dass er ein solches Wesen faktisch nicht ist), könnte der Mensch dazu neigen, sich der Idee der Freiheit zu bedienen, um sich als ein moralisch ideales Wesen überhaupt denken zu können. Dieses Vorgehen, sich Freiheit zuzuschreiben, um sich in der Idee konsistent überhaupt als ein Wesen denken zu können, das unter dem Sittengesetz steht, könnte wiederum dem Zweck dienen, uns als nicht ganz rein vernünftige Wesen als dem Sittengesetz *unterworfen* zu denken. Der übergeordnete Zweck, der dem Zweck zugrunde liegt, dass wir uns als frei annehmen, um uns *unter* sittlichen Gesetzen zu denken, läge dann darin, dass wir uns dadurch als dem Sittengesetz *unterworfene* Wesen denken. Dies wird in der ersten Zirkelformulierung besonders durch den Gegensatz zwischen der ‚Ordnung der wirkenden Ursachen' und der ‚Ordnung der Zwecke' deutlich. Wir als Menschen nehmen uns als frei an (*obwohl* wir uns als sinnliche Wesen in der Ordnung der wirkenden Ursachen und damit in der Welt der Erscheinungen befinden), *um* uns unter sittlichen Gesetzen und damit als rein vernünftige Wesen zu denken. Und wir als Wesen der Erscheinungswelt (die Glieder der Ordnung der wirkenden Ursachen sind) denken uns dann, nach diesem Schritt, als dem Sittengesetz *unterworfen*, weil wir aus der uns in der ersten Perspektive beigelegten Freiheit schließen, dass wir analog zu dem ‚Unter-dem-Gesetz-Stehen' als rein vernünftige Wesen, welches aus der Freiheit folgt, in gewisser Weise auch als sinnlich-vernünftige Wesen unter dem Gesetz stehen, d.h. diesem unterworfen sind. Es gibt also gute Gründe, die dafür sprechen, dass ebenso wie in Z2 auch schon in Z1 ein zweistufiges Moment im Zirkelverdacht vorliegt. Sehr deutlich spricht dafür auch der Bezug auf ein nachzeitiges Moment (‚nachher').

Die These, Kant rekurriere in Z2.3 auf das nicht-imperativische Gesetz, obwohl er dies in Z2.2 und Z1.2 ebenfalls tut und obwohl er in Z1.3 – nach diesem Bezug (‚nachher') – eindeutig auf die Unterworfenheit unter das Sittengesetz abhebt, ist damit fragwürdig.[145] Sie kann sich allein darauf stützen, dass Kant hier wenig spezifisch vom ‚sittlichen Gesetz' spricht – und nicht wie in Z1.3 von der Unterworfenheit unter das Sittengesetz. Wie wir gesehen haben, sind Z1 und Z2 durch die Gemeinsamkeit ausgezeichnet, dass es in beiden Abschnitten um ein zweistufiges Moment im Zirkel geht (angezeigt durch das ‚nachher') und dass (bei einigen Unterschieden in der Formulierung) sowohl Z1.2 als auch Z2.2 das Sittengesetz in seiner nicht-imperativischen Form zum Mittelpunkt haben. In beiden Sätzen nehmen wir Freiheit an, um uns als Wesen zu denken, die unter dem Sittengesetz stehen. Wir denken uns, nachdem wir dies getan haben, in einer bestimmten Weise bzw. schließen auf ein bestimmtes Moment in uns – und zwar entweder, wie es in Z1.3 eindeutig heißt, von der Freiheit auf die *Unterworfenheit* unter das Sittengesetz oder aber, wie man in Z2.3 vermuten könnte – und wie es z. B. jüngst Berger stark

145 Eine solche These wird in jüngerer Zeit vor allem von Berger (2015) vertreten.

gemacht hat –, auf das Sittengesetz in seiner nicht-imperativischen Form. Dass Kant nun trotz aller sonstigen Übereinstimmungen zwischen Z1 und Z2 in Z2.3 ein anderes Moment im Zirkel betont als in Z1.3, kann sich damit allein auf den Ausdruck ‚sittliches Gesetz' (statt Unterworfenheit unter dasselbe) stützen.

Angesichts einer weiteren Stelle, die der ersten Formulierung des Zirkels vorausgeht, wird eine solche Einschätzung fragwürdig. Diese Stelle (ich nenne sie im Folgenden Z0) zeigt zweierlei. Zum einen wird hier deutlich, wie stark bereits Z1 das Problem der Unterworfenheit unter das Sittengesetz priorisiert – und nicht allein ein ‚Unter-dem-Gesetz-Stehen' des Menschen, rein als Glied der Verstandeswelt betrachtet. Damit ergibt sich ein Hinweis darauf, dass das übergeordnete Moment im Zirkelverdacht in dem Zweck besteht, den Menschen als ein dem Sittengesetz *unterworfenes* Wesen zu denken. Der mögliche Unterschied zwischen den Formulierungen mit ‚weil' und mit ‚um' in Z1.3 und Z2.3 wird so plausibel. Zum anderen zeigt diese Stelle (eine umfangreichere Kommentierung findet sich auf S. 81 ff.), dass Kant terminologisch nicht so konsequent genau ist, dass dies die Annahme rechtfertigte, der Begriff ‚sittliches Gesetz' in 453.6 f. ließe nur die Bedeutung als sittliches Gesetz in seiner nicht-imperativischen Form zu – und nicht auch in der imperativischen. In Absatz 449.13 – 31, der Z0 vorausgeht, sowie auch in der sich an diesen Abschnitt anschließenden Passage geht es um die Frage, warum der Mensch sich dem Sittengesetz unterwerfen soll, und um eine Verbindung dieser Unterwerfung mit dem Begriff des moralischen Interesses. Der Mensch wird hier als ein Wesen vorgestellt, das neben dem moralischen Interesse als einer vernünftigen Triebfeder ‚noch durch Sinnlichkeit als Triebfedern anderer Art' (449.27) zu charakterisieren ist. In dem Absatz, der sich an diesen Gedanken anschließt, schreibt Kant resümierend (449.24 – 28):

> Es scheint also, als setzten wir in der Idee der Freiheit eigentlich das moralische Gesetz, nämlich das Princip der Autonomie des Willens selbst, nur voraus und könnten seine Realität und objective Nothwendigkeit nicht für sich beweisen, und da hätten wir zwar noch immer etwas ganz Beträchtliches dadurch gewonnen, daß wir wenigstens das ächte Princip genauer, als wohl sonst geschehen, bestimmt hätten, in Ansehung seiner Gültigkeit aber und der praktischen Nothwendigkeit, sich ihm zu unterwerfen, wären wir um nichts weiter gekommen [...].

Es ist auffällig, dass Kant hier – anders als in Z1.3 – nicht davon spricht, dass wir in der Idee der Freiheit eigentlich unsere Unterworfenheit unter das moralische Gesetz nur voraussetzen, obwohl dies hier zweifelsfrei das Problem darstellt. Stattdessen heißt es, dass wir in der Idee der Freiheit ‚das moralische Gesetz' nur voraussetzen. Es gibt keinen Grund, in diesen Absatz neben dem Bezug auf das Sittengesetz als Imperativ auch noch einen Bezug auf das deskriptive, nicht-imperativische Sittengesetz hineinzulesen.[146] Wie wir schon auf S. 89 f. gesehen haben, beziehen sich sowohl die ‚Realität und objektive Notwendigkeit' als auch die ‚Gültigkeit und praktische Notwendigkeit' auf den Modus des Sittengesetzes als Imperativ, so wie es auch die Absätze vor und nach diesem Abschnitt nahelegen. Z0 zeigt damit, dass Kant im dritten Abschnitt terminologisch nicht immer konsequent von einer Unterworfenheit unter das Sittengesetz spricht, auch wenn er das Sittengesetz in seiner imperativischen Form im Sinn hat, sondern in dieser Perspektive auch weniger spezifisch vom ‚moralischen Gesetz' spricht. Eine solche Ausdrucksweise würde in diesem Fall aber eher auf das Sittengesetz in seiner nicht-imperativischen Bedeutung verweisen.

Die These, dass in der zweiten Formulierung des Zirkelverdachts in Z2.3 nicht die Lösung des Problems im Mittelpunkt steht, dass wir aus der Freiheit, die wir uns zu dem Zweck, uns als rein vernünftige, unter dem Gesetz stehende Wesen zu denken, zugesprochen haben, auf die Unterworfenheit unter das Sittengesetz schließen, sondern nur noch die Lösung dafür, dass wir uns zu Recht als *unter dem nicht-imperativischen Gesetz* stehende, *rein vernünftige* Wesen denken, war allein dadurch begründet, dass Kant in Z2.3 vom nicht-imperativischen Sittengesetz zu sprechen scheint. Eine solche, aufgrund der terminologischen Differenz zwischen der Unterworfenheit unter das Sittengesetz in Z1.3 und ‚dem' sittlichen Gesetz in Z2.3 zunächst mögliche Bedeutungsverschiebung wird angesichts von Kants eindeutigem Bezug auf das Sittengesetz in seiner imperativischen Form in Z0 obsolet. Kant spricht auch dann allgemein bloß vom ‚Sittengesetz', wenn es ihm um das Moment der Unterwerfung sinnlich-vernünftiger Wesen unter dieses Gesetz geht. Wenn in Z2.3 also von einem Schluss von der Freiheit auf das ‚Sittengesetz' die Rede ist – wie es die zu erwartende Übereinstimmung zwischen Z1 und Z2 nahelegt –, darf man somit annehmen, dass Kant auch hier den Schluss von der Freiheit auf unsere *Unterworfenheit* unter das Sittengesetz im Sinn hat. Z1 und Z2 stimmen also, anders als es zunächst den Anschein hat, in den wesentlichen Gesichtspunkten überein.

---

146 Anders als Berger (2015, S. 42 f.) kann ich nicht erkennen, dass zumindest an dieser Stelle eine „Doppelproblematik" (Berger 2015, S. 43) vorliegt, d. h., dass sich Kant an dieser – der ersten Zirkelformulierung vorausgehenden – Stelle mit dem Problem der bloßen Annahme des nicht-imperativischen Gesetzes *und* der bloßen Annahme der Unterworfenheit unter das Sittengesetz befasst. Von dem Problem, dass wir in der Idee der Freiheit das nicht-imperativische Gesetz eigentlich nur voraussetzen, spricht Kant hier nicht. Vielmehr geht es um die Frage nach der ‚Realität und objektiven Notwendigkeit', um die Frage nach der ‚Gültigkeit und praktischen Notwendigkeit' – und diese Fragen deuten auf die Geltung des Sittengesetzes für sinnlich-vernünftige Wesen hin.

Die relevanten Unterschiede und Gemeinsamkeiten können damit wie folgt rekapituliert werden: Sowohl in Z1.2 als auch in Z2.2 geht es zunächst darum, dass wir uns als Wesen der Erscheinungswelt als frei annehmen, um uns als Wesen zu denken, die unter dem nicht-imperativischen Gesetz stehen, und dass wir uns danach aufgrund der uns zu diesem Zweck beigelegten Idee der Freiheit sowohl in Z1.3 als auch in Z2.3 als dem Sittengesetz *unterworfene* Wesen denken. Es wäre ein schwerwiegendes Defizit von Kants Argumentation, wenn er – ohne überhaupt darauf einzugehen und trotz seiner expliziten Erinnerung an die erste Zirkelformulierung – seine zweite Formulierung des Zirkels unbemerkt modifiziert hätte – und es in Z2.3 plötzlich nicht mehr (wie noch in Z1.3) um das imperativische Gesetz gehen sollte, sondern um das Sittengesetz als deskriptiven Satz. Ein großer Unterschied beider Erwähnungen des Zirkelverdachts besteht darin, dass Kant eben in Z2.3 (anders als in Z1.3) nur vom ‚sittlichen Gesetz' spricht, aber weder die Formulierung ‚unter dem Gesetz' noch ‚dem Gesetz unterworfen' verwendet. Allerdings ist es fraglich, ob dies tatsächlich eine inhaltliche Differenz zu Z1.2 bzw. Z1.3 darstellt, weil Kant, wie eben gezeigt, auch in Z0 bloß vom ‚sittlichen Gesetz' spricht, obwohl er an dieser Stelle zweifelsfrei das Sittengesetz als Imperativ im Blick hat. Auch die Tatsache, dass Z2 von der übergeordneten Zwecksetzung handelt, nach der wir die Idee der Freiheit nur zugrunde legen, um uns als Wesen zu denken, die unter dem moralischen Gesetz stehen, *um* uns als Wesen zu denken, die (wie ich es auch für Z2.3 annehme, s. o.) dem Sittengesetz unterworfen sind, spricht nicht dafür, dass Z1 und Z2 grundsätzlich differieren. Ein solch übergeordneter Zweck kann auch in Z1 angenommen werden. Dass wir uns in Z1 als frei annehmen, um uns unter dem nicht-imperativischen Gesetz zu denken, dürfte auch von dem diesem Partikularzweck übergeordneten Zweck bestimmt sein, dass wir uns als dem Sittengesetz *unterworfen* denken wollen. Denn aufgrund derjenigen Freiheit, die wir annehmen, um uns *unter dem Gesetz* zu denken, denken wir uns auch als unterworfene Wesen. Auch das Moment der Nachzeitigkeit (‚nachher'), das sich in beiden Formulierungen des Zirkels findet, spricht stark dafür, dass es jeweils darum geht, dass wir aus der zu dem Zweck, uns als unter dem Gesetz stehende Wesen zu denken, angenommenen Freiheit in einem zweiten Schritt illegitimerweise auch auf unsere Unterworfenheit unter das Sittengesetz schließen.

Eine Unklarheit besteht noch in der Frage, worauf der in 453.6 genannte ‚Schluss' und das in 453.10 angeführte ‚Schließen' zu beziehen sind. Nimmt man – wie in meiner Interpretation vorgeschlagen – an, dass Z1 und Z2 der Sache nach nicht voneinander abweichen, dann muss sich der Vorgang des Schließens und damit ein Schluss auch in Z1 lokalisieren lassen. Von einem ‚Schluss aus der Freiheit auf die Autonomie und aus dieser auf das sittliche Gesetz' bzw. einem ‚Schließen' von der Freiheit auf das sittliche Gesetz ist in Z1 allerdings an keiner Stelle explizit die Rede.

Ein Gedankengang, der seinen Ausgang von der Idee der Freiheit hin zum sittlichen Gesetz bzw. zu der Unterworfenheit unter das Sittengesetz nimmt, findet sich aber auch in Z1. Zunächst schreibt Kant in Z1.2, dass wir uns in der Ordnung der wirkenden Ursachen als frei *annehmen*, um uns in der Ordnung der Zwecke unter sittlichen Gesetzen *zu denken*. In Z1.3 fährt er fort, dass wir uns nachher als diesen sittlichen Gesetzen unterworfen *denken*, weil wir uns die Freiheit des Willens beigelegt haben. Ein ‚Schluss' von der Freiheit auf das sittliche Gesetz – dass wir uns nämlich ‚als diesen Gesetzen unterworfen [denken], weil wir uns die Freiheit des Willens beigelegt haben' – liegt also auch in Z1 vor (vgl. Z1.3). Mit den Begriffen von Z2 könnte man hier schreiben, dass wir auf unsere Unterworfenheit unter das sittliche Gesetz schließen, weil wir uns die Freiheit des Willens beigelegt haben. Dass wir uns in einer Weise x *denken, weil* wir uns y beigelegt haben, darf man sicher als einen Schluss von y auf x ausdrücken. Analog lässt sich auch das ‚Beilegen' der Freiheit aus Z1.3 mit ‚die Freiheit zum Grunde legen' parallelisieren. In Z1 weist Kant darauf hin, dass Freiheit und Autonomie (d. h. moralische Selbstgesetzgebung) Wechselbegriffe seien und wir deshalb fälschlicherweise dazu verleitet werden könnten, aus derjenigen Freiheit, die wir uns zu dem Zweck beigelegt haben, uns als Wesen zu denken, die unter dem moralischen Gesetz stehen, auch auf eine Selbstgesetzgebung in uns Menschen zu schließen. D. h., wir könnten uns, weil wir uns Freiheit beigelegt haben und Freiheit und Autonomie der Analytizitätsthese zufolge Wechselbegriffe sind, auch als dem Sittengesetz unterworfene Wesen denken, obwohl diese These nur auf rein vernünftige Wesen anwendbar ist. Im Hinblick auf ein rein vernünftiges Wesen ist die Freiheit in gewisser Weise der Grund für die Autonomie des rein vernünftigen Subjekts. Aber dieses Verhältnis darf nicht auf den Menschen übertragen werden. Selbst wenn wir den Menschen als frei denken, darf daraus nicht gefolgert werden, dass er ein Wesen ist, das einem (selbstgegebenen) sittlichen Gesetz unterworfen ist. Es überwiegen also Gründe, die dafür sprechen, dass es – entgegen dem ersten Anschein – keinen tatsächlichen Unterschied zwischen dem Aufbau von Z1 und Z2 gibt.

Kants zweite Formulierung des Zirkelverdachts im Kontext der Auflösung desselben kann also vorerst wie folgt paraphrasiert werden:

> *Nun ist der Verdacht, der bereits in 450.18–29 formuliert wurde, ausgeräumt. Dieser Verdacht einer zirkelartigen Argumentation lag darin begründet, dass wir vielleicht die Idee der Freiheit nur annehmen, um uns unserem Wunsch entsprechend als Wesen zu denken, die unter dem Gesetz stehen, und damit als rein moralische Wesen – um daraus zu schließen, dass wir (auch) als Menschen dem Sittengesetz unterworfen sind.*

Weiterer Rückschluss auf die Struktur des jetzt ausgeräumten Zirkelverdachts findet sich in Kants Explikation des Satzes in 453.5–7 („daß wir nämlich vielleicht die Idee der Freiheit nur um des sittlichen Gesetzes willen zum Grunde legten, um dieses nachher aus der Freiheit wiederum zu schließen") durch die Erläuterung, dass wir „mithin von jenem gar keinen Grund angeben könnten, sondern es nur als Erbittung eines Princips, das uns gutgesinnte Seelen wohl gerne einräumen werden, welches wir aber niemals als einen erweislichen Satz aufstellen könnten" (453.8–11). Dieser Satz stellt durch das ‚mithin' eine nochmalige Explikation von Z0, Z1 und Z2 dar. Dass wir vielleicht die Idee der Freiheit nur um des nicht-imperativischen Gesetzes willen zugrunde gelegt haben, um das Sittengesetz in seiner imperativischen Form aus dieser Freiheit zu schließen, hieße im Sinne der Explikation in 453.8–11, dass wir vom Sittengesetz (‚jenem') keinen Grund angeben könnten, sondern das Sittengesetz (‚es') nur als Erbittung eines Prinzip annehmen können. Die Bezüge in diesem Satz sind – obwohl zunächst unübersichtlich – doch im eben skizzierten Sinne zuzuordnen. ‚Jenem' könnte man zunächst auch auf den ‚Schluss' in 453.4 beziehen. Eine solche Deutung scheidet aber durch das Pronomen ‚es' in 453.8 aus, das nur ‚das Sittengesetz' meinen kann. Kant rekurriert hier eindeutig auf seinen Einwand im Zusammenhang mit Z1: Wir könnten zu der Einschätzung gelangen, dass wir aus der Freiheit, die wir uns zu dem Zweck beigelegt haben, uns als rein moralische Wesen zu denken, auch auf unsere *Unterworfenheit* als Menschen unter das Sittengesetz schließen dürfen, denn Freiheit und Autonomie sind der Analytizitätsthese entsprechend (welche aber nur auf rein vernünftige Wesen zutrifft) Wechselbegriffe. Der Begriff der Selbstgesetzgebung ließ sich in diesem Zusammenhang auch durch denjenigen der Freiheit *erklären*. Allerdings darf die Freiheit im Hinblick auf den Menschen nicht als *Grund* der Selbstgesetzgebung aufgefasst werden. Wir könnten vom Sittengesetz als Imperativ, wenn man so argumentiert, wie Kant es in Z1 und Z2 beschreibt, ‚gar keinen Grund angeben', weil hier zum einen die Freiheit, die auch in der Analytizitätsthese nicht bewiesen wird, lediglich voraussetzt wird und dann in einem zweiten Schritt aus dieser nicht bewiesenen Freiheit durch illegitimen Gebrauch der Analytizitästhese auf die Unterworfenheit des Menschen unter das Sittengesetz geschlossen wird. Das Sittengesetz könnten wir in seiner Form als Imperativ damit eben nur als ‚Erbittung eines Prinzips' aufstellen, das uns ‚gutgesinnte Seelen' gerne einräumen werden – nicht aber als einen ‚erweislichen Satz'. Von zentraler Bedeutung ist an dieser Stelle die Formulierung ‚Erbittung eines Prinzips', zu deren korrekter Interpretation in erster Linie Schönecker[147] beigetragen hat und die eine Übersetzung der lateinischen Wendung *petitio principii* darstellt. Im Logik-Handbuch von Meier heißt es:

---

147 Es stellt wie gesagt das große Verdienst von Schönecker dar, überzeugend nachgewiesen zu haben, dass es sich beim Zirkelverdacht um eine *petitio principii* handelt und nicht um einen *circulus in probando* (vgl. dazu Schönecker 1999, S. 15 ff., 70, 157 f., 317 ff., 329 ff.). Dieses Verdienst wird in der Literatur in der Regel gewürdigt (vgl. z. B. Ludwig 2008, S. 437, und Allison 2011, S. 314).

> Wenn ein Schlussatz aus Vordersätzen hergeleitet wird, welche ebenso ungewiss sind, als er selbst, so werden die Beweisthümer erbettelt (petitio principii seu quaesiti). Wenn aber ein Schlussatz zu seinem eigenen Vordersatz angenommen wird, so nennt man diesen Fehler die Wiederkehr im Beweise (circulus in probando) (16:774).

Die ‚Art von Zirkel' oder der ‚geheime Zirkel' muss also deutlich von einem *circulus in probando* unterschieden werden. Es ließe sich die Annahme vertreten, mit der ‚Erbittung eines Prinzips' sei die menschliche Freiheit bezeichnet, da Kant in beiden Formulierungen des Zirkels von einer nicht bewiesenen Annahme der Freiheit spricht.[148] Das ‚es' in 453.8 aber weist wie gesagt eindeutig darauf hin, dass das erbetene Prinzip *das Sittengesetz* ist.[149] Auch die Z1 vorausgehende Stelle in 449.24–36–450.1f. (Z0) lässt darauf schließen, dass das, was bloß ‚erbettelt' oder ‚erbeten' wird, das Sittengesetz ist. Hier heißt es: „Es scheint also, als setzten wir in der Idee der Freiheit eigentlich das moralische Gesetz, nämlich das Princip der Autonomie des Willens selbst, nur voraus und könnten seine Realität und objective Nothwendigkeit nicht für sich beweisen [...]". Es geht hier nicht vorrangig darum, dass wir vielleicht die Idee der Freiheit bloß voraussetzen, sondern darum, dass wir in der Idee der Freiheit das *moralische Gesetz* voraussetzen, d. h., dass wir annehmen, wir als Menschen seien dem Sittengesetz unterworfen, weil wir frei seien. Wie wir gesehen haben, lässt diese Stelle keine andere Deutung zu, als die, dass Kant hier auf das moralische Gesetz als Imperativ abhebt. Auch dies stellt also ein Indiz für die Annahme dar, dass er sich bei der ‚Erbittung eines Prinzips' auf das Sittengesetz in seiner imperativischen Form bezieht. Gestützt wird dies durch den Befund, dass Kant in der *GMS* an diversen Stellen vom Sittengesetz als einem ‚Prinzip' spricht – und es sich dabei in der Regel um das Sittengesetz als Imperativ handelt[150].

Schönecker unterscheidet im Zusammenhang mit seiner grundlegenden Analyse der *petitio* in *GMS* III drei mögliche Formen. Die erste Deutungsmög-

---

148 Vgl. in diesem Zusammenhang folgende Formulierungen: „Wir nehmen uns als frei an, um uns unter sittlichen Gesetzen zu denken" (450.19–21) und: „[...] daß wir vielleicht die Idee der Freiheit nur um des sittlichen Gesetzes willen zum Grunde legten" (453.5–7).

149 Allison (2011, S. 315) fragt an dieser Stelle zu Recht: „Accordingly, the question becomes: what principle (or proposition) has been accepted as immediately certain without proof?" und er fährt fort: „Clearly, it cannot be the reciprocity thesis, since Kant argued for it in section one. And, equally clearly, it cannot be the moral law, since that is presented as the conclusion of the supposedly fallacious argument." Allerdings kann sein Einwand letztlich nicht überzeugen, da die grammatisch einzige Möglichkeit darin besteht, dass das ‚erbetene Prinzip' das Sittengesetz (ob in seiner imperativischen oder nicht-imperativischen Form) darstellt.

150 So fragt Kant z. B. in 449.11–13 (Hervorh. H. P.): „Warum aber soll ich mich diesem *Princip* unterwerfen [...]?" und spricht kurz darauf vom ‚Prinzip der Autonomie' (vgl. 449.25).

lichkeit lautet: „[D]er ganze Beweisversuch, also der gesetzte, aber unbewiesene Vordersatz zusammen mit der Ableitung des Schlußsatzes aus diesem Vordersatz [wird] als petitio principii bezeichnet"; die zweite: „[D]as direkt ‚erbetene Prinzip' [ist] der Vordersatz" oder aber drittens: „[D]urch die Erbittung des Vordersatzes [wird] auch der Schlußsatz nur erbeten", wodurch dann „der zu beweisende Schlußsatz [...] das indirekt erbetene Prinzip" darstellt (Schönecker 1999, S. 340 f., Hervorh. v. Schönecker). Vor dem Hintergrund dieser Differenzierung muss festgehalten werden, dass in Bezug auf den Zirkelverdacht in *GMS* III eindeutig die dritte Bedeutungsvariante der *petitio* zutrifft. Die ‚Erbittung eines Prinzips', das ‚uns gutgesinnte Seelen wohl gerne einräumen', besteht zum einen in der ‚Erbittung' der Freiheit als notwendiger Bedingung für das Sittengesetz, letztlich aber in der diesem Teil der ‚Erbittung' insgesamt übergeordneten ‚Erbittung' des Sittengesetzes als Imperativ. Weil die Freiheit der Seinsgrund der Sittlichkeit ist, muss auch sie ‚um des Sittengesetzes willen' zugestanden werden, d. h., sie muss, insofern sie noch nicht begründet ist, erbeten werden. Letztlich geht es aber auch bei der ‚Erbittung' der Freiheit indirekt darum, die *Geltung des Sittengesetzes* zu erbitten. Keinesfalls kann das erbetene Prinzip lediglich die Freiheit sein, weil ja auch mit einem Beweis der Freiheit die Geltung des Sittengesetzes für das sinnlich-vernünftige Wesen Mensch noch nicht erwiesen ist – anders als in der Idee rein vernünftiger Wesen, für die Sittlichkeit mit der Eigenschaft der Freiheit *unzertrennlich* verknüpft ist.[151]

---

151 Wenn man wie z. B. Berger (2015, S. 46 f.) voraussetzt, dass Kant in der zweiten Formulierung des Zirkelverdachts (Z2) nur noch vom nicht-imperativischen Gesetz spricht, besteht die Möglichkeit, dass auch die Freiheit dasjenige ist, was erbeten wird. Berger schreibt in Bezug auf Schöneckers Unterscheidung der drei verschiedenen Bedeutungen der *petitio:* „Insgesamt gibt es also für jede der drei Möglichkeiten gute Gründe, wobei jedoch alle auf dieselbe Situation hinauszulaufen scheinen, nämlich dass die Freiheit direkt erbeten ist, wodurch das sittliche Gesetz indirekt erbeten ist, was insgesamt zur Folge hat, dass der ganze Schluss erbeten ist. Eine Lösung bestünde in allen drei Fällen aus [sic] einer unabhängigen Begründung der Freiheit (für den Menschen)". Versteht man allerdings unter dem ‚sittlichen Gesetz' in Z2 das Sittengesetz als Imperativ, so erscheint eine solche Interpretation nur begrenzt sinnvoll, da zwar aus der Freiheit das Sittengesetz als ein rein deskriptiver Satz gefolgert werden könnte, nicht aber das Sittengesetz in seiner imperativischen Form. Das Sittengesetz als Imperativ bliebe auch dann unbegründet und bloß ‚erbeten', wenn die Freiheit bewiesen wäre, weil die Unterwerfung unter das Sittengesetz mit dem Nachweis bloß der Freiheit nicht erbracht wäre. Die Deutung von Berger (2015, S. 46 f.) leuchtet mir – anders als die Interpretation von Schönecker, an die Berger ansonsten in zentralen Punkten anschließt – an dieser Stelle nicht ein. Schönecker sieht sehr klar, dass allein mit einem Beweis der Freiheit der Zirkelverdacht noch nicht gelöst sein kann: „Denn in gewisser Hinsicht ist es nicht nur eine petitio principii, die ‚hier' gefährlich wird, sondern es sind zwei petitiones principii, sofern nämlich die Freiheit nicht nur unbewiesen, sondern zugleich als Ableitungsgrund des kategorischen Imperativs mißverstanden ist" (Schönecker 1999, S. 347).

Etwas näherer Betrachtung bedarf noch die Feststellung, dass ‚gutgesinnte Seelen' uns das Sittengesetz wohl gerne einräumen würden, dass wir es aber (wenn der Zirkelverdacht nicht aufzuheben wäre) ‚niemals als einen erweislichen Satz aufstellen könnten'. Unter ‚gutgesinnten Seelen' könnte man zunächst in einem weiteren Sinne solche Subjekte verstehen, die Kants *Versuch einer Moralbegründung* gegenüber aufgeschlossen sind, also Rezipienten, die seiner Darstellung (aus welchen Gründen auch immer) *wohlgesonnen* sind, oder aber Subjekte, die im Sinne eines psychologisch motivierten Wunsches ‚Seelen' sind, die – ohne dass schon eine überzeugende Begründung des Sittengesetzes erfolgt wäre – gerne Wesen sein möchten, die moralisch handeln. Der Ausdruck ‚gutgesinnte Seelen' oder ‚gutgesinnte Menschen' findet sich in Kants gesamtem Werk (neben dem hier behandelten Abschnitt in der *GMS*) noch an zwei weiteren Stellen und wird hier in zweitem Sinne aufgefasst.[152] Menschen, die über eine Motivation zu moralischem Handeln bereits verfügen, werden das Sittengesetz als Imperativ ohne genauere Begründung von sich aus einräumen. Aber damit wäre es noch nicht als ein von diesem Befund unabhängiger, ‚erweislicher Satz' aufgestellt.

Auch die Formulierung ‚erweislicher Satz' deutet darauf hin, dass Kant in Z2 genau wie in Z1 vom Sittengesetz als Imperativ spricht – und nicht etwa in Abkehr von Z1 vom Sittengesetz in seiner nicht-imperativischen Form[153]. An mehreren Stellen (420.14, 444.35, 454.11) bezeichnet er in der *GMS* das Sittengesetz – und zwar immer in der imperativischen Form – als ‚Satz'. An keiner Stelle in der *GMS* nennt Kant das Sittengesetz in seiner nicht-imperativischen Form einen ‚Satz'.[154]

Nimmt man in diesem Sinne an, dass der bisher nicht ‚erweisliche Satz', von dem wir möglicherweise „gar keinen Grund angeben könnten" (453.8), das Sittengesetz als Imperativ ist, so muss sich in Kants Argumentation nach Z1 ein Grund dafür finden, dass sich der Verdacht der zirkelhaften Herleitung des kategorischen Imperativs ausräumen lässt. Wie durch die Betrachtung von 453.3 – 11 deutlich wurde, handelt es sich beim Zirkelverdacht nicht um einen *circulus in probando*, sondern um eine *petitio principii*. Sowohl die Freiheit als notwendige Bedingung der Sittlichkeit als auch die Geltung des Sittengesetzes für sinnlich-

152 ‚Gutgesinnt' wird in 06:73 als eine ‚gute Gesinnung' habend verstanden. In 27:1434 wird dieser Ausdruck synonym zu ‚moralisch gesinnt' verwendet.

153 Diese Interpretation findet sich wie bereits angeführt vor allem bei Berger (2015, S. 47).

154 Auch in der zweiten *Kritik* bezeichnet Kant den kategorischen Imperativ als einen ‚Satz' (vgl. 05:31). Einer der wenigen Interpreten, die auf die Formulierung ‚erweislicher Satz' eingehen, ist Esteves (2012, S. 168), der schreibt, es sei „the moral law, which we could not put forward as a ‚demonstrable proposition'". Allerdings behandelt Esteves die Frage, ob es sich dabei um das Sittengesetz als Imperativ oder als deskriptiven Satz handelt, nicht näher.

vernünftige Wesen könnten bloß erbeten sein. Wir könnten also möglicherweise *gar keinen* Grund für die Geltung des kategorischen Imperativs angeben, wenn wir die Idee der Freiheit *bloß* um des Sittengesetzes willen zugrunde legten und dann durch eine falsche Anwendung der Analytizitätsthese aus dieser (unbegründeten Freiheit) auf die Geltung des kategorischen Imperativs schlössen. Das Sittengesetz als Imperativ wäre dadurch ein bloß erbetenes, nicht aber ein begründetes Prinzip, welches wir als einen ‚erweislichen Satz' aufstellen könnten. Kant fasst den Grund dafür, dass der Verdacht einer *petitio* ungerechtfertigt ist, in folgendem Satz zusammen (453.11–15):

> Denn jetzt sehen wir, daß, wenn wir uns als frei denken, so versetzen wir uns als Glieder in die Verstandeswelt und erkennen die Autonomie des Willens sammt ihrer Folge der Moralität; denken wir uns aber als verpflichtet, so betrachten wir uns als zur Sinnenwelt und doch zugleich zur Verstandeswelt gehörig.

Das ‚jetzt' verweist ebenso wie das ‚nun' in 453.3 darauf, dass zwischen der ersten Formulierung des Zirkelverdachts und der Passage, die dessen Aufhebung mitteilt und begründet, Argumente dafür angeführt werden müssen, dass das Sittengesetz – und damit auch dessen notwendige Voraussetzung, die Freiheit – kein bloß ‚erbetenes' Prinzip darstellen. Der Zirkelverdacht ist ‚nun' gehoben und wir sehen ‚jetzt', dass wir uns, wenn wir uns als frei denken, als Glieder der Verstandeswelt begreifen und die Autonomie und Moralität erkennen.

453.11–15 ist in verschiedener Hinsicht mehrdeutig. Zunächst stellt sich die Frage, wie der Zusammenhang zwischen dem ‚Sich-als-frei-Denken', dem ‚Versetzen in die Verstandeswelt' und dem ‚Erkennen der Autonomie und Moralität' zu verstehen ist. Die erste Deutung könnte so lauten (F1):

> *‚Wenn wir uns als frei denken, dann versetzen wir uns deswegen/daraufhin in die Verstandeswelt und erkennen die Autonomie und Moralität.'*

Das ‚Versetzen in die Verstandeswelt' und das ‚Erkennen' der Autonomie und Moralität wären in diesem Fall eine *Folge* des ‚Uns-als-frei-Denkens'. Diese Interpretation scheint aber wenig sinnvoll, weil ja gerade eine Begründung für die Freiheit gesucht wird – und aus der bloßen Annahme der Freiheit nicht die ‚Erkenntnis der Autonomie und Moralität' folgen kann. Die zweite, meines Erachtens plausiblere Deutung ließe sich folgendermaßen paraphrasieren (F2):

> *‚Wenn wir uns als frei denken, dann impliziert/bedeutet dies, dass wir uns in die Verstandeswelt versetzen und die Autonomie und Moralität erkennen.'*

Das ‚Versetzen in die Verstandeswelt' und das ‚Erkennen' der Autonomie und Moralität wären in diesem Fall diejenigen Vorgänge im Subjekt, die vor sich gehen, wenn es sich (begründet) als frei denkt. Wenn wir uns als frei denken, bedeutet das, dass wir uns in die Verstandeswelt versetzen und die Autonomie und Moralität erkennen. Wir legen also die Freiheit nicht „*nur* um des sittlichen Gesetzes willen zum Grunde" (453.6 f., Hervorh. H. P.), um dann aus dieser Freiheit durch eine falsche Auslegung der Analytizitätsthese auf die Geltung des Sittengesetzes für den Menschen als sinnlich-vernünftiges Wesen zu schließen. Stattdessen ‚sehen' wir jetzt (durch die ‚Kritik des Subjekts'), dass wir, wenn wir uns (so) als frei denken, die Autonomie und Moralität *immer schon erkannt haben.* Hinter der Annahme der Idee der Freiheit verbirgt sich also mehr als bloß die (verfehlte) argumentative Strategie, aus dieser unbegründeten Freiheit (unberechtigterweise) auf die Unterworfenheit des Menschen unter das sittliche Gesetz zu schließen. Freiheit ist vielmehr, wie wir Kant zufolge jetzt sehen, in einem *Erkennen der Autonomie und Moralität* begründet (und in einem damit verbundenen ‚Versetzen' in die Verstandeswelt, das Kant durch die Auskunft des transzendentalen Idealismus legitimiert hat). Es gibt keinen zwingenden Grund für die Annahme, dass das ‚Erkennen der Autonomie und Moralität' erst auf dem ‚Versetzen in die Verstandeswelt' beruht, also dessen Folge ist. Das ‚und' in 453.12, das das ‚Versetzen in die Verstandeswelt' mit dem ‚Erkennen der Autonomie und Moralität' verbindet, muss nicht als Ausdruck einer Folge verstanden werden. Vielmehr können beide Elemente, das ‚Versetzen in die Verstandeswelt' *und* das ‚Erkennen der Autonomie', auch als gleichberechtigt innerhalb dieses Satzteils aufgefasst werden. Abschnitt 453.11–13 müsste man unter Berücksichtigung des gesamten Kontextes dann so paraphrasieren (und sein eigentlicher Sinn tritt durch eine Umstellung des Satzes deutlicher hervor):

> *Denn jetzt sehen wir, dass wir die Freiheit nicht um des sittlichen Gesetzes willen bloß voraussetzen (um dieses dann auch in seiner imperativischen Form aus der Freiheit zu schließen), sondern dass wir immer dann, wenn wir uns berechtigt als frei denken, die Autonomie und Moralität erkennen und uns dabei in eine Verstandeswelt versetzen.*

Das Sittengesetz in seiner imperativischen Form ist damit nicht nur etwas, das uns ‚gutgesinnte Seelen' als ‚Erbittung eines Prinzips' gerne einräumen werden, sondern etwas, das wir auch als einen ‚erweislichen Satz' aufstellen können. Denn durch die von Kant geleistete ‚Kritik des Subjekts' sehen wir, dass der Mensch sich Freiheit *nicht bloß* zuschreibt, weil er meint, so sittliche Unterwerfung begründen zu können (im Sinne der skizzierten, illegitimen Anwendung der Analytizitätsthese). Vielmehr zeigt sich dadurch, dass sich Freiheit aus der praktischen Vernunft selbst – als einem Vermögen, das ‚wir wirklich in uns finden' (vgl. 452.7) –

gewinnen lässt: Wenn ich als Mensch Freiheit beanspruche, darf ich das deshalb tun, weil ich in praktischer Perspektive vermittels der ‚Erkenntnis der Autonomie und Moralität' auch eine praktische Erkenntnis der Freiheit habe.

Auf diese Ableitung der Freiheit aus unserem ‚Erkennen' sittlicher Verpflichtung hat Kant explizit in der ersten Sektion hingewiesen, wo er programmatisch eine „Deduction des Begriffs der Freiheit *aus der reinen praktischen Vernunft*" (447.22 f., Hervorh. H. P.) ankündigt. Wie wir gesehen haben, besteht das – möglicherweise erbetene, aber nicht als ein ‚erweislicher Satz' aufstellbare – Prinzip in dem Sittengesetz als Imperativ und nicht etwa bloß in der Freiheit, aus der im Sinne der Analytizitätsthese dann auf die sittliche Unterworfenheit des Menschen geschlossen werden könnte. Eine solche Deutung wäre nur möglich, wenn man annähme, dass Kant – entgegen seiner dezidierten Feststellung am Ende der dritten Sektion, der (gesamte) Zirkelverdacht sei nun gehoben – unbemerkt nur die *petitio* der Freiheit habe ausräumen und nachweisen wollen, dass der Mensch moralisch handeln *kann* – und den Nachweis der Geltung des kategorischen Imperativs damit auf die vierte Sektion vertagt. Kant hat allerdings in Z0, also vor der ersten Formulierung des Zirkelverdachts, deutlich gemacht, dass das Ziel einer ‚Kritik des Subjekts' nicht darin liegen kann, das Sittengesetz in seiner imperativischen Form nur aus der Freiheit *abzuleiten*. Vielmehr besteht nach Kant eine Gefahr für die überzeugende Begründung der Sittlichkeit darin, dass wir in der Idee der Freiheit eigentlich das moralische Gesetz *nur voraussetzen* und es nicht *für sich* beweisen könnten (vgl. 449.24–31), wir also bei bloßen Ableitungsverhältnissen, d. h. der Begriffsanalyse, stehen bleiben. Eine Sache nicht ‚für sich' beweisen bedeutet aber – und diese These ist im Kontext von Kants praktischer Philosophie gut belegt –, dass diese Sache nicht durch sich selbst evident ist (vgl. FN 82). Neben der Gefahr einer *petitio* der Freiheit besteht also auch die Gefahr, dass wir das Sittengesetz nicht als ein selbstevidentes Gesetz nachweisen können, sondern es bloß aus der Idee der Freiheit in einer Weise ableiten, die im Kontext der *begrifflichen* Verhältnisbestimmung zwischen der Idee der Freiheit eines rein vernünftigen Wesens und der Sittlichkeit eines solchen Wesens folgerichtig ist – von der aber nicht feststeht, dass sie auch auf den Menschen als sinnlich-vernünftiges Wesen angewandt werden darf.

Die ‚Kritik des Subjekts' soll im Gegensatz zu einer solchen Begriffsanalyse zeigen, dass das Sittengesetz im Menschen *sich selbst* beweist. An anderer Stelle stellt Kant fest, dass ein Desiderat, das mit der Idee der Freiheit und Autonomie verbunden ist, in dem „Bewußtsein eines Gesetzes zu handeln" (449.7 f.) besteht. Damit gibt er einen weiteren indirekten Hinweis auf die Notwendigkeit, das Sittengesetz als ‚für sich' bestehend nachzuweisen. Wenn wir die Freiheit bloß um des sittlichen Gesetzes willen zugrunde legen, um das sittliche Gesetz in seiner imperativischen Form daraus durch eine illegitime Verwendung der Analytizitätsthese zu schließen, dann könnten wir für dieses Gesetz in der Tat „gar keinen Grund“ (453.8) angeben. Sowohl die Freiheit als auch die Unterworfenheit des Menschen blieben unbegründet. Nun verfügt der Mensch aber wirklich über das in 449.7 f. eingeforderte „Bewußtsein eines Gesetzes zu handeln“. Wir setzen in der Idee der Freiheit das Sittengesetz tatsächlich nicht bloß voraus, denn der Mensch „findet in sich wirklich ein Vermögen, dadurch er sich von allen andern Dingen [...] unterscheidet, und das ist die [praktische] Vernunft“ (452.7–9). Aufgrund dieser Vernunft ‚erkennt‘ (vgl. 453.12) der Mensch die Autonomie und Moralität und denkt sich daraufhin legitimerweise als frei. Wenn der Mensch sich als frei denkt, dann ist dieses Selbstverständnis das Resultat seiner Erkenntnis des selbstevidenten Sittengesetzes. Dieser Rekurs auf die praktische Vernunft als einer Selbstrechtfertigung des Sittengesetzes ermöglicht also die von Kant in 447.22f. in Aussicht gestellte „Deduction des Begriffs der Freiheit aus der reinen praktischen Vernunft“. Der Zirkelverdacht wird durch den Hinweis auf die praktische Vernunft als ein Prinzip der Selbstrechtfertigung des Sittengesetzes aufgelöst. Das Sittengesetz stellt damit mehr dar als ein bloß erbetenes Prinzip – und auch die mögliche *petitio* der Freiheit als notwendige Bedingung dieses Gesetzes ist dadurch aufgehoben.

Anders als es den Anschein haben könnte – und anders als vielfach vermutet –, vertritt Kant der Sache nach im dritten Abschnitt der *GMS* schon die Theorie vom Faktum der Vernunft[155]; d. h., das Sittengesetz stellt hier wie auch später in der

---

155 Ich kann in dieser Arbeit – auch nicht in der Schlussanmerkung, die näher auf die Faktum-These eingeht – keine genaue Analyse von Kants Lehre vom Faktum der Vernunft vorlegen, sondern setze ein Verständnis der Faktum-Lehre voraus, wie ich es an anderer Stelle im Zusammenhang mit Schöneckers Deutung skizziert habe (vgl. Puls 2014a, S. 15 f.). Ich teile auch hier die Interpretation Schöneckers, dass diese These die „ratio cognoscendi der Freiheit sei“ (Schönecker 2014a, S. 1) und dass der „Kerngedanke der Faktum-These, wie auch immer genau interpretiert, [...] darin [besteht] [...], dass wir um die Geltung des moralischen Gesetzes ‚unmittelbar‘ (05:29.34, Hervorhebung D. S.) und ‚unleugbar‘ (05:32.02, Hervorhebung D. S.) wissen“ (Schönecker 2014a, S. 2). Weiter nehme ich wie auch Schönecker an, dass diese These dadurch ausgezeichnet ist, dass „wir ein ‚Bewusstsein‘ (05:31) des moralischen Gesetzes“ haben, dass die „Idee der Freiheit durch ebendieses moralische Gesetz ‚offenbart‘“ wird (Schönecker 2014a, S. 2) und dass der Hinweis richtig ist, dass das moralische Gesetz „für sich selbst feststeht“ (Schönecker 2014a, S. 3). Des Weiteren teile ich die in der Literatur mehrfach geäußerte Annahme, dass der Ausdruck ‚Faktum‘ sowohl als Tatsache als auch als Handlung aufgefasst werden kann (vgl. Willaschek 1992, S. 260), dass aber die Betonung auf der im Faktum enthaltenen praktischen Synthesis liegt, d. h. dem Moment des Faktums als „nicht empirische Synthesishandlung“ (Wolff 2009, S. 537). Wenn ich in dieser Arbeit an einigen Stellen im Hinblick auf eine Charakterisierung des Faktums von einer ‚Faktizität‘ oder ‚Tatsache‘ spreche, dann soll damit der Umstand gemeint sein, dass das Faktum qua nicht empirischer Synthesisleistung der praktischen Vernunft in gewissem Sinne eine Tatsache darstellt, nicht aber, dass das unmittelbare Bewusstsein sich in der Berufung auf einen möglichen Charakter als bloße Tatsache erschöpft (vgl. Wolff 2009, S. 537). Eine Übersicht über die Literatur zur Faktum-Lehre findet sich bei Klein (2008).

KpV die *ratio cognoscendi* der Freiheit dar. In diesem Sinne schreibt Kant in der zweiten *Kritik* in einem Rückblick auf den dritten Abschnitt: „[S]o will ich nur *erinnern*, daß die Freiheit [...] die *ratio essendi* des moralischen Gesetzes, das moralische Gesetz aber die *ratio cognoscendi*[156] der Freiheit sei" (05:004, FN, erste Hervorh. H. P.). Kant erinnert hier – und es ist mir keine weitere Stelle bekannt, die neben dieser für eine solche Erinnerung infrage käme – an den eben vorgestellten Gedanken, dass wir die Freiheit aus der praktischen Vernunft deduzieren können. Wir setzen sie als Seinsgrund der Sittlichkeit also nicht bloß voraus, um daraus die Geltung des kategorischen Imperativs schließen zu können. Vielmehr ist die Freiheit das Resultat einer Tat der Vernunft – eben dadurch, dass wir sie (zusätzlich legitimiert durch die Denkbarkeit einer Verstandeswelt) durch unsere Autonomie und Moralität ‚erkennen'.

Wenn man so weit gehen wollte, von einem Defizit in Kants *Darstellung* seiner Faktum-These in *GMS* III zu sprechen, so bestünde es – neben der Zweideutigkeit zentraler Begriffe (z. B. ‚der' Vernunft in 452.9) und der rhetorisch aufgeladenen und uneinheitlichen Formulierung des Zirkelverdachts – vor allem darin, dass diese Theorie nur knapp und nahezu unverständlich erläutert wird. Anders als in der *KpV* wird in der *GMS* die schon hier zentrale Theorie der Achtung vor dem Sittengesetz nicht ausführlich genug erörtert. So könnte der Eindruck entstehen, dieses Theorieelement, welches ganz wesentlich zur Faktum-Theorie gehört, spiele im dritten Abschnitt systematisch noch keine bedeutende Rolle. In der Fußnote in 401 weist Kant aber nahezu beiläufig darauf hin, dass wir durch Achtung das Sittengesetz *unmittelbar erkennen:* „Die unmittelbare Bestimmung des Willens durchs Gesetz und das Bewußtsein derselben heißt Achtung". In Kants mehr als anderthalb Seiten langer Auseinandersetzung mit dem moralischen Interesse (449.7–36–450.1–17) wird deutlich, dass wir der Beantwortung der Frage, wie es vorstellbar ist, dass das Sittengesetz für den Menschen gilt, dann näher kämen, wenn wir erklären könnten,

> warum denn die Allgemeingültigkeit unserer Maxime, als eines Gesetzes, die einschränkende Bedingung unserer Handlungen sein müsse, und worauf wir den Wert gründen, den wir

---

156 Die Bedeutung dieser ‚Erinnerung' in FN 1 der *KpV*, d. h. Kants Bezug auf die Zirkelproblematik von *GMS* III und deren Auflösung durch den Hinweis auf die Differenz zwischen der Freiheit als *ratio essendi* des Sittengesetzes und dem Sittengesetz als *ratio cognoscendi* der Freiheit wird nur von wenigen Interpreten überhaupt erwähnt (vgl. z. B. Eidam 2007, S. 272). Richtig eingeschätzt wird Kants Bemerkung zu dieser Differenz hingegen von Wolff (2009, S. 546), der deutlich den Bezug zur Zirkelproblematik in *GMS* III hervorhebt: „Die in den Sektionen 1 bis 3 des dritten Abschnittes (4:446.1–453.15) beschriebenen scheinbar zirkulären Abhängigkeitsverhältnisse werden in den §§ 5 und 6 der zweiten Critik wiedergegeben. Auf den Zirkel, der scheinbar in ihnen enthalten ist, und dessen Auflösung verweist dort die ‚Vorrede' in Fn. 1."

dieser Art zu handeln beilegen, der so groß sein soll, daß es überall kein höheres Interesse geben kann, und wie es zugehe, daß der Mensch dadurch allein seinen persönlichen Wert zu fühlen glaubt [...] (449.32–36–450.1 f.).

Die bloß ‚vorausgesetzte Wichtigkeit' (vgl. 450.9 f.) moralischer Gesetze, die uns durch die zusätzliche illegitime Anwendung der Analytizitätsthese dazu verleiten könnte, Freiheit anzunehmen, damit wir uns als sittlich perfekte Wesen denken können und meinen, aus dieser beigelegten Freiheit auf unsere Unterworfenheit unter das Sittengesetz schließen zu dürfen, sagt nichts darüber aus, ob das Sittengesetz für den Menschen tatsächlich gilt. Kant weist aber darauf hin, dass wir die Frage nach dessen Geltung beantworten könnten, wenn es ein transzendentalphilosophisch legitimierbares Interesse am Sittengesetz gäbe. Diesen Hinweis muss man bei der Interpretation der Aufhebung des Zirkelverdachts durch die Passage ab 452.7 präsent halten. In diesem Kontext steht auch eine wenig beachtete Formulierung, die ebenfalls in der Lösungsformulierung des Zirkelverdachts verwendet wird – und scheinbar einen Kontrast zwischen Freiheit und Verpflichtung behauptet[157] :

[A]ber daß wir uns von diesem [dem empirischen Interesse] trennen, d. i. uns als frei im Handeln betrachten und so uns dennoch für gewissen Gesetzen unterworfen halten, um einen Wert bloß in unserer Person zu finden, der uns allen Verlust dessen, was unserem Zustand einen Wert verschafft, vergüten könne, und wie dieses möglich sei, mithin *woher das moralische Gesetz verbinde*, können wir auf solche Art noch nicht einsehen (450.11–17).

Die Verbindlichkeit des Sittengesetzes in Form eines Interesses, das der Mensch an diesem Gesetz nimmt, darf nicht bloß ein psychologisches oder durch rein konventionelle Annahmen bestimmtes Interesse sein, sondern muss sich transzendentalphilosophisch durch eine bestimmte Vermögensstruktur im Subjekt erklären lassen. Wie in der FN in 401 und in der Passage 449.32–36–450.1 f. deutet sich auch hier an, dass es das moralische Interesse am Sittengesetz ist, das zur Klärung von dessen Geltung wesentlich beiträgt – dieses besteht in der Achtung als eines *unmittelbaren Bewusstseins* der Bestimmung des Willens durch das Gesetz. Ein Grund dafür, dass diese Strategie nur wenig zur Kenntnis genommen wurde,[158]

157 Vgl. 453.11–15.

158 Zumindest als Problematik genauer beobachtet ist dieser Aspekt bei Milz (2014, S. 242): „Auch nachdem er [Kant, H. P.] dafür argumentiert hat, dass wir uns als frei ansehen müssen und dass damit ‚auch das Bewußtsein eines Gesetzes zu handeln' analytisch verbunden ist, ist überraschend die Frage für ihn noch offen, die beantwortet schien: ‚Warum aber soll ich mich diesem Princip unterwerfen?' Die Frage zielt auf den ‚Werth' des moralisches Gesetzes und das ‚Interesse', das wir an ihm nehmen (AA IV, 449). Einzusehen, ‚wie und warum uns die Allgemeinheit der Maxime als Gesetzes, mithin die Sittlichkeit interessire' und ein Motiv in sinnlich liegt sicher darin, dass Kant bei seinem Hinweis auf die ohnehin verdeckte Faktizität des Sittlichen auf dieses Gefühl der Achtung explizit keinen Bezug nimmt („Nun findet der Mensch in sich wirklich ein Vermögen [...] und das ist die Vernunft", 452.7–9). Implizit ist der Hinweis auf die Achtung aber in 449.7–36–450.1–17 wie auch in der Auflösung des Zirkelverdachts enthalten, denn Kant hebt an zentraler Stelle[159] die praktische Erkenntnis, d. h. das *Bewusstsein*, des Sittengesetzes hervor: Der Mensch könne, da er die praktische Vernunft (zu der als ein wesentliches Element das Gefühl der Achtung gehört) wirklich in sich finde,

---

vernünftigen Wesen hervorbringt, ist aber ‚uns Menschen gänzlich unmöglich', weil uns die Erkenntnis der Kausalität bloßer Ideen reiner Vernunft verwehrt ist (AA IV, 460). Trotz der Unmöglichkeit, ‚ein Interesse ausfindig und begreiflich zu machen', nehmen wir ‚gleichwohl [...] wirklich daran ein Interesse, wozu wir die Grundlage in uns das moralische Gefühl nennen' (AA IV, 459 f.). Der Wert und das Interesse, das wir am moralischen Gesetz nehmen, aber nicht ‚begreiflich' machen können, ist das Motiv, sich dem Gesetz zu unterwerfen. Dann hängt aber am moralischen Gefühl, der ‚Grundlage' des Interesses, auch die Verbindlichkeit des moralischen Gesetzes, nicht an der Argumentation mit ihren rationalen Vorstellungsinhalten (notwendige Voraussetzung der Freiheit, analytische Implikation von Freiheit und Geltung des Sittengesetzes). Dies unterminiert in der Konsequenz die Deduktion des kategorischen Imperativs. In GMS III zieht Kant diesen Schluss noch nicht; er rekapituliert vielmehr am Ende affirmativ den Argumentationsgang der Deduktion (AA IV, 461). Vermutlich hinderte ihn vorerst noch der Blick auf den unterstellten rationalen Ursprung des Interesses daran, dem moralischen Gefühl eine konstitutive Rolle für das moralische Gewissen zuzugestehen [...]". Ähnlich argumentiert auch Allison (2011, S. 346 f.), der den Umstand problematisiert, dass Kant auf die systematische Bedeutung eines moralischen Interesses zwar hinweise, er aber gleichzeitig behaupte, dass dieses moralische Interesse nicht erklärbar sei, und er sich auch bis auf die kurzen Einlassungen in Sektion 5 nicht mehr zu diesem moralischen Interesse äußere. Auch Allison wertet diesen Befund als eine Ambivalenz in der Moralbegründung des dritten Abschnitts: „I wish [...] to note that I take Kant's procedure as indicating an ambivalence on his part regarding prospects for a deduction of the categorical imperative already at the time of the composition of GMS" (Allison 2011, S. 347). Diese ‚Ambivalenz', die *schon* in der Komposition der *GMS* besteht, liegt (Allison weist nicht explizit darauf hin) in einer Freiheits- und Moralbegründung aus dem vernünftigen Selbstverständnis im Sinne der *KpV*, d. h. der Annahme, dass der kategorische Imperativ sich, vermittelt durch das Gefühl der Achtung, selbst rechtfertigt. Anders als z. B. Allison und Milz annehmen, handelt es sich aber nicht um eine ‚Ambivalenz' in der Rechtfertigung des Sittengesetzes, sondern um Kants *explizite Argumentationsabsicht*. Diese wird freilich durch seinen mehrdeutigen Begriff der Vernunft in 452.7–12 verunklart. Setzt man voraus, dass der Zirkelverdacht dadurch gehoben ist, dass der Mensch ‚wirklich' das Vermögen der praktischen Vernunft in sich findet, dann ist in diesem Begriff der praktischen Vernunft auch die in FN 401 explizierte Achtung vor dem Sittengesetz enthalten, durch die wir Kant zufolge eine „unmittelbare Bestimmung durchs Gesetz" (401 FN) in Form eines „Bewußtseins" (401 FN) erlangen. Auch das moralische Interesse, das sich im Gefühl der Achtung vor dem Sittengesetz zeigt, findet der Mensch damit ‚wirklich' in sich – und Kant erbringt das wenige Seiten zuvor genannte Desiderat eines moralischen Interesses.

159 Ebenso wie später in seiner Zusammenfassung der dritten Sektion in Sektion 5.

„Gesetze des Gebrauchs seiner Kräfte, folglich aller seiner Handlungen *erkennen*" (452.26 f., Hervorh. H. P.). Wir als Menschen „*erkennen* die Autonomie des Willens, sammt ihrer Folge, der Moralität" (453.12 f., Hervorh. H. P.). Diese Erkenntnis oder dieses notwendige ‚Bewusstsein eines Gesetzes zu handeln' (vgl. 449.7 f.) ist möglich durch das Gefühl der Achtung.

Vor dem Rekurs auf die praktische Vernunft, die der Mensch wirklich in sich findet und die innerhalb einer ‚Kritik des Subjekts' aufgewiesen wird (womit Kant den Boden des rein begriffszergliedernden Teils der *GMS* verlässt), bestand die Gefahr einer *petitio* des Sittengesetzes und damit implizit der Freiheit. Diese Gefahr wird nun durch Kants ‚Kritik des Subjekts' gebannt, weil sie zeigt, dass der Mensch „wirklich" (452.7) das Vermögen praktischer Vernunft in sich findet und er ein unmittelbares Bewusstsein der Bestimmung des Willens hat (erlangt durch das moralische Interesse, die Achtung): In praktischer Perspektive können wir damit tatsächlich das Sittengesetz „für sich" (449.27) und auch die Freiheit beweisen (in Form der von Kant in 447.22 f. angekündigten ‚Deduktion des Begriffs der Freiheit aus der reinen praktischen Vernunft'). Denn wir sehen jetzt, dass wir Freiheit nicht *bloß* voraussetzen, um über den Seinsgrund der Sittlichkeit zu verfügen und in einem zweiten Schritt auf die Unterworfenheit unter das Sittengesetz schließen zu können. Uns wird umgekehrt die Freiheit praktisch offenbar, wenn wir die Autonomie und Moralität „erkennen" (453.12). Anders als es zunächst den Anschein hatte, besteht durch eine Analyse der vermögenstheoretischen Struktur des Subjekts nicht mehr die Gefahr, dass wir von dem Sittengesetz „gar keinen Grund angeben könnten" (453.8). Denn zum einen „findet" (452.7) der Mensch in sich wirklich das Gesetz der praktischen Vernunft, d. h., dieses ist – wie von Kant vor der Auflösung des Zirkelverdachts gefordert – ‚für sich' bewiesen. Zum anderen erkennt der Mensch damit zugleich die *ratio essendi* dieses Gesetzes, die Freiheit, welche auch in der Analytizitätsthese unbegründet bleibt.

Am Ende der dritten Sektion stellt Kant explizit fest, dass der Verdacht, den er „oben rege" (453.3) gemacht hatte, d. h. die mögliche Gefahr, dass es sich beim Sittengesetz nur um ein erbetenes, aber nicht in der vermögentheoretischen Struktur des Subjekts nachweisbares Prinzip handeln könnte, nach seinem Rekurs auf den transzendentalen Idealismus und die Faktizität der Sittlichkeit im Menschen ausgeräumt sei. Damit muss am Ende der dritten Sektion aber bereits ein Nachweis der *Geltung des Sittengesetzes für den Menschen* (als sinnlich-vernünftiges Wesen) erfolgt sein – und nicht einfach der Nachweis, dass der Mensch im Sinne einer moralischen Verpflichtung handeln *kann*. Nimmt man an, dass Kant in der dritten Sektion lediglich die *petitio* der Freiheit ausräumt und zeigt, dass der Mensch *auch* Glied der Verstandeswelt und frei ist, so begibt man sich damit in einen Widerspruch zu seiner Feststellung, dass der Zirkelverdacht, der eben aus zwei *petitiones principii* besteht, an dieser Stelle der Argumentation in *GMS* III bereits aufgelöst sei. Wie gezeigt werden konnte, speist sich eine solche Annahme vor allem aus Kants Formulierung des Zirkelverdachts in Z2. Anders als in Z1 spricht er hier nicht davon, dass wir „uns nachher als diesen Gesetzen *unterworfen*" denken (450.21 f., Hervorh. H. P.), weil wir uns die Freiheit beigelegt haben, sondern (nur) davon, dass wir Freiheit bloß voraussetzen, um „dieses [das Sittengesetz] nachher aus der Freiheit wiederum zu schließen" (453.7).[160] Allerdings verwendet Kant, wie wir gesehen haben (vgl. S. 154), auch dann, wenn er sich auf das Sittengesetz in seiner imperativischen Form bezieht, an einigen Stellen einfach den Ausdruck ‚moralisches Gesetz' (vgl. 449.24–31), ohne dass von einer Unterworfenheit unter dieses Gesetz wie in 450.22 die Rede ist. Man darf also davon ausgehen, dass er – seiner Feststellung entsprechend, der (komplette) Zirkelverdacht sei nun gehoben – davon ausgeht, dass er aufgrund des Argumentationsstandes am Ende der dritten Sektion sowohl die Gefahr einer *petitio* der

160 Für eine solche Interpretation vgl. im Anschluss an Schönecker (1999) vor allem Berger (2015, S. 73–81): „Es wurde vermutet, dass dieser [der Zirkelverdacht] in einer Doppelproblematik besteht, nämlich in der bisher nicht begründeten Annahme der Freiheit und der noch nicht bewiesenen Geltung des kategorischen Imperativs. Hinsichtlich der ersten Problematik wurde bereits festgehalten, dass Kants Lösungsstrategie darauf zu antworten scheint. Dies kann aber hinsichtlich der zweiten Problematik nicht behauptet werden. Zwar ist letztlich die Unterscheidung zwischen Sinnen- und Verstandeswelt auch die Grundlage für die in der vierten Sektion durchgeführte Deduktion. Aber der entscheidende Hinweis auf die Superiorität der intelligiblen Welt erfolgt eben erst dort und zwar im ‚ontoethischen Grundsatz' (Schönecker 1999, S. 371). Somit ist es ‚fraglich, ob dieser letzte Satz [gemeint ist 453.14 f.] wirklich als abschließende Konstatierung dafür gelesen werden muß, daß und warum der Zirkelverdacht ‚jetzt gehoben' ist, oder ob er nicht vielmehr [...] zur Deduktion überleitet und damit eben zu dem Nachweis, daß der Mensch tatsächlich ‚verpflichtet' ist' (Schönecker 1999, S. 342). Doch das hieße für die Doppelproblematik, dass nur der erste Teil des Zirkels am Ende der dritten Sektion wirklich ‚gehoben' wäre, während die Hebung des zweiten Problems erst in der nächsten Sektion erfolgt. Daraus ergibt sich aber, dass Kant entweder die zweite Problematik nicht wirklich explizit im Zirkel enthalten sieht (was gewissermaßen seiner eigenen Formulierung desselben in Z2 widerspricht, nämlich ‚wir denken uns als den Gesetzen *unterworfen*') oder aber der Zirkel nicht wirklich gehoben ist (was ebenso seiner eigenen Aussage in der Lösungsformulierung widerspricht). Eine mögliche Lösung wäre, dass die zweite Zirkelformulierung in 453 tatsächlich nur das Problem der unbegründet angenommenen Freiheit beschreibt und eben dieses durch die Lösungsstrategie als gehoben proklamiert. Hingegen wäre das Problem der Geltung des kategorischen Imperativs, welches in der ersten Zirkelformulierung zusätzlich enthalten zu sein scheint, auf die nächste Sektion vertagt, sodass Kant einen Bogen vom Beginn der dritten Sektion zur Deduktion der vierten Sektion schlagen würde." Es ist eine wichtige Beobachtung, dass Kant in Z2 scheinbar nicht mehr von der Unterwerfung unter das Sittengesetz spricht, sondern nur noch vom ‚sittlichen Gesetz'. Allerdings sind die Konsequenzen, die Berger daraus zieht, viel zu weitreichend. Hinzu kommt, dass Kant wie gesagt auch an einer anderen Stelle nur vom ‚moralischen Gesetz' spricht, ohne eigens auf die Geltung dieses Gesetzes für den Menschen als sinnlich-vernünftiges Wesen hinzuweisen.

Freiheit als auch die Gefahr einer *petitio* der Geltung des Sittengesetzes für den Menschen als sinnlich-vernünftiges Wesen aufgelöst hat.

Von besonderer Schwierigkeit ist der letzte Satzteil der dritten Sektion nach dem Semikolon, in dem Kant möglicherweise einen Gegensatz zwischen dem Sich-als-*frei*- und dem Sich-als-*verpflichtet*-Denken des Menschen feststellt. Wenn wir uns als *frei denken*, dann ist dies legitimiert durch eine Erkenntnis der Autonomie und Moralität (welche ihrerseits in dem durch die dritte Autonomie legitimierten Gedanken einer Verstandeswelt begründet ist). „[D]enken wir uns aber als verpflichtet, so betrachten wir uns als zur Sinnenwelt und doch zugleich zur Verstandeswelt gehörig" (453.14 f.). Die Formulierung eines solches Gegensatzes mutet auf den ersten Blick seltsam an, weil ja auch der Mensch als ein sinnlich-vernünftiges Wesen der Verstandeswelt trotz seiner Unterworfenheit unter das Sittengesetz frei ist – und auch ein Mensch, der sich durch das Sittengesetz als *ratio cognoscendi* der Freiheit bewusst ist, ein verpflichtetes Wesen ist. Der Mensch ist eben einem *freien Selbstzwang* unterworfen, einem Zwang, den er sich selbst auferlegt. Er erlässt sich selbst ein Gesetz und ist damit sowohl Gesetzesgeber als auch Gesetzesempfänger.

Die Pointe könnte hier in folgender Einsicht liegen: Der Mensch *erkennt* sich aufgrund der praktischen Vernunft und deren epistemischer Kraft als Gesetzesgeber – als ein Wesen, das dem Sittengesetz, welches es sich selbst gibt, unterworfen ist. Denkt der Mensch sich aber nun als *Empfänger* dieses selbstgegebenen Gesetzes, betrachtet er sich in dem Moment in erster Linie als zur Sinnenwelt gehörig, obwohl er weiß, dass er als Gesetzgeber auch zur Verstandeswelt gehört. Selbstverständlich ist der Mensch auch in dieser Perspektive seines Verpflichtetseins *frei*, denn er gehört ja auch *weiterhin* zur Verstandeswelt. Dadurch, dass 453.11–15 die Freiheit[161] an die Verstandeswelt und das ‚Erkennen der Autonomie' koppelt[162], könnte der Eindruck entstehen, es ginge hier lediglich um die Behauptung, der Mensch als rein vernünftiges Wesen, dessen Freiheit an dieser Stelle nachgewiesen sei, stünde *tatsächlich* unter dem nicht-imperativischen Gesetz. Damit wäre in der Tat bloß eine der beiden *petitiones principii* ausgeräumt, nämlich die unbegründete Annahme der Freiheit. Dass dieser Verdacht nicht haltbar ist, macht die Formulierung in 453.14 f. deutlich („denken wir uns aber als verpflichtet, so betrachten wir uns als zur Sinnenwelt und doch zugleich zur Verstandeswelt gehörig"). Sie stellt wieder einen Zusammenhang zur ersten (präziseren) Formulierung des Zirkelverdachts und dem Problem der fehlenden Begründung für die Geltung des Sittengesetzes her, welche in Kants zweiter For-

161 Vgl. 453.11 f. („wenn wir uns als frei denken").
162 Vgl. 453.12 („versetzen wir uns als Glieder in die Verstandeswelt").

mulierung des Zirkels scheinbar ausgespart wurde. Wenn der Mensch durch das Faktum der Vernunft die Geltung des Sittengesetzes unmittelbar einsieht und dadurch auch ein praktisches Bewusstsein der Freiheit hat, so erfährt er sich als ein intelligibles Wesen und damit als ein Glied der Verstandeswelt. Zugleich ist er sich der ‚Antriebe der Sinnlichkeit' (vgl. 454.30 f.) bewusst. In dieser Perspektive begreift der Mensch sich als *verpflichtet*. Den schwierigen Satz in 453.13 f. könnte man damit auch so formulieren:

> *Wenn wir uns als ein verpflichtetes Wesen wahrnehmen, das die Zugehörigkeit zur Sinnenwelt durch seine Antriebe der Sinnlichkeit spürt, dann betrachten wir uns als zur Sinnenwelt und dennoch weiterhin zur Verstandeswelt gehörig und damit als frei.*

Das Sittengesetz wird in dieser Perspektive – obwohl es eigentlich auch ein Wollen ist – als ein Sollen erfahren. Umgekehrt ist aber auch die gegenteilige Perspektive auf den Menschen möglich: Er kann sich als Gesetzgeber und so in einem emphatischen Sinne als frei verstehen, obwohl er zugleich auch verpflichtetes Glied der Sinnenwelt ist.

Die entscheidende Frage besteht nun darin, ob mit dem von mir unterstellten Hinweis auf die praktische Vernunft und ihre Ideen als ein Faktum, in dem das Theorieelement der Achtung enthalten ist, auch schon der Nachweis der Geltung des Sittengesetzes für sinnlich-vernünftige Wesen gegeben ist. Oder ist es vielmehr so, dass diese Geltung erst noch geleistet werden muss, wie z. B. Berger und Schönecker (allerdings aufgrund einer anderen Interpretation des Vernunftbegriffs in 452.9) vermuten? 453.13 f. wäre in dieser Lesart nur ein Satz, der zur vermeintlichen Geltung des kategorischen Imperativs ‚überleitet'[163]. Nimmt man an, dass in 452.7–21 ein Faktum formuliert wird, dann steht damit am Ende der dritten Sektion die Geltung des Sittengesetzes für den Menschen fest. Das Sittengesetz als Imperativ ist durch den Hinweis auf dessen Faktizität tatsächlich ‚für sich' bewiesen. Der Mensch ‚erkennt' das Gesetz im Sinne von FN 401 ‚unmittelbar'. Er hat durch das Gefühl der Achtung ein ‚Bewusstsein' der „unmittelbare[n] Bestimmung des Willens durchs Gesetz" (FN 401). Das Sittengesetz als Imperativ und die Freiheit sind keine *petitiones principii* mehr, sondern stehen praktisch fest. Im Zusammenhang mit der Erörterung des moralischen Interesses – d. h. des Gefühls der Achtung in Form der Frage nach einem legitimierbaren Interesse, nach der Geltung des kategorischen Imperativs für den Menschen als sinnlich-vernünftiges Wesen – findet sich eine ähnliche Entgegensetzung zwischen dem Sich-als-frei- und Sich-als-verpflichtet-Denken. In Abgrenzung von einem Interesse, das bloß auf der ‚vorausgesetzten Wichtigkeit' des Sittengesetzes

---

163 Vgl. Schönecker (1999, S. 342) und Berger (2015, S. 75).

beruht – und damit nicht das gesuchte, in der Vermögensstruktur des Subjekts aufweisbare Interesse darstellt –, schreibt Kant:

> aber daß wir uns von diesem [dem empirischen Interesse, H. P.] trennen, d. i. uns als frei im Handeln betrachten und so uns dennoch für gewissen Gesetzen unterworfen halten sollen, um einen Werth bloß in unserer Person zu finden, der uns allen Verlust dessen, was unserem Zustande einen Werth verschafft, vergüten könne, und wie dieses möglich sei, mithin *woher das moralische Gesetz verbinde*, können wir auf solche Art noch nicht einsehen (450.11–17).

‚Wie' es möglich sei, dass wir uns von unseren empirischen Interessen trennen, d.h., uns als frei im Handeln und dennoch als dem Sittengesetz unterworfen betrachten, lässt sich dieser Passage zufolge nicht durch ein konventionelles Interesse am Sittengesetz erklären, sondern bloß durch – so darf man es hier sicher einsetzen – das Gefühl der Achtung vor dem Sittengesetz (als wesentlichem Bestandteil des Faktums der Vernunft). Dass wir uns von unseren empirischen Interessen trennen, ist möglich, wenn wir tatsächlich über das Vermögen eines mit unserer Sinnlichkeit verbundenen, gleichwohl rein vernünftigen Interesses verfügen. Eine Erklärung der Unterworfenheit unter das Sittengesetz wird also schon hier für denkbar gehalten und in Aussicht gestellt. Diese Erklärung ist dann möglich, wenn das moralische Gefühl der Achtung (das moralische Interesse) als ein Modus der Vernunft, der vernünftigen Verfasstheit des Subjekts, nachgewiesen ist. An dieser Stelle ist zweifellos von der Geltung des Sittengesetzes für den Menschen als sinnlich-vernünftiges Wesen die Rede. Wenn die Achtungserfahrung möglich ist, wenn der Mensch also wirklich Vernunft in sich findet und Achtung vor dem Gesetz dieser Vernunft hat, dann ist auch die Verpflichtung bzw. Unterworfenheit des Menschen begründet. Der Gegensatz zwischen ‚frei sein' und ‚verpflichtet sein' ist damit weniger stark, als es 453.14 nahelegen könnte. Denn sich als ‚frei denken' und sich als ‚verpflichtet denken' stellt, wie bereits skizziert, keine eigentliche Entgegensetzung dar, sondern lediglich eine perspektivische Unterscheidung: Das Freisein gehört mit dem Verpflichtetsein zusammen (auch wenn der Gedanke eines Selbstzwangs auf den ersten Blick erklärungsbedürftig ist). Wir betrachten uns als *frei* im Handeln *und so* dennoch als dem Sittengesetz *unterworfen*. Man könnte annehmen, dass Freiheit jegliche Unterworfenheit unter ein wie auch immer geartetes Gesetz ausschließen müsste. Das Sittengesetz ist aber das *Gesetz der Freiheit*. Darum gilt dieses Gesetz auch für den Menschen als radikal freies Wesen. Die oben zitierte Passage deutet darauf hin, dass auch der Satz in 453.11–13 nicht so gelesen werden darf, als ginge es bei der Feststellung, dass wir uns als frei denken und die Autonomie und Moralität erkennen, lediglich darum, dass wir rein als Glieder der Verstandeswelt (als freie Wesen) betrachtet das Sittengesetz als nicht-imperativisches Gesetz erkennen – und es somit noch eines Nachweises bedarf, dass wir als *sinnlich-vernünftige* Wesen *verpflichtet* sind.

Dass der Nachweis der Geltung des Sittengesetzes für den Menschen als sinnlich-vernünftiges Wesen für Kant schon durch den Hinweis auf ein Vermögen, das der Mensch wirklich in sich findet (und das im vorliegenden Kommentar als ein Bezug auf das Faktum der Vernunft identifiziert wurde), geleistet ist, wird in Abschnitt 452.23–30 gleich nach diesem Rekurs deutlich. Weil der Mensch wirklich die praktische Vernunft und ihre Ideen in sich findet, muss er sich „als Intelligenz [ansehen] (also nicht von Seiten seiner untern Kräfte)" (452.23 f.). Er hat „mithin" zwei Perspektiven, aus denen heraus er sich als Mensch betrachten und „Gesetze des Gebrauchs seiner Kräfte, folglich aller seiner Handlungen erkennen" (452.25–27) kann. Einmal, sofern er als ein Wesen betrachtet wird, das durch Naturgesetze bestimmt ist, und zweitens als ein intelligibles Wesen, das unter Gesetzen steht, die in der praktischen Vernunft gegründet sind. Vor allem der Ausdruck ‚unter Gesetzen' könnte Grund zu der Annahme geben, dass Kant hier nur von einer Erkenntnis des Sittengesetzes für den Menschen *als analytisches Präparat, rein als Glied der Verstandeswelt betrachtet*, spricht – nicht aber von einer Erkenntnis und damit auch einer Unterworfenheit des Menschen als sinnlich-vernünftiges Wesen. Eine solche Interpretation wird allerdings dadurch fragwürdig, dass Kant hier eindeutig vom sinnlich-vernünftigen Menschen spricht – in betonter Abkehr vom Begriff des Menschen, rein als Glied der Verstandeswelt betrachtet, wie er sich vor allem im Zusammenhang mit der Analytizitätsthese in der ersten Sektion findet. Zudem ist hier die Rede von einem *Gesetz menschlicher Handlungen*. Der Mensch könne ‚Gesetze des Gebrauchs seiner Kräfte, folglich aller seiner Handlungen, erkennen'. Was könnte es bedeuten, dass der Mensch (als analytisches Präparat), rein als Glied der Verstandeswelt betrachtet, ‚Gesetze aller seiner Handlungen' erkennen könnte? Hier ist doch augenscheinlich nicht mehr die Idee eines reinen Willens im Fokus, aus dessen Freiheit analytisch das Sittengesetz folgte. Vielmehr geht es hier im Zuge einer Kritik der menschlichen Subjektivität um die Frage nach einem ‚Bewusstsein eines Gesetzes zu handeln', einer ‚Erkenntnis' von Handlungsgesetzen im sinnlich-vernünftigen Menschen. Wenn wir die Freiheit des Willens eines rein vernünftigen Wesens voraussetzen, dann „folgt die Sittlichkeit sammt ihrem Princip daraus durch bloße Zergliederung ihres Begriffs" (447.8 f.). D. h., wir könnten uns ein freies und rein vernünftiges Wesen nur so vorstellen, dass sich aus dessen Freiheit die Sittlichkeit ableiten lässt. Was sollte es aber nun heißen, dass der Mensch, rein als ein Glied der Verstandeswelt betrachtet, ‚Gesetze seiner Handlungen' erkennen könnte? Handlungen vollzieht der Mensch als sinnlich-vernünftiges Wesen. Wenn man von einer Erkenntnis der Gesetze dieser Handlungen spricht, muss man davon ausgehen, dass diese Erkenntnis sich auf den Menschen als sinnlich-vernünftiges Wesen bezieht – und damit auch eine Verpflichtung, d. h. Unterworfenheit, impliziert. „Als bloßen Gliedes der Verstandeswelt *würden* [...] alle meine

Handlungen dem Princip der Autonomie des reinen Willens vollkommen gemäß sein“ (453.25–27) – eine solche Idee aber steht nicht im Mittelpunkt von 452.23–30, sondern vielmehr der Gedanke, dass der Mensch zur Sinnen- *und* Verstandeswelt gehört. Bereits in diesem Abschnitt, nach dem Rekurs auf die Vernunft als ein Vermögen, das wir wirklich in uns finden, thematisiert Kant die Zugehörigkeit des Menschen zur Sinnen- und zur Verstandeswelt. Schon in der ersten Formulierung des Zirkelverdachts hatte er auf das Problem hingewiesen, den Menschen als ein dem Sittengesetz *unterworfenes* Wesen zu denken; am Ende der dritten Sektion behauptet er dann, der Zirkelverdacht sei nun gehoben.

Die Lösungsformulierung in 453.11–15 und die in ihr ausgedrückte Entgegensetzung zwischen einem ‚Sich-als-frei-Denken‘ und einem ‚Sich-als-verpflichtet-Denken‘ darf daher auch nur im skizzierten Sinne als perspektivisch – und nicht als Ausdruck eines tatsächlichen Gegensatzes – gelesen werden: Wenn wir uns als frei denken, so beruht dies auf unserem Bewusstsein der Geltung des Sittengesetzes (‚Erkenntnis von Autonomie und Moralität‘) und ist legitimiert durch die Ergebnisse der Auflösung der dritten Antinomie. Obwohl wir uns aber in diesem Sinne als frei denken, denken wir ‚uns so‘ (!) dabei ‚dennoch‘ (!)[164] als Wesen, die dem Sittengesetz unterworfen sind. Denn wir sind dem Gesetz, das wir uns aus Freiheit selbst geben, eben im Hinblick auf unseren Charakter als Sinnenwesen *auch* unterworfen. Selbst dann, wenn wir als Menschen die Erfahrung eines intelligiblen Wollens in uns machen, durch Achtung das Sittengesetz erkennen und uns als Glieder einer Verstandeswelt begreifen, bleiben wir dadurch – trotz der damit vermittelten Einsicht in die Freiheit – *verpflichtete Wesen.* In 453.14 f. wird der Zusammenhang zwischen dem ‚Sich-als-verpflichtet-Denken‘ und der Zugehörigkeit zur Sinnenwelt besonders betont: Wenn wir uns als verpflichtet sehen, dann betrachten wir uns (in erster Linie) als zur Sinnenwelt und trotzdem (‚doch‘) zugleich zur Verstandeswelt gehörig. Diese Zugehörigkeit (auch) zur Verstandeswelt impliziert, dass wir uns (obwohl wir uns hier in erster Linie als Sinnenwesen betrachten) als frei denken.

Wenn wir uns als Menschen nicht nur, *doch auch* als zur Verstandeswelt gehörig begreifen, weil wir ein intelligibles Vermögen der Selbstbestimmung in uns wahrnehmen, dann denken wir uns in einem *emphatischen Sinne* als frei und zur Verstandeswelt gehörig. Wenn wir uns in diesem emphatischen Sinne als frei denken, so betrachten wir uns in erster Linie als Glieder der Verstandeswelt und als Selbstgesetzgeber (obwohl wir wissen, dass wir *auch* dem *selbstgegebenen Gesetz unterworfene* Glieder der Sinnenwelt sind).

164 Vgl. dazu die Parallelstelle 450.11–17.

453.14 f. ist also vor allem dadurch missverständlich, dass Kant in 453.11–13 den Begriff der *Verpflichtung* nicht erwähnt – trotz der Tatsache, dass wir selbst dann, wenn wir uns in erster Linie als Glieder der Verstandeswelt betrachten, doch auch verpflichtete Wesen bleiben; und trotz der Tatsache, dass Kant in 453.13 f. den Begriff der Freiheit nicht erwähnt, obwohl wir doch auch als Wesen, die in erster Linie als zur Sinnenwelt gehörig und verpflichtet betrachtet werden, freie Wesen sind. Auf diese Weise entsteht der Eindruck, es ginge Kant in 453.11–15 vorrangig um einen tatsächlichen Gegensatz zwischen dem ‚Sich-als-frei-' und dem ‚Sich-als-verpflichtet-Denken'. Dieser vermeintliche Gegensatz könnte dann die Annahme stützen, dass Kant in 453.12 die Feststellung einer ‚Erkenntnis' der Autonomie und Moralität des Menschen, nur als das analytische Präparat eines Gliedes der Verstandeswelt betrachtet, betonen wollte. Der Mensch als ein solch vollkommenes Wesen stünde demzufolge zwar unter dem nicht-imperativischen Sittengesetz; es wäre damit aber nicht behauptet, dass er auch tatsächlich ein dem Sittengesetz unterworfenes, d. h. ein verpflichtetes, Wesen ist. Kant würde dann mit seinem Hinweis auf ein ‚Sich-verpflichtet-Denken' des Menschen in 453.14 tatsächlich zu einem neuen Problem überleiten, da in den vorangegangenen Passagen allein die Legitimität des Sittengesetzes als eines *deskriptiven Satzes* verhandelt worden wäre, nicht aber die des kategorischen Imperativs. Entgegen Kants Behauptung, dass der Zirkelverdacht, welcher zweifellos aus dem Problem der nicht bewiesenen Freiheit und der nicht bewiesenen Geltung des Sittengesetzes für den Menschen als sinnlich-vernünftiges Wesen besteht (vgl. S. 157), nun ‚gehoben' sei (und damit eigentlich auch die Geltung des kategorischen Imperativs hätte erwiesen sein müssen), hätte er am Ende der dritten Sektion nur gezeigt, dass wir *freie Wesen* sind und *sittlich handeln können* – nicht aber, dass wir dem Sittengesetz tatsächlich *unterworfen* sind. Eine solche Lesart könnte aufgrund der Tatsache vermutet werden, dass Kant im Zusammenhang mit der Zirkelauflösung terminologisch nicht mehr von einer Unterwerfung unter das Sittengesetz spricht. Letztlich muss sie aber verworfen werden, weil er am Ende der dritten Sektion behauptet, der Zirkelverdacht sei gehoben – und er mit keinem Wort erkennen lässt, dass sich das zentrale Argument erst in der vierten Sektion fände. Kant hat damit am Ende der dritten Sektion gezeigt, dass sowohl die Freiheit als auch das Sittengesetz erwiesen sind. Wir setzen Freiheit nicht bloß voraus, um daraus das Sittengesetz und unsere Unterwerfung unter dieses Gesetz zu schließen. Vielmehr sehen wir durch eine Kritik des Subjekts, dass wir, wenn wir uns als frei begreifen, ein Bewusstsein der Geltung des Sittengesetzes haben. Dieses Gesetz hat seinen Grund in sich selbst, es steht für sich selbst fest, d. h., es ist selbstevident.

Sektion 4: Wie ist ein kategorischer Imperativ möglich?

Ein Großteil der Interpreten vermutet in der vierten Sektion das Herzstück von Kants Argumentation in *GMS* III, nämlich die ‚Deduktion des kategorischen Imperativs'[165], und in der dritten Sektion und der in ihr enthaltenen Auflösung des Zirkelverdachts nur eine Überleitung zu dieser vermeintlichen Deduktion[166].

Das Hauptaugenmerk bei der Interpretation von Sektion 4 muss somit auf der Beantwortung der Frage liegen, ob dieser Abschnitt lediglich Argumente aus den vorangegangenen Sektionen zusammenfasst, reformuliert und vielleicht bisher nur implizit enthaltene Annahmen explizit werden lässt. Oder findet sich hier doch ein *gänzlich neues Argument* – etwa in Form dessen, was Schönecker den ‚ontoethischen Grundsatz' (vgl. Schönecker 1999, S. 371) nennt, welcher durch den Hinweis auf die Superiorität der Verstandeswelt Kants Begründungsvorhaben womöglich tatsächlich erst zum Abschluss bringt?[167]

> 453.17–35–454.1–5
> Das vernünftige Wesen zählt sich als Intelligenz zur Verstandeswelt, und bloß als eine zu dieser gehörige wirkende Ursache nennt es seine Causalität einen *Willen*. Von der anderen Seite ist es sich seiner doch auch als eines Stücks der Sinnenwelt bewußt, in welcher seine Handlungen als bloße Erscheinungen jener Causalität angetroffen werden, deren Möglichkeit aber aus dieser, die wir nicht kennen, nicht eingesehen werden kann, sondern an deren Statt

---

165 Schönecker (1999, S. 411) stellt in Bezug auf die vierte Sektion z. B. zusammenfassend fest: „In ihr erfolgt die Deduktion des kategorischen Imperativs und damit die Antwort auf die Frage, wie ein kategorischer Imperativ möglich sei".

166 Vgl. wieder beispielhaft die Zusammenfassung bei Schönecker (1999, S. 410).

167 Einer der wenigen Autoren, die die argumentative Innovation der vierten Sektion infrage stellen, ist Klemme (2014, S. 70), der konstatiert: „Es gehört zu den Eigentümlichkeiten der neueren Kantliteratur, die Frage nach der Deduktion der Idee der Freiheit und des kategorischen Imperativs überwiegend mit Blick auf die ersten vier Sektionen von Abschnitt 3 der *Grundlegung* beantworten zu wollen [...]." Klemme zufolge darf die Bedeutung der vierten Sektion aber nicht überbewertet werden: „Weder ist zu erwarten, dass Kant in der Sektion 4 nicht auf Einsichten zurückgreift, die er bereits in den ersten drei Sektionen begründet oder plausibilisiert hat (sodass Sektion 4 eher Einzelargumente zu einem Beweisgang zusammenfügt und schulgerecht präsentiert, als neue Argumente zu entwickeln), noch wäre es verwunderlich, wenn Kant in der Sektion 5 wichtige Erläuterungen zur Deduktion der Idee der Freiheit bzw. des kategorischen Imperativs gäbe, ohne deren Kenntnisnahme das Argumentationsziel der Grundlegung als Ganzer vom Leser falsch eingeschätzt würde" (Klemme 2014, S. 70). In diese Richtung argumentiert auch Ludwig (2008, S. 444 ff.), dem zufolge es in der vierten Sektion nicht mehr um die Frage nach einem „normativen Anspruch des Sittengesetzes" (Ludwig 2008, S. 444) gehen könne. Er äußert sich aber nicht explizit zum Begriff des ‚ontoethischen Grundsatzes'.

DOI 10.1515/9783110392708-006

> jene Handlungen als bestimmt durch andere Erscheinungen, nämlich Begierden und Neigungen, als zur Sinnenwelt gehörig eingesehen werden müssen. Als bloßen Gliedes der Verstandeswelt würden also alle meine Handlungen dem Princip der Autonomie des reinen Willens vollkommen gemäß sein; als bloßen Stücks der Sinnenwelt würden sie gänzlich dem Naturgesetz der Begierden und Neigungen, mithin der Heteronomie der Natur gemäß genommen werden müssen. (Die ersteren würden auf dem obersten Princip der Sittlichkeit, die zweiten der Glückseligkeit beruhen.) *Weil aber die Verstandeswelt den Grund der Sinnenwelt, mithin auch der Gesetze derselben enthält*, also in Ansehung meines Willens (der ganz zur Verstandeswelt gehört) unmittelbar gesetzgebend ist und also auch als solche gedacht werden muß, so werde ich mich als Intelligenz, obgleich andererseits wie ein zur Sinnenwelt gehöriges Wesen, dennoch dem Gesetze der ersteren, d.i. der Vernunft, die in der Idee der Freiheit das Gesetz derselben enthält, und also der Autonomie des Willens unterworfen erkennen, folglich die Gesetze der Verstandeswelt für mich als Imperativen und die diesem Princip gemäße Handlungen als Pflichten ansehen müssen.

Kant reformuliert hier eindeutig diejenigen Überlegungen, die er nach dem Rekurs auf die Vernunft als ein Vermögen, das wir ‚wirklich' in uns finden (vgl. 452.23 ff.), anführt. Der Mensch als Intelligenz hat dieser Passage zufolge aufgrund seiner (praktischen) Vernunft ein Bewusstsein seiner Willenskausalität. Er hat, wie Kant es in 452.25–30 formuliert, die Fähigkeit, „Gesetze des Gebrauchs seiner Kräfte, folglich aller seiner Handlungen [zu] erkennen" (452.26 f.). Wie schon in 452.23–30 besteht die argumentative Pointe an dieser Stelle aber darin, dass der Mensch *beiden Sphären zugleich* angehört. D.h., Kant behauptet, der Mensch verfüge auch als *sinnlich-vernünftiges* Wesen erwiesenermaßen über eine ‚Erkenntnis' (vgl. 452.27) des Sittengesetzes – und nicht etwa nur im Hinblick auf den Menschen als analytisches Präparat, rein als vernünftiges Wesen betrachtet.

Weil (‚um deswillen', 452.23) der Mensch (gemäß 452.7–9) *wirklich* ein Vermögen in sich findet, das ihn von der Welt der Erscheinungen unterscheidet, *muss* er sich als zur Verstandeswelt gehörig betrachten. Aufgrund des Standpunkts, Glied der Verstandeswelt zu sein, kann der Mensch als sinnlich-vernünftiges Wesen dann (durch Achtung) ein unmittelbar geltendes noumenales Gesetz erkennen: Wenn wir uns als frei denken, dann tun wir das nicht, um uns gemäß der konventionellen Annahme, dass das Sittengesetz etwas Wichtiges sei, als rein vernünftige oder dem Sittengesetz unterworfene Wesen zu denken. Vielmehr beruht dieses Sich-als-frei-Denken *darauf* bzw. *kongruiert damit*, dass wir die Autonomie und Moralität durch Achtung ‚erkennen' (453.12) und ihr damit praktisch einen Vorzug vor einem Handeln, das bloß in unserer sinnlichen Natur gründet, einräumen.

Schon in 452.23–25 (Hervorh. H. P.), nach dem Rekurs auf ‚die Vernunft', hieß es: „Um deswillen *muss* ein vernünftiges Wesen sich selbst als Intelligenz (also nicht von Seiten seiner untern Kräfte), nicht als zur Sinnen=, sondern zur Verstandeswelt gehörig, ansehen". Weil der Mensch wirklich die praktische Vernunft in Form von unmittelbar handlungsbestimmenden Ideen in sich findet, *muss* er sich als sinnlich-vernünftiges Wesen in Bezug auf diese höheren Kräfte als ein intelligentes Wesen der Verstandeswelt begreifen – und nicht als zur Sinnenwelt gehörig. 452.23–25 ist mehrdeutig in dem Sinne, dass nicht völlig klar wird, ob der Mensch sich aufgrund der Tatsache, dass er wirklich die praktische Vernunft und ihre Ideen in sich findet, *in erster Linie* als ein mit intelligiblen Kräften begabtes Wesen denken muss – oder ob er sich nur *auch* als ein mit solchen Kräften begabtes Wesen denken *kann*. Man könnte diese Lesarten folgendermaßen paraphrasieren:

> *I1: Weil der Mensch wirklich praktische Vernunft in sich findet, muss er sich in erster Linie als Intelligenz betrachten – und damit in erster Linie nicht im Hinblick auf seine unteren Kräfte.*

Oder:

> *I2: Weil der Mensch wirklich praktische Vernunft in sich findet, muss er sich auch als Intelligenz betrachten – und damit nicht nur im Hinblick auf seine unteren Kräfte.*

Nicht erst in der vierten, sondern schon in der dritten Sektion könnte im Sinne von I1 das Argument einer Superiorität der Verstandeswelt vor der Sinnenwelt erhalten sein; in dem Sinne nämlich, dass der praktischen Vernunft, die der Mensch wirklich in sich findet, per se *immer schon der Vorrang* vor den ‚unteren Kräften' des Menschen zukommt. Während aber 452.23–25 eher darauf hindeutet, dass der Mensch sich aufgrund seiner praktischer Vernunft *vorrangig* als ein intelligibles Wesen der Verstandeswelt und damit auch vorrangig als deren Gesetz unterworfen begreift (er kann sich nicht nur, sondern ‚muss' sich als Intelligenz begreifen), scheint die Folgerung aus diesem Satz bzw. die Explikation dieses Satzes in 452.25–30 darauf zu verweisen, dass mit der Einsicht in die Zugehörigkeit des Menschen zu einer Verstandeswelt nicht gezeigt bzw. nicht impliziert ist, dass die Gesetze der Verstandeswelt einen wie auch immer begründbaren Vorrang haben. Diesem Passus lässt sich zumindest explizit nicht entnehmen, dass der Standpunkt der Zugehörigkeit zur Sinnenwelt ontologisch oder im Selbstverständnis des Subjekts dem Standpunkt der Zugehörigkeit zur Verstandeswelt untergeordnet wäre. Hier heißt es, dass der Mensch diese beiden Standpunkte einnehmen könne und er seine Handlungen, einmal als unter den Gesetzen der Sinnenwelt und einmal als unter den Gesetzen der Verstandeswelt stehend, betrachten könne. Eine solche, nicht explizit gewichtende Formulierung schließt streng genommen aber nicht aus, dass die Gesetze der Verstandeswelt den Gesetzen der Sinnenwelt nicht doch übergeordnet sein können. Die Feststellung, dass der Mensch sich von zwei ‚Standpunkten' aus – einmal unter Naturgesetzen, einmal unter Vernunftgesetzen – betrachten und ‚Gesetze des Gebrauchs seiner Kräfte, folglich aller seiner

Handlungen erkennen kann', bedeutet nicht, dass die Vernunftgesetzlichkeit keine Vorrangstellung gegenüber der Naturgesetzlichkeit haben kann. Die Formulierung, der Mensch *müsse* sich aufgrund der Vernunft, die er wirklich in sich finde, als Intelligenz begreifen, deutet wie gesagt darauf hin, dass mit diesem Vorfinden der praktischen Vernunft in sich auch schon eine Priorisierung der intelligiblen Gesetze impliziert ist. Der Mensch *kann* sich nicht nur als ein auch intelligibles Wesen betrachten, sondern er *muss* sich aufgrund dieser Vernunft und einer ihr inhärenten Vorrangstellung vor dem sinnlichen Charakter des Menschen als Intelligenz und damit *in erster Linie* als Wesen der Verstandeswelt begreifen. Folgerichtig wäre diese Interpretation im Sinne der in Kapitel 3 vorgeschlagenen Auflösung des Zirkelverdachts, d.h. der Annahme, dass Kant am Ende der dritten Sektion gemäß seiner ersten Formulierung des Zirkelverdachts gezeigt haben will, dass der Mensch dem Sittengesetz *tatsächlich unterworfen* ist – und nicht nur, dass er die *Fähigkeit* hat, sittlich zu handeln. Der Mensch erkennt und anerkennt durch Achtung faktisch die Geltung des kategorischen Imperativs. Dass er Achtung für das Sittengesetz als Gesetz einer intelligiblen Welt hat – und nicht etwa Achtung vor seiner Bestimmung durch sinnliche Antriebe –, liegt darin begründet, dass das Sittengesetz als Gesetz der Verstandeswelt den Gesetzen der Sinnenwelt per se übergeordnet ist.

Dieser Gedanke einer Priorisierung der Gesetze der Verstandeswelt vor denjenigen der Sinnenwelt findet sich nun auch implizit in 453.17–31 und ganz explizit in 453.31–35–454.1–5. Zu Beginn der vierten Sektion deutet sich diese Priorisierung dadurch an, dass Kant einleitend hervorhebt, ‚das vernünftige Wesen', der sinnlich-vernünftige Mensch, zähle sich ‚als Intelligenz zur Verstandeswelt' (453.17), obwohl er sich ‚*doch auch* als eines Stücks der Sinnenwelt bewusst' sei (453.19f., Hervorh. H. P.). *Bloß* in der Perspektive einer Teilhabe an der Verstandeswelt ‚nennt er seine Kausalität einen Willen'. Wie in Abschnitt 452.25–30, in dem Kant schreibt, dass der Mensch sich als zur intelligiblen Welt gehörig betrachten *muss*, wird auch hier durch den Duktus des Satzes indirekt bereits der Primat der Geltung des Handlungsgesetzes der intelligiblen Welt angedeutet: Der mit Vernunft begabte Mensch zählt sich in erster Linie zur Verstandeswelt, obwohl er sich ‚doch auch' seiner Zugehörigkeit zur Sinnenwelt bewusst ist.[168] Die Bezüge

168 Schönecker (1999, S. 368) schreibt: „Die Sek. 3 hat gezeigt, daß der Mensch sich als ein vernünftiges Wesen betrachten muss, daß er als ein solches Wesen zur Verstandeswelt gehört, und daß er als ein solches Wesen auch seinen Willen unter der Idee der Freiheit denken muß, und zwar (zunächst) im Sinne der Analytizitätsthese". Diese Deutung verkennt m. E., dass Kant im oben aufgezeigten Sinne schon in 453.23–25 darauf hinweist, dass der Mensch sich aufgrund seiner Vernunft in *erster Linie* als ein Wesen, das Glied der Verstandeswelt ist, begreifen *muss* (also nicht ‚von Seiten seiner unteren Kräfte'), nicht als Glied der Sinnenwelt. Er *gehört* schon gemäß Kants der folgenden Sätze bzw. Satzteile sind nicht immer eindeutig, können aber folgendermaßen rekonstruiert werden: ‚Von der anderen Seite', d. h. im Hinblick auf seinen Charakter als Glied der Sinnenwelt, ‚ist es [das sinnlich-vernünftige Wesen, H. P.] sich seiner doch auch als eines Stücks der Sinnenwelt bewusst, in welcher seine Handlungen als bloße Erscheinungen jener Kausalität angetroffen werden' (453.19 – 21, vgl. dazu die Parallelstelle aus 452.27 f.). Der Mensch weiß faktisch um seine Zugehörigkeit zur Verstandeswelt und ihren Gesetzen, weiß aber ‚doch auch', dass er der Sinnenwelt angehört, in der seine Handlungen, die auf einer intelligiblen Kausalität beruhen, als bloße Erscheinungen ‚jener Kausalität', d. h. der intelligiblen Kausalität, angetroffen werden können. Die ‚Möglichkeit' dieser seiner Handlungen könne aber aus ‚jener', d. h. ‚jener Kausalität', welche wir ‚nicht kennen', nicht eingesehen werden. ‚An deren Statt', also anstatt einer Erläuterung der Möglichkeit dieser Handlungen durch eine Erklärung der intelligiblen Kausalität, müssten die Handlungen ‚als bestimmt durch andere Erscheinungen, nämlich Begierden und Neigungen, als zur Sinnenwelt gehörig eingesehen werden' (453.23 – 25). Man könnte diesen schwierigen letzten Absatz also folgendermaßen paraphrasieren[169]:

> *Handlungen des sinnlich-vernünftigen Menschen, welche bloß Erscheinungen der Willenskausalität des Menschen als Intelligenz sind, kann man nicht aus dieser intelligiblen Kausalität einsehen. Diese Handlungen als Erscheinungen einer intelligiblen Kausalität müssen in ihrem Charakter als Erscheinungen ebenfalls als durch naturkausale Erscheinungen bestimmt gedacht werden. Diese bestimmenden naturkausalen Erscheinungen sind die Begierden und Neigungen des Menschen.*

An dieser Stelle präludiert, wie auch zu Beginn der vierten Sektion – und wie bereits in den Ausführungen nach dem Rekurs auf die Vernunft als ein Vermögen,

---

Überlegungen in der dritten Sektion nicht nur zur Verstandeswelt. D. h., er *kann* sich nicht nur *auch* zur Verstandeswelt gehörig zählen und ist damit nicht nur *fähig*, moralisch zu handeln, sondern er *muss* sich aufgrund der praktischen Vernunft, die er ‚wirklich' in sich vorfindet, als Intelligenz begreifen und damit – aufgrund der Superiorität der Gesetze der Verstandeswelt – auch schon als ein Wesen, das dem Sittengesetz *unterworfen* ist. Weil Schönecker meint, dass Kant erst in der vierten Sektion mit dem ‚ontoethischen Grundsatz' den Nachweis einer Unterworfenheit des Menschen unter das Sittengesetz leistet, ist er zu der Annahme gezwungen, dass Kant am Ende der dritten Sektion den Menschen immer noch als analytisches Präparat, rein als Wesen der Verstandeswelt betrachtet, im Blick hat. Dies widerspricht aber u. a. Kants Aussage, dass der Zirkelverdacht, der zumindest in der ersten Formulierung eindeutig von dem Problem handelt, dass die *Unterworfenheit* unter das Sittengesetz noch nicht nachgewiesen ist, am Ende der dritten Sektion gehoben sei. Davon, dass ein zentraler Aspekt der Argumentation auf die vierte Sektion vertagt werden soll, spricht Kant allerdings an keiner Stelle.

169 Vgl. hierzu jüngst die Rekonstruktion dieser Passage bei Porcheddu (2016, S. 126 – 130).

das wir wirklich in uns finden und das in der vorliegenden Arbeit als praktische Vernunft identifiziert wurde – eine ganz grundsätzliche *Vorrangstellung* der Verstandes- vor der Sinnenwelt. Die prinzipiell nicht einsichtige und unerklärliche Verstandeswelt ist in einem wie auch immer zu interpretierenden Sinne die *eigentliche Welt*, während die Sinnenwelt und die Handlungen des Menschen innerhalb dieser bloße Erscheinungen der Verstandeswelt darstellen.

In dem dann folgenden Abschnitt (453.31 f.) bringt Kant diese grundsätzliche Priorisierung der Verstandeswelt, die sich schon in der *KrV*[170] und später in der *KpV* (vgl. S. 194) findet und sich meiner Interpretation zufolge bereits in der dritten Sektion ankündigt, in einer besonders prägnanten Formulierung auf den Punkt. Zuvor beschreibt er noch einmal, auf den bereits in 452.25 – 30 eingeführten Gedanken aufbauend, dass als ‚bloßen Gliedes der Verstandeswelt [...] alle meine Handlungen dem Prinzip der Autonomie des reinen Willens vollkommen gemäß sein' würden, während sie als ‚bloßen Stücks der Sinnenwelt [...] gänzlich dem Naturgesetz der Begierden und Neigungen [...] gemäß genommen werden' müssten (453.25 – 29). Das eine Mal wäre das Bestimmungsprinzip dieser Handlungen das ‚oberste Prinzip der Sittlichkeit', das andere Mal das Prinzip der ‚Glückseligkeit'. Diese analytische Trennung zwischen zwei möglichen Perspektiven auf den Menschen hat Kant vor allem in der ersten Sektion eingeführt (vgl. 446.13 – 24 – 447.1 – 14). Spätestens zu Beginn der dritten Sektion, wo wieder der sinnlich-vernünftige Mensch in den Blick rückt, wird sie aber zurückgestellt. Als bloßes Glied der Verstandeswelt *wären* alle Handlungen des Menschen dem Sittengesetz vollkommen gemäß, weil es in dieser Perspektive kein konkurrierendes Bestimmungsprinzip gäbe. Umgekehrt *wäre* der Mensch, wenn er nur Glied der Sinnenwelt wäre, ein Wesen, das allein durch Begierden und Neigungen geleitet handeln könnte.[171]

Nun folgt eine Formulierung, die Schönecker und andere Autoren, die diesen Ausdruck übernommen haben, als ‚ontoethischen Grundsatz'[172] bezeichnen. Kant

---

170 Vgl. dazu Porcheddu (2016, S. 130 ff.).

171 Es ist zwar richtig, dass Kant zumindest in der Formulierung in 453.25 – 29 beide Welten „als gleichgestellt" (Porcheddu 2016, S. 129) behandelt. Der Sache nach ist die analytische Trennung dieser beiden Welten aber durch die Auflösung des Zirkelverdachts bereits überwunden, denn hier steht eben (anders als vielfach angenommen) die *Unterwerfung* unter das Sittengesetz im Mittelpunkt; die Pointe liegt nicht bloß in dem Nachweis, dass der Mensch *unter* dem Gesetz steht. Damit ist das, was einigen Interpreten zufolge erst der ‚ontoethische Grundsatz' behaupten soll, schon erwiesen, denn der Mensch erkennt durch Achtung das Gesetz, d. h., er hat de facto Achtung vor einem Gesetz der Verstandeswelt und nicht vor dem ‚Naturgesetz der Begierden und Neigungen'. Er zieht (aus einem nicht weiter erklärbaren Grund) die Verstandeswelt der Sinnenwelt vor.

172 Den Terminus ‚ontoethischer Grundsatz' hat Schönecker in die Debatte eingeführt (vgl. Schönecker 1999, S. 83, 157, 193, 282, 370 ff.). Er wird seitdem von einigen Autoren übernimmt auf diesen Grundsatz auch in 457.29–36 implizit Bezug und reformuliert ihn explizit in 461.2–6. Alle drei Stellen sollen hier (in leicht angepasster Schreibung und in Teilsätze gegliedert) noch einmal wiedergegeben werden, um sie dann im Zusammenhang zu interpretieren:

O1: [O1.1] Weil aber die Verstandeswelt den Grund der Sinnenwelt, [O1.2] mithin auch der Gesetze derselben enthält, [O1.3] also in Ansehung meines Willens (der ganz zur Verstandeswelt gehört) unmittelbar gesetzgebend ist und also auch als solche gedacht werden muss, [O1.4] so werde ich mich als Intelligenz, obgleich andererseits wie ein zur Sinnenwelt gehöriges Wesen, dennoch dem Gesetze der ersteren, d. i. der Vernunft, die in der Idee der Freiheit das Gesetz derselben enthält, und also der Autonomie des Willens unterworfen erkennen, [O1.5] folglich die Gesetze der Verstandeswelt für mich als Imperativen und die diesem Prinzip gemäße Handlungen als Pflichten ansehen müssen.

O2: [O2.1] Die Kausalität derselben liegt in ihm als Intelligenz und in den Gesetzen der Wirkungen und Handlungen nach Prinzipien einer intelligiblen Welt, von der er wohl nichts weiter weiß, als dass darin lediglich die Vernunft und zwar reine, von Sinnlichkeit unabhängige Vernunft das Gesetz gebe, [O2.2] imgleichen da er daselbst nur als Intelligenz das eigentliche Selbst (als Mensch hingegen nur Erscheinung seiner selbst) ist, [O2.3] jene Gesetze ihn unmittelbar und kategorisch angehen [...].

O3: [O3.1] Das Sittengesetz interessiert, weil es für uns als Menschen gilt, [O3.2] da es aus unserem Willen als Intelligenz, mithin aus unserem eigentlichen Selbst entsprungen ist; [O3.3] was aber zur bloßen Erscheinung gehört, wird von der Vernunft notwendig der Beschaffenheit der Sache an sich selbst untergeordnet.

In O1 kommt Kant wieder auf den in 451.17–36 eingeführten Begriff der ‚Verstandeswelt‘ im Kontrast zur Sinnenwelt zu sprechen und weist darauf hin, dass die Verstandeswelt der Grund der Sinnenwelt und ihrer Gesetze sei. Schon hier kennzeichnet Kant die ‚Verstandeswelt‘ als die eigentliche Welt. Während die Sinnenwelt nach „Verschiedenheit der Sinnlichkeit in mancherlei Weltbeschauern auch sehr verschieden sein kann“ (451.19 f.), bleibe die Verstandeswelt, die „ihr [d.h. der Sinnenwelt, H. P.] zum Grunde liegt, immer dieselbe“ (451.21). Der

nommen und diskutiert (vgl. z. B. Quarfood 2001, S. 79, Esser 2004, S. 196, Allison 2011, S. 335, Wyrwich 2011, S. 118, Sensen 2015, S. 231–256, Porcheddu 2016, S. 88 f. u. 126 ff.). Schönecker/Wood (2002, S. 201) fassen zusammen: „Der Mensch als Ding an sich (und damit als ‚eigentliches Selbst‘) hat eine höhere ontologische Valenz als der Mensch als Erscheinung, und deshalb gilt das Gesetz der Verstandeswelt als Imperativ für den Menschen, der zugleich Glied der Sinnenwelt ist“. Auch wenn beide Autoren eine solch ontologische Lesart für problematisch halten (Schönecker/Wood 2002, S. 203–205), erwägen sie keine alternative Interpretation. Quarfood (2001, S. 79), Allison (2011, S. 351 ff.), Wyrwich (2011, S. 115 f.) und Sensen (2015, S. 242–245) sprechen sich hingegen für eine nicht metaphysische bzw. nicht ontologische Interpretation der Überordnung der Verstandeswelt aus. Andere Autoren, wie z. B. Ludwig (2011) und Klemme (2014), nehmen auf den Begriff eines ‚ontoethischen Grundsatz‘ terminologisch gar keinen Bezug.

Mensch dürfe hinter der „aus lauter Erscheinungen zusammengesetzte[n] Beschaffenheit seines eigenen Subjects noch etwas anderes zum Grunde Liegendes, nämlich sein Ich, so wie es an sich selbst beschaffen sein mag, annehmen" (451.28 – 31) – also sein ‚eigentliches Selbst', sein noumenales Ich. Schon in der dritten Sektion stellt Kant in ganz grundsätzlicher Weise fest, dass die Verstandeswelt der Sinnenwelt in einer bestimmtem Weise ‚zum Grunde' liegt und ihr damit gegenüber der Sinnenwelt ein wie auch immer gearteter Vorrang zukommt. Kant bringt damit nochmals die grundsätzliche Unterscheidung zwischen den Dingen als Erscheinung und den Dingen an sich selbst ins Spiel, von der ich hier, wie zumindest ein Teil der Interpreten, behaupte, dass sie nicht im Sinne der Annahme ontologischer Entitäten interpretiert werden darf.[173] Kant schreibt dazu z. B. in der *Metaphysik der Sitten* treffend: „Über das Causal-Verhältniß des Intelligiblen zum Sensiblen giebt es keine Theorie" (06:439.8 f., FN). Über die Art und Weise, wie die als intelligibel gedachte Kausalität in der Welt der Erscheinungen wirkt, können wir also keine Erkenntnis erlangen, wir können uns dies nur *denken*. O1 insgesamt als eine Feststellung aufzufassen, die Aussagen über ein womöglich realontologisches Begründungsverhältnis macht (etwa im Sinne der Behauptung: ‚Die Verstandeswelt ist ontologisch der Grund der Sinnenwelt'), ist problematisch – schon weil es grundsätzlich fragwürdig ist, dass Kant mit der Unterscheidung zweier ‚Welten' tatsächlich zwei *ontologisch* distinkte Welten meint.

Zunächst müssen aber O1.1 und O2.1 näher betrachtet werden. O1 stellt wie bereits erläutert ein noch näher zu interpretierendes Begründungsverhältnis fest, das durch die Wendung ‚mithin auch der Gesetze derselben' ergänzt wird. Die Verstandeswelt enthält – so darf man hier gemäß O1.2 zweifelsfrei schließen – auch den Grund der *Gesetze* der Sinnenwelt. Vor einer genaueren Betrachtung dieser Feststellung muss aber zunächst ein Missverständnis ausgeräumt werden, das sich aus dem Satzbau von O1.1–O1.4 ergibt: Die Behauptung, dass die Verstandeswelt den Grund der Gesetze der Sinnenwelt enthalte, kann nicht der *Grund* dafür sein, dass die Verstandeswelt dem Willen (‚meinem Willen') gegenüber unmittelbar gesetzgebend ist, denn der Wille soll ja laut O1.3 ‚ganz zur Verstandeswelt gehören'. Ein solcher Satz müsste stark vereinfacht folgendermaßen paraphrasiert werden:

173 Die Literatur, die sich mit der Frage befasst, ob Kants transzendentaler Idealismus ontologisch aufgefasst werden muss oder eher im Sinne einer bloßen Standpunktnahme ohne metaphysische Implikationen, hat mittlerweile unüberschaubare Ausmaße angenommen und kann hier nicht näher diskutiert werden. Für eine kurze Übersicht und Zusammenfassung vgl. Allison (2011, S. 320 – 325).

Weil aber die Verstandeswelt den Grund der Gesetze der Sinnenwelt enthält und deswegen für meinen Willen, der ganz zur Verstandeswelt gehört, unmittelbar gesetzgebend ist, so ...

Eine solche Paraphrase erscheint aber nicht sinnvoll, weil ‚mein Wille' hier schon so gedacht wird, dass er ‚ganz zur Verstandeswelt gehört' und damit den Gesetzen der Verstandeswelt nicht unterworfen sein kann, sondern in einem gewissen Sinne das Gesetz dieser Verstandeswelt *verkörpert*. Die Formulierung ‚die Verstandeswelt in Ansehung meines Willens' muss also so viel heißen wie ‚die Verstandeswelt *in Form* meines Willens' bzw. ‚die Verstandeswelt als mein reiner Wille'. Wenn mein Wille als ganz zur Verstandeswelt gehörig gedacht wird, kann er unmittelbar gesetzgebend nur für mich als ein Wesen sein, das zwar einen Willen hat, der in einer bestimmten *Perspektive* als allein zur Verstandeswelt gehörig gedacht werden kann, der aber in anderer Perspektive nicht *immer* gemäß den Gesetzen dieser Verstandeswelt bestimmt ist. Des Weiteren ist es noch in anderer Hinsicht von großer Bedeutung, wie man das ‚also' in 453.33 deutet, ob explikativ oder folgernd. Entweder wird in O1.1–O1.3 behauptet, *dass* die Verstandeswelt in Form meines reinen, ganz zur Verstandeswelt gehörigen Willens (gegenüber der Sinnenwelt in Form meines nicht reinen Willens) unmittelbar gesetzgebend ist – oder aber, dass die Verstandeswelt in Form meines reinen, ganz zur Verstandeswelt gehörigen Willens gegenüber meinem nicht reinen Willen unmittelbar gesetzgebend ist, *weil* die Verstandeswelt den Grund der Gesetze der Sinnenwelt enthält. O1.3 stellt also entweder eine Explikation bzw. Spezifikation von O1.1 und O1.2 dar oder eine Folgerung aus diesen. Dafür, dass das ‚also' in 453.33 explikativ zu lesen ist, spricht, dass es sich gleich nach dem Komma ohne ein verbindendes ‚und' anschließt. Dieser Teil müsste entsprechend (wieder vereinfacht) folgendermaßen paraphrasiert werden:

Weil die Verstandeswelt den Grund der Gesetze der Sinnenwelt enthält, d. h. in Form meines ganz zur Verstandeswelt gehörigen, reinen Willens meinem nicht reinen Willen gegenüber unmittelbar gesetzgebend ist, und weil die Verstandeswelt so gedacht werden muss, dass sie auch in Ansehung meines Willens den Grund der Gesetze der Sinnenwelt enthält, so werde ich mich ...

O1 (‚Weil die Verstandeswelt den Grund der Gesetze der Sinnenwelt enthält') wird damit expliziert durch O3 (‚weil also die Verstandeswelt als mein ganz zur Verstandeswelt gehöriger, reiner Wille, meinem nicht reinen Willen gegenüber unmittelbar gesetzgebend ist')[174]. Dieser Teilsatz erläutert, *was es heißt*, dass die

174 Den Teil aus O1.3 ‚und also auch als solche gedacht werden muss' (453.34 f.) klammere ich in dieser Interpretation aus, weil er inhaltlich nichts Wichtiges beiträgt und ein Verständnis des Abschnittes nur verkompliziert. Mit diesem Satz ist nur noch einmal ausgedrückt, dass die Ver-

Verstandeswelt der Grund der Sinnenwelt ist. Dadurch verschiebt sich aber die Begründung des gesamten Abschnitts – weg vom Argument der möglichen Feststellung einer höheren ontologischen Valenz der Verstandeswelt hin zu der Feststellung, dass mein reiner, ganz zur Verstandeswelt gehöriger Wille *meinem nicht reinen Willen gegenüber unmittelbar gesetzgebend ist.* Nimmt man jetzt den grammatisch relativ unproblematischen Teil O1.5 hinzu und setzt O1.3 an den Anfang, ergibt sich folgende Paraphrase:

> *Weil die Verstandeswelt (in Form meines reinen, ganz zur Verstandeswelt gehörigen Willens meinem nicht reinen Willen gegenüber) unmittelbar gesetzgebend ist, d. h., weil die Verstandeswelt (in einem bestimmten Sinne) den Grund der Gesetze der Sinnenwelt enthält, so werde ich mich als Wesen mit praktischer Intelligenz, das sowohl der Sinnen- als auch der Verstandeswelt angehört, den Gesetzen der Verstandeswelt, d. h. der Autonomie des Willens, unterworfen erkennen und werde folglich die Gesetze der Verstandeswelt für mich als sinnlich-vernünftiges Wesen als Imperative und die diesem Prinzip gemäßen Handlungen als Pflichten ansehen müssen.*

Ich erkenne mich also der Autonomie des Willens und damit den Gesetzen der Verstandeswelt in Form meines reinen, ganz zur Verstandeswelt gehörigen Willens unterworfen – nicht *weil* die Verstandeswelt ontologisch der Grund der Sinnenwelt ist, sondern weil mein reiner, ganz zur Verstandeswelt gehöriger Wille meinem nicht reinen Willen gegenüber *unmittelbar gesetzgebend* ist. Diesen Sachverhalt kann man durch die Feststellung ausdrücken, dass die Verstandeswelt den Grund der Gesetze der Sinnenwelt enthält – weil die Verstandeswelt der Sinnenwelt nämlich unausweichlich und gewissermaßen global eine bestimmte intelligible Ordnung vorschreibt: Die Sinnenwelt *soll* als Ganze letztlich so werden wie die Verstandeswelt. Die Verstandeswelt ist der *normativ-teleologische* Grund der Sinnenwelt.[175]

---

standeswelt so gedacht werden muss, dass auch „in den Bezug als Teil von ihr gilt, daß sie den Grund der Sinnenwelt und der Gesetze derselben enthält [...]“ (Schönecker 1999, S. 372).

175 Wyrwich (2011, S. 115 f.) schlägt, auf überzeugende Textstellen gestützt, vor, die Verstandeswelt „hier *nicht* als causa efficiens, *sondern* als teleologischen Grund der Sinnenwelt, in der die Form der Verstandeswelt Gestalt gewinnen *soll*, zu dechiffrieren“ (Wyrwich 2011, S. 115, Hervorh. v. Wyrwich). Hierzu verweist Wyrwich auf eine frühe Reflexion, in der sich schon eine mit dem moralisch Guten in Verbindung gebrachte „idea archetypa“ (18:184) ankündige. Des Weiteren bezieht er sich auf Fundstellen in der dritten *Kritik* (05:378), in der sich eine ähnliche teleologische Konzeption der Verstandeswelt als Grund der Sinnenwelt andeutet. Diese These lässt sich durch weitere Fundstellen im Kontext gerade der Faktum-Theorie (!) erhärten. So schreibt Kant nach dem Rekurs auf das Faktum der Vernunft, dass dieses auf eine „reine Verstandeswelt Anzeige“ gäbe: „Dieses Gesetz [das Sittengesetz, H. P.] *soll* der Sinnenwelt als einer sinnlichen Natur, (was die vernünftigen Wesen betrifft) *die Form* einer Verstandeswelt, d. i. einer übersinnlichen Natur verschaffen [...]“ (05:43.10 – 12, Hervorh. H. P.).

Die Formulierung einer *unmittelbaren* Gesetzgebung findet sich nicht nur in FN 401 im Zusammenhang mit dem Gefühl der Achtung, welches uns die *unmittelbare* Bestimmung des Willens durch das Sittengesetz *bewusst* mache, sondern vor allem auch im Kontext von Kants Faktum-Lehre in der zweiten *Kritik*. Dieser Theorie zufolge werden wir uns des kategorischen Imperativs „*unmittelbar* bewußt" (05:29.34, Hervorh. H. P.), d. h. dieser ist *unmittelbar gesetzgebend* und seine Geltung bedarf keiner weiteren Gründe[176]:

> 05:31.7–28
> Die praktische Regel ist also unbedingt, mithin als kategorisch praktischer Satz a priori vorgestellt, wodurch der Wille schlechterdings und *unmittelbar* (durch die praktische Regel selbst, die also hier Gesetz ist) objectiv bestimmt wird. Denn reine, an sich praktische Vernunft ist hier *unmittelbar gesetzgebend*. Der Wille wird als unabhängig von empirischen Bedingungen, mithin, als reiner Wille, durch die bloße Form des Gesetzes als bestimmt gedacht und dieser Bestimmungsgrund als die oberste Bedingung aller Maximen angesehen. [...] Man kann das Bewußtsein dieses Grundgesetzes ein Factum der Vernunft nennen, weil man es nicht aus vorhergehenden Datis der Vernunft, z. B. dem Bewußtsein der Freiheit (denn dieses ist uns nicht vorher gegeben), herausvernünfteln kann, sondern weil es sich für sich selbst uns aufdringt als synthetischer Satz a priori, der auf keiner, weder reinen noch empirischen, Anschauung gegründet ist [...].

Auch an dieser Stelle fällt zunächst die missverständliche Formulierung auf, dass ein reiner Wille durch das Sittengesetz *bestimmt* werde[177]. Sie kann aber auch hier nur so verstanden werden, dass der reine Wille einen Modus des Sittengesetzes (als eines Gesetzes der Verstandeswelt) *darstellt*. Dieser Wille ist bestimmt durch das Gesetz, das er sich selbst gibt, aber er ist diesem Willen in der Perspektive als reiner Wille (d. h. als Wille, der ‚ganz zur Verstandeswelt gehört', vgl. 453.33) nicht unterworfen. Als mein reiner Wille, der durch die ‚bloße Form des Gesetzes' bestimmt gedacht wird, ist die praktische Vernunft *unmittelbar gesetzgebend*. Das Bewusstsein der Geltung des Sittengesetzes, d. h. das Bewusstsein der Unterordnung meines affizierbaren Willens unter meinen reinen Willen, kann man als einen Aspekt des *Faktums der Vernunft* begreifen.

Der sogenannte ‚ontoethische Grundsatz' enthält also entgegen dem ersten Anschein schon in O1 keine Behauptung einer ontologischen Superiorität der Verstandeswelt gegenüber der Sinnenwelt, denn das erste ‚also' in 453.33 muss

---

176 Den Begriff der ‚Unmittelbarkeit' der Geltung des Sittengesetzes hebt Kant an vielen Stellen im Kontext seiner Faktum-These in der *KpV* hervor (vgl. 05:25, 29, 31, 38, 46, 48, 62, 64, 71 f., 78, 116 f., 132, 147).

177 Vgl. 453.31–33, wo der Eindruck entstehen könnte, dass die Verstandeswelt einem Willen gegenüber, der als ganz zur Verstandeswelt gehöriger und damit reiner Wille gedacht wird, unmittelbar gesetzgebend ist.

man explikativ lesen. Die Feststellung, dass die Verstandeswelt den Grund der Sinnenwelt enthält, *bedeutet*, dass der reine Wille als Modus des Gesetzes dieser Verstandeswelt *unmittelbar gesetzgebend* ist. Die zentrale Aussage von O1 als Ganzem besteht also darin, dass die Verstandeswelt in Form meines reinen Willens (dem nicht reinen Willen gegenüber) unmittelbar gesetzgebend ist. Dies ist aber letztlich eine Aussage über eine *normative Faktizität* und keine Aussage über eine grundsätzliche, *ontologisch* begründete Ordnung, aus der eine genuin normative Ordnung dann erst wieder abgeleitet werden müsste.[178] Dieser Befund deckt sich zudem mit dem Vorschlag, die Behauptung einer Begründung der Sinnenwelt durch die Verstandeswelt im Sinne einer ethisch relevanten, teleologischen Begründung aufzufassen. Die Tatsache, dass mein reiner, ganz zur Verstandeswelt gehöriger Wille (meinem nicht reinen Willen gegenüber) unmittelbar gesetzgebend ist, lässt sich aus einem bestimmten Blickwinkel auch so beschreiben, dass die Verstandeswelt (in Form meines reinen Willens als eines Aspekts dieser Verstandeswelt) in der Sinnenwelt Gestalt gewinnen *soll*. Dieser Ansatz, den sogenannten ontoethischen Grundsatz normativ zu interpretieren und schon im Kontext der Faktum-Theorie zu verorten, wird nun durch O2 und O3 gestützt.

Die Kausalität sittlicher Handlungen liegt O2.1 zufolge in den Gesetzen einer intelligiblen Welt, d. h. der in O1 genannten Verstandeswelt. Des Weiteren hebt O2.1 hervor, dass der Mensch von der intelligiblen Welt nur ‚wissen' könne, dass darin die reine praktische Vernunft ein Gesetz gebe. In O2.2 und O2.3 heißt es, ‚imgleichen da er daselbst nur als Intelligenz das eigentliche Selbst (als Mensch hingegen nur Erscheinung seiner selbst) ist, jene Gesetze ihn unmittelbar und kategorisch angehen'. ‚Imgleichen' kann man mit ebenso/genauso übersetzen[179] und müsste O2.1 bis O2.3 dann folgendermaßen paraphrasieren:

> *Der Mensch weiß von der Verstandeswelt nur so viel, dass in ihr reine, praktische Vernunft ein Gesetz gibt, ebenso da der Mensch nur in der Verstandeswelt als Intelligenz das eigentliche Selbst ist, den Menschen die Gesetze der Verstandeswelt unmittelbar und kategorisch angehen.*

---

178 Es stellt sich ohnehin die Frage, wie aus einer ontologisch begründeten Superiorität der Verstandeswelt dann eine genuin normative Überlegenheit der Verstandeswelt folgen soll. Allison (2011, S. 335 f.) weist darauf zu Recht hin: „In addition to yielding the unattractive picture of transcendental idealism [...] this reading generates the further difficulty that it is hard to see how this metaphysical picture of the relationship between the two worlds could provide the basis for the desired conclusion. Simply put, even if, for the sake of argument, one were to grant metaphysical primacy to the world of understanding over the world of sense, it does not follow that it also has normative primacy, which is what is required for the deduction to succeed".

179 Vgl. dazu den Artikel im Grimm'schen Wörterbuch, Bd.10, Sp. 2065 f.

Man kann den Satz auf zwei Arten lesen.[180] Entweder man hebt hervor, dass der Mensch von der Verstandeswelt nur weiß, dass in ihr die reine praktische Vernunft das Gesetz gibt, ebenso/genauso wie der Mensch in der Verstandeswelt nur als Intelligenz das eigentliche Selbst ist. Der Teil ‚jene Gesetze ihn unmittelbar und kategorisch angehen' ließe sich in diesen Satzzusammenhang dann nicht mehr integrieren. Oder man versucht eher eine Verbindung herzustellen zwischen der Behauptung, dass der Mensch von der Verstandeswelt nur wisse, ‚dass darin reine, praktische Vernunft das Gesetz gebe', und der Feststellung, dass ‚jene Gesetze ihn unmittelbar und kategorisch angehen'. Etwa in dem Sinne, dass der Mensch von der Verstandeswelt nur weiß, dass in ihr reine, praktische Vernunft das Gesetz gibt, ebenso/genauso wie der Mensch nur als Intelligenz das eigentliche Selbst ist und ihn jene Gesetze darum unmittelbar und kategorisch angehen.

Unabhängig davon, wie man diese Teilsätze genau auffasst und ob beide Deutungen im Detail letztlich sinnvoll sind, ist doch die Stoßrichtung der Argumentation identisch: Der Mensch weiß um die Gesetze der reinen praktischen Vernunft bzw. diese gehen ihn unmittelbar und kategorisch an. Dieses Wissen um die Gesetze der Verstandeswelt bzw. die unmittelbare Nötigung ergibt sich daraus, dass diese Gesetze vom eigentlichen Selbst hervorgebracht werden: Weil der Mensch (in der Verstandeswelt) das eigentliche Selbst ist, gehen die sittlichen Gesetze ihn als Menschen unmittelbar und kategorisch an. Die Forderungen des eigentlichen Selbst erkennt der Mensch unmittelbar als richtig an. Diese Feststellung stellt aber eine ganz andere Begründung dar als die Behauptung, dass der Mensch das Sittengesetz anderen Handlungsbestimmungen vorziehen müsse, weil die Verstandeswelt eine höhere *ontologische* Valenz habe als die Sinnenwelt. Bereits in O1 kann man das Argument für den Vorrang des Sittengesetzes gegenüber anderen Handlungsbestimmungen in der Feststellung verorten, dass die Verstandeswelt in Form meines reinen Willens (für meinen nicht reinen Willen) ‚*unmittelbar* gesetzgebend' ist (Hervorh. H. P.). Die Gesetze der intelligiblen Welt gehen den Menschen, wie auch O2 heraushebt, ‚unmittelbar und kategorisch an'.

O3.1–O3.2 enthält eine zweistufige Begründung dafür, warum den Menschen das Sittengesetz interessiere. Es interessiere uns, d. h., wir hätten Achtung vor dem Gesetz, weil es für uns als Menschen Geltung habe (O3.1), *da* es aus unserem Willen, rein als Glieder der Verstandeswelt betrachtet, also unserem ‚eigentlichen Selbst', entsprungen sei (O3.2). Wir haben nicht nur Achtung vor dem Sittengesetz, weil es gilt, sondern *insofern* es gilt, *weil* es unserem Willen als Intelligenz, d. h. aus unserem ‚eigentlichen Selbst', entsprungen ist. Das Sittengesetz erlangt seine Geltung also dadurch, *dass* es unserem eigentlichen Selbst entstammt. Damit

180 Eine genauere Interpretation dieses schwierigen Satzes findet sich auf S. 256 ff.

nennt Kant in O3.1–O3.2 dieselbe Begründung für das Sittengesetz wie in O1 und O2. Gemäß O1 müssen wir die Forderungen des Sittengesetzes anderen Handlungsbestimmungen vorziehen, weil das Sittengesetz als ein Gesetz der Verstandeswelt ‚unmittelbar gesetzgebend' ist, und O2 zufolge, weil es als Gesetz der Verstandeswelt den Menschen ‚unmittelbar und kategorisch angeht'. Die Gesetze der Verstandeswelt gelten für den Menschen unmittelbar – dieser Umstand kann nicht weiter begründet, sondern nur durch die generelle Feststellung zusammengefasst werden, *dass* der Mensch die Forderungen der Gesetze der Verstandeswelt unmittelbar als richtig anerkennt. In O3.1–O3.2 findet sich nun die gleiche Begründung für die Geltung des Sittengesetzes und die darin implizit enthaltene Priorisierung desselben wie in O1 und O2: Das Sittengesetz gilt, weil es unserem eigentlichen Selbst entsprungen ist. Auch an dieser Stelle ist nicht davon die Rede, dass das Sittengesetz gilt und damit anderen Handlungsbestimmungen übergeordnet ist, weil der Verstandeswelt eine *ontologische Superiorität* zukäme. In O3.3 könnte man allerdings eine Reformulierung des ‚ontoethischen Grundsatzes' vermuten, weil hier explizit eine *Unterordnung* der Sinnenwelt unter eine ‚Beschaffenheit der Sache an sich selbst' angesprochen wird:

> ‚Was aber zur bloßen Erscheinung gehört, wird von der Vernunft notwendig der Beschaffenheit der Sache an sich selbst untergeordnet.'

Allerdings schreibt Kant auch an dieser Stelle nicht einmal ansatzweise etwas von einer *ontologischen* Unterordnung der Erscheinungen unter die Dinge an sich, d. h., es wird nicht behauptet, dass die Verstandeswelt der Sinnenwelt ontologisch übergeordnet ist, indem diese der metaphysische Grund jener Welt ist, sondern lediglich, dass *die Vernunft* eine solche Überordnung *vornimmt*. Nun muss man aber O3.3 als eine generalisierende Zusammenfassung des Befundes aus O3.1–O3.2 lesen, dem entsprechend das Sittengesetz für den Menschen *gilt*, *weil* es seinem eigentlichen Selbst und damit der Verstandeswelt entsprungen ist. Dass *das*, was in der Verstandeswelt seinen Ursprung hat, für den Menschen gilt, d. h. vom Menschen im Sinne von O1 und O2 ‚unmittelbar' als richtig eingesehen wird (und nicht etwa die der Sinnenwelt entsprungenen Handlungsbestimmungen), lässt sich grundsätzlich in der Tatsache ausdrücken, dass die Vernunft immer dem, was aus ihr selbst als Teil der Verstandeswelt stammt, einen höheren Wert zuschreibt. Nimmt man in diesem Zusammenhang an, dass Kant hier nicht von spekulativer Vernunft oder von ‚Vernunft überhaupt' spricht, sondern von praktischer Vernunft[181], legt O3.3 insgesamt sehr stark eine normative Lesart des von einigen

181 Allison z. B. identifiziert die hier angesprochene ‚Vernunft' eindeutig als *praktische:* „Kant does not say whether he is referring to speculative or practical reason; but the context (Kant is

Interpreten im sogenannten ontoethischen Grundsatz ausgedrückten Sachverhalts nahe. O3.3 könnte man dann folgendermaßen paraphrasieren:

> *Was praktisch zur bloßen Erscheinung und damit nur zur Gesetzlichkeit der Sinnenwelt gehört, wird von der praktischen Vernunft notwendig den Dingen an sich und der Gesetzlichkeit der Verstandeswelt untergeordnet.*

Warum diese Unterordnung der Gesetzlichkeit der Sinnenwelt unter die Gesetzlichkeit der Verstandeswelt stattfindet, wird auch an dieser Stelle nicht weiter begründet, sondern es wird lediglich festgestellt, *dass* die Verstandeswelt und ihr Gesetz der Sinnenwelt übergeordnet werden. Fassen wir noch einmal zusammen:

Der zentrale Gedanke von O1.3 besteht in der Feststellung, dass die Verstandeswelt in Form meines reinen Willens (meinem nicht reinen Willen gegenüber) *unmittelbar gesetzgebend* ist und ich mich daher gemäß O1.4 – obwohl ich mich auch als ein zur Sinnenwelt gehöriges Wesen begreife – als dem Sittengesetz *unterworfen erkenne.* Das Argument für die Priorisierung des Sittengesetzes als eines Gesetzes der Verstandeswelt liegt in seinem unmittelbar gesetzgebenden Charakter. Diesen partikularen Befund der Prioritätsverschaffung eines Gesetzes der Verstandeswelt kann man globaler betrachtet auch so ausdrücken wie in O1.1 – dass nämlich die Verstandeswelt in dem Sinne der Grund der Sinnenwelt ist, dass sie ganz *grundsätzlich* in der Sinnenwelt Gestalt gewinnen *soll.* Die *Unmittelbarkeit*, mit der das Sittengesetz gilt und so einem Modus der Verstandeswelt in der Sinnenwelt Gestalt verschafft, ist in praktischer Hinsicht eine konkrete Ausformung dieser teleologischen Idee.

O2.1 stellt fest, dass der Mensch – obwohl ihm die Verstandeswelt in erkennender Perspektive grundsätzlich unzugänglich ist – dennoch praktisch etwas von dieser Verstandeswelt *weiß*, und zwar, dass in ihr reine praktische Vernunft das Gesetz gibt. O2.2 und O2.3 legen die Interpretation nahe, dass der Mensch dieses Wissen dadurch erlangt, *dass* ihn dasjenige Gesetz, das der Verstandeswelt entstammt, *unmittelbar und kategorisch* angeht und darum Vorrang vor dem Gesetz der Sinnenwelt hat.

O3.1–O3.2 macht deutlich, dass das Sittengesetz dadurch Geltung hat, dass es seinen Ursprung in unserem eigentlichen Selbst und damit in der Verstandeswelt hat. Es gilt also allein dadurch, *dass* es ein Gesetz der Verstandeswelt ist. O3.3 fasst diesen Sachverhalt noch einmal zusammen: Die praktische Vernunft verschafft

---

concerned with the bounds of *practical* reason) strongly suggests the latter. And if this is true, it seems evident that the subordination required by reason must be understood in terms of norms or values rather than grades of being“ (Allison 2011, S. 353, Hervorh. v. Allison).

dem Gesetz der Verstandeswelt automatisch eine Vorrangstellung vor dem Gesetz der Natur.

Das, was im sogenannten ontoethischen Grundsatz ausgedrückt sein soll, ließe sich damit besser als eine (wenn auch sehr schlichte) *Metatheorie der Faktum-Lehre* fassen, nämlich als die vielleicht grundsätzlichste Formulierung des Faktums der Vernunft. Das Sittengesetz als Gesetz der Verstandeswelt hat nicht darum Vorrang vor der Bestimmung durch ein der Sinnenwelt entstammendes Handlungsgesetz, *weil die Verstandeswelt eine höhere ontologische Valenz hätte, sondern weil das, was aus dem eigentlichen Selbst und damit aus der Verstandeswelt stammt, vom vernünftig reflektierenden Menschen unmittelbar als richtig anerkannt wird.*[182] Diese Feststellung ergibt aber lediglich eine generalisierende Aussage über das, was sich im Faktum der Vernunft zeigt. In ihm wird deutlich, dass der Mensch unmittelbare Einsicht in die Geltung des Sittengesetzes hat und dass von der praktischen Vernunft grundsätzlich dasjenige Gesetz mit Achtung erkannt wird, welches seinen Ursprung im eigentlichen Selbst des Menschen hat (nämlich das Sittengesetz).[183]

---

182 Die hier vorgestellte Interpretation unterscheidet sich also von Schöneckers Interpretation in einem ganz grundsätzlichen Aspekt. Während Schönecker das wesentliche Argument wie gesagt in der *ontologischen* Superiorität der Verstandeswelt sieht (vgl. Schönecker 1999, S. 364–396), schlage ich vor, die Superiorität der Verstandeswelt als eine *normative* zu deuten: Die Gesetze der Verstandeswelt, die aus dem eigentlichen Selbst des Menschen stammen, haben faktisch ein normativ größeres Gewicht als das Gesetz des Sinnenwelt. Das Gesetz der Verstandeswelt gilt, *weil* es aus dem eigentlichen Selbst des Menschen stammt. Eine solche Interpretation vermeidet nicht nur die unbefriedigende Annahme eines der kantischen Philosophie wesensfremden Ontologismus, sondern wird m. E. auch den genannten Stellen, an denen Kant sich zu einer solchen Überordnung der Normativität äußert, welche dem eigentlichen Selbst des Menschen entspringt, gerechter: Kant spricht an diesen drei Stellen immer nur von einer normativ-praktischen Superiorität der Verstandeswelt, nämlich einer *unmittelbaren Gesetzgebung* des Gesetzes der Verstandeswelt. Die hier vorgestellte Interpretation unterscheidet sich des Weiteren von den axiologischen Deutungen Quarfoods (2001, S. 79), Allisons (2011, S. 351 ff.), Wyrwichs (2011, S. 115 f.) und Sensens (2015, S. 242–245) – und zwar dadurch, dass sie die Superiorität der Verstandeswelt in Form einer unmittelbar gesetzgebenden Qualität des *reinen Willens* als eine spezifische *Beschreibungsebene* des Faktums der Vernunft deutet.

183 Der hier vorgeschlagenen Interpretation kommt die Deutung von Klemme (2012, S. 199–206) am nächsten. Klemme (2012, S. 203) schreibt: „Ich bin mir meiner selbst als Intelligenz und als sinnlich affiziertes Wesen bewusst. Doch nur weil ich als Vernunftwesen ein praktisches Interesse an eben dieser Vernunft und an ihrer Selbstgesetzgebung nehme, ziehe ich vernünftigerweise das eine dem anderen vor. Die Verstandeswelt ist der Grund der Sinnenwelt, weil die Vernunft selbst die eine der anderen Welt unterordnet. [...] Das Vernunftgebot, nach solchen Maximen zu handeln, die sich zu einer allgemeinen Gesetzgebung qualifizieren, ist gewissermaßen grundlos, weil es keiner Begründung fähig ist. Warum die reine Vernunft dies will, warum wir also ein Interesse daran nehmen und nehmen sollen, als allein verantwortliche Autoren

In der Faktum-These der zweiten *Kritik* stellt Kant fest, dass der kategorische Imperativ im Bewusstsein des moralischen Gesetzes unmittelbar gegeben ist und durch das Gefühl der Achtung erkannt wird. Der Mensch hat ein *unmittelbares* Sollensbewusstsein, und die Geltung des kategorischen Imperativs ist keiner weiteren Begründung zugänglich. Auf den ersten Blick findet sich in der zweiten *Kritik* nur die Feststellung eines solchen Faktums – nicht aber noch einmal die Frage, *warum* der Mensch als Mitglied zweier Welten dem Sittengesetz (als Gesetz der Verstandeswelt) Priorität einräumen *soll*, sondern eben nur die Feststellung, *dass* er es tut. Kant schreibt z. B. in seiner Lehre über die Triebfedern nur, *dass* das Gesetz „den Eigendünkel nieder[schlägt]" (05:73.27). Er stellt nicht explizit die *Frage*, warum wir Achtung vor einem Gesetz der Verstandeswelt haben – und nicht etwa vor einem Handlungsgesetz der Sinnenwelt.[184] Im Sinne der Ausführungen in Sektion 4 müsste man dies folgendermaßen beantworten: Weil der Mensch demjenigen Gesetz, das seinem eigentlichen Selbst entspringt, automatisch einen höheren Stellenwert zuschreibt und daher dem Handlungsgesetz, das der Verstandeswelt entstammt, den Vorzug gibt. Diese Antwort wird aber auch innerhalb der Faktum-These gegeben. Denn *dass* das Sittengesetz als Gesetz der Verstandeswelt den ‚Eigendünkel niederschlägt' und *dass* es sich dadurch einen Vorzug verschafft, lässt sich sehr wohl durch die Feststellung ausdrücken, dass der Mensch dasjenige Gesetz, welches seinem ‚eigentlichen Selbst' und damit der Verstandeswelt entspringt, unmittelbar als richtig anerkennt. Das Sittengesetz ist in Kants Moralphilosophie eindeutig ein Gesetz, das als unserem eigenen Selbst entsprungen gedacht wird, und es lässt sich der Faktum-These entnehmen, dass es für den Menschen *unmittelbare Geltung* hat. Das, was Kant in O1–O3 behauptet – nämlich dass der reine Wille und damit die Verstandeswelt (dem nicht reinen Willen und so der Sinnenwelt gegenüber) *unmittelbar gesetzgebend* sind – stellt also den zentralen Inhalt der Faktum-These dar.

Kant vertritt eine solche Betrachtung des Faktums der Vernunft auf einer *Metaebene* ansatzweise auch in der zweiten *Kritik*. Er stellt fest, dass es der mögliche Status als reine Intelligenz, als Glied der Verstandeswelt sei, der „den Menschen über sich selbst (als einen Theil der Sinnenwelt) erhebt" (05:86.34 f.), denn es sei „nicht zu verwundern [...], wenn der Mensch als zu *beiden* Welten

---

unserer Handlungen aufzutreten, diese alles entscheidende Frage kann durch keine Deduktion beantwortet werden." Die Frage also, warum der Mensch ein Interesse an der Moral nimmt und warum dieses Interesse so groß ist, dass der Mensch die Gesetze der Sinnenwelt denjenigen der Verstandeswelt unterordnet, darauf kann auch Klemme zufolge keine Antwort gegeben werden. Dies – so könnte man hier im Kontext von Klemmes Interpretation ergänzen – ist ein Faktum der Vernunft bzw. gehört zu diesem Faktum.

184 Vgl. dazu Sensen (2015, S. 254 f.).

gehörig, sein eigenes Wesen in Beziehung auf seine zweite und höchste Bestimmung nicht anders als mit Verehrung und die Gesetze derselben mit der höchsten Achtung betrachten *muß*" (05:87.9 – 12, Hervorh. H. P.). Diese Sicht auf die faktische Geltung des Sittengesetzes steht in engem Zusammenhang mit der bereits skizzierten Vorstellung, dass die Verstandeswelt als der *teleologische Grund* der Sinnenwelt aufgefasst werden muss. Die Natur der Verstandeswelt *soll* in der Natur der Sinnenwelt Gestalt annehmen:

> Dieses Gesetz [d. h. das Sittengesetz, H. P.] *soll* der Sinnenwelt, als einer sinnlichen Natur, (was die vernünftigen Wesen betrifft) die Form einer Verstandeswelt, d. i. einer übersinnlichen Natur, verschaffen, ohne doch jener ihrem Mechanism Abbruch zu thun. Nun ist Natur im allgemeinsten Verstande die Existenz der Dinge unter Gesetzen. Die sinnliche Natur vernünftiger Wesen überhaupt ist die Existenz derselben unter empirisch bedingten Gesetzen, mithin für die Vernunft Heteronomie. Die übersinnliche Natur eben derselben Wesen ist dagegen ihre Existenz nach Gesetzen, die von aller empirischen Bedingung unabhängig sind, mithin zur Autonomie der reinen Vernunft gehören. [...] Das Gesetz dieser Autonomie aber ist das moralische Gesetz, welches also das Grundgesetz einer übersinnlichen Natur und einer reinen Verstandeswelt ist, deren Gegenbild in der Sinnenwelt, aber doch zugleich ohne Abbruch der Gesetze derselben existiren *soll*. Man könnte jene die urbildliche (*natura archetypa*), die wir blos in der Vernunft erkennen, diese aber, weil sie die mögliche Wirkung der Idee der ersteren als Bestimmungsgrundes des Willens enthält, die nachgebildete (*natura ectypa*) nennen (05:43.10 – 30, Hervorh. H. P.).

In der Thematisierung der Frage, warum der Mensch demjenigen Gesetz folgen *soll*, das er zumindest als rein vernünftiges Wesen *immer schon als richtig anerkennen würde*,[185] muss man einen Aspekt der Explikation bzw. begrifflichen Differenzierung des Faktums der Vernunft sehen. Ihre Beantwortung liegt auch in der zweiten *Kritik* im Erklärungsansatz eines von der übersinnlichen Natur ausgehenden globalen Sollensanspruchs, der im Faktum der Vernunft immer schon enthalten ist, eben *in* der dort behaupteten unmittelbaren Geltung des Sittengesetzes.

Wenn man ‚hinter' das Faktum der Vernunft ‚zurückfragen' wollte, d. h., wenn man etwa eine Antwort auf die Frage suchte, *warum* dieses Faktum gilt, könnte man nur auf einen Umstand verweisen, der eine bestimmte Beschreibungsperspektive dieses Faktums selbst darstellt: dass das Sittengesetz vom Menschen unmittelbar als richtig anerkannt wird, weil letztlich grundsätzlich die Forderungen des eigentlichen Selbst unmittelbar als richtig und notwendig anerkannt werden. Die Formulierung der Frage, warum der Mensch so handeln *soll*, wie er es

---

185 Wie auch schon bei der vorgeschlagenen Interpretation des Zirkelverdachts zu bedenken gegeben wurde, ist es fragwürdig, ob Kant nach der Auflösung des Zirkelverdachts den Menschen nach wie vor nur als reines Glied der Verstandeswelt betrachten will.

als rein vernünftiges Wesen *kann*, ist nur in Gestalt einer analytischen Differenzierung der behaupteten unmittelbaren Geltung des Sittengesetzes sinnvoll: Im Faktum der Vernunft ist eine nur als Tatsache zu konstatierende Überordnung des Gesetzes der Verstandeswelt über das Gesetz der Sinnenwelt immer schon inhärent. Das Subjekt selbst, dem die unmittelbare Geltung des Sittengesetzes bewusst ist, fragt aber selbstverständlich nicht noch einmal, warum es tun soll, was es als einen unmittelbaren Sollensanspruch erfährt. Die Frage nach einer möglichen Überordnung des Gesetzes der Sinnenwelt über das Gesetz der Verstandeswelt stellt lediglich eine Reflexion dieses Faktums auf einer Metaebene dar – in dem Sinne, dass hier versucht wird, vermögenstheoretische Aspekte, die phänomenal untrennbar zusammenwirken, analytisch-begrifflich zu trennen. Der ‚ontoethische Grundsatz', der genau betrachtet keine höhere ontologische Valenz der Verstandeswelt behauptet, macht letztlich eine Aussage über eine *normative Faktizität*. Er steht damit als ein Aspekt der Begründung des Sittengesetzes nicht in einem Gegensatz zur Rechtfertigung dieses Gesetzes durch ein Faktum; vielmehr repräsentiert er die *grundsätzlichste Begründung* dieses Faktums.

454.6 – 19
Und so sind kategorische Imperativen möglich, dadurch daß die Idee der Freiheit mich zu einem Gliede einer intelligibelen Welt macht, wodurch, wenn ich solches allein wäre, alle meine Handlungen der Autonomie des Willens jederzeit gemäß sein *würden*, da ich mich aber zugleich als Glied der Sinnenwelt anschaue, gemäß sein *sollen*, welches *kategorische* Sollen einen synthetischen Satz *a priori* vorstellt, dadurch daß über meinen durch sinnliche Begierden afficirten Willen noch die Idee ebendesselben, aber zur Verstandeswelt gehörigen reinen, für sich selbst praktischen Willens hinzukommt, welcher die oberste Bedingung des ersteren nach der Vernunft enthält; ungefähr so, wie zu den Anschauungen der Sinnenwelt Begriffe des Verstandes, die für sich selbst nichts als gesetzliche Form überhaupt bedeuten, hinzu kommen und dadurch synthetische Sätze *a priori*, auf welchen alle Erkenntniß einer Natur beruht, möglich machen.

Die Interpretation dieses Absatzes ist aus mehreren, ganz unterschiedlichen Gründen voraussetzungsreich. Einige Autoren sehen nicht im vorangegangenen Abschnitt 454.1 – 5 das wesentliche Argument von *GMS* III, sondern erst in 454.6 – 19[186]. Daher stellt sich die Frage, in welchem Verhältnis diese beiden Passagen zueinander stehen. Enthält 454.6 – 19 wesentliche neue Argumente oder schließt sich dieser Abschnitt inhaltlich an 454.1 – 5 an?

Wieder hängt hier sehr viel von einer genauen Analyse ab. Zudem muss ein Bogen geschlagen werden – zu dem in 447.14 – 25 erläuterten Gedanken der Synthetizität des Sittengesetzes und der Funktion des ‚Dritten', das in einer be-

186 Vgl. z. B. Timmermann (2010b, S. 141).

stimmten Weise ‚hinzukommt', sowie zur fünften Sektion, in der Kant diesen Gedanken wieder aufnimmt. Das Verhältnis von 453.31–35–454.1–5 zu 454.6–9 muss also näher beleuchtet werden; zudem muss die schwierige Passage 454.6–9 im Zusammenhang mit Kants programmatischen Äußerungen aus der ersten Sektion und seinen rückblickenden Einlassungen aus Sektion 5 interpretiert werden. Um eine solche Interpretation besser nachvollziehbar zu machen, soll 454.6–19 in einzelne Teilsätze gegliedert werden:

> [M1] Und so sind kategorische Imperativen möglich, dadurch daß die Idee der Freiheit mich zu einem Gliede einer intelligibelen Welt macht, [M2] wodurch, wenn ich solches allein wäre, alle meine Handlungen der Autonomie des Willens jederzeit gemäß sein würden, [M3] da ich mich aber zugleich als Glied der Sinnenwelt anschaue, gemäß sein sollen, welches kategorische Sollen einen synthetischen Satz a priori vorstellt, [M4] dadurch daß über meinen durch sinnliche Begierden afficirten Willen noch die Idee ebendesselben, aber zur Verstandeswelt gehörigen reinen, für sich selbst praktischen Willens hinzukommt, [M5] welcher die oberste Bedingung des ersteren nach der Vernunft enthält; [M6] ungefähr so, wie zu den Anschauungen der Sinnenwelt Begriffe des Verstandes, die für sich selbst nichts als gesetzliche Form überhaupt bedeuten, hinzu kommen und dadurch synthetische Sätze a priori, auf welchen alle Erkenntniß einer Natur beruht, möglich machen.

Wenn man sich einmal von der zur Kennzeichnung von Kants Argumentation in Sektion 3 und 4 nur bedingt geeigneten Formulierung einer ‚Deduktion des kategorischen Imperativs' gelöst hat – und man daher auch nicht gezwungen ist, die Frage zu verfolgen, an welcher Stelle im Text (ob nun in 453.31–35–454.1–5 oder 454.6–19) diese ‚Deduktion' genau stattfindet –, ist der Blick frei für eine Betrachtung des argumentativen Zusammenhangs zwischen diesen beiden Abschnitten (und, wie wir sehen werden, auch zu Abschnitt 454.20–37–455.1–9).[187]

Beginnen wir zunächst mit einer Skizze von 454.1–5–454.6–19. Folgende Gedanken sind hier zentral: M1 nennt eine erste Bedingung für die ‚Möglichkeit' des kategorischen Imperativs – und zwar die Idee der Freiheit, welche den Menschen zum ‚Gliede einer intelligiblen Welt mache'. Unabhängig von der Beantwortung der Frage, in welchem Sinne diese Freiheit – anders als die bloß *vorausgesetzte* Freiheit, die Kant bis zur Auflösung des Zirkelverdachts immer wieder anführt – nun begründet oder deduziert ist (im Sinne von Kants Ankündigung einer ‚Deduktion der Freiheit aus der reinen praktischen Vernunft' in 447.22f.), muss festgehalten werden, dass *eine* Bedingung der Möglichkeit des kategorischen Imperativs in dieser Idee der Freiheit liegt. M2 wiederholt den bereits vertrauten Gedanken, dass dann, wenn ich *allein* Glied einer solchen Verstandeswelt wäre (und nicht auch Glied der Sinnenwelt), alle meine

187 Für unterschiedliche Einschätzungen der Frage, an welcher Stelle sich ‚die' Deduktion genauer lokalisieren lasse, siehe Schönecker (1999, S. 365) und Timmermann (2010b, S. 141–143).

Handlungen der Autonomie des Willens immer schon gemäß *wären*, d. h., dass ich immer moralisch handeln *würde*. Nun ‚schaut' der Mensch sich aber gemäß M3 ‚zugleich' als Glied der Sinnenwelt an, und darum sind nicht alle seine Handlungen der Autonomie des Willens immer schon gemäß, sondern sie *sollen* in dieser Perspektive auf den Menschen der Autonomie gemäß sein. Dieses kategorische ‚Sollen' stelle ‚einen synthetischen Satz a priori' vor. M4 expliziert dann, was darunter zu verstehen ist, dass das Sollen einen solchen Satz ‚vorstelle'. Das ‚Vorstellen'[188] erfolge dadurch, dass – über den sinnlich affizierten Willen – noch die Idee eines reinen, ganz zur Verstandeswelt gehörigen, für sich selbst praktischen Willens hinzutrete, welcher ‚die oberste Bedingung des ersteren nach der Vernunft' enthalte. Damit nennt M4 womöglich noch eine zweite Bedingung für die Möglichkeit des kategorischen Imperativs: die Idee eines *reinen* Willens, welcher laut M5 die ‚oberste Bedingung des ersteren [d. h. des sinnlich-vernünftigen Willens, H. P.] nach der Vernunft' enthalte. Dieses Hinzukommen der Idee eines reinen Willens setzt Kant in M6 in eine Analogie zur theoretischen Vernunft: Die Idee käme ‚ungefähr so' zum nicht reinen Willen hinzu wie zu den Anschauungen Begriffe des Verstandes hinzukommen und so synthetische Sätze a priori ermöglichen.

Der Beginn von M1 ist mehrdeutig. Das ‚so' in ‚Und *so* sind kategorische Imperative möglich [...]' scheint sich zunächst im Sinne eines Fazits deutlich auf die vorangegangenen Sätze zu beziehen. Allerdings folgt nach dem Komma die Konjunktion ‚dadurch, dass', die einen Modalsatz einleitet. Das ‚so' muss also nicht unbedingt auf zuvor Genanntes referieren; es kann sich auch auf den folgenden Modalsatz beziehen. Kategorische Imperative könnten in diesem Sinne möglich sein, 1.) weil gemäß O1 die Verstandeswelt (in Form meines reines Willens) der Sinnenwelt (in Form meines nicht reinen Willens) gegenüber unmittelbar gesetzgebend ist oder aber, 2.) weil die Idee der Freiheit mich zum Glied einer intelligiblen Welt macht und im Hinblick auf den Menschen als sinnlich-vernünftiges Wesen die Idee eines reinen Willens hinzukommt. Die erste Möglichkeit scheidet aus, weil Kant durch die Konjunktion ‚dadurch, dass' deutlich macht, dass (zumindest erklärtermaßen) erst jetzt der Grund für die Möglichkeit des kategorischen Imperativs genannt wird. Der Beginn von M1, ‚Und so sind kategorische Imperative möglich', deutet allerdings darauf hin, dass ein Bezug zu O1 gegeben sein könnte. Aus diesem Grunde schlage ich vor, M1 in einem engen

188 Der Ausdruck ‚vorstellen' ist hier sicher im Sinne von ‚darstellen' gemeint – und nicht im Sinne von ‚imaginieren'. Denn es ist das ‚kategorische Sollen', das einen synthetischen praktischen Satz vorstellt, d. h., das einen solchen Satz darstellt oder zeigt. Anders als ein Subjekt kann das kategorische Sollen selbst keine Vorstellung eines bestimmten Satzes haben. Eine solche Deutung könnte aber durch die Formulierung des ‚Anschauens' als Glied der Verstandeswelt sprachlich durchaus nahegelegt werden.

Zusammenhang zu O1 zu interpretieren – ausgehend von der Annahme, dass Kant hier einen in O1 festgestellten Sachverhalt reformuliert und weiter vertieft.

Inwiefern bildet aber nun O1 mit der dort enthaltenen Feststellung, dass die Verstandeswelt der Sinnenwelt gegenüber unmittelbar gesetzgebend ist, eine Voraussetzung für M1, wo Kant durch die Formulierung ‚Und so sind kategorische Imperative möglich, dadurch, dass die Idee der Freiheit mich zu einem Glied einer intelligiblen Welt macht' auf O1 Bezug zu nehmen scheint? Die Tatsache, dass mein reiner Wille als Glied der Verstandeswelt meinem nicht reinen Willen gegenüber unmittelbar gesetzgebend ist, müsste etwas damit zu tun haben, dass die Idee der Freiheit mich (gemäß M1) zum Glied einer intelligiblen Welt macht. Und in der Tat ist ja in O1 explizit von der ‚Idee der Freiheit' (454.6 f.) die Rede – und zwar in dem Sinne, dass sie das Gesetz der Verstandeswelt ‚enthält' (454.15), dem ich mich als unterworfen ‚erkenne' (454.3). Ich *erkenne* mich als diesem Gesetz unterworfen, weil es eine Tatsache ist, dass mein reiner Wille meinem nicht reinen Willen gegenüber unmittelbar gesetzgebend ist. Somit habe ich in gewissem Sinne auch eine Erkenntnis dieser Freiheit, die den Seinsgrund des Sittengesetzes darstellt, vor Auflösung des Zirkelverdachts aber immer nur als eine unbegründete Voraussetzung dafür gesehen werden konnte, sich als sittlich verpflichtet zu denken. Indem ich das Sittengesetz als Gesetz der Verstandeswelt aber *unmittelbar* als richtig erkenne und anerkenne, habe ich eine praktisch relevante Erkenntnis auch der Freiheit.

Anders als es zunächst den Anschein hat, stehen O1 und M1 also doch in einem engen Verhältnis zueinander: Die Feststellung, dass die Verstandeswelt (in Form meines reinen Willens) der Sinnenwelt (in Form meines nicht reinen Willens) gegenüber *unmittelbar* gesetzgebend ist und ich daher eine ‚*Erkenntnis*' des Sittengesetzes habe, beinhaltet eine Legitimation der Freiheit, in deren Idee dieses Gesetz (im Sinne des Seinsgrundes) immer schon enthalten ist. Die erste notwendige Bedingung für die *Möglichkeit* des kategorischen Imperativs, d. h. für die Beantwortung der Frage, „wie bloß die Nöthigung des Willens" (417.5) durch einen solchen Imperativ „gedacht" (vgl. 417.6) werden kann, ist damit erfüllt. Durch den Umstand, dass die Gesetze der Verstandeswelt (in Form meines reinen Willens) gegenüber der Sinnenwelt (in Form meines nicht reinen Willens) unmittelbar gesetzgebend sind, also dadurch, dass das Sittengesetz im Sinne von Kants Formulierung in der zweiten *Kritik* ein *Faktum der Vernunft* darstellt, verfüge ich über eine praktische Rückversicherung der Idee der Freiheit. Diese nun praktisch durch die unmittelbare Geltung des Sittengesetzes als Gesetz der Verstandeswelt ratifizierte Idee der Freiheit macht mich zum ‚Glied einer intelligiblen Welt'. Nun ist aber allein die berechtigte Annahme der Freiheit eine notwendige, aber keine hinreichende Bedingung für die Möglichkeit des kategorischen Imperativs – denn aus der Freiheit folgt nur im Hinblick auf den Menschen als reines Vernunftwesen ein ausschließliches Handeln nach sittlichen Maximen. Es bedarf noch des Nachweises der Geltung des kategorischen Imperativs, der für Kant im Nachweis der Berechtigung der *Idee des reinen Willens* liegt – wie es sich in O1 schon explizit ankündigt, wo die unmittelbare Geltung des Gesetzes der Verstandeswelt in Form meines Willens, rein als Glied der Verstandeswelt betrachtet, thematisiert wird. Im Kontext seiner unterschiedlichen Formulierungen der Frage nach der Geltung des kategorischen Imperativs (449.24–36–450.1–17) konstatiert Kant abschließend: Die Frage, „woher das moralische Gesetz verbinde" (450.16), sei noch nicht beantwortet. Er beantwortet sie nun, in der vierten Sektion, mit dem Hinweis auf die *Idee des reinen Willens*.

In 453.31–35–454.1–5 begründet Kant die Superiorität des Gesetzes der Verstandeswelt mit der Feststellung, es sei eine normative Tatsache, dass der Mensch das Gesetz der Verstandeswelt unmittelbar als richtig erkenne und anerkenne. Dadurch werde er zum Glied einer intelligiblen Welt, denn das Gesetz, dem der Mensch sich als unterworfen begreife, stamme aus der Idee der Freiheit. Da ich mich gemäß M3 ‚*aber* zugleich als Glied der Sinnenwelt anschaue' (Hervorh. H. P.) und meine Handlungen damit nicht schon immer der Autonomie des Willens gemäß sind, sondern ‚gemäß sein *sollen*' (Hervorh. H. P.), ist allein der Nachweis der Freiheit für die Begründung der *Möglichkeit* des kategorischen Imperativs nicht ausreichend. Das ‚aber' lässt erwarten, dass nun eine zweite, hinreichende Bedingung für die Möglichkeit des kategorischen Imperativs genannt werden müsste, nämlich eine weitere Bedingung der Möglichkeit des praktischen ‚synthetischen Satzes a priori'. Diese Bedingung besteht laut M4 in einer *weiteren Idee:* Zu ‚meinem durch sinnliche Begierden affizierten Willen' käme ‚noch *die Idee ebendesselben*, aber zur Verstandeswelt gehörigen reinen, für sich selbst praktischen Willens hinzu'. Die Bezüge der Teilsätze in M1–M4 geben wie gesagt keine genaue Auskunft darüber, *wodurch* nun diese notwendige Idee eines reinen Willens *hinzukommt*, der ‚über' meinem nicht reinen Willen steht und durch den ein *Ort im Subjekt* gedacht werden kann, aus dem die unmittelbare und nicht weiter begründbare Gesetzgebung der Verstandeswelt stammt. Die naheliegende Antwort auf diese Frage lautet: Es ist wiederum *die Freiheit*, die zu dieser Idee eines reinen Willens im Menschen führt. O1 behauptet, die Verstandeswelt sei der Sinnenwelt gegenüber unmittelbar gesetzgebend, d. h., es sei eine Tatsache, dass das Gesetz der Verstandeswelt unmittelbar als richtig anerkannt werde. M1 legt nahe, dass diese unmittelbare Gesetzgebung zum Begriff der Freiheit führen müsse, welche mich zum Glied einer intelligiblen Welt mache. In M1 spricht Kant unvermittelt von der ‚Idee der Freiheit'. Wie wir gesehen haben, gibt es gute Gründe für die Annahme, dass er sich damit auf die ‚Idee der Freiheit' in 454.6 f. rückbezieht, welche er in 454.2 indirekt als Seinsgrund des Sittengesetzes auszeichnet. An dieser Stelle hält Kant nämlich fest, dass die Idee der Freiheit das

Gesetz der Verstandeswelt ‚enthält' (vgl. 454.2). Wenn der Mensch sich aber als dem Gesetz der Autonomie unterworfen *erkennt*, weil es von ihm unmittelbar als richtig erkannt und anerkannt wird, dann darf man annehmen, dass er dadurch auch in einer bestimmten praktischen Weise den Seinsgrund dieses Gesetzes einsieht. Die Einsicht in die unmittelbare Geltung des Sittengesetzes als eines Gesetzes der Verstandeswelt führt zu einem – zumindest in praktischer Hinsicht – relevanten Bewusstsein der Freiheit. Kant führt in M4 aus, dass die Perspektive auf den Menschen als ein freies Wesen zur Begründung der Möglichkeit des kategorischen Imperativs nicht ausreiche, ‚*da* ich mich *aber* zugleich als Glied der Sinnenwelt anschaue' (Hervorh. H. P.). Die Möglichkeit des kategorischen Imperativs als eines synthetischen Satzes a priori liegt M4 zufolge in dem ‚Hinzukommen' der Idee des reinen Willens ‚über' meinen sinnlich affizierten Willen. Bevor wir uns mit diesem Gedanken genauer befassen, stellt sich wie bereits erwähnt die Frage, *wie* wir zu dieser Idee des reinen Willes gelangen. Zur Idee der Freiheit gelangen wir gemäß O1 über die Einsicht in die unmittelbare Geltung des Sittengesetzes. Indem wir eine Erkenntnis dieses Gesetzes haben, d. h. uns als der Freiheit als Autonomie unterworfen erkennen, erkennen wir auch die Freiheit, in deren Idee dieses Gesetz enthalten ist. Mangels näherer Erörterungen dazu, *wie* nun diese Idee eines reinen Willens hinzukommt – und auch angesichts von Kants einleitender Feststellung in M1 ‚Und so sind kategorische Imperative möglich, dadurch, dass die Idee der Freiheit [...]' –, liegt die Vermutung nahe, dass die *Idee des reinen Willens* sich in einer bestimmten Weise der durch die unmittelbare Geltung des Sittengesetzes legitimierten Freiheit verdankt. Glücklicherweise äußert sich Kant zu der Frage des Verhältnisses der unmittelbaren Geltung des Sittengesetzes zur Idee der Freiheit und der Idee eines reinen Willens, welche auf bestimmte Weise ‚hinzukommt', explizit am Ende der ersten Sektion.

Die ‚beiden Erkenntnisse' in 447.15 wurden als das Sittengesetz und der sinnlich-vernünftige Wille identifiziert, das ‚Dritte' als eine Kausalität der Verstandeswelt, d. h. eben als der in der vierten Sektion thematisierte reine Wille (vgl. S. 43 ff.). Der Satz „Der positive Begriff der Freiheit schafft dieses dritte" (447.17 f.) wurde so interpretiert, dass die positive Freiheit das ‚Dritte' *verschafft*, indem sie darauf *hinweist*. Diese Freiheit, die auf das Dritte hinweist, muss Kant zufolge aus der reinen praktischen Vernunft deduziert werden – was aber beim Stand der Argumentation am Ende der ersten Sektion nach Kants eigener Einschätzung noch „einiger Vorbereitung" (447.25) bedarf. Mit dieser Deduktion der Freiheit aus der reinen praktischen Vernunft sei es dann auch verbunden, die „Möglichkeit eines kategorischen Imperativs begreiflich [zu] machen" (447.24). Die Idee des reinen Willens als des hinzukommenden ‚Dritten' wird also durch die aus der praktischen Vernunft deduzierte positive Freiheit *verschafft*, indem diese auf die Idee des reinen Willens *hinweist*. Der Nachweis der Möglichkeit des kategorischen Imperativs liegt also gemäß 447.14 – 25 in folgenden Argumentationsschritten: Die Idee der positiven Freiheit, der Freiheit als Autonomie, wird aus der reinen praktischen Vernunft deduziert. Die aus der praktischen Vernunft deduzierte Freiheit verweist auf die Idee des reinen Willens (als des ‚Dritten'). Durch die Idee des reinen Willens ist der kategorische Imperativ dergestalt möglich, dass in dieser Idee sowohl das Sittengesetz als auch der sinnlich-vernünftige Wille enthalten und untereinander verbunden sind.

Die skizzierte Erklärung der Möglichkeit des kategorischen Imperativs aus 447.14 – 25 stimmt also damit überein, was Kant im Abschnitt 453.31 – 35 – 454.1 – 19 ausführt. O1 stellt zunächst die Tatsache fest, dass das Gesetz der Verstandeswelt dem Gesetz der Sinnenwelt grundsätzlich übergeordnet ist, d. h., dass sich im Urteil eines vernünftigen Menschen per se immer das Sittengesetz eine Priorisierung verschafft. Der Mensch erkennt sich auf diese Weise demjenigen Gesetz als unterworfen, welches in der Idee der Freiheit enthalten ist, nämlich dem Sittengesetz. Dadurch hat er in praktischer Perspektive nicht nur eine Erkenntnis dieses Gesetzes selbst, sondern auch der Idee der Freiheit, aus der dieses Gesetz O1 zufolge stammt. O1 enthält letztlich in nuce die Deduktion der Idee der Freiheit aus der reinen praktischen Vernunft: Hier wird zumindest angedeutet, dass der Mensch auch frei ist, weil das Sittengesetz unmittelbar gesetzgebend ist und er sich so als diesem unterworfen erkennt.

M1 nimmt diesen in O1 nicht ganz explizit gemachten Gedanken affirmativ auf, wenn Kant mit dem Satz einsetzt: ‚Und so sind kategorische Imperative möglich, dadurch, dass die Idee der Freiheit mich zu einem Glied einer intelligiblen Welt macht'. Diese Idee der Freiheit stammt – mit den Worten der zweiten *Kritik* – aus dem *Faktum der praktischen Vernunft*, dass das Sittengesetz als Gesetz der Verstandeswelt unmittelbar als richtig eingesehen wird. Damit ist im Sinne von Kants Erläuterungen am Ende der ersten Sektion die ‚Idee der Freiheit' *aus der reinen praktischen Vernunft deduziert.* Diese Übereinstimmung soll durch einen erneuten Vergleich von 447.14 – 25 und 454.6 – 19 erhärtet werden. Dazu soll an dieser Stelle 447.14 – 25 noch einmal in Teilsätze gegliedert zitiert werden:

> [S1] Solche synthetische Sätze [d. h. ein kategorischer Imperativ, H. P.] sind aber nur dadurch möglich, daß beide Erkenntnisse durch die Verknüpfung mit einem dritten, darin sie beiderseits anzutreffen sind, unter einander verbunden werden. [S2] Der positive Begriff der Freiheit schafft dieses dritte, welches nicht wie bei den physischen Ursachen die Natur der Sinnenwelt sein kann (in deren Begriff die Begriffe von etwas als Ursache in Verhältniß auf etwas anderes als Wirkung zusammenkommen). [S3] Was dieses dritte sei, worauf uns die Freiheit weiset, und von dem wir a priori eine Idee haben, läßt sich hier sofort noch nicht anzeigen und [S4] die Deduction des Begriffs der Freiheit aus der reinen praktischen Vernunft, [S5] mit ihr auch die Möglichkeit eines kategorischen Imperativs begreiflich machen, sondern bedarf noch einiger Vorbereitung.

Sowohl S1–S5 als auch M1–M6 zufolge ist mit dem Hinweis auf die Freiheit nur eine erste Bedingung für die Möglichkeit des kategorischen Imperativs erbracht. Es fehlt noch ein Ort, d. h. eine Instanz im Subjekt, aus der heraus die unmittelbare Gesetzgebung der reinen Verstandeswelt denkbar ist und in der der sinnlich-vernünftige Wille und das Gesetz der Verstandeswelt als enthalten gedacht werden können. Während S1–S5 deutlich werden lässt, dass die Kausalität einer Verstandeswelt, die Idee eines reinen Willens als des ‚Dritten', von der positiven Freiheit verschafft wird, indem sie auf diese Idee hinweist, wird die Verweisungsfunktion der positiven Freiheit in M1–M6 nicht ganz explizit. Es spricht aber nichts dagegen, M3 und M4 insgesamt auf M1 rückzubeziehen – in dem Sinne, dass auch die Möglichkeit der ‚Vorstellung' des kategorischen Imperativs als eines synthetischen Satzes a priori wiederum in der deduzierten Idee der Freiheit begründet ist. Zum einen stellt die Freiheit grundsätzlich eine notwendige Bedingung des kategorischen Imperativs dar, zum anderen ist gemäß Kants expliziter Aussage in S2–S5 die Möglichkeit des kategorischen Imperativs ja durch die Verknüpfung mit einem Dritten gegeben, in dem der sinnlich affizierbare Wille und das Sittengesetz als enthalten gedacht sein sollen – und dieses Dritte wird von der Freiheit verschafft. Zumindest dem genauen Wortlaut nach wird der kategorische Imperativ als praktischer synthetischer Satz S1–S5 zufolge durch die *Verknüpfung* ‚beider Erkenntnisse' untereinander anhand der Idee des reinen Willens ermöglicht. In M1–M6 hingegen wird lediglich behauptet, dass die Vorstellung des kategorischen Imperativs als eines synthetischen Satzes a priori dadurch möglich ist, dass ‚über meinen durch sinnliche Begierden affizierten Willen noch die Idee ebendesselben, aber zur Verstandeswelt gehörigen reinen, für sich selbst praktischen Willens hinzukommt'. An dieser Stelle ist explizit nicht von der in S1 angeführten Verbindung des sinnlich affizierbaren Willens und der gesollten Handlung durch die *Verknüpfung* mit der Idee des reinen Willens die Rede, sondern bloß von einem *Hinzukommen* der Idee des reinen Willens. Man darf aber davon ausgehen, dass diese Idee des reinen Willens zum Begriff meines sinnlich-vernünftigen Willens *und* zum Sittengesetz sowie der von ihm geforderten Tat *hinzukommt*. Explizit schreibt Kant ja, dass ‚über meinen durch sinnliche Begierden affizierten Willen' die Idee dieses *reinen Willens* hinzukomme. M5 ergänzt diesen Satz mit dem Hinweis ‚welcher die oberste Bedingung des ersteren nach der Vernunft enthält'. Die Bestimmung ‚des ersteren' bezieht sich zweifelsfrei auf den vorher genannten ‚durch sinnliche Begierden affizierten Willen'. Kant stellt also fest, dass der reine Wille die oberste Bedingung dieses affizierten Willens enthält. Es ist aber weder klar, was dies noch was der Zusatz ‚nach der Vernunft' bedeutet. Was heißt es, dass der reine Wille die *oberste Bedingung* des sinnlich-vernünftigen Willens *nach* der Vernunft enthält?

Sicher ist hier keine Nachzeitigkeit gemeint, in dem Sinne, dass der reine Wille eine zweite oberste Bedingung des affizierten Willens darstellte. Eine solche Interpretation wäre sachlich nicht sinnvoll. Kant spricht explizit nur von *einer* obersten Bedingung des affizierten Willens (‚*die* oberste', Hervorh. H. P.). Naheliegender ist es, ‚nach der Vernunft' als eine qualitative Bestimmung des Bedingungscharakters des reinen Willens aufzufassen. Der reine Wille ist in einer *bestimmten Weise* die ‚Bedingung' des sinnlich affizierten Willens. Der Terminus ‚Bedingung' darf hier aber nicht als *Bedingung der Möglichkeit* gelesen werden. Der reine Wille ist keine notwendige oder gar hinreichende Bedingung der Möglichkeit des affizierten Willens.

Im Kontext seiner Faktum-Lehre stellt Kant (wie auch in O1) fest, dass praktische Vernunft „unmittelbar gesetzgebend" sei (05:31.10) und führt in diesem Zusammenhang weiter aus: „Der Wille wird als unabhängig von empirischen Bedingungen, mithin, als reiner Wille, durch die bloße Form des Gesetzes als bestimmt gedacht und dieser Bestimmungsgrund als die *oberste Bedingung* aller Maximen angesehen" (05:31.10 – 13, Hervorh. H. P.). Die Idee eines reinen Willens ist im Kontext der Passage aus der vierten Sektion also nicht die Bedingung der Möglichkeit des affizierten Willens, sondern die notwendige Bedingung des moralischen Praktisch-Werdens des affizierten Willens. Der reine Wille ist Bedingung im Sinne eines obersten normativen *Bestimmungsgrundes* des affizierten Willens und damit oberste Bedingung der Maximen des affizierten Willens, insofern diese als durch die bloße Form des Gesetzes bestimmt gedacht werden können. Auf diese Weise sollte man auch M5 lesen (‚welcher die oberste Bedingung des ersteren nach der Vernunft enthält'): Der reine Wille enthält den obersten vernünftigen (‚nach der Vernunft') Bestimmungsgrund des sinnlich affizierten Willens; er stellt die Bedingung von dessen möglicher, rein vernünftiger Bestimmung dar. M6 enthält dann eine weitere Spezifikation dieser Bestimmung durch die Idee eines reinen Willens im Menschen. Die Wendung ‚ungefähr so' muss man dabei rückbeziehen auf M4 und kann die Stelle dann folgendermaßen paraphrasieren:

> *Über meinen durch sinnliche Begierden affizierten Willen kommt noch die Idee des reinen Willens hinzu, der den obersten vernünftigen Bestimmungsgrund meines nicht rein vernünftigen, d. h. affizierten, Willens darstellt, ungefähr so, wie zu den Anschauungen der Sinnenwelt Begriffe des Verstandes, die für sich selbst nichts als gesetzliche Form überhaupt bedeuten, hinzukommen, und dadurch synthetische Sätze a priori, auf welchen alle Erkenntnis einer Natur beruht, möglich machen.*

Die hier behauptete ‚ungefähre' Analogie zwischen praktischen und theoretischen Sätzen a priori müsste man sich, dem eben paraphrasierten Wortlaut folgend, so vorstellen: Anschauungen als das sinnliche Basismaterial jeder Erkenntnis bedürfen der Begriffe des Verstandes, um dadurch zu Erkenntnis zu werden. Die

Begriffe des Verstandes sind ‚für sich selbst' betrachtet ‚nichts als gesetzliche Form überhaupt'. *Ungefähr*[189] auf diese Weise tritt der reine Wille zum Begriff des sinnlich affizierten Willens und seinen Begehrungen als einer Form rein vernünftiger Gesetzgebung hinzu. So wird der kategorische Imperativ als praktischer synthetischer Satz möglich, weil eine Instanz im Subjekt, ein ‚Woher' (vgl. 450.16) gedacht werden kann, von dem die unmittelbare Gesetzgebung ausgeht. Wie wir gesehen haben (vgl. FN 54), kann der kategorische Imperativ nur in einem übertragenen Sinne als synthetischer Satz bezeichnet werden. Seine Synthetizität besteht allein darin, dass der sinnlich-vernünftige Wille, welcher konstitutiv gut ist, mit dem Sittengesetz ‚verknüpft' werden muss – und zwar durch Nötigung. Die Synthetizität des kategorischen Imperativs ist also darin begründet, dass das moralische Wollen im Begriff des sinnlich affizierbaren Willens nicht analytisch enthalten ist, sondern zu diesem noch die *Idee eines reinen Willens* hinzukommen muss – als drittes Element, das den sinnlich affizierbaren Willen und die vom Sittengesetz geforderte Tat verbindet.

Auch eine dritte Parallelstelle, die nach der *Möglichkeit des kategorischen Imperativs* fragt, stützt diese Deutung. In Sektion 5 bekräftigt Kant seine Feststellung, dass man die Frage, „wie ein kategorischer Imperativ möglich sei" (461.7), nur mit dem Verweis auf die einzige Voraussetzung für dessen Möglichkeit beantworten könne – und weiter heißt es: „imgleichen als man die *Nothwendigkeit* dieser Voraussetzung einsehen kann" (461.10, Hervorh. H. P.). Die Frage, wie ein kategorischer Imperativ möglich sei, kann man also grundsätzlich nur durch den Verweis auf die Idee der Freiheit beantworten, genauso/ebenso (‚imgleichen') wie

189 Die Tragfähigkeit dieser Analogie wird in der Literatur durchweg als gering eingeschätzt. Schönecker (1999, S. 384) bezeichnet sie als ‚vage' und verweist auf Kants Feststellung, dass sie nur ‚ungefähr so' als Analogie qualifiziert werden könne. Ludwig (2008, S. 446, Hervorh. v. Ludwig) schreibt m. E. zu Recht, dass „Kants Rede vom ‚*synthetischen* Satz' im gegebenen Kontext eine bloß-stenographische ist: Die fragliche Synthesis ist an dieser Stelle nämlich unübersehbar genau jene von Willen und Tat, welche Kant 420 für den ‚*synthetisch-praktischen* Satz' eingefordert hatte – und er gibt keinerlei Hinweis darauf, dass (oder wie, und vor allem: wozu?) diese nun noch weitergehend speziell als die von einem Subjekt- und einem Prädikatbegriff in irgendeinem *Imperativ-Satz* zu deuten wäre. – Beide Ausdrücke verweisen in ihrem eigentlichen Kontext mit dem ‚synthetisch' auf die Notwendigkeit irgendeines Hinzukommenden, d. i. eines Dritten als *medium conjunctionis*, und das ist jene *einzige* Gemeinsamkeit, die Kant *de facto* für seine o. g. Analogie in Anspruch nimmt." Wyrwich zufolge ist die Analogie „nur teilweise berechtigt" (Wyrwich, 2011, S. 80) und habe für Kant nur eine „*veranschaulichende* bzw. *illustrative* Funktion" (Wyrwich 2011, S. 81, Hervorh. v. Wyrwich; vgl. auch die Fußnote bei Wyrwich 2011, S. 80). Auch Allison (2011, S. 339 f.) ist skeptisch, wie weit diese Analogie zwischen praktischen und theoretischen Sätzen a priori trägt: „But since he describes the similarity as rough or approximate [ungefähr], it is difficult to determine how much weight to attach to it or how far it should be pushed". Vgl. auch die skeptischen Einschätzungen bei Grünewald (1988, S. 143) und Timmermann (2010b, S. 142).

man dessen Möglichkeit auch nur durch die Einsicht in einen bestimmten Modus der *Notwendigkeit* der Idee von Freiheit nachvollziehen kann. Kant schreibt dazu weiter (461.17–25):

> Diese Freiheit des Willens vorauszusetzen, ist auch nicht allein (ohne in Widerspruch mit dem Princip der Naturnothwendigkeit in der Verknüpfung der Erscheinungen der Sinnenwelt zu gerathen) ganz wohl *möglich* (wie die speculative Philosophie zeigen kann), sondern auch sie praktisch, d. i. in der Idee, allen seinen willkürlichen Handlungen als Bedingung unterzulegen, ist einem vernünftigen Wesen, das sich seiner Causalität durch Vernunft, mithin eines Willens (der von Begierden unterschieden ist) bewußt ist, ohne weitere Bedingung *nothwendig*.

Warum stellt Freiheit Kants abschließendem Rückblick in der fünften Sektion zufolge nun doch mehr dar als eine durch die Auflösung der dritten Antinomie gesicherte *Möglichkeit?* Und warum ist es einem vernünftigen Subjekt *notwendig*, diese Freiheit in der Idee allen seinen Handlungen zugrunde zu legen?

Die Antwort auf diese Fragen liegt in der Feststellung, dass einem vernünftigen Wesen seine Kausalität aus Vernunft ‚bewusst' ist, d. h. der Mensch die Forderungen des Sittengesetzes unmittelbar als richtig anerkennt, sich dadurch als ein freies Wesen erfährt und so zu der *Idee eines reinen Willens* in sich geführt wird – nämlich der in 461.23 f. beschriebenen Vorstellung eines ‚Willens, der von Begierden unterschieden ist'. An dieser Stelle wird erneut deutlich, dass sich die Legitimation der Freiheit nicht einer Ableitung aus der theoretischen Vernunft verdankt, sondern dezidiert jener ‚Deduktion des Begriffs der Freiheit aus der reinen praktischen Vernunft', die Kant am Ende der ersten Sektion programmatisch ankündigt. Die Annahme der Freiheit als grundsätzlicher Bedingung aller seiner Handlungen wird dem Subjekt praktisch ohne weitere Bedingung *notwendig*, weil es sich einer unmittelbaren Nötigung *durch sich selbst* bewusst ist – und damit (‚mithin') auch einer unmittelbaren Gesetzgebung durch eine freie Instanz in sich, eben durch den ‚Willen, der von Begierden verschieden ist', den reinen Willen.

454.20–37

Der praktische Gebrauch der gemeinen Menschenvernunft bestätigt die Richtigkeit dieser Deduction. Es ist niemand, selbst der ärgste Bösewicht, wenn er nur sonst Vernunft zu brauchen gewohnt ist, der nicht, wenn man ihm Beispiele der Redlichkeit in Absichten, der Standhaftigkeit in Befolgung guter Maximen, der Theilnehmung und des allgemeinen Wohlwollens (und noch dazu mit großen Aufopferungen von Vortheilen und Gemächlichkeit verbunden) vorlegt, nicht wünsche, daß er auch so gesinnt sein möchte. Er kann es aber nur wegen seiner Neigungen und Antriebe nicht wohl in sich zu Stande bringen, wobei er dennoch zugleich wünscht, von solchen ihm selbst lästigen Neigungen frei zu sein. Er beweiset hiedurch also, daß er mit einem Willen, der von Antrieben der Sinnlichkeit frei ist, sich in Gedanken in eine ganz andere Ordnung der Dinge versetze, als die seiner Begierden im Felde der Sinnlichkeit, weil er von jenem Wunsche keine Vergnügung der Begierden, mithin keinen für irgend eine seiner wirklichen oder sonst erdenklichen Neigungen befriedigenden Zustand (denn dadurch würde selbst die Idee, welche ihm den Wunsch ablockt, ihre Vorzüglichkeit einbüßen), sondern nur einen größeren inneren Werth seiner Person erwarten kann. Diese bessere Person glaubt er aber zu sein, wenn er sich in den Standpunkt eines Gliedes der Verstandeswelt versetzt, dazu die Idee der Freiheit, d. i. Unabhängigkeit von *bestimmenden* Ursachen der Sinnenwelt, ihn unwillkürlich nöthigt, und in welchem er sich eines guten Willens bewußt ist, der für seinen bösen Willen als Gliedes der Sinnenwelt nach seinem eigenen Geständnisse das Gesetz ausmacht, dessen Ansehen er kennt, indem er es übertritt. Das moralische Sollen ist also eigenes nothwendiges Wollen als Gliedes einer intelligibelen Welt und wird nur so fern von ihm als Sollen gedacht, als er sich zugleich wie ein Glied der Sinnenwelt betrachtet.

Von zentraler Bedeutung für die Interpretation dieses Abschnitts ist die Frage, von *welcher Deduktion* Kant hier spricht. Ludwig (2008)[190] hat zu Recht darauf auf-

190 Ludwig stellt als einer der wenigen Interpreten die nur selten angezweifelte Interpretationshypothese einer ‚Deduktion des kategorischen Imperativs' in *GMS* III infrage: „In Anbetracht der bereits angesprochenen, inzwischen beinahe kanonisch gewordenen Rede von einer ‚Deduktion des kategorischen Imperativs' in der *Grundlegung* ist an dieser Stelle nun nachdrücklich die Einsicht festzuhalten, dass sich eine *solche* Deduktion im Text definitiv nicht auffinden lässt – und *a fortiori* nicht in der Sektion 4. Das sollte eigentlich auch nicht überraschen, denn Kant selbst weckt gar keine diesbezüglichen Erwartungen: Weder kündigt er im Text selbst eine *Imperativ*-Deduktion an, noch behauptet er irgendwo, jemals eine solche geliefert zu haben. [...] Der Ausdruck ‚Deduktion des kategorischen Imperativs' bezeichnet daher in Bezug auf Kants *Grundlegung* nichts anderes, als ein rezeptionsgeschichtliches Artefakt, d. h.: eine ihre eigenständige Wirksamkeit entfaltende *Interpretenerfindung* ohne irgendein *fundamentum in re.* Wird diese nicht als eine solche durchschaut, dann setzt sie eine Beschäftigung mit Fragen in Gang, die man ohne diese Erfindung überhaupt nicht hätte stellen können und die daher den Kantischen Text naturgemäß verfehlen: Beispiele dafür sind etwa die Fragen danach, was ‚die' Deduktion des Kategorischen Imperativs nun genau leisten soll/kann/muss und an welcher Stelle des Textes sie demzufolge definitiv abgeschlossen ist und wo noch nicht. Da Kant selbst sich in den auf uns gekommenen Zeugnissen über eine derartige Deduktion nicht geäußert hat, öffnen sich den Interpreten für eigensinnige Antworten auf die erste Frage weite Spielräume, die hernach zu nachhaltiger gelehrter Uneinigkeit über die richtige Beantwortung auch z. B. der zweiten sowie zahlloser verwandter Fragen geradezu einladen. Und selbst wenn irgendwann einmal Einigkeit (auf welcher Grundlage nun auch immer) hinsichtlich aller dieser Antworten zustande käme: Bezüglich Kants *Grundlegung* wäre damit keine einzige Einsicht zu gewinnen, die man ohne einen derartigen Umweg nicht wesentlich einfacher gewinnen könnte. Um die vielbeklagte Dunkelheit des Dritten Abschnitts aufzuhellen, ist daher erst einmal dafür Sorge zu tragen, dass zumindest die Rede von der ‚Deduktion des kategorischen Imperativs' ihren Schatten nicht länger auf ihn wirft" (Ludwig 2008, S. 457 f.). Dieser Einschätzung stimme ich in weiten Teilen zu. Allerdings bin ich der Meinung, dass man Kants Rechtfertigung des Sittengesetzes in der dritten Sektion des dritten Abschnitts durch den Hinweis auf die praktische Vernunft und die Ideen, die der Mensch Kant merksam gemacht, dass man in der Literatur bisher keine befriedigende Diskussion der Frage findet, *was* genau in *GMS* III eigentlich deduziert wird.[191] In einem Großteil der Literatur hat sich pauschal der Ausdruck ‚Deduktion des kategorischen Imperativs' etabliert[192], aber es ist fragwürdig, ob diese Formulierung, die sich terminologisch an keiner Stelle in der *GMS* findet, tatsächlich angemessen ist, um Kants Argumentationsabsichten in *GMS* III zu beschreiben.

Angesichts von Kants Überlegungen zur grundsätzlichen normativen Überordnung des Gesetzes der Verstandeswelt über das Gesetz der Sinnenwelt[193] in 453.31–35–454.1–5 und der darauf aufbauenden *Denkmöglichkeit* des kategorischen Imperativs darf man *nicht* davon ausgehen, dass Kant mit dem Terminus ‚Deduktion' in 454.21 von der ‚Deduktion des kategorischen Imperativs' spricht. Die ‚Richtigkeit' der Deduktion, die durch Rekurs auf die gemeine Menschenvernunft im Abschnitt 454.20–37–455.1–9 ‚bestätigt' werden soll, muss sich entweder auf die Deduktion der Freiheit beziehen, die Kant am Ende von Sektion 1 explizit ankündigt (und die man in 454.2 wieder aufscheinen sehen könnte, vgl. S. 201), oder aber auf eine Deduktion des mit dieser Freiheit verbundenen, am Ende von Sektion 1 genannten ‚Dritten', das von der positiven Freiheit *verschafft* wird, indem diese darauf ‚hinweist'.

Weil die Freiheit aus der reinen praktischen Vernunft bereits in Sektion 3 deduziert wurde und Kant in 454.6 f. bejahend auf diese Deduktion Bezug nimmt – indem er wiederholt, dass ‚die Idee der Freiheit mich zu einem Gliede einer intelligiblen Welt macht' –, ist davon auszugehen, dass er mit dem Terminus ‚Deduktion' in 454.21 auf die Deduktion des in Sektion 1 genannten ‚Dritten' rekurriert, welches in dieser Arbeit als die *Idee eines reinen Willens* identifiziert wurde. Diese Interpretation wird durch einen Satz im zentralen Abschnitt 454.29–32 bestätigt, wo Kant davon spricht, dass der ‚ärgste Bösewicht' – durch den Umstand, dass auch er eigentlich moralisch handeln möchte – ‚beweist', dass er mit ‚einem *Willen, der von Antrieben der Sinnlichkeit frei* ist, sich in Gedanken in eine ganz andere Ordnung der Dinge versetze als die seiner Begierden im Felde der Sinnlichkeit' (Hervorh. H. P.). Der praktische Gebrauch der gemeinen Menschenver-

---

zufolge wirklich in sich findet, im Sinne des praktischen Deduktionsbegriffs der *KpV* (vgl. 05:30) durchaus als eine Deduktion bezeichnen kann. Eine Deduktion, deren Ergebnis der Begriff der Freiheit ist, welcher auf ein ‚Drittes' (vgl. 447.21) hinweist, das erst die Voraussetzung für den Gedanken einer Möglichkeit des kategorischen Imperativs schafft. Es ist erstaunlich, dass Ludwigs Aufsatz bisher nicht die Auseinandersetzung erfahren hat, die er verdient hätte. Zu Ludwigs Interpretationsansatz des Begriffs ‚Deduktion' vgl. auch Ludwig (2014, S. 243–249).

191 Für eine Übersicht über die diesbezügliche Literatur s. Ludwig (2008, S. 431).

192 Dies verrät schon eine grobe Sichtung der Forschungsliteratur zu *GMS* III.

193 Etwa im Sinne der Behauptung: ‚Das Gesetz der Verstandeswelt ist unmittelbar gesetzgebend und aus diesem Grunde erkenne ich mich als der Autonomie des Willens unterworfen.'

nunft *bestätigt* also die *Deduktion der Idee des reinen Willens*. Diese Bestätigung expliziert Kant dann durch die Feststellung, dass es ‚niemanden' gäbe – den ‚ärgsten Bösewicht', wenn er nur ‚sonst Vernunft zu gebrauchen gewohnt ist', eingeschlossen –, der nicht wünschte, dass auch er ‚so' handelte, also moralisch standhaft in der Verfolgung guter Maximen, an der Lage anderer Menschen teilnehmend und wohlwollend (bei gleichzeitiger Preisgabe egoistischer Motive). Diesem letztlich nicht zu leugnenden Wunsch stünden aber die ‚Neigungen und Antriebe' entgegen, welche bei einem bösen Menschen die Ordnung der Maximen verkehren und zu einer bösen Tat führen, obwohl der Mensch *eigentlich* gut handeln möchte.[194]

Die Wendung ‚wenn er nur sonst Vernunft zu brauchen gewohnt ist' in 454.22 könnte man auch mit ‚wenn er rein vernünftig wäre' übersetzen. D.h., wenn der Mensch allein im Hinblick auf seine Vernünftigkeit betrachtet würde bzw. wenn er

194 In der Literatur herrscht die Tendenz vor, Kants Rekurs auf das moralische Bewusstsein selbst des Bösewichts zwar zuzugestehen, aber in der Konstatierung dieses Bewusstseins nicht das tragende Argument seiner Moralbegründung in *GMS* III zu sehen, sondern erst in der vermeintlichen Deduktion, welche in Sektion 4 zum Abschluss gelänge. So schreibt z. B. Timmermann (2010b, S. 143f.): „The similarities with the *Critique's* ‚fact of reason' are obvious. In the *Groundwork* already there is no getting away from the ‚commonest use of practical reason'". Er macht aber an anderer Stelle deutlich, dass das sittliche Bewusstsein Kants Deduktion lediglich bestätige und der Hinweis auf dieses Bewusstsein darum noch nicht dieselbe rechtfertigende Funktion des Sittengesetzes habe wie in der zweiten *Kritik*, denn „by the time Kant writes the second *Critique* the role of common moral conviction has changed. In the *Groundwork*, it is used merely to *confirm* a deduction. In the *Critique* common moral judgement, somewhat more clearly stated, strengthened and christened the ‚fact of reason', serves to defend and justify the categorical imperative. In short: whereas in 1785 ordinary moral consciousness was used to *support* a deduction of the categorical imperative, in 1788 it is meant to stand on its own to justify – as far as possible – the principle of morality just by itself". Auch Schönecker spricht sich für eine solche Unterscheidung aus und formuliert dies in seinem „Bestätigungsargument" (Schönecker 2014a, S. 10ff.). In *GMS* III bestehe der Nachweis der Geltung des kategorischem Imperativs, so Schönecker, „nicht in einem Faktum, das sich in einem [...] ‚praktischen Gebrauch der gemeinen Menschenvernunft' *zeigt*, sondern dieser Gebrauch ‚*bestätigt*' nur die Deduktion" (Schönecker 2014a, S. 11). Für eine Auseinandersetzung mit Schöneckers ‚Bestätigungsargument' siehe Puls (2014a, S. 29–34 u. 2014b, S. 54–58). Für eine ähnliche Einschätzung, wie sie Timmermann und Schönecker in Bezug auf Kants Rekurs auf den Bösewicht vertreten, vgl. auch Ludwig (2008, S. 453) und Allison (2011, S. 340f.). Diesen Deutungen muss man entgegenhalten, dass es zum einen keinen großen Unterschied ergibt, ob Kant an dieser Stelle von einer ‚Bestätigung' oder einem ‚Beweis' der Deduktion durch die praktische Vernunft der gemeinen Menschenvernunft spricht, denn er benutzt auch den Begriff der ‚Bestätigung' im Sinne eines Beweises (vgl. Puls 2014a, S. 31). Zum anderen schreibt Kant in der vierten Sektion nicht, dass die gemeine Menschenvernunft die Deduktion des kategorischen Imperativs bestätige, sondern lediglich die *Deduktion der Idee eines reinen Willens* (vgl. Puls 2014a, S. 32).

überlegte, wie er hypothetisch handeln wollen würde, wenn er auf seine diesem Handeln möglicherweise widerstreitenden eigenen Interessen keine Rücksicht nähme, dann würde er sittlich gut handeln wollen. Es kann keinen Zweifel daran geben, dass Kant an dieser Stelle die unmittelbare Einsicht des Menschen in die Richtigkeit des Sittengesetzes durch das Gefühl der Achtung beschreibt, etwa im Sinne seiner Äußerungen zu diesem Gefühl in 401.21–25:

> Was ich unmittelbar als Gesetz für mich erkenne, erkenne ich mit Achtung, welche bloß das Bewußtsein der *Unterordnung* meines Willens unter einem Gesetze ohne Vermittelung anderer Einflüsse auf meinen Sinn bedeutet. Die unmittelbare Bestimmung des Willens durchs Gesetz und das Bewußtsein derselben heißt *Achtung*, so daß diese als Wirkung des Gesetzes aufs Subject und nicht als Ursache desselben angesehen wird. Eigentlich ist Achtung die Vorstellung von einem Werthe, der meiner Selbstliebe Abbruch thut.

Der Wunsch, auf diese Weise zu handeln, beruht auf der unmittelbaren Geltung des Sittengesetzes als eines Gesetzes der Verstandeswelt, das dem Menschen durch Achtung bewusst wird.

Nach dem Rekurs auf das moralische Bewusstsein selbst des Bösewichts folgt in 454.29–37 (Hervorh. H. P.) der bereits im Kontext zitierte Satz, den man als eine Konsequenz aus den zuvor zitierten Sätzen lesen muss:

> Er beweiset *hierdurch* also, dass er mit einem *Willen, der von Antrieben der Sinnlichkeit frei* ist, sich in Gedanken in eine ganz andere Ordnung der Dinge versetze, als die seiner Begierden im Felde der Sinnlichkeit, weil er von jenem Wunsche keine Vergnügung der Begierden, mithin keinen für irgend eine seiner wirklichen oder sonst erdenklichen Neigungen befriedigenden Zustand (denn dadurch würde selbst die Idee, welche ihm den Wunsch ablockt, ihre Vorzüglichkeit einbüßen), sondern nur einen größeren inneren Wert seiner Person erwarten kann.

Wodurch ‚beweist' der Mensch, dass er sich mit einem Willen, der von Antrieben frei ist, d. h. mit der Idee eines reinen Willens, in eine ganz andere Ordnung der Dinge versetzt?

Dies geschieht dadurch (‚hierdurch', 454.30), dass er über die Achtung zumindest prinzipiell die Forderung des Sittengesetzes unmittelbar als richtig anerkennt und sich durch den Wunsch, von den ihm in dieser Hinsicht ‚lästigen Neigungen frei' zu sein, in jene andere Ordnung der Dinge versetzt. Das Bewusstsein der Geltung des Sittengesetzes und das darauf aufbauende Freiheitsbewusstsein verschaffen (vgl. 447.17) die *Idee eines reinen Willens* (eines Willens, der ‚von Antrieben der Sinnlichkeit *frei* ist', Hervorh. H. P.). In 455.2–4 betont Kant noch einmal explizit, dass es die positive Freiheit ist, die diesen Begriff verschafft, indem sie auf ihn hinweist: dazu, sich in den „Standpunkt eines Gliedes der Verstandeswelt" (455.1 f.) zu versetzen, *nötige* den Menschen die Idee der Freiheit („dazu die *Idee der Freiheit*, d. i. Unabhängigkeit von bestimmenden Ursachen der

Sinnenwelt, ihn unwillkürlich *nöthigt*“, 455.2–4, Hervorh. H. P.). In dieser reinen Verstandeswelt sei sich der Mensch „eines *guten Willens* bewußt“ (455.4, Hervorh. H. P.), d. h. im Kontext dieser Textpassage: eines *reinen Willens.*

Im Hinblick auf den Menschen als reines Glied der Verstandeswelt ist der menschliche Wille immer ein *reiner Wille,* denn in dieser Perspektive ist er von den „bestimmenden Ursachen der Sinnenwelt“ unabhängig (455.2 f.). Die *Idee der Freiheit,* welche legitimiert ist durch die unmittelbare Einsicht in die Richtigkeit des Sittengesetzes, *nötigt* den Menschen, sich in die reine Verstandeswelt zu versetzen, in der er sich eines reinen Willens bewusst ist. Diesen reinen Willen darf man sich als eine Instanz im Menschen selbst denken, die gemäß O1–O3 gegenüber dem nicht reinen Willen unmittelbar gesetzgebend ist (vgl. S. 182–195).

Damit ist das von Kant an mehreren Stellen aufgeworfene Problem gelöst, wie die Nötigung des Willens durch den kategorischen Imperativ *möglich* sei, d. h., wie sie *gedacht* werden könne (vgl. 417.3, 419.12, 419.36): Sie kann als von einem reinen Willen im Menschen ausgehend gedacht werden, dessen Gesetz dem sinnlich affizierbaren Willen gegenüber unmittelbar gesetzgebend ist. Die Möglichkeit der Nötigung durch einen hypothetischen Imperativ stellt in Kants Handlungstheorie kein schwerwiegendes Erklärungsproblem dar, weil man voraussetzen darf, dass derjenige, der einen bestimmten Zweck verfolgt, auch nach den Mitteln dazu verlangt. Bei der Nötigung durch den kategorischen Imperativ besteht aber das Problem, dass man hier nicht von einem bestimmten *Zweck* ausgehen kann, der dann die Tat, die zu dessen Realisierung notwendig ist, analytisch enthält. In 420.13 weist Kant vorausgreifend auf die große Schwierigkeit der ‚Möglichkeit' des kategorischen Imperativs als eines synthetisch-praktischen Satzes hin und erläutert dies in der ersten Fußnote in 420 folgendermaßen:

> Ich verknüpfe mit dem Willen ohne vorausgesetzte Bedingung aus irgend einer Neigung die That *a priori,* mithin nothwendig (obgleich nur objectiv, d. i. unter der Idee einer Vernunft, die über alle subjective Bewegursachen völlige Gewalt hätte). Dieses ist also ein praktischer Satz, der das Wollen einer Handlung nicht aus einem anderen, schon vorausgesetzten analytisch ableitet (denn wir haben keinen so vollkommenen Willen), sondern mit dem Begriffe des Willens eines vernünftigen Wesens unmittelbar als etwas, das in ihm nicht enthalten ist, verknüpft.

Mit ‚dem Willen' ist an dieser Stelle der sinnlich affizierbare Wille des Menschen gemeint. Der kategorische Imperativ fordert von diesem Willen notwendig die moralisch gute Tat (die ‚Tat a priori'), ohne dass man irgendeine Neigung zu dieser Tat in jenem Willen des Menschen voraussetzen könnte (anders als im Falle des hypothetischen Imperativs, der auf einem bestimmten neigungsbedingten Zweck beruhen kann und dessen Befolgung sich analytisch aus diesem Zweck ergibt).

In der Vorstellung der Nötigung durch den kategorischen Imperativ verknüpfe ich Kant zufolge also die Forderung nach der moralisch guten Tat mit dem Begriff eines Willens, aus dessen Konstitution sich das Wollen dieser Tat nicht analytisch ergibt, denn wir ‚haben keinen so vollkommenen Willen'. Dieser Umstand begründet die Synthetizität des kategorischen Imperativs. Die Idee, die den kategorischen Imperativ *möglich* macht, besteht der vierten Sektion zufolge in der *Idee eines reinen Willens* – als eines ‚Dritten', wie Kant in der ersten Sektion schreibt. Am Ende der vierten Sektion hat Kant somit das Desiderat, das er in seinen programmatischen Äußerungen zur Möglichkeit des kategorischen Imperativs in 447.14–25 herausstellt, erbracht. Diese Äußerungen sollen im Folgenden zwecks Verdeutlichung des Zusammenhangs mit Kants Überlegungen in der vierten Sektion noch einmal wiederholt werden. In 447.14–25 heißt es, ein synthetisch-praktischer Satz wie der kategorische Imperativ sei

> dadurch möglich, daß beide Erkenntnisse durch die Verknüpfung mit einem dritten, darin sie beiderseits anzutreffen sind, unter einander verbunden werden. Der *positive* Begriff der Freiheit schafft dieses dritte, welches nicht wie bei den physischen Ursachen die Natur der Sinnenwelt sein kann (in deren Begriff die Begriffe von etwas als Ursache in Verhältniß auf *etwas anderes* als Wirkung zusammenkommen). Was dieses dritte sei, worauf uns die Freiheit weiset, und von dem wir *a priori* eine Idee haben, läßt sich hier sofort noch nicht anzeigen und die Deduction des Begriffs der Freiheit aus der reinen praktischen Vernunft, mit ihr auch die Möglichkeit eines kategorischen Imperativs begreiflich machen, sondern bedarf noch einiger Vorbereitung.

Die beiden zu verknüpfenden Elemente wurden in der vorliegenden Interpretation als der sinnlich-vernünftige Wille und die moralisch gesollte Tat identifiziert (vgl. S. 50 f.). Verknüpft werden sollen sie durch ein ‚Drittes', auf das uns die Freiheit hinweist. Dieses ‚Dritte' besteht in der *Idee eines reinen Willens*. Eine Schwierigkeit dieser Interpretation liegt darin, dass zwar ganz offensichtlich die Idee der sittlich geforderten Tat im Begriff eines reinen Willens enthalten ist – der reine Wille kann nur moralisch handeln wollen –, dass aber zumindest auf den ersten Blick nicht ersichtlich ist, in welchem Sinne der Begriff des sinnlich affizierbaren Willens in der Idee eines *reinen* Willens enthalten sein soll.[195] Die Elemente sollen 1.) ‚beiderseitig' in der Idee eines reinen Willens anzutreffen sein, sie sollen 2.) beide mit dieser Idee ‚verknüpft' werden und sie sollen 3.) durch diese Verknüpfung miteinander ‚verbunden' werden.

Den Begriff ‚beiderseits' benutzt Kant in der Regel im Sinne von ‚beide' und nicht im Sinne von ‚beiderseitig' oder ‚auf beiden Seiten'.[196] Es geht also an dieser Stelle nicht etwa um den Gedanken, dass beide Elemente an womöglich zwei

---

195 Die Problematisierung dieser Frage findet sich u. a. bei Schönecker (1999, S. 395–396) und Timmermann (2010b, S. 142).

196 Das ergibt eine Suche dieses Begriffs in einer elektronischen Version der Werke Kants.

Seiten oder im Hinblick auf zwei Aspekte des reinen Willens anzutreffen sind, sondern lediglich darum, dass man *beide* in dessen Begriff antrifft. Im Begriff des reinen Willens müssen also das sittliche Gesetz in Form der gesollten Tat und der sinnlich-vernünftige Wille vorzufinden sein. In welchem Sinne kann aber der sinnlich affizierbare Wille im Begriff des reinen Willens ‚enthalten sein'? Kant äußert sich zu dieser Frage nicht direkt. Eine Antwort lässt sich nur aus der grundsätzlichen Bestimmung des Verhältnisses zwischen dem reinen Willen und dem sinnlich-vernünftigen Willen entnehmen, wie er sich vor allem am Ende der vierten Sektion andeutet. Der sinnlich affizierbare Wille als ein Begriff des Willens überhaupt ist in dem Sinne im Begriff des reinen Willens enthalten, als Ersterer letztlich nur eine *Erscheinung* des Letzteren ist: „Das moralische Sollen ist also eigenes nothwendiges Wollen als Gliedes einer intelligibelen Welt und wird nur so fern von ihm als Sollen gedacht, als er sich zugleich wie ein Glied der Sinnenwelt betrachtet" (455.7–9). Der Begriff des affizierbaren Willens ist der uneigentliche Wille, aber er ist trotzdem *Wille* – hier bloß als Glied der Sinnenwelt betrachtet. Der Begriff des *reinen Willens* kann die beiden heterogenen Elemente ‚gesollte Tat' und ‚sinnlich affizierbarer Wille' über die Einsicht verbinden, dass das sittliche Gesollte eigentlich mein eigenes notwendiges Wollen ist, das dem Willen entstammt. Auch mein sinnlich affizierbarer Wille will also *eigentlich* die moralische Tat. Beide Elemente werden durch die Verknüpfung mit der *Idee eines reinen Willens* miteinander verbunden. Ein kategorischer Imperativ kann als *möglich* gedacht werden, weil das, was der Mensch kategorisch soll, etwas ist, das er eigentlich will. Nur durch Begierden und Neigungen wird er daran gehindert.

Dadurch, dass der Mensch ein Bewusstsein der Geltung des Sittengesetzes hat – und so auch über eine Legitimation der Idee der Freiheit verfügt –, versetzt er sich in den Standpunkt eines Gliedes der Verstandeswelt. Kant schreibt in 455.3 f. explizit, dass es diese nun legitimierte Idee der Freiheit ist, die ihn „unwillkürlich *nöthigt*" (Hervorh. H. P.), sich in die Verstandeswelt zu versetzen. Er stellt fest, dass der Mensch sich so „eines *guten Willens* bewußt ist" (455.4, Hervorh. H. P.). Dass es etwas wie einen reinen Willen gibt, der überhaupt die *Möglichkeit* eröffnet, eine kategorische Nötigung *zu denken*, erfährt der Mensch allein durch das unmittelbare Bewusstsein sittlicher Geltung und die Verweisungsfunktion der dadurch legitimierten Freiheit auf eine reine Verstandeswelt, d. h. auf den reinen Willen als Modus der Kausalität dieser reinen Verstandeswelt.[197] Dieser gute (vgl. 455.4), also

197 In diesem Sinne schreibt Kant in der zweiten *Kritik*, das Sittengesetz gebe ein „unerklärliches Factum an die Hand", welches auch hier „auf eine *reine Verstandeswelt Anzeige giebt*" (05:43.6 f., Hervorh. H. P.). Das Faktum deutet auf eine reine Verstandeswelt hin, indem es uns unsere Freiheit erkennen lässt. Dies ist aber auch schon, anders als oftmals vermutet, in der *GMS* Kants Position: Die Deduktion des Begriffs der Freiheit aus der reinen praktischen Vernunft *verschafft* die Idee des

reine Wille ist unmittelbar gesetzgebend; ich erkenne seine Gesetzgebung unmittelbar als richtig an: Mein ‚böser Wille' als Glied der Sinnenwelt ‚kennt' das Ansehen dieses Gesetzes, d. h., er hat Achtung vor diesem Gesetz.

Vor dem Hintergrund dieser Ergebnisse muss abschließend noch einmal die Frage aufgenommen werden, was genau Kant im dritten Abschnitt der *GMS* zu deduzieren versucht. Anders als es der überwiegende Teil der Literatur zu *GMS* III nahelegt, ist es keineswegs offensichtlich, dass Kants Absichten hier in der ‚Deduktion des kategorischen Imperativs' liegen. Es gibt gute Gründe dafür, seine diesbezügliche Programmatik in *GMS* III zunächst – dem genauen Wortlaut des Textes nach – in zwei Aspekte zu differenzieren, die unmittelbar miteinander zusammenhängen: 1.) die *Deduktion der Freiheit* aus der reinen praktischen Vernunft und 2.) die Beantwortung der Frage, wie der kategorische Imperativ *möglich* sei.

Kant spricht an keiner Stelle in der *GMS* explizit von einer ‚Deduktion des kategorischen Imperativs'. Wohl aber spricht er explizit von einer ‚Deduktion der Freiheit' (vgl. 447.22 f.) und von der Beantwortung der Frage nach der Möglichkeit eines kategorischen Imperativs (vgl. 447.23). Ganz deutlich stellt Kant zudem in der ersten Sektion einen Zusammenhang zwischen diesen beiden Aspekten her: Die *Möglichkeit*, den kategorischen Imperativ *begreiflich* zu machen, sei mit der *Deduktion der Freiheit* verbunden – und zwar in dem Sinne, dass die aus der reinen praktischen Vernunft deduzierte Freiheit auf ein ‚Drittes' hinweise, welches für die Möglichkeit des kategorischen Imperativs notwendig sei. Damit geht es Kant, zumindest dem genauen Wortlaut nach, nicht um die ‚Deduktion des kategorischen Imperativs', sondern um die *Deduktion der Idee der Freiheit*, um eine damit verbundene (und in der vierten Sektion bei genauerem Hinsehen auch so be-

---

reinen Willens als Idee einer Kausalität der Verstandeswelt. Eine solche Ableitung der Idee des reinen Willens als Kausalität der Verstandeswelt findet sich der Sache nach auch in der zweiten *Kritik*. Kant stellt hier in einer Variante die Frage nach der Möglichkeit einer kategorischen Nötigung: „Wie ist aber auch das Bewußtsein jenes moralischen Gesetzes *möglich?*" (05:30.3, Hervorh. H. P.) und antwortet auf folgende Weise: „Wir können uns reiner praktischer Gesetze bewußt werden, eben so wie wir uns reiner theoretischer Grundsätze bewußt sind, indem wir auf die Nothwendigkeit, womit sie uns die Vernunft vorschreibt, und auf *Absonderung aller empirischen Bedingungen*, dazu uns jene hinweiset, Acht haben. Der Begriff eines *reinen Willens* entspringt aus den ersteren, wie das Bewußtsein eines reinen Verstandes aus dem letzteren" (05:30.4–9, Hervorh. H. P.). Der *Begriff*, d. h. die *Idee eines reinen Willens* entstammt also dem Bewusstsein reiner praktischer Gesetze. Da wir uns durch das Bewusstsein des Sittengesetzes der Freiheit bewusst sind – in der Form nämlich, dass uns die Vernunft auf ‚Absonderung aller empirischen Bedingungen hinweist' –, drückt auch diese Stelle aus, dass unser Bewusstsein des moralischen Gesetzes und die damit verbundene Distanzierung von allen empirischen Determinanten, d. h. die Freiheit, uns auf die Idee eines reinen Willens führt.

zeichnete) *Deduktion der Idee eines reinen Willens* sowie um die – der Sache nach – hiermit verknüpfte *Deduktion der Möglichkeit des kategorischen Imperativs.*[198]

Unabhängig vom exakten Wortlaut der für die Frage nach dem Deduktionsobjekt in *GMS* III relevanten Stellen wäre es natürlich dennoch möglich, dass Kant *der Sache nach* eine Deduktion (auch) des kategorischen Imperativs verträte – und der Ausdruck ‚Deduktion des kategorischen Imperativs' somit doch treffend wäre. Ich werde im Folgenden dafür argumentieren, dass es in einem übertragenen Sinne durchaus berechtigt ist, auch von einer *Deduktion des kategorischen Imperativs* in *GMS* III zu sprechen. Zugleich werde ich zeigen, dass diese Deduktion weder mit den von Kant explizit gemachten Deduktionen der Freiheit und des reinen Willens identisch ist noch mit dem übereinstimmt, was z. B. Schönecker unter der ‚Deduktion des kategorischen Imperativs' versteht.

Kant wiederholt die Frage nach der Geltung des kategorischen Imperativs in *GMS* III in Form verschiedener Fragen: der Frage nach einem Nachweis seiner ‚Wirklichkeit' (448.26); nach der Notwendigkeit der Idee des ‚Bewusstseins eines Gesetzes zu handeln' (449.7 f.); danach, ‚warum' der Mensch sich dem kategorischen Imperativ unterwerfen soll (449.11 f.); nach dessen ‚Realität' (449.26) und ‚praktischer Notwendigkeit' (449.30); danach, wie es ‚zugehe', dass der Mensch ‚dadurch allein seinen persönlichen Wert zu fühlen' glaubt (449.36 – 450.1), und ‚woher' das moralische Gesetz verbinde (450.16). In der vorliegenden Interpretation habe ich diese Fragen durch einen Rekurs auf das Faktum der Vernunft beantwortet gesehen (vgl. S. 165 ff.). Sie lassen sich, so habe ich versucht zu zeigen, durch den Hinweis auf die praktische Vernunft und ihre Ideen, die der Mensch als ein Faktum in sich vorfindet, klären. Der Mensch erkennt durch Achtung das moralische Gesetz, und dieses bedarf keiner weiteren rechtfertigenden Gründe. Durch den Nachweis der Geltung des kategorischen Imperativs gelangt er zu der Idee der Freiheit, die durch das Bewusstsein der Geltung des Sittengesetzes gerechtfertigt wird. Wir nehmen die Freiheit als Seinsgrund der Sittlichkeit nicht *nur* an, weil wir der Sittlichkeit konventionell einen Wert zuschreiben und gerne sittlich perfekte Wesen sein wollen. Vielmehr wird uns diese Freiheit im Faktum der Vernunft offenbar: Wenn wir uns als frei denken, tun wir dies nicht bloß zu dem Zweck, uns als sittlich verpflichtete Wesen zu denken, sondern wir denken uns berechtigt als frei, weil wir eine Erkenntnis unserer Autonomie haben und uns so als Glieder der Verstandeswelt begreifen (vgl. 453.11 – 13).

---

198 Die Differenz zwischen einer *Deduktion des kategorischen Imperativs* und der *Deduktion der Möglichkeit des kategorischen Imperativs* ist sehr scharfsinnig beobachtet bei Klemme (2014, S. 59 – 62), der sich explizit von den Interpretationen von Schönecker/Wood (2002, S. 180) und Porcheddu (2013, S. 97 – 99) abgrenzt.

Dass wir uns in unserer Reflexion auf uns selbst so konsistent *denken können*, wie wir uns in unserem vernünftigen Selbstverständnis durch die Einsicht in eine unmittelbare Moraldifferenz des Handelns immer schon praktisch begreifen – als moralisch verpflichtet und damit als frei –, ist zum einen legitimiert durch die Ergebnisse der Auflösung der dritten Antinomie in 450.30 – 452.1 – 6. Eine weitere Bedingung dafür liegt in der Explikation des Faktums, denn es verschafft uns überhaupt erst die Möglichkeit, uns berechtigterweise in dieser Art zu denken. Das Faktum der Vernunft bildet in *GMS* III eine Voraussetzung für die Deduktion des Begriffs der Freiheit und den Begriff des reinen Willens. Man kann dieses Faktum als eine Form der Deduktion des kategorischen Imperativs bezeichnen – und zwar in dem Sinne, wie Kant auch in der zweiten *Kritik* das Faktum der Vernunft indirekt als eine Deduktion bezeichnet:

> Mit der *Deduction*, d. i. der Rechtfertigung seiner objectiven und allgemeinen Gültigkeit und der Einsicht der Möglichkeit eines solchen synthetischen Satzes a priori, darf man nicht so gut fortzukommen hoffen, als es mit den Grundsätzen des reinen theoretischen Verstandes anging (05:46.20 – 24, Hervorh. H. P.).

Kant hebt hier hervor, dass man bei der Rechtfertigung, der *Deduktion des moralischen Gesetzes* ‚nicht so gut fortzukommen hoffen' darf wie bei der Deduktion der Grundsätze des reinen theoretischen Verstandes. Dennoch wird auch diese problematischere Rechtfertigung als ‚Deduktion' bezeichnet. Zwar stellt Kant fest, dass er „einen solchen Gang", nämlich den der Deduktion der ‚Grundsätze des Verstandes', „bei der Deduction des moralischen Gesetzes nicht nehmen" könne (05:46.29 f.). Damit ist aber nicht gesagt, dass nicht auch die alternative Begründungsstrategie, die Faktum-Lehre, eine ‚Deduktion' (in welchem Sinne auch immer) darstellt.

Die Antwort auf die Frage, worin diese Deduktion besteht, liegt letztlich in dem Hinweis darauf, dass das moralische Gesetz „für sich selbst fest [steht]" (05:47.19 f.). Es bedarf keiner *weiteren rechtfertigenden Gründe*, sondern ist allein dadurch gerechtfertigt, dass der Mensch ein unmittelbares Bewusstsein dieses Gesetzes hat. Auch im Sinne der Faktum-Lehre braucht das Sittengesetz eine Rechtfertigung, aber eben *keine weitere* als das unmittelbare Bewusstsein seiner Geltung. Das Faktum tritt an die Stelle einer womöglich gesuchten, durch theoretische, spekulative oder empirische Vernunft gestützten Deduktion. Auch die Faktum-Lehre ist eine Deduktion, aber eben keine Rechtfertigung durch Mittel der *theoretischen*, *spekulativen* oder *empirischen* Vernunft, sondern eine genuin *praktische* Rechtfertigung. Die praktische Rechtfertigung des Sittengesetzes *durch dieses selbst* dient als ein „Princip der Deduction eines unerforschlichen Vermögens" (05:47.23 f.), nämlich der Freiheit. Die Faktum-Lehre, d. h. das damit gerechtfertigte Sittengesetz, stellt seinerseits ein *Prinzip der Deduktion der Freiheit* dar. Bevor die Freiheit aus dem Sittengesetz überhaupt deduziert werden kann, bevor also im Sinne der Terminologie der *GMS* eine ‚Deduktion der Freiheit aus der reinen praktischen Vernunft' möglich ist, muss die Geltung dieses Sittengesetzes *selbst gerechtfertigt* werden und zwar *durch es selbst*.

Das Bewusstsein des Sittengesetzes führt auch in der zweiten *Kritik* zu dem *Begriff eines reinen Willens*. Der „Begriff eines reinen Willens" (05:30.7) ergibt sich Kants Überlegungen in 05:30 zufolge aus dem Bewusstsein „reiner praktischer Gesetze" (05:30.4). An dieser Passage in der *KpV* ist auffällig, dass Kant die Begriffe des ‚reinen Willens' und der Freiheit nahezu synonym verwendet, denn er reformuliert die Feststellung, dass wir zu dem Begriff eines ‚reinen Willens' durch das Bewusstsein ‚reiner praktischer Gesetze' gelangen, noch einmal durch die Wendung, dass „Sittlichkeit uns zuerst den Begriff der Freiheit entdecke" (05:30.9 f.). Die Sittlichkeit, d. h. das Bewusstsein reiner praktischer Gesetze, führt uns also allgemein gesprochen zum Begriff der Freiheit oder, präziser ausgedrückt, zum Begriff eines reinen (d. h. freien) Willens. Von diesen Überlegungen aus lässt sich auch Kants zunächst erratisch anmutende Formulierung am Ende der ersten Sektion aufklären, nach der die aus der reinen praktischen Vernunft deduzierte Idee der Freiheit ein ‚Drittes' in Form der Idee eines reinen Willens verschafft, indem sie auf einen solchen Begriff hinweist: Die durch die unmittelbare Geltung des Sittengesetzes erfahrene Freiheit verweist auf eine Instanz in uns selbst bzw. erlaubt erst einen bestimmten Begriff, den wir uns von unserem eigenen Willen machen, nämlich den Begriff eines *reinen* Willens.

Die Verhältnisbestimmung zwischen dem Bewusstsein des Sittengesetzes und dem Begriff eines reinen Willens aus der zweiten *Kritik* findet sich also auch am Ende der ersten Sektion von *GMS* III. Die Deduktion der Freiheit bedarf noch des Nachweises der Geltung des Sittengesetzes. Bevor der Begriff der Freiheit aus der reinen praktischen Vernunft (und ihrem Gesetz) deduziert werden kann und damit auch die Möglichkeit eines kategorischen Imperativs denkbar ist, muss eben zunächst nachgewiesen werden, dass es für den Menschen überhaupt Geltung hat. In der dritten Sektion weist Kant durch die Entkräftung einer möglicherweise zirkelartigen Argumentationsstruktur nach, dass der Mensch durch das Vermögen der praktischen Vernunft, das er in sich *wirklich* in Form moralischer Ideen findet, ein unmittelbares Bewusstsein von der Geltung des Sittengesetzes hat. Am Ende der dritten Sektion ist damit die Idee der Freiheit aus der reinen praktischen Vernunft deduziert. Denn jetzt sehen wir, dass wir die Autonomie, d. h. die Freiheit, *erkennen*, wenn wir uns als frei denken. Wir legen Freiheit nicht mehr *nur* zugrunde, *um* uns als sittlich verpflichtete Wesen zu denken, sondern Freiheit als Seinsgrund der Sittlichkeit zeigt sich uns durch die Geltung des moralischen Gesetzes in Form unseres Bewusstseins dieses Gesetzes.

In der vierten Sektion kehrt Kant zu der Frage nach der ‚Möglichkeit des kategorischen Imperativs' aus der ersten Sektion zurück, die mit der in Sektion 3 erfolgten Deduktion in Zusammenhang stehen soll, und beantwortet diese: Die Idee der Freiheit verweist auf die intelligible Kausalität der Verstandeswelt, auf die Idee eines reinen Willens, der unserem sinnlich affizierten Willen gegenüber unmittelbar gesetzgebend ist. Diese Idee eines reinen Willens erlaubt es uns, wie Kant am Ende der ersten Sektion angekündigt hatte, die Vorstellung des Sittengesetzes in Form der gesollten Tat und des sinnlich affizierten Willens als untereinander verknüpft *zu denken.* Der sinnlich affizierbare Wille und das Sittengesetz stehen sich nicht als womöglich heterogene Elemente unvereinbar gegenüber, denn eigentlich will der Mensch immer schon das, was er in der Perspektive als Glied der Verstandeswelt soll. Damit ist ein Begriff gefunden, der das an mehreren Stellen aufgeworfene Problem löst, wie eine Nötigung *gedacht* werden kann, die nicht – wie im Falle hypothetischer Imperative – auf einer bestimmten Absicht beruht und so die Tat als Realisierung eines bestimmten Zwecks analytisch zur Folge hat.

In *GMS* III müssen also insgesamt vier Deduktionen differenziert werden – zwei explizit so bezeichnete Momente der Rechtfertigung und zwei Deduktionen der Sache nach: 1.) die *Deduktion der Idee der Freiheit* aus der reinen praktischen Vernunft, 2.) die Rechtfertigung des Sittengesetzes als eines „für sich" (449.26 f.) feststehenden Prinzips, die man – im Sinne von Kants Äußerungen zum Begriff der Deduktion in der *KpV* (vgl. 05:30) – ebenfalls als eine Deduktion bezeichnen kann, 3.) die *Deduktion der Idee eines reinen Willens* in der vierten Sektion, welche durch 2.) dergestalt möglich wird, dass die aus der reinen praktischen Vernunft deduzierte Idee der Freiheit die Idee eines reinen Willens *verschafft*, indem sie auf diese Idee hinweist, und 4.) die Deduktion der *Möglichkeit des kategorischen Imperativs*, die letztlich auf den anderen drei Deduktionen beruht und unter deren Begriff man diese drei zusammengefasst sehen darf.

Wichtig ist wie gesagt der Hinweis, dass die am Ende der ersten Sektion angekündigte Deduktion – die Deduktion der Idee der Freiheit – ‚noch einiger Vorbereitung' bedarf, und zwar durch die zunächst zu leistende Rechtfertigung der unmittelbaren Geltung des Sittengesetzes in Form der Faktum-These. Das Faktum der Vernunft dient nämlich seinerseits als Prinzip der Deduktion der Idee der Freiheit, welche dann wiederum durch eine dritte Deduktion auf die Idee eines reinen Willens führt. Dieser stellt den systematischen Höhepunkt von *GMS* III dar, indem nun die Begriffe des sinnlich affizierten Willens und des Sittengesetzes in Form der gesollten Tat durch den *Begriff eines reines Willens* als untereinander verbunden *gedacht* werden können.

Wenn aufgezeigt ist, dass der Mensch ein unmittelbares Bewusstsein der Geltung des Sittengesetzes und damit auch ein Bewusstsein der Freiheit hat, warum stellt sich dann überhaupt noch die Frage, wie ein kategorischer Imperativ *möglich* sei? Müsste diese Frage nicht bereits durch den Nachweis des Bewusstseins der Geltung dieses Imperativs beantwortet sein?

Die Antwort muss an dieser Stelle lauten: nur in dem Sinne, dass der Nachweis der Geltung des kategorischen Imperativs durch ein Faktum die Basis bildet für die Deduktion der Idee der Freiheit und deren Spezifikation als ein reiner, d. h. freier, Wille. Zum Begriff der Freiheit – das ist auch schon in der *GMS* Kants Position – gelangen wir nur durch unsere Einsicht in die Geltung des Sittengesetzes. Nur aus der praktischen Vernunft lässt sich die Freiheit deduzieren, also rechtfertigen. Und das heißt auch: Erst das sittliche Gesetz führt uns zur berechtigten Annahme der Idee eines freien Willens als Glied der Verstandeswelt, eines *reinen Willens*. Die Frage nach der Möglichkeit des kategorischen Imperativs besteht mehreren Stellen in der *GMS* zufolge allein in der Frage, „wie bloß die Nöthigung des Willens, die der Imperativ [...] ausdrückt, *gedacht* werden könne“ (417.5 f., Hervorh. H. P.). Wir müssen laut Kant eben zunächst davon ausgehen, dass wir als Menschen keinen reinen, „vollkommenen Willen“ haben (420.32) – und auf diese Weise nicht einmal denkbar wäre, woher die Nötigung stammt, die der Mensch erfährt. Nachdem aber gezeigt ist, dass der Mensch als sinnlich-vernünftiges Wesen ein unmittelbares Bewusstsein der Geltung des Sittengesetzes hat und damit auch die Idee seiner Freiheit legitimiert ist, werden wir darauf verwiesen, dass es – anders als es unsere Alltagserfahrung nahelegt – doch so etwas wie einen *reinen Willen* in uns gibt.

Wir können uns die Nötigung durch den kategorischen Imperativ nun als *möglich denken*, weil wir anhand des Faktums der Vernunft erfahren haben, dass wir sittlich-verpflichtete und freie Wesen sind. Dies suggeriert, dass es eine *Instanz in uns* gibt, die wir vor dieser Erfahrung nicht annehmen durften, nämlich einen *reinen Willen*, der dann als ein unseren sinnlich affizierbaren Willen nötigendes Element begriffen werden kann. Genau in diesem Sinne weist Kant auch später, in der zweiten *Kritik*, darauf hin, dass der „Begriff eines reinen Willens“ (05:30.7) aus dem Bewusstsein reiner praktischer Vernunftgesetze „entspringt“ (05:30.8). Die Frage nach der Geltung des kategorischen Imperativs, die Kant auch in *GMS* III durch das Faktum der Vernunft begründet, muss also deutlich unterschieden werden von der Frage, wie eine kategorische Nötigung möglich sei, d. h., wie sie überhaupt gedacht werden könne. Das Verwischen dieses Unterschieds würde zu absurden Konsequenzen führen. Kant hätte dann in der dritten Sektion – entgegen seiner eigenen Behauptung in der ersten Zirkelformulierung und seinem abschließenden Resümee am Ende der dritten Sektion – nur ein ‚Unter-dem-Gesetz-Stehen‘ des Menschen als rein analytisches Präparat der Verstandeswelt nachgewiesen – und nicht auch die Unterworfenheit unter das Sittengesetz. Die Frage nach der Möglichkeit des kategorischen Imperativs, die die Überschrift zur vierten Sektion bildet, zieht daher auch nicht mehr die Erörterung nach sich, ob und wie der kategorische Imperativ für den Menschen *Geltung* hat. Vielmehr setzt Kant mit dem Befund ein, *dass* dieser Imperativ für den Menschen gilt, und beantwortet noch einmal schulgerecht und mit Abstand zum Ergebnis die Frage nach den Bedingungen der Möglichkeit eines solches Imperativs. Er ist möglich, weil wir durch das Bewusstsein seiner unmittelbaren Geltung auf die Idee der Freiheit bzw. auf die Freiheit in Form der *Idee eines reinen Willens* in uns verwiesen werden.

Sektion 5: Von der äußersten Grenze aller praktischen Philosophie

Bis in die jüngere Zeit hinein haben sich Interpreten von *GMS* III vor allem auf die Sektionen 1–4 konzentriert und die fünfte Sektion nahezu immer als ein bloßes Anhängsel ohne eigene argumentative Funktion betrachtet.[199] Aus diesem Grunde wurde Sektion 5 meist entweder stark vernachlässigt oder sogar ignoriert.[200] Dabei sind Kants Überlegungen hier von großem Aufschlusswert für die Interpretation

---

199 Der folgende Text stellt eine überarbeitete Version von Puls (2015) dar. Für die freundliche Genehmigung des Wiederabdrucks von Teilen des Textes danke ich dem Mentis Verlag sehr herzlich.

200 Wichtige Ausnahmen in der gegenwärtigen Kantforschung sind die Arbeiten von Klemme (2014), Puls (2014a und b) und Rauscher (2015). Etwas ausführlicher als sonst in der Literatur üblich sind die Darstellungen bei Vossenkuhl (1989, S. 299–213), Timmermann (2010b, S. 144–150) und Allison (2011, S. 348–360). Eine kurze Darstellung gibt auch Sedgwick (2008, S. 196–198). Allerdings haben diese vier Darstellungen eher zusammenfassenden Charakter und gehen nicht auf Detailprobleme des Textes ein. Ross (1954), Duncan (1957), Paton (1962), Wolff (1973), Kaulbach (1988), Schönecker (1999) und Schönecker/Wood (2011) behandeln in ihren Kommentaren den fünften Abschnitt der *GMS* nur kursorisch. In dem von Horn und Schönecker edierten Kommentar (2006) findet sich gar kein Kapitel über diesen Abschnitt. Zwar bemerken einige Interpreten, dass Kant in Sektion 5 seine Argumentation der vorangegangenen Sektionen resümiert, nehmen daraufhin aber keine gezielte Auswertung dieser konzentrierten Rekapitulation vor. Schönecker (1999, S. 412) hebt z. B. hervor, dass man in dieser Sektion „Zusammenfassungen und Rückblicke“ finde, die „sehr wichtig sind und bei der Interpretation der vorhergehenden Sektionen berücksichtigt werden müssen“ – eine explizite Auseinandersetzung mit Sektion 5 in ihrer Funktion als ‚Zusammenfassung‘ enthält seine Interpretation aber nicht. Ähnlich lautet die Einschätzung im Kommentar von Wolff (1973, S. 212): „In this long subsection Kant clearly and skillfully rehearses the argument of chapter 3“. Und bei Dalbosco (2002, S. 258) heißt es: „Sektion 5 faßt die Probleme und ihre Lösungen zusammen, mit denen sich Kant in der vorhergegangenen Erörterung der GMS beschäftigt hat“. Ähnlich Vossenkuhl (1989, S. 300): „Kant resumiert [sic] die Überlegungen der vorausliegenden Kapitel des ‚dritten Abschnitts‘“. Wenn es zutrifft, dass Kant im fünften Abschnitt eine besonders klare und komprimierte Darstellung seiner Argumentationsabsicht der vorangegangenen Sektionen gibt, dann erstaunt es, dass seine Interpreten dieses Kapitel nur ansatzweise zur Erläuterung seiner Argumentation in den anderen Sektionen herangezogen haben. Ansätze zu einem solchen Versuch finden sich bei Dalbosco (2002, S. 258 ff.) und Puls (2011, S. 545–551). Auch wenn Schönecker (1999) Sektion 5 nicht in ihrer resümierenden Funktion auswertet, zeigt sich bei ihm doch die einzige tiefergehende Textanalyse (zumindest einiger Passagen) dieses Abschnitts (vgl. Schönecker 1999, S. 278–295). Eine sehr detaillierte Analyse von 457.25–458.5 findet sich zudem in einer späteren Publikation Schöneckers (2012, S. 119 ff.).

DOI 10.1515/9783110392708-007

der Sektionen 1–4, insbesondere im Hinblick auf die Auflösung des Zirkelverdachts in Sektion 3. Die fünfte Sektion resümiert die Argumentation der vorherigen Abschnitte und stellt damit eine Verständnishilfe zu Kants Argumenten in *GMS* III dar. Nicht nur bestimmt Kant hier die argumentative Funktion der in Sektion 3 angeführten ‚Auskunft des transzendentalen Idealismus' eindeutiger; er definiert auch das Verhältnis zwischen der Vernunftidee der Freiheit und dem in den Sektionen 2–4 opak gehaltenen Begriff des sittlichen Bewusstseins des Menschen präziser als in den vorangestellten Sektionen.

> 455.11–16
> Alle Menschen denken sich dem Willen nach als frei. Daher kommen alle Urtheile über Handlungen als solche, die hätten *geschehen sollen*, ob sie gleich *nicht geschehen sind.* Gleichwohl ist diese Freiheit kein Erfahrungsbegriff und kann es auch nicht sein, weil er immer bleibt, obgleich die Erfahrung das Gegenteil von denjenigen Forderungen zeigt, die unter der Voraussetzung derselben als notwendig vorgestellt werden.

Diese Feststellung beinhaltet eine Mehrdeutigkeit. Die Formulierung ‚Alle Menschen denken sich *dem Willen nach* als frei' (Hervorh. H. P.) lässt genau betrachtet nämlich drei Lesarten zu. Kant könnte an dieser Stelle ausdrücken wollen, dass

1. alle Menschen sich als mit einem *freien Willen begabt denken.*
2. alle Menschen sich *gemäß dem Willen, d. h. einer bestimmten hier vorausgesetzten Qualität des Willens folgend,* als frei denken.
3. alle Menschen sich als frei begreifen, weil sie sich so denken *wollen.*

Obwohl alle drei Interpretationsmöglichkeiten mit dem dann folgenden Satz (‚Daher kommen alle Urteile über Handlungen als solche, die hätten geschehen sollen, ob sie gleich nicht geschehen sind') inhaltlich kompatibel sind, da alle Bedeutungsvarianten dieselbe argumentative Stoßrichtung hätten, ergibt sich keine der drei angeführten Bedeutungen auf den ersten Blick. Der ersten Deutung zufolge würde Kant hier feststellen, dass sich alle Menschen als mit einem freien Willen ausgestattet, d. h. als frei, begreifen. Eine zweite Bedeutung des Satzes könnte darin liegen, dass man in der Formulierung ‚dem Willen nach als frei' eine bestimmte Bedingung dafür vermuten könnte, sich selbst als frei zu begreifen. Damit wäre mehr ausgesagt, als in der bloßen Feststellung ausgedrückt wird, dass Menschen sich als mit einem freien Willen begabt denken. Diese Vorstellung könnte begründet sein in einer bestimmten Qualität des Willens, welche alle Menschen veranlasst, sich als frei zu denken.[201] Schließlich könnte ‚dem Willen

201 ‚Wille' könnte beispielsweise an dieser Stelle schon in der Perspektive eines sittlichen Benach als frei' auch einfach bedeuten, dass der Mensch sich seinem Willen entsprechend als frei begreift, d. h., dass er sich als mit einem freien Willen begabt denken *will.* Betrachtet man ähnliche Äußerungen Kants in *GMS* III zur Freiheit des Willens, die der Mensch sich ‚beilegt' oder ‚leiht',[202] so liegt es nahe, dass Kant hier feststellt, alle Menschen dächten sich als mit einem freien Willen begabt, wodurch ein praktisches Selbstverständnis artikuliert wird, dessen Legitimation Kant im Verlauf der dritten Sektion klärt. Diese dem eigenen Willen bloß zugeschriebene Freiheit soll dann die Ursache (‚daher') dafür sein, dass Menschen Urteile fällen ‚über Handlungen als solche, die hätten geschehen sollen, ob sie gleich nicht geschehen sind'. Am Ende der dritten Sektion zeigt Kant, dass wir Freiheit nicht nur zu dem Zweck annehmen, uns als sittlich verpflichtete Wesen denken zu können, sondern unsere Selbstzuschreibung der Freiheit darauf beruht, dass wir ‚die Autonomie des Willens erkennen' und uns dabei ‚in eine Verstandeswelt versetzen' (vgl. 453.11 f.). In der vierten Sektion baut Kant auf diesen Befund in dem Sinne auf, dass er der Freiheit eine Verweisungsfunktion auf einen weiteren notwendigen Begriff für die Möglichkeit, eine kategorische Nötigung zu denken, zuschreibt – die Freiheit ‚verschafft' die Idee eines reinen Willens. Am Ende der vierten Sektion ist damit die Idee eines freien Willens als Glied der Verstandeswelt, d. h. eines reinen Willens, aus der reinen praktischen Vernunft deduziert. Der Mensch hat Einsicht in eine Moraldifferenz seines Handelns, er urteilt, dass bestimmte Handlungen hätten geschehen sollen, obgleich sie nicht geschehen sind. Die Realität des freien Willens steht damit in praktischer Perspektive unbezweifelbar fest.

Als Analogie und Abgrenzung *zugleich* bringt Kant hier den Begriff der Erfahrung ins Spiel. Diejenige Freiheit, die der Mensch sich zuschreibt und aufgrund derer er Handlungen als moralisch geboten vorstellt, ist ‚gleichwohl' – d. h. trotz der durch die Evidenz des Sollens vermittelten Quasierfahrung derselben – kein Erfahrungsbegriff, also nicht empirisch erklärbar. Diese Freiheit kann kein Erfahrungsbegriff sein, weil – so fährt Kant fort – ‚*er* immer bleibt, obgleich die Erfahrung das Gegenteil von denjenigen Forderungen zeigt, die unter der Voraussetzung derselben als notwendig vorgestellt werden' (Hervorh. H. P.). Das Personalpronomen ‚er' könnte sich rein grammatisch sowohl auf den von Kant zur Abgrenzung bemühten empirischen ‚Erfahrungsbegriff' als auch auf dessen Analogon, d. h. die von Kant hier geltend gemachte *Quasierfahrung* von Freiheit,

wusstseins verstanden werden, und der Mensch könnte dann so beschrieben werden, dass er sich als frei denkt und begreift, weil er der Freiheit im Sinne der Faktum-Theorie als *ratio cognoscendi* der Freiheit unmittelbar inne wird.

202 Diese finden sich nicht nur in Sektion 5 (vgl. z. B. 452.35), sondern auch in den anderen Sektionen des dritten Abschnitts der *GMS* (vgl. z. B. 448.10).

beziehen. Die erste Variante ist unwahrscheinlich, da dann der Rest des Satzes (‚obgleich die Erfahrung das Gegenteil von denjenigen Forderungen zeigt') nicht sinnvoll wäre. Mit dem Personalpronomen ‚er' bezieht sich Kant – diese Lesart ist sinnvoller – auf den in theoretischer Perspektive problematischen Begriff einer Erfahrung von Freiheit in praktischer Hinsicht. Der Begriff einer praktischen Freiheitserfahrung kann kein Erfahrungsbegriff in einem aus dem Kontext der Erkenntnistheorie vertrauten Sinne sein. Er nimmt nicht Bezug auf das, was wir im erkenntnistheoretischen Kontext als Erfahrung begreifen. Zwar ist auch das sittliche Sollen durch die *Konstanz* seines Forderungscharakters ausgezeichnet und ‚bleibt' damit ungeachtet der moralischen Qualität der realen Handlung bestehen. Jedoch ist der Vergleich mit der empirischen Erfahrung gerade durch die Möglichkeit problematisch, dass eine Handlung ‚das Gegenteil von denjenigen Forderungen zeigt, die unter der Voraussetzung [...] [der Freiheit] als notwendig vorgestellt werden'. Die Freiheitsannahme des Menschen und die damit verbundene Realität eines moralischen Anspruchs an das eigene Handeln können zu der Wirklichkeit menschlichen Handelns in Kontrast stehen (vgl. 406). Die mögliche Analogie hat also ihre Grenzen.

455.17–27
Auf der anderen Seite ist es ebenso nothwendig, daß alles, was geschieht, nach Naturgesetzen unausbleiblich bestimmt sei, und diese Naturnothwendigkeit ist auch kein Erfahrungsbegriff, eben darum weil er den Begriff der Nothwendigkeit, mithin einer Erkenntniß *a priori* bei sich führt. Aber dieser Begriff von einer Natur wird durch Erfahrung bestätigt und muß selbst unvermeidlich vorausgesetzt werden, wenn Erfahrung, d. i. nach allgemeinen Gesetzen zusammenhängende Erkenntniß der Gegenstände der Sinne, möglich sein soll. Daher ist Freiheit nur eine *Idee* der Vernunft, deren objective Realität an sich zweifelhaft ist, Natur aber ein *Verstandesbegriff*, der seine Realität an Beispielen der Erfahrung beweiset und nothwendig beweisen muß.

Das moralische Selbstverständnis des Menschen, das sich aufgrund des unmittelbaren Bewusstseins des Sittengesetzes einen freien Willen praktisch zu Recht zuschreibt, könnte in spekulativer Perspektive Gefahr laufen, sich in einen Widerspruch zu einer durch Naturkausalität gesetzlich geregelten Welt zu begeben. Denn so wie dieses moralische Selbstverständnis sich unter einen Sollensanspruch stellt und sich diesem Anspruch gemäß zu handeln bestimmt sieht, ist ‚es ebenso notwendig, dass alles, was geschieht, nach Naturgesetzen unausbleiblich bestimmt sei'. Die hier angeführte Naturnotwendigkeit ist ‚auch kein Erfahrungsbegriff, eben darum, weil er den Begriff der Notwendigkeit, mithin einer Erkenntnis a priori bei sich führt'. Die zu diesem Zeitpunkt der Argumentation praktisch beglaubigte Kausalität aus Freiheit und das damit verbundene moralische Selbstverständnis, das prinzipiell in Differenz zur erfahrbaren Handlungswirklichkeit stehen kann, kommen darin mit dem Gedanken einer unausbleiblich nach kausalen Naturgesetzen strukturierten Welt überein, dass auch dieser Gedanke selbst nicht im strengen Sinne als Erfahrung legitimiert werden kann. Wie 455.14 weist auch Kants Abgrenzungsbemühen der in 455.18 angeführten ‚Naturnotwendigkeit' vom empirischen Erfahrungsbegriff dieselbe grammatische Eigentümlichkeit auf. Wieder muss man den Bezug, der durch das Personalpronomen ‚er' angezeigt wird, rekonstruieren. Auch hier liegt der Rückschluss auf etwas, das Kant von diesem Erfahrungsbegriff zu trennen bemüht ist, nahe. An dieser Stelle geht es um die Naturnotwendigkeit, die eine Quasierfahrung impliziert: Der Begriff einer solchen Natur wird ‚durch Erfahrung bestätigt' und muss ‚vorausgesetzt werden, wenn Erfahrung, d. i. nach allgemeinen Gesetzen zusammenhängende Erkenntnis der Gegenstände der Sinne, möglich sein soll'. Der Gedanke einer kausalmechanisch strukturierten Welt führt aber einen reinen apriorischen Gedanken mit sich und ist darum streng genommen kein Erfahrungsbegriff.

Kants Resümee (‚daher') aus 455.11–24 lautet, dass Freiheit nur eine Idee der Vernunft darstellt, deren objektive Realität zweifelhaft ist, während der Begriff der Natur als Inbegriff aller Gegenstände der Erscheinungswelt seine Sachhaltigkeit durch Erfahrung bestätigt. Die Aussage, dass Freiheit *nur* eine Idee darstellt, ist aber lediglich in der hier eingenommenen spekulativen Perspektive sinnvoll. Der gesamte Beginn von Sektion 5 muss vor dem Hintergrund der später von Kant in 456.1 angeführten ‚Dialektik der Vernunft' gelesen werden. Auf den ersten Blick könnte es so scheinen, als sei Freiheit, deren ‚objektive Realität an sich zweifelhaft ist', gemessen am Begriff der Natur, der an ‚Beispielen der Erfahrung' dargetan werden kann, ein defizitärer Begriff. Dass diese Deutungsmöglichkeit hier nicht in Kants Absicht liegt, lässt sich durch einen genaueren Blick auf seine Konzeption einer objektiven Realität verdeutlichen. Wenn Kant zu Beginn des fünften Abschnitts angesichts des Verstandesbegriffs von Natur von der Fragwürdigkeit der Freiheit und des kategorischen Imperativs ausgeht, so darf man darin keine Position Kants sehen. Vielmehr lassen sich diese Äußerungen als einen in rhetorischer Absicht angeführten Gedanken begreifen, der eine mögliche Position des Fatalismus wiedergibt, dem Kant in der ersten *Kritik*, in der dritten Sektion von *GMS* III und auch in seinem Resümee in Sektion 5 mit den Ergebnissen der dritten Antinomie begegnet.

Der gesamte Abschnitt 455.11–27 wird vor dem Hintergrund der mehrdeutigen Verwendungsweise des Begriffs der objektiven Realität verständlich, den Kant in seiner Vernunftkritik in dreierlei Bedeutung benutzt: in Bezug auf empirische Begriffe, reine Verstandesbegriffe und reine Vernunftbegriffe.[203] Unproblematisch

203 Ich folge hier der Interpretation von Bojanowski (2006, S. 81–86), der jeweils durch Textverweise eine Übersicht über diese drei Verwendungsweisen des Begriffs der objektiven Realität gibt. Zum Begriff der objektiven Realität vgl. Rosales (2000, S. 121 f.).

ist die objektive Realität einer empirischen Erkenntnis, die durch sinnliche Anschauung ermöglicht wird. Die objektive Realität reiner apriorischer Verstandesbegriffe ist in ihrem möglichen Bezug auf Erfahrung begründet. Diese Begriffe erheben Anspruch auf Notwendigkeit und sind daher nicht der Erfahrung zu entnehmen, gleichwohl liegen sie als fundamentale Begriffe jeder Erkenntnis zugrunde. Die objektive Realität der Vernunftbegriffe schließlich ist begründet in ihrer regulativ-heuristischen Funktion für die Vernunft überhaupt. Insofern Vernunftbegriffe dem systematischen Einheitsstreben der Vernunft dienlich sind und in dieser Perspektive zumindest als problematisch angenommen werden dürfen, kann ihnen objektive Realität zugeschrieben werden.[204] Der Terminus ‚Natur', den Kant in 455.18–25 anführt, ist im Sinne dieser Differenzierung als ein reiner Verstandesbegriff selbst nicht aus der Erfahrung geschöpft, sondern ist mit seinem Anspruch auf Notwendigkeit ein apriorischer Begriff. Gleichwohl wird er – anders als der Vernunftbegriff der Freiheit – ‚durch Erfahrung bestätigt' und muss vorausgesetzt werden, wenn eine nach allgemeinen Gesetzen strukturierte Erkenntnis der sinnlichen Welt möglich sein soll. Im Sinne einer deterministischen Position ließe sich durchaus so argumentieren, wie Kant es skizziert: Freiheit könnte demnach ‚nur' eine Idee sein, die angesichts der möglichen Sachhaltigkeit des Verstandesbegriffs von Natur in Zweifel gezogen werden müsste. Der Begriff der Natur ‚beweiset' seine ‚Realität an Beispielen der Erfahrung', während die objektive Realität der Freiheit – zumindest in der Perspektive von Freiheitsskepsis bzw. deterministischer Freiheitsverneinung – ‚an sich zweifelhaft ist'.

> 455.28–34–456.1–6
>
> Ob nun gleich hieraus eine Dialektik der Vernunft entspringt, da in Ansehung des Willens die ihm [d.h. dem Willen, H. P.] beigelegte Freiheit mit der Naturnothwendigkeit im Widerspruch zu stehen scheint, und bei dieser Wegescheidung die Vernunft in *speculativer Absicht* den Weg der Naturnothwendigkeit viel gebähnter und brauchbarer findet, als den der Freiheit: so ist doch in *praktischer Absicht* der Fußsteig der Freiheit der einzige, auf welchem es möglich ist, von seiner Vernunft bei unserem Thun und Lassen Gebrauch zu machen; daher wird es der subtilsten

---

204 Bojanowski thematisiert an dieser Stelle zugleich die Frage, ob Kant mit dem Begriff der objektiven Realität in der *GMS* und der *KpV* dasselbe im Sinn hatte. Bojanowski zufolge bleibt die objektive Realität in der *GMS* noch dem Begriff der praktischen Realität der *KrV* verhaftet, d. h. der Bedeutung der objektiven Realität als Denkmöglichkeit einer Vernunftidee in regulativer Perspektive. Der Begriff der objektiven Realität der Faktum-Lehre der zweiten *Kritik* sei hingegen in dem Sinne anspruchsvoller, dass er nicht nur die begründete Denkmöglichkeit von Freiheit enthalte, sondern zugleich deren positive Bestimmung: Durch Einsicht in die unmittelbare Geltung des Sittengesetzes werde dem Begriff der Freiheit in praktischer Hinsicht objektive Realität verschafft (vgl. Bojanowski 2006, S. 85 f.). Streng genommen könne Kant aber dem Vernunftbegriff der Freiheit schon seit der *KrV* objektive Realität zuerkennen, wenn auch bloß in einer epistemologisch ermäßigten Bedeutung.

Philosophie eben so unmöglich, wie der gemeinsten Menschenvernunft, die Freiheit wegzuvernünfteln. Diese muß also wohl voraussetzen: daß kein wahrer Widerspruch zwischen Freiheit und Naturnothwendigkeit ebenderselben menschlichen Handlungen angetroffen werde, denn sie kann eben so wenig den Begriff der Natur, als den der Freiheit aufgeben.

Kants weitere Ausführungen behalten einen rhetorischen Unterton bei, wenn er im Hinblick auf den möglichen Widerspruch zwischen dem Vernunftbegriff der Freiheit und der kausalmechanisch verfassten Natur eine ‚Dialektik der Vernunft'[205] benennt, die darin begründet sein könnte, dass die Freiheit des Willens mit der Naturnotwendigkeit im Widerspruch stehen könnte. Dass Kant an dieser Stelle kein von ihm selbst als wirklich sachhaltig begriffenes Problem kenntlich macht, sondern nur einen möglichen – aber schon systematisch überwundenen[206] – Einwand des imaginierten Deterministen formuliert, wird an der eingangs gewählten Formulierung deutlich, die den Aspekt des bloßen Anscheins vermittelt (‚Ob nun gleich ... im Widerspruch zu stehen scheint'), und daran, dass es hier um die Betrachtung von Freiheit in ‚spekulativer Absicht' geht. In dieser Perspektive – und angesichts der dramatisch künstlich zugespitzten Situation einer ‚Wegescheidung der Vernunft'[207] – könnte die der Vernunft ‚beigelegte Freiheit' gegenüber dem durch Sachhaltigkeit begründeten Begriff einer kausalmechanisch verfassten und erforschbaren Natur weniger ‚gebähnt und brauchbar' erscheinen. Und doch: Der Begriff der Freiheit muss philosophisch so legitimiert werden, dass er möglichen skeptischen bzw. reduktionistischen Einwänden gegenüber aufrechterhalten werden kann, denn er ist in ‚praktischer Absicht der Fußsteig', der es ermöglicht, von Vernunft in praktischer Perspektive legitimen Gebrauch zu machen.

Die Formulierung ‚in praktischer Absicht' muss man an dieser Stelle als Differenzierung in einen Praxis- und einen Theoriekontext der Erläuterung des Freiheitsbegriffs verstehen.[208] Auch die praktische Freiheit bleibt absolute Freiheit, nur

---

205 Timmermann (2010b, S. 146) weist an dieser Stelle zu Recht auf Kants eigentümliche Formulierung der hier konstatierten ‚Dialektik der Vernunft' hin: „It almost seems as if there was a dialectical opposition between theoretical and practical reason, rather than a conflict within theoretical reason". In der Tat formuliert Kant den wohlbekannten Gedanken eines möglichen Widerstreits in der Erklärung der Welt an dieser Stelle so, als ginge es um einen potenziellen Widerspruch zweier ganz unabhängiger Vernunftvermögen – eine Eigenart der Darstellung, die sich später auch darin ausdrückt, dass er schreibt, die theoretische Vernunft müsse der praktischen ‚freie Bahn' schaffen (456.28 f.). In der *KrV* erläutert Kant diesen möglichen Konflikt als *innerhalb* der reinen theoretischen Vernunft liegend.

206 Überwunden ist das Problem des denkbaren Widerstreits schon in der Auflösung der dritten Antinomie der *KrV*. Kant arbeitet an dieser Stelle auf eine Rekapitulation dieses Gedankens hin.

207 Hier erinnert die mögliche Dialektik der Vernunft wieder an seine Überlegungen in der *KrV*.

208 Zur Differenzierung von theoretischer und praktischer Perspektive des Freiheitsbegriffs vgl. Schönecker (2005, S. 68 – 70).

dass in dieser Perspektive des Begriffs das begründungslogische Moment der theoretischen Philosophie beiseite gesetzt wird. Ein solcher, quasi von der Theorie entlasteter Begriff von Freiheit – also Freiheit in *praktischer Absicht* – wäre die einzige Möglichkeit, ein normatives Selbstverständnis, das sich Kant zufolge immer schon im Menschen vorfindet, begrifflich zu explizieren. Kant wählt hier eine Metapher, die er sonst an keiner Stelle seiner praktischen Philosophie verwendet: Der Begriff der Freiheit soll in praktischer Absicht der ‚Fußsteig' sein, der es dem Willen erlaubt, ‚von seiner Vernunft bei unserem Tun und Lassen Gebrauch zu machen'. Ein ‚Fußsteig' ist laut Duden ein veralteter Ausdruck für einen ‚Fußpfad' – einen Pfad also, der keinen offiziellen Weg darstellt, trotzdem gangbar ist und zum Ziel führt. Vielleicht könnte man diesen Begriff auch als ‚Ausweg' verstehen.

Dürften wir nicht zumindest in der hier in den Blick gerückten praktischen Perspektive Freiheit annehmen, so wäre unsere moralische Erkenntnis gleichsam wieder nur Wirkung der Natur. Weder der gemeinen Menschenvernunft noch der Philosophie gelingt es aber, die Freiheit ‚wegzuvernünfteln'. Das Demonstrativpronomen ‚diese', mit dem der nächste Satz einsetzt, darf nicht auf die ‚Freiheit', sondern muss auf die eben angesprochene ‚subtilste Philosophie' bezogen werden: Die Philosophie muss aufgrund der großen Bedeutung der Freiheit für das moralische Selbstverständnis voraussetzen, dass kein tatsächlicher Widerspruch zwischen der Annahme von menschlicher Freiheit und Naturkausalität besteht. Naturkausalität und Kausalität aus Freiheit als Erklärungsmodi menschlicher Handlungen müssen zusammen bestehen können, denn keinen der beiden Erklärungsansätze kann die Philosophie aufgeben.

456.7–11
Indessen muß dieser Scheinwiderspruch wenigstens auf überzeugende Art vertilgt werden, wenn man gleich, wie Freiheit möglich sei, niemals begreifen könnte. Denn wenn sogar der Gedanke von der Freiheit sich selbst, oder der Natur, die eben so nothwendig ist, widerspricht, so müßte sie gegen die Naturnothwendigkeit durchaus aufgegeben werden.

Obwohl Freiheit aufgrund ihres Ideencharakters in spekulativer Perspektive ein letztlich unbegreiflicher Begriff bleibt,[209] muss der scheinbare Widerspruch zwischen

209 Auffallend sind die konjunktivischen Formulierungen, die Kant hier wie auch in anderen, ähnlichen Zusammenhängen zu Beginn des fünften Abschnitts wählt. An all diesen Stellen wird deutlich, dass er nicht eigene Einwände zur Sprache bringt, die ihm hier selbst tatsächlich stichhaltig erscheinen, sondern Einwände einer möglichen philosophischen Position formuliert, nämlich der des ‚Fatalisten', des Freiheitsskeptikers. Dieser Befund ist von nicht unerheblicher Bedeutung für die gesamte Interpretation von *GMS* III. Wenn Kant sich im Hinblick auf die Idee der Freiheit und die Geltung des Sittengesetzes scheinbar wesentlich skeptischer zeigt als in der

Natur und Freiheit Kant zufolge dennoch auf eine überzeugende Weise ausgeräumt werden. Kant nimmt in diesem Abschnitt seinen kurz darauf erfolgenden Rekurs auf die Ergebnisse der Auflösung der dritten Antinomie in 456.12–33 vorweg, wenn er bereits hier einen bloßen ‚Scheinwiderspruch'[210] zwischen Freiheit und Natur konstatiert. Als nur scheinbar dürfte sich der mögliche Widerspruch zwischen diesen Begriffen – der Dramaturgie des Textes folgend – erst *nach* dem Hinweis auf die Unterscheidung zwischen Phänomen und Erscheinung erweisen.

> 456.12–33
> Es ist aber unmöglich, diesem Widerspruch zu entgehen, wenn das Subject, was sich frei dünkt, sich selbst *in demselben Sinne*, oder *in eben demselben Verhältnisse* dächte, wenn es sich frei nennt, als wenn es sich in Absicht auf die nämliche Handlung dem Naturgesetze unterworfen annimmt. Daher ist es eine unnachlaßliche Aufgabe der speculativen Philosophie: wenigstens zu zeigen, daß ihre Täuschung wegen des Widerspruchs darin beruhe, daß wir den Menschen in einem anderen Sinne und Verhältnisse denken, wenn wir ihn frei nennen, als wenn wir ihn als Stück der Natur dieser ihren Gesetzen für unterworfen halten, und daß beide nicht allein gar wohl beisammen stehen *können*, sondern auch *als nothwendig vereinigt* in demselben Subject gedacht werden müssen, weil sonst nicht Grund angegeben werden könnte, warum wir die Vernunft mit einer Idee belästigen sollten, die, ob sie sich gleich *ohne Widerspruch* mit einer anderen, genugsam bewährten vereinigen läßt, dennoch uns in ein Geschäfte verwickelt, wodurch die Vernunft in ihrem theoretischen Gebrauche sehr in die Enge gebracht wird. Diese Pflicht liegt aber bloß der speculativen Philosophie ob, damit sie der praktischen freie Bahn schaffe. Also ist es nicht in das Belieben des Philosophen gesetzt, ob er den scheinbaren Widerstreit heben, oder ihn unangerührt lassen will; denn im letzteren Falle ist die Theorie hierüber *bonum vacans*, in dessen Besitz sich der Fatalist mit Grunde setzen und alle Moral aus ihrem ohne Titel besessenen vermeinten Eigenthum verjagen kann.

In diesem Abschnitt kann man eine direkte Parallelstelle[211] zu 450.18–37–452.1–6 sehen, d.h., Kant wiederholt hier in komprimierter Form seinen Rekurs auf die Ergebnisse der Auflösung der dritten Antinomie (vgl. A 535/B 563). Dieser Passus ist sprachlich klar und inhaltlich unproblematisch. Der mögliche, aber letztlich nur scheinbare Widerspruch zwischen Freiheit und Natur wäre unabwendbar, wenn sich das Subjekt, welches sich als frei denkt, ‚in demselben Sinne oder

---

zweiten *Kritik*, so liegt das nicht in erster Linie an einer gegenüber der *KpV* divergierenden Begründungsstrategie, sondern an der unterschiedlichen Darstellungsweise seiner Argumente.

210 Die Bezeichnung ‚Scheinwiderspruch' für den denkmöglichen Widerspruch zwischen Natur und Freiheit findet sich nur in der *GMS*, sonst an keiner anderen Stelle der theoretischen oder praktischen Philosophie Kants.

211 Allison (2011, S. 349) weist indirekt auf diesen Umstand hin, wenn er im Hinblick auf obige Stelle schreibt: „Kant's analysis is closely modeled on his treatment of the Third antinomy in the first *Critique*."

Verhältnisse dächte' wie in der Perspektive eines natürlichen Wesens der Erscheinungswelt, in welcher es seine Handlungen als dem Naturgesetz unterworfen sehen muss. Kant formuliert diesen Rekurs in seinen zusammenfassenden Überlegungen in Sektion 5 bündiger als zuvor und ohne jene rhetorische Dramatisierung der dritten Sektion: Während Kant dort seine Darstellung auf die Unterscheidung zwischen noumenaler und phänomenaler Betrachtungsperspektive scheinbar als einen Schritt in der Auflösung des möglicherweise drohenden Zirkelverdachts zuspitzt, bringt er denselben Gedanken hier in resümierender Perspektive nüchterner vor. Es sei eine ‚unnachlassliche Aufgabe der spekulativen Philosophie', zu zeigen, dass die mögliche Täuschung hinsichtlich eines grundsätzlichen Widerspruchs zwischen Freiheit und Natur lediglich in der Perspektivenverwechslung kausaler und noumenaler Verursachung liege. Wenn wir den Menschen als frei bezeichnen, dann beziehen wir uns auf eine andere Ebene der Erklärung, als wenn wir den Menschen als Naturwesen beschreiben, das wir den Wirkungsgesetzen ebendieser Natur für unterworfen halten. Beide Aussageebenen sind nicht nur methodisch durch die Auskunft der dritten Antinomie legitimiert, sondern wir müssen diese Betrachtungsperspektiven als notwendig komplementär bei jeder Handlung zusammen denken. Beide Hinsichten auf die Handlung sind irreduzible Erklärungsmuster derselben. Gäbe es eine systematisch begründbare Vorrangstellung einer dieser Perspektiven, d. h., müssten wir eine Handlung nicht tatsächlich in dieser zweifachen Weise denken, dann wäre das Problem der spekulativen Vernunft, die Idee der Freiheit gegenüber der Vorstellung von Natur als kausalem Mechanismus zu rechtfertigen und zu legitimieren, unbegründet. Es könnte dann in der Tat

> nicht [der] Grund angegeben werden [...], warum wir die Vernunft mit einer Idee belästigen sollten, die, ob sie sich gleich *ohne Widerspruch* mit einer anderen, genugsam bewährten vereinigen läßt, dennoch uns in ein Geschäfte verwickelt, wodurch die Vernunft in ihrem theoretischen Gebrauche sehr in die Enge gebracht wird (456.23–27).

Die Vereinbarkeit zwischen der Idee der Freiheit und derjenigen einer Kausalität aus Natur denkbar zu machen, ist kein Problem der praktischen Philosophie, da sich alle Menschen immer schon als willensfrei begreifen (und diese Vorstellung, wie Kant später zeigt, auch gerechtfertigt ist). Dies zu zeigen obliegt vielmehr allein der spekulativen Philosophie. Sie verschafft damit der praktischen Philosophie ‚freie Bahn', d. h., das phänomenologisch immer schon aufweisbare Freiheitsverständnis des Menschen sowie die Begründung des Rechtsanspruchs auf diese Freiheit sind methodisch legitimiert.[212] Der mögliche – aber, wie wir nach der Auflösung der dritten Antinomie wissen, nur scheinbare – Widerstreit ist ein zentrales Problem der praktischen und theoretischen Philosophie, seine Auflösung ist nicht in das Belieben der Philosophie gestellt. Bliebe dieser scheinbare Widerstreit von der Philosophie „unangerührt" (456.38), dann wäre eine Theorie über den möglichen Widerstreit ‚*bonum vacans*', d. h. ein Gut ohne Besitzer, ein herrenloses Gut[213]. Der Fatalist[214] könnte alle Moral aus demjenigen Bereich, den diese als ihren Kompetenzbereich ansieht, vertreiben, wenn die spekulative Philosophie den möglichen Widerspruch zwischen Freiheit und Natur nicht auflöste. Die Moral hätte nur scheinbar einen verbrieften Rechtsanspruch, einen ‚Titel', auf ihr ‚vermeintes Eigentum', wenn ihr die theoretische Philosophie mit den Ergebnissen der Auflösung der dritten Antinomie nicht zu Hilfe käme.

> 456.34 – 37 – 457.1 – 3
> Doch kann man hier noch nicht sagen, daß die Grenze der praktischen Philosophie anfange. Denn jene Beilegung der Streitigkeit gehört gar nicht ihr zu, sondern sie fordert nur von der speculativen Vernunft, daß diese die Uneinigkeit, darin sie sich in theoretischen Fragen selbst verwickelt, zu Ende bringe, damit praktische Vernunft Ruhe und Sicherheit für äußere Angriffe habe, die ihr den Boden, worauf sie sich anbauen will, streitig machen könnten.

Kant kommt in diesem kurzen Abschnitt, der noch einmal die Aufgabe der spekulativen Vernunft resümiert, zum ersten Mal explizit auf das Thema der Überschrift von Sektion 5 zu sprechen: die äußerste Grenze[215] der praktischen Philosophie. Kant zufolge kann man ‚hier noch nicht sagen, dass die Grenze der praktischen Philosophie anfange'. Er kommt auf die ‚Grenzproblematik' vor allem in 458 ff. wieder zu sprechen, sodass eine genaue Analyse des Begriffs an dieser Stelle noch zurückgestellt werden kann. Es ist nicht ganz deutlich, worauf Kant sich mit dem lokalen Adverb ‚hier' in 456.34 bezieht. ‚Hier' ließe sich zum einen beziehen auf das

---

212 Auch sittliche Faktizität als Begründung der Legitimität des Rechtsanspruchs auf diese Freiheit bedarf der Auskunft des transzendentalen Idealismus (vgl. Puls 2011, S. 550 f.).

213 Horn/Mieth/Scarano (2007, S. 290) erläutern *bonum vacans* als ein „herrenloses Gut", d. h. als ein „Objekt, das bislang von niemandem legitimerweise in Besitz genommen wurde" (Horn/Mieth/Scarano 2007, S. 290). Timmermann (2010b, S. 146) zufolge nutzt Kant an dieser Stelle eine Terminologie der Rechtsprechung seiner Zeit, auf die auch Henrich immer wieder hingewiesen hat. Zum Begriff des bonum vacans vgl. auch Bojanowski (2006, S. 227) und Allison (2011, S. 350).

214 Wahrscheinlich bezieht Kant sich, wenn er an dieser Stelle von einem Fatalisten schreibt, auf Schulz und dessen ‚Fatalismus' (vgl. Schönecker 1999, S. 226).

215 In der Überschrift zu Sektion 5 spricht Kant von der „äußersten Grenze aller praktischen Philosophie" (455.10). Es spricht nichts dagegen, dass er mit der „äußersten Grenze" diejenige meint, auf die er sich dann in 456.34 und 458 ff. bezieht.

sachliche Problem der vorher skizzierten Auflösung des Widerspruchs zwischen Freiheit und Natur, im Sinne von ‚hier, im Kontext der Auflösung dieses Problems', oder aber als ‚hier, zu diesem Zeitpunkt der Argumentation', also eher in der Funktion eines Temporaladverbs. Die erste Lesart würde implizieren, dass die Beilegung des Widerstreits zwischen Freiheit und Natur noch nicht in den Kontext der möglichen Grenzen der praktischen Philosophie gehört, da diese Auflösung ein Problem der spekulativen Philosophie ist. Im zweiten Falle entsteht der Eindruck, Kant wolle den Gedanken einer Erläuterung und Bestimmung der Grenze der praktischen Vernunft noch zurückhalten, weil erst noch weitere Überlegungen angestellt werden müssten, bevor er auf diesen Gedanken zurückkommen könne (und in der Tat kommt er darauf dem Begriff nach ja erst nach seinem Rekurs auf den ‚Rechtsanspruch' der Menschenvernunft in 458.6 ff. wieder zu sprechen). Die erste Lesart ist aber dennoch die plausiblere, da sonst der ‚Anfang' der Grenze, um die es Kant im Kontext des gesamten Abschnitts geht, seltsam unbestimmt bliebe. Es wäre dann nur gesagt, dass diese Grenze *anfängt*, besser gesagt *nicht anfängt*, aber nichts darüber, in welchem sachlichen Zusammenhang dies geschieht. Der Satz wäre somit nur schwer mit dem Folgesatz (‚Denn jene Beilegung der Streitigkeit gehört gar nicht ihr zu') zu vereinbaren. Die noch nicht näher bestimmte Grenze der praktischen Philosophie – Kant kommt wie gesagt später auf diesen Gedanken zurück – kann im Kontext der bloßen Zuweisung des Auflösungsproblems an die spekulative Philosophie noch nicht kenntlich gemacht werden: Die praktische Philosophie fordert nur von der spekulativen Vernunft, dass sie diese problematische ‚Uneinigkeit' auflöst und damit ‚praktische Vernunft Ruhe und Sicherheit für äußere Angriffe habe, die ihr den Boden, worauf sie sich anbauen will, streitig machen könnten'.

Bevor wir den nächsten Abschnitt (457.4–24) analysieren, der von großer Bedeutung für Kants Argumentationsabsicht in Sektion 5, aber auch von großer Schwierigkeit ist, sollen noch einmal die Ergebnisse aus der Analyse von 455–457 zusammengefasst werden. Trotz der generellen Vernachlässigung der Sektion 5 haben einige Interpreten richtig gesehen, dass Kant in diesem Abschnitt eine Art Resümee seiner Argumentation in den vorangegangenen Sektionen gibt (vgl. Anmerkung 220). Der Versuch, die Argumente der Sektionen 1–4 durch diese spätere Zusammenfassung noch einmal – so wie Kant – aus einer weiteren Perspektive zu betrachten, ist bisher nur am Rande unternommen worden (vgl. Anmerkung 220). Kant stellt am Beginn der Sektion fest, dass alle Menschen sich als frei denken und sich aus diesem Grunde (455.11–27) eine Diskrepanz zwischen einer diesem Selbstverständnis entsprechenden Moralität und der tatsächlichen moralischen Qualität von Handlungen auftun könnte. Dieses nach der dritten und vierten Sektion praktisch legitimierte Freiheitsverständnis stellt keinen Erfahrungsbegriff dar, durch ein moralisches Bewusstsein (455.13–16) ist es aber praktisch fundiert. Die damit zugrunde gelegte

Freiheit ist aber nur eine Idee der Vernunft, deren Wirklichkeit zweifelhaft bleibt – gerade angesichts einer kausalmechanisch verfassten Natur, deren Begriff zwar auch nicht aus der Erfahrung geschöpft werden kann, deren Realität sich aber durch Beispiele der Erfahrung beweist (455.18–27). Auch wenn Kants Überlegungen in 455.4–24 weniger ins Detail gehen als in den Sektionen 1–2, fällt es dennoch nicht schwer, darin eine Zusammenfassung seiner Überlegungen aus 446–448 zu sehen. Dort hatte Kant den Gedanken der Freiheit eines rein vernünftigen Wesens expliziert und gezeigt, dass sich durch Begriffszergliederung aus dessen Begriff der Begriff eines Wesens ergibt, das sich selbst immer moralische Gesetze auferlegt, also gemäß dem kategorischen Imperativ handelt. Kant erschließt in den beiden ersten Sektionen durch Begriffsanalyse die Grundmomente des notwendigen moralischen Selbstverständnisses von Vernunftwesen und zeigt weiter, wie sich daraus die Vorstellung moralischer Verpflichtung entwickeln lässt. Ob der Mensch tatsächlich ein freies Wesen ist und ob der kategorische Imperativ als ein synthetischer Satz a priori Geltung hat, darüber trifft Kant an dieser Stelle noch keine Aussage. Er rekapituliert diesen Gedanken zu Beginn der Sektion 5 nur kurz, wenn er darauf hinweist, dass alle Menschen sich als mit einem freien Willen begabt denken, dass dieses Verständnis praktisch legitimiert und für die moralische Praxis ausreichend ist.

Anders als in Sektion 3, wo Kant einer bestimmten Dramaturgie folgt, d. h. seine Argumente gegen einen imaginierten Fatalisten vorträgt,[216] erfolgt der Rekurs auf die ‚Auskunft' des transzendentalen Idealismus in Sektion 5 nüchtern und weniger ostentativ als in Sektion 3. Während diese dort einigermaßen dramatisch mit den Worten „Eine Auskunft bleibt uns aber noch übrig" (450.30) präsentiert wird, fasst Kant den Gedanken in Sektion 5 mit den Worten eines Theoretikers, der nicht verheimlicht, dass er das Tableau seiner Argumente überschaut: Es sei die Pflicht der spekulativen Philosophie, der praktischen Philosophie (durch die Ergebnisse der Auflösung der dritten Antinomie) ‚freie Bahn' zu schaffen. Die Selbstzuschreibung der Idee der Freiheit, die letztlich auf der praktischen Erfahrung eines reinen, unmittelbar gesetzgebenden Willens in uns beruht, muss mit den Mitteln der Auflösung der dritten Antinomie vor den Angriffen des Prädeterministen in Schutz

216 Auf Kants rhetorisch gefärbte Ausdrucks- und Argumentationsweise in den Sektionen 1–3 wurde bereits hingewiesen. Es gibt keinen Grund, der gegen die Annahme spricht, dass sich Kant bei der Abfassung des Textes seiner Argumente und seiner Argumentationsabsicht nicht jederzeit bewusst gewesen ist und er diese nicht tastend erst im Text entwickelt. Einige Interpreten missverstehen den tentativen und von Kautelen durchsetzten Stil der *GMS* in dem Sinne, dass sie vermuten, diese Eigenheit der Darstellung spiegele eine tatsächliche argumentative oder begriffliche Unsicherheit Kants wider. Es wäre eine eigene Untersuchung wert, die Rhetorik von *GMS* III im Einzelnen zu untersuchen und für Kants Argumentation auszuwerten. Vgl. dazu Puls (2014a, S. 26–29). Hinweise auf eine rhetorisch geprägte Argumentationsweise finden sich auch bei Ludwig (2008, S. 440 f.) und Klemme (2014, S.78).

genommen werden. Anhand von Kants Überlegungen in Sektion 5 wird deutlich, dass der Rekurs auf die Ergebnisse der Auflösung der dritten Antinomie zwar zur Hebung des in Sektion 3 benannten Zirkelverdachts gehört – indem er die Annahme eines Vermögens der Freiheit vor einem prädeterministischen Reduktionismus schützt –, dass aber erst der Verweis auf die unmittelbare Erkenntnis des Sittengesetzes den drohenden Zirkel bannt. In Sektion 3 findet sich die betreffende Textstelle in 452.7 ff. und in Sektion 5 in 457.4 ff.

457.4–27
Der Rechtsanspruch aber selbst der gemeinen Menschenvernunft auf Freiheit des Willens gründet sich auf das Bewußtsein und die zugestandene Voraussetzung der Unabhängigkeit der Vernunft von bloß subjectiv bestimmenden Ursachen, die insgesammt das ausmachen, was bloß zur Empfindung, mithin unter die allgemeine Benennung der Sinnlichkeit gehört. Der Mensch, der sich auf solche Weise als Intelligenz betrachtet, setzt sich dadurch in eine andere Ordnung der Dinge und in ein Verhältniß zu bestimmenden Gründen von ganz anderer Art, wenn er sich als Intelligenz mit einem Willen, folglich mit Causalität, begabt denkt, als wenn er sich wie ein Phänomen in der Sinnenwelt (welches er wirklich auch ist) wahrnimmt und seine Causalität äußerer Bestimmung nach Naturgesetzen unterwirft. Nun wird er bald inne, daß beides zugleich stattfinden könne, ja sogar müsse. Denn daß ein *Ding in der Erscheinung* (das zur Sinnenwelt gehörig) gewissen Gesetzen unterworfen ist, von welchen eben dasselbe *als Ding* oder Wesen *an sich selbst* unabhängig ist, enthält nicht den mindesten Widerspruch; daß er sich selbst aber auf diese zwiefache Art vorstellen und denken müsse, beruht, was das erste betrifft, auf dem Bewußtsein seiner selbst als durch Sinne afficirten Gegenstandes, was das zweite anlangt, auf dem Bewußtsein seiner selbst als Intelligenz, d.i. als unabhängig im Vernunftgebrauch von sinnlichen Eindrücken (mithin als zur Verstandeswelt gehörig).

Bereits der erste Satz enthält eine Reihe von Schwierigkeiten, die aufgeklärt bzw. Begriffe, die erläutert werden müssen. Was genau z. B. versteht Kant unter einem Rechtsanspruch? Was unter der ‚gemeinen Menschenvernunft'? Was unter einer ‚Unabhängigkeit von bloß subjektiv bestimmenden Ursachen'? In welchem Zusammenhang steht dieser Satz mit 456.34–37–457.1–3 (denn anscheinend bezieht sich Kant mit 457.4–8 in irgendeiner Weise auf diese Abschnitte)? Was bedeutet die Konjunktion ‚aber'?

Die letzte Frage, die sich auf den Zusammenhang bzw. Fortgang der Argumentation bezieht, ist – soweit ich es überblicke – noch nie in der Literatur diskutiert worden. Kant könnte an dieser Stelle schreiben: ‚Der Rechtsanspruch der gemeinen Menschenvernunft auf Freiheit des Willens gründet sich ...', tatsächlich schreibt er: ‚Der Rechtsanspruch *aber* selbst der gemeinen Menschenvernunft auf Freiheit des Willens gründet sich [...]'. Das ‚aber' könnte sich entweder als eine Abgrenzung auf die Argumentation in den vorangegangenen Abschnitten beziehen (die Betonung würde dann folgendermaßen lauten: ‚*Der Rechtsanspruch* aber selbst der gemeinen Menschenvernunft auf Freiheit des Willens gründet sich ...')

oder auf die gemeine Menschenvernunft: ‚Der Rechtsanspruch aber *selbst der gemeinen Menschenvernunft* auf Freiheit des Willens gründet sich [...]'. In letzterem Fall wäre das ‚aber' wie ein ‚sogar' zu lesen: ‚der Rechtsanspruch sogar der gemeinen Menschenvernunft'.

Es spricht einiges für die erste Variante. Die Betonung des Rechtsanspruchs passt in den Fortgang der Argumentation, d. h., die vermutete Abgrenzung zu einem vorher geäußerten Gedanken liegt inhaltlich tatsächlich nahe. Bisher hat der fünfte Abschnitt vom Selbstverständnis des Subjekts gehandelt. Der Mensch, so resümiert Kant seine Überlegungen aus den Sektionen 1–2, muss sich im Sinne einer begrifflichen Konsistenz immer schon als frei begreifen. Er muss sich darum jene Selbstbestimmung zuschreiben, die sich durch Zergliederung der Begriffe aus der Idee der Freiheit ergibt. *Phänomenologisch* lässt sich ein bestimmtes Freiheits- und Moralbewusstsein des Menschen immer schon aufweisen.[217] Dieses moralische Selbstverständnis bedarf der Verteidigung durch die Ergebnisse der Auflösung der dritten Antinomie. Die spekulative Philosophie muss zeigen, dass es sich bei dem möglichen Widerspruch zwischen Freiheit und Natur nur um einen Scheinwiderspruch handelt. In der dritten Sektion hebt Kant den Zirkelverdacht, der darin besteht, dass wir Freiheit vielleicht nur annehmen, *um* daraus die Unterworfenheit des Menschen zu schließen, durch den Hinweis auf die Auskunft des transzendentalen Idealismus (450.30 ff.: „Eine Auskunft bleibt uns aber noch übrig [...]") *und* den Hinweis auf ein Vermögen, das wir wirklich in uns finden (452.7 ff.: „Nun findet der Mensch wirklich in sich ein Vermögen [...]").

Im Resümee der Sektion 5, in dem Kant dieselben Gedanken – losgelöst von einer bestimmten Dramaturgie der Präsentation seiner zentralen Argumente – noch einmal zur Sprache bringt, fasst er den Gedanken in der gleichen Reihenfolge. Auch hier rekurriert er zunächst auf die Auskunft des transzendentalen Idealismus („Ob nun gleich hieraus eine Dialektik der Vernunft entspringt [...]", 455.28 ff.) und dann erst auf ein Vermögen, das *rechtfertigt*, dass der kategorische Imperativ keine bloße Idee, kein reines Gedankending ist (‚Der Rechtsanspruch aber selbst der gemeinen Menschenvernunft auf Freiheit des Willens [...]'). Der Rekurs auf die Ergebnisse der dritten Antinomie, d. h. die legitime Möglichkeit des Menschen, sich zugleich von zwei Standpunkten aus zu begreifen, ist ein Teilschritt der Rechtfertigung des Sittenge-

---

217 Das hier angesprochene moralische Bewusstsein der gemeinen Menschenvernunft, das phänomenologisch ein Tatbestand ist, darf perspektivisch nicht verwechselt werden mit demjenigen Bewusstsein sittlicher Faktizität, auf das Kant in 452.7 ff. und 457.4 ff. rekurriert. Auch der gemeine Mensch hat immer schon eine Art Bewusstsein der Geltung des Sittengesetzes, d. h., er begreift sich der Idee nach als frei. Es muss aber gezeigt werden, dass sich dieses Bewusstsein transzendentalphilosophisch begründen lässt, dass es keine bloße Setzung, keine bloße Idee ist, sondern in einer bestimmten Verfasstheit vernünftiger Subjektivität, einer Tat der Vernunft, begründet ist.

setzes. Denn ohne diese Möglichkeit wäre sittliche Faktizität, ein unmittelbares Bewusstsein der Geltung des Sittengesetzes – und damit auch der Freiheit –, von vornherein womöglich ein bloßes Gedankending. Mit dem Satz ‚Der Rechtsanspruch *aber* selbst der gemeinen Menschenvernunft auf Freiheit des Willens [...]' (Hervorh. H. P.) grenzt Kant auch in Sektion 5 diesen eigentlichen *Begründungsschritt* von der Auskunft des transzendentalen Idealismus als *methodischer Präliminare* ab (vgl. Puls 2011, S. 550 f.). Der Rekurs auf die dritte Antinomie ist ein wichtiger Teilschritt, aber er begründet nicht – zumindest nicht in dem Sinne, der Kant hier vorschwebt – den ‚Rechtsanspruch [...] der gemeinen Menschenvernunft auf Freiheit des Willens'. Dieser Rechtsanspruch kann allein in der ‚Unabhängigkeit der Vernunft von bloß subjektiv bestimmenden Ursachen' gegründet sein. Das ‚aber' in 457.4 f. ist nicht nur von großer Bedeutung für den Zusammenhang zwischen dem Beginn der Sektion 5 und 457.4 – 27, sondern auch ein starkes Indiz dafür, dass wir in den wenigen Sätzen in 457.4 – 27 eine Art Reformulierung einer von Kants Deduktionen in *GMS* III sehen müssen. Ein noch stärkeres Argument für die Stichhaltigkeit dieser These ist Kants Hinweis auf einen *Rechtsanspruch* des Subjekts auf Freiheit des Willens. Unabhängig davon, wie man den Aufschlusswert von Henrichs Ansatz (vgl. Henrich 1973, 1975), Kant habe die Begriffe seiner transzendentalen Deduktion der juristischen Terminologie seiner Zeit entnommen, für die Deduktion der *GMS* einschätzt[218], so ist es doch auffällig, dass sich Kant in der *GMS* einiger Begriffe bedient, die tatsächlich eine solche Entlehnung der Terminologien – in welchem systematisch anspruchsvollen Sinne auch immer – nahelegen.[219] In der berühmten Stelle der *KrV* (A 84/B 116 f.), die Grundlage für Henrichs These ist, schreibt Kant:

> Die Rechtslehrer, wenn sie von Befugnissen und Anmaßungen reden, unterscheiden in einem Rechtshandel die Frage über das, was Rechtens ist (*quid iuris*), von der, die die Thatsache angeht (*quid facti*); und indem sie von beiden Beweis fordern, so nennen sie den erstern, der die Befugniß oder auch den Rechtsanspruch darthun soll, die Deduction.

---

218 Diese schwierige und komplexe Frage kann ich hier nicht erörtern und will auch auf die Arbeiten Henrichs zur Deduktionsfrage nicht näher eingehen. In der Regel wird in der Literatur geradezu emphatisch auf Henrich verwiesen (um dies nachzuvollziehen, genügt ein Blick auf die Literatur zur Deduktionsproblematik), wenn es um die Erläuterung der Deduktionsproblematik bei Kant geht. Einer der wenigen Interpreten, die Henrichs Interpretation ablehnen, ist Schönecker (1999, S. 128 – 130 u. S. 143 – 145). Kritisch auch Grunewald (1988, S. 131, FN 73), auf den Schönecker in seiner Interpretation verweist.

219 Als Beispiel für eine solche Terminologie vgl. z. B. das ‚bonum vacans', eben den Begriff der Deduktion oder den des Rechtsanspruches.

Auch in der *GMS* spricht Kant an insgesamt drei Stellen von einer Deduktion[220]. Dabei lässt der Kontext in allen drei Fällen jeweils deutlich werden, dass es darum geht, die *Rechtmäßigkeit* einer Annahme darzulegen[221]: entweder die Legitimität des Begriffs der Freiheit oder des Sittengesetzes als obersten Prinzips der Moralität. Eine Deduktion stellt eine *Rechtfertigung* dar.

Es erscheint plausibel, in 457.4 eine von Kants Deduktionen noch einmal zusammenfassend formuliert zu sehen – und zwar in dem Begriff eines hier für legitim befundenen Rechtsanspruchs.[222] Kant spricht an dieser Stelle explizit davon, dass der Rechtsanspruch der menschlichen Vernunft sich auf die Freiheit von bloß subjektiv bestimmenden Ursachen gründet. Offenbar beschreibt er damit noch einmal, was ich in der vorliegenden Arbeit als eine *Deduktion des kategorischen Imperativs* der Sache nach bezeichnet habe, die aber von der Schöneckerschen Auffassung dieses Begriffs unterschieden werden muss.[223]

Jedenfalls spricht Kant die mögliche Legitimation für einen bestimmten Anspruch menschlicher Vernunft hier zum ersten Mal innerhalb der Sektion 5 an. Wie wir gesehen haben, versteht Kant die Theorie der zwei Standpunkte nicht als eine hinreichende Legitimation dieses Rechtsanspruchs. Diese Theorie stellt lediglich eine notwendige Bedingung dafür dar, ein moralisches Bewusstsein des Menschen überhaupt als real denken zu können. Ohne die Ergebnisse der Auflösung der dritten Antinomie wäre der kategorische Imperativ nicht nur der Gefahr ausge-

---

220 Kant spricht von einer „Deduction des Begriffs der Freiheit aus der reinen praktischen Vernunft" (447.22 f.) sowie davon, dass der ‚gemeine Menschenverstand' die Richtigkeit seiner als ‚Deduktion' (vgl. 454.20 f.) bezeichneten Rechtfertigung der Idee eines reinen Willens in Sektion 4 bestätige und schließlich in der Schlussanmerkung der *GMS* davon, dass die Unbegreiflichkeit der Freiheit keinen „Tadel für unsere Deduction des obersten Princips der Moralität" darstelle (463.21 f.).

221 Die Frage, was genau Kant unter einer Deduktion versteht, soll an dieser Stelle wie gesagt ausgeklammert werden.

222 Wie eng Kants Anlehnung an eine zeitgenössische juristische Terminologie tatsächlich ist und welchen Aufschlusswert dies für die Stärke des Beweisanspruches von Kants Deduktionen der Freiheit in *GMS* III hat, soll wie gesagt dahingestellt sein. Als Minimalbefund ist aber unleugbar, dass Kant hier offenbar mit dem Begriff ‚Deduktion' die Darlegung eines Rechtsanspruchs im Sinn hat, denn er reformuliert eine der Deduktionen und damit einen Aspekt der Deduktion einer *Möglichkeit des kategorischen Imperativs* durch den Terminus des ‚Rechtsanspruchs' (457.4).

223 Vgl. S. 170. Schönecker versteht unter der ‚Deduktion des kategorischen Imperativs' eine Ableitung der Freiheit zu handeln aus der Freiheit zu denken und des Weiteren die Behauptung, dass die Gesetze der Verstandeswelt den Gesetzen der Sinnenwelt ontologisch übergeordnet sind, sodass der unter dem Gesetz stehende Wille dadurch *soll*, was er kann. Dagegen nehme ich in dieser Interpretation an, dass Kant eine solche Argumentation überhaupt nicht vertritt, sondern bereits in *GMS* III mit dem Faktum der Vernunft argumentiert. Dieses Faktum kann aber der Sache nach im Sinne des Deduktionsbegriffs der *KpV* (vgl. 05:30) auch in *GMS* III als eine ‚Deduktion des kategorischen Imperativs' bezeichnet werden.

setzt, ein bloßes Hirngespinst zu sein, d.h. nur ein *Gedankending*, sondern ein Handeln aus Freiheit in Form eines selbstgegebenen Gesetzes wäre von vornherein nur als ein *Unding*[224] zu betrachten – und damit zwangsläufig als eine Illusion. Von dieser methodisch notwendigen Voraussetzung muss aber die eigentliche, hinreichende Begründung der Legitimität, sich selbst einen freien Willen zuzuschreiben, abgegrenzt werden.[225]

Relativ unproblematisch ist Kants Hinweis, dass sich der Rechtsanspruch *selbst* der gemeinen Menschenvernunft auf Freiheit des Willens auf die noch zu

---

224 Ein ‚Gedankending', d.h. ein ‚Hirngespinst', wird von Kant noch von einem ‚Unding' unterschieden (vgl. Ludwig 2012, S. 164). Ein Hirngespinst bezeichnet etwas, das bloß vorgestellt wird, ohne wirklich zu existieren, während ein Unding ein nicht möglicher, *undenkbarer* Gegenstand ist. Zum Begriff des Hirngespinstes als Gedankending vgl. z. B. 03:368.33 f. Zum Begriff des Undings vgl. z. B. 18:336.2 – 9.

225 Selbst die auf den ersten Blick eindeutige Formulierung „Der Rechtsanspruch aber selbst der gemeinen Menschenvernunft auf Freiheit des Willens gründet sich auf das Bewußtsein und die zugestandene Voraussetzung der Unabhängigkeit der Vernunft von bloß subjectiv bestimmenden Ursachen, die insgesammt das ausmachen, was bloß zur Empfindung, mithin unter die allgemeine Benennung der Sinnlichkeit gehört" (457.4 – 8) ist streng genommen zweideutig, denn man könnte ‚gründet' auch nur im Sinne von ‚bezieht sich auf' oder ‚beruht auf' lesen. Wenn man sagt, dass eine Person auf etwas einen Rechtsanspruch erhebt und sich dieser Anspruch auf etwas gründet, dann kann man ‚gründet' auch so lesen, dass damit nur der Bezug auf einen bestimmten vorgebrachten Grund bezeichnet wird, aber noch nichts über die tatsächliche *Aussagekraft* dieses Grundes feststeht: Der Anspruch von X, ein großer Philosoph zu sein, kann sich darauf gründen, dass X in den Sommerferien Platon gelesen hat. Die Erhebung des Geltungsanspruchs, so könnte man in einer bestimmten alltagssprachlichen Perspektive sagen, ‚gründet' sich auf etwas, nämlich die Platonlektüre des X. Objektiv würde man natürlich sagen, dass sich die Eigeneinschätzung von X zwar auf diesen Umstand gründet, dass diese Einschätzung aber nicht objektiv begründet ist. Ähnlich könnte man auch Kants Aussage, dass der Rechtsanspruch der Vernunft auf Willensfreiheit auf der Unabhängigkeit von bloß subjektiv bestimmenden Ursachen beruht, so auffassen, als sei damit ein Grund im Selbstverständnis der gemeinen Menschenvernunft bezeichnet, sich als willensfrei zu begreifen, jedoch kein Grund dafür, dass dieser Anspruch zu Recht, d. h. wirklich, besteht. Auch durch die Verwendung des Begriffs ‚Rechtsanspruch' ist streng genommen noch nichts über die Legitimität seines Inhalts gesagt. Ein Rechtsanspruch kann natürlich auch zu Unrecht erhoben werden. Durch den gesamten Kontext der Argumentation wird aber die erste Lesart plausibler, denn Kant will an dieser Stelle auf einen tatsächlich bestehenden Grund hinaus, d. h. eine Legitimation des Subjekts, sich als frei zu begreifen. Wenn zudem die vorgeschlagene Interpretation zutrifft, dass Kant an dieser Stelle wirklich Argumentationsschritte der Sektion 3 noch einmal resümierend betrachtet, dann wäre die diskutierte Stelle eine Parallelstelle zu 452.7 und/oder 454.20. In beiden Passagen geht es nicht darum, dass sich das Subjekt aufgrund eines bestimmten Vermögens als frei begreift und dass dieses Selbstverständnis eine rein strukturelle Beschreibung wäre, sondern es geht um einen tatsächlichen Begründungszusammenhang. Der Mensch findet in sich *wirklich* ein bestimmtes Vermögen und auch der ärgste ‚Bösewicht' (454.21) verfügt über dieses moralische Bewusstsein.

erläuternde ,Unabhängigkeit von bloß subjektiv bestimmenden Ursachen' gründe. Der Begriff der ,gemeinen Menschenvernunft' findet sich neben der *GMS*[226] in nahezu allen Werken Kants[227]. Kant benutzt ihn nicht in einem pejorativen Sinne, d. h., die gemeine Menschenvernunft und das in ihr enthaltene Wissen sind nicht – gegenüber den begrifflich und methodisch elaborierten Theorien der Philosophie – nur eine Vernunft des Amateurs. Vielmehr geht Kant davon aus, dass die gemeine Menschenvernunft in moralischer Hinsicht ein basales Grundwissen enthält, das in der Sache mit den Inhalten und Begründungen der Moralphilosophie zur Deckung gebracht werden kann.[228] Die Begründung des Rechtsanspruchs, den Kant in 457.4 geltend macht, liegt nicht in etwas, das nur diskursiv zu rechtfertigen wäre. Der Transzendentalphilosoph führt als Begründung des Rechtsanspruchs etwas an, das sich in der Vernunft jedes Handlungssubjekts immer schon findet.

Von großer Schwierigkeit ist die Interpretation dessen, was Kant als Grund (,gründet sich', 457.5) für die Legitimation des Rechtsanspruchs der Vernunft auf Freiheit des Willes anführt. Dieser Rechtsanspruch soll sich gründen auf ,das Bewusstsein und die zugestandene Voraussetzung der Unabhängigkeit der Vernunft von bloß subjektiv bestimmenden Ursachen, die insgesamt das ausmachen, was bloß zur Empfindung, mithin unter die allgemeine Benennung der Sinnlichkeit gehört'. Wir wollen uns zunächst auf das ,Bewusstsein [...] der Unabhängigkeit der Vernunft von bloß subjektiv bestimmenden Ursachen' konzentrieren und die Verkomplizierung durch die hier ebenfalls angeführte ,zugestandene Voraussetzung' und den Relativsatz (,die insgesamt das ausmachen, was bloß zur Empfindung, mithin unter die allgemeine Benennung der Sinnlichkeit gehört') hier noch ausklammern.

Wenn man annimmt, dass Kant in 457.4 tatsächlich eine Art Reformulierung desjenigen Grundes anführt, der den möglichen Zirkelverdacht in Sektion 3 ausräumt[229], dann ist die Deutung der an dieser Stelle genannten Unabhängigkeit der Vernunft von bloß subjektiv bestimmenden Ursachen auch von großer Bedeutung für die Auflösung des Zirkelverdachts in der dritten Sektion. Die Beantwortung der Frage, was Kant mit der Unabhängigkeit von bloß subjektiv be-

---

226 Kant benutzt diesen Begriff – bzw. den synonymen der ,gemeinsten Menschenvernunft' – an insgesamt sieben Stellen (402.13 f., 405.20, 403.34, 411.10, 454.20, 456.2 und 457.4).

227 Vgl. z. B. 03:319, 415.24, 04:479, 05:36, 155.

228 Zum Begriff der ,gemeinen sittlichen Vernunfterkenntnis' vgl. Schönecker/Wood (2011, S. 18).

229 „Nun findet der Mensch in sich wirklich ein Vermögen [...]", 452.7 ff., „Nun ist der Verdacht, den wir oben rege machten, gehoben [...]", 453.3 ff.

stimmenden Ursachen bzw. Gründen[230] bezeichnet, ist schwierig, weil sein Gebrauch dieser Wendung nicht eindeutig ist. Schönecker (1999, S. 282) verweist in diesem Zusammenhang auf die Schulz-Rezension, in der Kant in Auseinandersetzung mit Schulzens Determinismus schreibt:

> Er hat aber im Grunde seiner Seele, obgleich er es sich selbst nicht gestehen wollte, voraus gesetzt: daß der Verstand nach objectiven Gründen, die jederzeit gültig sind, sein Urtheil zu bestimmen das Vermögen habe und nicht unter dem Mechanism der blos subjectiv bestimmenden Ursachen, die sich in der Folge ändern können, stehe [...] (08:14.7–12).

Subjektiv bestimmende Ursachen bestünden dieser Stelle und Schöneckers Interpretation zufolge in *GMS* III in einem Bewusstsein der Spontaneität des Denkens, d. h. einer Leistung der theoretischen Vernunft. Die Freiheit – und damit die Geltung des kategorischen Imperativs – würde dann „bewiesen, indem zunächst allein das unmittelbare Bewußtsein der ‚reinen Tätigkeit' unserer selbst als spontaner und damit intelligibler Wesen zum Ausgangspunkt genommen wird" (Schönecker 1999, S. 282)[231]. Die Freiheit der Vernunft von bloß subjektiv bestimmenden Ursachen in 457.6 f. wäre damit dieselbe wie in der Schulz-Rezension. Kant würde entsprechend an dieser Stelle der *GMS* resümierend festhalten, dass der Rechtsanspruch der gemeinen Menschenvernunft auf Freiheit des Willens sich auf das Bewusstsein einer Vernunftleistung in theoretischer Hinsicht gründete. Das Bewusstsein dieser Unabhängigkeit, das Kant in 457.6 f. anführt, interpretiert Schönecker im Rekurs auf das von Kant in Sektion 2 erwähnte Bewusstsein der Vernunft, „in Ansehung ihrer Urteile anderwärts eine Lenkung [zu] empf[angen]" (448.14 f.), d. h. im Hinblick auf Kants Gedanken, dass sich die Vernunft selbst folgerichtig nicht anders als so vorstellen kann, dass ihr Denken und Urteilen ein freier Akt ist. Ein Überblick über Kants Gebrauch der Wendung ‚Unabhängigkeit von bloß subjektiv bestimmenden Ursachen' kann in diesem Zusammenhang hilfreich sein.

Kant erwähnt diese Unabhängigkeit in der *GMS* an mehreren Stellen. Im Zuge der Exposition einer allgemeinen, von Neigungen unabhängigen Handlungsregel und objektiven Gründen der Vernunft spricht er in 413 von „subjectiven Ursachen" (413.19 und 22, vgl. auch 425.29) – als Gegensatz zu der Freiheit, die eigene Kausalität durch objektive Prinzipien der Vernunft zu bestimmen. In 446.9 nimmt er

---

230 Kant verwendet die Begriffe ‚Gründe' und ‚Ursachen' teilweise synonym. Vgl. dazu Schönecker (2005, S. 67).

231 Schöneckers gesamte Interpretation der Deduktion des kategorischen Imperativs baut auf diesem Gedanken auf, d. h. auf der Vorstellung, Kant leite aus dem Bewusstsein der Freiheit unserer selbst im Denken und Urteilen, also der Apperzeption, die Legitimität der Handlungsfreiheit ab. Weil wir im Denken freie Wesen seien, müssten wir uns auch im Handeln als frei begreifen.

diesen Gedanken wieder auf und definiert den Willen als „eine Art Causalität lebender Wesen, sofern sie vernünftig sind". „Freiheit", so fährt Kant fort, würde in diesem Zusammenhang „diejenige Eigenschaft dieser Causalität sein, da sie unabhängig von fremden sie bestimmenden Ursachen wirkend sein kann" (446.8–10). Ein Wille, der unabhängig von subjektiven oder ihn bestimmenden fremden Ursachen ist, ist ein freier Wille. In 452.34 schreibt Kant: „Unabhängigkeit von den bestimmenden Ursachen der Sinnenwelt [...] ist Freiheit". Und in 455.2f. heißt es, dass „die Idee der Freiheit, d. i. Unabhängigkeit von bestimmenden Ursachen der Sinnenwelt", den Menschen nötige, sich in eine Verstandeswelt zu versetzen, in der er sich „eines guten Willens bewußt" sei (455.4). In 457.4–7, der Textstelle also, die hier zur Diskussion steht, stellt Kant schließlich fest: ‚Der Rechtsanspruch aber selbst der gemeinen Menschenvernunft auf Freiheit des Willens gründet sich auf das Bewusstsein und die zugestandene Voraussetzung der Unabhängigkeit der Vernunft von bloß subjektiv bestimmenden Ursachen [...]'. Schönecker argumentiert, dass Kant hier bei der ‚Freiheit von bloß subjektiv bestimmenden Ursachen' unmöglich die in der *GMS* vielfach wiederholte Bedeutung dieser Wendung (Freiheit des Willens von Neigungen und anderen Antrieben) im Sinn gehabt haben könnte. Ein Rechtsanspruch auf die Willensfreiheit könne sich nicht auf ein *Bewusstsein* der Freiheit des Willens gründen (vgl. Schönecker 1999, S. 280f.).[232] Die Frage, ob diese Vermutung stichhaltig ist und ob sie nicht möglicherweise auf einem Missverständnis der kantischen Begründungsabsicht in *GMS* III beruht, soll vorerst noch unberücksichtigt bleiben. Problematisch an Schöneckers Interpretation ist grundsätzlich zunächst der Umstand, dass er eine anhand mehrerer Parallelstellen im selben Text gut belegbare Bedeutung eines bestimmten Ausdrucks – eben die ‚Unabhängigkeit von bloß subjektiv bestimmenden Ursachen' – in einer Passage in Zweifel zieht. Wenn man der Ansicht ist, diesem Ausdruck an einer einzelnen Stelle (in 457.4–8) eine ganz andere Bedeutung zuschreiben zu können als an den anderen Stellen, an denen dieser Begriff auftritt, dann bedürfte dies starker Argumente. Vor allem dann, wenn dieser Wechsel im Bedeutungsgehalt einer bestimmten Terminologie an einer besonders wichtigen Stelle – und bei dem Resümee der Sektion 5 handelt es sich um eine solch zentrale Passage – lokalisiert wird. Man müsste erklären, warum Kant unter der Unabhängigkeit von bloß subjektiv bestimmenden Ursachen in 457.4–8 unvermittelt etwas anderes

232 Von einem tatsächlichen „Gründungsverhältnis", d. h. einem „begründeten Rechtsanspruch, könnte dann wahrlich nicht die Rede sein. Denn es soll doch gerade dieses Recht, seinen Willen frei zu nennen, begründet werden. Mit dem bloßen Hinweis auf ein vermeintliches Bewusstsein von der Freiheit des Willens ist es nicht getan. Vielleicht haben Menschen dieses Bewusstsein oder glauben es zu haben. Aber die Frage ist, ob sie es zu Recht haben und worauf es sich ‚gründet'" (Schönecker 1999, S. 281).

verstehen sollte als in allen anderen Abschnitten der *GMS*, in denen diese Wendung ebenfalls auftaucht. Schöneckers erstes Argument besteht in dem Hinweis, dass sich der Rechtsanspruch auf Freiheit des Willens niemals auf das Bewusstsein der Freiheit des Willens gründen könnte. In diesem Sinne könnte man dann sagen, dass es in den zitierten Passagen der *GMS*, in denen diese Unabhängigkeit Thema ist, nicht um die Bestimmung eines Begründungsverhältnisses ginge. Die Formulierung einer Unabhängigkeit von bloß subjektiv bestimmenden Ursachen als Charakterisierung von Willensfreiheit wäre damit die eine Sache, die *Begründung des Anspruchs* auf diese Freiheit eine andere. Im Sinne der Interpretation Schöneckers müsste man dann annehmen, dass die Unabhängigkeit des Willens von bloß subjektiv bestimmenden Ursachen sich auf die Unabhängigkeit des Verstandes von bloß subjektiv bestimmenden Ursachen gründete. Kant würde dem Leser der *GMS* in Sektion 5 damit Folgendes zumuten: Der Rezipient müsste nicht nur den nicht thematisierten Wechsel im Bedeutungsgehalt einer bestimmten Terminologie zur Kenntnis nehmen, sondern er müsste auch wissen, dass Kant unter der Unabhängigkeit von bloß subjektiv bestimmenden Ursachen genau an dieser Stelle das verstünde, was er in einer Rezension (keinem eigenen Hauptwerk der Vernunftkritik!) bzw. in einer zur Zeit Kants noch nicht veröffentlichten Reflexion[233] unter dieser Unabhängigkeit versteht.[234] Noch fragwür-

233 Vgl. Reflexion 5413. Zu den Parallelstellen dieser Reflexion vgl. Willaschek (2010, S. 174), der auch schon auf 04:344 f. hinweist, ohne diese Passage aber im Hinblick auf *GMS* III auszuwerten.

234 Auch Schöneckers Interpretation der ‚zugestandenen Voraussetzung der Unabhängigkeit der Vernunft von bloß subjectiv bestimmenden Ursachen' (457.5 – 7) ist nicht zwingend. Schönecker interpretiert das Bewusstsein der Unabhängigkeit der Vernunft von bloß subjektiv bestimmenden Ursachen als ein Bewusstsein der Vernunft, im Denken und Handeln frei zu sein, und begreift daher auch die angeführte ‚zugestandene Voraussetzung' in diesem Sinne. Diese Voraussetzung sei die in Sektion 2 und auch in der Schulz-Rezension gedachte Freiheit des Denkens *als Voraussetzung* der Freiheit des Handelns (vgl. Schönecker 1999, S. 281). Die in 457.4 – 6 thematisierte Bedingung wäre damit die *um* einer Begründung der praktischen Freiheit willen *angenommene* Freiheit des Verstandes. Die Wendung ‚Bewusstsein und zugestandene Voraussetzung' wären dann eine sachliche Einheit in dem Sinne, dass dieses Bewusstsein der Freiheit des Denkens an anderer Stelle im Sinne einer dort gemachten Voraussetzung bereits bloß gedacht worden wäre. Der Rechtsanspruch würde sich damit auf ein Bewusstsein der Freiheit des Denkens stützen – und gleichzeitig auf die in einem anderen Kontext vorgenommene Annahme dieser Freiheit.

Man kann die Stelle aber auch ganz anders auffassen – und diese Lesart ist vielleicht sogar plausibler: Kant verwendet den Terminus ‚Voraussetzung' in der *GMS* sehr prägnant (455.16, 459.10, 461.8), weil er damit immer dasselbe bezeichnet, nämlich die *Annahme* der Möglichkeit der Willensfreiheit. Diese Annahme ist in dem Sinne durch die Ergebnisse der Auflösung der dritten Antinomie begründet und als legitimiert *zugestanden*, dass wir eine solche Idee zumindest denken können – unabhängig davon, ob es diese Freiheit *tatsächlich* gibt. Der Rechtsanspruch des Menschen auf Freiheit des Willens, so könnte man anhand dieses Befundes formulieren, gründet sich auf zwei Argumente. Zum einen auf das in praktischer Perspektive relevante Bewusstsein diger wird Schöneckers Interpretation der ‚Unabhängigkeit' in 457.6 f. durch die Tatsache, dass Kant den Begriff der Unabhängigkeit von bloß subjektiv bestimmenden Ursachen an prominenter Stelle – in der bereits zitierten und interpretierten Passage aus den *Prolegomena*[235] – so verwendet wie an allen anderen Stellen der *GMS*, nämlich als eine Kennzeichnung der Freiheit des Willens. Darüber hinaus handelt es sich bei diesem Abschnitt ganz offensichtlich – auch was den gesamten Argumentationskontext angeht (vgl. S. 139 ff.) – um eine Parallelstelle zu zentralen Gedanken aus *GMS* III und zu den von Schönecker als Parallelstellen zu *GMS* III bewerteten Passagen aus der *KrV* (A 543 – 548/B 579 – 585)[236]:

> Wir haben in uns ein Vermögen, welches nicht blos mit seinen *subjectiv bestimmenden Gründen*, welche die Natururssachen seiner Handlungen sind, in Verknüpfung steht und so fern das Vermögen eines Wesens ist, das selbst zu den Erscheinungen gehört, sondern auch auf objective Gründe, die blos *Ideen* sind, bezogen wird, so fern sie dieses Vermögen bestimmen können, welche Verknüpfung durch Sollen ausgedrückt wird. *Dieses Vermögen heißt Vernunft*; und so fern wir ein Wesen (den Menschen) lediglich nach dieser objectiv bestimmbaren Vernunft betrachten, kann es nicht als ein Sinnenwesen betrachtet werden, sondern die gedachte Eigenschaft ist die Eigenschaft eines Dinges an sich selbst, deren Möglichkeit, wie nämlich das Sollen, was doch noch nie geschehen ist, die *Thätigkeit* desselben bestimme und Ursache von Handlungen sein könne, deren Wirkung Erscheinung in der Sinnenwelt ist, *wir gar nicht begreifen können.* Indessen würde doch die Causalität der Vernunft in Ansehung der Wirkungen in der Sinnenwelt Freiheit sein, so fern objective Gründe, *die selbst Ideen sind*, in Ansehung ihrer *als bestimmend* angesehen werden. Denn

---

einer Unabhängigkeit von Antrieben und Neigungen, zum anderen auf die durch die Ergebnisse der dritten Antinomie legitimierte prinzipielle Möglichkeit, überhaupt so etwas wie die Idee der Freiheit denken zu dürfen. Das Bewusstsein dieser Freiheit wäre nicht einmal als Indiz für die Rechtmäßigkeit dieses Befundes zu werten, wenn die an anderer Stelle bereits als legitim zugestandene Idee der Freiheit nicht widerspruchsfrei als mit einer Naturkausalität vereinbar gedacht werden könnte: Es bestände dann auch keine Möglichkeit, dieses Bewusstsein zumindest als möglich zu denken, sondern man müsste es von vornherein als eine bloße Illusion klassifizieren. Durch die prinzipielle Denkmöglichkeit der Freiheit kann aber auch das Bewusstsein der Freiheit zumindest als möglich gedacht werden.

235 Schönecker erwähnt diese Stelle zwar, aber nicht in ihrer Funktion als mögliche Parallelstelle zu Abschnitten aus *GMS* III, sondern nur im Hinblick auf Kants Begriff des transzendentalen Subjekts (vgl. Schönecker 1999, S. 152).

236 Schönecker wertet nicht nur die Schulz-Rezension, sondern auch A 542 – 557/B 570 – 585 als eine Parallelstelle zu *GMS* III. Ebenso wie die Schulz-Rezension seien auch die Abschnitte aus der *KrV* als Hinweis darauf zu lesen, dass Kant in *GMS* grob gesprochen eine Ableitung der Willensfreiheit aus der Freiheit der theoretischen Vernunft versucht habe. 04:343 – 345 deutet jedoch darauf hin, dass auch diese Abschnitte aus der *KrV* eher als Rekurs auf die Vernunft als ein praktisches Vermögen gelesen werden müssen. Kant fasst seinen Gedanken in den *Prolegomena* terminologisch wesentlich eindeutiger als in der *KrV* (vgl. Puls 2011, S. 552 – 556).

> ihre Handlung hinge alsdann *nicht an subjectiven*, mithin auch keinen Zeitbedingungen und also auch nicht vom Naturgesetze ab, das diese zu bestimmen dient, weil Gründe der Vernunft allgemein, aus Principien, ohne Einfluß der Umstände der Zeit oder des Orts Handlungen die Regel geben. [...] Hiedurch wird also die *praktische Freiheit*, nämlich diejenige, in welcher die Vernunft nach *objectiv*=bestimmenden Gründen Causalität hat, *gerettet*, ohne daß der Naturnothwendigkeit in Ansehung eben derselben Wirkungen als Erscheinungen der mindeste Eintrag geschieht (04:344.22f. – 345.1–19 u. 346.14–17, Hervorh. H. P.).

Die Parallelität dieser Passage zu zentralen Gedanken von *GMS* III (und auch zu A 543–548/B 579–585)[237] kann, wie andernorts in dieser Arbeit deutlich wurde, nicht geleugnet werden. Auch in den *Prolegomena* hebt Kant hervor, dass der Mensch ein Vermögen in sich vorfindet bzw. in sich hat (vgl. 452.7), das nicht auf *subjektiv bestimmenden Gründen* (vgl. 457.6 f.) beruht, und dieses Vermögen ist die *Vernunft* (vgl. 452.9 u. 457.6).[238] Im Hinblick auf dieses von Kant in den *Prolegomena* als praktische Vernunft aufgefassten Vermögens, das ein moralisches Sollen impliziert, welches nicht als eine empirische Eigenschaft unserer selbst begriffen werden darf, kann der Mensch nicht als Sinnenwesen betrachtet werden, sondern nur als *Ding an sich.* Diese praktische Vernunft als Vernunfttätigkeit des Menschen ist die Ursache moralischer Handlungen in der empirischen Welt. In den *moralischen Ideen* hat man die *Gründe* zu sehen, die diese Handlungen in der Differenz zu den *bloß subjektiv bestimmenden Ursachen* (457.6 f.) *objektiv* bestimmen. Das praktische Freiheitsverständnis bedarf der Vorstellung, dass der Mensch sich als Erscheinung und als Ding an sich betrachten kann. Damit wird es vor den moralreduktionistischen Geltungsansprüchen des Deterministen *gerettet* (vgl. 457.1 f. u. 458.23–25). Der Mensch hat ein Vermögen in sich, welches nicht durch die *bloß subjektiv bestimmenden Gründe und Ursachen*, also die Neigungen, Begierden und Antriebe, bestimmt ist. Dieses Vermögen besteht hier wie dort im Vermögen der (praktischen) Vernunft. Sie wird objektiv durch Ideen der praktischen Vernunft, d. h. durch das Sittengesetz, bestimmt. Der Mensch kann sich dadurch als ein von der Sinnenwelt unabhängiges Wesen begreifen; er wird sich in praktischer Rücksicht seiner Eigenschaft als Ding an sich selbst bewusst. Dadurch kann dieses subjektiv und praktisch immer schon unproblematisch vorausgesetzte Selbstverständnis auch gegen deterministische Einwände verteidigt werden.

---

237 Auf die mögliche Entsprechung der *GMS* III und der *KrV* verweise ich im Folgenden nur kurz, ohne näher auf die Analyse der *KrV* einzugehen. Vgl. dazu im Detail Puls (2011, S. 552–556).
238 Wie in der entsprechenden Passage aus der *GMS* spricht Kant auch in den *Prolegomena* zunächst von der Vernunft in allgemeiner Perspektive („*Dieses Vermögen heißt Vernunft*"), um diese kurz danach als eine genuin praktische Vernunft zu spezifizieren.

Es spricht viel für die These, dass Kant ein Bewusstsein der Freiheit des Willens im Sinn hat, wenn er in 457.4–7 den Rechtsanspruch der Vernunft auf Freiheit des Willens im Bewusstsein der Unabhängigkeit von bloß subjektiv bestimmenden Ursachen begründet sieht.[239] Nicht nur gebraucht Kant die Wendung ‚Unabhängigkeit von bloß subjektiv bestimmenden Ursachen' in der *GMS* in eindeutiger Weise – nämlich als Willensfreiheit –, sondern auch der Abschnitt aus den *Prolegomena*, den man nur schwer *nicht* als Parallelstelle zu zentralen Abschnitten von *GMS* III bewerten kann, enthält diese Formulierung in eindeutiger Verwendung. Die These, dass ein Rechtsanspruch auf Willensfreiheit nicht auf einem *Bewusstsein* der Willensfreiheit aufbauen kann (vgl. Schönecker 1999, S. 280 f.), weil dadurch gar kein Gründungsverhältnis gegeben wäre, ist nur dann stichhaltig, wenn man als *Begründung* nur einen strengen Beweis gelten lässt – und nicht praktisch relevante Gründe, die den erhobenen Anspruch in dieser Hinsicht als gerechtfertigt erscheinen lassen.

Bei der Formulierung des Zirkelverdachts in der Herleitung von Freiheit und Moralität skizziert Kant eine mögliche Gefahr für den Rechtsanspruch des Menschen auf Freiheit des Willens und die damit verbundene Autonomie. Sie besteht in der Möglichkeit, dass es sich bei diesem Selbstverständnis lediglich um ein Hirngespinst, d. h. um ein bloßes *Gedankending*, handeln könnte. Es könnte sein, dass wir uns Freiheit und damit Sittlichkeit bloß wegen einer vorausgesetzten Wichtigkeit und der Geltung der Analytizitätsthese zuschreiben:

> Wir haben den bestimmten Begriff der Sittlichkeit auf die Idee der Freiheit zuletzt zurückgeführt, diese aber konnten wir, als etwas *Wirkliches* nicht einmal in uns selbst und in der menschlichen Natur beweisen; wir sahen nur, dass wir sie *voraussetzen* müssen, *wenn* wir uns ein Wesen als *vernünftig* und mit *Bewußtsein seiner Kausalität* in Ansehung der Handlungen, d. i. mit einem Willen begabt uns *denken* wollen [...] (448.25–27–449.1–3, Hervorh. H. P.).

Um es mit Kants Worten aus Sektion 5 zu formulieren: Der Rechtsanspruch auf Freiheit des Willens könnte dadurch in Frage stehen, dass diese Freiheit nur eine begriffliche Annahme ist, die wir voraussetzen, *um* daraus unsere sittliche Verpflichtung zu schließen. Er kann aber dadurch als begründet angesehen werden, dass wir in synthetischer Perspektive einen Grund für diese Annahme angeben können: Wir sind uns in *praktischer Hinsicht* der Freiheit durch den unbedingten Nötigungscharakter, den der kategorische Imperativ ausübt, *wirklich* bewusst. Dabei handelt es sich nicht um einen Freiheitsbeweis in spekulativer Perspektive,

239 Einer der wenigen Interpreten, die diese ‚Unabhängigkeit' als eine Unabhängigkeit in praktischer Perspektive deuten und auch die Bedeutung der Sektion 5 angemessen gewichten, ist Klemme (2012, S. 200).

aber doch um einen Grund, der uns berechtigt, Willensfreiheit in praktischer Rücksicht zu beanspruchen. Ein Rechtsanspruch kann sich in praktischer Hinsicht auf eine solch starke Evidenz stützen, auch wenn damit noch unbestimmt bleibt, wie dieser Geltungsanspruch in einer rein spekulativen Perspektive zu begründen ist. Wenn Kant später, in der *Kritik der praktischen Vernunft*, im Hinblick auf das Faktum der Vernunft von einer Tatsache oder einem unmittelbaren und unleugbaren Wissen spricht (vgl. z. B. 05:32 u. 47), dann besteht dieses Wissen oder dieses Bewusstsein auch nur in praktischer Hinsicht. Eine theoretische Erkenntnis über die Freiheit und die Geltung des Sittengesetzes ist unmöglich. Auch dieses ‚Wissen' bedarf weiterhin der Legitimation durch die Ergebnisse der Auflösung der dritten Antinomie. Allein wenn man Kant in der *GMS* den Anspruch auf ein auch erkenntnistheoretisch strenges Beweisverfahren unterstellt, erscheint es unplausibel, dass er den Anspruch auf Willensfreiheit auf das Bewusstsein der Unabhängigkeit von bloß subjektiv bestimmenden Ursachen zurückführt. Der Wille kann in praktischer Weise zu Recht als frei betrachtet werden, weil der Anspruch des kategorischen Imperativs das Subjekt „unmittelbar" angeht und das, wozu die „Neigungen und Antriebe [...] anreizen, den Gesetzen seines Wollens, als Intelligenz keinen Abbruch thun kann [...]" (457.35–37–458.1). Der Mensch erfährt hierdurch, dass er von den Einflüssen der Neigungen und Antriebe frei ist. Seinen Anspruch, frei zu sein, gründet er auf diese Erfahrung innerhalb seines praktischen Selbstverständnisses.

Von nicht minder großer Schwierigkeit als die Interpretation des ‚Rechtsanspruchs' in 457.4 ist die Auslegung des folgenden Satzes:

> Der Mensch, der sich auf solche Weise als Intelligenz betrachtet, setzt sich dadurch in eine andere Ordnung der Dinge und in ein Verhältniß zu bestimmenden Gründen von ganz anderer Art, wenn er sich als Intelligenz mit einem Willen, folglich mit Causalität, begabt denkt, als wenn er sich wie ein Phänomen in der Sinnenwelt (welches er wirklich auch ist) wahrnimmt und seine Causalität äußerer Bestimmung nach Naturgesetzen unterwirft (457.9–15).

Wenngleich diese Passage in einigen Kommentaren und Interpretationen von *GMS* III, die sich auch auf die fünfte Sektion beziehen, erwähnt wird, dürfte die einzige Analyse und wortwörtliche Interpretation der Stelle wieder von Schönecker stammen (vgl. Schönecker 1999, S. 287–289). Schönecker erblickt in 457.9–15 dieselbe Stoßrichtung wie in 457.4–8. Auch hier müsse Kants Bezugnahme auf die Vernunft des Subjekts als ein Rekurs auf ein im Denken und Urteilen freies Wesen begriffen werden. Schönecker begründet diese Annahme in erster Linie anhand des kantischen Begriffs der Intelligenz, der in der *GMS* so gehäuft auftritt wie in keinem anderen seiner Werke (vgl. Schönecker 1999, S. 276–278). Laut Schönecker versteht Kant unter Intelligenz ein „im Denken und Urteilen freies Wesen" (Schönecker 1999, S. 287). Er stützt diese These durch den Hinweis auf die *KrV* sowie die Vorlesungsnachschriften zur Metaphysik.[240] Mit dem Begriff der Intelligenz bezeichnet Kant Schönecker zufolge in *GMS* III immer das im Denken und Urteilen freie Subjekt. Unabhängig von der Frage, inwieweit und an welcher Stelle diese Bedeutung des Terminus in den Fortgang der kantischen Argumentation passt, muss man sich klarmachen, dass der Begriff ‚Intelligenz' oder auch ‚Verstandeswelt' – anders als es Schöneckers Interpretation nahelegt – für Kant keineswegs immer ein „*im Denken und Urteilen* freies Wesen bezeichnet" (Schönecker 1999, S. 287, Hervorh. H. P.). Vielmehr verwendet Kant diesen Terminus an nahezu allen Stellen zur Bezeichnung des Menschen als eines *moralisch* autonomen Wesens.[241]

Schönecker zufolge muss man sich bei der Interpretation von 457.9 – 15 vor dem Missverständnis hüten, mit der Formulierung ‚Der Mensch, der sich auf solche Weise als Intelligenz betrachtet, setzt sich dadurch in eine ganz andere Ordnung der Dinge [...]' würde der Grund dafür hervorgehoben, dass sich der Mensch in eine andere Ordnung der Dinge und in ein ‚Verhältnis zu bestimmenden Gründen von ganz anderer Art' setze. Dieser Grund liegt für Schönecker nicht in dem Hinweis Kants, dass sich der Mensch auf eine bestimmte Art als Intelligenz betrachtet und sich als Intelligenz mit einem Willen denkt, sondern Kants Satz beschreibe nur, was

240 Diese Passagen sind A 682/B 710, 28:224 u. 29:878/29:912.

241 Ein mögliches Argument gegen den Aufschlusswert des Begriffs ‚Intelligenz' anhand einer Untersuchung seiner Verwendung bei Kant überhaupt könnte in dem Einwand bestehen, dass es allein relevant ist, wie Kant den Begriff in den Schriften *vor* der *GMS* verwendet hat. Wenn Kant später unter Intelligenz ein Wesen versteht, das über praktische Vernunft und damit Autonomie verfügt, dann könnte man darin einen terminologischen Wechsel bzw. eine terminologische Umwandlung sehen, die durch einen Wechsel in der systematischen Position Kants begründet sein könnte. Die Annahme eines starken Positionswandels könnte zu der Feststellung berechtigen, dass es illegitim sei, Kants Gebrauch des Begriffs ‚Intelligenz' in der zweiten *Kritik* zur Bestimmung desselben in der *GMS* heranzuziehen. Unabhängig von der Frage nach der Stichhaltigkeit der These eines solchen terminologischen Umschwungs wäre der Hinweis geltend zu machen, dass Kant schon in der *KrV* (sowie in früheren Schriften und in solchen nach der *KrV*, aber vor der *GMS*) den Begriff der Intelligenz an nur wenigen Stellen zur Bezeichnung eines im Denken und Urteilen freien Wesens benutzt. Kant gebraucht ihn hier vielmehr in einer deutlichen Mehrzahl der Fälle zur Bezeichnung eines höchsten Wesens, d. h. Gottes. Aber selbst in diesem Fall hat der Begriff eine praktische Konnotation, da Kant an diesen Stellen eine mögliche Qualität des Handelns Gottes in den Blick nimmt. Kant verwendet den Terminus ‚Intelligenz' (im engeren, aber auch weiteren Sinne) in Übereinstimmung mit der Interpretation Schöneckers in: 03:123, 126, 450, 486, 23:34; im Sinne eines praktischen Vermögens in: 03:416, 04:363, 05:114, 125, 126, 162, 233, 446, 06:226, 07:107, 09:104, 18:7, 21:420, 471; und im Sinne der Bezeichnung eines höchsten Wesens in: 03:420 f., 425, 443 f., 452 – 454, 455, 458 f., 519, 526, 535, 05:32, 438, 441, 444, 455, 484, 08:137, 139, 154, 09:175, 18:275, 527, 631, 632, 21:134, 140, 152, 196, 344, 518, 22:48, 114, 299. Ähnlich verhält sich die Stellenlage in Bezug auf den Begriff ‚Verstandeswelt'. Auch dieser hat in der Mehrzahl der Textstellen praktische Bedeutung.

„es bedeutet, wenn der Mensch sich auf solche Weise als Intelligenz (mit einem Willen) denkt“ (Schönecker 1999, S. 287). Wenn er sich auf diese Weise denke, d. h. als Intelligenz, dann setze er sich auch in eine andere Ordnung der Dinge. Schöneckers Interpretation kann man am besten durch eine direkte Paraphrase des kantischen Textes zusammenfassen: Der Mensch setzt sich in eine andere Ordnung der Dinge, wenn er sich als Intelligenz, also als ein im Denken und Urteilen freies Wesen, denkt. Wenn er sich als Intelligenz denkt, die zusätzlich mit einem Willen, d. h. mit Kausalität, begabt ist, dann setzt er sich nicht nur in eine Verstandeswelt, sondern auch in ein Verhältnis zu bestimmenden Gründen von ganz anderer Art. Schöneckers Deutung ist im Kontext seines Grundansatzes der Interpretation von *GMS* III – der Mensch erhebt zu Recht Anspruch auf Willensfreiheit, weil er ein Bewusstsein seiner Denk- und Urteilsakte hat – folgerichtig und auf den ersten Blick auch ohne Einbezug seiner übrigen Interpretation gut nachvollziehbar. Den Satz ‚Der Mensch, der sich auf solche Weise als Intelligenz betrachtet, setzt sich dadurch in eine ganz andere Ordnung der Dinge [...]‘ kann man durchaus so lesen wie Schönecker. Wenn die These zutrifft, dass sich der Mensch als willensfrei denken darf, weil er ein Bewusstsein der Unabhängigkeit seiner theoretischen Vernunft von der Sinnlichkeit hat, dann kann man ‚solche Weise‘ als einen Bezug auf diesen Charakter als reine Verstandesintelligenz lesen. Wenn der Mensch sich so denkt, d. h. als im Denken frei, dann ist es nachvollziehbar, was es heißt, dass der Mensch sich als Intelligenz betrachtet und sich darum als Glied einer Verstandeswelt begreift. Er setzt sich durch diese Vorstellung und das Bewusstsein seiner eigenen Intelligenz in eine ‚andere Ordnung der Dinge‘ – eben in die Verstandeswelt und nicht die Sinnenwelt. Den zweiten Teil des Satzes in 457.10 – 12, ‚und in ein Verhältnis zu bestimmenden Gründen von ganz anderer Art, wenn er sich als Intelligenz mit einem Willen, folglich mit Kausalität, begabt denkt [...]‘, deutet Schönecker als eine Differenzierung in zwei mögliche Betrachtungsweisen des Subjekts: Die erneute Erwähnung der ‚Intelligenz‘ in der Formulierung ‚Intelligenz mit einem Willen‘, die in dem mit ‚wenn er sich als‘ beginnenden Konditionalsatz erfolgt, müsse als eine abgrenzende Unterscheidung zur Bestimmung des Subjekts als ‚Intelligenz‘ in 457.9 begriffen werden. Diese Deutung ist auf jeden Fall möglich. Das ‚wenn er sich als Intelligenz mit einem Willen [...] begabt denkt‘ kann man tatsächlich so lesen, dass damit gegenüber der in 457.9 angeführten Intelligenz noch etwas hinzukommt, dass nämlich diese Intelligenz jetzt im Hinblick auf ihren möglichen Willen gedacht wird. Es spricht zunächst nichts dagegen, den Satzteil ‚setzt sich dadurch in eine andere Ordnung der Dinge und in ein Verhältnis zu bestimmenden Gründen von ganz anderer Art, wenn er sich als Intelligenz mit einem Willen [...] begabt denkt‘ so zu lesen, dass die Wendung ‚in eine andere Ordnung der Dinge und in ein Verhältnis zu bestimmenden Gründen‘ dabei nicht als sachliche Einheit verstanden wird. Die Hauptaussage des zweiten Hauptsatzes würde dann darin liegen, dass der Mensch sich in ein Verhältnis zu ganz anderen Gründen setzt, wenn er sich als mit einem Willen begabte Intelligenz betrachtet. Das Problem dieser Interpretation des Satzes liegt darin, dass sie den Teil, der auf ‚folglich mit Kausalität begabt denkt' folgt, ignoriert. Es ist auffällig, dass Schönecker in seiner Analyse, die 457.9–15 Wort für Wort interpretiert, den Teilsatz, der sich mit ‚als wenn er sich wie ein Phänomen in der Sinnenwelt (welches er wirklich auch ist) wahrnimmt und seine Kausalität äußerer Bestimmung nach Naturgesetzen unterwirft' (457.12–15) an den vorhergehenden anschließt, nicht einmal erwähnt. Nimmt man diesen Teil hinzu, dann wirkt Schöneckers Deutungsvorschlag weniger plausibel.

Seine Interpretation müsste (mit der Hinzunahme des letzten, von ihm ausgesparten Teilsatzes) folgendermaßen paraphrasiert werden: Der Mensch, der sich als Intelligenz, d. h. als ein im Denken und Urteilen freies Wesen denkt, setzt sich dadurch in eine andere Ordnung der Dinge (in die Verstandeswelt), und er setzt sich auch in ein Verhältnis zu bestimmenden Gründen von ganz anderer Art, wenn er sich als Intelligenz mit einem Willen denkt, *als wenn er sich wie ein Phänomen in der Sinnenwelt wahrnimmt und seine Kausalität äußerer Bestimmung nach Naturgesetzen unterwirft.* Ohne den kursiv gesetzten Satz wäre Schöneckers Interpretation zumindest stimmig; wenn man aber den kompletten Satz liest, so wie Kant ihn formuliert hat, ist diese Deutung schon etwas weniger plausibel. Der Satz, der mit ‚Der Mensch, der sich auf solche Weise als Intelligenz betrachtet' beginnt, wirkt seltsam schief, wenn man den dann bei Kant folgenden Modalsatz, der mit ‚als wenn' beginnt, hinzunimmt. Die Betonung müsste entweder auf der Feststellung liegen, dass der Mensch sich als Intelligenz in eine andere *Ordnung der Dinge* versetzt und sich auch/sogar noch in ein Verhältnis zu *bestimmenden Gründen* bringt, *wenn* er sich als Intelligenz mit einem Willen denkt (dann dürfte aber der ‚Als-Satz' nicht folgen),[242] oder aber auf der These, dass der Mensch, der sich als Intelligenz betrachtet, sich in eine *andere Ordnung der Dinge und gleichzeitig in ein Verhältnis zu bestimmenden Gründen ganz anderer Art* versetzt, wenn er sich als Intelligenz mit Willen denkt, *als wenn* er sich als phänomenales Sinnenwesen wahrnimmt und seine Kausalität der Bestimmung der Natur unterwirft.

Im folgenden Abschnitt möchte ich zwei mögliche Interpretationen vorschlagen, wie der Text zu lesen sein könnte, ohne den ‚Als-Satz' auszublenden. Beide Interpretationen müssen dabei erklären können, warum Kant in 457.9 von einer Intelligenz spricht und dann in 457.11 f. wieder auf diese Intelligenz (‚Intel-

---

242 Man könnte hier erwidern, dass sich der Satz mit ‚als wenn' auf die ‚bestimmenden Gründe ganz anderer Art' beziehen könnte, aber auch das ergibt wenig Sinn.

ligenz mit einem Willen') zu sprechen kommt. Die erste mögliche Betonung von 457.9–15 könnte folgendermaßen aussehen:

> Der Mensch, der sich auf solche Weise als Intelligenz betrachtet, setzt sich *dadurch* in eine andere Ordnung der Dinge und in ein Verhältniß zu bestimmenden Gründen von ganz anderer Art, *wenn* er sich als Intelligenz mit einem Willen, folglich mit Causalität, begabt denkt, als wenn er sich wie ein Phänomen in der Sinnenwelt (welches er wirklich auch ist) wahrnimmt und seine Causalität äußerer Bestimmung nach Naturgesetzen unterwirft (Hervorh. H. P.).

Das ‚dadurch' könnte man an dieser Stelle auf das ‚wenn' im Sinne von ‚dadurch dass'[243] beziehen. Der Satz könnte dann so viel heißen wie: Der Mensch (der sich als Intelligenz betrachtet) setzt sich *dadurch* in eine andere Ordnung der Dinge und in ein Verhältnis zu bestimmenden Gründen ganz anderer Art, *dass* er sich als Intelligenz mit einem Willen denkt; anders, als er es täte, wenn er sich als ein Phänomen der Sinnenwelt wahrnähme. Die Wendung ‚in eine andere Ordnung der Dinge und in ein Verhältnis zu bestimmenden Gründen von ganz anderer Art' müsste man dann als eine sachliche Einheit auffassen. Die durch ‚wenn' eingeleitete Bedingung würde sich damit nicht nur auf den zweiten Teil des Satzes beziehen (‚Verhältnis zu bestimmenden Gründen von ganz anderer Art'). Dass der Mensch sich als Intelligenz mit einem Willen begabt denkt, wäre in diesem Sinne der Grund dafür, dass er sich in eine *andere Ordnung der Dinge* und in ein Verhältnis zu bestimmenden Gründen ganz *anderer Art* setzt – anders, *als er es täte, wenn* er sich als kausal bestimmtes Naturwesen begriffe. Problematisch bleibt in dieser Interpretation Kants zweimaliger Bezug auf die ‚Intelligenz' bzw. die Integration der Formulierung ‚der sich auf solche Weise als Intelligenz betrachtet'. Genau besehen könnte man ‚der sich auf solche *Weise* als Intelligenz betrachtet' auch auf den Satz in 457.4–8 beziehen. Dieser Satz bedeutet Schöneckers Interpretation zufolge nur, dass der Mensch *insofern* er sich als Intelligenz (mit einem Willen) denkt, sich auch in eine andere Ordnung der Dinge setzt. Nicht *weil* er sich als eine Intelligenz denkt, begreift er sich als Glied der Verstandeswelt, sondern das Ergreifen dieses Standpunktes (als Intelligenz Glied der Verstandeswelt zu sein) ist etwas, das eben hinzugedacht werden muss, wenn sich der Mensch als Intelligenz mit einem Willen begreift (vgl. Schönecker 1999, S. 287 f.). Man kann aber die hier angesprochene ‚Weise' auch als einen Rückbezug auf die Feststellung auffassen, dass der Mensch seinen Rechtsanspruch auf Freiheit des Willens auf ein Bewusstsein der Unabhängigkeit der Vernunft von bloß subjektiv bestimmenden Ursachen gründet. Der Satz müsste dann folgendermaßen zusammengefasst

---

243 Dies ist ein veralteter Sprachgebrauch, wie man ihn in vielen Publikationen zur Zeit Kants findet. Hierzu genügt ein Blick in Schriften aus dieser Zeit.

werden: Ein Mensch, der sich auf *solche Weise* – d.h. gemäß einem durch ein *Bewusstsein* (welcher Art auch immer) legitimierten Rechtsanspruch auf eine Freiheit der Vernunft (welcher Art auch immer) – als Intelligenz betrachtet, setzt sich dadurch in eine *andere Ordnung der Dinge* und in ein Verhältnis zu bestimmenden Gründen *ganz anderer Art, dass* er sich als Intelligenz mit einem Willen begabt denkt – anders, als wenn er sich wie ein Wesen der phänomenalen Sinnenwelt wahrnähme. Das ‚auf solche Weise' könnte man nicht nur als den bloßen Bezug auf die Intelligenz mit einem Willen und die damit verbundene Implikation, sich als Glied einer Verstandeswelt zu denken, auffassen, sondern auch als ein Spezifikum des *Zugangs* zu dieser Welt. Die spezifische Weise, auf die sich der Mensch als Intelligenz mit einem Willen und als Glied einer Verstandeswelt ‚betrachtet'[244], könnte hier darin liegen, dass er sich dieser Intelligenz ‚bewusst' ist. Der Ausgangspunkt der Legitimation könnte das Bewusstsein dieser ‚Freiheit' sein. Das Bewusstsein selbst beinhaltet noch keine diskursive Vorstellung im Hinblick auf eine mögliche Verstandeswelt. Der Mensch kann von hier aus aber auf eine solche schließen, d.h. sich in begründeter Weise in eine solche versetzen. Der Mensch, der seine Vernunft in Form eines Bewusstseins in so basaler Weise als frei erfährt/betrachtet/begreift, setzt sich dadurch in eine andere Ordnung der Dinge, dass er sich *gemäß* dieser ‚Erfahrung' als *Intelligenz mit einem Willen* denkt und sich somit in eine andere Ordnung der Dinge und in ein Verhältnis zu bestimmenden Gründen *ganz anderer Art* setzt, als dies der Fall wäre, wenn er sich als Sinnenwesen, dessen Kausalität der Natur untersteht, begriffe. Die Formulierung ‚auf *solche Weise* als Intelligenz betrachtet' müsste dann nicht von der später angeführten ‚Intelligenz mit einem Willen' abgegrenzt werden, weil das Bestimmungsinteresse Kants allein darin liegen könnte, nicht unterschiedliche Begriffe von Intelligenz in ein Verhältnis zueinander zu setzen, sondern auf einen bestimmten Modus des Zugangs zu dieser Intelligenz hinzuweisen und die darauf sich stützende spekulative Selbstinterpretation des Subjekts anzuzeigen – dass es sich als Intelligenz mit einem Willen *denkt*.

Nimmt man die Ergebnisse aus der Analyse des Terminus ‚Freiheit von bloß subjektiv bestimmenden Ursachen' hinzu, die darauf hindeuten, dass Kant, anders als Schönecker annimmt, darunter tatsächlich die (negative) Willensfreiheit verstanden wissen will, dann kann man 457.4–15 so zusammenfassen: Der Rechtsanspruch des Menschen auf Freiheit des Willens gründet sich auf das Bewusstsein (und nicht bloß auf eine argumentative Voraussetzung oder Idee) der

---

244 Der stärkste Einwand gegen diese Interpretation könnte hier darin liegen, dass Kant eindeutig ‚betrachtet' und nicht ‚erfährt' o. ä. schreibt. Allerdings impliziert ‚betrachten' etwas Vorhandenes. Der Mensch betrachtet sich auf eine gewisse Weise – d.h., er beobachtet etwas an sich und zieht aus dieser Beobachtung Rückschlüsse.

Unabhängigkeit des Willens von den bloß subjektiv bestimmenden Ursachen, d. h. den sinnlichen Neigungen und Antrieben. Der Mensch, der sich auf solche Weise als intelligibles Wesen erfährt und betrachtet, setzt sich (wenn es dazu kommt, dass er darauf spekulativ reflektiert) dadurch in eine *andere Ordnung* der Dinge und in ein Verhältnis zu bestimmenden Gründen von ganz *anderer Art*, dass er sich (gemäß der Erfahrung seiner selbst als praktische Intelligenz) als Intelligenz mit einem Willen denkt; anders, als es der Falle wäre, wenn er sich als ein Wesen der phänomenalen Sinnenwelt begriffe. Nimmt er sich als ein Phänomen in der Sinnenwelt wahr, dann denkt der Mensch sich nicht als eine mit Willen begabte Intelligenz, er versetzt sich nicht in eine andere Ordnung der Dinge und in ein Verhältnis zu bestimmenden Gründen einer ganz anderen Kausalität. Er erfährt sich nicht als ein Wesen, das über ein Bewusstsein seiner Willensfreiheit verfügt.

Die zweite bzw. dritte mögliche Betonung (Schöneckers Deutung einbezogen) von 457.9–15 ist weniger elaboriert und näher am Text. Sie müsste lauten:

> Der Mensch, *der sich auf solche Weise als Intelligenz betrachtet*, setzt sich dadurch in eine andere Ordnung der Dinge und in ein Verhältniß zu bestimmenden Gründen von ganz anderer Art – *wenn er sich als Intelligenz mit einem Willen, folglich mit Causalität, begabt denkt* – als wenn er sich wie ein Phänomen in der Sinnenwelt (welches er wirklich auch ist) wahrnimmt und seine Causalität äußerer Bestimmung nach Naturgesetzen unterwirft (Hervorh. H. P.).

Es ist nicht unplausibel, den Konditionalsatz ‚wenn er sich als Intelligenz mit einem Willen, folglich mit Kausalität, begabt denkt' als eine Wiederholung/Erweiterung/Emphase des Relativsatzes ‚Der Mensch, der sich auf solche Weise als Intelligenz betrachtet' aufzufassen. Eine solche, erweiternde Wiederholung ist im vorliegenden Satz aus verschiedenen Gründen denkbar. Zum einen könnte man die in der ersten Interpretation von 457.4–15 bereits geäußerte Vermutung anführen, dass ‚auf solche Weise als Intelligenz betrachtet' nicht auf die Bestimmung eines Modus von Intelligenz abhebt, sondern nur ein bestimmter ‚epistemischer' Zugang zu dieser Intelligenz hervorgehoben werden soll, nämlich die Art der Betrachtung. Zum anderen ist die Formulierung ‚auf solche Weise' inhaltlich unspezifisch. Das ‚auf solche Weise' kann man sich durchaus als Leerstelle denken – obwohl ein bestimmter Inhalt dieses Satzes durch den gesamten Kontext bereits konnotiert wird –, die erst durch Präzisierung des Bezugs in Form des eingeschobenen Satzes ausgefüllt wird. Diese Interpretation beansprucht, dass es bei den beiden Verwendungen des Begriffs einer Intelligenz um *dieselbe Intelligenz* geht. Vorausgesetzt, die in dieser Arbeit behauptete Interpretation der Freiheit von subjektiv bestimmenden Ursachen als Freiheit des Willens von Neigungen und Antrieben der Sinnlichkeit träfe zu, dann könnte 457.4–15 folgendermaßen reformuliert werden: Der Rechtsanspruch des Menschen auf Freiheit des Willens gründet sich auf das Bewusstsein (und nicht bloß auf eine argumentative Voraussetzung oder Idee) der Unabhängigkeit der

Vernunft von den bloß subjektiv bestimmenden Ursachen. Der Mensch, der sich auf solche Weise als Intelligenz betrachtet, d. h. mit einer praktischen Vernunft begabt ist, die von Neigungen und Antrieben der Sinnlichkeit frei ist, setzt sich dadurch in eine andere Ordnung der Dinge – *wenn* er sich wirklich so (wie zuvor nur vage angedeutet) als Intelligenz mit einem Willen, d. h. mit Kausalität begabt denkt – anders, als es geschähe, wenn er sich wie ein Wesen der phänomenalen Sinnenwelt wahrnähme. Die Formulierung ‚auf solche Weise als Intelligenz' legt zwar bereits – zumindest in der hier vorgeschlagenen, Schöneckers Deutung entgegengesetzten Interpretation – eine Stoßrichtung nahe, um welche Art von Intelligenz es sich handelt (nämlich eine praktische), muss aber noch näher präzisiert werden. Dies geschieht dann in dem eingeschobenen Konditionalsatz, der erläuternden Wiederholung ‚wenn er sich als Intelligenz mit einem Willen [...] begabt denkt'. Diese Interpretation von 457.4–15 beinhaltet die wenigsten Probleme. Schöneckers Deutung leidet an dem Defizit, dass sie den ‚Als-Satz' nicht einbezieht und nicht integrieren könnte. Auch in der von mir zuerst vorgeschlagenen Lesart würde sich der ‚Als-Satz' in sehr ungebräuchlicher Weise an den vorangegangenen Satz anschließen. Bei einer solchen Deutung müsste man annehmen, Kant hätte mit der Formulierung ‚auf solche Weise' eine Art *epistemischen Zugangs des Menschen zu seiner Intelligenz* im Sinn und nicht eine *Bestimmung dieser Intelligenz selbst*. Diese These ist zwar nicht unplausibel, bliebe aber doch eine eigens zu begründende Zusatzannahme. Die zuletzt angeführte Deutung kann den ‚als wenn'-Satz, den Schönecker in seiner Darstellung ausspart, auf relativ nachvollziehbare Weise integrieren und erklärt sehr stimmig Kants zweifachen Bezug auf den Intelligenzbegriff in 457.9 und 457.11 f.

Der sich an 457.4–15 anschließende Satz rekapituliert noch einmal die Konsequenzen aus Kants Feststellung eines Rechtsanspruchs auf Freiheit des Willens aufgrund der Unabhängigkeit der (praktischen) Vernunft von bloß subjektiv bestimmenden Ursachen:

> Nun wird er [d. h. der Mensch, H. P.] bald inne, daß beides zugleich stattfinden könne, ja sogar müsse. Denn daß ein Ding in der Erscheinung (das zur Sinnenwelt gehörig) gewissen Gesetzen unterworfen ist, von welchen eben dasselbe als Ding oder Wesen an sich selbst unabhängig ist, enthält nicht den mindesten Widerspruch; daß er sich selbst aber auf diese zwiefache Art vorstellen und denken müsse, beruht, was das erste betrifft, auf dem Bewußtsein seiner selbst als durch Sinne afficirten Gegenstandes, was das zweite anlangt, auf dem Bewußtsein seiner selbst als Intelligenz, d. i. als unabhängig im Vernunftgebrauch von sinnlichen Eindrücken (mithin als zur Verstandeswelt gehörig) (457.15–24).

Kant mutet in diesem Abschnitt der gemeinen Menschenvernunft die transzendentale Unterscheidung in zwei mögliche Standpunkte zu – den der Erscheinungswelt und den einer intelligiblen Welt. Der Mensch müsse begreifen, dass diese beiden Ebenen berechtigterweise zusammen bestehen können. In der Verstandeswelt ist er frei von den ‚Gesetzen', die für ihn als Wesen der Sinnenwelt Geltung haben, d. h. von den kausalen Naturgesetzen. Interessant ist nun, wie Kant an dieser Stelle den ‚Zugang' der gemeinen Menschenvernunft zu dieser möglichen Selbstinterpretation fasst: Der Mensch müsse sich auf ‚diese zwiefache Art vorstellen' – das eine Mal aufgrund seines Bewusstseins als sinnlich affizierter Gegenstand der Sinnenwelt, das andere Mal aufgrund des Bewusstseins seiner selbst als ein von sinnlichen Eindrücken unabhängiges Wesen der Verstandeswelt. Wieder könnte hier das Missverständnis aufkommen, Kant bezöge sich mit seiner Rede von einer *Verstandeswelt* und mit der Feststellung, dass das Subjekt in dieser Verstandeswelt unabhängig von *sinnlichen Eindrücken* sei, auf die Freiheit der Vernunft im Denken und Urteilen. Der Terminus ‚Verstandeswelt' als Kompositum aus ‚Verstand' und ‚Welt' legt tatsächlich nahe, dass Kant darunter eine Welt des reinen Verstandes, d. h. der Freiheit des Urteils und nicht der praktischen Vernunft, versteht. Verstärkt wird dieser Eindruck noch durch den Hinweis auf die sinnlichen ‚Eindrücke', die man auf den ersten Blick auch eher im Kontext der Erkenntniskritik als in der praktischen Selbstbestimmung verorten würde. Für den Begriff ‚Verstandeswelt'[245] gilt in noch viel stärkerem Maße das, was auch für den Begriff ‚Intelligenz' zutrifft: Kant verwendet diesen Terminus nahezu ausschließlich im Zusammenhang von Überlegungen zur praktischen Vernunft. Der Begriff ‚Verstandeswelt' wird von Kant immer dann herangezogen, wenn es um ein Wesen geht, das durch praktische Vernunft und nicht durch die Kausalgesetze der Natur bestimmt wird.[246] Wenn Kant schreibt, dass der Mensch sich als ‚*Ding* oder Wesen *an sich selbst*' verstehen müsse, weil er ein ‚Bewusstsein seiner selbst als Intelligenz' habe, wenn er dies weiter durch die Unabhängigkeit ‚von sinnlichen Eindrücken' erläutert und dann als zusammenfassende Explikation in der Klammer hinzufügt: ‚mithin als zur Verstandeswelt gehörig' – dann spricht rein terminologisch mehr dafür als dagegen, dass er damit eine Zugehörigkeit zur Welt der praktischen Intelligenz kenntlich machen will. Der Terminus ‚Verstandeswelt' hat bei Kant nämlich nahezu ausschließlich eine praktische Bedeutung. Die Verwendung des Ausdrucks ‚sinnliche Eindrücke' könnte man zunächst allein im Kontext der theo-

---

245 Auch der Begriff ‚Verstandeswelt' findet sich in keinem Werk Kants so oft wie in der *GMS* (vgl. 451–455, 457 f. und 462).

246 Dieser Befund ist noch eindeutiger als derjenige im Hinblick auf den kantischen Begriff ‚Intelligenz'. Gibt es hier noch einige Passagen, die zeigen, dass Kant den Intelligenzbegriff auch zur Kennzeichnung eines im Denken und Urteilen freien Wesens verwendet, wird der Begriff ‚Verstandeswelt' von Kant nahezu immer in einer praktischen Bedeutung verwendet. Er gebraucht ihn in dieser praktischen Bedeutung in: 05:43, 50, 106, 114, 143, 06:151, 08:458, 18:83, 484, 19:202, 296; in einer allgemeinen Weise in: 03:212 f., 04:163, 166, 314, 354, 18:8, 19:271; und vielleicht im Sinne eines Bezugs auf den Menschen als denkendes und erkennendes Wesen in: 18:45.

retischen Philosophie als sinnvoll erachten. Sinnliche Eindrücke könnte man immer als *Sinneseindrücke* verstehen. Kant verwendet diesen Terminus aber auch häufig im Zusammenhang mit der praktischen Philosophie:[247] Unabhängigkeit von sinnlichen Eindrücken bedeutet in 457.23, dass der Mensch von den bloß subjektiv bestimmenden Ursachen, d. h. den Neigungen und Antrieben, frei ist.

> 457.25 – 37 – 458.1 – 5[248]
> Daher kommt es, daß der Mensch sich eines Willens anmaßt, der nichts auf seine Rechnung kommen läßt, was bloß zu seinen Begierden und Neigungen gehört, und dagegen Handlungen durch sich als möglich, ja gar als nothwendig denkt, die nur mit Hintansetzung aller Begierden und sinnlichen Anreizungen geschehen können. Die Causalität derselben liegt in ihm als Intelligenz und in den Gesetzen der Wirkungen und Handlungen nach Principien einer intelligibelen Welt, von der er wohl nichts weiter weiß, als daß darin lediglich die Vernunft und zwar reine, von Sinnlichkeit unabhängige Vernunft das Gesetz gebe, imgleichen da er daselbst nur als Intelligenz das eigentliche Selbst (als Mensch hingegen nur Erscheinung seiner selbst) ist, jene Gesetze ihn unmittelbar und kategorisch angehen, so daß, wozu Neigungen und Antriebe (mithin die ganze Natur der Sinnenwelt) anreizen, den Gesetzen seines Wollens als Intelligenz keinen Abbruch thun kann, so gar, daß er die erstere nicht verantwortet und seinem eigentlichen Selbst, d. i. seinem Willen, nicht zuschreibt, wohl aber die Nachsicht, die er gegen sie tragen möchte, wenn er ihnen zum Nachtheil der Vernunftgesetze des Willens Einfluß auf seine Maximen einräumte.

Aufgrund dieses sittlichen Bewusstseins, d. h. wegen des in praktischer Rücksicht[249] relevanten Bewusstseins, von bestimmenden Ursachen der Sinnenwelt im Handeln unabhängig zu sein, maßt der Mensch sich einen Willen an, der sich

247 So spricht er z. B. in der *KrV* davon, dass wir im Kontext der Bestimmung der Willkür in der Lage sind, „die *Eindrücke* auf unser sinnliches Begehrungsvermögen zu überwinden" (*KrV* B 830, Hervorh. H. P.).

248 Eine herausragend genaue Interpretation dieses Abschnitts findet sich bei Schönecker (2012, S. 127), der Kants Ansätzen zu einer Theorie des bösen Willens nachgeht. Wie Schönecker zu Recht hervorhebt, ist diese schwierige Passage in der bisherigen Literatur nie genau in den Blick genommen worden (vgl. Schönecker 2012, S. 131 f.).

249 Der Mensch erhebt nur in praktischer Rücksicht zu Recht Anspruch auf ein solches Bewusstsein seiner praktischen Intelligenz. Erkenntnistheoretisch betrachtet bleibt die Berechtigung der Annahme dieses Bewusstseins zweifelhaft. In dieser Perspektive ist eine solche Selbstzuschreibung eine ‚Anmaßung', d. h., in dieser Perspektive muss man den Menschen als ein Wesen beschreiben, das sich „eines Willens, d. i. eines vom bloßen Begehrungsvermögen noch verschiedenen Vermögens (nämlich sich zum Handeln als Intelligenz, mithin nach Gesetzen der Vernunft, unabhängig von Naturinstinkten, zu bestimmen) bewußt zu sein glaubt" (459.11 – 14). In dieser Betrachtungsperspektive ist es folgerichtig, zu schreiben, dass der Mensch sich nur frei ‚dünkt'. Freiheit bleibt auch dann, wenn das Subjekt über ein Bewusstsein der Geltung des Sittengesetzes und damit über ein Bewusstsein der Freiheit verfügt, in der Perspektive der theoretischen Philosophie eine ‚bloße Idee'.

selbst nichts zuschreibt, was auf den subjektiv bestimmenden Ursachen – den ‚Begierden und Neigungen' – beruht. Er weist diese Antriebe der Sinnlichkeit von sich, er lässt sie nicht ‚auf seine Rechnung kommen', d. h., der Mensch rechnet diesem Willen seine Begierden und Neigungen nicht zu. Er nimmt in dieser Perspektive nämlich an, dass er über einen *reinen Willen* verfügt, den Kant als das ‚eigentliche Selbst' bezeichnet. Zu der Idee eines solchen Willens führt den Menschen das unmittelbare Bewusstsein der Geltung des Sittengesetzes bzw. die daraus praktisch legitimierte Freiheit. Kant wiederholt an dieser Stelle also noch einmal den Gedanken vom Ende der ersten und vierten Sektion: dass die aus der reinen praktischen Vernunft deduzierte Freiheit die Idee eines *reinen Willens* verschafft. Vor dem Hintergrund der ‚äußersten Grenze der praktischen Philosophie' muss die Annahme eines solchen reinen Willens – eines Willens, der nichts auf seine Rechnung kommen lässt und als das eigentliche Selbst gedacht werden kann – als eine ‚Anmaßung' erscheinen; denn wir haben keine theoretische Erkenntnis eines solchen Willens.

Den Begriff der Anmaßung in der Formulierung, dass der ‚Mensch sich eines Willens anmaßt', darf man in diesem Zusammenhang nicht so verstehen, als wollte Kant damit einen möglicherweise übertriebenen oder zu Unrecht erhobenen Anspruch des Menschen charakterisieren. Eine Anmaßung ist für Kant in der *KrV* und in vielen anderen Schriften lediglich die ebenfalls aus einem rechtlichen Kontext entnommene Bezeichnung für das Erheben eines sehr starken Anspruchs (vgl. 03:18). Über die Legitimität bzw. Illegitimität dieses Anspruchs ist damit noch nichts ausgesagt. Dass der Mensch sich selbst aufgrund des Bewusstseins, von den subjektiv bestimmenden Gründen frei zu sein, als mit einem Begehrungsvermögen ausgestattet denkt, das auf sinnliche Eindrücke keine Rücksicht zu nehmen braucht, ist angesichts der in theoretischer Perspektive immer bestehenden Möglichkeit der Infragestellung dieses Selbstverständnisses eine sehr starke Behauptung.

Die im folgenden Satz angesprochene ‚Kausalität derselben' kann sich nur auf den zuvor verwendeten Begriff ‚Handlungen' beziehen, d. h., die mögliche Wirklichkeit dieser Handlungen ist in einer bestimmten Qualität der Kausalität des Menschen begründet. Die Kausalität dieser Handlungen, die unter Absehen von allen Ansprüchen der Sinnlichkeit gewollt und realisiert worden sind, liegt in der bereits mehrfach angesprochenen und analysierten Intelligenz des Menschen als reinem Willen. Die dann angeführten ‚Gesetze der Wirkungen und Handlungen nach Prinzipien einer intelligiblen Welt, von der er wohl nichts weiter weiß, als dass darin lediglich die Vernunft und zwar reine, von Sinnlichkeit unabhängige Vernunft das Gesetz gebe', welche durch ‚und' mit dem vorhergehenden Satzteil verbunden sind, muss man als eine Explikation dieser Intelligenz des Menschen auffassen (‚Die Kausalität derselben liegt in ihm als Intelligenz').

Der Mensch hat keinen epistemischen Zugang zur Verstandeswelt, weil diese nur eine Idee der Vernunft darstellt. Er hat aber über die bloß heuristische Annahme einer solchen Welt hinaus in genau einem Punkt – zumindest in praktischer Rücksicht – doch Wissen über diese Welt: Er weiß, dass dort eine rein praktische, von der Sinnlichkeit unabhängige Vernunft das Gesetz gibt. Von der intelligiblen Welt weiß er ‚wohl nichts weiter'; aber dass es dort das Sittengesetz gibt, *das* ‚weiß' der Mensch. Die sich dann anschließenden Sätze sind nicht leicht zu analysieren, weil sie in ihren Bezügen nicht immer deutlich sind. Kant knüpft an die Bestimmung derjenigen Kausalität, die Grundlage der moralischen Handlungen sein soll, und die Explikation der intelligiblen Welt, von der der Mensch bis auf die eben genannte Tatsache nichts weiß, mit folgender Formulierung an: ‚imgleichen da er daselbst nur als Intelligenz das eigentliche Selbst [...] ist, jene Gesetze ihn unmittelbar und kategorisch angehen [...]' (‚imgleichen' lässt sich mit ‚ebenso', ‚auch', ‚dergleichen' oder ‚genauso' übersetzen). An den so beginnenden Teilsatz schließt sich der folgende an: ‚jene Gesetze ihn unmittelbar und kategorisch angehen, sodass [...]'. D.h., er kann sich nicht an den in 457.29 beginnenden Satz anfügen, sondern hängt mit dem durch ‚imgleichen' eingeleiteten Satz inhaltlich (457.33) zusammen.[250] ‚Daselbst' lässt sich mit ‚hier' oder ‚an diesem Ort' übersetzen und im vorliegenden Satz leicht erläutern, da Kant hier nur von einem bestimmten ‚Ort' spricht – und zwar von der ‚intelligiblen Welt', also der Verstandeswelt. Setzt man diese Bedeutungen der Begriffe ‚imgleichen' und ‚daselbst' ein, dann könnte man den Satz folgendermaßen paraphrasieren:

> *Die Kausalität des Menschen liegt in ihm als Intelligenz, d.h. in den Gesetzen einer Verstandeswelt, von welcher der Mensch nichts weiß, als dass darin die reine Vernunft das Gesetz gibt, ebenso da er in der Verstandeswelt nur als Intelligenz das eigentliche Selbst ist, jene Gesetze ihn unmittelbar und kategorisch angehen.*

Man kann diesen Satz so verstehen, dass sich ‚imgleichen' auf das *Wissen* bezieht, dass in der Verstandeswelt die reine Vernunft das (kategorisch geltende) Gesetz gibt, oder aber darauf, *dass* die Gesetze den Menschen unmittelbar und kategorisch angehen. Man könnte also formulieren:

---

250 Schönecker (2012, S. 123) blendet in seiner Interpretation dieses Abschnitts die Beantwortung der Frage, worauf sich ‚imgleichen' bezieht, bewusst aus, da es ihm an dieser Stelle nicht auf das Begründungsgefüge der einzelnen Sätze ankommt. Er stellt aber zu Recht fest: „Der nächste Teilsatz [2c] fährt fort mit einem ‚imgleichen', was soviel bedeutet wie ‚ebenso'. Es ist unklar, worauf genau sich das bezieht: darauf, dass ‚jene Gesetze ihn unmittelbar und kategorisch angehen'? Oder darauf, dass der Mensch weiß, dass jene Gesetze ihn unmittelbar und kategorisch angehen?".

K1: *Die Kausalität des Menschen liegt in ihm als Intelligenz, d. h. in den Gesetzen einer Verstandeswelt, von welcher der Mensch nichts weiß, als dass darin die reine Vernunft das Gesetz gibt, ebenso da/wie er in der Verstandeswelt nur als Intelligenz das eigentliche Selbst ist.*

Die Betonung würde dann darauf liegen, dass der Mensch von der Verstandeswelt nur *weiß*, dass in ihr die Vernunft das Gesetz gibt, *ebenso/genauso/so* wie er in der Verstandeswelt nur als Intelligenz das eigentliche Selbst ist.[251] Der Mensch weiß also, dass in der Sinnenwelt die Vernunft das Gesetz gibt, ebenso wie er in der Verstandeswelt nur als Intelligenz das eigentliche Selbst ist.

Den Teilsatz ‚jene Gesetze ihn unmittelbar und kategorisch angehen' könnte man innerhalb dieser Paraphrase dann als eine zusätzliche Explikation lesen, die sich auch auf den Teil ‚von der er wohl nichts weiter weiß, als dass darin lediglich die Vernunft und zwar reine, von Sinnlichkeit unabhängige Vernunft das Gesetz gebe' bezieht. Das ‚Angehen', das kategorisch und unmittelbar ist, könnte ein hier explizierter Aspekt des ‚Wissens' um ein Gesetz praktischer Vernunft sein.

Die zweite Paraphrase und Betonung müsste lauten:

K2: *Die Kausalität des Menschen liegt in ihm als Intelligenz, d. h. in den Gesetzen einer Verstandeswelt, von welcher der Mensch nichts weiß, als dass darin die reine Vernunft das*

251 Der Teilsatz ‚imgleichen da er daselbst nur als Intelligenz das eigentliche Selbst (als Mensch hingegen nur Erscheinung seiner selbst) ist' ist – unabhängig von dem Bezug des ‚imgleichen' – in diesem Sinne problematisch, weil man doch annehmen müsste, dass der Mensch in der Verstandeswelt immer schon als Intelligenz gedacht ist und damit auch immer schon als Noumenon, d. h. als das ‚eigentliche Selbst'. Was kann es heißen, dass der Mensch in der Verstandeswelt nur als Intelligenz das ‚eigentliche Selbst' ist? Diese Feststellung müsste dann eine Art sachliche Entsprechung zu der im Satz zuvor getätigten Aussage sein bzw. eine Gemeinsamkeit mit dieser aufweisen: ‚Die Kausalität derselben liegt in ihm als Intelligenz und in den Gesetzen der Wirkungen und Handlungen nach Prinzipien einer intelligiblen Welt, von der er wohl nichts weiter weiß, als dass darin lediglich die Vernunft und zwar reine, von Sinnlichkeit unabhängige Vernunft das Gesetz gebe', *ebenso* wie ‚er daselbst nur als Intelligenz das eigentliche Selbst (als Mensch hingegen nur Erscheinung seiner selbst) ist'. Schönecker (2012, S. 123) rekonstruiert den Satz mit ‚imgleichen' (unter bewusster Ausblendung des Begründungszusammenhanges der einzelnen Sätze) folgendermaßen: „In der Verstandeswelt ist der Mensch nur als Intelligenz das eigentliche Selbst". Das ist richtig, ebenso wie die Rekonstruktion des Satzes in der Klammer ‚als Mensch hingegen nur Erscheinung seiner selbst' durch: „In der Sinnenwelt ist der Mensch nur Erscheinung seiner selbst (das heißt seiner) als Intelligenz" (Schönecker 2012, S. 123). Dabei könne ‚Mensch' nicht bloß die Bezeichnung für den erscheinenden Menschen sein. Was als Aspekt des Menschen in der Sinnenwelt erscheine, sei dessen Intelligenz, aber eben als Erscheinung. In der Verstandeswelt sei diese Intelligenz des Menschen hingegen keine Erscheinung, sondern das eigentliche Selbst. Diese Interpretation leuchtet ein, weil nur so die Formulierung ‚seiner selbst' einen Sinn bekommt.

> *Gesetz gibt, ebenso da er in der Verstandeswelt nur als Intelligenz das eigentliche Selbst ist, jene Gesetze ihn unmittelbar und kategorisch angehen.*

Man kann das, was sich an das ‚ebenso' (d.h. das ‚imgleichen' im Originaltext) anschließt, also auch auf den Teilsatz ‚jene Gesetze ihn unmittelbar und kategorisch angehen' beziehen. Vielleicht in dem Sinne: Weil der Mensch in der Verstandeswelt nur als Intelligenz das eigentliche Selbst ist, gehen ihn die Gesetze der reinen Vernunft ebenso unmittelbar und kategorisch an. Die Begründung, *warum* die Gesetze der reinen Vernunft den Menschen unmittelbar und kategorisch angehen, würde dann in dem Umstand liegen, dass der Mensch in der Verstandeswelt *(nur) als Intelligenz das eigentliche Selbst ist.* ‚Jene Gesetze ihn unmittelbar und kategorisch angehen' wäre somit keine Explikation/Erweiterung des Satzteils ‚von der er wohl nichts weiter weiß, als dass', sondern würde bloß in einem Begründungsbezug stehen zu dem mit ‚imgleichen' beginnenden Teil. Der Mensch weiß um dieses Gesetz der reinen Vernunft, *weil* jene Gesetze ihn unmittelbar und kategorisch angehen; und sie gehen ihn in einer solchen Weise an, weil das Sittengesetz ein Gesetz der Verstandeswelt darstellt, in welcher der menschliche Wille das eigentliche Selbst ist. Die Nötigung hat eine Art epistemische Funktion, sie wird begründet durch die *Herkunft des Sittengesetzes aus der Verstandeswelt*, d.h., das Sittengesetz als Gesetz der Verstandeswelt geht den sinnlich-vernünftigen Menschen unmittelbar und kategorisch an. Darin darf man wie bereits erwähnt eine Reformulierung dessen sehen, was ich in der vorliegenden Arbeit als den eigentlichen Inhalt von Kants Feststellung einer Superiorität des Gesetzes der Verstandeswelt nachgewiesen habe: Dass dem Gesetz der Verstandeswelt eine faktisch feststehende Überordnung über das Gesetz der Sinnenwelt zukommt.

In der ersten Deutung (K1) wäre 457.29–35 erst vollständig mit der Ergänzung/Explikation, die mit ‚jene Gesetze' beginnt. In der zweiten Deutung (K2) wäre 457.29–35 eine abgeschlossene sachliche ‚Einheit' und der Bezug der Satzteile würde allein in demjenigen von ‚daselbst' auf den Begriff der ‚intelligiblen Welt' bestehen. Die Feststellung, dass der Mensch in der Verstandeswelt nur als Intelligenz das eigentliche Selbst ist, würde damit in beiden möglichen Lesarten des Satzes eine Begründung liefern. Im ersten Fall dafür, dass der Mensch weiß, dass in der Verstandeswelt die reine Vernunft das Gesetz gibt. Im zweiten Fall dafür, dass dieses Gesetz – bzw. diese der Verstandeswelt entspringenden Gesetze – ihn unmittelbar und kategorisch angehen. Die Stoßrichtung beider Sätze ist trotz des Unterschieds im Begründungszusammenhang dieselbe: Der Mensch weiß um die Gesetze der reinen praktischen Vernunft bzw. diese gehen ihn unmittelbar und kategorisch an, ebenso (wie) er in der

Verstandeswelt nur als Intelligenz das eigentliche Selbst ist. Was das genau heißt, bleibt zumindest im Detail nahezu unverständlich.[252]

Der nächste Teilsatz, der mit der Konjunktion ‚sodass' eine Folgerung aus dem Vorangegangenen einleitet, betont, dass (aufgrund des zuvor Gesagten) das, ‚wozu Neigungen und Antriebe anreizen', die Gesetze des Wollens des Menschen (d. h. die vorher beschriebenen Gesetze, die in der Verstandeswelt von der reinen praktischen Vernunft gegeben wurden) als Intelligenz nicht beeinträchtigen kann. Die Gesetze der reinen praktischen Vernunft können durch die Neigungen und Antriebe, welche hier als Inbegriff der ganzen Natur der Sinnenwelt aufgefasst werden, nicht behindert werden. Der Mensch gibt sich als Intelligenz, d. h. als reiner Wille, kategorische Gesetze, die im Hinblick auf seinen Charakter als Phänomen der Sinnenwelt unmittelbar nötigend sind. Diese selbstgegebenen Gesetze gehen den Menschen (weil sie aus der Verstandeswelt stammen) unmittelbar und kategorisch an. Ein vernünftiges Wesen, d. h. ein Wesen der Verstandeswelt (also eine praktische Intelligenz), zu dessen Begriff wir durch die Deduktion der Idee eines reinen Willens in Sektion 4 geführt werden, schreibt sich folglich die Neigungen und Antriebe als Aspekte der Sinnenwelt[253] nicht zu und begreift sie nicht als zu diesem Selbstverständnis gehörig. Was sich der Mensch als Intelligenz aber trotzdem zuschreiben muss, ist die ‚Nachsicht', die er gegenüber den sinnlichen Neigungen und Antrieben in der Willensbestimmung ‚zum Nachteil der Vernunftgesetze' zeigt, indem er sie in seine Maximen einbezieht.[254]

> 458.6–35
> Dadurch, daß die praktische Vernunft sich in eine Verstandeswelt hinein denkt, überschreitet sie gar nicht ihre Grenzen, wohl aber wenn sie sich *hineinschauen, hineinempfinden* wollte. Jenes ist nur ein negativer Gedanke in Ansehung der Sinnenwelt, die der Vernunft in Bestimmung des Willens keine Gesetze giebt, und nur in diesem einzigen Punkte positiv, daß jene Freiheit als negative Bestimmung zugleich mit einem (positiven) Vermögen und sogar mit einer Causalität der Vernunft verbunden sei, welche wir einen Willen nennen, so zu

---

252 Wenn ich es richtig einschätze, bietet auch Schönecker (2012) keine genaue Erklärung dieses Begründungszusammenhanges.

253 Kant schreibt: ‚[...] den Gesetzen seines Wollens als Intelligenz keinen Abbruch tun kann, so gar, dass er die erstere nicht verantwortet'. ‚Erstere' müsste man dann auf die ‚ganze Natur der Sinnenwelt' beziehen. Es klänge allerdings seltsam, wenn man sagte, dass der Mensch die ganze Natur der Sinnenwelt nicht verantwortet und seinem Willen nicht zuschreibt. Aus diesem Grunde ist die Korrektur von Vorländer sicher richtig, der ‚erstere' durch ‚ersteren' ersetzt (vgl. Schönecker 2012, S. 125).

254 An dieser Stelle kann man einen impliziten Ansatz zu einer Theorie des Bösen sehen, denn es stellt sich hier die Frage, *wer* die Nachsicht gegenüber den Neigungen und Antrieben zeigt? Müsste das nicht der Mensch als Glied der Verstandeswelt sein? Zu dieser Frage ausführlich und überzeugend Schönecker (2012, S. 124–132).

> handeln, daß das Princip der Handlungen der wesentlichen Beschaffenheit einer Vernunftursache, d. i. der Bedingung der Allgemeingültigkeit der Maxime als eines Gesetzes, gemäß sei. Würde sie aber noch ein *Object des Willens*, d. i. eine Bewegursache, aus der Verstandeswelt herholen, so überschritte sie ihre Grenzen und maßte sich an, etwas zu kennen, wovon sie nichts weiß. Der Begriff einer Verstandeswelt ist also nur ein *Standpunkt*, den die Vernunft sich genöthigt sieht, außer den Erscheinungen zu nehmen, *um sich selbst als praktisch zu denken*, welches, wenn die Einflüsse der Sinnlichkeit für den Menschen bestimmend wären, nicht möglich sein würde, welches aber doch nothwendig ist, wofern ihm nicht das Bewußtsein seiner selbst als Intelligenz, mithin als vernünftige und durch Vernunft thätige, d. i. frei wirkende, Ursache abgesprochen werden soll. Dieser Gedanke führt freilich die Idee einer anderen Ordnung und Gesetzgebung, als die des Naturmechanismus, der die Sinnenwelt trifft, herbei und macht den Begriff einer intelligibelen Welt (d. i. das Ganze vernünftiger Wesen, als Dinge an sich selbst) nothwendig, aber ohne die mindeste Anmaßung, hier weiter als bloß ihrer *formalen* Bedingung nach, d. i. der Allgemeinheit der Maxime des Willens als Gesetz, mithin der Autonomie des letzteren, die allein mit der Freiheit desselben bestehen kann, gemäß zu denken; da hingegen alle Gesetze, die auf ein Object bestimmt sind, Heteronomie geben, die nur an Naturgesetzen angetroffen werden und auch nur die Sinnenwelt treffen kann.

Ab 458.6 nimmt Kant seine vorangegangene Argumentation noch einmal vor dem Hintergrund einer möglichen Kritik durch den an mehreren Stellen imaginierten Fatalisten in den Blick, d. h., er resümiert seine Gedanken vor dem Hintergrund des Erkenntnisbegriffs der theoretischen Philosophie. Dabei kommt er das erste Mal seit 456.34 wieder auf eine Grenze der praktischen Philosophie zu sprechen. Wenn Kant von einer reinen Verstandeswelt schreibt und davon, dass in dieser Welt reine praktische Vernunft ein kategorisch und unmittelbar geltendes Gesetz erlässt, dann bedürfen diese Ausdrücke der einschränkenden Bestimmung ihres Geltungsanspruchs. Hierin liegt ein Aspekt der in der Überschrift von Sektion 5 angesprochenen Grenzbestimmung der praktischen Philosophie.[255] Die praktische Vernunft kann in erkenntnistheoretischer Hinsicht von der Verstandeswelt kein Wissen haben, d. h., es gibt keine Erkenntnis der übersinnlichen Welt – obwohl Kant behauptet, dass der Mensch *doch* etwas von dieser Welt ‚weiß', und zwar, ‚dass darin lediglich die Vernunft und zwar reine, von Sinnlichkeit unabhängige Vernunft das Gesetz gebe'. In diesem einen Punkt hat der Mensch Wissen über einen Aspekt der Verstandeswelt, weil die praktische Vernunft das Bewusstsein eines intelligiblen Aktes ihrer selbst hat – und zwar das Bewusstsein, von bloß subjektiv bestimmenden Gründen (den Antrieben und sinnlichen Neigungen) frei

---

255 Laut Allison (2011, S. 355) will sich Kant mit dieser Rede von einem bloßen Standpunkt gegen eine ‚metaphysische Lesart' absichern: „[...] Kant's characterization of the concept of this world as ‚only a *standpoint*' may be seen as an effort to block a metaphysical reading [...]" (Hervorh. v. Allison).

zu sein. Dies zeigt sich dadurch, dass der Mensch – selbst bei widerstrebenden Neigungen – nicht anders kann, als den Anspruch des Sittengesetzes als richtig anzuerkennen. Diese aus freiheitsskeptischer Sicht immer fragwürdige Erfahrung ist durch die Ergebnisse der dritten Antinomie insoweit legitimiert, als sie ein moralisches Selbstverständnis, das aus dieser Erfahrung folgt, vor freiheitsreduktionistischen Angriffen in Schutz nehmen kann. Ein Bewusstsein von Sittengesetz und Freiheit ist denkbar – und in praktischer Hinsicht verfügen wir auch tatsächlich darüber. Es ergibt sich nicht nur im Sinne der Überlegungen aus den Sektionen 1–2 aus semantisch-begrifflichen Folgerungen, sondern besteht im Selbstverständnis des Menschen *wirklich*, auch wenn dies in erkenntnistheoretischer Perspektive eine reine Illusion sein könnte. Die praktische Philosophie kann aufgrund dieses Selbstverständnisses den Menschen als ein freies Wesen der Verstandeswelt denken, aber sie darf darüber hinaus nicht beanspruchen, Einblick in einen realontologischen Sachverhalt zu haben; sie darf sich in eine Verstandeswelt hinein*denken*. Dadurch macht sie sich keiner Grenzüberschreitung schuldig, wohl aber dann, wenn ‚sie sich hineinschauen, hineinempfinden wollte'[256]. Das Pronomen ‚jenes', mit dem der neue Satz in 458.8 beginnt, muss man auf das ‚Hineindenken' der praktischen Vernunft in eine Verstandeswelt beziehen. Dieses Hineindenken ist nur ein ‚negativer Gedanke in Ansehung der Sinnenwelt'. Wir können ein moralisches Handlungsgesetz, etwas das sein *soll*, nicht aus dem, was *ist*, entnehmen. Weil die Sinnenwelt ‚der Vernunft in Bestimmung des Willens keine Gesetze gibt', müssen wir daher annehmen, dass diese Gesetze nicht aus der Sinnenwelt stammen, sondern aus einer Verstandeswelt. Wenn Kant schreibt, dass der Gedanke einer intelligiblen Welt nur in dem Sinne positiv sei, dass ‚jene Freiheit als negative Bestimmung zugleich mit einem (positiven) Vermögen und sogar mit einer Kausalität der Vernunft verbunden sei', dann kann der ‚negative Gedanke' in Ansehung der Sinnenwelt nur in der Behauptung eines (zunächst auch bloß als negativ gedachten) Begriffs der Freiheit bestehen. Denn Kant fährt fort, dass

> jene Freiheit als negative Bestimmung zugleich mit einem (positiven) Vermögen und sogar mit einer Causalität der Vernunft verbunden sei, welche wir einen Willen nennen, so zu handeln, daß das Princip der Handlungen der wesentlichen Beschaffenheit einer Ver-

256 Seltsamerweise schreiben Horn/Mieth/Scarano (2007, S. 29) zu dieser Stelle: „Wir dürfen die vorliegende Argumentation [Kants Überlegungen zu einer reinen Verstandeswelt, H. P.] nicht zum Anlaß nehmen, uns in eine solche Welt [d. h. die Verstandeswelt] hineinzudenken, in sie hineinzuschauen oder hineinzuempfinden, wie Kant mahnt". Mir scheint, dass den Autoren an dieser Stelle die zentrale Pointe entgangen ist: hineinschauen oder hineinempfinden dürfen wir uns in die reine Verstandeswelt nicht, aber uns hinein*denken*, das dürfen wir.

> nunftursache, d. i. der Bedingung der Allgemeingültigkeit der Maxime als eines Gesetzes, gemäß sei (458.11–16).

Wir denken uns ein von der Natur unabhängiges Vermögen, dessen bescheidenste Fassung zunächst in der Annahme einer Unabhängigkeit der Vernunft von bloß subjektiv bestimmenden Ursachen besteht, d. h. im negativen Freiheitsbegriff. Wenn wir ein solches Vermögen annehmen dürfen, das von der Bestimmung der Natur unabhängig ist, dann muss dieses Vermögen einer ganz eigenen Kausalität folgen – und das ist jenes positive Vermögen, sich selbst in Form von verallgemeinerbaren Maximen ein Handlungsgesetz aufzuerlegen. Das Hineindenken der Vernunft in eine Verstandeswelt ist nur in dem ‚einzigen Punkte positiv', dass wir den Gedanken der Unabhängigkeit der Vernunft durch denjenigen eines gesetzgebenden Prinzips erweitern. Diese Annahme, die sich auf ein sittliches Bewusstsein stützt, das wir immer schon haben, und die die Vernunft gegenüber dem fatalistischen Skeptiker legitimieren und philosophisch explizieren muss, darf sie nicht weiter als bis zu diesem Punkt denken. D. h., sie kann den Grund dieses Prinzips nicht weiter erklären, sie darf keine intelligible ‚Bewegursache', kein ‚Objekt des Willens' behaupten. Dadurch würde sie ihre Grenzen überschreiten und eine Aussage über ein Wirkungsverhältnis machen, das sie nicht kennen kann.

Der Gedanke einer Verstandeswelt ist eine notwendige und durch die Ergebnisse der dritten Antinomie gegenüber moralreduktionistischen Ansätzen legitimierte Annahme[257], die die Vernunft sich zu denken gezwungen sieht, damit sie einen Standpunkt außerhalb der kausalmechanisch verfassten Welt als Inbegriff der Natur einnehmen kann. Die Vernunft sieht sich gezwungen, diese Perspektive einzunehmen, ‚um sich selbst als praktisch zu denken'. Die Einnahme dieser gedanklichen Position ‚außer den Erscheinungen' ist notwendig, ‚wofern ihm [d. h. dem Menschen, H. P.] nicht das Bewusstsein seiner selbst als Intelligenz, mithin als vernünftige und durch Vernunft tätige, d. i. frei wirkende Ursache abgesprochen werden soll'[258]. Würde

257 Klemme (2014, S. 84 f., Hervorh. v. Klemme) hebt zwei Positionen hervor, gegen die sich Kant mit seinen abschließenden Überlegungen in der fünften Sektion richte: „Die *erste* Position ist die des epistemologischen Skeptikers. Sie wird von Christian Garve vertreten. Garve ist davon überzeugt, dass wir einerseits frei handelnde Subjekte, andererseits aber zugleich den Gesetzen der naturmechanisch determinierten Welt unterworfen sind. [...] Die *zweite* Position ist die des Fatalisten. Sie wird (beispielsweise) von Johann Heinrich Schulz in seinem *Versuch einer Anleitung zur Sittenlehre für alle Menschen* (1793) vertreten, die Kant noch im Jahr ihres Erscheinens rezensiert. Der Fatalist nimmt für sich in Anspruch, die Unmöglichkeit des Begriffs der Freiheit *beweisen* und sie als Chimäre ausweisen zu können."

258 Wie wir gesehen haben, gebraucht Kant den Begriff der Intelligenz in seiner Vernunftkritik in großer und überwiegender Anzahl für die Charakterisierung des Menschen als eines freien und durch praktische Vernunft wirkmächtigen Wesens – und so gut wie nie für die Bestimmung des

man die Legitimität der Einnahme dieses Standpunktes verneinen, dann müsste dem Menschen das Bewusstsein seiner selbst als vernünftige und durch Vernunft tätige Ursache, d. h. sein Bewusstsein, eine frei wirkende Handlungsursache zu sein, abgesprochen werden. Die Formulierungen könnten eindeutiger nicht sein: ‚*um* sich selbst als praktisch zu denken' und ‚*wofern* ihm nicht das Bewusstsein [...] als vernünftige [...], d. i. frei wirkende Ursache abgesprochen werden soll'. Die Auskunft des transzendentalen Idealismus, die Kant bei der Auflösung des Zirkelverdachts in Sektion 3 erwähnt, stellt in diesem Zusammenhang lediglich eine notwendige Voraussetzung der Vernunft dar, *um* sich als praktisch zu denken. Sie ist notwendig, *insofern* dem Menschen nicht das Bewusstsein des Sittengesetzes abgesprochen werden soll. Oder wie Kant es an anderer Stelle formuliert (vgl. 456.28): Durch den Nachweis der Denkmöglichkeit der Freiheit schafft die spekulative der praktischen Philosophie ‚freie Bahn', d. h., sie legitimiert ein immer schon vorhandenes, aber reduktionistischen Angriffen ausgesetztes Freiheitsverständnis.[259] In 458.25–35 wiederholt und bekräftigt Kant noch einmal seine Überlegungen aus 458.6–8. Der Gedanke einer praktischen Kausalität aus Freiheit bedarf der Vorstellung einer anderen Ordnung der Dinge und einer anderen Gesetzgebung, als wir sie in der Vorstellung der Natur als eines kausalmechanisch verfassten Zusammenhangs annehmen. Diese andere Ordnung besteht in der Idee, die Gemeinschaft vernünftiger Wesen (‚das Ganze vernünftiger Wesen') als intelligible Gemeinschaft in einer reinen Verstandeswelt, einer ‚intelligiblen Welt', zu denken. Wie in 458.6–18 betont Kant aber noch einmal, dass diese reine Verstandeswelt nur ein Gedanke ohne Anspruch auf objektive Realität ist. In 458.10 f. hatte er bereits ausgeführt, dass diese Annahme allein in einem Punkt positiv ist, und zwar in der Vorstellung, dass dort ein Subjekt seiner Freiheit entsprechend nach einer ‚formalen Bedingung' handelt. D. h., es orientiert seine Maxime an der ‚Allgemeinheit der Maxime des Willens als Gesetz' und handelt dadurch autonom – im Gegensatz zu den Gesetzen, die dem Handeln ein Objekt zugrunde legen und damit nicht durch Autonomie, sondern durch Heteronomie gekennzeichnet sind. Diese Heteronomie bestände in der schon mehrfach angesprochenen Bestimmung durch Naturgesetze.

458.36–459.1–31

> Aber alsdann würde die Vernunft alle ihre Grenze überschreiten, wenn sie es sich zu *erklären* unterfinge, *wie* reine Vernunft praktisch sein könne, welches völlig einerlei mit der Aufgabe

Menschen als eines im Denken und Urteilen freien Wesens. Das Bewusstsein seiner Intelligenz, das Bewusstsein, von bloß subjektiv bestimmenden Gründen frei zu sein, ist ein Bewusstsein der praktischen Vernunft, von den Eindrücken der Sinnlichkeit frei und als Ursache für eine Handlung verantwortlich zu sein. Das Wort ‚mithin' ist an diesen und anderen Stellen als ein ‚also' zu lesen. Wo Kant ein Begründungsverhältnis ausdrücken will, schreibt er in der Regel ‚folglich'.

259 Zu diesem Zusammenhang ausführlich Puls (2011, S. 549–551).

> sein würde, zu erklären, *wie Freiheit möglich* sei. Denn wir können nichts erklären, als was wir auf Gesetze zurückführen können, deren Gegenstand in irgend einer möglichen Erfahrung gegeben werden kann. Freiheit aber ist eine bloße Idee, deren objective Realität auf keine Weise nach Naturgesetzen, mithin auch nicht in irgend einer möglichen Erfahrung dargethan werden kann, die also darum, weil ihr selbst niemals nach irgend einer Analogie ein Beispiel untergelegt werden mag, niemals begriffen, oder auch nur eingesehen werden kann. Sie gilt nur als nothwendige Voraussetzung der Vernunft in einem Wesen, das sich eines Willens, d. i. eines vom bloßen Begehrungsvermögen noch verschiedenen Vermögens, (nämlich sich zum Handeln als Intelligenz, mithin nach Gesetzen der Vernunft unabhängig von Naturinstincten zu bestimmen) bewußt zu sein glaubt. Wo aber Bestimmung nach Naturgesetzen aufhört, da hört auch alle *Erklärung* auf, und es bleibt nichts übrig als *Vertheidigung*, d. i. Abtreibung der Einwürfe derer, die tiefer in das Wesen der Dinge geschaut zu haben vorgeben und darum die Freiheit dreust für unmöglich erklären. Man kann ihnen nur zeigen, daß der vermeintlich von ihnen darin entdeckte Widerspruch nirgend anders liege als darin, daß, da sie, um das Naturgesetz in Ansehung menschlicher Handlungen geltend zu machen, den Menschen nothwendig als Erscheinung betrachten mußten und nun, da man von ihnen fordert, daß sie ihn als Intelligenz auch als Ding an sich selbst denken sollten, sie ihn immer auch da noch als Erscheinung betrachten, wo denn freilich die Absonderung seiner Causalität (d. i. seines Willens) von allen Naturgesetzen der Sinnenwelt in einem und demselben Subjecte im Widerspruche stehen würde, welcher aber wegfällt, wenn sie sich besinnen und wie billig eingestehen wollten, daß hinter den Erscheinungen doch die Sachen an sich selbst (obzwar verborgen) zum Grunde liegen müssen, von deren Wirkungsgesetzen man nicht verlangen kann, daß sie mit denen einerlei sein sollten, unter denen ihre Erscheinungen stehen.

Durch den bloßen Gedanken einer Verstandeswelt ‚überschreitet' (vgl. 458.7) die Vernunft ihre Grenze nicht, wohl aber dann, ‚wenn sie es sich zu erklären unterfinge, wie reine Vernunft praktisch sein könne, welches völlig einerlei mit der Aufgabe sein würde, zu erklären, wie Freiheit möglich sei'. Kant benennt an dieser Stelle zum ersten Mal diejenigen Annahmen, die die Vernunft jene in der Überschrift zu Sektion 5 angeführte ‚Grenze' überschreiten lassen würden. Die praktische Vernunft verließe ihren Kompetenzbereich, wenn sie anfinge, *erklären* zu wollen, wie reine Vernunft praktisch sein könne und wie Freiheit möglich sei. Das erste Problem bestände darin, zu erklären, *dass* praktische Vernunft den Willen des Menschen bestimmt (*principium diiudicationis*), und ferner darin, zu erklären, *wie* der Wille eines sinnlich-vernünftigen Wesens durch ein rationales Handlungsprinzip bestimmt werden kann (*principium executionis*). Die zweite Grenzüberschreitung läge in dem Versuch, zu erklären, wie Kausalität aus Freiheit möglich sei. Dieses zweite Problem hängt mit dem ersten insofern zusammen, als auch die Frage, wie Vernunft praktisch sein könne – d. h. hier vor allem, wie ein sinnlich affizierter Wille sich nach einem Gesetz bestimmen lassen kann –, eine solche Kausalität voraussetzt. Kant bestimmt diese potenzielle Grenzüberschreitung der praktischen Vernunft dadurch, dass er das *Erklären* dem Kompetenzbereich der theoretischen Vernunft zuordnet und so den Kompetenzbereich der praktischen Philosophie einschränkt. *Erklären* können wir Kant zufolge immer nur dann etwas, wenn wir es auf ein Gesetz zurückführen können, dessen Gegenstände aus der Erfahrung geschöpft werden können. Zwar ist sich Kant bewusst, dass auch reine Verstandesbegriffe – wie etwa der für den Gesetzesbegriff einer kausalmechanisch verfassten Natur wichtige Terminus der absoluten Notwendigkeit – nicht aus der Erfahrung selbst entnommen werden können, sich aber – wie der Begriff der Naturnotwendigkeit – dennoch durch Erfahrung bestätigen lassen (vgl. 455.17–27). Freiheit ist hingegen eine bloße Idee und nicht durch empirische Erfahrung zu beweisen oder zu widerlegen. Auch mit diesem Gedanken knüpft Kant an Überlegungen vom Beginn der Sektion 5 an, in denen er wie hier der Freiheit die Möglichkeit, objektive Realität zu erlangen, abspricht. Nicht aus dem Grunde, weil Freiheit eine Illusion wäre und die empirische Welt die einzig vorstellbare Realität, sondern weil wir Freiheit nicht durch Erfahrung bestätigen können. Freiheit kann nicht in ‚irgendeiner möglichen Erfahrung gegeben', in ‚irgendeiner möglichen Erfahrung dargetan werden'. Sie bleibt zumindest in dieser Perspektive theoretischer Erklärung ein reiner Vernunftbegriff, eine bloße Idee, und kann in dieser Hinsicht nicht begriffen oder eingesehen werden. Es ist wichtig zu beachten, dass die gesamte Passage 458.36–459.1–31 so gehalten ist, dass Kant hier Ergebnisse aus den vorangegangenen Sektionen vor dem Hintergrund einer möglichen Gefahr der Kompetenzüberschreitung der praktischen Vernunft reformuliert. Dabei könnte der Eindruck entstehen, er wollte bestimmte Erkenntnisse der Sektionen 1–4 nun wieder zurücknehmen oder zumindest einschränken.[260] Das ist aber nicht der Fall. Kant zeigt in diesem abschließenden Abschnitt nur, wie seine Überlegungen zum Begriff der Freiheit, zum möglichen Bewusstsein dieser Freiheit durch die unmittelbare Einsicht in die Geltung des Sittengesetzes und damit auch zu der Möglichkeit eines kategorischen Imperativs durch die Idee eines reinen Willens *nicht* aufgefasst werden dürfen. Sie dürfen nicht verstanden werden als eine Art Erweiterung des Kompetenzbereichs der Vernunft in theoretischer Perspektive. Vielmehr stellen sie lediglich die Exposition und Explikation eines konsistenten moralischen Selbstverständnisses dar. Methodisch legitimiert sind Kants Überlegungen durch die Ergebnisse der Auflösung der dritten Antinomie, die zeigen, dass der Begriff der Freiheit zumindest nicht undenkbar ist. In diesem Sinne wiederholt Kant noch einmal die mittlerweile wohlbekannte Einsicht, dass Freiheit nur eine

260 Hierauf weist z. B. Allison (2011, S. 359) hin: „But, as I previously noted, his [Kants, H. P.] final answer [Antwort auf die Frage, inwieweit ein kategorischer Imperativ möglich sei] appears to involve a considerable weakening of his initial claims".

> nothwendige Voraussetzung der Vernunft in einem Wesen [ist], das sich eines Willens, d.i. eines vom bloßen Begehrungsvermögen noch verschiedenen Vermögens, (nämlich sich zum Handeln als Intelligenz, mithin nach Gesetzen der Vernunft unabhängig von Naturinstincten zu bestimmen) bewußt zu sein glaubt (459.10–14).

Diese Formulierung ist uns in ähnlichen Wendungen bereits begegnet,[261] nur schreibt Kant hier nichts mehr davon, dass der Mensch über ein solches Bewusstsein verfüge, sondern nur, dass er sich etwas ‚bewusst zu sein glaubt'. Im Sinne der Interpretation Schöneckers[262] könnte man nun auch versuchen, die anderen Passagen, in denen von einem solchen Freiheits- und Moralbewusstsein die Rede ist, so zu lesen, dass dort zum Ausdruck käme, der Mensch *meine nur*, dieses Bewusstsein zu haben. Erstaunlicherweise finden sich fast alle diese Passagen in Sektion 5; und paradoxerweise stehen sie Abschnitten gegenüber, in denen Kant deutlicher als in den vorherigen Sektionen auf ein solches Bewusstsein hinweist. Kant hebt mehrfach hervor, dass die Idee der Freiheit notwendig ist, wenn wir dem Menschen nicht das Bewusstsein seiner selbst als praktische Intelligenz absprechen wollen. Es wäre ausgesprochen merkwürdig, wenn diese Stellen so zu lesen wären, dass Freiheit vorausgesetzt werden muss, damit dem Menschen nicht das illusionäre, bloß eingebildete Bewusstsein seiner praktischen Intelligenz abgesprochen werden kann. Die wenigen Stellen, die so aufzufassen sind, dass der Mensch sich dieses Vermögen womöglich illegitimerweise zuschreibt (in dem Sinne, dass er sich dessen *nur* ‚bewusst zu sein *glaubt*', Hervorh. H. P.), müssen im Kontext der Gefahr einer möglichen Grenzüberschreitung bzw. vor dem Hintergrund der dort eingenommenen Perspektive der theoretischen Vernunft gesehen werden: In dieser skeptischen bzw. auf den Begriff von sachhaltiger Erfahrung beschränkten Perspektive kann man das Phänomen eines Bewusstseins der Sittlichkeit und Freiheit nur so beschreiben, dass sich der Mensch dieses nur zuschreibt oder Anspruch auf die Realität desselben erhebt. Die Vernunft in praktischer Rücksicht darf (legitimiert durch die Ergebnisse der Auflösung der dritten Antinomie) diesen Anspruch anders deuten und annehmen, dass jenem Bewusstsein in praktischer Hinsicht auch praktische Realität zukommt. Im Kontext des Begriffs der *Erklärung*, wie Kant ihn in Sektion 5 immer

261 Vgl. 458.23–25, wo Kant schreibt, dass die Annahme der Freiheit des Menschen notwendig sei, „wofern ihm nicht das Bewußtsein seiner selbst, als Intelligenz, mithin als vernünftige und durch Vernunft tätige, d.i. frei wirkende Ursache abgesprochen werden soll".

262 Die anderen Stellen, die man für eine solche Interpretation mobilisieren könnte, sind diejenigen, an denen Kant schreibt, dass der Mensch sich frei ‚dünkt' und sich eines Willens ‚anmaßt'. Schönecker (1999, S. 315) gesteht ein, dass Kant „zuweilen vom ‚Bewußtsein' eines freien Willens" spreche, argumentiert aber dafür, dass es sich dabei um eine uneigentliche Redeweise Kants handele. Zu einer Kritik dieser Interpretation vgl. Puls (2011, S. 549 f.).

wieder im Zusammenhang mit der Benennung einer Grenzbestimmung der praktischen Philosophie anführt, ist es daher folgerichtig, dass er schreibt, der Mensch *glaube* (nur), sich bewusst zu sein, über ein Vermögen der praktischen Vernunft zu verfügen:

> Wo aber Bestimmung nach Naturgesetzen aufhört, da hört auch alle Erklärung auf, und es bleibt nichts übrig als *Vertheidigung*, d. i. Abtreibung der Einwürfe derer, die tiefer in das Wesen der Dinge geschaut zu haben vorgeben und darum die Freiheit dreust für unmöglich erklären (459.14–18).

Die praktische Philosophie darf sich nicht anmaßen, eine Erklärungsleistung nach den Parametern der Naturwissenschaft vollziehen zu können, denn dies ist nur durch die Naturgesetze möglich. Sie kann aber unter Zuhilfenahme der spekulativen Philosophie zeigen – und damit bewegt sie sich innerhalb ihres Kompetenzbereichs –, dass es einen Bereich gibt, in dem das praktische Selbstverständnis und dessen notwendige Voraussetzungen als legitim gedacht werden können: die Vorstellung einer intelligiblen Welt. Im Hinblick auf die Möglichkeit einer Unterscheidung von phänomenaler und noumenaler Welt erscheint nun der ausschließliche Anspruch der Vertreter der theoretischen Philosophie auf die Deutung des Menschen als Grenzüberschreitung, da sie dadurch ‚tiefer in das Wesen der Dinge geschaut zu haben vorgeben und darum die Freiheit dreust für unmöglich erklären'. In der *GMS* wiederholt Kant dazu noch einmal seine Ergebnisse aus der Auflösung der dritten Antinomie: Man müsse den Verfechtern eines Freiheits- und Moralskeptizismus zeigen, dass der ‚vermeintlich von ihnen entdeckte Widerspruch' darin liege, dass sie den Menschen nur als Erscheinung betrachteten, dass dieser Widerspruch aber wegfiele, wenn sie die Möglichkeit, den Menschen auch als Ding an sich, als Intelligenz, zu betrachten, zugeständen und somit auch einsehen würden, dass die Wirkungsgesetze dieser intelligiblen Welt nicht ‚einerlei' mit denen sind, die in der Erscheinungswelt Geltung haben.

> 459.32–461.1–6
> Die subjective Unmöglichkeit, die Freiheit des Willens zu *erklären*, ist mit der Unmöglichkeit, ein *Interesse*[263] ausfindig und begreiflich zu machen, welches der Mensch an moralischen

263 Kant erläutert dieses Interesse in der Fußnote zu diesem Begriff folgendermaßen: „Interesse ist das, wodurch Vernunft praktisch, d. i. eine den Willen bestimmende Ursache, wird. Daher sagt man nur von einem vernünftigen Wesen, daß es woran ein Interesse nehme, vernunftlose Geschöpfe fühlen nur sinnliche Antriebe. Ein unmittelbares Interesse nimmt die Vernunft nur alsdann an der Handlung, wenn die Allgemeingültigkeit der Maxime derselben ein gnugsamer Bestimmungsgrund des Willens ist. Ein solches Interesse ist allein rein. Wenn sie aber den Willen nur vermittelst eines anderen Objects des Begehrens, oder unter Voraussetzung eines besonderen

Gesetzen nehmen könne, einerlei; und gleichwohl nimmt er wirklich daran ein Interesse, wozu wir die Grundlage in uns das moralische Gefühl nennen, welches fälschlich für das Richtmaß unserer sittlichen Beurtheilung von einigen ausgegeben worden, da es vielmehr als die *subjective Wirkung*, die das Gesetz auf den Willen ausübt, angesehen werden muß, wozu Vernunft allein die objectiven Gründe hergiebt.

Um das zu wollen, wozu die Vernunft allein dem sinnlich=afficirten vernünftigen Wesen das Sollen vorschreibt, dazu gehört freilich ein Vermögen der Vernunft, ein *Gefühl der Lust* oder des Wohlgefallens an der Erfüllung der Pflicht *einzuflößen*, mithin eine Causalität derselben, die Sinnlichkeit ihren Principien gemäß zu bestimmen. Es ist aber gänzlich unmöglich, einzusehen, d. i. *a priori* begreiflich zu machen, wie ein bloßer Gedanke, der selbst nichts Sinnliches in sich enthält, eine Empfindung der Lust oder Unlust hervorbringe; denn das ist eine besondere Art von Causalität, von der wie von aller Causalität wir gar nichts *a priori* bestimmen können, sondern darum allein die Erfahrung befragen müssen. Da diese aber kein Verhältniß der Ursache zur Wirkung, als zwischen zwei Gegenständen der Erfahrung an die Hand geben kann, hier aber reine Vernunft durch bloße Ideen (die gar keinen Gegenstand für Erfahrung abgeben) die Ursache von einer Wirkung, die freilich in der Erfahrung liegt, sein soll, so ist die Erklärung, wie und warum uns die *Allgemeinheit der Maxime als Gesetzes*, mithin die Sittlichkeit interessire, uns Menschen gänzlich unmöglich. So viel ist nur Gewiß: daß es nicht darum für uns Gültigkeit hat, *weil es interessirt* (denn das ist Heteronomie und Abhängigkeit der praktischen Vernunft von Sinnlichkeit, nämlich einem zum Grunde liegenden Gefühl, wobei sie niemals sittlich gesetzgebend sein könnte), sondern daß es interessirt, weil es für uns als Menschen gilt, da es aus unserem Willen als Intelligenz, mithin aus unserem eigentlichen Selbst Entsprungen ist; *was aber zur bloßen Erscheinung gehört, wird von der Vernunft nothwendig der Beschaffenheit der Sache an sich selbst untergeordnet.*

Kant verknüpft das Problem, wie Freiheit als eine Kausalität des Subjekts erklärt werden kann, mit der Frage, wie es möglich ist, dass der Mensch ein Interesse an

---

Gefühls des Subjects bestimmen kann, so nimmt die Vernunft nur ein mittelbares Interesse an der Handlung, und da Vernunft für sich allein weder Objecte des Willens, noch ein besonderes ihm zu Grunde liegendes Gefühl ohne Erfahrung ausfindig machen kann, so würde das letztere Interesse nur empirisch und kein reines Vernunftinteresse sein. Das logische Interesse der Vernunft (ihre Einsichten zu befördern) ist niemals unmittelbar, sondern setzt Absichten ihres Gebrauchs voraus." An dieser Stelle bezieht sich Kant zweifelsfrei auf seine Theorie der Achtung, die auch in der *GMS* schon voll entfaltet ist, hier aber von Kant, was den Umfang und die Deutlichkeit ihrer Explikation angeht, relativ stiefmütterlich behandelt wird. Timmermann z. B. verfolgt den Zusammenhang zwischen dem moralischen Interesse/der Achtung und dem Faktum der Vernunft nicht weiter, obwohl er in seiner Interpretation der fünften Sektion sehr deutlich darauf hinweist, dass dieser Zusammenhang von Kant intendiert ist: „*Dass* wir [...] frei nicht nur im Urteilen, sondern auch in unserem Handeln sind, ist nur dann möglich, wenn wir an moralischen Geboten ein Interesse nehmen. Wir nehmen ein Interesse. Doch es ist gegeben und kann nicht erklärt werden, weil es nicht auf natürlichem Wege entsteht. Wir verfolgen Zwecke, die nicht auf unseren natürlichen Triebfedern beruhen. Das Interesse ist bloß *praktisch* notwendig. Kant nennt es in der *Kritik der praktischen Vernunft* das ‚Factum' der Vernunft" (Timmermann 2004, S. 151 f., Hervorh. v. Timmermann).

moralischen Gesetzen hat. Wie kann es sein, dass für ihn als sinnlich-vernünftiges Wesen ein rein intelligibles Handlungsgesetz von Belang ist? Dass es ein solches Interesse des Menschen gibt, ist für Kant ein Tatbestand. An mehreren Stellen in der *GMS* macht er deutlich, dass die Frage nach dem moralischen Interesse/der Achtung – anders als man auch hier vielleicht vermuten könnte – über die Frage nach einer Motivation zum Handeln weit hinausgeht: Die Achtung stellt nicht nur eine Motivation dar, dem Sittengesetz zu entsprechen, sondern durch Achtung *erkennen* wir die Geltung des kategorischen Imperativs (vgl. 401.17–34, 424.15–37). In der dritten Sektion hängt deshalb auch die Beantwortung der Frage, wie der kategorische Imperativ Geltung erlangt, an der Wirklichkeit eines moralischen Interesses, d. h. der Achtung: Erst wenn gezeigt ist, dass der Mensch wirklich praktische Vernunft in sich findet und er somit ein Interesse an der Sittlichkeit nimmt, d. h. Achtung vor dem Sittengesetz hat, kann der Zirkelverdacht als gehoben betrachtet werden. Im Abschnitt 449.7–36–450.1–7, der sich unmittelbar vor der Konstatierung des Zirkelverdachts findet, knüpft Kant die in unterschiedlichen rhetorischen Wendungen vorgebrachte Frage nach der Geltung des kategorischen Imperativs an das moralische Interesse/die Achtung. Wenn wir in der Idee der Freiheit die Geltung des Sittengesetzes auch für sinnlich-vernünftige Wesen einfach voraussetzten, könnten wir dadurch nicht erklären „warum denn die Allgemeingültigkeit unserer Maxime, als eines Gesetzes, die einschränkende Bedingung unserer Handlungen sein müsse, und worauf wir den Werth gründen, den wir dieser Art zu handeln beilegen, der so groß sein soll, daß es überall kein höheres Interesse geben kann“ (449.32–35). Wir könnten diese Frage aber beantworten, wenn wir durch eine Kritik des Subjekts nachweisen könnten (und darin liegt Kants an dieser Stelle in Sektion 3 aus rhetorischen Gründen zunächst zurückgehaltene Antwort), dass der Mensch ein Gefühl der Achtung vor dem Sittengesetz hat – und dadurch eine unmittelbare Erkenntnis dieses Gesetzes. Dieser Hinweis auf die Achtung, der sich in 449.7–36–450.1–7 ankündigt, erfolgt allerdings in der Auflösung des Zirkelverdachts (durch das Vermögen, das der Mensch wirklich in sich findet – die praktische Vernunft und ihre Ideen) nur sehr pauschal über den Verweis auf die Wirklichkeit dieser Vernunft.

Trotz der in 459.33 konstatierten ‚Unmöglichkeit‘, ein solches moralisches Interesse ‚ausfindig und begreiflich zu machen‘, nehme der Mensch ‚gleichwohl [...] wirklich daran ein Interesse‘. Als Grundlage dieses Interesses nennt Kant hier das ‚moralische Gefühl‘, dessen mögliche Funktion nicht mit derjenigen verwechselt werden darf, die die Moral-Sense-Philosophie dem Gefühl zugeschrieben hat. Es ist nicht zu verstehen als ‚Richtmaß unserer sittlichen Beurteilung‘, als

Mittel, das moralisch Richtige vom moralisch Falschen zu unterscheiden.[264] Nur aus der praktischen Vernunft ergeben sich die *Gründe*, auf denen eine bestimmte Handlung aufbaut. Zusätzlich aber gibt es Kant zufolge noch ein zweites Moment innerhalb der Willenskonstitution, bei der das Gefühl eine Rolle spielt. Und zwar liegt dieses neben der epistemischen Funktion in einer damit verbundenen subjektiven Motivation, ausgelöst durch ein Gefühl, das ein dem Sittengesetz gemäßes Handeln im Willen bewirkt – um unabhängig von aller rationalen Einsicht auch subjektiv das zu wollen,

> wozu die Vernunft allein dem sinnlich=afficirten vernünftigen Wesen das Sollen vorschreibt, dazu gehört freilich ein Vermögen der Vernunft, ein *Gefühl der Lust* oder des Wohlgefallens an der Erfüllung der Pflicht *einzuflößen*, mithin eine Causalität derselben, die Sinnlichkeit ihren Principien gemäß zu bestimmen (460.8–12).

Dieses Gefühl bezeichnet Kant an anderer Stelle in der *GMS* auch explizit als *Achtung* vor dem Sittengesetz (401.17–36).[265]

Ein Problem sieht Kant im weiteren Verlauf seiner Argumentation ab 460.12 darin, dass das Verhältnis zwischen dem, was die Vernunft dem Willen durch Gründe ‚vorschreibt', und der Wirkung, die dieses diskursive Element auf das Gefühl hat, nur schwer als ein Kausalverhältnis gedacht werden kann: Es sei ‚gänzlich unmöglich, einzusehen, d.i. a priori begreiflich zu machen, wie ein bloßer Gedanke, der selbst nichts Sinnliches in sich enthält, eine Empfindung der Lust oder Unlust hervorbringe'. Die Schwierigkeit bei der Grenzbestimmung der Leistungen der praktischen Vernunft liegt darin, dass diese (und, wie sich gleich zeigen wird, auch die theoretische Vernunft) über kein Mittel verfügt, ein solches Vermögen und das damit verbundene Kausalverhältnis zu *erklären*. Denn, so fährt Kant fort, dies wäre ‚eine besondere Art von Kausalität, von der wie von aller Kausalität wir gar nichts a priori bestimmen können, sondern darum allein die Erfahrung befragen müssen'. Ein solches Kausalverhältnis können wir zwar denken, aber ‚bestimmen', d.h. erklären, könnten wir es nur, indem wir durch Erfahrung ein solches Verhältnis in der Wirklichkeit aufwiesen. In Bezug auf das vorgestellte Kausalverhältnis zwischen dem Sittengesetz und einer Wirkung auf das Gefühl gibt die Erfahrung ‚kein Verhältnis der Ursache zur Wirkung, als

---

264 Kant selbst hat mit einer solchen Philosophie in einer früheren Phase seines Denkens sympathisiert (vgl. Horn/Mieth/Scarano 2007, S. 293). Eine umfangreiche Studie zu diesem Themenkomplex hat Panknin-Schappert (2007) vorgelegt.

265 Vgl. 04:77 ff. Die Frage, inwieweit sich Kant seiner Theorie der Achtung vor dem Sittengesetz in der *GMS* schon bewusst war, wird in der Literatur unterschiedlich eingeschätzt. Vgl. dazu beispielhaft Horn/Mieth/Scarano (2007, S. 273), Schadow (2013, S. 288 f.) und Schönecker (2013).

zwischen zwei Gegenständen der Erfahrung, an die Hand'. Die Vernunft denkt diese Relation lediglich ,durch bloße Ideen (die gar keinen Gegenstand für Erfahrung abgeben)', indem sie die Ursache der Wirkung auf etwas, das ,freilich in der Erfahrung liegt' (nämlich das Gefühl selbst), bezieht. Eine theoretische ,Erklärung' dieses Verhältnisses ist darum unmöglich, und es ist damit auch ebenso unmöglich, zu erklären, ,wie und warum uns die Allgemeinheit der Maxime als Gesetzes, mithin die Sittlichkeit interessiere'.

Wenngleich der Mensch diese Relation nicht kausal erklären kann, bleibt festzuhalten, dass das Sittengesetz nicht deshalb gültig ist, weil es den Menschen im eben skizzierten Sinne interessiert – denn dies wäre eine heteronome Bestimmung des Willens. Vielmehr interessiert es deshalb, weil ,es für uns als Menschen gilt, da es [...] aus unserem eigentlichen Selbst entsprungen ist'.

Kant äußert an dieser Stelle noch einmal eine Überlegung zur normativen Superiorität der Verstandeswelt gegenüber der Sinnenwelt[266], die schon in 453.31–35–454.1–5 im Mittelpunkt steht. 461.3 f. zufolge interessiert das Sittengesetz, haben wir also Achtung vor diesem Gesetz, weil es für uns als Menschen Geltung hat, *da* es aus unserem reinen Willen, also unserem ,eigentlichen Selbst' entsprungen ist. Wir haben nicht nur Achtung vor dem Sittengesetz, weil es gilt, sondern *insofern* es gilt, *weil* es unserem Willen als Intelligenz und damit unserem ,eigentlichen Selbst' entsprungen ist. Durch Letzteres erlangt das Sittengesetz seine Geltung – und nicht aufgrund der Tatsache, dass es den Menschen interessiert. Diese Erläuterungen stellen eine Variante der Überlegungen aus der vierten Sektion da: Wir ziehen das Sittengesetz anderen Handlungsbestimmungen vor, weil es *als ein Gesetz der Verstandeswelt* unmittelbar gesetzgebend ist und den Menschen unmittelbar und kategorisch angeht (vgl. S. 182–196). Diese unmittelbare Geltung der Gesetze der Verstandeswelt kann nicht näher begründet, sondern nur durch die generelle Feststellung ausgedrückt werden, *dass* der Mensch die Forderungen der Gesetze der Verstandeswelt eben unmittelbar als richtig anerkennt. Auch hier, in der fünften Sektion, ist nicht davon die Rede, dass das Sittengesetz gilt und damit anderen Handlungsbestimmungen übergeordnet wäre, weil der Verstandeswelt eine *ontologische Superiorität* zukäme. Die *Unterordnung* der Sinnenwelt unter eine ,Beschaffenheit der Sache an sich selbst' ist vielmehr ein normatives Faktum.

461.7–35
Die Frage also, wie ein kategorischer Imperativ möglich sei, kann zwar so weit beantwortet werden, als man die einzige Voraussetzung angeben kann, unter der er allein möglich ist, nämlich die Idee der Freiheit, imgleichen als man die Nothwendigkeit dieser Voraussetzung einsehen kann, welches zum *praktischen Gebrauche* der Vernunft, d. i. zur Überzeugung von

266 Vgl. S. 188.

> der *Gültigkeit dieses Imperativs*, mithin auch des sittlichen Gesetzes hinreichend ist, aber wie diese Voraussetzung selbst möglich sei, läßt sich durch keine menschliche Vernunft jemals einsehen. Unter Voraussetzung der Freiheit des Willens einer Intelligenz aber ist die *Autonomie* desselben, als die formale Bedingung, unter der er allein bestimmt werden kann, eine nothwendige Folge. Diese Freiheit des Willens vorauszusetzen, ist auch nicht allein (ohne in Widerspruch mit dem Princip der Naturnothwendigkeit in der Verknüpfung der Erscheinungen der Sinnenwelt zu gerathen) ganz wohl *möglich* (wie die speculative Philosophie zeigen kann), sondern auch sie praktisch, d.i. in der Idee, allen seinen willkürlichen Handlungen als Bedingung unterzulegen, ist einem vernünftigen Wesen, das sich seiner Causalität durch Vernunft, mithin eines Willens (der von Begierden unterschieden ist) bewußt ist, ohne weitere Bedingung *nothwendig*. Wie nun aber reine Vernunft ohne andere Triebfedern, die irgend woher sonst genommen sein mögen, für sich selbst praktisch sein, d.i. wie das bloße *Princip der Allgemeingültigkeit aller ihrer Maximen als Gesetze* (welches freilich die Form einer reinen praktischen Vernunft sein würde) ohne alle Materie (Gegenstand) des Willens, woran man zum voraus irgend ein Interesse nehmen dürfe, für sich selbst eine Triebfeder abgeben und ein Interesse, welches rein *moralisch* heißen würde, bewirken, oder mit anderen Worten, *wie reine Vernunft praktisch sein könne*, das zu erklären, dazu ist alle menschliche Vernunft gänzlich unvermögend, und alle Mühe und Arbeit, hievon Erklärung zu suchen, ist verloren.

Kant betrachtet die Grundfrage der *GMS*, wie ein kategorischer Imperativ möglich ist, noch einmal vor dem Hintergrund der Grenze der praktischen Philosophie und leistet damit auch zu dieser Frage ein abschließendes Resümee. Als erste Einsicht notiert er, dass es eine unumstößliche Grundannahme gebe, an der festgehalten werden müsse, wenn der kategorische Imperativ möglich sein soll: die Idee der Freiheit bzw. deren Spezifikation durch die Idee eines reinen Willens, d.h. eines ‚Willens, der von Begierden unterschieden ist'. Wäre Freiheit ein Unding, d.h. ein selbstwidersprüchlicher oder mit den Naturgesetzen tatsächlich im Widerspruch stehender Begriff, so wäre ein kategorischer Imperativ nicht möglich. Wie ‚diese Voraussetzung selbst möglich sei, lässt sich durch keine menschliche Vernunft jemals einsehen'. Die Vernunft kann diese Kausalität zwar annehmen, sie kann aber nicht von der theoretischen Philosophie in der ihr eigenen Kausalität erklärt werden.

Die Frage, ‚wie ein kategorischer Imperativ möglich sei', wird hier von Kant durch einen Zusatz ergänzt: Sie lässt sich nur durch den Verweis auf die Idee der Freiheit – als einzige Voraussetzung für die Möglichkeit des kategorischen Imperativs – beantworten, ‚imgleichen als man die Notwendigkeit dieser Voraussetzung einsehen kann'. Kant schreibt dazu weiter:

> Diese Freiheit des Willens vorauszusetzen, ist auch nicht allein (ohne in Widerspruch mit dem Princip der Naturnothwendigkeit in der Verknüpfung der Erscheinungen der Sinnenwelt zu gerathen) ganz wohl möglich (wie die speculative Philosophie zeigen kann), sondern auch sie praktisch, d.i. in der Idee, allen seinen willkürlichen Handlungen als Bedingung unterzulegen, ist einem vernünftigen Wesen, das sich seiner Causalität durch Vernunft, mithin

eines Willens (der von Begierden unterschieden ist) bewußt ist, ohne weitere Bedingung nothwendig.

Kants abschließendem Rückblick zufolge stellt Freiheit nun mehr dar als eine durch die Auflösung der dritten Antinomie gesicherte *Möglichkeit:* Sie ist nicht nur denkmöglich, sondern wird dem Menschen in einer bestimmten Weise *notwendig.* Diese Notwendigkeit besteht aber nicht (nur) in einem Erfordernis begrifflich-semantischer Konsistenz, wie es sich in der zweiten Sektion findet. Vielmehr liegt sie in der Tatsache begründet, dass einem vernünftigen Wesen seine Kausalität aus Vernunft ‚bewusst' ist, der Mensch also die Forderungen des Sittengesetzes unmittelbar als richtig anerkennt. Er erfährt sich dadurch *notwendig* als ein freies Wesen und gelangt auf diese Weise zu der Idee eines *reinen Willens* – eines Willens, ‚der von Begierden unterschieden ist' (vgl. 461.23f.). Die Freiheit verdankt sich also dezidiert jener ‚Deduktion der Freiheit aus der reinen praktischen Vernunft', die Kant am Ende der ersten Sektion ankündigt. Die Annahme der Freiheit als einer grundsätzlichen Bedingung aller seiner Handlungen wird dem Subjekt praktisch ohne weitere Bedingung *notwendig*, weil es sich einer unmittelbaren Nötigung *durch sich selbst* bewusst ist – und damit (‚mithin') auch einer unmittelbaren Gesetzgebung durch eine freie Instanz in sich selbst, eben des ‚Willens, der von Begierden verschieden ist', d. h. des reinen Willens.

Kant formuliert auch an dieser Stelle den Gedanken, dass der Mensch in praktischer Hinsicht wirklich über ein Bewusstsein des Sittengesetzes verfügt, dem Grenzbestimmungskontext entsprechend aus der Erklärungsperspektive theoretischer Philosophie: Dass der Mensch tatsächlich über ein solches Bewusstsein verfügt, spielt an dieser Stelle keine Rolle und muss nicht weiter expliziert werden, weil es hier um eine Reformulierung dieses Gedankens im Kontext eines selektiven Bestimmungsinteresses geht. Trotzdem betont Kant auch hier, dass die spekulativ legitimierte Idee der Freiheit bei einem Wesen, das sich ‚seiner Kausalität durch Vernunft, mithin eines Willens (der von Begierden unterschieden ist) bewusst ist', notwendigerweise allen ‚willkürlichen Handlungen als Bedingung' zugrunde gelegt werden muss. Selbst wenn wir ein nur schwer abzustreitendes Bewusstsein sittlicher Geltung in uns hätten, bedürfte dieses Selbstverständnis einer Absicherung durch die spekulative Philosophie. Kant wiederholt dann noch einmal die Unerklärbarkeit der Motivation, nach einem ‚Prinzip der Allgemeingültigkeit' ohne eine ‚Materie' oder ein im Voraus bestimmtes Interesse zu handeln – und damit die Frage, wie reine Vernunft praktisch sein kann. Dies ist eine Frage, die laut Kant grundsätzlich nicht zu beantworten ist. Alle ‚Mühe und Arbeit, hievon eine Erklärung zu suchen', seien verloren.

461.36 f. – 463.1 f.
Es ist eben dasselbe, als ob ich zu ergründen suchte, wie Freiheit selbst als Causalität eines Willens möglich sei. Denn da verlasse ich den philosophischen Erklärungsgrund und habe keinen anderen. Zwar könnte ich nun in der intelligibelen Welt, die mir noch übrig bleibt, in der Welt der Intelligenzen, herumschwärmen; aber ob ich gleich davon eine *Idee* habe, die ihren guten Grund hat, so habe ich doch von ihr nicht die mindeste *Kenntniß* und kann auch zu dieser durch alle Bestrebung meines natürlichen Vernunftvermögens niemals gelangen. Sie bedeutet nur ein etwas, das da übrig bleibt, wenn ich alles, was zur Sinnenwelt gehört, von den Bestimmungsgründen meines Willens ausgeschlossen habe, bloß um das Princip der Bewegursachen aus dem Felde der Sinnlichkeit einzuschränken, dadurch daß ich es begrenze und zeige, daß es nicht Alles in Allem in sich fasse, sondern daß außer ihm noch mehr sei; dieses Mehrere aber kenne ich nicht weiter. Von der reinen Vernunft, die dieses Ideal denkt, bleibt nach Absonderung aller Materie, d. i. Erkenntniß der Objecte, mir nichts als die Form übrig, nämlich das praktische Gesetz der Allgemeingültigkeit der Maximen und diesem gemäß die Vernunft in Beziehung auf eine reine Verstandeswelt als mögliche wirkende, d. i. als den Willen bestimmende, Ursache zu denken; die Triebfeder muß hier gänzlich fehlen; es müßte denn diese Idee einer intelligibelen Welt selbst die Triebfeder oder dasjenige sein, woran die Vernunft ursprünglich ein Interesse nähme; welches aber begreiflich zu machen gerade die Aufgabe ist, die wir nicht auflösen können.

Hier ist nun die oberste Grenze aller moralischen Nachforschung, welche aber zu bestimmen, auch schon darum von großer Wichtigkeit ist, damit die Vernunft nicht einerseits in der Sinnenwelt auf eine den Sitten schädliche Art nach der obersten Bewegursache und einem begreiflichen, aber empirischen Interesse herumsuche, andererseits aber, damit sie auch nicht in dem für sie leeren Raum transscendenter Begriffe unter dem Namen der intelligibelen Welt kraftlos ihre Flügel schwinge, ohne von der Stelle zu kommen, und sich unter Hirngespinsten verliere. Übrigens bleibt die Idee einer reinen Verstandeswelt als eines ganzen aller Intelligenzen, wozu wir selbst als vernünftige Wesen (obgleich andererseits zugleich Glieder der Sinnenwelt) gehören, immer eine brauchbare und erlaubte Idee zum Behufe eines vernünftigen Glaubens, wenn gleich alles Wissen an der Grenze derselben ein Ende hat, um durch das herrliche Ideal eines allgemeinen Reichs der *Zwecke an sich selbst* (vernünftiger Wesen), zu welchem wir nur alsdann als Glieder gehören können, wenn wir uns nach Maximen der Freiheit, als ob sie Gesetze der Natur wären, sorgfältig verhalten, ein lebhaftes Interesse an dem moralischen Gesetze in uns zu bewirken.

Die Frage, wie der Mensch am moralischen Gesetz ein Interesse nehmen kann, liegt für Kant in 459.32–461.1–6 außerhalb des Erklärlichen, weil der Mensch keinen Einblick in die kausale Beziehung der Wirkung hat, die das Sittengesetz auf ein Gefühl des Menschen haben könnte. Diese Beziehung kann man nur *denken*, aber nicht erkennen und erklären. Wie bereits betont ist es für Kant ‚eben dasselbe', als wenn ‚man zu ergründen suchte, wie Freiheit selbst als Kausalität eines Willens möglich sei'. Auf diese Unerklärbarkeit der Freiheit hatte Kant auch schon in früheren Passagen hingewiesen. Angesichts der imaginierten Grenzüberschreitung der Vernunft überhaupt verschärft er im Kontext seines Rückblicks auf die Deduktion noch einmal den Gedanken, dass wir von der intelligiblen Welt keine Erkenntnis haben:

> Zwar könnte ich nun in der intelligibelen Welt, die mir noch übrig bleibt, in der Welt der Intelligenzen, herumschwärmen; aber ob ich gleich davon eine *Idee* habe, die ihren guten Grund hat, so habe ich doch von ihr nicht die mindeste Kenntniß und kann auch zu dieser durch alle Bestrebung meines natürlichen Vernunftvermögens niemals gelangen (462.2–6).

Der ‚gute Grund', auf welchem die Idee der Freiheit aufbaut, besteht im Bewusstsein einer Freiheit von bloß subjektiv bestimmenden Ursachen, d. h. der praktischen Erfahrung, dass wir nicht unmittelbar durch Antriebe der Sinnlichkeit zum Handeln genötigt, sondern an ein Gesetz der Vernunft gebunden sind. Diesen Gedanken formuliert Kant in der vierten Sektion durch den Hinweis auf die Idee eines reinen Willens. Zugleich besteht er in der Legitimation dieser Idee durch die Ergebnisse der Auflösung der dritten Antinomie. Diese guten Gründe für die Annahme einer Verstandeswelt, die von der Sinnenwelt unabhängige Handlungsgesetze enthält, beschränken sich in ihrer möglichen Bedeutung für das Selbstverständnis des Menschen auf die praktische Perspektive der Vernunft. Diese hat aber ihre Grenzen: In theoretischer Perspektive kann der Anspruch des Menschen auf dieses Bewusstsein bloß zur Kenntnis genommen werden, was dann aber nur die Bedeutung einer Selbstzuschreibung hat (einer Anmaßung oder eines Glaubens). Die Ideen der Freiheit und der Verstandeswelt sind durch die spekulative Philosophie legitimiert und müssen als zumindest nicht widersprüchlich anerkannt werden. Die Verstandeswelt ist für die theoretische Philosophie aber ein Begriff, dem keine Erkenntnis entspricht. Das, was wir dennoch über die Verstandeswelt denken und sagen, muss so bescheiden wie möglich gehalten werden. Denn sie kann nur in dem streng genommen negativen Gedanken gefasst werden, dass sie darin besteht, ‚was übrig bleibt, wenn ich alles, was zur Sinnenwelt gehört, von den Bestimmungsgründen meines Willens ausgeschlossen habe'. Der Gedanke einer Verstandeswelt soll nur anzeigen, dass das ‚Feld der Sinnlichkeit' nicht alles umfasst, sondern es möglicherweise außerhalb desselben noch ein anderes Wirkprinzip gibt, von dem wir aber keine Erkenntnis haben und das wir nicht mit den Begriffen der theoretischen Philosophie erklären können. Die Vernunft denkt sich an diesem offengehaltenen Platz einen reinen Willen, der nach allgemeingültigen Maximen handelt, d. h. einen Willen, der Glied einer reinen Verstandeswelt ist und als intelligible Ursache begriffen werden kann. Kant zufolge müsste die Triebfeder, also die subjektive Motivation, die neben der vernünftigen Einsicht bestehen muss, die Zugehörigkeit dieses Willens zur intelligiblen Welt selbst sein. An dieser Stelle wiederholt er noch einmal den Gedanken einer Superiorität der Verstandeswelt vor der Sinnenwelt und die Unerklärlichkeit dieses Interesses.

Kant beschließt seine Überlegungen in Sektion 5 mit dem Hinweis, dass nun die ‚oberste Grenze aller moralischen Nachforschung' erreicht sei, womit die in der Überschrift angeführte ‚äußerste Grenze aller praktischen Philosophie' anklingt.

Zwei mögliche, gleichermaßen negative Begleiterscheinungen müssen verhindert werden: Zum einen darf die Vernunft nicht in der Sinnenwelt nach Triebfedern als Bewegursachen für moralisches Handeln suchen, zum anderen darf sie sich nicht zu überschwänglichen Aussagen über die intelligible Welt und die in ihr und durch sie wirksamen Kausalitäten verleiten lassen. Die reine Verstandeswelt bleibt aber als eine *Idee der Vernunft* ein legitimes heuristisches Prinzip, um den Menschen so zu denken, wie er sich in einem konsistenten moralischen Selbstverständnis immer schon begreift: als ein Wesen, das Zweck an sich selbst ist, und mit anderen Wesen, für die dies ebenfalls gilt, in einer moralischen Welt, einem ‚allgemeinen Reich der Zwecke', interagiert.

Sektion 6: Schlussanmerkung

463.4–33

Der speculative Gebrauch der Vernunft *in Ansehung der Natur* führt auf absolute Nothwendigkeit irgend einer obersten Ursache *der Welt*; der praktische Gebrauch der Vernunft *in Absicht auf die Freiheit* führt auch auf absolute Nothwendigkeit, aber nur der Gesetze der Handlungen eines vernünftigen Wesens als eines solchen. Nun ist es ein wesentliches *Princip* alles Gebrauchs unserer Vernunft, ihr Erkenntniß bis zum Bewußtsein ihrer *Nothwendigkeit* zu treiben (denn ohne diese wäre sie nicht Erkenntniß der Vernunft). Es ist aber auch eine eben so wesentliche *Einschränkung* eben derselben Vernunft, daß sie weder die *Nothwendigkeit* dessen, was da ist, oder was geschieht, noch dessen, was geschehen soll, einsehen kann, wenn nicht eine *Bedingung*, unter der es da ist oder geschieht oder geschehen soll, zum Grunde gelegt wird. Auf diese Weise aber wird durch die beständige Nachfrage nach der Bedingung die Befriedigung der Vernunft nur immer weiter aufgeschoben. Daher sucht sie rastlos das Unbedingt=Nothwendige und sieht sich genöthigt, es anzunehmen, ohne irgend ein Mittel, es sich begreiflich zu machen; glücklich gnug, wenn sie nur den Begriff ausfindig machen kann, der sich mit dieser Voraussetzung verträgt. Es ist also kein Tadel für unsere Deduction des obersten Princips der Moralität, sondern ein Vorwurf, den man der menschlichen Vernunft überhaupt machen müßte, daß sie ein unbedingtes praktisches Gesetz (dergleichen der kategorische Imperativ sein muß) seiner absoluten Nothwendigkeit nach nicht begreiflich machen kann; denn daß sie dieses nicht durch eine Bedingung, nämlich vermittelst irgend eines zum Grunde gelegten Interesse, thun will, kann ihr nicht verdacht werden, weil es alsdann kein moralisches, d.i. oberstes Gesetz der Freiheit sein würde. Und so begreifen wir zwar nicht die praktische unbedingte Nothwendigkeit des moralischen Imperativs, wir begreifen aber doch seine *Unbegreiflichkeit*, welches alles ist, was billigermaßen von einer Philosophie, die bis zur Grenze der menschlichen Vernunft in Principien strebt, gefordert werden kann.

Sowohl die spekulative wie auch die praktische Vernunft sind hier in ihrem Streben nach einer absoluten Notwendigkeit gekennzeichnet. Der spekulative Gebrauch der Vernunft im Hinblick auf die Natur führt die Vernunft zur ‚obersten Ursache der Welt', zur Idee einer allerersten Ursache – ein Gedanke, der sich vor allem in der ersten *Kritik* (A 444/B 472) findet.[266] Dem praktischen Gebrauch der Vernunft ist ein ähnliches Streben nach absoluter Notwendigkeit inhärent und zwar in Form ‚der Gesetze der Handlungen eines vernünftigen Wesens als eines solchen'. Das Prinzip des Gebrauchs der *Vernunft überhaupt*, so fasst es Kant zusammen, bestehe darin, dass Vernunft ihre Erkenntnis bis zum Bewusstsein einer bestimmten Notwendigkeit eben dieser Vernunfterkenntnis treibe, denn sonst ‚wäre sie nicht Erkenntnis der Vernunft'. Für die theoretische und auch für

266 Vgl. dazu Timmermann (2004, S. 152).

DOI 10.1515/9783110392708-008

die praktisch notwendige Vernunfterkenntnis ist aber eine Form der Selbstbeschränkung konstitutiv: Ihre Einsicht kann nur so weit gehen, wie sie die *Bedingungen* der Möglichkeit einer solchen Notwendigkeit transparent machen kann. Diese Notwendigkeit kann nur eingesehen werden, wenn ‚eine Bedingung, unter der [...] [etwas] da ist oder geschieht oder geschehen soll, zum Grunde gelegt wird'. Die ‚Befriedigung der Vernunft' wird in ihrer beständigen Nachfrage nach der einer Bedingung selbst zugrunde liegenden Bedingung ‚nur immer weiter aufgeschoben'. Die Vernunft gelangt somit nicht an das Ziel einer *unbedingten Bedingung*. Dieses ‚Unbedingt-Notwendige' sucht sie aber ‚rastlos' – und darf es als Idee auch annehmen, ohne diese unbedingte Bedingung aber erkennen zu können: Sie hat kein Mittel, um sie sich ‚begreiflich zu machen'.

Kant geht dann von dieser prinzipiellen Charakterisierung der Vernunft zur praktischen Vernunft über – und zwar in Form des zunächst erratisch anmutenden Satzteils: ‚glücklich genug, wenn sie [d. h. die Vernunft] nur den Begriff ausfindig machen kann, der sich mit dieser Voraussetzung verträgt'. Dieser Begriff, der sich mit der Voraussetzung eines ‚Unbedingt-Notwendigen' vereinbaren lässt, ist – so darf man hier ergänzen – die menschliche Freiheit. Sie stellt eine *unbedingte* Ursache dar, ist das hier gesuchte *unbedingt* Notwendige. Wir haben das ‚Glück', über den Begriff ‚Freiheit' zu verfügen, der sich mit der Annahme einer *praktischen Notwendigkeit*, wie sie im kategorischen Imperativ ausgedrückt ist, ‚verträgt'.

Das richtige Verständnis des Satzteils ‚Es ist also kein Tadel für unsere Deduktion des obersten Prinzips der Moralität' (463.21 f.) ist entscheidend für die abschließende Einschätzung von Kants Argumentationsabsicht in *GMS* III. Man könnte diese Feststellung in der Tat so lesen, dass es Kant – wie Schönecker und andere Autoren es unterstellen – in *GMS* III primär um die Deduktion des kategorischen Imperativs ginge[267], denn er bezeichnet das sittliche Gesetz bzw. den kategorischen Imperativ mehrfach als ‚Prinzip' (vgl. z. B. 432.2, 444.28, 449.12). An anderer Stelle nennt er allerdings auch das nicht-imperativische moralische Gesetz ein ‚Prinzip' und bezeichnet es sogar explizit als „oberstes praktisches Princip" (428.34), das in „Ansehung des menschlichen Willens" (428.34 f.) einen „kategorischen Imperativ geben soll" (428.35)[268]. Orientiert man sich zunächst allein am Begriff des ‚(obersten) Prinzips', kämen für die in 463.21 f. resümierte

267 Schöneckers diesbezügliche Interpretation greife ich wie bereits betont aufgrund ihres Referenzcharakters immer wieder heraus. Ein Blick auf die Literatur zeigt aber, dass die Redeweise von einer ‚Deduktion des kategorischen Imperativs' weit verbreitet ist. Einen Überblick über die Verwendung dieses Ausdrucks in der Forschungsliteratur findet man bei Ludwig (2008, S. 431).

268 Allison weist explizit auf eine solche Differenzierung hin, wenn er schreibt: „[I]n its final appearance, Kant refers to ‚our deduction of the supreme principle of morality" [...], an expression that he usually uses as equivalent to the moral law rather than the categorical imperative".

Deduktion der *kategorische Imperativ* oder das *moralische Gesetz als deskriptiver Satz* infrage.[269] Weitere Bedeutungsmöglichkeiten wären die am Ende von Sektion 1 in Aussicht gestellte *Deduktion des Begriffs der Freiheit* aus der reinen praktischen Vernunft und die in der vierten Sektion entfaltete *Deduktion der Idee eines reinen Willens* (die auf der Deduktion der Freiheit in dem Sinne beruht, dass diese Idee den Begriff eines ‚Dritten' verschafft, vgl. S. 50 f.).

Die Deutung der ‚Deduktion' in der Schlussanmerkung als ‚Deduktion des kategorischen Imperativs' im Sinne Schöneckers scheidet aus inhaltlichen Gründen aus. Kant verneint hier die Möglichkeit, ein unbedingtes praktisches Gesetz wie den kategorischen Imperativ seiner ‚absoluten Notwendigkeit nach' begreiflich zu machen. Warum sollte es kein ‚Tadel' für eine solche Deduktion des kategorischen Imperativs sein, dass dessen praktische Notwendigkeit nicht begreiflich zu machen wäre, wenn doch die Absicht einer solchen Deduktion gerade (auch) im Versuch des Nachweises einer praktisch notwendigen Geltung bestünde? Und wenn Kant mit der ‚Deduktion des obersten Prinzips der Moralität' in 463.22 tatsächlich die Deduktion des kategorischen Imperativs meinte, so wäre es nicht plausibel, dass er im Satz darauf nahelegt, dass das ‚oberste Prinzip der Moralität' und der kategorische Imperativ gerade nicht identisch sind. Ich paraphrasiere etwas vereinfacht, um diesen Zusammenhang deutlich zu machen:

> *Es ist kein Tadel für unsere Deduktion des obersten Prinzips der Moralität, dass die Vernunft des Menschen sich den kategorischen Imperativ seiner absoluten Notwendigkeit nach nicht begreiflich machen kann.*

Der Satz suggeriert zwar, dass zur Deduktion des ‚obersten Prinzips der Moralität' auch das Begreiflichmachen der absoluten Notwendigkeit des kategorischen Imperativs gehören könnte. Dieses *Nicht*-begreiflich-machen-Können stellt aber – anders als vielleicht vermutet – keinen Tadel für die ‚Deduktion des obersten Prinzips der Moralität' dar. Damit verweist der Text darauf, dass der kategorische Imperativ *nicht* mit dem ‚obersten Prinzip der Moralität' identisch ist, dessen Deduktion (aufgrund der Unmöglichkeit, die absolute praktische Notwendigkeit des kategorischen Imperativs begreiflich zu machen) einem Tadel ausgesetzt sein könnte. Verwiese das ‚oberste Prinzip der Moralität' tatsächlich auf den kategorischen Imperativ, so hätte der Text eher folgendermaßen lauten können:

> *Es ist kein Tadel für unsere Deduktion des kategorischen Imperativs, dass die Vernunft des Menschen sich diesen Imperativ seiner absoluten Notwendigkeit nach nicht begreiflich machen kann.*

269 Vgl. dazu die Überlegungen von Allison (2011, S. 275 f.).

Es ist also davon auszugehen, dass das ‚oberste Prinzip der Moralität' hier nicht mit dem kategorischen Imperativ identisch ist und die ‚Deduktion' in 463.21 keine *Deduktion des kategorischen Imperativs* im Sinne etwa der Interpretation Schöneckers meint.

Es ist die Vorstellung eines ‚Interesses' als *Bedingung* der hier angesprochenen Notwendigkeit, die zu der Annahme verleiten könnte, einen solchen Notwendigkeitsnachweis führen zu können. Kant schließt an seine Feststellung der Unmöglichkeit des Nachweises einer absoluten Notwendigkeit des kategorischen Imperativs nämlich an: ‚denn dass sie dieses nicht durch eine Bedingung, nämlich vermittelst irgend eines zum Grunde gelegten Interesses, tun will, kann ihr nicht verdacht werden'. Jegliches Interesse – ob nun ein sinnlich bedingtes oder ein Interesse an der Moral – führte als Bedingung der absoluten Notwendigkeit des kategorischen Imperativs in diesem Kontext zu Heteronomie. Die absolute Notwendigkeit des kategorischen Imperativs darf sich aber nicht auf ein wie auch immer geartetes Interesse gründen.[270] Der dann folgende, begründende Nebensatz ‚weil es alsdann kein moralisches, d.i. oberstes Gesetz der Freiheit sein würde' lässt weiteren Aufschluss darüber zu, was man unter dem ‚obersten Prinzip der Moralität' in 463.22, dessen Deduktion Kant hier resümierend betrachtet, verstehen muss.

Zwecks einer genaueren Analyse der Bedeutung des möglichen Tadels ‚für unsere Deduktion' soll 463.21–29 noch einmal in Teilsätze gegliedert wiedergegeben und interpretiert werden:

> [T1] Es ist also kein Tadel für unsere Deduction des obersten Princips der Moralität, sondern ein Vorwurf, den man der menschlichen Vernunft überhaupt machen müßte, [T2] daß sie ein unbedingtes praktisches Gesetz (dergleichen der kategorische Imperativ sein muß) seiner absoluten Nothwendigkeit nach nicht begreiflich machen kann; [T3] denn daß sie dieses nicht durch eine Bedingung, nämlich vermittelst irgend eines zum Grunde gelegten Interesse, thun will, kann ihr nicht verdacht werden, [T4] weil es alsdann kein moralisches, d. i. oberstes Gesetz der Freiheit sein würde.

T1 stellt fest, dass es sich hier nicht um einen Tadel der Deduktion des ‚obersten Prinzips der Moralität' im Speziellen handelt, sondern es ein Vorwurf ist, den man

270 Man darf Kant an dieser und an den anderen Stellen in *GMS* III, die das Gefühl der Achtung thematisieren, nicht so verstehen, als sei dieses für die Begründung des Sittengesetzes nicht von Bedeutung bzw. als sei der Bezug auf dieses Gefühl illegitim (vgl. 459.32f. u. 460.24–26–461.1–6). Worum es Kant allein geht, ist der Hinweis, dass das Sittengesetz nicht deshalb gilt, *weil* wir Achtung vor ihm haben, sondern dass wir Achtung vor ihm haben, weil „es für uns als Menschen gilt, da es aus unserem Willen als Intelligenz, mithin aus unserem eigentlichen Selbst Entsprungen ist; was aber zur bloßen Erscheinung gehört, wird von der Vernunft nothwendig der Beschaffenheit der Sache an sich selbst untergeordnet" (461.2–6).

der Vernunft im Allgemeinen und damit ‚überhaupt' machen könnte, dass (T2) ‚sie' den kategorischen Imperativ seiner absoluten Notwendigkeit nach nicht begreiflich machen kann. Es wird nicht deutlich, ob sich das ‚sie' in T2 auf die ‚Deduktion des obersten Prinzips der Moralität' oder ‚die menschliche Vernunft' in T1 bezieht. Entweder ist der Bezug auf einen möglichen Vorwurf, den man der Vernunft überhaupt machen kann, also in T1 abgeschlossen – und T2 bezieht sich speziell auf die Unfähigkeit der ‚Deduktion des obersten Prinzips der Moralität' – oder aber es ist die *Vernunft im Allgemeinen*, die den kategorischen Imperativ als ein unbedingtes praktisches Gesetz seiner absoluten Notwendigkeit nach nicht begreiflich machen kann. Ein schwerwiegendes Interpretationsproblem ergibt sich daraus aber nicht, da man diese Stelle so lesen muss, dass die ‚Deduktion des obersten Prinzips der Moralität' eine Deduktion darstellt, die *von der menschlichen Vernunft* durchgeführt wird. Insofern ergibt sich an dieser Stelle kein relevanter inhaltlicher Unterschied.

T3 fährt dann mit einer Begründung von T1–T2 folgendermaßen fort: ‚denn dass sie dieses nicht durch eine Bedingung, nämlich vermittelst irgendeines zum Grunde gelegten Interesses, tun will, kann ihr nicht verdacht werden'. ‚Dieses' in T3 kann sich nur auf das ‚Begreiflichmachen' der absoluten Notwendigkeit des kategorischen Imperativs in 463.25 beziehen. Die Deduktion, die die menschliche Vernunft unternimmt, kann also die absolute Notwendigkeit des kategorischen Imperativs nicht begreiflich machen, weil sie dies nicht durch ein bestimmtes zugrunde gelegtes Interesse des Menschen erreichen will. Dass die Deduktion durch die menschliche Vernunft ein solches Vorgehen *nicht* wählt, könne ihr ‚nicht verdacht werden', weil ‚es' laut T4 dann ‚kein moralisches, d. i. oberstes Gesetz der Freiheit sein würde'. Das ‚es' in T4 könnte sich dabei entweder direkt auf das in T2 genannte ‚unbedingte praktische Gesetz' in Form des kategorischen Imperativs beziehen oder aber auf das in T1 angeführte ‚oberste Prinzip der Moralität'.

Sprachlich läge es näher, dass ‚es' sich auf den ‚kategorischen Imperativ' als ‚unbedingtes praktisches Gesetz' im Satzteil direkt davor (vgl. 463.24) bezieht als auf das ‚oberste Prinzip der Moralität' in 463.22. Daraus ergäbe sich die Aussage, dass die ‚Deduktion des obersten Prinzips der Moralität' den kategorischen Imperativ seiner absoluten Möglichkeit nach nicht begreiflich machen könne, weil *diese Deduktion* (als Modus von Vernunft überhaupt) nicht auf ein zugrunde liegendes Interesse Rekurs nehmen wolle, da so der *kategorische Imperativ* als unbedingtes praktisches Gesetz (gemäß T4) ‚kein moralisches, d. i. oberstes Gesetz der Freiheit sein würde'. Dieser Lesart folgend könnte man annehmen, Kant wolle hier sagen, dass es keinen Tadel für die Deduktion des kategorischen Imperativs darstelle, wenn sich seine absolute Notwendigkeit nicht begreiflich machen lasse. Eine solche Deutung ist wie bereits skizziert aber fraglich.

Inhaltlich betrachtet spricht hingegen einiges dafür, das ‚es' in T4 auf das eingangs angeführte ‚oberste Prinzip der Moralität' zu beziehen, denn in dem Absatz als Ganzem soll es ja um die Deduktion *dieses Prinzips* gehen. Wir werden sehen, dass Kant am Ende von 463.21–29 auf diese Eingangsproblematik zurückkommt. Weiter stärken lässt sich diese Annahme durch den Hinweis, dass sich Kant mit dem ‚sie' in T2 und T3 wohl nicht auf die Vernunft überhaupt bezieht, sondern spezieller auf die ‚Deduktion des obersten Prinzips der Moralität' durch diese Vernunft in 463.21f. Auch dadurch wäre nahegelegt, dass die *Deduktion dieses obersten Prinzips der Moralität* den leitenden Gesichtspunkt in 463.21–29 darstellt. Terminologisch plausibel ist eine solche Deutung auch deshalb, weil Kant in T1 vom ‚*obersten* Prinzip der *Moralität*' spricht und in T4 davon, dass ‚es' kein ‚*moralisches*, d. h. *oberstes* Gesetz der Freiheit sein würde', wenn man bei der Begründung des (davon zu differenzierenden) kategorischen Imperativs ein Interesse zugrunde legte. In diesem Sinne bestände das in T1 genannte ‚oberste Prinzip der Moralität' dann nicht im kategorischen Imperativ, sondern in dem in T4 angeführten ‚obersten Gesetz der Freiheit'. Entsprechend müsste man dann 463.21–29 folgendermaßen reformulieren:

> *Es ist also kein Tadel für unsere Deduktion des obersten Gesetzes der Freiheit als solche, dass diese Deduktion (nicht auch) den kategorischen Imperativ seiner absoluten Notwendigkeit nach begreiflich machen kann, denn dass die Deduktion des obersten Gesetzes der Freiheit das Begreiflichmachen dieser absoluten Notwendigkeit des kategorischen Imperativs nicht vermittelst eines zum Grunde gelegten Interesse tun will, ist richtig, weil das oberste Gesetz der Freiheit dann eben gerade kein oberstes Gesetz der Freiheit wäre.*

Eine solche Interpretation ließe sich nahtlos mit der am Ende der ersten Sektion angeführten „Deduction des Begriffs der Freiheit aus der reinen praktischen Vernunft" (447.22f.) verknüpfen. Diese Deduktion der positiven Freiheit aus der praktischen Vernunft wird in der dritten Sektion folgendermaßen beschrieben: „Denn jetzt sehen wir, daß, wenn wir uns als frei denken, so versetzen wir uns als Glieder in die Verstandeswelt und erkennen die Autonomie des Willens sammt ihrer Folge, der Moralität [...]" (453.11–13).[271] Innerhalb des Projekts einer solchen Deduktion der

271 Zu einer ähnlichen Einschätzung gelangt auf andere Weise auch Ludwig (2008, S. 456, Hervorh. v. Ludwig): „Die in der Schlussanmerkung der *Grundlegung* schließlich noch genannte ‚Deduction des obersten Princips der Moralität' ist nunmehr problemlos mit der *ersten* der beiden genannten Deduktionen, der Deduktion der Freiheit, zu identifizieren, genauer: sie ist (unter Voraussetzung der Sektion 1) deren *unmittelbare* Konsequenz: ‚Mit der Idee der Freiheit ist nun der Begriff der Autonomie unzertrennlich verbunden und mit diesem aber das allgemeine Princip der Sittlichkeit' schreibt Kant in der Sektion 3 (452) und am Ende derselben entsprechend: ‚Wenn wir uns als frei denken [...], erkennen [wir] die Autonomie des Willens samt ihrer Folge, der Moralität'

Freiheit *aus* der praktischen Vernunft – der Deduktion der Autonomie und damit des obersten *Gesetzes* der Freiheit – lässt sich die absolute Notwendigkeit des kategorischen Imperativs nicht begreiflich machen, obwohl auf dessen Geltung innerhalb der Deduktion der Freiheit Bezug genommen wird.

Anders als man vermuten könnte, bezieht sich Kant mit der Deduktion des ‚obersten Prinzips der Moralität' in 463.21–29 also nicht auf eine Deduktion *des kategorischen Imperativs*. Vielmehr wird damit die in Sektion 1 angeführte Deduktion der Idee der positiven Freiheit (Autonomie) aus der reinen praktischen Vernunft als dem ‚obersten Gesetz der Freiheit' reformuliert. Die Geltung des kategorischen Imperativs, die Kant den Ergebnissen meiner Untersuchung zufolge nirgendwo in *GMS* III ernsthaft bestreitet, ist in diesem Kontext immer schon vorausgesetzt. Den Nachweis von dessen absoluter Notwendigkeit versucht Kant an keiner Stelle in *GMS* III zu führen. Der Begriff von Freiheit *als Autonomie*, dem obersten Gesetz der Freiheit, ergibt sich *aus* dem Bewusstsein der unmittelbaren Geltung des kategorischen Imperativs. Diese nicht weiter hinterfragbare Geltung wird im Menschen durch das Gefühl der Achtung erreicht. Weshalb wir aber Achtung vor dem moralischen Gesetz als Gesetz der Verstandeswelt haben, kann nicht begriffen oder erklärt werden. Dass wir die absolute praktische Notwendigkeit des kategorischen Imperativs nicht begreiflich machen können, obwohl wir seine Geltung für unsere Deduktion der Freiheit in gewisser Weise nutzen, stellt aber keinen ‚Tadel' für das Unternehmen dieser Freiheitsdeduktion dar. Bei diesem Bewusstsein und dem damit deduktiv erschlossenen Bewusstsein der positiven Freiheit und ihrer Gesetzlichkeit handelt es sich um ein Faktum der Vernunft.[272]

Kant beschließt die *Grundlegung* mit dem denkbar größten Bescheidenheitsvorbehalt. Dies steht in starkem Kontrast zu den argumentativen Ambitionen in *GMS* III, die von einem Teil der Forschung unterstellt werden. Die praktische *unbedingte Notwendigkeit* des kategorischen Imperativs lasse sich nicht begreifen, obwohl dieser für den Menschen Geltung habe. Alles, was sich im Kontext der Deduktion der Freiheit aus der reinen praktischen Vernunft, d. h. aus dem Faktum der Vernunft, begreifen lasse, sei lediglich ‚seine Unbegreiflichkeit' und das sei

(453). Dass es sich bei letzterer Erkenntnis nicht um eine der Moralität schlechthin, sondern genauer um die des ‚*Princips* der Moralität' handelt, ergibt sich sowohl per Analogie aus dem vorigen Zitat als auch daraus, dass genannte *Erkenntnis* an die Stelle der bloßen ‚*Erbittung* eines Princips' (ebd.) getreten sein soll. Und dass hier das ‚*allgemeine* Princip' zugleich das ‚*oberste* Princip' ist (*vice versa*), wird man mangels Alternative schwerlich bestreiten können."

272 Einer der wenigen Interpreten, die Kants ‚Schlussbemerkung' richtig einschätzen, ist Timmermann (2004, S. 152). Zwar legt er keine genauere Interpretation dieses Abschnitts vor, aber er schreibt richtig, dass Kant „die Bedingungen eines kategorischen Imperativs bis auf das Freiheitsbewusstsein ausgeführt [hat] [...]" und dass die „Deduktion des Sittengesetzes [...] auf einem Gegebenen, einem ‚Faktum'", beruhe.

‚alles [...], was billigermaßen von einer Philosophie, die bis zur Grenze der menschlichen Vernunft in Prinzipien strebt, gefordert werden' könne.

Setzt man hingegen voraus, dass Kant in *GMS* III tatsächlich an einem Beweis der Freiheit und des kategorischen Imperativs arbeitet, müssten diese abschließenden Vorbehalte hinsichtlich der Reichweite des erreichten Argumentationsstandes tatsächlich als eine nachträgliche Relativierung verstanden werden, die äußerst fragwürdig wäre.[273] Kants Überlegungen in der Schlussanmerkung deuten auf eine wesentlich bescheidenere Argumentationsabsicht im dritten Abschnitt hin als vielfach angenommen.

---

273 Zu der Einschätzung des Vorliegens einer nachträglichen Relativierung gelangt z. B. Allison (2011, S. 359): „After concluding his account of the inexplicability of moral interest, Kant returns to the original question of the deduction: how is a categorical imperative possible? But, as previously noted, his final answer appears to involve a considerable weakening of his initial claim."

Zusammenfassung

In *GMS* III begründet Kant die Freiheit des Menschen und die Geltung des kategorischen Imperativs durch den Rekurs auf ein Faktum der Vernunft im Sinne der Faktum-Lehre der *Kritik der praktischen Vernunft*. Wie gezeigt werden konnte, finden sich in *GMS* III weitaus mehr textuelle Indizien für diese Annahme als für den Gedanken eines „radikalen Umschwung[s]", wie ihn etwa Schönecker (1999, S. 397) in seiner Interpretation stark macht. Damit wendet sich dieser Kommentar gegen die Auffassung, Kant bemühe sich in *GMS* III um die Deduktion der Freiheit und des kategorischen Imperativs – durch eine Ableitung der Freiheit zu handeln aus der Freiheit zu denken und das Argument einer ontologischen Superiorität der Gesetze der Verstandeswelt. Verträte Kant in *GMS* III tatsächlich eine solche Position, gäbe es in der Tat eine nicht zu überbrückende Kluft zwischen *Grundlegung* und zweiter *Kritik*. Im Folgenden möchte ich vor dem Hintergrund meiner Textarbeit und des bislang nur skizzierten Bezugs zu wesentlichen Elementen der Faktum-Lehre noch einmal mögliche textuelle Ursachen für dieses hartnäckige Missverständnis in beiden Schriften benennen.[274]

274 Der Frage, worin neben der hier nur skizzenhaft aufgezeigten Übereinstimmung beider Werke mögliche Unterschiede und Gründe für diese liegen, kann ich an dieser Stelle nicht weiter nachgehen. Eine plausible und jüngst von Ware (forthcoming) stark gemachte Interpretation liegt in der Annahme, dass sich *GMS* und *KpV* nur hinsichtlich der Art der Darstellung ihrer Argumente unterscheiden und diese Unterschiede allein dem jeweiligen philosophischen Genre der Werke geschuldet sind: „My hypothesis, then, is that the Groundwork and the second Critique diverge in their presentations because they belong to different genres. On the one hand, the Groundwork was written to prepare for a ‚future metaphysics of morals', a project Kant had conceived for many years but only got around to publishing in 1797. What this shows is that Kant's Groundwork belongs to the tradition of classical moral philosophy: it aims to support a system of normative principles that could inform real-life decision-making. What Kant must have realized was necessary before the publication of such a system was a clearing of foundations – in particular, a clearing away of popular moral philosophy – in order to articulate the true method of moral inquiry [...]. On the other hand, the second Critique was written to complete a project Kant had already begun in 1781 with his first Critique. What this shows, in my view, is that the second Critique belongs to the genre of Kant's own critical philosophy: it aims to show that pure reason, though wholly dialectical in the speculative sphere, has a legitimate use in the practical sphere. From the perspective of genres, then, Kant's brevity in the second Critique makes perfect sense. He did not feel compelled to offer a long analysis of the categorical imperative, nor a deduction of its possibility, because his aim was no longer to prepare for a future metaphysics of morals. His aim was to render the transition from pure speculative to pure practical reason more perspicuous, and to that end, his first objective was simply to show that pure practical reason exists."

DOI 10.1515/9783110392708-009

In der Vorrede zur *KpV* sind direkte Hinweise auf die *GMS* spärlich; weitere, vermeintlich indirekte Hinweise haben zu großen Missverständnissen geführt. Kant bezieht sich in der Vorrede explizit auf die *Grundlegung*, indem er feststellt, dass das System der reinen praktischen Vernunft die vorherige Schrift nur insofern voraussetze, als diese „mit dem Princip der Pflicht vorläufige Bekanntschaft macht und eine bestimmte Formel derselben angiebt und rechtfertigt; sonst besteht es durch sich selbst" (05:008.10 – 12). Schon hier wird oft eine unterschwellige Selbstkritik herausgelesen: Kant erachte, so nimmt man an, nur noch die Argumentation von *GMS* I und II als stichhaltig. Er bezöge sich hier nur auf die Rechtfertigung einer *bestimmten Formel* des kategorischen Imperativs, während die Ergebnisse der *Begründung* des kategorischen Imperativs aus *GMS* III quasi indirekt widerrufen würden[275]. In *GMS* II schreibt Kant allerdings sehr deutlich: „Die Formel des Gebots heißt Imperativ" (413.10 f.). Mit gutem Recht könnte man also die eben zitierte Passage aus 05:008 folgendermaßen paraphrasieren:

> *Die* GMS *macht mit dem Prinzip der Pflicht bekannt und rechtfertigt den kategorischen Imperativ.*

Damit ist eine weitgehende Kontinuität zwischen der *GMS* und der *KpV* behauptet und keine bloß partielle. Es ergibt sich ein Widerspruch zu der Annahme, Kant erachte allein die Fassung des kategorischen Imperativs in einer *bestimmten Formel*, wie sie sich in *GMS* II findet, als richtig, nicht aber die in *GMS* III geleistete *Begründung* des kategorischen Imperativs[276].

Noch wesentlich problematischer ist es allerdings, wenn die ‚vergeblich gesuchte Deduktion' aus der Vorrede als Rekurs auf Kants vermeintlich gescheiterte Deduktionsbemühungen in *GMS* III gedeutet und angenommen wird, Kant wolle hier eine Art radikaler Selbstkritik leisten[277], der dann die Faktum-Lehre der zweiten *Kritik* folge. Da sich die Bedeutung der ‚vergeblich gesuchten Deduktion'

---

275 So schreibt etwa Milz: „Im übrigen kann man eine vorsichtige Distanzierung heraushören, wenn Kant in der Vorrede der *Kritik der praktischen Vernunft* die *GMS* nur in Anspruch nehmen will, sofern sie die *Formel* des Sittenprinzips angibt und rechtfertigt" (Milz 1998, S. 201, Hervorh. v. Milz; vgl. dazu auch Schönecker 1999, S. 310 f., Fleischer 2009, S. 144, Förster 2011, S. 124 und Timmermann 2010a, S. 88).

276 Eine ausgezeichnete Widerlegung einer solchen Annahme und einen Überblick über die Literatur findet man in der Darstellung von Wyrwich (2011, S. 129 – 132).

277 Vgl. beispielhaft Schönecker (1999, S. 397), Milz (2002, S. 308), Ludwig (2010, S. 618), Timmermann (2010a, S. 84).

erst aus dem Kontext erschließt, soll hier der Abschnitt aus der zweiten *Kritik* in voller Länge zitiert und anschließend genau analysiert werden[278]:

05:46.20 – 37 – 47.1 – 37

Mit der Deduction, d. i. der Rechtfertigung seiner objectiven und allgemeinen Gültigkeit und der Einsicht der Möglichkeit eines solchen synthetischen Satzes a priori, darf man nicht so gut fortzukommen hoffen, als es mit den Grundsätzen des reinen theoretischen Verstandes anging. Denn diese bezogen sich auf Gegenstände möglicher Erfahrung, nämlich auf Erscheinungen, und man konnte beweisen, daß nur dadurch, daß diese Erscheinungen nach Maßgabe jener Gesetze unter die Kategorien gebracht werden, diese Erscheinungen als Gegenstände der Erfahrung erkannt werden können, folglich alle mögliche Erfahrung diesen Gesetzen angemessen sein müsse. Einen solchen Gang kann ich aber mit der Deduction des moralischen Gesetzes nicht nehmen. Denn es betrifft nicht das Erkenntniß von der Beschaffenheit der Gegenstände, die der Vernunft irgend wodurch anderwärts gegeben werden mögen, sondern ein Erkenntniß, so fern es der Grund von der Existenz der Gegenstände selbst werden kann und die Vernunft durch dieselbe Causalität in einem vernünftigen Wesen hat, d. i. reine Vernunft, die als ein unmittelbar den Willen bestimmendes Vermögen angesehen werden kann.

Nun ist aber alle menschliche Einsicht zu Ende, so bald wir zu Grundkräften oder Grundvermögen gelangt sind; denn deren Möglichkeit kann durch nichts begriffen, darf aber auch eben so wenig beliebig erdichtet und angenommen werden. Daher kann uns im theoretischen Gebrauche der Vernunft nur Erfahrung dazu berechtigen, sie anzunehmen. Dieses Surrogat, statt einer Deduction aus Erkenntnißquellen a priori empirische Beweise anzuführen, ist uns hier aber in Ansehung des reinen praktischen Vernunftvermögens auch benommen. Denn was den Beweisgrund seiner Wirklichkeit von der Erfahrung herzuholen bedarf, muß den Gründen seiner Möglichkeit nach von Erfahrungsprincipien abhängig sein, für dergleichen aber reine und doch praktische Vernunft schon ihres Begriffs wegen unmöglich gehalten werden kann. Auch ist das moralische Gesetz gleichsam als ein Factum der reinen Vernunft, dessen wir uns a priori bewußt sind und welches apodiktisch gewiß ist, gegeben, gesetzt daß man auch in der Erfahrung kein Beispiel, da es genau befolgt wäre, auftreiben könnte. Also kann die objective Realität des moralischen Gesetzes durch keine Deduction, durch alle Anstrengung der theoretischen, speculativen oder empirisch unterstützten Vernunft, bewiesen und also, wenn man auch auf die apodiktische Gewißheit Verzicht thun wollte, durch Erfahrung bestätigt und so a posteriori bewiesen werden, und steht dennoch für sich selbst fest.

Etwas anderes aber und ganz Widersinnisches tritt an die Stelle dieser vergeblich gesuchten Deduction des moralischen Princips, nämlich daß es umgekehrt selbst zum Princip der Deduction eines unerforschlichen Vermögens dient, welches keine Erfahrung beweisen, die speculative Vernunft aber (um unter ihren kosmologischen Ideen das Unbedingte seiner

278 Der behauptete Sachverhalt, d. h. die Annahme, dass Kant in der zweiten *Kritik* keinesfalls eine Deduktion ausschließt, ist dem Text auch ohne genauere Analyse deutlich zu entnehmen. Aus diesem Grund genügt im Folgenden eine kurze *Skizze* dieses Sachverhalts. Auch meine folgende Darstellung des Vergleichs vor allem des Deduktionsbegriffs der *GMS* und der *KpV* stellt lediglich eine Skizze dar, an die in Form einer detaillierteren Untersuchung angeschlossen werden müsste. Für eine Arbeit, die in eine solche Richtung weist, siehe Wolff (2009). Für eine ausgezeichnete Übersicht über die Entstehungsgeschichte der *KpV* siehe Klemme (2010).

> Causalität nach zu finden, damit sie sich selbst nicht widerspreche) wenigstens als möglich annehmen mußte, nämlich das der Freiheit, von der das moralische Gesetz, welches selbst keiner rechtfertigenden Gründe bedarf, nicht blos die Möglichkeit, sondern die Wirklichkeit an Wesen beweiset, die dies Gesetz als für sie verbindend erkennen. Das moralische Gesetz ist in der That ein Gesetz der Causalität durch Freiheit und also der Möglichkeit einer übersinnlichen Natur, so wie das metaphysische Gesetz der Begebenheiten in der Sinnenwelt ein Gesetz der Causalität der sinnlichen Natur war, und jenes bestimmt also das, was speculative Philosophie unbestimmt lassen mußte, nämlich das Gesetz für eine Causalität, deren Begriff in der letzteren nur negativ war, und verschafft diesem also zuerst objective Realität.

Zu Beginn des Satzes werden noch einmal zwei Aspekte der Deduktionsproblematik differenziert, die sich der Sache nach auch in *GMS* III finden. Ihre Unterscheidung ist wesentlich für das Verständnis von Kants Argumentation: einerseits die Frage nach der *Geltung* des kategorischen Imperativs und andererseits die Frage nach dessen *Möglichkeit* als eines synthetischen Satzes a priori. Der Nachweis der Geltung wird in *GMS* III mit dem Verweis auf eine Vernunft, die der Mensch „wirklich" (452.7) in sich finde, also auf das Faktum der Vernunft, geführt. Dieses Faktum beinhaltet hier bereits das Sittengesetz als *ratio cognoscendi* der Freiheit. Im dritten Abschnitt sehen wir, dass wir uns die Freiheit (als *ratio essendi* des moralischen Gesetzes) nicht nur zuschreiben, *um* uns als sittlich verpflichtet denken zu können, sondern dass wir uns zu Recht als frei denken, weil wir die menschliche Autonomie ‚erkennen' (453.12, 454.3) und diese Erkenntnis methodisch durch die Ergebnisse der Auflösung der dritten Antinomie legitimiert ist (vgl. 450.30 – 452.1 – 6). Die so legitimierte Freiheit, die subjekttheoretisch auf einen *reinen Willen* im Menschen verweist, garantiert ihrerseits die *Möglichkeit* des moralischen Gesetzes: Durch die Idee eines solchen Willens können wir eine kategoriale Selbstnötigung denken, die nicht auf der Sinnlichkeit und einem damit verbundenen Zweck beruht. Diese beiden Aspekte gehören also ganz wesentlich zur Deduktion des Sittengesetzes, dessen *Geltung* durch das Faktum der Vernunft, durch ein unmittelbares Bewusstsein gegeben ist. Weil das Sittengesetz sich auf diese Weise selbst rechtfertigt und, wie Kant fordert, „für sich" (449.27) feststeht, steht – im modernen Sprachgebrauch – auch seine Gültigkeit fest. Dadurch werden wir zu den Begriffen der Freiheit und des reinen Willens geführt, worüber die Frage nach der Möglichkeit des kategorischen Imperativs beantwortet werden kann. Dass Kant in der *KpV* an einen solchen Gedanken anschließt – und dieser damit indirekt auch schon in *GMS* III vorliegt –, hebt er dort selbst deutlich hervor (05:004, FN):

> Damit man hier nicht Inconsequenzen anzutreffen wähne, wenn ich jetzt die Freiheit die Bedingung des moralischen Gesetzes nenne und in der Abhandlung nachher behaupte, daß das moralische Gesetz die Bedingung sei, unter der wir uns allererst der Freiheit bewußt werden können, so will ich nur erinnern, daß die Freiheit allerdings die *ratio essendi* des moralischen Gesetzes, das moralische Gesetz aber die *ratio cognoscendi* der Freiheit sei. Denn wäre nicht das moralische Gesetz in unserer Vernunft eher deutlich gedacht, so würden wir

> uns niemals berechtigt halten, so etwas, als Freiheit ist (ob diese gleich sich nicht widerspricht), anzunehmen. Wäre aber keine Freiheit, so würde das moralische Gesetz in uns gar nicht anzutreffen sein.

Auch in *GMS* III wird die Freiheit *durch* das moralische Gesetz als deren *ratio cognoscendi* begründet. Dies geschieht durch eine von Kant am Schluss der ersten Sektion angekündigte und in der dritten Sektion durchgeführte „Deduktion der Freiheit *aus* der reinen praktischen Vernunft" (447.22f., Hervorh. H. P.), die Kant auch hier mit der Beantwortung der Frage nach der *Möglichkeit* des kategorischen Imperativs programmatisch verbunden sieht. Genau daran ‚erinnert' Kant an dieser Stelle der *KpV.* Es ist erstaunlich, dass in einem Großteil der Literatur zum Verhältnis von *GMS* III und der Vorrede zur *KpV* die starke Tendenz vorherrscht, Kants Hinweis auf eine ‚vergeblich gesuchte Deduktion' auf Gedanken aus *GMS* III zu beziehen. Ein solcher Zusammenhang wird von Kant weder explizit gemacht noch liegt er inhaltlich nahe. Andererseits aber wird das Bedingungsverhältnis zwischen Freiheit und moralischem Gesetz, an das Kant hier explizit ‚erinnert'[279], in einem Großteil der Forschungsliteratur nicht thematisiert (das moralische Gesetz stellt die *ratio cognoscendi* der Freiheit und die Freiheit die *ratio essendi* des moralischen Gesetzes dar). In *GMS* III finden sich im eben skizzierten Sinne beide Aspekte – die Frage nach der *Geltung bzw. Gültigkeit* des kategorischen Imperativs und die davon zu unterscheidende Frage nach dessen *Möglichkeit*, die beide durch die Faktum-Lehre beantwortet werden können. Im ersten Absatz der oben zitierten Passage aus der *KpV* wird außerdem deutlich, dass Kant auch in dieser Schrift eine *Deduktion des Sittengesetzes* vertritt und sich damit in keiner Weise von seinen Überlegungen in *GMS* III abhebt oder gar abgrenzt: Mit der ‚Deduktion' des Sittengesetzes (in Form eines Nachweises seiner Geltung und Möglichkeit) darf ‚man *nicht so gut* fortzukommen hoffen, als es mit den Grundsätzen des reinen theoretischen Verstandes anging' (Hervorh. H. P.). Dass sich die Deduktion des Sittengesetzes *nicht so gut*, d. h. nicht so einfach, gestaltet wie die Deduktion der Grundsätze des reinen theoretischen Verstandes, bedeutet aber nicht, dass sie von Kant als unmöglich angesehen, gar nicht erst versucht würde und durch ein gänzlich anderes Vorgehen der Rechtfertigung ersetzt werden müsste. Die Grundsätze des reinen theoretischen Verstandes – so lautet Kants weitere Begründung für die hier vorgetragene Einschränkung – beziehen sich auf Gegen-

---

279 Soweit ich es richtig sehe, gibt es in der Literatur auch keinen genaueren Versuch, eine andere Möglichkeit für den Bezug der ‚Erinnerung' auszumachen. Insofern man Kant an dieser Stelle beim Wort nimmt und diese ‚Erinnerung' nicht in irgendeiner Weise rhetorisch versteht, stellt sich die Frage, an welches Werk bzw. welchen Abschnitt eines anderen Werks Kant an dieser Stelle erinnern will, wenn nicht an *GMS* III.

stände der Erfahrung, also Erscheinungen. Die praktische Erkenntnis betreffe keine ‚Beschaffenheit der Gegenstände, die der Vernunft irgend wodurch anderwärts gegeben werden mögen', sondern diese Gegenstände seien Produkt dieser Vernunft selbst. Daher habe Kant einen ‚solchen Gang' mit der ‚Deduktion des moralischen Gesetzes' nicht ‚nehmen' können. Ich will auf eine inhaltliche Interpretation an dieser Stelle nicht näher eingehen, sondern nur deutlich machen, dass mit diesen Überlegungen ganz explizit *nicht* die Deduktion des moralischen Gesetzes ausgeschlossen wird, sondern nur festgestellt wird, dass der ‚Gang' *dieser* Deduktion ein anderer sein muss als derjenige in theoretischer Perspektive. Diese Deduktion des moralischen Gesetzes in Form der Rechtfertigung seiner Geltung und Möglichkeit ist von anderer Art, und sie ist schwieriger (man darf mit ihm ‚*nicht so gut* fortzukommen hoffen'). An die Beantwortung der Frage, worin der Unterschied zwischen dieser theoretischen und der praktischen Deduktion besteht, schließt Kant im zweiten Absatz der zitierten Passage wieder an: Im Bereich der theoretischen Gegenstanderkenntnis könnten wir uns auf Erfahrung berufen, welche in einem gewissen Sinne an die Stelle einer ‚Deduktion aus Erkenntnisquellen a priori' trete. Eine solche Möglichkeit sei uns ‚in Ansehung des reinen praktischen Vernunftvermögens auch benommen', denn ‚was den Beweisgrund seiner Wirklichkeit von der Erfahrung herzuholen bedarf, muss den Gründen seiner Möglichkeit nach von Erfahrungsprinzipien abhängig sein, für dergleichen aber reine und doch praktische Vernunft schon ihres Begriffs wegen unmöglich gehalten werden kann.' Das moralische Gesetz hingegen ist ‚gleichsam als ein Faktum der reinen Vernunft, dessen wir uns a priori bewusst sind und welches apodiktisch gewiss ist, gegeben' – selbst dann, wenn wir ‚in der Erfahrung kein Beispiel, da es genau befolgt wäre, auftreiben könnten.' Der ganz wesentliche Unterschied, den Kant hier fokussiert, liegt also pauschal gesprochen darin, dass die theoretische Vernunft sich auf Erfahrung stützen kann, während die praktische Vernunft von einem solchen Bezug grundsätzlich unabhängig ist. Aus dieser Differenz zwischen theoretischer und praktischer Deduktion schließt Kant:

> Also kann die objective Realität des moralischen Gesetzes durch keine Deduction, *durch alle Anstrengung der theoretischen, speculativen oder empirisch unterstützten Vernunft*, bewiesen und also, wenn man auch auf die apodiktische Gewißheit Verzicht thun wollte, durch Erfahrung bestätigt und so a posteriori bewiesen werden, und steht dennoch für sich selbst fest (05:47.15 – 20, Hervorh. H. P.).

Die Realität des moralischen Gesetzes kann ‚durch keine Deduktion, durch alle Anstrengung der theoretischen, spekulativen oder empirisch gestützten Vernunft, bewiesen' werden. Sie lässt sich nicht durch ‚Erfahrung' belegen und ‚steht dennoch für sich selbst fest'. Damit ist wie gesagt keinesfalls behauptet, dass eine Deduktion des moralischen Gesetzes nicht möglich wäre und Kant eine solche

Deduktion nicht erarbeitete.[280] Vielmehr wird einfach festgestellt, dass diese Deduktion keine auf *Erfahrung* gestützte Deduktion darstellt. An die Stelle des illegitimen Versuchs, die Deduktion des moralischen Gesetzes nach dem Vorbild der auf Erfahrung angewiesenen theoretischen Deduktion vorzunehmen, tritt etwas ‚anderes und ganz Widersinnisches', nämlich das Faktum der Vernunft. ‚Widersinnig' ist dieses Faktum, weil dadurch das *Sittengesetz selbst* nicht weiter deduziert werden muss. Es steht, wie Kant kurz zuvor schreibt, für sich selbst fest und fungiert seinerseits als Prinzip der Deduktion der Freiheit als eines ‚unerforschlichen Vermögens'. Die ‚Widersinnigkeit' ist also nicht dadurch gegeben, dass das Faktum etwa im Kontrast zum Begründungsansatz der *GMS* stünde – einen solchen Bezug stellt Kant hier explizit nicht her. Dies ergibt sich eindeutig aus dem Satzbau: Kant erläutert die ‚Widersinnigkeit' durch den Satzteil, der sich an das ‚nämlich' anschließt und den Charakter des Sittengesetzes als eines *Prinzips der Deduktion* der Freiheit expliziert. Die weiteren Explikationen bestä-

---

280 Wolff (2009, S. 540f.) ist einer der wenigen Interpreten, die diesen Aspekt richtig einschätzen. Seiner Kritik an Henrich muss man zustimmen: „Wenn Kant mit seiner Rede vom Vernunftfaktum nicht die Absicht verbunden hat, sich auf Evidenz oder auf Meinungsübereinstimmung zu berufen, stand dann vielleicht eine andere Absicht hinter ihr, nämlich die Absicht, zu signalisieren, dass das in der Grundlegungsschrift in ‚Hauptzügen' (4:445.15) skizzierte Programm einer ‚Deduction des obersten Prinzips der Moralität' (4:463.21f.) nicht weiter aufrechterhalten werden soll? Wollte Kant in seiner Critik der practischen Vernunft dieses Programm durch eine ‚Lehre vom Faktum der Vernunft' ersetzen? Nein. Denn eine Lehre, die mit einem Verzicht auf Deduktion des obersten Moralprinzips verbunden wäre, gibt es in der zweiten Critik nicht. Eine ‚Theorie' der ‚Faktizität' ist bei Kant nicht zu finden, gleichgültig, ob man nun diese Faktizität mit Henrich als eine solche ‚des Guten', ‚der Idee des Guten', der ‚sittlichen Forderung', des Gegenstandes ‚der sittlichen Einsicht', der Vernunft selbst oder gar des Kategorischen Imperativs in Betracht ziehen möchte. Es trifft auch nicht zu, dass Kant das Programm einer Deduktion des obersten Prinzips der Moralität in der zweiten Critik aufgegeben hätte. Ein ‚direkter Gegensatz', der nach Henrichs Meinung hinsichtlich dieses Punktes zwischen der Grundlegungsschrift und der zweiten Critik besteht, lässt sich nicht ausfindig machen, auch nicht an der von ihm herangezogenen Stelle im Abschnitt ‚Von der Deduktion der Grundsätze der reinen praktischen Vernunft' (Seite 81 u. 82 der Originalausgabe; 5:46f.) der zweiten Critik. Denn dort ist zwar von einer ‚vergeblich gesuchten Deduction' die Rede (5:47.22). Aber auch die Grundlegungsschrift hatte schon in der ‚Schlussanmerkung' davon gesprochen, dass man die in ihr skizzierte Deduktion dem ‚Tadel' aussetzen könnte, dass sie das von der ‚Vernunft' vergeblich gesuchte Ziel, die ‚praktische unbedingte Notwendigkeit' des praktischen Grundgesetzes nicht nur einzusehen, sondern auch (theoretisch) zu ‚begreifen', verfehle (4:463.21–30). In beiden Schriften vertritt Kant nämlich die Ansicht, dass eine Deduktion des obersten Prinzips der Moralität im Sinne eines (durch theoretische Vernunft geführten) Beweises seiner Gültigkeit nicht möglich ist. Dies bedeutet jedoch nicht, dass eine Deduktion dieses Prinzips im Sinne einer ‚Rechtfertigung seiner objektiven und allgemeinen Gültigkeit' und einer ‚Einsicht der Möglichkeit eines solchen synthetischen Satzes a priori' (5:46.20–22) aus Kants Sicht in jeder Beziehung unmöglich oder unnötig wäre."

tigen diese Interpretation, denn Kant stellt im Weiteren erneut fest, dass das moralische Gesetz ‚selbst keiner rechtfertigenden Gründe' bedürfe und es die ‚Wirklichkeit' *der Freiheit* an Wesen beweise, die ‚dies Gesetz als für sie bindend erkennen'. Gerade die Betrachtung des Begriffs ‚Deduktion' zeigt also, dass es – anders als vielfach vermutet – zwischen *GMS* III und der *KpV* keinen wesentlichen Unterschied gibt, was die Begründung der Freiheit und des Sittengesetzes betrifft. Schönecker z. B. nennt innerhalb seines Versuchs, die Annahme einer Faktum-Lehre in *GMS* III zu widerlegen,[281] vier Gegenargumente, von denen er eines als ‚Deduktionsargument'[282] bezeichnet (weitere Argumente sind das ‚Hirngespinstargument', das ‚Unterwerfungsargument' und das ‚Bestätigungsargument'[283]). Das für Schönecker zentrale Deduktionsargument lässt sich folgendermaßen paraphrasieren: Wenn Kant in der *GMS* schon die Faktum-These verträte, gäbe es dort keine Deduktion des kategorischen Imperativs. Nun gebe es in der *GMS* aber, so Schönecker, eine Deduktion des kategorischen Imperativs. Folglich vertrete Kant in der *GMS* noch nicht die Faktum-These. Anhand dieser These Schöneckers lässt sich sehr gut das Missverständnis explizieren, das sich aus einer falschen Auffassung des Deduktionsbegriffs in *GMS* III einerseits und desjenigen in der *KpV* andererseits ergibt. Dieses Missverständnis besteht in der Auffassung, dass Kant in der *KpV keine* Deduktion des Sittengesetzes vertrete, sondern die Faktum-These an die Stelle einer möglichen (und vermeintlich in *GMS* III versuchten) Deduktion trete. Es besteht außerdem in der Annahme, dass Kant das Sittengesetz in *GMS* III noch nicht als ein sich selbst rechtfertigendes Prinzip begreife, sondern als etwas, das unter Zuhilfenahme der theoretischen Vernunft und einer ontologischen Superiorität der Verstandeswelt noch eigens deduziert werden müsse. Beide Annahmen treffen nicht zu.

Innerhalb der Faktum-Lehre macht Kant im eben aufgezeigten Sinn deutlich, dass auch das Moment des Sich-selbst-Rechtfertigens des Sittengesetzes als ‚Deduktion' zu bezeichnen ist – wenngleich sie von anderer Art und schwieriger ist als die theoretische Deduktion. In *GMS* III wiederum spricht Kant an keiner Stelle explizit von einer Deduktion des kategorischen Imperativs oder des moralischen Gesetzes. Seine Begründung der Geltung des Sittengesetzes lässt sich aber gemäß der *KpV* als praktische Deduktion bezeichnen.[284] Sie wird dadurch bewiesen, dass

---

281 Vgl. Schönecker (2014a, S. 1 – 13 und 2014b, S. 35 – 43).

282 Schönecker (2014b, S. 42).

283 Vgl. dazu die Repliken von Puls (2014a, S. 15 – 34 und 2014b, S. 45 – 58).

284 Nicht näher eingehen kann ich in diesem Zusammenhang auf eine weitere, differenzierte Beobachtung einer Gemeinsamkeit zwischen ‚der' Deduktion in *GMS* III und der *KpV*, die McCarthy vorschlägt. Ihm zufolge geht es in beiden Deduktionen nicht darum, zu zeigen, *dass* eine Nötigung des sinnlich-vernünftigen Menschen durch den kategorischen Imperativ möglich ist bzw. *wie* der Mensch ‚wirklich' das Vermögen praktischer Vernunft in sich findet und eine Erkenntnis seiner moralischen Verpflichtung hat. Deutlicher noch zeigt sich die übereinstimmende Argumentation von *GMS* und *KpV* anhand des Begriffs der in beiden Schriften durchgeführten *Deduktion der Freiheit*.

Am Ende der ersten Sektion spricht Kant auf programmatische Weise von einer „*Deduction des Begriffs der Freiheit* aus der reinen praktischen Vernunft" (447.22 f., Hervorh. H. P.), die mit der Frage nach der Möglichkeit des kategorischen Imperativs aufs Engste verbunden sei. In ähnlicher Weise ist in der *KpV* vom moralischen Gesetz als „Princip der *Deduction der Freiheit* als einer Causalität der reinen Vernunft" (05:48.2, Hervorh. H. P.) die Rede. An beiden zitierten Stellen wird deutlich, dass es die praktische Vernunft ist, das moralische Gesetz, *aus dem* bzw. *mit dessen Hilfe* die Freiheit deduziert wird. Hier ist jeweils die Funktion des Sittengesetzes als *ratio cognoscendi* der Freiheit angesprochen, an die Kant in der Vorrede der *KpV* explizit ‚erinnert'. Anders als man vermuten könnte, zeigt somit gerade der Deduktionsbegriff die Übereinstimmung des argumentativen Vorgehens in der *GMS* und der *KpV* besonders prägnant. In beiden Werken sind zwei Deduktionen zentral: die Deduktion des Sittengesetzes durch die Faktum-These – das Sittengesetz steht für sich selbst fest – und die Deduktion der Freiheit aus der reinen praktischen Vernunft, d. h. aus dem sich selbst rechtfertigenden moralischen Gesetz. Der wesentliche Unterschied besteht allein in der Nachvollziehbarkeit der Darstellung und der damit verbundenen Explikation dieses Faktums. Während Kant in *GMS* III den Zirkelverdacht und dessen Auflösung durch die Vernunft als ein Vermögen, das wir wirklich in uns finden, in einer sehr rhetorisch gefärbten Skizze schildert, die für viel Unklarheit und Interpretationsspielraum sorgt, schildert er die Gefahr eines solchen Zirkels in der *KpV* deutlich weniger ostentativ: Man müsse, wie Kant hier ‚erinnert', nur klar zwischen der *ratio cognoscendi* und der *ratio essendi* des moralischen Gesetzes unterscheiden, um ‚Inkonsequenzen' zu vermeiden. Was Kant in *GMS* III als einen ‚geheimen Zirkel' bezeichnet, wird in der Vorrede zur *KpV* zu einer bloß möglichen ‚Inkonsequenz', die sich durch richtige Betrachtung des Bedingungs- bzw. Begründungsverhältnisses zwischen der Freiheit und dem Sittengesetz leicht beheben lasse.

Ich möchte vorschlagen, Kants Bemerkungen in seinem Brief an Kiesewetter vom 20. April 1790 in dieser Weise zu interpretieren[285]. Kiesewetter bittet Kant in einem Brief vom 3. März 1790 um einen Rat bezüglich eines ‚Zirkels', der sich

---

Vernunft praktisch werden kann, sondern nur darum, zu zeigen, *dass* dies beides stattfindet (vgl. McCarthy 1982, S. 187 f.). Dieser Beobachtung ist m. E. zuzustimmen.

285 Schönecker weist zwar auf Kants und Kiesewetters Briefwechsel hin (vgl. Schönecker 1999, S. 355 f.), sieht darin aber allein einen möglichen Bezug auf die Vorrede der zweiten *Kritik*, ohne einen Zusammenhang mit der Problematik des Zirkelverdachts in *GMS* III genauer zu erwägen.

möglichweise im Kontext eines von ihm im kantischen Sinne geführten Beweises eines negativen Freiheitsbegriffs ergebe, welchen Kiesewetter zufolge jeder, der „Moralität statuirt" (11:139.28), zugeben müsse. Kiesewetter schreibt: „Ich bin nur besorgt, daß mir Kenner Ihres Systems [...] [bei diesem] Beweis einwenden werden, daß ich einen Cirkel begangen habe, weil man die Freiheit erst aus dem Moralgesetze erkenne" (11:139.29 – 32). Kiesewetter bezieht sich hier offenbar auf den Umstand, dass Freiheit als der Seinsgrund des Sittengesetzes angesehen werden muss – denn jeder, der Moralität annimmt, muss diesen Begriff voraussetzen. Anscheinend fürchtet Kiesewetter, eine *petitio* zu begehen, und zwar in dem Sinne, dass er Freiheit, weil sie wie zuvor erklärt den Seinsgrund der Sittlichkeit darstellt, bloß voraussetzt, *um* das moralische Gesetz begründen zu können, obwohl sich der Begriff der Freiheit in der Theorie Kants doch erst *aus* dem moralischen Gesetz heraus legitimieren lassen soll. Kant antwortet – nach einem einleitenden Hinweis auf die in der ersten *Kritik* gesicherte Möglichkeit der transzendentalen Freiheit – auf folgende Weise:

> Nun wird durchs moralische Gesetz jene transscendentale Idee realisirt und an dem Willen, einer Eigenschaft des vernünftigen Wesens (des Menschen), gegeben, weil das moralische Gesetz keine Bestimmungsgründe aus der Natur (dem Inbegriffe der Gegenstände der Sinne) zuläßt und der Begriff der Freyheit, als Caussalität, wird bejahend erkannt, welcher ohne einen Cirkel zu begehen mit dem moralischen Bestimmungsgrunde reciprocabel ist (11:155.6 – 13).

Kants Antwort auf Kiesewetters Problem besteht in dem Hinweis, dass die transzendentale Idee der Freiheit durch das moralische Gesetz ‚realisiert' und ‚bejahend' erkannt werde, d. h., dass das moralische Gesetz die *ratio cognoscendi* der Freiheit darstelle. Der drohende ‚Zirkel', also die Gefahr, dass wir womöglich, wie von Kiesewetter skizziert, Freiheit und Sittengesetz auf illegitime Weise wechselseitig begründen, wird auf diese Weise verhindert. Durch das Sittengesetz wird der Begriff der Freiheit bejahend erkannt und dieser ist, *ohne* einen Zirkel zu begehen, mit dem moralischen Bestimmungsgrund ‚reziprokabel'. Man könnte hier fragen, welcher Begriff der Freiheit denn – anders als der durch das Sittengesetz ‚bejahend erkannte' – womöglich zu einem Zirkel führte. Dies wäre derjenige Begriff der Freiheit, der *nicht* durch das Sittengesetz ‚bejahend' erkannt würde, d. h. der Begriff der Freiheit als *ratio essendi* des moralischen Gesetzes, den, wie Kiesewetter schreibt, jeder, der Moralität ‚statuierte', *voraussetzen* müsste. Kant entkräftet also die Gefahr eines möglichen Begründungszirkels durch den Hinweis auf die Differenz zwischen der *ratio essendi* und der *ratio cognoscendi* des Sittengesetzes. Die von Kiesewetter geschilderte Gefahr, dass man den Begriff der Freiheit, die den Seinsgrund der Sittlichkeit darstellt, schon von vornherein in Anspruch nimmt, obwohl er doch erst durch das moralische Gesetz beglaubigt wird, stellt nur dann überhaupt ein Problem dar, wenn man die Differenz zwischen der Freiheit als *ratio essendi* des Sittengesetzes und dem Sittengesetz als *ratio cognoscendi* der Freiheit *nicht* beachtet. Trägt man aber diesem Unterschied Rechnung, so besteht die Gefahr eines Begründungszirkels nicht.

Insgesamt sind also die Standardeinwände, die in der Literatur gegen eine Übereinstimmung der zentralen Argumentation in *GMS* III und der *KpV* vorgebracht werden – und vor allem aus Kants Explikation des Faktums der Vernunft in der Vorrede gewonnen werden könnten – wenig stichhaltig. Vielmehr deuten Kants ‚Erinnerung' an die richtige Auffassung des Begründungsverhältnisses zwischen Freiheit und Sittengesetz sowie sein Deduktionsbegriff[286] auf eine starke Kontinuität in der zentralen Argumentationsabsicht beider Werke hin, die man auch in dem Brief an Kiesewetter bestätigt sehen kann.

Worin besteht nun im Wesentlichen, mit Abstand zum Text betrachtet, Kants Argumentation in *GMS* III? Warum bietet sie so viel Anlass zu Missverständnissen und was macht Kants ‚Deduktion' eigentlich aus?

In der ersten Sektion entfaltet Kant zunächst einen Gedanken, den er auch an anderen Stellen der *GMS* als Folie heranzieht: die Idee des Willens eines rein vernünftigen Wesens oder die Idee des Willens des Menschen, rein als freies und vernünftiges Wesen betrachtet. Diesen Gedanken formuliert Kant hier im Kontext der Analytizitätsthese: Wenn wir die Freiheit eines rein vernünftigen Wesens oder eben die Freiheit eines sinnlich-vernünftigen Wesens, aber allein hinsichtlich seiner Vernunft betrachtet, voraussetzen, folgt daraus, dass dieses Wesen immer nur nach verallgemeinerbaren Maximen handelt – also das Sittengesetz als analytisch-deskriptiver Satz. Indessen stellt dieses Prinzip als Handlungsprinzip eines sinnlich-vernünftigen Willens einen kategorischen Imperativ dar, d. h., die Maximen dieses Willens haben nicht immer die Qualität der Verallgemeinerbarkeit. Durch die Zergliederung eines solchen Willens lässt sich auf die Verallgemeinerbarkeit nicht schließen, denn dieser Wille könnte, weil er nicht heilig oder rein vernünftig ist, auch über nicht verallgemeinerbare Maximen verfügen. Ein Wesen mit einem solchen Willen will – anders als das rein vernünftige Wesen – von sich aus *nicht* immer schon das Gute. Ein Satz wie der kategorische Imperativ wird nur möglich, wenn das Sollen, das vom Sittengesetz ausgeht, und der sinnlich affizierbare Wille eines nicht rein vernünftigen Wesens durch ein drittes Element verbunden werden. Dieses ‚Dritte' soll Kant zufolge durch die Idee der Freiheit ‚verschafft' werden, indem die Freiheit in einer bestimmten Weise darauf ‚hinweist'. Dazu, d. h. zum Nachweis der Möglichkeit eines solchen Imperativs, muss zunächst die Freiheit begründet werden. In diesem Zusammenhang spricht Kant

286 Auch das Faktum der Vernunft stellt eine Deduktion des Sittengesetzes dar, und auch innerhalb der Faktum-Theorie gibt es eine Deduktion der Freiheit.

am Ende der ersten Sektion von einer ‚Deduktion des Begriffs der Freiheit aus der reinen praktischen Vernunft'. Diese aus der praktischen Vernunft deduzierte Freiheit soll dann zu einem ‚Dritten', der Idee eines reinen Willens, führen. Kants zentrale Argumentationsabsicht in *GMS* III besteht also in der Deduktion des Begriffs der Freiheit aus der reinen praktischen Vernunft, *um* von diesem Begriff aus zu der den kategorischen Imperativ ermöglichenden *Idee eines reinen Willens* zu gelangen. Diese programmatische Ankündigung ist allein grammatisch schon missverständlich, und sie ist auch inhaltlich schwierig: Was das sogenannte Dritte sein soll, was die Frage nach der Möglichkeit des kategorischen Imperativs bedeutet und welche Funktion eine Idee der Freiheit haben soll, wo doch gemeinhin angenommen wird, Kant wolle den kategorischen Imperativ deduzieren und nicht die Freiheit, erschließt sich nur aus einer Betrachtung der gesamten Argumentation in *GMS* III. Viele Schwierigkeiten der Interpreten, die zentrale Argumentationsabsicht in *GMS* III richtig einzuschätzen, hängen m. E. mit einer falschen Auffassung bzw. der interpretatorischen Vernachlässigung genau dieser Ankündigung zusammen.

Die zweite Sektion zeigt, dass wir der Idee nach jedem praktisch vernünftigen Wesen mit einem Willen Freiheit zuschreiben müssen, denn der Begriff einer unfreien praktischen Vernunft ist nicht möglich. Diese Sektion unterstreicht also noch einmal die große Bedeutung der Deduktion der Freiheit: Ohne diesen Begriff wären die praktische Vernunft und ein Wesen, das sich durch ein vernünftiges Handlungsgesetz bestimmen lässt, überhaupt nicht konsistent *denkbar*. Auch hier gibt es Anlass zu Missverständnissen. So meinen einige Autoren sogar, die am Ende der ersten Sektion angekündigte Deduktion der Freiheit mit dem Ergebnis der zweiten Sektion – der Einsicht in die Unhintergehbarkeit des Freiheitsbegriffs zwecks des konsistenten Begriffs eines mit praktischer Vernunft begabten Wesens – identifizieren zu können. Diese Deduktion findet sich allerdings erst in der dritten Sektion. Eine weitere Fehlinterpretation besteht in der Annahme, Kant leite in der zweiten Sektion aus der Freiheit im Denken die Freiheit zu handeln ab. Ein solcher Übergang entspricht nicht Kants Intention in Sektion 2, obwohl der Text aufgrund einer geringen Trennschärfe zwischen dem theoretischen und dem praktischen Begriff der Vernunft eine solche Interpretation zumindest zulässt.

Besonders die dritte Sektion birgt – aus ganz unterschiedlichen Gründen – Potenzial für interpretatorische Fehlschlüsse. Kant verschleiert in diesem Abschnitt seine wesentliche Argumentationsintention: die These, dass das Gesetz der praktischen Vernunft ein Faktum darstellt, aus dem der Begriff der Freiheit gemäß der Ankündigung in Sektion 1 deduziert werden soll. Die Unklarheit entsteht dadurch, dass Kant die Auskunft des transzendentalen Idealismus dem Hinweis auf dieses Faktum voranstellt bzw. es damit verbindet sowie dadurch, dass er in dieser Sektion die scheinbare Gefahr eines Argumentationszirkels anführt, die dann durch einen Bezug auf das Faktum als gehoben betrachtet werden kann. Diese inhaltlichen Gesichtspunkte und die Art ihrer Darstellung haben das Augenmerk der Interpreten vor allem auf den Zirkelverdacht und die Auskunft des transzendentalen Idealismus gelenkt – und von Kants Rekurs auf die praktische Vernunft und ihre Ideen abgelenkt. Der Zirkelverdacht besteht darin, dass wir die Freiheit (als Seinsgrund des Sittengesetzes) möglicherweise bloß annehmen könnten, *um* daraus im Sinne der Analytizitätsthese auf unsere Unterworfenheit unter das Sittengesetz schließen zu können. Auf diese Weise wären die Begriffe der Freiheit und des Sittengesetzes bzw. unsere Unterworfenheit unter dieses Gesetz nicht begründet. Der Verdacht eines Zirkels besteht also nicht in einem *circulus in probando*, sondern in einer *petitio principii*, d. h. der ‚Erbittung eines Prinzips'. Er liegt nicht in der Gefahr, dass wir wechselseitig die Freiheit und das Sittengesetz durch einander begründen, sondern darin, dass wir aufgrund der Wichtigkeit des moralischen Gesetzes und unserer psychologischen Motivation, ein sittliches Wesen sein zu wollen, Freiheit annehmen, *um* daraus auf die Geltung des Sittengesetzes schließen zu können. Im Zusammenhang mit der Frage nach der Geltung des Sittengesetzes umkreist Kant in rhetorisch stark aufgeladenen und immer neuen sprachlichen Wendungen die Möglichkeit und Realität eines moralischen Interesses. Wenn wir über den Begriff eines solchen Interesses verfügten, könnte man die Frage nach der Geltung des Sittengesetzes tatsächlich beantworten und es ‚für sich' beweisen. Die Auflösung des Zirkelverdachts erfolgt durch den Hinweis darauf, dass der Mensch ‚wirklich' das Vermögen der praktischen Vernunft, ihre Ideen (und damit auch das moralische Interesse) in sich finde. Wir setzen also Freiheit nicht nur voraus, um daraus die Geltung des kategorischen Imperativs im Sinne einer (illegitimen) Anwendung der Analytizitätsthese auf den Menschen zu schließen, sondern wir sehen, dass wir, wenn wir uns als frei denken, die Autonomie des Willens und das Sittengesetz erkennen. Damit begegnet Kant sowohl der Gefahr einer nicht begründeten Freiheit als auch der eines bloßen Voraussetzens der Geltung des moralischen Gesetzes in der Idee der Freiheit. Am Ende der dritten Sektion ist damit die Freiheit legitimiert, und es ist nachgewiesen, dass der kategorische Imperativ Geltung hat. Dieser Nachweis durch den Rekurs auf die praktische Vernunft, die der Mensch in sich findet, womit sie, wie Kant es an anderer Stelle in *GMS* III fordert, ‚für sich' bewiesen ist, lässt sich im Sinne des Deduktionsbegriff der zweiten *Kritik* der Sache nach ebenfalls als Deduktion bezeichnen. Allerdings verunklart Kant die Auflösung des Zirkelverdachts durch eine terminologische Ungenauigkeit: Anders als in der ersten Zirkelformulierung spricht er nicht mehr vom Nachweis einer Unterworfenheit unter das Sittengesetz, sondern unspezifischer von einem ‚Schluss' auf das ‚sittliche Gesetz'. Das hat einige Interpreten zu der Vermutung veranlasst, Kant hätte am Ende der dritten Sektion – entgegen seiner Ankündigung in der ersten Formulierung des Zirkelverdachts – immer noch nicht gezeigt, dass der Mensch dem Sittengesetz unterworfen ist. Vielmehr hätte er nur dargelegt, dass der Mensch – wieder als analytisches Präparat, rein als Glied der Verstandeswelt betrachtet – ‚unter' dem moralischen Gesetz steht, dass er also moralisch handeln *kann.* Damit stände an dieser Stelle das zentrale Argument noch aus, nämlich die Beantwortung der Frage, warum der Mensch moralisch handeln *soll.* Ein solches Argument wird von einigen Autoren dann vor dem Hintergrund der eben skizzierten Interpretation in der vierten Sektion vermutet.

In dieser vierten Sektion wiederholt Kant zunächst die wesentlichen Ergebnisse der Auflösung des Zirkelverdachts. Der Mensch gehört demnach sowohl der intelligiblen als auch der sensiblen Welt an. Wäre er nur Glied der Verstandeswelt, handelte er immer nach verallgemeinerbaren Maximen. Wie lässt sich aber der Umstand erklären, dass sich der Mensch als Wesen beider Welten für das Sittengesetz entscheidet – und nicht seinen sinnlichen Inklinationen folgt? Kant bringt in diesem Zusammenhang seine Ergebnisse aus der dritten Sektion noch einmal in schulgerechter Weise auf den Punkt: Der Mensch erkennt sich als dem Sittengesetz unterworfen, wodurch die menschliche Vernunft dem sittlichen Gesetz also einen Vorzug vor dem Gesetz der Sinnenwelt gibt – und zwar deshalb, *weil* es ein Gesetz der Verstandeswelt ist. Weil die Verstandeswelt (in Form meines reinen Willens) der Sinnenwelt (in Form meines sinnlich affizierten Willens) gegenüber unmittelbar gesetzgebend ist, weil also die Verstandeswelt teleologisch den Grund der Sinnenwelt darstellt (die Gesetze der Verstandeswelt sollen in der Sinnenwelt Gestalt annehmen), räumt die Vernunft dem Sittengesetz den Vorzug ein. Dieser ist ein Aspekt des Faktums der Vernunft bzw. dessen grundsätzliche Formulierung. Der zusammenfassende Hinweis auf diese normative Tatsache darf nicht als ontologischer Sachverhalt verstanden werden. Kant schreibt lediglich, dass *die Vernunft* eine solche Gewichtung der Gesetze vornimmt – nicht, dass es sich dabei um ein ontologisches Begründungsverhältnis handelt.

Wenn sich Kant dann auf die Richtigkeit ‚der' Deduktion bezieht, darf man darunter nicht die Deduktion des kategorischen Imperativs verstehen, sondern vielmehr die *Deduktion der Idee eines reinen Willens.* Auf dieses schon in der ersten Sektion angekündigte ‚Dritte' verweist die aus der reinen praktischen Vernunft deduzierte positive Freiheit. Die Idee eines reinen Willens, die nun hier, in der vierten Sektion, deduziert wird, erlaubt eine Antwort auf die Frage, wie ein kategorischer Imperativ *möglich* ist: Ein kategorischer Imperativ ist möglich, weil das Sollen, das in ihm enthalten ist, jetzt – nach der Deduktion der Idee eines reinen Willens aus der durch die praktische Vernunft beglaubigten Freiheit – nichts mehr ist, das mit unserem sinnlich affizierbaren Willen möglicherweise unvereinbar wäre, sondern etwas, das der Mensch – selbst der Bösewicht – *eigentlich will.* Diese Einsicht wird aber weder durch einen Umweg oder Aufschub erst in der vierten

Sektion erreicht noch durch eine ontologische Annahme begründet, sondern steht bereits nach der Auflösung des Zirkelverdachts am Ende der dritten Sektion fest.

In der fünften Sektion, die anders aufgebaut ist als die Sektionen 1–4, resümiert Kant schließlich die Ergebnisse seiner Deduktionsbemühungen. Gleich eingangs weist er darauf hin, dass das sittliche Bewusstsein des Menschen die Ergebnisse der Auflösung der dritten Antinomie benötigt, um vor deterministischen Reduktionsversuchen in Schutz genommen werden zu können. In klaren Worten reformuliert Kant hier die Deduktion der Freiheit, die er am Ende der ersten Sektion angekündigt hatte: Der Rechtsanspruch auf Freiheit des Willens gründet sich auf ein Bewusstsein der Vernunft, von bloß subjektiv bestimmenden Ursachen frei zu sein. Aus diesem Grund schreibt sich der Mensch einen reinen Willen zu, einen Willen, der ‚nichts auf seine Rechnung kommen lässt'. Kants Resümee in Sektion 5 zufolge ist der kategorische Imperativ durch die Idee der Freiheit *möglich* – und durch die damit verbundene Idee des reinen Willens (eines Willens, der ‚von Begierden verschieden ist'). Beides erreicht der Mensch durch ein moralisches Bewusstsein. In diesem Zusammenhang wiederholt Kant auch die faktische Überordnung des Gesetzes der Verstandeswelt über das Gesetz der Sinnenwelt: Das Sittengesetz interessiert den Menschen, weil es für ihn gilt, da es aus seinem eigenen Selbst, d. h. aus der Verstandeswelt, entsprungen ist. Dass die Vernunft eine solche Priorisierung vornimmt, ist nicht weiter begreiflich zu machen; es kann nur konstatiert werden. Diesen und Kants weiteren Überlegungen in der Schlussanmerkung entsprechend kann nur die *Möglichkeit* des kategorischen Imperativs verständlich gemacht werden, nicht aber seine absolute praktische Notwendigkeit.

Abschließend möchte ich einen Überblick der zentralen Einsichten dieses Kommentars in Form von Fragen und Antworten geben, um so wichtige Einzelaspekte noch einmal zu fokussieren und die Struktur des Textes im Hinblick auf die Verbindungen der einzelnen Sektionen untereinander zu rekapitulieren.

Was bedeutet Kants Frage, wie ein kategorischer Imperativ möglich ist?

Anders als z. B. Schönecker annimmt, differenziert Kant diese Frage nicht in mehrere Teilfragen, und er gibt darauf auch nur eine Antwort. Es geht also nicht um die Fragen nach der Geltung des kategorischen Imperativs, der Voraussetzung für diese Geltung *und* danach, wie die Vernunft ein Interesse am moralischen Gesetz bewirken kann. Terminologisch handelt es sich allein um die Frage, wie eine kategoriale Nötigung *gedacht* werden kann, d. h., wie eine Nötigung denkbar ist, die nicht auf einem hypothetischen Imperativ beruht (vgl. 417.3–6). Während die Nötigung im hypothetischen Imperativ dadurch denkbar wird, dass derjenige, der einen bestimmten Zweck verfolgt, auch die dazu nötigen Mittel will, ist das Wollen dieser Mittel aufgrund des fehlenden Zwecks im kategorischen Imperativ nicht analytisch enthalten. Die Beantwortung der Frage in der *GMS*, wie ein kategorischer Imperativ *möglich* sei, setzt bereits die *Geltung* des kategorischen Imperativs voraus. Aus dem Bewusstsein der Geltung dieses Imperativs, an der Kant in *GMS* III keinen (ernsthaften) Zweifel hat, wird der Begriff der Freiheit deduziert, welcher auf die Idee eines freien, d. h. reinen, Willens im Menschen hinweist und durch den die Frage nach der Möglichkeit des kategorischen Imperativs beantwortet werden kann (vgl. 454.6 – 19 u. 461.7 – 25).

Worin besteht der Unterschied zwischen der Geltung und der Gültigkeit des kategorischen Imperativs?

Die *Geltung* des kategorischen Imperativs besteht in seiner Erkenntnis und Anerkenntnis durch den Menschen. Diese erfolgt durch das Gefühl der Achtung vor dem Sittengesetz und das damit einhergehende Bewusstsein der moralischen Verpflichtung. Im modernen philosophischen Sprachgebrauch versteht man unter *Geltung* das Inkraftsetzen einer Norm durch den menschlichen Willen, während man unter *Gültigkeit* die logisch-argumentative Richtigkeit dieses Inkraftsetzens versteht. Insofern die Faktum-These richtig ist, d. h., insofern man davon ausgeht, dass es tatsächlich ein epistemologisch zu rechtfertigendes Vermögen im Menschen gibt, das moralisch Richtige zu erkennen, ist *mit der Geltung* des kategorischen Imperativs, d. h. dessen Erkenntnis und Anerkenntnis durch ein unmittelbares Bewusstsein, *auch* dessen *Gültigkeit* gesichert. Kant verwendet den Begriff „Gültigkeit" (449.23) allerdings, wie im Sprachgebrauch seiner Zeit häufig üblich, in einem doxastischen, subjektiven Sinne, d. h. im Sinne von *Geltung* (vgl. 424.33 – 37).

Wie ist Kants Äußerung zu einer Deduktion der Idee der Freiheit aus der reinen praktischen Vernunft sowie dem ‚Verschaffen' eines ‚Dritten' am Ende der ersten Sektion zu verstehen?

Der Satz gehört zu den zentralen Äußerungen Kants in *GMS* III; er wird aber in der Forschungsliteratur teils nicht angemessen ausgewertet. Programmatisch fasst Kant hier seine Argumentationsabsicht in diesem Abschnitt zusammen, die – anders als oft vermutet – nicht in der Deduktion des kategorischen Imperativs im Sinne eines Beweises seiner normativen Geltung oder Gültigkeit liegt. Vielmehr besteht sie zunächst in der Deduktion der Idee der Freiheit aus der reinen praktischen Vernunft. Diese positive Freiheit soll dann auf ein drittes, den sinnlich affizierten Willen und das moralische Gesetz verbindendes Element verweisen: die Idee eines reinen Willens. Ein kategorischer Imperativ ist nach Kants Vorstellung möglich, d. h. überhaupt denkbar, weil wir den positiven Begriff der Freiheit aus der reinen praktischen Vernunft deduzieren können und dieser Begriff der Freiheit auf die Realität unseres freien Willens, rein als Glieder der Verstandeswelt betrachtet, hinweist. Dadurch wird etwas offenbar, das im Alltagsverständnis nicht offen zutage tritt: dass der Mensch auch einen reinen Willen in sich hat und der kategorische Imperativ somit ähnlich unproblematisch möglich ist wie der hypothetische Imperativ. Das, was wir sollen, ist das, was unser *reiner* Wille will.

Inwiefern kann der kategorische Imperativ als synthetisch-praktischer Satz bezeichnet werden?
Die Bezeichnung ist nur in einem übertragenen Sinne zulässig. Der kategorische Imperativ ist kein wahrheitsfähiger Satz. Er wird von Kant als synthetisch-praktischer Satz bezeichnet, weil der Wille eines sinnlich-vernünftigen Wesens, der (anders als der eines vollkommenen Wesens) nicht immer schon konstitutiv gut ist, mit dem Sittengesetz ‚verknüpft' werden muss – und zwar durch Nötigung. Die Synthetizität des kategorischen Imperativs liegt also darin, dass das moralische Wollen im Begriff eines sinnlich-vernünftigen Wesens nicht analytisch enthalten ist, sondern noch etwas hinzukommen muss, das jenen Willen mit dem Sittengesetz verknüpft. Dieses Dritte besteht in der Idee eines reinen Willens, auf den uns die aus der reinen Vernunft deduzierte Freiheit hinweist.

***Welche Rolle spielt Kants Theorie der Achtung in der* GMS?**
Auf das Gefühl der Achtung nimmt Kant in der *GMS* in erster Linie durch den Ausdruck ‚moralisches Interesse' Bezug (vgl. 450.3–17), das er an anderer Stelle aber auch explizit als ‚Achtung' (FN 401.17–34) bezeichnet. Schon in der *GMS* weist Kant der Achtung eine nicht nur motivationale, sondern auch epistemische Funktion zu: Durch Achtung erkennen wir die Geltung des moralischen Gesetzes (vgl. 401.17–34). Aus der Tatsache, dass Kant in der *GMS* mehrfach erklärt, das moralische Interesse – und damit die Achtung – könnte nicht ‚begreiflich' gemacht werden (vgl. 459.32f. – 460.1–7), darf nicht der Schluss gezogen werden, dass der Achtung dadurch ihre zentrale Funktion wieder aberkannt würde. Nur kann die Achtung nicht mit den Mitteln der theoretischen Philosophie erklärt werden, und sie begründet nicht das moralische Gesetz. Das Sittengesetz gilt nicht deshalb, weil der Mensch ein Interesse daran hat (und damit Achtung davor), sondern es „interessirt, weil es für uns als Menschen gilt, da es aus unserem Willen als Intelligenz, mithin aus unserem eigentlichen Selbst Entsprungen ist" (461.2–4).

Worin besteht die sogenannte Deduktion des kategorischen Imperativs?

Terminologisch bezieht sich Kant in *GMS* III an keiner Stelle explizit auf eine ‚Deduktion des kategorischen Imperativs'. Es ist nicht Kants primäres Ziel, nachzuweisen, dass der kategorische Imperativ für den Menschen notwendigerweise gilt. Vielmehr finden sich in *GMS* III *mehrere* Momente der Rechtfertigung. Die zentrale Deduktion in *GMS* III ist die der Idee der Freiheit aus der reinen praktischen Vernunft (vgl. 447.22 f.). Diese stellt Kant am Ende der ersten Sektion vor und führt sie in der dritten Sektion durch. *Mit* dieser Deduktion der Idee der Freiheit ist zumindest der Sache nach *auch* eine Deduktion des kategorischen Imperativs verbunden, denn Kant fordert, dass das Sittengesetz ‚für sich' (vgl. 447.29) bewiesen werden müsse. Einen solchen Beweis leistet er schließlich durch den Hinweis darauf, dass der Mensch wirklich praktische Vernunft und ihre handlungsbestimmenden Ideen in sich vorfinde. Genau in der damit verbundenen ‚Erkenntnis' (vgl. 453.12) besteht auch die Deduktion der Idee der Freiheit. In der vierten Sektion findet sich dann die Deduktion der Idee des reinen Willens aus dieser praktischen Vernunft.

Insgesamt müssen in *GMS* III *vier* Deduktionen differenziert werden. Explizit als Deduktion bezeichnet Kant die Rechtfertigung der Idee der Freiheit durch die reine praktische Vernunft, die am Ende der dritten Sektion abgeschlossen ist, und die Rechtfertigung der Idee eines reinen Willens in der vierten Sektion, die auf dieser Deduktion aufbaut. Als Deduktionen der Sache nach lassen sich bezeichnen: die Rechtfertigung des Sittengesetzes durch Rekurs auf die Vernunft als ein Vermögen, das der Mensch wirklich in sich findet, und ferner ganz grundsätzlich das gesamte Projekt der Antwort darauf, wie ein kategorischer Imperativ möglich sei, also die Deduktion der Möglichkeit des kategorischen Imperativs. Eine Deduktion der praktischen Notwendigkeit des kategorischen Imperativs ist Kants Überlegungen in der ‚Schlussanmerkung' (vgl. 463.4 – 33) zufolge nicht möglich.

Worin besteht der zentrale Gehalt von Sektion 1?

Die erste Sektion enthält die sogenannte Analytizitätsthese, deren Verständnis für eine richtige Auffassung von Kants Argumentation in *GMS* III unerlässlich ist. Kant nimmt in der ersten Sektion – anders als oft behauptet – noch keinen Bezug auf die menschliche Willkürfreiheit, sondern vielmehr auf den Gedanken eines rein vernünftigen Wesens oder den Willen eines sinnlich-vernünftigen Wesens, aber rein hinsichtlich seiner Vernünftigkeit. Der freie Wille eines heiligen Wesens oder der Wille eines sinnlich-vernünftigen Wesens, rein als vernünftiges Wesen betrachtet, würde immer moralisch richtig handeln. Die Maximen eines solchen Wesens oder Willens wären immer verallgemeinerbar. In dieser Perspektive sind der freie Wille und der Wille unter dem sittlichen Gesetz in der Tat ‚einerlei'.

Freiheit und Autonomie sind im Hinblick auf das Sittengesetz als analytisch-deskriptiven Satz Wechselbegriffe.

Worin besteht der zentrale Gehalt von Sektion 2?

Sektion 2 entfaltet vor allem Überlegungen zur semantischen Konsistenz des Begriffs eines praktisch vernünftigen Wesens. Freiheit muss als Eigenschaft aller praktisch vernünftigen Wesen (Wesen mit einem Willen) vorausgesetzt werden. Die praktische Vernunft wäre, wenn sie nicht frei wäre, keine praktische Vernunft, sondern ein Modus von naturkausaler Determination. Wir können uns unmöglich eine praktische Vernunft denken, die prinzipiell von ‚Antrieben' (vgl. 448.16) geleitet wäre, denn dann wäre sie nicht Urheberin der durch sie verursachten Handlungen. Eine Ableitung der Freiheit zu denken aus der Freiheit zu handeln nimmt Kant in der zweiten Sektion nicht vor. Er weist lediglich auf den Umstand hin, dass wir, wenn wir ein Wesen als praktisch vernünftig und mit einem Willen begabt denken, es auch als frei denken müssen. Dieser Gedanke stellt aber nicht, wie von einigen Interpreten vermutet, die am Ende der ersten Sektion angekündigte ‚Deduktion des Begriffs der Freiheit aus der reinen praktischen Vernunft' dar. Diese Deduktion findet sich erst in der dritten Sektion.

Worin besteht der zentrale Gehalt von Sektion 3?

Die dritte Sektion stellt den komplexesten und am schwierigsten zu interpretierenden Teil von *GMS* III dar. Kant skizziert hier in rhetorisch stark aufgeladener Weise die mögliche Gefahr eines Zirkelverdachts und löst diesen durch eine Kritik des Subjekts auf, die zeigen soll, dass der Mensch dem Sittengesetz unterworfen ist.

Worin besteht der Zirkelverdacht und wie wichtig ist er systematisch für die Argumentation in* GMS *III?

Der Zirkelverdacht besteht in einer *petitio principii* der Freiheit und der Geltung des kategorischen Imperativs. Er thematisiert als eine erste Gefahr, dass wir womöglich Freiheit bloß annehmen, *um* daraus im Sinne einer illegitimen Anwendung der Analytizitätsthese (nämlich einer Anwendung dieser These auf den Menschen als sinnlich-vernünftiges Wesen) auf unsere Unterworfenheit unter das Sittengesetz schließen zu können. Ferner weist er auf eine zweite Gefahr hin: dass wir in dieser Idee die Geltung des moralischen Gesetzes nur voraussetzen, ohne es als ein ‚für sich' selbst feststehendes Gesetz nachweisen zu können. Beide Gefahren werden durch den Hinweis auf die Vernunft und ihre Ideen, die der Mensch als ein Faktum in sich vorfindet, gebannt. Die Auskunft des transzendentalen Idealismus sichert diese Einsicht vor reduktionistischen Einwänden. Durch die in der dritten Sektion geleistete Kritik des Subjekts lässt sich zunächst zeigen, dass wir Freiheit nicht einfach voraussetzen, um daraus auf die Unterworfenheit unter das Sittengesetz zu schließen. Wenn wir uns als frei denken, erkennen wir vielmehr die ‚Autonomie des Willens' (vgl. 453.13 f.). Der Begriff der Freiheit wird auf diese Weise, wie in Sektion 1 ankündigt, aus der praktischen Vernunft deduziert. Die Auflösung des Zirkelverdachts zeigt weiter, dass wir die Geltung des Sittengesetzes nicht nur in der Idee der Freiheit voraussetzen, sondern der Mensch ein unmittelbares Bewusstsein der Geltung des Sittengesetzes hat. Das Sittengesetz steht auf diese Weise, wie Kant vor der Formulierung des Zirkels gefordert hatte, tatsächlich ‚für sich' fest, es ist selbstrechtfertigend. Anders als z. B. von Schönecker angenommen, ist mit der Auflösung des Zirkelverdachts nicht nur gezeigt, dass der Mensch moralisch handeln kann, dass er also ‚unter' dem moralischen Gesetz steht; vielmehr ist er diesem Gesetz *unterworfen*. In der ersten Formulierung des Zirkelverdachts (450.18 – 29) spricht Kant explizit von einer solchen ‚Unterworfenheit' (vgl. 450.22) unter das Sittengesetz. Am Ende der dritten Sektion weist er darauf hin, dass der Verdacht, den ‚wir oben' (im Kontext der ersten Zirkelformulierung) ‚rege machten', nun ‚gehoben sei' (vgl. 453.3). Aus dem Umstand, dass Kant bei der Auflösung des Zirkelverdachts nicht mehr explizit von der ‚Unterworfenheit' unter das Sittengesetz spricht, sondern nur noch vom ‚sittlichen Gesetz', darf man nicht den Schluss ziehen, dass er in der zweiten Formulierung des Zirkelverdachts auf diese Unterworfenheit keinen Bezug nehmen wollte. Auch in einer der ersten Formulierung des Zirkelverdachts vorangehenden Stelle spricht Kant nur vom ‚moralischen Gesetz' (vgl. 449.24 f.), ohne explizit auf das Moment der Unterworfenheit unter dieses Gesetz einzugehen. Der Kontext lässt aber deutlich werden, dass Kant hier inhaltlich diese Unterworfenheit im Sinn hat, d. h. das Sittengesetz als Imperativ und nicht bloß als deskriptiven Satz. Die Hebung des Zirkelverdachts findet also bereits in der dritten Sektion statt – und wird nicht, wie manchmal vermutet, auf die vierte Sektion vertagt. Die Bedeutung des Zirkelverdachts darf nicht überbewertet werden. In der fünften Sektion, in der Kant die wesentlichen Ergebnisse der vorherigen Sektionen resümiert, wird dieser Verdacht nicht einmal erwähnt. In der zweiten *Kritik* dann schrumpft die Gefahr, die von diesem Verdacht ausgeht, zu einer möglichen ‚Inkonsequenz' (vgl. 05:004.28 FN). Mit Ausnahme vielleicht des Briefs an Kiesewetter findet dieser Zirkelverdacht an keiner weiteren Stelle in Kants Werk mehr Erwähnung.

Worin besteht der zentrale Gehalt von Sektion 4?

Der zentrale Gehalt der vierten Sektion besteht in Kants grundsätzlichster Formulierung der Faktum-Lehre: Weil die Verstandeswelt (in Form meines reinen

Willens) der Sinnenwelt (in Form meines sinnlich affizierten Willens) gegenüber unmittelbar gesetzgebend ist, d.h., weil die Verstandeswelt teleologisch den Grund der Sinnenwelt darstellt, räumt die Vernunft dem Gesetz der Verstandeswelt einen Vorzug vor dem Gesetz der Sinnenwelt ein. Die Forderung des Sittengesetzes wird unmittelbar als richtig anerkannt und anderen Handlungsbestimmungen vorgezogen. Dadurch tritt zum Begriff meines sinnlich affizierten Willens noch die Idee eines reinen Willens hinzu, und die Frage, wie ein kategorischer Imperativ möglich sei, kann beantwortet werden.

Worin besteht die Deduktion der vierten Sektion?

Die Deduktion der vierten Sektion ist nicht die des *kategorischen Imperativs* mittels eines ‚ontoethischen Grundsatzes', sondern die der *Idee eines reinen Willens*, als jenes am Ende der Sektion angekündigten ‚Dritten' (vgl. 447.17–25). Auf dieses ‚Dritte' verweist die aus der reinen praktischen Vernunft deduzierte positive Freiheit. Durch das unmittelbare Bewusstsein des Sittengesetzes, unsere ‚Erkenntnis' (vgl. 453.12) der Autonomie, haben wir auch ein Bewusstsein der Freiheit. Dieses Bewusstsein deutet darauf hin, dass wir über einen *reinen Willen* verfügen, der gegenüber unserem nicht reinen Willen unmittelbar gesetzgebend ist. Die Idee eines reinen Willens, die in der vierten Sektion deduziert wird, erlaubt eine Antwort auf die Frage, wie ein kategorischer Imperativ *möglich* ist, weil das moralische Sollen, welches mit unserem nicht reinen Willen verknüpft werden soll, auf diese Weise als unser eigentliches Wollen verständlich gemacht werden kann. Der kategorische Imperativ kann als möglich gedacht werden, weil wir das, was wir sollen, in der Perspektive einer Beglaubigung des reinen Willens in uns eigentlich wollen.

Worin besteht die Funktion der fünften und sechsten Sektion?

In der fünften Sektion findet sich eine von Rhetorik und Darstellungsdramaturgie befreite Zusammenfassung der Sektionen 1–4, die vor dem Hintergrund einer Bestimmung der Grenzen der praktischen Vernunft entfaltet wird. Es ist auffällig, dass Kant in dieser Sektion zwar die wesentlichen Gedanken der früheren Sektionen resümiert, auf den Zirkelverdacht aber nicht mehr zu sprechen kommt. Darin muss man ein sehr starkes Indiz für die Annahme sehen, dass dieser Zirkelverdacht systematisch und argumentativ unbedeutender ist als vielfach vermutet – und vor allem auch ein dramaturgisches Stilmittel darstellt. In Kants nüchterner Rekapitulation der fünften Sektion findet sich eine wesentlich präzisere Funktionsbestimmung des transzendentalen Idealismus als in Sektion 3: Dessen zentrale Aussagen sind notwendig, insofern dem Menschen nicht das

Bewusstsein einer praktisch relevanten Unabhängigkeit von bloß subjektiv bestimmenden Ursachen abgesprochen werden soll. Er ‚rettet' das Bewusstsein des Sittengesetzes vor möglichen reduktionistischen Angriffen des Deterministen. Auch die in dieser Arbeit stark gemachte Bedeutung von Kants Frage nach der Möglichkeit des kategorischen Imperativs wird in der fünften Sektion klar bestätigt: Ein kategorischer Imperativ ist möglich, weil wir durch das unmittelbare Bewusstsein des Sittengesetzes auf die Idee der Freiheit und somit die Idee eines reinen Willens verwiesen werden. In der fünften Sektion reformuliert Kant zudem seine Überlegungen aus der vierten Sektion zur Überordnung der Gesetze der Sinnenwelt über die der Verstandeswelt: Dem Sittengesetz als Gesetz der Verstandeswelt wird *von der menschlichen Vernunft* ein Vorzug gegenüber dem Gesetz der Sinnenwelt eingeräumt. Das Einräumen dieses Vorzugs wird auch hier als ein Tatbestand begriffen, der nicht weiter erklärt werden kann.

***In welchem Verhältnis stehen die Deduktionen der* GMS *zu Kants Begriff der Deduktion in der* KpV?**

Auch in der zweiten *Kritik* vertritt Kant sowohl eine Deduktion des Sittengesetzes (05:46 f.) als auch eine Deduktion der Freiheit (05:48 f.). Zwar darf man ihm zufolge nicht ‚hoffen', eine Deduktion, d. h. eine Rechtfertigung, des Sittengesetzes als eines praktisch-synthetischen Satzes so leicht leisten zu können wie eine Rechtfertigung der Grundsätze der theoretischen Vernunft. Dennoch hält Kant an einer Deduktion der obersten praktischen Grundsätze in Form des kategorischen Imperativs fest (vgl. 05:46 f.). Eine solche Deduktion kann aber nicht durch theoretische, spekulative oder empirisch gestützte Vernunft geleistet werden; auf diese Weise wäre sie ‚vergeblich gesucht'. Vielmehr kann sie nur durch die Faktum-Lehre vollzogen werden, also die Rechtfertigung des Sittengesetzes durch den Verweis auf den Tatbestand, dass das Sittengesetz „für sich" (05:47.19) bewiesen ist. Eine solche Rechtfertigung des Sittengesetzes vertritt Kant auch in der dritten Sektion von *GMS* III durch den Hinweis darauf, dass der Mensch die praktische Vernunft und handlungsbestimmende Ideen in sich findet (vgl. 452.7).

In meinem Kommentar habe ich – neben der textnahen Analyse von *GMS* III insgesamt – besonders die spezifische Argumentationsstruktur von Sektion 3 und die Verzahnung der einzelnen Sektionen untereinander herausgestellt. Mögliche Einwände und Interpretationsvorschläge anderer Autoren konnten dabei teils nur skizziert werden. Eine Ausnahme bildet hier die Interpretation Schöneckers, die umfangreich – wenn auch bei Weitem nicht erschöpfend – berücksichtigt wurde. In ihrer Intensität und Genauigkeit hat Schöneckers Analyse bis heute einen Maßstab gesetzt, hinter den man nicht zurückfallen sollte. Unbestreitbar erfasst seine Untersuchung Text und Struktur von *GMS* III auf eine Weise, die zu einem kohärenten Verständnis dieses Abschnitts führt. Allerdings enthält seine Deutung bestimmter Begriffe und die Gewichtung ganzer Passagen m. E. auch an einigen Stellen die Tendenz, den Text zu stark unter dem Gesichtspunkt der vermeintlichen *Deduktion des kategorischen Imperativs* zu lesen. Ich hoffe, gezeigt zu haben, dass sich zu einer solchen Lesart – mit all den Theoriebausteinen, die sie impliziert (wie z. B. dem ‚ontoethischen Grundsatz') – eine überzeugende und ähnlich genau begründete Interpretationsalternative entwickeln lässt. Die Analyse vieler Detailfragen fügt sich m. E. im vorliegenden Kommentar zu einem stimmigen Gesamtbild, das dem Text insgesamt eine deutlich bescheidenere und mit der zweiten *Kritik* kompatible Absicht entnehmen lässt. Die Stichhaltigkeit dieser Interpretation wird in Zukunft hoffentlich durch weitere neue und gründliche Deutungen des Textes auf die Probe gestellt werden.

Literaturverzeichnis

Primärtexte

Mit Ausnahme der *Kritik der reinen Vernunft*, bei der ich der Originalpaginierung der A- und B-Auflage folge, werden Kants Werke werden zitiert nach:

Kant, Immanuel: *Gesammelte Schriften*. Hg. Band 1–22: Preußische Akademie der Wissenschaften, Band 23: Deutsche Akademie der Wissenschaften zu Berlin, ab Band 24: Akademie der Wissenschaften zu Göttingen. Berlin 1900 ff.

Andere Primärtexte

Meier, Georg Friedrich: *Auszug aus der Vernunftlehre*. Halle 1752.

Literatur

Allison, Henry E. (2002): „Morality and Freedom: Kant's Reciprocity Thesis". In: Lawrence Pasternack (Hg.): *‚Groundwork of the Metaphysic of Morals' in Focus*. London/New York, S. 182–210.

Allison, Henry, E. (2011): *Kant's ‚Groundwork for the Metaphysics of Morals'*. Oxford/New York.

Ameriks, Karl (2010): „Kant on the Good Will". In: Otfried Höffe (Hg.): *‚Grundlegung zur Metaphysik der Sitten'. Ein kooperativer Kommentar*. Frankfurt am Main (4., ergänzte Auflage), S. 45–65.

Baum, Manfred (2014): „Sittengesetz und Freiheit. Kant 1785 und 1788". In: Heiko Puls (Hg.): *Kants Rechtfertigung des Sittengesetzes in ‚Grundlegung' III. Deduktion oder Faktum?* Berlin/München/Boston, S. 209–226.

Baumanns, Peter (2000): *Kants Ethik. Die Grundlehre*. Würzburg.

Beck, Lewis White (1960): *A Commentary on Kant's ‚Critique of Practical Reason'*. Chicago.

Berger, Larissa (2015): „Der ‚Zirkel' im dritten Abschnitt der *Grundlegung*. Eine neue Interpretation und ein Literaturbericht". In: Dieter Schönecker (Hg.): *Kants Begründung von Freiheit und Moral in ‚Grundlegung' III*. Münster, S. 9–82.

Blöser, Claudia (2014): *Zurechnung bei Kant. Zum Zusammenhang von Person und Handlung in Kants praktischer Philosophie*. Berlin/Boston.

Bojanowski, Jochen (2006): *Kants Theorie der Freiheit*. Berlin/New York.

Bojanowski, Jochen (2007): „Kant und das Problem der Zurechenbarkeit". In: *Zeitschrift für Philosophische Forschung* 61 (2), S. 207–228.

Bojanowski, Jochen (2015): „Die Deduktion des kategorischen Imperativs". In: Dieter Schönecker (Hg.): *Kants Begründung von Freiheit und Moral in ‚Grundlegung' III*. Münster, S. 83–108.

Brandt, Reinhard (1988): „Der Zirkel im dritten Abschnitt von Kants Grundlegung zur Metaphysik der Sitten". In: Hariolf Oberer/Gerhardt Seel (Hg.): *Kant. Analysen – Probleme – Kritik.* Würzburg, S. 169 – 191.
Callanan, John J. (2013): *Kant's ‚Groundwork of the Metaphysics of Morals'.* Edinburgh.
Dalbosco, Almir Claudio (2002): *Ding an sich und Erscheinung. Perspektiven des transzendentalen Idealismus bei Kant.* Würzburg.
Duncan, Alistair Robert C. (1957): *Practical Reason and Morality. A Study of Kant's ‚Foundation for the Metaphysics of Morals'.* London.
Düsing, Klaus (2006): „Spontaneität und sittliche Freiheit bei Kant und Fichte". In: Edith Düsing/Klaus Düsing/Hans-Dieter Klein (Hg.): *Geist und Willensfreiheit. Klassische Theorien von der Antike bis zur Moderne.* Würzburg.
Eidam, Heinz (2007): „‚Das einzige Faktum der reinen Vernunft'. Zum Verhältnis von Freiheit und Sittengesetz in Kants praktischer Philosophie". In: Heinz Eidam (Hg.): *Kausalität aus Freiheit. Kant und der Deutsche Idealismus.* Würzburg, S. 261 – 290.
Esser, Andrea (2004): *Eine Ethik für Endliche. Kants Tugendlehre in der Gegenwart.* Stuttgart.
Esteves, Julio (2012): „Kant's Noncircular Deduction of the Categorical Imperative in ‚Groundwork III'". In: Frederick Rauscher/Daniel Omar Perez (Hg.): *Kant in Brazil.* Rochester, S. 155 – 172.
Falkenburg, Brigitte (2012): *Mythos Determinismus. Wieviel erklärt uns die Hirnforschung?* Berlin/Heidelberg.
Fleischer, Margot (2009): *Mensch und Unbedingtes im Denken Kants. Eine kritische Darlegung.* Freiburg/München.
Förster, Eckhart (2011): *Die 25 Jahre der Philosophie. Eine systematische Rekonstruktion.* Frankfurt am Main.
Freudiger, Jürg (1993): *Kants Begründung der praktischen Philosophie. Systematische Stellung, Methode und Argumentationsstruktur der ‚Grundlegung zur Metaphysik der Sitten'.* Bern/Stuttgart/Wien.
Gregor, Mary (1996): *Groundwork of the Metaphysics of Morals.* In: *The Cambridge Edition of the Works of Immanuel Kant (Practical Philosophy).* Cambridge.
[Grimm'sches Wörterbuch:] Grimm, Jacob und Wilhelm: *Deutsches Wörterbuch.* Leipzig, 1854 ff.
Grünewald, Bernward (1988): „Praktische Vernunft, Modalität und transzendentale Einheit. Das Problem einer transzendentalen Deduktion des Sittengesetzes". In: Hariolf Oberer/Gerhardt Seel (Hg.): *Kant. Analysen – Probleme – Kritik.* Würzburg, S. 127 – 167.
Guyer, Paul (2007): *Kant's ‚Groundwork for the Metaphysics of Morals'.* New York.
Henrich, Dieter (1954/55): „Das Prinzip der Kantischen Ethik". In: *Philosophische Rundschau* 2, S. 20 – 38.
Henrich, Dieter (1973): „Der Begriff der sittlichen Einsicht und Kants Lehre vom Faktum der Vernunft". In: Gerold Prauss (Hg.): *Kant. Zur Deutung seiner Theorie von Erkennen und Handeln.* Köln, S. 223 – 254.
Henrich, Dieter (1975): „Die Deduktion des Sittengesetzes. Über die Gründe der Dunkelheit des letzten Abschnitts von Kants *Grundlegung zur Metaphysik der Sitten*". In: Alexander Schwan (Hg.): *Denken im Schatten des Nihilismus. Festschrift für Wilhelm Weischedel zum 70. Geburtstag.* Darmstadt, S. 55 – 112.
Horn, Christoph/Schönecker, Dieter (2006): *Groundwork for the Metaphysics of Morals.* Berlin/New York.
Horn, Christoph/Mieth, Corinna/Scarano, Nico (2007): *Immanuel Kant. ‚Grundlegung zur Metaphysik der Sitten'. Kommentar.* Frankfurt am Main.

Horn, Christoph (2015): „Das Bewusstsein, unter dem moralischen Gesetz zu stehen – Kants Freiheitsargument in *GMS* III". In: Dieter Schönecker (Hg.): *Kants Begründung von Freiheit und Moral in ‚Grundlegung' III.* Münster, S. 137–214.
Hübenthal, Christoph (2005): „Autonomie als Prinzip. Zur Neubegründung der Moralität bei Kant". In: G. Essen/M. Striet (Hg.): *Kant und die Theologie.* Darmstadt.
Kaulbach, Friedrich (1978): *Das Prinzip Handlung in der Philosophie Kants.* Berlin.
Kaulbach, Friedrich (1988): *Immanuel Kants ‚Grundlegung zur Metaphysik der Sitten'. Interpretation und Kommentar.* Darmstadt.
Keil, Geert (2009): *Willensfreiheit.* Berlin/New York.
Kim, Halla (2002): „Has Kant Committed the Fallacy of Circularity in *Foundation* III?". In: *Journal of the Philosophical Research* 27, S. 65–81.
Klein, Patrick (2008): *Gibt es ein Moralgesetz, das für alle Menschen gültig ist? Eine Untersuchung zum Faktum der Vernunft bei Immanuel Kant.* Würzburg.
Klemme, Heiner F. (1996): *Kants Philosophie des Subjekts.* Hamburg.
Klemme, Heiner F. (2010): „The Origin and Aim of Kant's *Critique of Practical Reason*". In: Andrews Reath/Jens Timmermann (Hg.): *Kant's ‚Critique of Practical Reason'. A Critical Guide.* Cambridge.
Klemme, Heiner (2012): „Spontaneität und Selbsterkenntnis. Kant über die ursprüngliche Einheit von Natur und Freiheit im Aktus des ‚Ich denke' (1785–1787)". In: Mario Brandhorst/Andree Hahmann/Bernd Ludwig (Hg.): *Sind wir Bürger zweier Welten? Freiheit und Verantwortung im transzendentalen Idealismus.* Hamburg, S. 195–222.
Klemme, Heiner (2014): „Freiheit oder Fatalismus? Kants positive und negative Deduktion der Idee der Freiheit in der ‚Grundlegung' (und seine Kritik an Christian Garves Antithetik von Freiheit und Notwendigkeit)". In: Heiko Puls (Hg.): *Kants Rechtfertigung des Sittengesetzes in ‚Grundlegung' III. Deduktion oder Faktum?* Berlin/München/Boston, S. 59–101.
Ludwig, Bernd (2008): „Was wird in Kants *Grundlegung* eigentlich deduziert? Über einen Grund der vermeintlichen Dunkelheit des ‚dritten Abschnitts'". In: *Jahrbuch für Recht und Ethik* 16, S. 431–463.
Ludwig, Bernd (2012): „Was weiß ich vom Ich. Kants Lehre vom Faktum der reinen praktischen Vernunft, seine Neufassung der Paralogismen und die verborgenen Fortschritte der Kritischen Metaphysik im Jahre 1786". In: Mario Brandhorst/Andree Hahmann/Bernd Ludwig (Hg.): *Sind wir Bürger zweier Welten? Freiheit und Verantwortung im transzendentalen Idealismus.* Hamburg, S. 155–194.
Ludwig, Bernd (2014): „Die Freiheit des Willens und die Freiheit zum Bösen. Inhaltliche Inversionen und terminologische Ausdifferenzierungen in Kants Moralphilosophie zwischen 1781 und 1797". In: Heiko Puls (Hg.): *Kants Rechtfertigung des Sittengesetzes in ‚Grundlegung' III. Deduktion oder Faktum?* Berlin/München/Boston, S. 227–268.
Lumer, Christopher (1999): [Lexikonartikel zu] „Geltung, Gültigkeit". In: Hans Jörg Sandkühler (Hg.): *Enzyklopädie Philosophie*, Bd. 1. Hamburg, S. 450–455.
McCarthy, Michael H. (1982): „Kant's Rejection of the Argument of Groundwork III". In: *Kant-Studien* 73, S. 169–190.
McCarthy, Michael H. (1985): „The Objection of Circularity in Groundwork III". In: *Kant-Studien* 76, S. 28–42.
Milz, Bernhard (1998): „Zur Analytizität und Synthetizität der *Grundlegung*". In: *Kant-Studien* 89/2, S. 188–204.

Milz, Bernhard (2014): „Kants Deduktion des kategorischen Imperativs in entwicklungsgeschichtlicher Perspektive". In: Heiko Puls (Hg.): *Kants Rechtfertigung des Sittengesetzes in ‚Grundlegung' III. Deduktion oder Faktum?* Berlin/München/Boston, S. 133–166.

Panknin-Schappert, Helke (2007): *Innerer Sinn und moralisches Gefühl: Zur Bedeutung eines Begriffspaares bei Shaftesbury und Hutcheson sowie in Kants vorkritischen Schriften.* Hildesheim.

Paton, Herbert James (1947): *The Categorical Imperative. A Study in Kant's Moral Philosophy.* London.

Paton, Herbert James (1962): *Der kategorische Imperativ. Eine Untersuchung über Kants Moralphilosophie.* Berlin.

Porcheddu, Rocco (2013): „Das Verhältnis von theoretischer und praktischer Freiheit in der Deduktion des kategorischen Imperativs". In: Fred Rush/Jürgen Stolzenberg (Hg.): *Internationales Jahrbuch des Deutschen Idealismus/International Yearbook of German Idealism* 9, S. 79–99.

Porcheddu, Rocco (2016): *Der Zweck an sich selbst. Eine Untersuchung zu Kants ‚Grundlegung zur Metaphysik der Sitten'.* Berlin/Boston.

Pothast, Ulrich (1987): *Die Unzulänglichkeit der Freiheitsbeweise – zu einigen Lehrstücken der neueren Geschichte von Philosophie und Recht.* Frankfurt am Main.

Puls, Heiko (2011): „Freiheit als Unabhängigkeit von bloß subjektiv bestimmenden Ursachen. Kants Auflösung des Zirkelverdachts im dritten Abschnitt der *Grundlegung zur Metaphysik der Sitten*". In: *Zeitschrift für philosophische Forschung* 65, S. 534–562.

Puls, Heiko (2013): *Funktionen der Freiheit. Die Kategorien der Freiheit in Kants ‚Kritik der praktischen Vernunft'.* Berlin/Boston.

Puls, Heiko (2014a): „Quo errat demonstrator – warum es in der *Grundlegung* eine Faktum-These gibt. Drei Argumente gegen Dieter Schöneckers Interpretation". In: Heiko Puls (Hg.): *Kants Rechtfertigung des Sittengesetzes in ‚Grundlegung' III. Deduktion oder Faktum?* Berlin/München/Boston, S. 15–34.

Puls, Heiko (2014b): „Quare errat disceptator? Eine Erwiderung auf Dieter Schöneckers Replik". In: Heiko Puls (Hg.): *Kants Rechtfertigung des Sittengesetzes in ‚Grundlegung' III. Deduktion oder Faktum?* Berlin/München/Boston, S. 45–58.

Puls, Heiko (2015): „Kant über die äußerste Grenze aller praktischen Philosophie. Ein Kommentar zur Sektion 5 der *Grundlegung*". In: Dieter Schönecker (Hg.): *Kants Begründung von Freiheit und Moral in ‚Grundlegung' III.* Münster, S. 157–214.

Quarfood, Marcel (2006): „The Circle and the Two Standpoints (GMS III, 3)". In: Christoph Horn/Dieter Schönecker (Hg.): *Groundwork for the Metaphysics of Morals.* Berlin/New York, S. 285–300.

Rauscher, Friedrich (2015): „Die äußerste Grenze aller praktischen Philosophie und die Einschränkungen der Deduktion in *Grundlegung* III". In: Dieter Schönecker (Hg.): *Kants Begründung von Freiheit und Moral in ‚Grundlegung' III.* Münster, S. 215–229.

Recki, Birgit (2001): *Ästhetik der Sitten. Die Affinität von ästhetischem Gefühl und praktischer Vernunft bei Kant.* Frankfurt am Main.

Recki, Birgit (2009): *Freiheit.* Stuttgart.

Recki, Birgit (2014): „Deduktion oder Faktum? Kants Freiheitstheorie im dritten Abschnitt der *Grundlegung*". In: Heiko Puls (Hg.): *Kants Rechtfertigung des Sittengesetzes in ‚Grundlegung' III. Deduktion oder Faktum?* Berlin/München/Boston, S. VII–XIII.

Rosales, Alberto (2000): *Sein und Subjektivität.* Berlin.

Ross, Sir David (1954): *Kant's Ethical Theory. A Commentary on the ‚Grundlegung zur Metaphysik der Sitten'.* London.
Schadow, Stefanie (2012): *Achtung für das Gesetz. Moral und Motivation bei Kant.* Berlin/Boston.
Schmitz, Herrmann (1989): *Was wollte Kant?* Bonn.
Schönecker, Dieter (1996): „Zur Analytizität der Grundlegung". In: *Kant-Studien* 87, S. 348–354.
Schönecker, Dieter (1999): *‚Grundlegung' III. Die Deduktion des kategorischen Imperativs.* Freiburg/München.
Schönecker, Dieter (2004): „Textvergessenheit in der Philosophiehistorie". In: Dieter Schönecker/Thomas Zwenger (Hg.): *Kant verstehen/Understanding Kant. Über die Interpretation philosophischer Texte.* Darmstadt, S. 159–181.
Schönecker, Dieter (2005): *Kants Begriff transzendentaler und praktischer Freiheit. Eine entwicklungsgeschichtliche Studie.* Berlin/New York.
Schönecker, Dieter (2006): „How Is a Categorical Imperative Possible? Kant's Deduction of the Categorical Imperative (GMS III, 4)". In: Christoph Horn/Dieter Schönecker (Hg.): *Groundwork for the Metaphysics of Morals.* Berlin/New York, S. 301–323.
Schönecker, Dieter/Wood, Allen (2011): *Kants ‚Grundlegung zur Metaphysik der Sitten'. Ein einführender Kommentar.* Paderborn (4. Auflage).
Schönecker, Dieter (2012): „Kants *Grundlegung* über den bösen Willen. Eine kommentarische Interpretation von *GMS* III, 457.25–458.5". In: Mario Brandhorst/Andree Hahmann/Bernd Ludwig (Hg.): *Sind wir Bürger zweier Welten? Freiheit und Verantwortung im transzendentalen Idealismus.* Hamburg.
Schönecker, Dieter/Damschen, Gregor (2012): *Selbst Philosophieren. Ein Methodenbuch.* Berlin/Boston.
Schönecker, Dieter (2013): „A Free Will and a Will under Moral Laws Are the Same". In: Oliver Sensen (Hg.): *Kant on Moral Autonomy.* Cambridge, S. 225–245.
Schönecker, Dieter (2014a): „Warum es in der *Grundlegung* keine Faktum-These gibt. Drei Argumente." In: Heiko Puls (Hg.): *Kants Rechtfertigung des Sittengesetzes in ‚Grundlegung' III. Deduktion oder Faktum?* Berlin/München/Boston, S. 1–14.
Schönecker, Dieter (2014b): „Quare errat disceptator. Eine Erwiderung auf Heiko Puls". In: Heiko Puls (Hg.): *Kants Rechtfertigung des Sittengesetzes in ‚Grundlegung' III. Deduktion oder Faktum?* Berlin/München/Boston, S. 35–43.
Sedgwick, Sally (2008): *Kant's ‚Groundwork of the Metaphysics of Morals'. An Introduction.* Cambridge.
Sensen, Oliver (2015): „Die Begründung des Kategorischen Imperativs". In: Dieter Schönecker (Hg.): *Kants Begründung von Freiheit und Moral in ‚Grundlegung' III.* Münster, S. 231–256.
Steigleder, Klaus (2002): *Kants Moralphilosophie. Die Selbstbezüglichkeit reiner praktischer Vernunft.* Stuttgart/Weimar.
Steigleder, Klaus (2006): „The Analytic Relationship of Freedom and Morality". In: Christoph Horn/Dieter Schönecker (Hg.): *Groundwork for the Metaphysics of Morals.* Berlin/New York, S. 225–246.
Tennebaum, Sergio (2012): „The Idea of Freedom and Moral Cognition in *Groundwork* III". In: *Philosophy and Phenomenological Research* 84 (3), S. 555–589.
Timmermann, Jens (2004): „Kommentar". In: Jens Timmermann (Hg.): *Immanuel Kant. ‚Grundlegung zur Metaphysik der Sitten'.* Göttingen, S. 84–152.

Timmermann, Jens (2010a): „Reversal or Retreat? Kant's Deductions of Freedom and Morality. In: Andrew Reath/Jens Timmermann: *Kant's ‚Critique of Practical Reason'. A Critical Guide.* Cambridge, S. 73–89.
Timmermann, Jens (2010b): *Kant's ‚Groundwork of the Metaphysics of Morals'. A Commentary.* Cambridge (3. Auflage).
Tugendhat, Ernst (1993): *Vorlesungen über Ethik.* Frankfurt/Main.
Voeller, Carol W. (2001): *The Metaphysics of the Moral Law. Kant's Deduction of Freedom.* New York.
Vossenkuhl, Wilhelm (2010): „Von der äußersten Grenze aller praktischen Philosophie". In: Otfried Höffe (Hg.): *Kants ‚Grundlegung zur Metaphysik der Sitten'. Ein kooperativer Kommentar.* Frankfurt am Main.
Ware, Owen (forthcoming): „Kant's Deduction of Morality and Freedom". In: *Canadian Journal of Philosophy.*
Wenzel, Uwe J. (1992): *Anthroponomie. Kants Archäologie der Autonomie.* Berlin.
Willaschek, Marcus (1992): *Praktische Vernunft. Handlungstheorie und Moralbegründung bei Kant.* Stuttgart.
Willaschek, Marcus (2010): „Die ‚Spontaneität des Erkenntnisses'. Über die Abhängigkeit der Analytik von der Auflösung der dritten Antinomie". In: Jiří *Chotaš*/Jindřich Karásek/Jürgen Stolzenberg (Hg.): *Metaphysik und Kritik. Interpretationen zur ‚Transzendentalen Dialektik' der ‚Kritik der reinen Vernunft'.* Würzburg.
Wolff, Michael (2009): „Warum das Faktum der Vernunft ein Faktum ist. Auflösung einiger Verständnisschwierigkeiten in Kants Grundlegung der Moral". In: *Deutsche Zeitschrift für Philosophie* 57, S. 511–549.
Wolff, Michael (2015): „Warum der kategorische Imperativ nach Kants Ansicht gültig ist. Eine Beschreibung der Argumentationsstruktur im Dritten Abschnitt seiner Grundlegung zur Metaphysik der Sitten". In: *Dieter* Schönecker (Hg.): *Kants Begründung von Freiheit und Moral in ‚Grundlegung' III.* Münster, S. 257–330.
Wolff, Robert Paul (1973): *The Autonomy of Reason. A Commentary on Kant's ‚Groundwork of the Metaphysics of Morals'.* New York.
Wood, Allen W./Schönecker, Dieter (2015): *Immanuel Kant's ‚Groundwork for the Metaphysics of Morals'. A Commentary.* Harvard.
Wyrwich, Thomas (2011): *Moralische Selbst- und Welterkenntnis. Die Deduktion des kategorischen Imperativs in der Kantischen Philosophie.* Würzburg.
Zimmermann, Stephan (2011): *Kants „Kategorien der Freiheit".* Berlin/Boston.

Personenregister

Sachregister